JN033286

世界神話伝説事典

A Encyclopedia
of World
Myths and Legends

イースト・プレス

はじめに

本書は、世界の神話に登場する神々、約400体を取り上げ、その特徴やストーリーを紹介する一冊である。数ある神話のうち、とくにポピュラーなギリシャ神話・北欧神話・ケルト神話・エジプト神話・メソポタミア神話・インド神話・中国神話・日本神話の8つを取り上げ、神ごとに項目立てをしている。

そもそも、「神話」とは何か――。古来より、人間は目に見えない形而上的な〝何か〟を信じていた。やがて人々はそれを「神」と呼び、世界各地で神が登場する伝説や物語「神話」が作られ始めた。

最古の神話のひとつといわれるエジプト神話には次のような話がある。あるとき太陽神アトゥムから、天の女神ヌトと大地の神ゲブが生まれ、2神は愛し合い抱擁し続ける。これを見かねたアトゥムは、大気の神シューに2神を引き剥がすよう命じた。こうして天と地は分かれ、その間にできた大気に満ちた空間に、人間が住むことになったという。この神話は「自分が住む世界はどうしてできたのか」という人々の疑問に答えるために作られた「創造神話」の一例である。このように、人々が生き、生活していくにあたって生じる「生と死」「幸福と災禍」、そして「世界の始まりと終わり」に対する疑問について、神話はその回答を用意してくれているのである。

それでは、神話にはどのような神が登場するのであろうか。まず、多くの神話に登場するのが太陽神である。先述のアトゥムもそうだが、夜の闇を祓い世界を照らす太陽は、古代人にとって偉大な存在であったのだろう。また、ギリシャ神話のハデスをはじめ、死後の世界を司る神もよく登場する。死というのは、いつの時代も人から恐れられているもの。そのため、死後の世界を描写する神話は多い。他にも、風や水を司る自然神や、愛の神や美の神といった抽象的な概念を司る神も多い。

これらの神話の多くは、最初は口伝で語り継がれていくが、やがて体系化されて文書として記録されていった。遥か昔に生まれた神話を今も我々が楽しめるのは、古人が編んだ書物のおかげである。時代が進み「宗教」という、より洗練され、組織化された信仰形態が生まれたこと、さらに近代には科学が発展したことによって、神話の神々を信仰する人は少なくなっている。しかし現代、神話をモチーフにしたメディア作品が数多く存在する。漫画やアニメで神々の名前を冠したキャラクターが活躍したり、神話に登場する武器がそのままゲームのアイテムに採用されたりするのを見る機会は多い。信仰の対象としての神話はかつての勢いを失ったものの、それが放つ魅力や神秘性は現在も失われていないのである。

本書の各章冒頭では、神話の世界観やあらすじ、神々の分類、神話を体系的にまとめた文書について解説している。また、3章ケルト神話では『アーサー王伝説』、6章インド神話では『ラーマーヤナ』など、神話ではないものの、神話の影響で生まれた物語や叙事詩に登場する人物も紹介している。また、4章エジプト神話では「神の子」と呼ばれたファラオ（王）たち、7章中国神話・8章日本神話では関羽や菅原道真など、死後に神として祭り上げられた実在の人物も紹介している。

遥か昔から語り継がれ、人々を惹きつけてきた神話のキャラクターたち。本書を通じて、その奥深い魅力を感じていただけたなら幸いである。

かみゆ歴史編集部

世界神話伝説事典

4章 エジプト神話 211

エジプト神話の神々 222

神の子たるファラオたち 268

5章 メソポタミア神話 281

メソポタミア神話の神々 292

1章 ギリシャ神話

・神の名称の上記に古代ギリシャ語での表記を示す

・神の名称の別名の紹介について

(羅)…ラテン語名(同一とされたローマ神話の神の名)

(英)…英語名(多くはローマ神話に由来)

(仏)…フランス語名

(異)…異名や二つ名

(幼)…幼名

・各神のデータについて

【種族】…所属する神族など

【神格】…該当するいずれかを記載

【父親】【母親】…英雄は両親を記載

【住処】…怪物の類は住処を記載

・ギリシャ神話のエピソードは登場人物やいきさつ、結末などが異なるものがいくつかあり、本書で取り上げているのは、そのうちの一部である。また、古代ギリシャ語やラテン語等のカナ表記は、代表的なものを採用している

ギリシャ神話の成立

古代ギリシャ・ローマ人によって語り継がれた物語

ギリシャ神話の起源は、紀元前15世紀頃、ギリシャ南部に発生したミュケナイ文明の時代にさかのぼる。紀元前12世紀頃にこの文明は衰退し、文字による伝承が絶えたといわれるが、古代ギリシャ人たちはミュケナイ時代の記憶や、はるか昔に起こった出来事、各地に伝わる言い伝え、自然神への信仰やそれらに付随する物語を、口承によって何百年もの間受け継いでいった。

こうした口承形式の神話を文字に記録したものの中で最も有名なものが、ホメロスによってうみだされた二大叙事詩『イーリアス』と『オデュッセイア』だ。

紀元前8世紀、ギリシャの各地でポリスと呼ばれる都市国家が誕生する。ギリシャ文明がおおいに栄える時代がやって来たのだ。詩人が歌い継いだ神々の物語は、著述家ヘシオドスが記した『神統記（テオゴニア）』によってはじめて文字として記録され、体系的にまとめられた。ゼウスをはじめとした、ギリシャの神々や英雄たちが確かな形を持ったのである。

ギリシャ人はわたしたち日本人と同様、万物に神が宿ると信じていた。太陽、月、海、大地、炎……こうした神々が世界を動かし、時に人間の感情までも左右すると信じ、崇めた。

一方、紀元前6世紀頃にイタリア半島でうまれた都市国家ローマは、海洋進出をはじめたギリシャ文明から多大な影響を受け成長した。文化とともに神話もローマ人たちに受け入れられ、信仰していた土着の神々と混ざりあったのだ。

ゼウスの異名ユピテルはローマ人たちが彼を呼ぶ時の名だ。呼び名の他にも、物語にはローマ人独自の解釈やアレンジが加えられローマ神話として発展した。多少の差異はあるものの、その性質を大きく変えるほどのものではなかったため、「ギリシャ・ローマ神話」と並記されるにいたったのだ。

ギリシャ・ローマ神話は、以降21世紀にいたる現代まで語り継がれ、西洋文化の根源として、世界中に多大な影響を与え続けている。

ギリシャ神話の舞台

ギリシャ神話の舞台は実在する？

神話の物語や宗教の教典などには、我々が住む地球上に存在しない別の世界が舞台になっているものも少なくない。たとえば、北欧神話の神々の国アースガルズや、キリスト教における楽園、エデンの園などが挙げられる。

対してギリシャ神話の物語は、現在のギリシャ共和国を中心に、地中海全域、ギリシャの隣国トルコ、南ヨーロッパ、エジプト北部など、実在する土地を舞台に繰り広げられる。

主神ゼウスを筆頭とするオリュンポス12神が住むのも、実在するテッサリ

ギリシャ神話のあらすじ

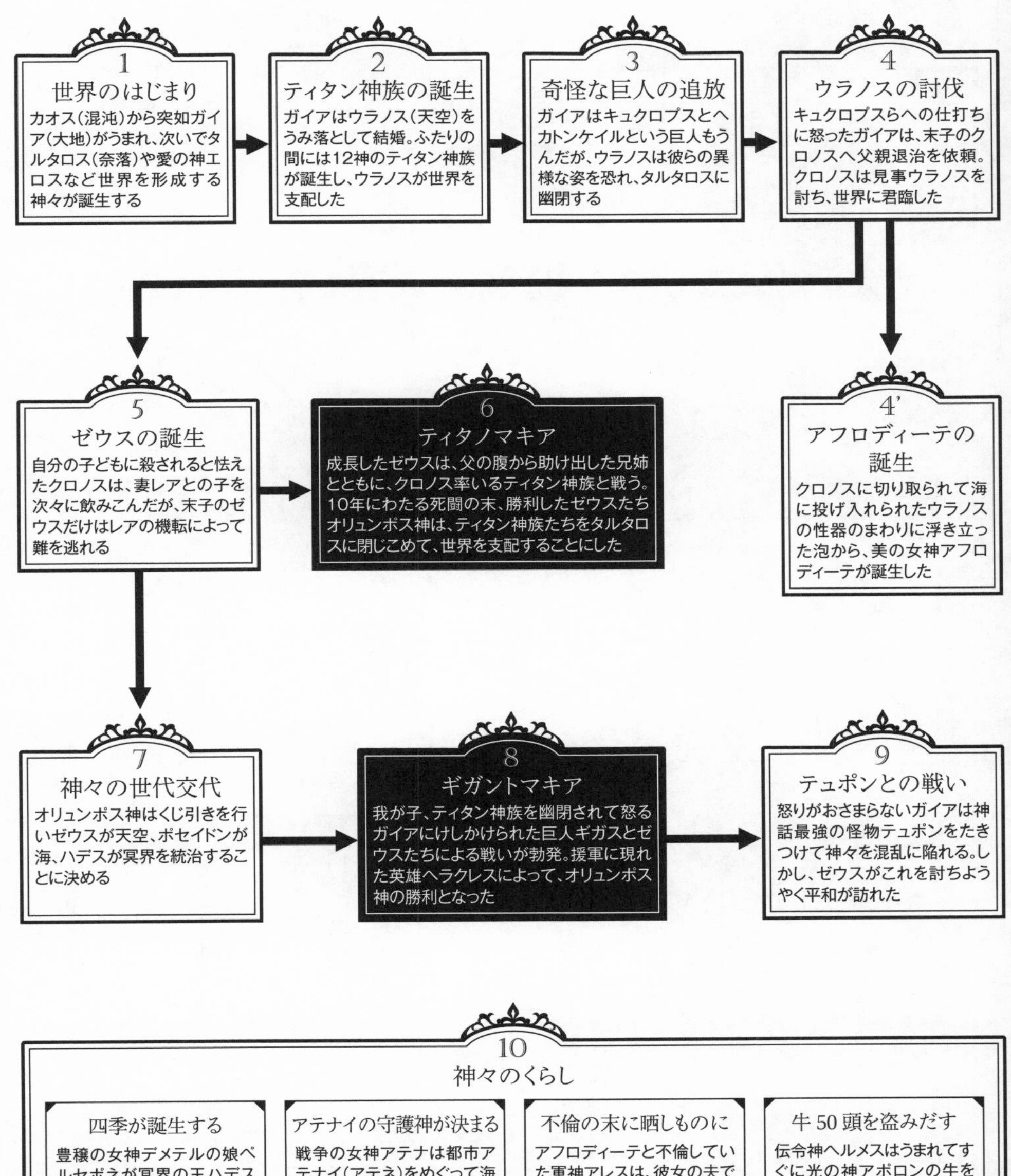

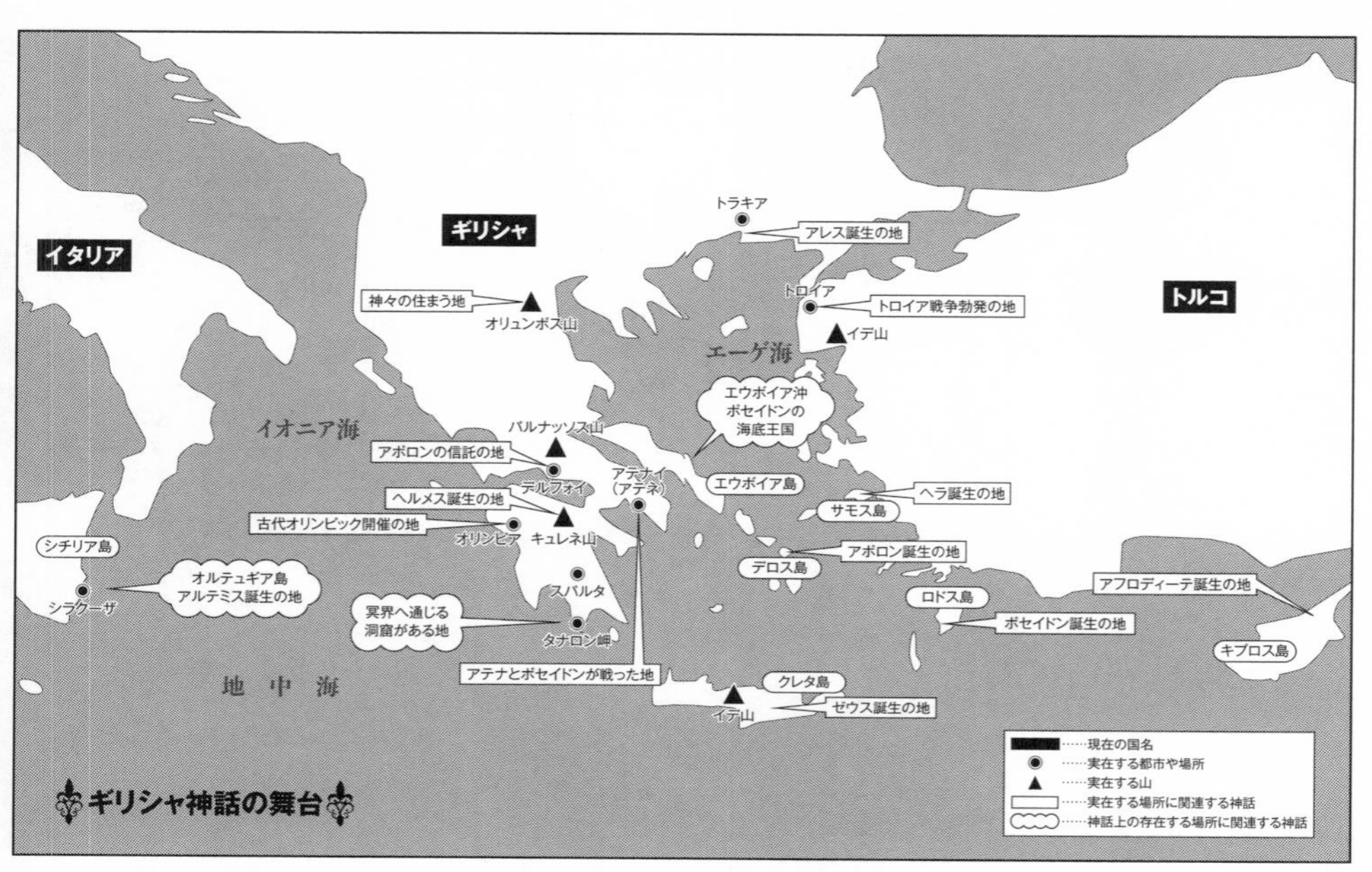

ギリシャ神話の舞台

ア地方にあるオリュンポス山だ。ヨーロッパでも有数の高さを誇るこのオリュンポス山は、古代ギリシャ人にとって霊山であった。人が踏み入れることのできない山の頂に、神が住まうと人々は考えたのだ。

　その他にも多くの場所がギリシャ神話ゆかりの地として知られている。世界遺産にも登録されている同国のデロス島では、光の神アポロンが誕生したともいわれ、首都アテナイ（アテネ）は、その名のとおり女神アテナが守護していた土地とされる。

　また、ヨーロッパという言葉の語源にもギリシャ神話が関係している。フェニキアの王女エウロペは、ある日ゼウスに見初められ、牡牛に変身したゼウスによって攫われてしまった。彼女を連れたゼウスが走りまわった地を彼女の名前にちなみ「ヨーロッパ」と名づけたといわれる。エウロペはギリシャ最大の島であるクレタ島にわたり、のちのクレタ王となるミノスを出産したという。

　このように、地中海に面する国々を中心として、神話時代の名残があちらこちらに残っている。こうした背景から、ギリシャ神話は「神話」なのか「歴史」なのかという議論が古代よりなされていた。現実とフィクションの境目で、ギリシャの神々はいまもなお、ヨーロッパの各地に住んでいるような気にさえなってくる。

世界のはじまり

混沌よりうまれし原初の神々

多くの神話は、世界が誕生する物語からはじまる。ヘシオドスの『神統記（テオゴニア）』によると、ギリシャ神話の世界にはまずカオス（混沌）が存在していたという。このカオスは暗黒の淵のようなものであり、そこには海も陸もなく、光さえ射さない虚空の世界だった。

しかしある時、このカオスに大きな裂け目ができて、そこからガイア（大地）が誕生した。このガイアこそゼウスの祖母にあたり、オリュンポス神族の祖となる神である。

そしてこのガイアに巨大な穴が開いた。その穴の先にうまれた暗澹とした世界がタルタロス（奈落）である。一説によると、愛の神エロスもガイアやタルタロスと同時期にうまれたとされているが、現在ではエロスは美の女神アフロディーテの子とも解釈されるようになる。

さらにカオスからはエレボス（暗黒）、ニュクス（夜）がうまれ、これらがエロスによって結ばれ交わることで、ヘメラ（昼）とアイテル（光）が誕生した。また、ニュクスは単独でタナトス（死）とヒュプノス（眠り）をうんだという。こうした神々が、ギリシャ神話における原初の世界を構築していった。

続いて大地の神ガイアは、男神に頼ることなくひとりでウラノス（天空）とポントス（海）、そして大地にそびえる山々をうむ。ウラノスはガイアを覆うように広がる高大な空となり、そこにはまばゆい星々が瞬くようになった。ここに「天」「地」「陸」「海」という、ギリシャ神話の舞台が完成したのである。

そしてガイアは自らの子であるウラノスと交わり、ティタン神族をうみ落としていく。ゼウスの父クロノスと、母レアをはじめとする12神（男6、女神6、または7）の神々だ。また、キュクロプスという巨人をはじめ様々な怪物も生み出した。しかしウラノスはキュクロプスら巨人の子どもたちの醜い姿を嫌い、タルタロスへ幽閉してしまった。これがギリシャ神話のはじまりであり、オリュンポス神族が活躍する以前の世界の様子だ。

「ティタノマキア」と「ギガントマキア」

ティタン神族と巨人を倒したゼウスが主神に

天空神ウラノスは、地母神ガイアとの間にティタン神族と、異形の怪物たちを生み出した。しかしウラノスは怪物たちを忌み嫌い、彼らを奈落の底タルタロスに閉じこめてしまった。いくら醜いとはいえども、可愛い子どもに対する夫の仕打ちに激怒したガイアは、末子のクロノスにウラノスを退治するよう依頼する。

母の頼みを快諾したクロノスは母か

ら与えられた大鎌で父を討ち倒し、タルタロスに閉じこめられている兄弟たちを助けにいったのだが、彼らの異様な姿におののき、再びタルタロスに戻してしまった。

父ウラノスを討伐したクロノスは、姉のレアを妻に迎えて天界に君臨する王となったのだが、父と同様に我が子に王位を奪われるという予言につきまとわれ、うまれてきた子どもたちを次々に飲みこんでしまう。

子どもを失う悲しみに打ちひしがれたレアは、末子のゼウスを身ごもるとクロノスに隠れてうみ、石を赤子と偽って飲みこませることで、ゼウスの命を助けることに成功する。やがて立派な青年に成長したゼウスは、父クロノスに嚥下薬(えんげ)を飲ませ、飲みこまれていた兄姉たちを助けたのだった。そうして、兄姉たちと協力して父クロノスとその兄弟であるティタン神族に戦いを挑んだ。

10年にわたる激闘の末、クロノスらティタン神族をゼウスたちが征服。ゼウスは世界の頂点に君臨することとなったのである。このゼウスたちオリュンポスの神々とティタン神族の間で起こった大戦争を「ティタノマキア」という。

戦いのあと、ゼウスはタルタロスにティタン神族たちを追いやったのだが、またもや我が子をないがしろにされたガイアが怒り、クロノスが父ウラノスを去勢した時に飛び散った血からうまれた巨人族(ギガンテス)をけしかけてきた。ゼウスたちは巨人相手に果敢に立ち向かうも、相次いで負傷してしまう。

そこへ、ゼウスの子である英雄ヘラクレスが援軍に現れ、自慢の棍棒で巨人たちを圧倒する。その隙をついた神々が巨人を攻撃し、ついに勝利をおさめたのだ。この戦いは「ギガントマキア」と呼ばれ、ギリシャ神話の中で最も激しい戦いとされている。

人類が歩んだ5つの時代とは
神々は人間に手を焼き何度もうみなおした?

ギリシャ神話に具体的な人類の誕生は明記されていないが、一方で人類が現代にいたるまで、どのように歩んできたかは語られている。

ヘシオドスによると、人類には5つの段階があったという。まずティタン神族の支配していたころ、人は「黄金の時代」にあった。大地は耕さなくとも実り豊かで、労働の苦はなく、神々と同じように人間も不死に近かったという。

次にオリュンポスの神々が支配する時代に入ると、人と神は別々に住まうようになった。人々はあまりに平和な時代が続いたため、神々を敬うことを忘れてしまう。この時代を「銀の時代」と呼び、人類が横暴すぎるので、ゼウスは彼らを冥界に送る、もしくは土に埋めて滅ぼしてしまう。

次の「青銅の時代」に入ると、ゼウスは新たにトネリコという木から人をうみだした。彼らもまた傲慢で、戦いを好む種族に成長してしまったため、青銅の武器を使って争ってばかりいた。

このころ、ゼウスの命を受けた鍛冶の神へパイストスによって、人間最初の女性となるパンドラがつくられた。この時代に入るまで、人間には男性しかいなかったのである。彼女は人間に対するゼウスの負の贈り物だ。「パンドラの箱」でも有名なエピソードであるが、彼女は厄災の入った箱（壺とも）を開き、世界に不幸を振りまいてしまったのだ。

しかし、彼女の娘ピュラは善良な人間として神々に愛されていたようである。その後、ゼウスは大洪水を起こして人間を一掃しようとするが、ピュラとその夫だけは洪水を逃れ生存を許されている。

具体的にどの時代に洪水が起きたかは諸説あるが、この洪水で青銅の時代は終わったとも、争いによって人類は自ら滅亡したともいわれる。

ギリシャ神話における人類の5時代

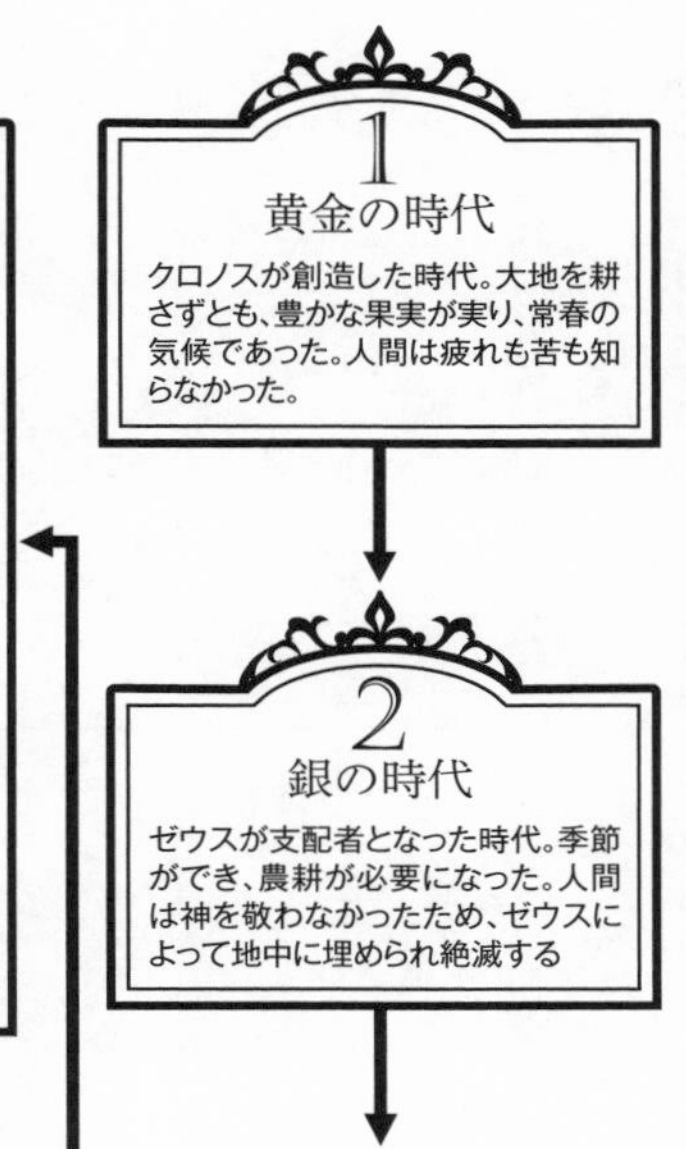

英雄の登場と衰退、そして現代へ……

青銅の時代に続き、つぎに「英雄の時代」が到来する。ヘラクレスやペルセウス、アキレウス、そしてイアソンなどの名高い英雄が数多く登場し、冒険とロマンスに溢れた、非常に物語性の強い時代である。

ヘラクレスやペルセウスが代表的だが、人間と神との間にうまれた「半神」と呼ばれる英雄が多く誕生する。

彼らを中心に神々と人間の距離は再び近づき、人を見放していた神々も、正義感溢れる英雄たちに力を貸すようになった。ギリシャ世界を分断したトロイア戦争が起こったのもこの時代だ。

しかし、勇敢で知恵のある英雄が活躍する反面、人類全体の退廃と堕落は止まることがなく、結局この時代の人間たちも戦いによって滅んでしまった。

最後の「鉄の時代」は、いまわたしたちが生きている時代そのものとされる。人は徳を失い、労役と苦悩に苛まれ、やがてゼウスに滅ぼされる運命にあるというのだ。

この5つの時代区分は、青銅器時代、鉄器時代など、ある程度現実のギリシャ文明の歴史に即したものと考えられている。

「昔は良かった」という懐古主義的な面がある一方、過去の歴史に学び、現在の人の在り方を正そうというギリシャ人たちの思想が垣間見える。

神を二分した人類の争い「トロイア戦争」

ひょんなことから起こった大戦争

ギリシャ神話の世界で、人類が起こした最も著名な戦いがトロイア戦争である。きっかけは女神テティスと人間ペレウスの結婚式だった。これに招かれなかった争いの女神エリスは「一番美しい女神へ」と書いた黄金のリンゴを投げ入れる。これにより、女神ヘラ、戦争の女神アテナ、美の女神アフロディーテの3人の女神は誰が最も美しいかで争いはじめ、トロイアの王子パリスに審判を委ねた。勝利を掴みたい女神たちは、自分を選んだ際の報酬の話を持ちかける。そしてパリスは彼女たちのなかからアフロディーテを選ぶのだが、彼女が用意した報酬は「絶世の美女」だった。

約束どおりアフロディーテの助けで、パリスは絶世の美女と謳(うた)われたスパルタ王妃ヘレネを勝手に連れ去ってしまう。王妃を奪われたスパルタ王は激怒した。そしてヘレネ奪還のため、周辺の国々に応援を要請して「ギリシャ軍」を結成し、大軍勢を引き連れてトロイアに攻め込んだのである。トロイアには戦う道しか残されていない。この戦いには神々も両陣営にわかれて参戦。ここから約10年に及ぶ大戦争がはじまったのである。

トロイア戦争のあらましとその後

このトロイア戦争の主人公として叙事詩『イーリアス』に登場するのが、英雄アキレウスだ。彼はゼウスの遠縁にあたり、人間の父と神の母をもつ半神の青年である。人間離れした力を持ち、母である女神テティスの配慮で不死の力を得ていた。彼はギリシャ軍に味方し、敵軍の将ヘクトルと一騎討ちをして勝利を勝ち取るなど大きな戦果をあげた。トロイア軍をおおいに苦しめたアキレウスだったが、唯一の弱点であるアキレス腱をパリスの弓矢で射貫かれ、戦死してしまう。

主戦力を失ったギリシャ軍は真っ向からの勝負を止め、軍人オデュッセウスの作戦で、兵士を中にひそませた巨大な木馬を城門前に置いて撤退したふりをした。この木馬は「トロイの木馬」といわれる罠で、敵軍の侵入を許したトロイアは陥落してしまう。これがトロイア戦争終結までの物語とされている。

この戦争が有名な背景には、魅力的な英雄たちの活躍があげられるが、付随するアナザーストーリーが多数語られているのもその理由のひとつだ。最も有名なものがオデュッセウスの故郷への帰還までの冒険を記した『オデュッセイア』だろう。その他にもさまざまな神話が現在に伝わっている。

これらの物語は長らく完全なフィクションといわれてきたが、19世紀にプロイセン出身の実業家シュリーマンがトロイア遺跡を発見したことで、その認識が大きく変わった。遺跡がトロイア戦争の舞台であったか否かは定かではないが、トロイア戦争の伝説が、史実を内包した物語である可能性がさらに高まったことで注目を集めるようになったのである。

ギリシャ神話は、神と人とがまだ同じ世界にいたころの物語だ。それは決してただの空想の世界ではなく、わたしたちが生きている現代と地続きに広がっている。どこか人間味のある神や、魅力的な英雄には、もしかするとモデルがいたのかもしれない。そんなところも、ギリシャ神話の魅力なのだ。

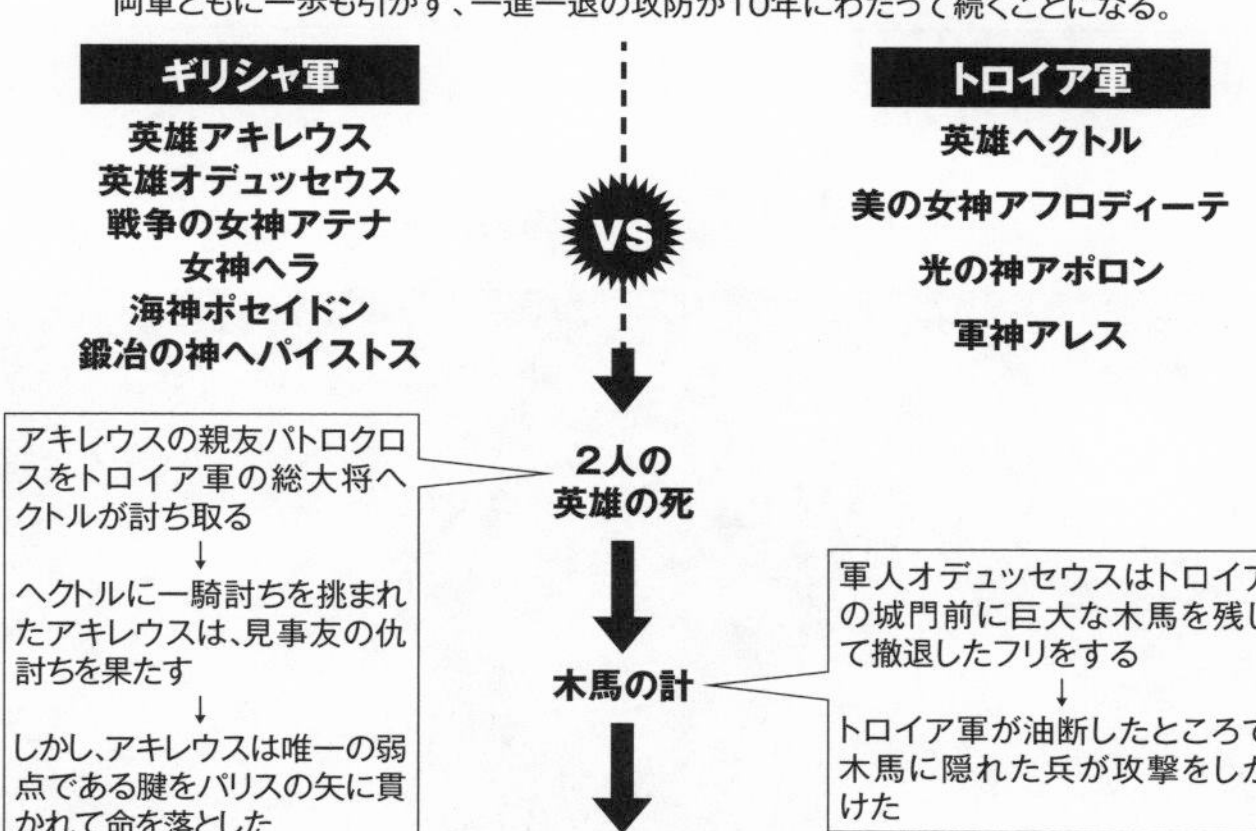

ギリシャ神話と星座

星座はギリシャでうまれたわけではなかった？

牡牛座や牡羊座など、今日でも占星術などに使用される「黄道12星座」をはじめ、星座とギリシャ神話は深い関連性を持っている。はじめてギリシャ神話に触れたのが、プラネタリウムだったという人も少なくないはずだ。

ところが、星座をつくったのはメソポタミア（現在のイラクやクウェートあたり）に住んでいたシュメール人だといわれている。農業を生業としていた彼らにとって星座は、季節の移ろいを知る手がかりだったのだ。

現在わたしたちが知っている星座たちは、地中海貿易などによりギリシャに伝わり、次第に神話と結びついていったことで誕生したといわれている。古代ギリシャにおける最も古い星座は大熊座、牛飼い座、そしてオリオン座だと伝わっている。

『ヴィーナスの誕生（La Nascita di Venere）』
（サンドロ・ボッティチェリ／ 1486年頃／フィレンツェ、ウフィツィ美術館蔵）

12星座の成り立ち

牡羊座

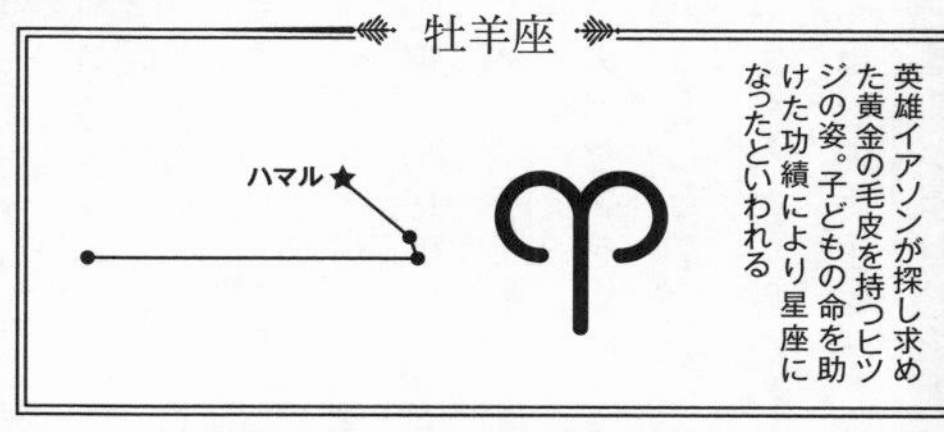

英雄イアソンが探し求めた黄金の毛皮を持つヒツジの姿。子どもの命を助けた功績により星座になったといわれる

牡牛座

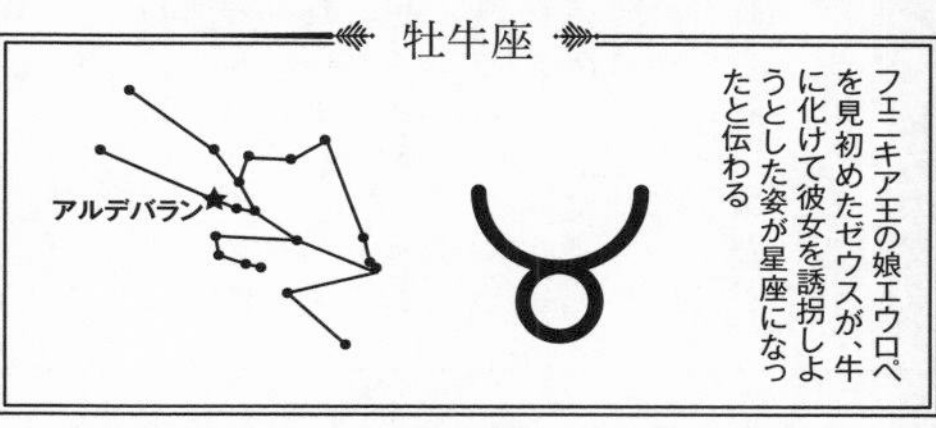

フェニキア王の娘エウロペを見初めたゼウスが、牛に化けて彼女を誘拐しようとした姿が星座になったと伝わる

双子座

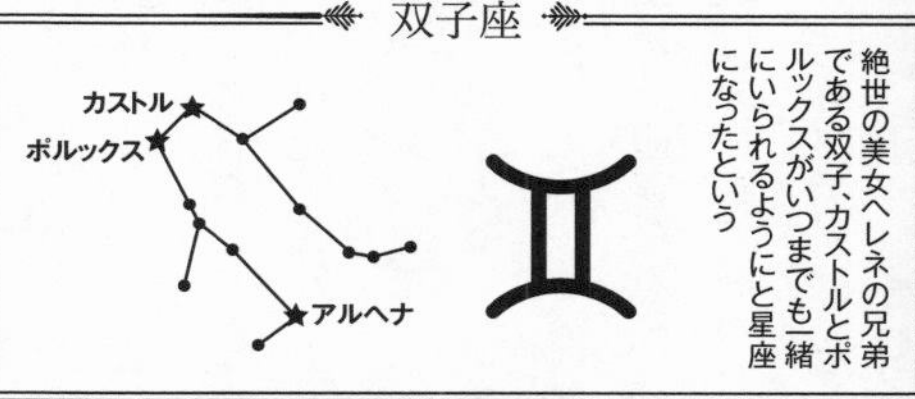

絶世の美女ヘレネの兄弟である双子、カストルとポルックスがいつまでも一緒にいられるようにと星座になったという

蟹座

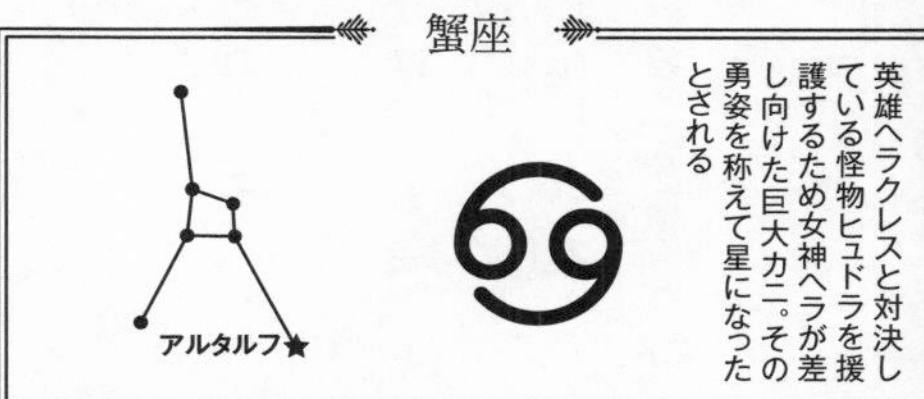

英雄ヘラクレスと対決している怪物ヒュドラを援護するため女神ヘラが差し向けた巨大カニ。その勇姿を称えて星になったとされる

獅子座

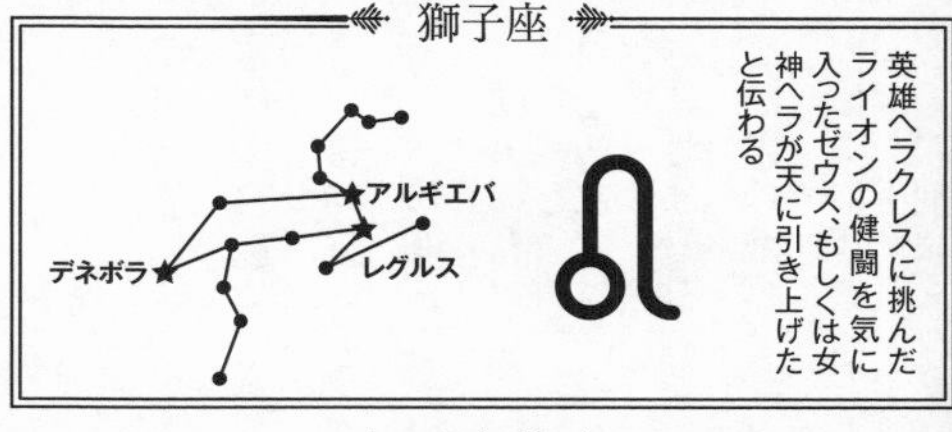

英雄ヘラクレスに挑んだライオンの健闘を気に入ったゼウス、もしくは女神ヘラが天に引き上げたと伝わる

乙女座

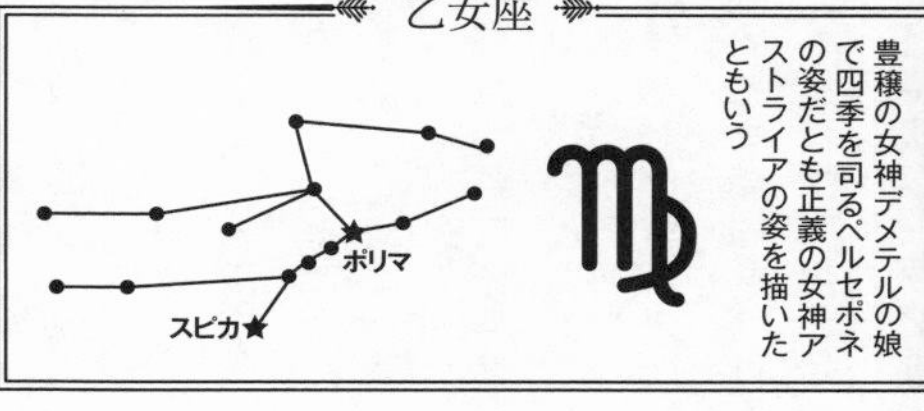

豊穣の女神デメテルの娘で四季を司るペルセポネの姿だとも正義の女神アストライアの姿を描いたともいう

天秤座

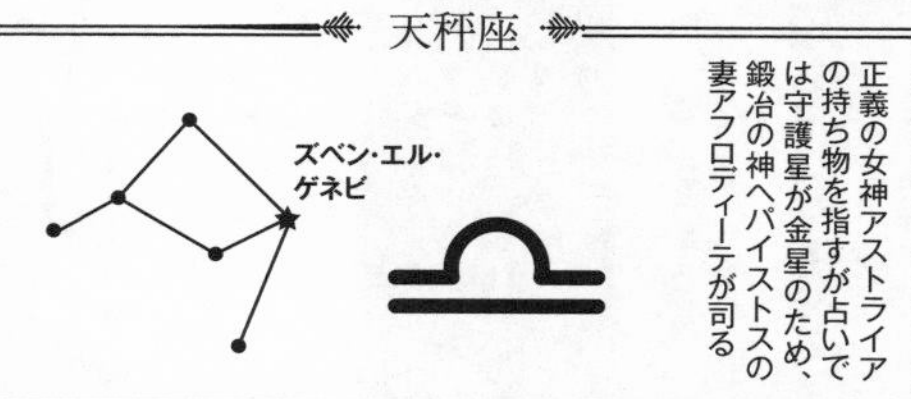

正義の女神アストライアの持ち物を指すが占いでは守護星が金星のため、鍛冶の神ヘパイストスの妻アフロディーテが司る

蠍座

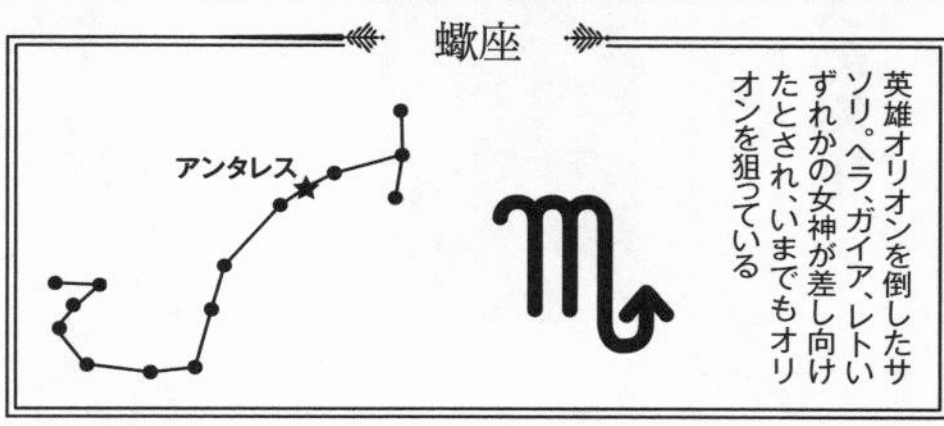

英雄オリオンを倒したサソリ。ヘラ、ガイア、レトいずれかの女神が差し向けたとされ、いまでもオリオンを狙っている

射手座

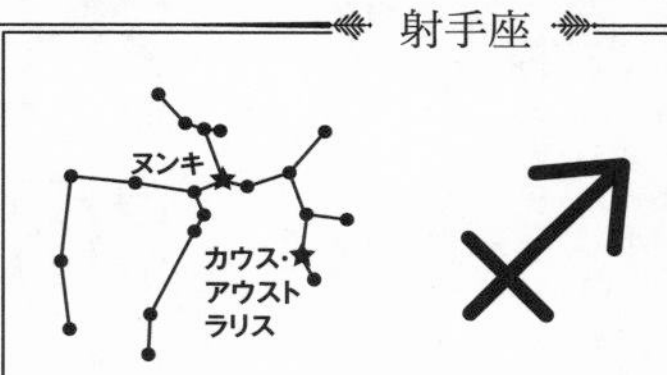

アキレウスら英雄を教育したケンタウロスの賢者、ケイロンの姿。毒に侵され苦しみ続けた彼の死を偲んで星座に

山羊座

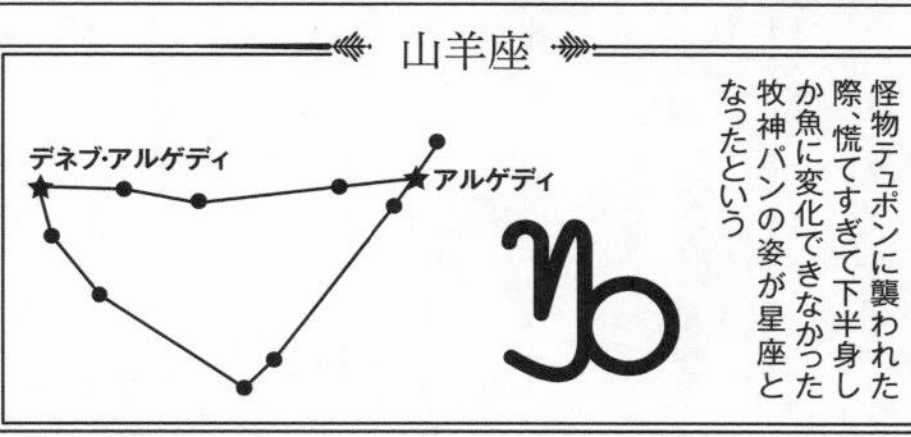

怪物テュポンに襲われた際、慌てすぎて下半身しか魚に変化できなかった牧神パンの姿が星座となったという

水瓶座

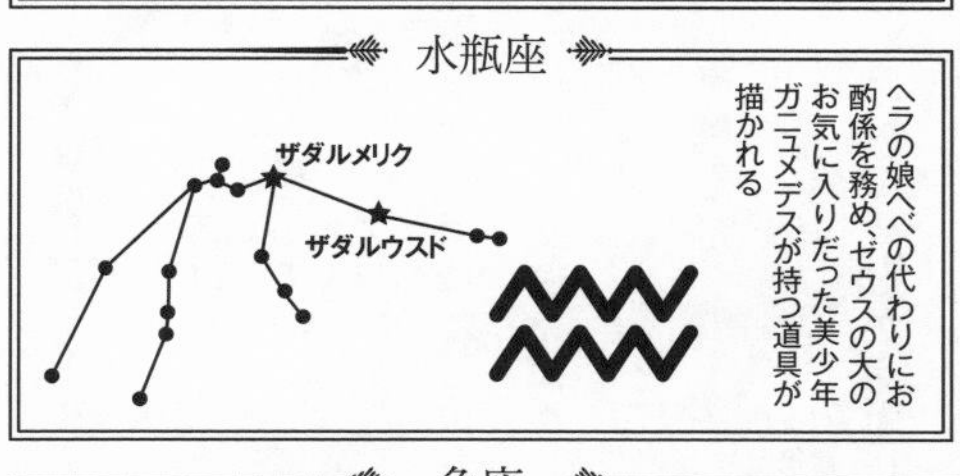

ヘラの娘ヘベの代わりにお酌係を務め、ゼウスの大のお気に入りだった美少年ガニュメデスが持つ道具が描かれる

魚座

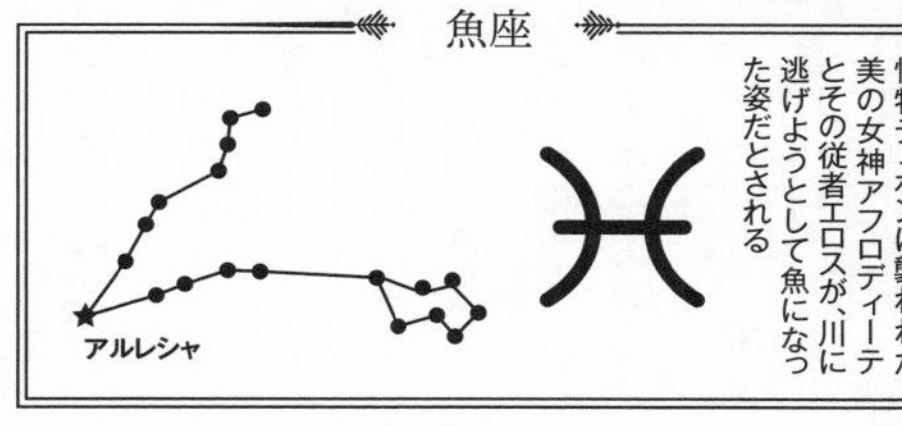

怪物テュポンに襲われた美の女神アフロディーテとその従者エロスが、川に逃げようとして魚になった姿だとされる

ギリシャ神話の神々

種族 オリュンポス神族
神格 主神、天候神

全知全能の神ゼウスの誕生

ギリシャの中部にそびえる標高約2900mのオリュンポス山。ギリシャ最高峰のこの山には、12の神々が住まうという。彼らをオリュンポス12神と呼び、その頂点に君臨するのが全知全能の神ゼウスだ。古代ギリシャ・ローマ世界の人々は、畏敬の念を持ってこのゼウスを崇め、その恩恵にあやかろうとした。

いまも人々から敬われるゼウスだが、じつは彼の誕生は決して歓迎されるものではなかった。原因はゼウスの父クロノスにある。クロノスはゼウスの祖父にあたるウラノスを追放し、ティタン神族の長となった神だ。だが、父から権力を奪い取ったクロノスには、ある予言が告げられていた。自分が行ったように、クロノス自身も自らの子どもに権力を奪われるというのである。この予言を恐れたクロノスは、うまれた子どもたちを次々と飲みこんでいったのだ。

この仕打ちに耐えられなくなったのは、可愛い我が子を5神も失ったクロノスの妻レアだ。彼女はクレタ島で密かに末子のゼウスを出産する。ゼウスは神々やニンフの協力もあり、クロノスにその存在を知られることなく、無事に成長していった。そして父クロノスを倒すために立ち上がるのだ。

大戦争「ティタノマキア」に挑む

ゼウスはまず、クロノスに飲み込まれた兄弟である、ヘスティア、デメテル、ヘラ、ハデス、そしてポセイドンを助け出した。味方を増やしたゼウスは、オリュンポスに集った神々を率い、クロノスが統べるティタン神族に戦いを挑んだ。「ティタノマキア」と呼ばれるこの大戦争は実に10年にわたる。だが、勢力が均衡したまま決着がつかない。

この状況を見かねた祖母ガイアは、クロノスによってタルタロスという奈落に閉じ込められたひとつ目の巨人、キュクロプスたちの力を借りるようにゼウスに助言する。

助言通りゼウスに解放されたキュクロプスたちは、ゼウスの雷霆をはじめ、さまざまな神器を授けた。ゼウスの放つ雷霆の地響きは冥界にまで届き、世界は炎に包まれたという。この圧倒的な力の前にクロノスは降伏。ゼウスは晴れて神々の頂点に君臨する。

全知全能の神であり、無敵の雷霆を持ったゼウスは、エンタメの分野でも度々登場する。その多くが強大な力を持っている。ゼウスの名を持っていなくとも、木星という属性に雷が付随されるのは、ゼウスが木星を司るからだ。

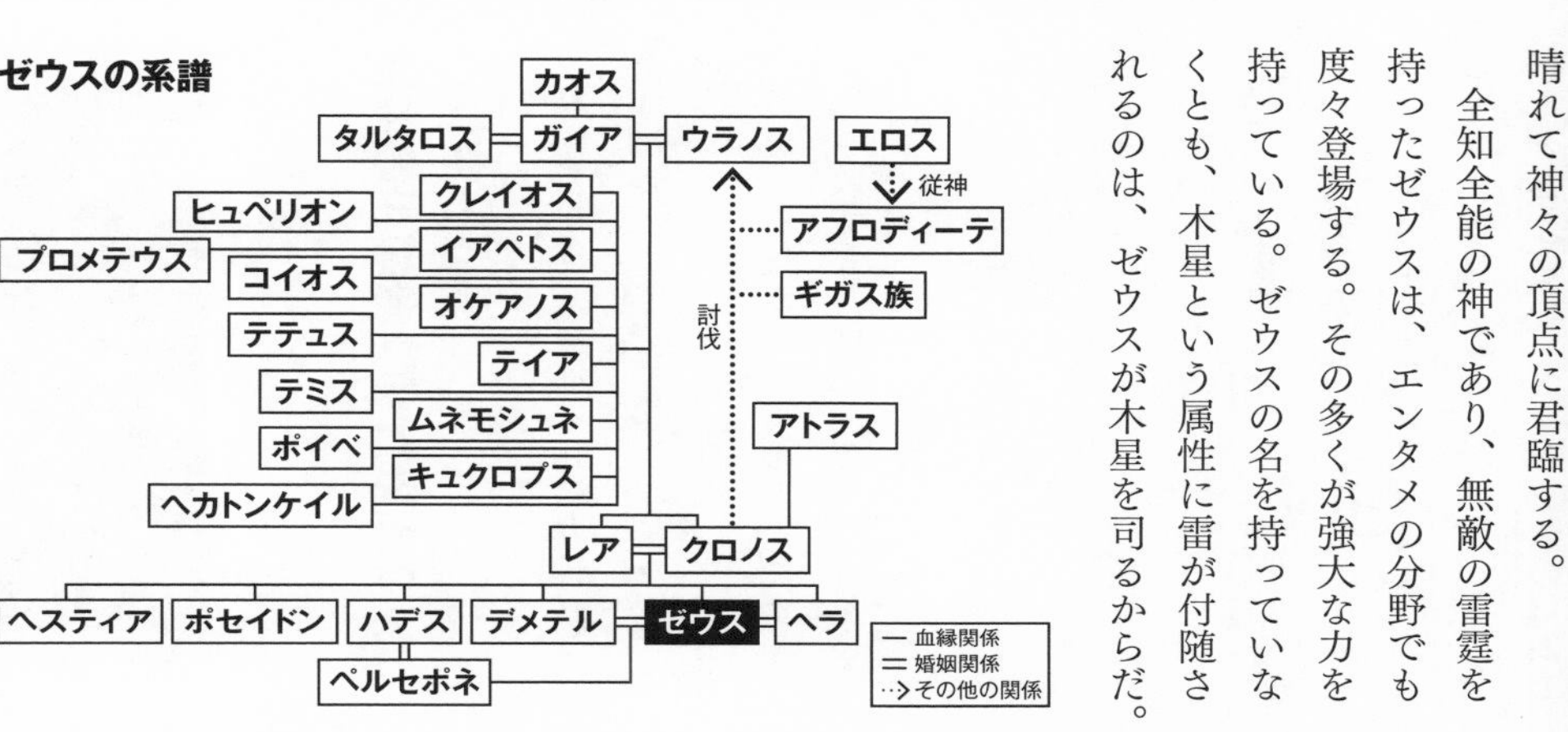

『美少女戦士セーラームーン』のセーラージュピターが雷撃を用いるのは木星の加護を受けているからだろう。

平和を謳歌する好色家なゼウス

ギリシャ神話において、ゼウスは最も恋多き神だ。ゼウスは知恵の神メティスを最初の妻に望んだが、メティスがうんだ男神はゼウスの地位を脅かすと予言されたため、彼女を丸飲みにしてしまう。2番目の妻にゼウスが選んだのは法の女神テミスだった。テミスとの間には運命の女神モイライなどがうまれている。そして、最後にヘラを正妻として迎えたのだが、その正妻の目を盗んでは愛人との逢瀬を重ね、愛人の数はもはや両の指では足りない。

その間にうまれた子どもはさらに膨大な数になる。ゼウスは平和な時代を恋愛という形で謳歌していた。時に牛に化け白鳥に化け、金の雨や雲に姿を変え、美しい女性を誘惑しては情を通じてしまうのである。

こうした好色家な一面を持つゼウスだが、その威厳が崩れないのは、いざとなれば神の王として立ち上がる力を持っているからだ。オリュンポスの神々をはじめ、ゼウスは常に絶対的な存在として崇められていた。女性たちとの逸話も、彼の力にあやかりたいという人々の思いからうまれたのだろう。

ゼウスはギリシャの神々の父とも呼ばれる。オリュンポス12神のうち約3分の1が彼の子であり、英雄ヘラクレスや、ペルセウスなど、ギリシャ神話を彩る神々や英雄は、軒並みゼウスの血を引く。

ケラウノス
ゼウスの武器である凄まじい威力を発揮する雷。古代の人々は雷を神の発する矢のようなものと捉えていた。

鷲座
鷲座の成立には諸説あり、ゼウスの雷霆を運ぶ黒いワシのことを指すとも、ゼウスが惚れた美少年ガニュメデスを連れ去る際にワシとなった自らの姿を星座にしたとも伝わる。ワシはゼウスの使いで、下界からの情報をもたらしてくれるという。

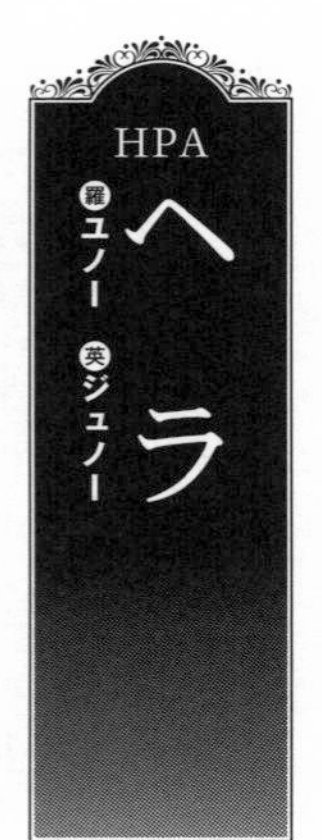

種族　オリュンポス神族
神格　結婚神、地母神

女性の守護者ヘラと夫ゼウスの馴れ初め

結婚、母性、貞節を司る女神ヘラ。オリュンポス神族の長であるゼウスの正妻であることから、神々の女王とも呼ばれ、古代から多くの人々によって崇拝されてきた神である。6月を表す英語「June（ジューン）」はヘラの英語名「ジュノー」からきている。6月に結婚式を挙げる花嫁「ジューン・ブライド」が良いとされるのは、ヘラの加護を受けることができるからだという。

ゼウスは女神テミスという妻がありながら、姉であるヘラに恋をしてしまう。ゼウスはお得意の変身でヘラに近づき、カッコウの姿で誘惑。ことに及ぼうとしたが、ヘラはゼウスの行為を断固拒否した。それでも引き下がらないゼウスを相手に、ヘラは正妻にしてくれるのなら承諾してやろうと強気に出たのだ。ゼウスはよほどヘラに惚れ抜いていたのか、テミスと別れてヘラと再婚した。しかし、ゼウスは早々に心変わりするのである。

ヘラの復讐劇は女性への援護射撃？

ゼウスは、正妻となったヘラを放ったまま、美女たちとアヴァンチュールを楽しむ日々を過ごす。一説によると、ヘラは正妻としての面目を保つため、たったひとりでヘパイストスを身籠もったともいわれる。しかしゼウスは懲りない。ヘラはゼウスが新しい愛人をつくるたび、ありとあらゆる制裁を愛人やその子どもに下した。女神レトは9日9夜陣痛に苦しみ、リビアの女王ラミアは子どもを食らう化け物になった。そして女神アルテミスの侍女カリストは熊に姿を変えられてしまい、息子に殺されそうになるという悲劇の末路をたどった。

漫画『未来日記』ではヒロイン、我妻由乃（がさいゆの）の元ネタになっている。「ユノー」はローマ神話でのヘラの名だ。由乃は愛する主人公に近づく女性をすべて敵と見なし、殺人もやむなしと思っている少女で、ヘラの嫉妬深さが過剰なまでに反映されている。

ヘラが結婚の女神として君臨するのは、畏怖によるものではない。彼女は夫ゼウス以外を愛したことはなく、貞節を守っている。当時の男尊女卑社会において彼女の存在や浮気相手への復讐劇は、横暴な夫を持つ女性たちへの援護射撃でもあったのだ。

ヒュドラ
9つの頭を持つヘビのヒュドラは、英雄ヘラクレスに敗北したが、ヘラが海蛇座（うみへびざ）にしたという。

蟹座
ヘラクレスと戦うヒュドラを援護するためヘラが差し向けた巨大ガニが星になった姿だと伝わる。

水瓶座
ヘラとゼウスの娘ヘベがこなしていた宴会でのお酌係を継いだ美少年のガニュメデスの姿だとされる。

ΑΙΔΗΣ

ハデス

羅 プルトン　英 プルート　異 ポリュデグモン

種族 オリュンポス神族
神格 冥界神

冷静な裁きを下す冥界の支配者

老若男女を問わず、どんな人間にも死は平等に訪れるものだ。死後の世界というのはあらゆる宗教や神話で語られてきたテーマであるが、ギリシャ神話における冥界は、太陽の光が届かない地下深くとされている。この地で死者の魂を裁く神が、冥界の王と呼ばれるハデスだ。

あの世の境目には川が流れ、カロンという渡し守がおり、彼に銀貨1枚をわたすと向こう岸へと運んでもらえる。冥界の門の前にはケルベロスという3つの頭と蛇の尻尾を持ち火を吐く犬の怪物が睨みをきかせており、死者が外へ出ないように常に門を見張っているという。その奥にハデスの館がそびえるのである。

古代ギリシャ・ローマ世界の人々にとって、ハデスは恐ろしい存在だった。彼らは死に触れることを嫌っていたため、ハデスを祀る神殿は珍しく、記録にもエリスという地方にひとつだけという有様だ。

ディズニー映画『ヘラクレス』では、オリュンポスの支配を目論む悪役として登場し主人公ヘラクレスと対峙した。この映画から青髪に土気色の嫌味でずる賢いハデスをイメージする人も多いだろう。

しかし古代世界において、ハデスは必ずしも「悪」と見なされていたわけではない。古代ギリシャ人は、「ゼウスの側には掟が、地上には法律が、そしてハデスの側には正義がある」という言葉を残している。ハデスは供物などの賄賂に左右されることなく、無慈悲なほど、非常に冷静な正義のもと、死者の魂を平等に裁く神とされていたのである。

冥界の王は恋愛下手？

そもそもハデスは、長らく父クロノスに飲みこまれていた。ともに飲みこまれていた弟の海王神ポセイドンと一緒に、末弟ゼウスによって助けだされたハデスは、兄弟たちとともに父クロノスを倒した。そしてゼウス、ポセイドン、ハデスの3神は、天空、海、冥界を誰が統治するかを決めるくじ引きを行う。この時冥界を引いたのがハデスだったのだ。

冥界の王であるせいか、ゼウスの兄にも関わらず、ハデスはオリュンポス12神に数えられていない。由来する物語も非常に少なく、常に死者がやって来る冥界の仕事が忙しすぎて、地上に上がってこられないともいわれているのだ。2006年に、ハデスのラテン名から取られた冥王星（プルート）が太陽系惑星から除外されるなど、現代でもどこか不遇な感じが否めない。

また、あちらこちらに子種を撒いているゼウスやポセイドンに比べると、恋愛のエピソードも数えるほどしかない。最も有名な物語は、美しい女神ペルセポネを誘拐した事件だ。

この誘拐事件も、ペルセポネの父であるゼウスに事前に相談し、許諾を受けたうえで決行するあたり「冷静」なハデスらしい。恋愛に関しては奥手だったようで、この他にはニンフのメンテとレウケのふたりの名が挙がるが、いずれもうまくいかなかった。

死に対してストイックなハデス

まるで人間のように喜怒哀楽を表し、神としての暮らしを謳歌しているギリシャの神々の中で、ハデスはストイックなまでに自らの責務と使命をまっとうしている神だ。特にハデスは、彼の分野である〝死〟に立ち入られることを大いに嫌う。

医術の天才であるアスクレピオスが、ついに死者をも蘇らせる技術をうみだすと、冥界の魂が現世に取り戻されて行くのを見かねたハデスは、「秩序を乱す」としてゼウスに抗議した。その結果、ゼウスの雷霆によりアスクレピオスは殺されてしまう。

しかし、冥界の王ハデスも、時には情に流されることがある。天才音楽家オルペウスが、亡くなった妻エウリュディケを呼び戻すために冥界を訪れた時のこと。彼の奏でる竪琴と、妻への想いに胸を打たれたハデスは思わず感涙し、条件つきではあるが冥界の掟を破って、エウリュディケの現世への帰還を許した。オルペウスの物語は結局悲劇で幕を閉じるが、ハデスにもこうした一面があるとわかるだろう。

また、自分を祀っている唯一の地・エリス地方がヘラクレスに侵攻されると、迎撃のために立ち上がっている。自分を信仰する者に恩返しをする、ハデスの粋な一面が見られる。

ハデスには「ポリュデグモン」という異名がある。「すべてを受け入れる者」という意味だとされている。人は古代から死を恐れ、忌み嫌いながらも、いつかは行きつく運命として受け入れなければならない。ハデスは、正統な裁きを下し、どんな人間でも冥界の民とする。死の先にハデスのように平等な王がいることは、時に救いとなったのかもしれない。

ハデスの兜
被ると身体が透明になって相手から見えなくなる兜。

冥王星
ハデスが司る惑星。一般的な惑星記号にはハデスのラテン名プルトンの最初の2文字が使われている。

蛇遣い座
名医アスクレピオスはハデスの抗議により殺されたが、その功績から星座となった。星座名は彼の持つ蛇杖（医術のシンボル）にちなむ。

種族 オリュンポス神族
神格 海神

海の厳しさを体現する荒々しい海の神

古代ギリシャの人々は、日本列島と同様に津波や高波に苦しめられてきた歴史がある。そんな海を象徴しているのが、海王神ポセイドンである。ポセイドンは海底深くにある黄金の宮殿に住んでいるといわれ、白馬が引くチャリオット（戦闘馬車）に乗って世界中を駆けまわるのだ。その片手には必ず「トライデント」という三叉の鉾が握られている。トライデントは自在に海を操ることができるポセイドン愛用のアイテムだ。

海を体現するポセイドンは非常に荒々しい性格をしているとされる。女神アテナと領地争いをした際には、一帯に津波、または塩水の泉を起こして都市を壊滅しようとしてゼウスに叱咤され、さらに、女神ヘラと領土を争った際には、川を干上がらせてしまった。海や水に関わることだけでなく、ポセイドンは地震を起こすこともできるとされた。敵にまわすと非常にやっかいな神である。

弟ゼウスに負けず劣らず、恋多きポセイドン

荒神として名高いポセイドンだが、家族をはじめ身内には海のように広大で深い愛情をそそいだ。古代ギリシャ人、特に漁民や船乗りたちは、航海の安全と豊作を願い、ポセイドンの守護を受けるために供物などを捧げて崇拝していたという。

正妻アンピトリテも海の神であり、強大な力を持っていたとされる。彼女とポセイドンの間には3神の子どもがうまれ、特に海神トリトンは、その名が広く知られている。とはいえ、ポセイドンもご多分に漏れず、妻がいながら恋多き神である。弟のゼウス同様に美女が大好きで、ミノス王の娘エウリュアレとの間にはオリオンがうまれるなど、ポセイドンの血を引く神や英雄は数多い。

女神デメテルと交わった際には、彼女が一度馬になって逃げようとしたことから、ポセイドンも馬になりその状態でことに及んだ。うまれた子どもも馬の姿になり、神馬として英雄たちの頼もしい相棒になった。

時に厳しく、時に優しい、ポセイドンの気まぐれな性格は、刻々と姿を変える海そのものだ。

トライデント
地震や洪水、突風を起こせる三叉の鉾。時には人の意志をも操ることができる。

カシオペア座
カシオペアは自分と娘のアンドロメダが海のニンフよりも美人であると自慢したため、海を支配するポセイドンたちの怒りをかい、殺されたあとも椅子に縛られたままの姿で星座となった。彼女は休むことも許されず、天空を回り続けるのだという。

種族 オリュンポス神族
神格 豊穣神／冥界の女王

乙女コレーの身に起こった悲劇

オリュンポス12神のひとりデメテル。彼女は豊穣の女神として地上に種をまき、それを収穫することが役割だ。特に古代ギリシャ人たちの主食だった穀物の生産に深く結びついている。その娘ペルセポネは、黄道12星座のひとつ乙女座のモデルとなったという説があるほど美しい女神だった。

この母娘が、ある事件をきっかけに大地に四季をうむことになる。ペルセポネはこの名を冠する以前、乙女を意味するコレーという名で呼ばれていた。あまりに美しいため、あらゆる神々から求婚されたが、母はすべて断り、男たちの目に触れないよう大切に育てていたという。

ところが、地中に住まう冥界の王ハデスに娘の姿を見られてしまったのだ。ハデスはコレーに一目で恋に落ち、コレーの父であるゼウスに、彼女を妻として迎え入れたいと願いでた。ゼウスはデメテルに相談もせずに結婚を許してしまう。

そんな約束が交わされているとはつゆ知らず、母娘はいつものように野原で花を摘んでいた。すると穏やかな景色の中に、ハデスが突然地中からチャリオット（戦闘馬車）に乗って現れ、暗雲とともにあっという間にコレーを拉致。そして地中へと姿を消してしまった。

眼前で起きたこの事件にデメテルは半狂乱となってしまい、娘を捜すために世界中を歩きまわることになったのだとされている。

娘を想う母の心が世界に大飢饉を呼ぶ

デメテルの必死の捜索にもかかわらず、娘の居所はわからない。憔悴（しょうすい）したデメテルを見かねた太陽神ヘリオス（もしくはデメテルの使者）が、コレーを誘拐した犯人はハデスだと教える。そしてゼウスが事前にこれを許していたことも伝えた。

真実を知ったデメテルは怒りに震え、作物を育てるという豊穣神としての役割を放棄してしまった。彼女が種を植えなくなったので、世界には大飢饉が訪れた。木々は枯れ果て、作物はしおれ、動物も人も食べるものを失って次々と死んでいった。

これを見たゼウスはようやくことの重大さに気づき、デメテルをなだめはじめた。「冥界は地上にも劣らない巨大な国だ。ハデスの妻となることは不釣り合いなことではない」と説得する。しかし、デメテルは頑（かたく）なだ。娘が帰ってくるまでは一切の交渉に応じないと言った。

一方、コレーは光の射さない冥界ですっかりやつれていた。ハデスがなにを話しても口を開こうとしない。ゼウスならそのまま襲いかかるところだろうが、それをしないハデスである。コレーは丁重に扱われているうちに、少しずつハデスに心を許していった。

そんなある日、ハデスは「なにも口にしないのはよくない」と、コレーにザクロの実を勧めた。コレーは、ザクロの実のうちいくつかの粒を口にしてしまう。これが彼女の運命を大きく変えてしまった。

冥界の女王ペルセポネの誕生が四季をうむ

そんな折、ゼウスはついにデメテルの訴えを聞き入れることにした。そして、ハデスにコレーを返すように促してきたのだ。

ところがハデスは「彼女は既に冥界の食べ物を口にしてしまった」と返す。冥界の食べ物を口にすると冥界の住人となってしまうというルールがあったのだ。つまり、コレーは地上に戻れない。しかしコレーを返さなければ、デメテルの怒りはおさまらず、大飢饉によって、世界が荒れ果ててしまう。

そこでコレーは食べてしまった粒の分、12か月のうち4か月は冥界で、残りは地上の母デメテルのもとで生活をすることになったのだ。

デメテルは再び娘とともに過ごせることを喜び、娘が地上にいる間は農耕に精をだした。その代わり、娘が冥界で暮らす4か月は役目を放棄してしまう。ここから世界には四季がうまれ、穀物が実らない冬の時期ができたといわれる。

また、正式に冥王ハデスの妻となったコレーは、ペルセポネという新しい名を与えられ、のちに冥界の女王と呼ばれるようになるのである。ついにはペルセポネが死者を生き返らせるエピソードなど、冥界の女王らしい神話も作られた。

なんとも不幸な結婚をさせられたペルセポネだが、エンタメ作品ではハデスと彼女の仲は良好であるように描写されることが多い。というのも、ハデスが浮気をしかけたメンテというニンフ（精霊。古代ギリシャ語ではニュンペー）に、ペルセポネが嫉妬をして香草のミントに変えてしまったという逸話があるのだ。決して彼女も夫に愛を感じないわけではなかったようだ。

ハデスの浮気遍歴も他の神に比べると圧倒的に少なく、性格も真面目一徹。古代作品においても、ペルセポネは夫のもとにいる描写が多いため、「2人を仲良くさせてあげたい」という制作者たちの思いが反映されているのかもしれない。

麦の穂
豊穣を司ることから、麦の穂はデメテルを象徴するものだとされ、西洋美術においてデメテルを表す時にもよく使用されている。

乙女座
正義の女神アストライアを指すとする説もあるが、古星座図が麦を持つ姿をしていることからペルセポネを「乙女」とみる説もある。星座図の麦の部分はスピカという乙女座で最も明るい星にあたる。

ΕΣΤΙΑ ヘスティア

羅 ウェスタ　英 ヴェスタ

種族 オリュンポス神族
神格 炉の神

オリュンポスで最も穏やかな女神

オリュンポス12神で最も平和的な神がヘスティアだ。炉の女神と呼ばれている。古代ギリシャでは炉は家の中心にあり、贄を捧げる場所でもあったため、家族生活の守護であり祭壇の神ともされてきた。

同じく12神の女神であるアテナ、そしてアルテミスと同様に処女神として知られているのだが、彼女たちが戦や狩りにせわしなく出かけていくのに対して、ヘスティアはオリュンポスにある神々の館からまったくといっていいほど出てこなかった。あまりに平穏な性格をしているために、12神の座を甥のディオニソスに譲ったという説まであるのだ。

ヘスティアは、恋多き海王神ポセイドンと光の神アポロンに求婚された際、どちらとの婚姻も断り、ゼウスに処女でいることを誓った。そのため夫や子どもはいない。

とはいえ、そんなヘスティアにも貞操の危機はあった。野外で宴が開かれた際、うっかり眠ってしまったヘスティアは、寝込みを羊飼いのプリアポスに襲われたのだ。すんでのところで、ロバの声で目覚めたヘスティアは大声で叫び、プリアポスは逃げ出したのだという。

ヘスティアはローマ神話におけるウェスタと同一視されている。ヘスティアがギリシャ世界で炉の神とされたように、ウェスタもまた炉などの火に宿るとされていた。そのため彼女を祀る神殿には常に聖なる炎が燃やされ、神殿を守る乙女たちには処女が求められたという。この乙女たちには厳格な道徳規範を求められ、それを破ってしまうと、生き埋めなどの厳しい罰則が待っていた。

存在感の薄いヘスティアだが、炎や炉はどんな家にも必要な存在だ。そのため、古代ギリシャ・ローマの人々にとって、彼女はとても身近な神だった。華やかな逸話こそないが、人々を守る温かな神として信仰されていた。ドイツの天文学者が発見した太陽系の小惑星には、ヴェスタの名前がつけられている。

ΑΦΡΟΔΙΤΗ アフロディーテ

羅 ウェヌス　英 ヴィーナス

種族 オリュンポス神族
神格 美の神

泡からうまれた美しい女神

英語ではヴィーナスの名で知られる美の女神アフロディーテ。恋に対して自由奔放で、美に絶対的な自信を持っていた彼女は古代ギリシャきってのプレイガールとして名を馳せたことでも知られている。

アフロディーテの誕生には諸説あるが、よく知られているのは、ティタン神族のクロノスが父親であるウラノスの性器を切り取って海に投げ入れると、その周りに乳白色の泡が浮き立ちはじめてそこからアフロディーテが誕生したというものだ。波間で成長した美しい乙女は帆立貝の殻にのり、西風に運ばれてキプロス島へ流れ着いた。上陸した彼女の行く先々には花や若草が萌え出でて、そこに美と愛がうまれたのだとされている。

誰もが一度は目にしたことがあるであろうボッティチェリの名画『ヴィーナスの誕生』は、まさにアフロディーテが上陸した瞬間を描いた、世界的に有名な一枚だ。

アフロディーテを取りまく恋愛模様

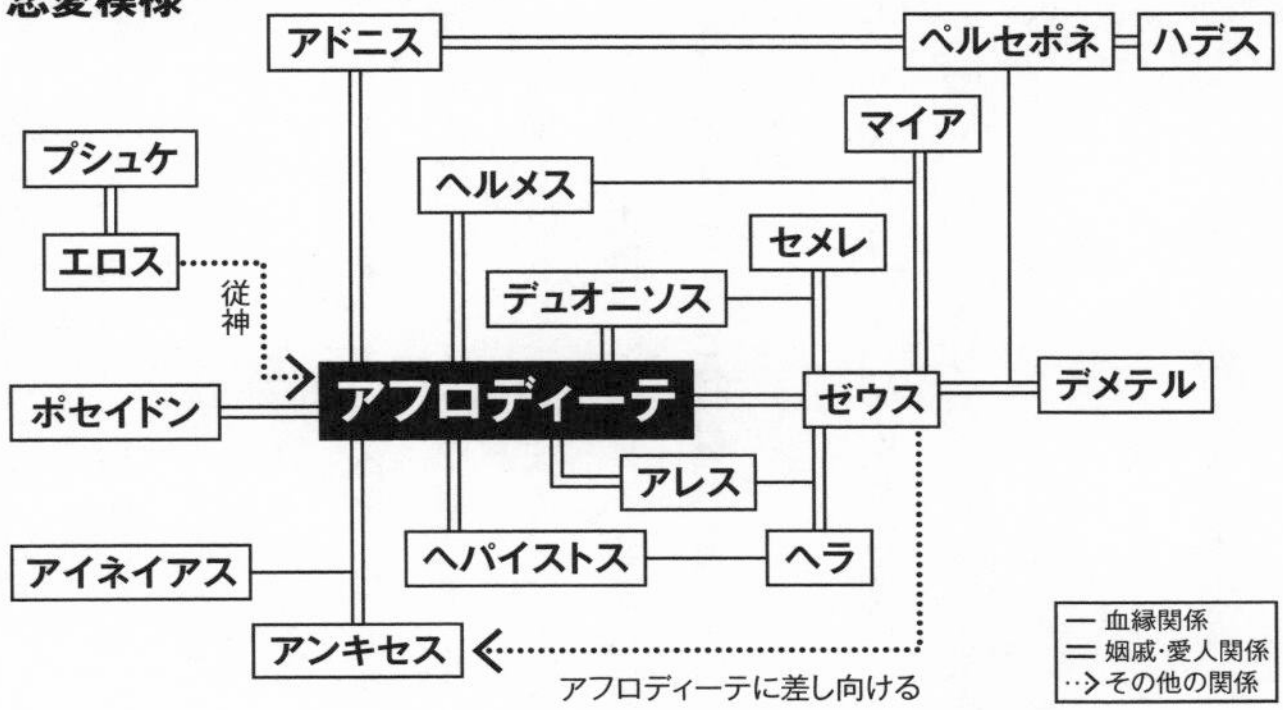

恋に奔放な女神が招いたアドニスの悲劇

そうしてうまれたアフロディーテは、鍛冶の神ヘパイストスという夫がありながら多くの神や人間との恋愛を楽しんだのだった。軍神アレスと関係を持っていたことは有名で、夫ヘパイストスに知られて神々の笑いものにもされたが、アレスとの間に調和の女神ハルモニアなど複数の子どもをもうけている。そんなアレスとの関係はゼウスに嫌悪を覚えさせたらしく、アフロディーテはゼウスによって牧人アンキセスと恋に落ちるように仕向けられてしまう。

こうしてふたりの間にうまれたのがアイネイアスで、彼はトロイア戦争で英雄として名を馳せることになる。ちなみにアイネイアスの武器をつくったのはヘパイストスで、その作成を依頼したのはアフロディーテだとされる。妻と愛人の間にうまれた子の武器をつくったヘパイストスはどんな気持ちだったのだろうか。

アフロディーテが人間の少年アドニスに恋をした時には悲劇が起きてしまう。冥界の女王ペルセポネも時を同じくしてアドニスに恋をしてしまったのだ。少年をめぐる奪いあいがはじまり、互いが一歩も譲らぬ様子に見かねたゼウスは、アフロディーテといる期間、ペルセポネといる期間、アドニスが自由に過ごせる期間と1年を3つに分けることを提案。

しかし、アドニスは、自由になる期間もアフロディーテと過ごすことを望んだ。それに嫉妬したペルセポネがアフロディーテの情人アレスをそそのかし、猪に化けたアレスの攻撃によりアドニスは命を落としてしまう。アドニスの赤い血は大地に流れ、そこから咲いた花がアネモネと呼ばれるようになったという。

彼女が多くの恋物語のヒロインとなったのは、類い希なる美貌の持ち主であったことの他にも、金の矢で人の恋心を自在に操る神エロスを従えていたこと、そして人を魅了する不思議な力を持つ魔法の帯・ケストスを纏っていたことも理由として挙げられる。

現在にいたるまで人々を魅了する美しさ

美に絶対的な自信を持っていたアフロディーテは、自分が一番美しいとされなければ満足しなかった。人間で類い稀なる美しさを持ったプシュケの話を聞いた時には、プシュケが醜い男と恋に落ちるように仕向けた。またパリスの審判においては、ヘラ・アテナと美を競ったりした。アフロディーテは勝利を収めるが、結果的にそれがトロイア戦争の遠因をつくることになってしまったのである。

美しさは罪という言葉の通り、数々の悲劇をうみだしたアフロディーテ。彼女の美しさは後世の芸術家にも愛された。『ミロのヴィーナス』や『ヴィーナスの誕生』をはじめ、数多くの彫刻、絵画の題材として描かれ、漫画やゲーム作品などでも美の化身として登場することがとても多い。また、金星は夜明けに光輝くその美しい姿からヴィーナスの名がつけられている。いまも夜空で輝くヴィーナスは、その美しさで私たちを魅了し続けている。

ケストス
身に纏うだけで人を恋の虜にする不思議な力を持つ魔法の帯。

金星
夜明けに輝く美しさから、美の女神であるアフロディーテの名があてられている。

天秤座
一部の占いでは、天秤座は金星を守護に持つとされているため、天秤座の守護神とされることも。

Ἔρως

エロス

羅 アモル、クピド　英 キューピッド

種族 オリュンポス神族
神格 性愛の神

人の心を自在に操るエロスの弓矢

弓を持って微笑む羽の生えた子ども。エロスの別名であるキューピッドの名前を聞けば、そんなかわいらしい姿を想像する人が多いだろう。しかし、古代ではエロスはガイアと同じく原初の神とみなされ、彼がいなければ神はうまれなかったと考えられるほど偉大な

原初の神々とティタン12神

神名	説明	
カオス	世界の原初に存在していた混沌。	
ガイア	大地を司る女神。世界を形成した地母神。	
タルタロス	ガイアやエロスと共にうまれた奈落の神。	
エレボス	カオスから誕生した暗黒の神。	
ニュクス	カオスから誕生した夜を司る女神。	
アイテル	エレボスとニュクスからうまれた、光る大気の神。	
ヘメラ	昼の女神。ヘメラが世界を巡ると昼をもたらす。	
エロス	性愛と恋心を司る神。後にアフロディーテと行動をともにする。	
ウラノス	原初の神々の王で、天空を司る神。	
ポントス	ガイアからうまれた、海の神。	
クレイオス	ガイアとウラノスからうまれた男神。	ティタン神族
ヒュペリオン	太陽神。太陽神ヘリオス、月の女神セレネの父。	
イアペトス	男神。アトラスやプロメテウスの父。	
コイオス	男神。アポロンやアルテミスの祖父。	
オケアノス	海流を司る男神。	
テテュス	河神、海、泉、地下水の女神の母。	
テイア	ヒュペリオンの妻で太陽や月の神たちの母。	
テミス	掟の女神。ゼウスの2番目の妻。	
ムネモシュネ	記憶を司る女神。ゼウスとの間に神をうんだ。	
ポイベ	光明を司る女神。コイオスの妻。	
レア	大地の女神。クロノスの妻で、ゼウスらの母。	
クロノス	ティタン神族の長で神々の王。ゼウスらの父。	

神だった。ところが、時代が下っていくにつれ、美の女神アフロディーテの従神とされるようになり、天使のような存在となった。

　エロスの持つ金の矢と鉛の矢は神や人の恋愛を自在に操るとされている。金の矢で射られるとどんな相手であろうと恋に落ちてしまい、逆に鉛の矢で射られると嫌悪を抱くのである。

　矢の力は絶大で、エロス自身も自らの矢の力で人間の娘に恋をしてしまうこともあった。その相手は絶世の美しさを誇ったプシュケであった。彼女の美貌に嫉妬したアフロディーテは「プシュケが醜い男と恋に落ちるように」とエロスに命を下す。エロスは醜い男に金の矢を向けるが、誤って自分の指を傷つけたためプシュケに恋してしまう。ふたりは相思相愛になり、エロスの姿を見ないという約束のもとで結ばれ、夜ごとに愛しあった。

　しかし「姿を見せないのは怪物だからではないか」と姉に忠告されたプシュケは、約束を破ってエロスの姿を見てしまい、エロスはプシュケのもとを離れてしまう。プシュケは深くエロスを愛していたためにもう一度会いたいと強く願い、アフロディーテの試練を乗り越えようやく再会を果たす。ふたりの愛の強さに心打たれたゼウスはプシュケに不老不死の酒を与えた。めでたくオリュンポスの神々の仲間入りを果たしたプシュケは、ようやくエロスの正式な妻になることができたのである。

そんなエロスにまつわる星座が2匹の魚の尾がリボンで結ばれた魚座。一説によると怪物テュポンに襲われ、慌てて魚に姿を変えて川に飛びこんで逃げだしたエロスとアフロディーテの姿が描かれているという。

Γαῖα / Χάος

カオス　ガイア

（英）ケイオス
（羅）テラ、テルース　（英）アース

種族　原初の神
神格　原初の神／大地の神

万物のはじまりカオスと原初の神ガイア

ギリシャ神話ですべてのはじまりとされるのが混沌を意味するカオスである。ある日突然カオスに巨大な裂け目ができて、そこから原初の神ガイアがうまれた。ガイアは単独で天空の神ウラノスなどをうみ、ウラノスとの間にクロノスらティタン神族とキュクロプスら怪物など、ギリシャ神話で活躍する数多くの神々や怪物をうみ落としたのだといわれる。

また、ウラノスの討伐や、ゼウスへの復讐など、オリュンポスの神々の時代が到来するまでの主要な出来事に深く関わっている。

ガイアは大地の象徴であることから、「テラ」や「アース」など、地球の英名に彼女の別名が使われている。

Τάρταρος

タルタロス

種族　原初の神
神格　奈落の神

不死の神々さえも恐れた奈落

世界のはじまりであるカオスからうまれたとされるタルタロスは、ガイアのように子をうんで繁栄するわけではなく、大地の奥深くの奈落そのものであった。

神としてのエピソードは多くはないが、ガイアとの間に怪物テュポンがうまれている。テュポンは強大な力をもつ怪物で、オリュンポスの神々を恐怖でふるえあがらせ、ゼウスに戦いを挑み深手を負わせるまで追いつめた。他にもタルタロスの門番を務めていた女の怪物カムペーもふたりの子であるという説がある。

奈落の底タルタロスは死者の行く冥界とは異なる死と闇の世界だ。重罪を犯した者や神の怒りに触れた者が閉じこめられ、永遠に責め苦を受け続けなければならなかった。そこから逃げたくてもタルタロスは青銅の門と壁で包囲され、門番に見張られ決して逃れることはできない。

タルタロスに閉じこめられてしまったのはウラノスの子で怪物のキュクロプスやヘカトンケイル、また神々の戦いに負けたティタン神族などがいるとされる。

そのほかにもタンタロスやシシュポスといった人間もタルタロスに閉じこめられた。タンタロスは一説によると神々を騙して人肉を食べさせようとしたため、シシュポスは告げ口によってゼウスの恋を妨害したためそれぞれゼウスを怒らせたので、タルタロスに落とされた。

　その結果、タンタロスは水辺の果樹の下に縛られ、目の前にある果実に手を伸ばすと風が吹いて決してつかめず、水を飲もうとすると水がひいてしまうという永遠の飢えに苦しめられることに。一方のシシュポスは険しい坂道を大きな岩を押して登るが頂上に近づくと岩が元の位置まで転がり落ちるため、またはじめから押して登らなければならないという永遠の罰を受け続けることになった。

　歯向かったものが落とされ、決して終わらない責め苦を受け続ける恐怖の世界。タルタロスは不死の神々にも恐れられていたのである。

種族 ティタン神族
神格 天空神

息子クロノスに去勢された ティタン神族の長

ギリシャ神話の主神ゼウスの祖父にあたり、最初に宇宙を支配したウラノス。その名前は、ギリシア語の「ウル・アナ（山々の女王）」の男性形が由来であるとされている。

　原初の神であるガイアからうまれながらも彼女を妻としており、オケアノスやクロノスをはじめとする男女12神と、ひとつ目の怪物キュクロプスを3人、そして100本の手と50の頭を持ったヘカトンケイルを3人、合計18の子どもをもうけたといわれている。

　12神たちはティタン神族と呼ばれ、身内同士での結婚を経て子孫を増やしていった。ところが、キュクロプスとヘカトンケイルたちは、父ウラノスによって奈落の底タルタロスに落とされてしまう。その理由には諸説あるが、その醜さからウラノスに忌み嫌われたためとも、彼らが反逆を起こしたためともいわれる。

　醜いとはいえ愛する我が子、その仕打ちに憤ったガイアは夫ウラノスに対しての怒りが募っていく。そしてアダマスという鉄鋼でできた大鎌をつくりだすと、その復讐を末子のクロノスに託した。ある夜、いつものごとくガイアのもとにやってきたウラノスだが、待ち伏せしていたクロノスに襲撃されアダマスの大鎌で性器を切り落とされてしまう。その時、ウラノスの血と精液からは復讐の女神エリニュスやギガス（巨人。複数形はギガンテス）などがうまれている。

　また、ウラノスの性器は海に投げ捨てられ、海で漂ったのちに性器の周りに浮き出た泡から美の女神アフロディーテがうまれたという説もある。

父殺しを果たしたクロノスに残したウラノスの予言

去勢されたウラノスは、支配権を奪われ、神話からは姿を消すが、クロノスに「お前が父である私から権力を奪ったように、お前も妻レアからうまれた子どもに権力を奪われるだろう」という不気味な予言を残していく。

ティタン神族の長となったクロノスは、この予言に苦しめられて子どもがうまれるたびに飲みこむという行為にいたる。その仕打ちを見かねたレアは、クロノスに隠れてゼウスを出産。成長したゼウスはクロノスに飲み込まれた兄姉を吐き出させ、クロノスを王の座から引きずり下ろした。やがてティタン神族とゼウス率いるオリュンポス神の戦い「ティタノマキア」が引き起こされてしまった。

ウラノスはギリシア語で、天の意で、天王星がウラヌスの名を持つのはこのためである。

Κρόνος

クロノス

羅 サトゥルヌス　英 サターン

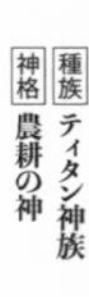

種族 ティタン神族
神格 農耕の神

母に従い父の男根を切り取る

ギリシャ原初の神である大地の神ガイアと、天空の神ウラノスの間にうまれたクロノス。農耕や哲学と思想の守護神とされ、ティタン神族の王として君臨した偉大な神だった。

クロノスの出生は、彼の子であるゼウスの誕生と類似した点が多い。宇宙を支配する力を持っていたウラノスは、うまれた子どもたちによって自らの権力が脅かされることを恐れたのである。しかし、そんなウラノスを妻であるガイアはよく思っていなかった。そして、子どもたちの中でも最も賢かったクロノスに、父への復讐を果たすように諭したのだ。最も硬い金属といわれるアダマスでつくった大鎌を授け、次に自分がウラノスと交わる際、夫の男根をこれで切り取れという。クロノスは母の言いつけどおり父を襲い、切り取った男根を海に捨ててしまった。この時、海に投げられた性器のまわりに浮き立つ泡から美の女神アフロディーテがうまれたともいわれる。

ティタン神族の長となるも予言には逆らえず……

倒されたウラノスは、予言を残した。いずれクロノスも、自分と同じようにうまれた子どもに権力を奪われるであろうというものだった。

ティタン神族の長として君臨したクロノスは、次第に父同様、横暴になっていく。妻レアを娶（めと）り、子どもがうまれると父の残した予言にとらわれるようになった。父と同じ轍（てつ）を踏むまいと、クロノスはうまれた子どもを次々と飲みこんで行く。この「我が子を食すクロノス（サトゥルヌス）」というテーマは、絵画でもしばしば取り上げられた。18世紀末のスペインの画家ゴヤや、ルーベンスという名画家たちが生々しくその情景を描いている。エンタメ作品でも闇を背負ったキャラクターとして描かれることが多いのは、こうした父殺し、子殺しの神であることに由来しているからだろう。

そして、この横暴に耐えかねた妻レア、祖母ガイア、そして末の息子であるゼウスによって、クロノスは父の予言通り神々の王の座から引きずり下ろされることとなり、タルタロスに封じこめられた。

Ἄτλας

アトラス

種族　ティタン神族
神格　天空を背負う神

両肩に天空を背負った巨神

古代ギリシャ人たちは、なぜ空が落ちて来ないのかを不思議に思った。そんな疑問に答えるのが、空を永遠に支え続けているという、ティタン神族の巨神アトラスの存在だ。

ティタン神族は、ゼウス率いるオリュンポス神族と戦い敗北した際、奈落のタルタロスに落とされたが、アトラスはティタン神族の中でも地位が高かったため、ゼウスはアトラスに天空を支えるという罰を課したのだ。

いくら神といえども、空を支え続けるのは辛い。そんなある日、アトラスのもとに英雄ヘラクレスがやってきた。彼はミュケナイ王エウリュステウスに、ヘスペリデスの庭園から黄金のリンゴを探しだし、ミュケナイへ持ち帰るよう命じられていた。しかし、どうしても見つからないためアトラスに聞きに来た。アトラスはリンゴを取って来る代わりに、しばらく空を支えるのを代わってくれという。ヘラクレスに空を任せると、アトラスは約束どおりリンゴを持ってきたが、ヘラクレスにそのままこの重責を押しつけてしまおうと考えた。ところがヘラクレスはその考えに気づいたため、アトラスに「もっと辛くない背負い方があれば、手本を見せてくれ」と言い、再びアトラスに天空を担がせることに成功する。結局アトラスは、もとどおり空を支えることになってしまったのだった。

別の話では、アトラスは英雄ペルセウスが討伐した怪女メドゥーサの目を見て石になったという。あまりの辛さに石になることをペルセウスに願ったとも、彼を追い払おうとして目を見せられたともいわれるが、いずれにせよ、石となってその重みから解放されたことは彼にとって幸運だったのかもしれない。

一説には、アトラスは牛飼い座となって天を支えていると伝えられ、アトラスが石となった名残が、アフリカ北西部にあるアトラス山脈であるといわれている。

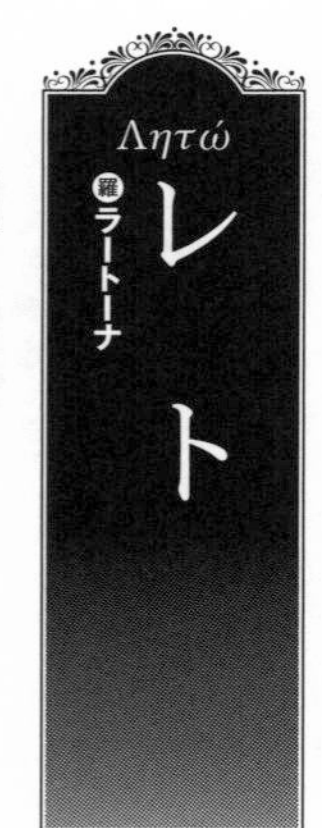

種族 ティタン神族
神格 アポロンとアルテミスの母

アポロンとアルテミスをうんだ女神

オリュンポス12神には光の神アポロンと、狩猟の女神アルテミスという双子の神がいる。このふたりの母がティタン神族の女神レトである。

レトはとても美しい女神で、ゼウスの寵愛を受けるにいたる。しかし、ゼウスはこの時すでにヘラを正妻として迎えていた。ヘラはレトがゼウスの愛人になったと知って嫉妬の炎を燃やしはじめる。不穏な空気を察知したゼウスは、ヘラの制裁がくだる前に、レトをウズラの姿に変えて逃がしたのであった。

すでに身籠もっていたレトは、出産するための場所を探す。出産までの逸話は諸説あるが、恥をかかされたヘラが大蛇ピュトンに命じてレトを追いまわし、出産場所を見つけさせなかったという。

身重のまま数か月さ迷い続けたレトは、南風に助けられたとも、海王神ポセイドンが波で覆ってヘラに出産を知られないよう助けてくれたともいわれるが、いずれにせよ、オルテュギア島で無事に出産場所を見つけることができた。

幼いアルテミスの目に映った母の苦しみ

双子のうち、まずアルテミスが誕生する。しかし、もうひとりの子の出産にはまた場所を変えなければならなかった。うまれたばかりのアルテミスは、母レトの手を引いて、新しい出産場所を探したという。レトはアルテミスの出産から9日9晩、お産の苦しみに苛(さいな)まれた。そしてデロス島にわたり、ようやくアポロンを出産することができた。

母の苦しみを間近で見ていたアルテミスは、レトの身に起こった出来事がトラウマとなってしまったらしく、お産の苦しみを味わいたくないとゼウスに願い、処女神となったのだ。

黄道12星座のひとつである蠍座は、英雄オリオンを刺し殺したサソリの姿であるとされる。オリオンにサソリを差し向けた女神は諸説あり、ヘラやガイアの他に、レトであったとする場合もある。

Προμηθεύς プロメテウス

種族 ティタン神族
神格 火の神、職人の神

人が火を使えるのはプロメテウスのおかげ

人類の誕生、そして文明の発露を象

徴している神が、ティタン神族のプロメテウスだ。火と職人を司るこの神は、建築や医術、航海などさまざまな技術を持っていた。最初の人間を土からつくりあげたのはプロメテウスともいわれている。しかし、彼はゼウスが望む以上に人間に荷担したため、残酷な罰を受けることになる。

　そもそもティタン神族のプロメテウスは、ゼウスと彼の父クロノスとの戦いでゼウスの味方をした。しかし、ゼウスの人間への仕打ちはプロメテウスにとって見て見ぬふりのできぬものだった。ゼウスは人間が知恵を蓄えていくことに不満を示し、人類を滅ぼそうとまで考えていたのだ。

　そこでプロメテウスは、ゼウスに捧げる生贄は人間が食べることのできない内臓の不味い部分だけにさせ、美味しい部分は自分たちで食べるように助言した。するとこれを知ったゼウスは人間たちから火を奪い、肉や食物を調理できないようにした。

　しかしプロメテウスはそこで諦めなかった。彼は人類が火を使うことは彼らの幸せになると信じ、密かに炎を取り戻し、再び人間に与えたのだ。だが、この行動もすぐにゼウスに知られることになる。

　ゼウスは人間に荷担するプロメテウスをカウカサスの山頂に鎖で縛りつけ、毎日鷲に内臓をついばませるという罰を与えた。プロメテウスは不死であったため、ボロボロになった内臓でも1日すれば元に戻ってしまう。

　この拷問は約3万年もの間続いたが、英雄ヘラクレスが矢で鷲を射殺したことによって解放される。矢座はこのエピソードの由来の一説とされている。

　プロメテウスの火は、人類の文明に多大な影響を与えた。しかし人類はそのことによって、ゼウスの怒りをかうことになった。今も原子力などの強大すぎる力に「プロメテウスの火」という暗喩が用いられている。

Ἀθηνᾶ

アテナ

羅 ミネルウァ、ミネルヴァ　英 ミナーヴァ

種族 オリュンポス神族
神格 戦の神、都市アテネの守護神

重武装で身を固めた戦争と知恵の女神

戦争を司り、武具で身を固め戦場を駆けめぐる勇ましい女神アテナ。争いごとだけではなく、知性、学問、機織りや陶芸、美術、音楽などのあらゆる技芸、さらに造船術からペンキ塗りにいたるまで多くの知的活動を司る。また、都市を守護する女神であり、都市国家アテナイ（アテネ）の守護神だ。ローマ神話では、家庭と技芸の守護神ミネルウァと同一視される。

　古代のスーパーウーマンとも呼べるアテナは、父ゼウスの最もお気に入りの娘。しかし、その誕生は望まれないものだった。

　ゼウスは、最初の妻である知恵の女

神メティスからうまれる男神に王位を奪われるとの予言を受ける。これを恐れたゼウスはメティスが妊娠すると、胎児ごと身重の妻を飲みこんでしまった。ところが胎児はゼウスの体内で成長し続け、ゼウスは耐え難い頭痛に日夜悩まされることとなった。あまりの苦痛にこらえきれなくなったゼウスが鍛冶の神ヘパイストスに命じて自分の頭を斧で割らせると、その割れ目から金色の鎧をまとったアテナが雄叫びを上げながら飛び出してきた。この時大地は地鳴りを上げ、海は大波に沸き返り、神々は恐れおののいたという。うまれたアテナは女神だったため、予言は無効となった。

父ゼウスの支配を現実のものとした「アイギスの盾」

うまれながらにして父ゼウスを手こずらせたアテナは、母メティスの賢さと、男戦士の力強さを併せ持っていた。アテナと異母弟の軍神アレスはともに戦争を司るが、アレスが戦場の暴力や殺戮を司るのに対し、アテナは戦略・戦術を重視し都市の攻防など戦いの知的な面を司る。アテナとアレスは不仲だったが、知恵を持つアテナは何度もアレスに勝利した。

ゼウスはこの知勇を兼ね備えた娘を寵愛し、神界最高といわれる防具を授けた。「アイギスの盾」である。ゼウスに乳を飲ませた牝山羊アマルテイアの革でつくられたもので、その形状は一般的な盾とも胸当てだとも伝わる。中央には怪物ゴルゴン三姉妹の末妹メドゥーサの首が埋め込まれている。メドゥーサは、目が合ったものを石化させる能力を持っていた。そのためこの盾を見たものもまた石へと変える。メドゥーサの首は、アテナの導きによって退治を成し遂げた英雄ペルセウスから供物として捧げられたとされる。

攻撃と防御を同時に果たす神界最強の盾アイギスを持っていたからこそ、アテナは反逆するティタン神族を倒してゼウスを勝利に導き、オリュンポスの秩序を不動にすることができた。

ちなみにアイギスの英語読みは「イージス」。艦隊防衛システム「イージス」の名はアイギスの盾に由来するとされている。

ゼウスの子

ゼウス

メティス
アテナ ……従神…… ニケ

テミス
※諸説あり
アストライア
ホーライ※2
モイライ※3

ヘラ
アレス
ヘパイストス

レト
アポロン
アルテミス

デメテル
ペルセポネ

マイア
ヘルメス

セメレ
ディオニソス

ダナエ
ペルセウス ＝ アンドロメダ
エレクトリュオン

アルクメネ
ヘラクレス

エウロペ
ミノス ― アリアドネ

レダ
ヘレネ ＝ パリス

― 血縁関係
＝ 婚姻、愛人関係
…… その他の関係

※2　エウノミア、ディケー、エイレネーの3姉妹（時間の神）
※3　クロト、ラケシス、アトロポスの3姉妹（運命の神）

戦士の勇気を好み 英雄の冒険を助ける

アテナは処女神だが、同じく処女神のアルテミスのように男を忌避しない。むしろヘラクレス、ペルセウス、オデュッセウスの冒険にたびたび登場し、救いの手を差し伸べている。勇敢さを好むアテナは英雄の守護神という側面もあったのだ。

一方で彼女の純潔を汚そうとした者を決して許さず、神を侮辱したり、神と競おうとする不遜な人間には厳しい神罰を下した。

アテナは馬をならす術や船を造る技術を人々に教え、アウロス（双管楽器）など多くのものを発明した。機織りもそのひとつだ。そのアテナに対し、機織りを得意とする人間の女アラクネが勝負を挑んだ。一説によるとアラクネの神を軽んずる不遜な態度に腹をたてたアテナは、彼女をクモに変えてしまった。

厳しくも人々に知恵をもたらすアテナはギリシャ世界のいたるところで崇拝されている。その総本山ともいうべきアテナイのアクロポリスにはアテナを祀った「パルテノン神殿」や「アテナ・ニケ神殿」など荘厳な神殿が建立された。

アテナをモデルとした作品では、漫画『聖闘士星矢（セイントセイヤ）』のヒロイン城戸沙織（きどさおり）が有名だろう。女神アテナの化身とされる彼女だが、アテナのように気に入った英雄にだけ力を貸すのではなく、人類全体に愛を注ぐ。

アイギスの盾
メドゥーサの首を埋めこんだ神界最強の盾。

馭者座（ぎょしゃざ）
アテナの息子であるエリクトニオスは、アテナに欲情した鍛冶の神ヘパイストスが地面にもらした精液からうまれた。エリクトニオスは、足が不自由であった（一説には下半身が蛇の形をしていた）が、4頭立ての戦車を発明した功績から星座になったとされる。

翼をもった勝利の女神

翼を持つ若い乙女ニケは勝利の女神である。ニケ自身は特殊な能力を持たないが、勝利の栄誉をもたらすことから、勝利そのものの擬人化とされる。ローマ神話ではウィクトーリアと同一視され、より好戦的な役割を持ったことでローマ兵に崇拝された。

ニケはティタン神族のパラスと、冥界を流れる川の女神ステュクスの娘。ゼロス（熱情）、クラトス（強さ）、ビア（活力）といった力強い兄弟がいる。

ニケに関する独立した神話はほとんどないが、オリュンポスの神々がティタン神族と戦ったときにはゼウスにつき従って戦っている。また戦争の女神アテナの従者として数々の戦いに参加した。アテナイ（アテネ）にあるパルテノン神殿にはアテナの、オリンピアにはゼウスの神像があったが、それぞれの神の伸ばした右手の上にはニケの降り立つ姿が造形されていたという。このことから、勝利の女神ニケはより高位の神格にとっても欠かせない存在であったことがわかる。

ニケは戦争だけでなく、スポーツや演劇、音楽などで優勝した個人にも栄誉を与えた。また、戦争に勝利した町や国にも栄誉を与えた。勝者がニケから与えられたのが、シュロの冠だ。シュロは勝利の象徴とされ、美術作品ではシュロの冠を手に舞い降りるニケの美しい姿がしばしば表されている。

また、勝利の女神ニケを信仰していたギリシャ人は、戦争に勝った記念としてニケの神像を奉納した。現存するギリシャ彫刻の最高傑作のひとつ「サモトラケのニケ」像は、前190年のシリア海軍との海戦で勝利したロドス島人がサモトラケ島の神域に奉納したものだ。

世界的なスポーツ用品メーカー「ナイキ」（ニケの英語読み）のロゴマークはニケの翼がモチーフとなっており、馴染み深いものとなっている。

ΑΠΟΛΛΩΝ

アポロン

羅 アポロ　異 ポイボス

種族 オリュンポス神族
神格 光の神

黄金の弓矢で懲罰を与え、同時に癒す遠矢の神

「ポイボス」（輝ける者）の異名を持つアポロンは、医術、予言、音楽を司る美しい青年の神。古代ギリシャで花開いた芸術、哲学などを司ることから、「最も古代ギリシャらしい」とされる光の神だ。また家畜の守護神でもある。

アポロンはゼウスとティタン神族の女神レトの子である。双子のアルテミス（姉とも妹とも）と同様、弓を射ることにかけては天才的だった。アポロンの黄金の弓矢は、人々に懲罰と疫病をもたらす。ただし、アポロンは同時にそれを癒すことができた。病人たちは病が治ることを求めてアポロンの生誕地デロス島を訪れるのが慣習だったとされる。

「最も古代ギリシャらしい神」が持つ意外な顔

医術や哲学など、無知の闇を打ち破るような文明の光を象徴するアポロンは、若々しい青年の美しい姿を持ち、古代ギリシャの理想像そのものだとされる。しかし、この「最も古代ギリシャらしい神」はギリシャ本来の神ではなかった。

「アポロン」という名は、元来の古代ギリシャ語ではありえない音の並びであることから、北方あるいは東方から渡来した外来の神と考えられているのだ。トロイア戦争ではギリシャの敵国

であるトロイア側に味方していることからも、アポロンが外来の神であったことがうかがえる。

　またゲーム作品などでは太陽神として扱われることが多いが、本来アポロンが司るのは概念的な「光明」。紀元前4世紀以降にはポイボス（輝ける者）・アポロンの名から太陽神ヘリオスと混同され、同一視されるようになったという。

　古代ギリシャ人の理想を一身に集めるアポロンは、意外にも恋が実らないことが多い。アポロンの愛を拒んで月桂樹に身を変えたダプネや、アポロンから予言の力と愛を与えられながらもそれを拒んだため、祖国トロイアが落ちる予言を誰にも信じてもらえなかったカッサンドラなどだ。想いが通じた美青年ヒュアキントスとは、アポロンが投げた円盤で誤って殺してしまうという不幸で終わっている。

　アポロンは青年たちの模範としての存在と、思い通りにならない愛を抱えた人間に近い存在という両面を併せ持つ神だといえるだろう。

黄金の弓矢
アポロンの武器。人々に懲罰と疫病をもたらすという。

鴉座
人語を話すカラスはアポロンの使いであった。ある日、アポロンの恋人コロニスが別の男と密会しているとの誤った情報を伝える。アポロンは密会現場で人影を射たが浮気相手はおらず、死んでいたのは恋人コロニスだった。カラスは罰として言葉を奪われ、星にされてしまった。

種族　オリュンポス神族
神格　狩猟の神

純潔と誇りを守るためには容赦しない銀の射手

　銀の弓を手に、お供のニンフ（精霊）たちを引き連れて森を駆ける処女神アルテミス。狩猟を司り、野生の動物を守護する美しき狩人だ。黄金の弓矢を持つアポロンとは双子。アポロンが弓矢で男たちに突然の死をもたらすとされたように、アルテミスは銀の弓矢で女たちに死をもたらすとされた。アポロンが銀、アルテミスが金の弓矢とする説もある。

　アルテミスの気性は激しく、自分の楽しみを邪魔するものや辱めようとするものに容赦はしない。一説によると、自分が水浴びしている姿を偶然目にした狩人アクタイオンに腹をたてたアルテミスは、アクタイオンの姿を牡鹿に変え、アクタイオンは彼の猟犬によって引き裂かれて死んだという。また、ふたりしか子を持たない母レトに対し、タンタロスの娘ニオベが子沢山を自慢して侮辱した際には、アポロンとともにニオベの子どもたちを弓矢で射殺している。ある時は従者のカリストが純潔を保たなかったことに怒り、彼女を熊に変えたこともあった。

魔女とも同一視された月の女神

非常に残忍な面を持つアルテミスだが、一方で子どもや女たち、弱き者を守護する女神でもある。特に古代ギリシャの女たちにとっては、出産など女の人生で重要な節目に関わる女神であった。一方でアルテミスは、妊婦をお産の痛みから解放させるため、穏やかな死をもたらすとも言い伝えられた。

頑なに処女と純潔を守るというアルテミスの性質から、意外に思うかもしれないが、アルテミスは本来、昔から信仰されていた地母神であったと考えられている。そのため、出産や新生児を守護する女神となったのだろう。これは、ローマ神話でアルテミスと同一視されているディアナの神格にも一致する。

いまではアルテミスといえば月の女神としてのイメージが強いが、これは後世に月の女神セレネ(英語ではルナ)と混同されたため。セレネは後の物語で、アルテミスと冥界の女神ヘカテに同化されていった。

女神ヘカテはアルテミスの狩りの友。女たちに死をもたらすアルテミスと強力な魔力を持っていたヘカテは密接な関係があると考えられ、ローマ神話でアルテミスに相当するディアナは、ヘカテとともに中世では魔女の指導者と見なされた。

ゲーム作品や漫画などでは月と深く関連付けられ、男嫌いな性格はやや抑えられて、美しくもミステリアスな狩人として、登場する姿を見ることができる。

銀の弓矢
アルテミスの武器。女が突然死ぬと「アルテミスの矢に射られた」といわれた。

大熊座と小熊座
従者であるニンフのカリストがゼウスの子どもをうんだ時、純潔を失ったことに怒ったアルテミスは彼女を熊に変えた。成長した息子が母である熊を射殺そうとしたため、ゼウスは親子を天に上げ、大熊座と小熊座にしたという。

Ὠρίων
オリオン

英 オライオン
父親 ポセイドン
母親 エウリュアレ

星となった狩人は恋多き乱暴者?

オリオン座で有名なオリオンは、怪力を誇る巨人の狩人。海神ポセイドンと女神エウリュアレの子ともいわれるが、伝承される神話によって異なる。

すこぶる美男であったオリオンは、動物を追いかけるだけでなく女をハントする名人でもあった。しかし、その方法はいたって乱暴。キオス島の王オイノピオンの娘メロペに求婚した際、酔っぱらったオリオンはメロペを犯してしまう。

その粗暴な行いを憎んだ王は、オリオンが眠っている隙に両目を潰して浜辺へ放り出した。かろうじてオリオンは、レムノス島まで歩いてわたったオリオンは、鍛冶の神ヘパイストスの弟子ケダリオンを肩に乗せて案内役とすると、太陽の光（一説には太陽神ヘリオスとも）を求めて東方へ向かった。そこでようやくオリオンは視力を回復することができたのだ。

次にオリオンが向かったのはクレタ島であった。ここで狩猟の女神アルテミスと出会い、オリオン座の神話がうまれるのだが、その神話には諸説ある。

アルテミスはオリオンに恋をしたが、それを妬んだアポロンの計略によって誤ってオリオンを射殺してしまい、彼の魂を星としたとする説。オリオンとアルテミスは狩り仲間だったが、暁の女神エオスがオリオンの愛人となったため、嫉妬したアルテミスが彼を射殺したとする説。オリオンがアルテミスより優れた狩人だと自慢したため滅ぼされたとする説などである。

他にも、オリオンが「自分より強い者は存在しない」と豪語したため、女神ヘラもしくはガイア、レトが放った大サソリにかかとを刺され、オリオンは死んで星となったあとも、同じく星となった大サソリに追われ続けているという説など、とても多くのパターンが存在する。

しかし、紀元前8世紀頃にはすでにオリオンにちなんで星座が名づけられており、古くから人々の間でオリオンの伝説が浸透していたことは確かだといえる。

ΑΡΗΣ

アレス

羅 マルス　英 マーズ

種族 オリュンポス神族
神格 戦の神

浮気や敗走、情けない姿で描かれる軍神

凶暴で戦いを好み、破壊的な性格とされている軍神アレス。秩序なき戦いを野蛮視した古代ギリシャの人々からは嫌われていたためか、彼のエピソードでは戦での勇姿を見ることは少なく、むしろ情けない姿で描かれることの方が多い。

美の女神アフロディーテは勤勉な鍛冶の神ヘパイストスを夫としたが、夫とは真逆のタイプのアレスに惹かれ、密会を重ねていた。

ある日その話を耳にしたヘパイストスは激怒し、目には見えないが決して切れない網をつくってベッドにしかけ、「遠くへ行く用事がある」と嘘をつき、出かけるふりをした。早速アフロディーテはアレスを招き入れる。いざベッドに入った途端、網の罠が発動してふたりは裸のまま縛りあげられてしまう。浮気現場を押さえたヘパイストスは神々を呼び集めてふたりを晒しものにし、笑ったという。

この話が有名なアレスだが、戦に出ても芳しくない結果になることが多かった。神々を二分したトロイア戦争ではトロイア軍の味方をしたものの、

女神アテナの加護を受けていたギリシャ軍の英雄ディオメデスに下腹を槍で刺されて敗北し天へ逃げ帰るとゼウスに叱責されてしまった。

また、巨人族のアロアダイと対峙した時も、あっさりと天界から投げ飛ばされて捕まり、青銅の壺に閉じこめられてしまった。ちなみにその13か月後に伝令の神ヘルメスに救出された時には、すっかり衰弱していたという。その他にも、ポセイドンの子ハリロティオスがアレスの娘アルキッペを襲ったため、アレスは怒ってハリロティオスを殺害。ポセイドンはアレスを起訴し、オリュンポスの神々に裁かれたりもしている。

情けない姿から一転、ローマ神話では勝利の神へ

古代ギリシャの人々からも神々からも嫌われていたアレスだが、当時最強を誇ったスパルタでは、勝利が逃げないようにとアレスの像に足枷がかけられるなど、地域によっては勝利の神とされることもあった。さらにローマでは、建国の祖ロムルスの父神マルスと同一視されて勝利をもたらす軍神として愛され、まさにギリシャ神話随一の出世頭となった。

火星がマーズと呼ばれるのは軍神マルスが語源だ。また、火星の衛星は第1衛星がファボス、第2衛星がダイモスと呼ばれているが、これはアレスとアフロディーテの間にうまれた子、恐怖の神ポボスと敗走の神デイモスから名前がとられている。3月を表す英語「March（マーチ）」はマルスに捧げられたことから名づけられた。

黄金の額帯をつけた神馬

アレスは普段は徒歩で戦うが、復讐の女神エリニュスとの間にうまれた足の速い4頭の馬に戦車をひかせることがある。

火星

赤く輝く星が血と争いを連想させるとして、軍神アレスにその姿を重ねられた。火星の惑星記号にはアレスの槍をモチーフにつくられたという説もある。

ΕΡΜΗΣ ヘルメス

羅 メルクリウス　英 マーキュリー

種族 オリュンポス神族

神格 旅人の神、商業の神、発明の神

うまれたばかりで牛50頭の盗みに成功

ゼウスと女神マイアの間にうまれたヘルメスは多彩な才能の持ち主。神々のメッセンジャーでありながら旅人の守り神、商業の神、発明の神、そして冥界へ死者を運ぶ神などさまざまな肩書きを持っていたが、民衆の間では泥棒の神とされていた。

ヘルメスはうまれたその日のうちにアポロンが育てている50頭の牛を、足跡も残さず盗むことに成功した。はじめはギリシャ中を捜し回ったアポロンだったが、彼は予言と占術の神。すぐにヘルメスの仕業だということに気づいてヘルメスに詰め寄るも、彼は持ち前の詭弁（きべん）でアポロンをうまく交わして

いく。その態度に怒りが収まらないアポロンであったが、ヘルメスの発明した竪琴の音色に心奪われ、牛50頭と引き換えにそれを手に入れるとすっかり心を許し、ふたりは親友の契りを結んだのである。

力の強いアポロンと機転をきかせて対等にわたりあう姿、そこにギリシャの民衆たちは力では敵わない貴族層と対等にわたりあう自分たちを重ね、ヘルメスに理想像を見出していたのだ。

縦横無尽に駆け巡る神々のメッセンジャー

さて、ヘルメスは黄金のリンゴをめぐる美の競いあいのため、ヘラ・アテナ・アフロディーテの3女神をトロイアの王子パリスのもとへ連れていったり、最初の人間の女パンドラを現世に連れていったり、はたまたヘラに執拗な攻撃にさらされたディオニソスを養親のもとへ送り届けるなど、神々の運び屋として幅広い活躍を見せている。

これを可能にしたのが天界から冥界まで自在に行き来ができる杖ケリュケイオンだ。アポロンから贈られたこの杖は通行証としての役割の他にも、眠りを自由に操る力も持っていた。

このケリュケイオンは2匹の蛇が巻き付いたデザインで、水星を表す惑星記号のモチーフにもなっている。自転周期も短く動きも速い水星は、縦横無尽に駆け巡る伝令の神の姿に見立てられ、ヘルメスと同一視されたローマ神話の商業神メルクリウスの英語名マーキュリーの名がつけられている。

そんなヘルメスも運搬に失敗しかけたことがある。ゼウスの妻ヘラに嫉妬されたゼウスの愛人イオは、ゼウスの妻ヘラに不貞がばれたため百眼の怪物アルゴスの監視下に置かれてしまった。ゼウスにイオを救うよう頼まれたヘルメスは、得意の俊足で運ぼうとするも失敗。結局アルゴスを殺したことから「アルゲイポンテース(アルゴス殺し)」という異名をつけられた。

ケリュケイオン
天界から冥界まで自在に行き来することができる杖。あらゆる人を眠りへと誘うこともできる。

翼のあるサンダル
速いスピードで移動できる靴。

水星
水星は太陽の近くを行ったり来たりするため、伝令神ヘルメスに見立てられたとされる。惑星記号はケリュケイオンの図案がモチーフとなっている。

ΔΙΟΝΥΣΟΣ

ディオニソス

羅 バックス、バッコス　英 バッカス

種族 オリュンポス神族
神格 酒の神、豊穣神

凶暴さと優しさを兼ね備えた酒の神

半神半人でありながらオリュンポス12神に数えられることもある、酒と狂気の神ディオニソスは、「最も語ることが難しい」と古代人に言わしめるほど謎めいている。

ディオニソスははじめてぶどう酒をつくった神としても知られ、酒の神、豊穣神とされる。古代ギリシャの美術品でも酒杯を片手に酔っ払っている姿を象(かたど)ったものがあるなど、陽気な性格であることがうかがえるが、一方で残酷なエピソードも持つ。

彼の生い立ちは苦労の連続で、父はゼウス、母はテバイ王カドモスの娘セメレだったが、ある伝承によると、ゼウスの妻であり恐妻だったヘラの企みによって、セメレはディオニソスをうむ前に焼き殺されてしまう。

かろうじて助けられた胎児のディオニソスは、ゼウスの太ももに縫いつけられて育つ。うまれてからもヘラに狙われていたので人間の養親のもとで育てられた。

ヘラの目をくぐりぬけるために諸国をさまよい歩く旅の途中でぶどう酒のつくり方を身につけたディオニソスは、酒を飲むことで人々を抑圧から解放するディオニソス信仰を広めていく。

アジアで信者を増やしたディオニソスがギリシャに戻ると、カドモスから王位を継承したペンテウス王が彼を弾圧しようとするが、デュオニソスはペンテウス王を狂わして引き裂いたといわれる。

そんな残忍なエピソードが残るディオニソスだが、心温まる恋物語も伝えられている。その相手はミノタウロス退治に訪れたテセウスの恋人だったアリアドネ。

一説によると彼女はテセウスに恋をしてクレタ島を離れるが、ナクソス島でテセウスに置き去りにされてしまう。それを見かねたディオニソスが彼女を慰めるうちに恋心が芽生えていく。そしてディオニソスはアリアドネに美しい冠を与え、結婚したふたりは幸せな日々を送った。アリアドネが亡くなるとこの冠を空に上げ、これが冠座となり現在も夜空を彩っている。

ΗΦΑΙΣΤΟΣ

ヘパイストス

種族 オリュンポス神族
羅 ウルカヌス　英 ヴァルカン
神格 炎と鍛冶の神

不遇な扱いながらも鍛冶の腕前は一級品

炎と鍛冶の神であるヘパイストスは、神々の住まいである神殿や女神アテナのアイギスの盾やアキレウスの武具、さらには最初の人間の女であるパンドラをつくりあげ、神々が一目置くほどの鍛冶の腕前を持っていた。しかし足が不自由で容姿は醜い男とされ、不遇な扱いをされることが多かった。

出生したばかりの時、母である女神ヘラが「こんな醜い子がうまれてしまうなんて」と嘆き、うまれたばかりのヘパイストスをオリュンポス山から投げ捨ててしまう。一説によると海の女神テティスに救われたヘパイストスは、鍛冶の技術を学び職人として充分な腕前を身につけていったといわれる。
その間、彼の胸中にあったのは自分にむごい仕打ちをしたヘラへの復讐の気持ちだったのだろう。ある日オリュンポスの神殿へ上がるとヘラに黄金の椅子をプレゼントした。見事な贈り物に喜んだヘラがさっそく腰掛けると、ヘパイストスがあらかじめ仕組んでいた罠にかかり、見えない足かせに捕らわれて立てなくなった。ヘラの謝罪を得たヘパイストスは彼女を許し、一説によると美の女神アフロディーテを妻にすることを約束させてヘラを解放したという。

自由奔放な神々に ふりまわされる不遇の生涯

しかしそのあとも妻アフロディーテは神々や人間との浮気続きで気苦労が絶えないし、ゼウスとヘラの喧嘩の仲裁に入ればオリュンポス山から放り投げられるし、神話での彼は不遇の連続だった。これは古代ギリシャでの職人の身分が低かったためではないかとされるが、職人が多かったアテナイ（アテネ）では彼は厚く信仰されていた。現在も残るヘファイストス神殿には数多くの職人の工房が集まり、ヘパイストスを祭る聖火リレーも行われた。

黄道12星座のひとつ、天秤座は正義の女神アストライアの物語が有名だが、一部の占いでは、天秤座の守護星を金星、つまりヘパイストスの妻であるアフロディーテが司ることもある。

Πανδώρα

パンドラ

種族 人間
神格 人類に災いをもたらす女性

神が人類に厄災を与えるために つくった女性

主神ゼウスは傲慢で貪欲な人間に腹を立て、火を取りあげて懲らしめた。しかし、火の神で人間の味方であるプロメテウスが火を奪い、人間に返してしまう。怒りが頂点に達したゼウスは、人間に災いをもたらすために人間の女をつくると決めた。こうして鍛冶の神ヘパイストスが泥からつくりあげたのが、人類最初の女性パンドラである。

パンドラはヘパイストスから若々しい美貌、戦と知恵の女神アテナから機織りなどの技術、美の女神アフロディーテから色気と恋愛の喜び、伝令の神ヘルメスから狡猾さを吹きこまれた。そして、絶対に開けてはならない箱を贈られた。パンドラの名づけ親はゼウスで、「パン」は「すべて」、「ドラ」は「贈り物」を意味する。

神々からすべての贈り物を与えられて地上に降り立ったパンドラが、プロメテウスの弟エピメテウスを訪ねると、エピメテウスは喜んでパンドラを妻に迎えた。エピメテウスは兄から「ゼウスの贈り物は受け取るな」と忠告されていたが、パンドラの美しさにすっかり魅了され、素性は気にも留めなかったのだ。

好奇心に負けて開けてしまった禁断の箱

エピメテウスはパンドラに神々の箱を持ちこんでよいと認める。このためパンドラは、いつも傍らにある箱の中身への興味が日に日にふくらみ、ついに蓋を開けてしまう。とたんに中からは病気、戦争、貧しさ、妬みなどのあらゆる厄災が飛び出した。驚いたパンドラは慌てて蓋を閉めたが、すでに手遅れだった。災いは人間界の隅々まで充満してしまう。しかし箱の底にただひとつ、希望だけが残っていたのだ。

このため、人間はどんな苦境に立たされても希望だけは持てるのだという。逆に、希望があるからこそ人間は無駄な努力をしてしまうため、希望こそが最大の厄災とする解釈もある。

禁忌の対象や苦難の根源を「パンドラの箱」と呼ぶのは、この神話に由来する。もとは壺だったが、多くの言語に訳されるうちに箱に変わったという。

パンドラとエピメテウスの夫婦仲は良好で、ピュラという娘を授かっている。ピュラは信心深いデウカリオンと結婚し、ゼウスの大洪水を生き延びて、新たな人類の祖となった。土星の衛星にはパンドラとエピメテウスがそろっている。

余談だが、書籍などの前書き・後ろ書きを意味する「プロローグ」「エピローグ」は、プロメテウスとエピメテウス兄弟の名が由来とされている。

パンドラの箱
神々がパンドラに贈った、あらゆる厄災を封じこめた箱。ただし、底には希望が入っている。パンドラは神々から絶対に開けないようにいわれたにもかかわらずこれを開けてしまい、人間界に厄災があふれた。

衛星パンドラ
土星の第17衛星。重力が弱く球形を保っていない。土星の第11衛星はパンドラの夫エピメテウスの名を持つ。彼女の名がつけられた小惑星も存在する。

オルペウス

Ὀρφεύς

仏 オルフェ

父親 アポロン
母親 カリオペ

聴くものすべてを魅了した竪琴の名手

光の神で芸術神でもあるアポロンと、9神からなる芸術の女神ムーサイのうち、詩を司るカリオペという両親を持つだけあり、音楽と詩歌の才能に恵まれたオルペウス。中でも竪琴を得意としていた。

その腕前は聴くものすべての心を震わせた。イオルコス王子イアソンが黄金の羊毛を得るためにアルゴ船に乗りこみ出航すると、この旅に同行したオルペウスは竪琴を奏でて望郷の念に駆られる仲間たちを慰め、嵐の海さえも鎮めた。

さらに、美しい歌声で船乗りを誘って船を難破させる妖鳥セイレーンまでをも魅了する。アルゴ船がセイレーンの島を横切るときにオルペウスが竪琴の音色を聴かせたため、セイレーンは聴き入って歌を忘れたのだ。

最も有名な物語は冥界に下る話である。オルペウスは、樹木の精である妻のエウリュディケが毒蛇に噛まれて死んでしまうと、冥界の神ハデスに頼んで生き返らせてもらおうと冥界に出向いた。オルペウスはハデスの館の番犬ケルベロスを子守唄を奏でて眠らせ、ハデスとその妻ペルセポネの前でエウリュディケへの思いを切々と歌う。ペルセポネは感動して涙を流し、ハデスも願いをかなえてやることにした。

ただし、地上に戻るまで、決して後ろを振り返ってはならないという条件がつけられる。しかしエウリュディケを背後に従えて出口へ向かったオルペウスは、出口を目前にして不安になり、振り返ってしまった。エウリュディケは冥界へ引き戻され、二度と会うことはできなかったという。

オルペウスのその後は自殺説や同性愛に向かった説など諸説ある。そのひとつが、どんなに言い寄られてもなびかないオルペウスに業を煮やしたトラキアの女たちが、ディオニソスの祭りの夜に、酔った勢いで八つ裂きにしてしまったという説。無残な最期だが、エウリュディケのもとに行けるオルペウスは本望だったかもしれない。愛用の竪琴は神々に拾われ、空で琴座になったと語られている。

父の座を取り戻すため アルゴ船で出航する

イオルコス王アイソンと、王妃ポリュメデの間に誕生した王子。将来は王位につく身のはずが、父の異父弟でイアソンの叔父にあたるペリアスがクーデターを起こして王座を奪ったため、イアソンの身を案じたポリュメデの手引きで城から逃亡。半人半馬の姿を持つケンタウロスの賢者ケイロンに育てられた。

ケイロンの指導で文武に優れた青年に育ったイアソンは、ペリアスのもとに出向き、王座を返すよう要求する。するとペリアスはコルキスにある黄金の羊毛を持ってくることを条件に出す。内心では王位を返す気などなく、黄金の羊毛を守っている不眠の龍と戦って死ねばいいと考えていたのだ。

イアソンはこの条件に応じ、名工と名高い船大工アルゴスに巨大船アルゴをつくってもらい、50人をこえる勇士とともにコルキス目指して出航。この勇士たちは「アルゴナウタイ」と呼ばれ、中にはゼウスの血を引くともいわれる豪勇ヘラクレスやアテナイ（アテネ）の王子テセウスなど、錚々（そうそう）たる顔ぶれがそろっていた。

王女メディアと協力して王座を取り戻す

アルゴ船は困難を乗り越えてコルキスに到着。イアソンは早速コルキス王アイエテスに黄金の羊の毛皮を譲ってほしいと頼んだ。しかしアイエテスもそう簡単には首を縦に振らず、「火を吐く牡牛にアレスの畑を耕させ、竜の牙を蒔き、生えてきた戦士をすべて倒せ」という無理難題を突きつけてきた。

イアソンが途方に暮れていると、彼に一目惚れしたアイエテスの娘メディアが協力を申しでる。イアソンはメディアからどんな炎でも火傷しなくなる薬を受け取り、見事に難題を成し遂げた。するとアイエテスはイアソンを殺そうと計画する。イアソンは羊毛入手を急ぎ、再びメディアの協力を得て羊毛を守る龍を眠らせると、ついに黄金の羊毛を手中に収めた。

イオルコスに帰還したイアソンは、約束を守らないペリアスをメディアの策略で殺害し、王の座を奪還。そしてメディアを妻に迎え、子をもうける。

この成功譚の裏には、ゼウスの妻ヘラの加護があったという。ヘラへの供物を辞め、祭壇を荒らしたペリアスに、ヘラはイアソンを通じて罰を与えたのだという。

しかしその後、イアソンがコリントス王女グラウケに浮気し、メディアを捨ててグラウケと結婚しようとしたため、メディアはグラウケを殺し、イアソンとの間に生まれた子どもも殺すと、去ってしまった。残されたイアソンは失意の晩年を過ごしたという。

ケイロン
イアソンの育ての親で、半人半馬の姿をしたケンタウロスの賢者。医学や音楽に精通し、イアソン以外にも多くの英雄が師と仰いだ。

牡羊座
ボイオティアの王子プリクソスと王女ヘレの命を救った黄金の羊が星座になった姿。コルキスに逃れたプリクソスは同地の王アイエテスに黄金の羊毛を贈った。イアソンはこの羊毛を求めて旅に出た。

Μήδεια メディア

父親 コルキス王アイエテス
母親 エイデュイア

深すぎる愛ゆえに殺人鬼と化した一途な魔女

コルキス王アイエテスの娘で、母は海流の神オケアノスの娘エイデュイアだと伝わる。アイアイエ島の魔女キルケはアイエテスの妹であり、メディアの叔母にあたる。このためメディアも薬草の扱いに精通し、毒の調合もお手のものであった。そしてこの能力を使って、恐るべき殺人を繰り返したのである。

しかし、もともとのメディアは純情な乙女だった。イオルコスの王子イアソンと出会って運命が変わったのだ。イアソンは叔父ペリアスに奪われた王座を取り戻すため、ペリアスから課された難題を達成する旅に出ていた。その難題が、アイエテスの所持する黄金の羊毛の入手だった。

　神々は勇敢なイアソンを応援しており、メディアを味方につけるため愛の神エロスの矢でその胸を射抜いた。メディアはたちまちイアソンに恋焦がれ、父を裏切ってイアソンに協力する。本心では黄金の羊毛を渡したくないアイエテスが、炎を吐く牡牛を御せと無理難題を命じると、メディアはどんな炎からも身を守れる薬でイアソンを成功に導いた。さらに、金の羊毛を守る龍は眠り薬で眠らせ、妨害に現れた弟アプシュルトスも八つ裂きにしてしまう。

　ペリアスが王座の返還を渋ると、イアソンと駆け落ちしたメディアは若返りの薬を溶かした湯だと偽ってペリアスを熱湯に誘いこみ、煮殺した。こうしてついにメディアはイアソンと結婚し、2人の子に恵まれる。ところが、イアソンがコリントス王の娘グラウケに浮気し、妻に迎えようとする。嫉妬に狂ったメディアは毒をたっぷり染みこませた衣服を贈り、コリントス王ともどもグラウケを毒殺した。さらに、イアソンとの間にうまれた子も刺し殺してしまったという。

　一連の事件のあとメディアはコリントスを脱出し、アテナイ（アテネ）王アイゲウスと再婚した。春の夜空に浮かぶコップ座は、薬と毒を駆使して一途に生きたメディアの薬品調合用の杯だという説がある。

Νάρκισσος ナルキッソス

英 ナルシス

父親 ケピオス
母親 レイリオペ

多くの求愛を拒み、自分だけを愛した美少年

　ナルキッソスは河の神ケピソスと、美しいニンフのレイリオペの間にうまれた。母譲りの美少年だったため、人間の女性だけでなく男性やニンフにも思いを寄せられた。ある盲目の予言者に「自分自身を見なければ長生きできる」と予言されていたが、泉の水に映る自分の姿を見てしまったために悲劇を招く。

　発端についてはいくつかの説がある。そのひとつでは、ナルキッソスに恋をした青年アメイニアスが、彼に拒まれたため、復讐の女神ネメシスに「ナルキッソスをかなわない恋に落としてください」と願いながらナルキッソスの家の前で自殺。悲痛な願いを聞き届けたネメシスは、ナルキッソスが泉の水を飲もうとした時に、水面に映る彼自身の姿に惚れさせてしまう。その日からナルキッソスの苦しい恋がはじまった。水面の姿は触れれば歪み、口づけも抱擁もできない。ナルキッソスは泉のほとりでひたすらに自分の姿を見つめ続けたという。

　ナルキッソスがそんな状態になっても、思いを寄せるものはあとを絶たな

かった。ニンフのエコーもそのひとりであった。エコーは主神ゼウスの浮気中に妻のヘラをおしゃべりで足止めするよう頼まれたが、これをヘラに知られて言葉を封じられてしまい、相手の言葉の末尾を繰り返すことしかできなくなった。このためナルキッソスに思いを伝えられず、悲しみのあまりやせ細り、声だけを残して姿を消してしまった。これが「やまびこ」になったといわれる。

多くの想いを袖にして自分を愛し続けたナルキッソスはやつれ果て、水面に向かって「さよなら」と告げるとついに息絶えた。絶望して自殺したともいわれる。エコーが「さよなら」と繰り返す声が響いた。

ナルキッソスの亡骸は水仙の花になる。自己愛が強すぎる人をナルシストと呼ぶのはこの神話がもとになっており、水仙の花言葉も「自己愛」や「うぬぼれ」である。

最高神の化身・白い牡牛に連れ去られた美姫

フェニキアのテュロス王アゲノルと王妃テレパッサの娘である王女エウロペは、比類ない美貌の持ち主であった。エウロペの美しさに一目惚れした主神ゼウスは白い牡牛に変身し、エウロペが侍女たちと浜辺で遊んでいるところに接近した。はじめは驚いたエウロペだが、牡牛に暴れる様子がないので撫(な)でてみると、とても人懐こい。気を許したエウロペは、戯(たわむ)れに牡牛の背に乗った。すると次の瞬間、おとなしかった牡牛が猛然と海に向かって走りだしたのである。突然の出来事に、エウロペは必死で牡牛の角につかまっているしかなかった。

牡牛はエーゲ海を泳ぎ、クレタ島に上陸する。ここでゼウスははじめて正体を明かし、エウロペへの思いを遂げた。そして、ゼウスはエウロペを乗せて走りまわった地に、エウロペの名をつける。こうしてエウロペの名はヨーロッパの語源となったという。

やがてエウロペは懐妊し、ミノス、ラダマンテュス、サルペドンという3人の息子が誕生する。ゼウスは思いに応えてくれたエウロペに感謝し、青銅の巨大人形タロス、獲物を必ず仕留める猟犬ラエラプス、百発百中で命中する投げ槍の3つの宝物を与えると、再び牡牛の姿になって天へ戻った。この牡牛が、黄道12星座の牡牛座になったといわれている。

ゼウスが去ったあと、エウロペはクレタ王アステリオスと結婚。ふたりの間に子はできなかったが、アステリオスはゼウスとエウロペの間にうまれた3人の息子を喜んで養子に迎え、一家は幸せに暮らした。

アステリオスの後継者はミノスである。王位を熱望したミノスは継承の証となる牡牛を海神ポセイドンに願い、王位継承後に返す約束をして授かったが、いざとなると惜しくなって手元に残した。怒ったポセイドンはミノスの妻パシパエに牡牛しか愛せない呪いをかけたため、パシパエは牡牛と姦通して顔が牛で体が人間の子をうんだ。これが獰猛な怪物ミノタウロスである。

イカロス

Ἴκαρος

羅 ウェスタ　英 ヴェスタ

父親 ダイダロス
母親 ナウクラテ

歓喜の絶頂から一転して墜落した不運な少年

父ダイダロスは引く手あまたの高名な天才職人。母ナウクラテはクレタ王ミノスの奴隷である。クレタ王ミノスはダイダロスを呼び出し、妻が不義でうんだ牛頭人身の怪物ミノタウロスの宮殿設計を命じた。そこでダイダロスは、一歩踏みこんだら2度と出られない迷宮ラビリンスをつくりあげる。

ミノタウロスを迷宮に閉じ込めたミノス王は、ミノタウロスの生贄（いけにえ）を戦争の賠償として毎年アテナイ（アテネ）に要求した。

そこに、ミノタウロス退治を志すアテナイの王子テセウスが現れた。ミノスの娘アリアドネはその凛とした姿に一目惚れし、協力を申しでる。武芸に覚えのあるテセウスは、ラビリンスの攻略が最大の問題だと考えていたため、アリアドネはダイダロスに脱出方法を聞きだした。ダイダロスは、迷宮の入り口に糸を結びつけて、糸を繰りながら進み、帰りはそれをたどれば良いと助言。こうしてテセウスはミノタウロス退治を成功させたのである。

ミノス王はこれに激怒し、ダイダロスとイカロス父子を投獄した。一説にはラビリンスに閉じこめたともいわれている。

ダイダロスは牢の中でも手に入る鳥の羽を集め、蝋で塗り固めて大きな翼をつくった。背中に背負って腕に固定し、羽ばたく動作をすれば空を飛べる代物だ。ダイダロスとイカロスはこの翼を身に着けて牢から逃げおおせる。

脱出に際して、ダイダロスは「太陽に近づきすぎるな」とイカロスに強く念を押した。蝋は太陽の熱で溶けてしまうからだ。しかし、脱獄の解放感と空を飛ぶ高揚感に歓喜したイカロスは、父の戒めを忘れてしまった。より高く飛ぶうちに蝋の翼は溶けて飛び散り、イカロスは海に落ちて若い命を散らした。ちなみに、太陽のごく近くを通る小惑星に、イカロスの名がついたものがある。

父の忠告を忘れたことは不注意だったかもしれない。しかしなんの非もないまま連帯責任で罰せられたイカロスは、不運な少年だったといえるだろう。

ペルセウス

Περσεύς

英 パーシアス

父親 ゼウス
母親 アルゴス王女ダナエ

不吉な予言のため母とともに海へ流される

　主神ゼウスとアルゴスの王女ダナエの間に生まれた半神半人の英雄。ダナエの父でアルゴス王のアクリシオスは、「ダナエがうむ息子に殺される」という神託を受けたため、ダナエが子を成せないよう青銅の塔に閉じこめた。しかし、美しいダナエに心を奪われたゼウスが金の雨に変身して忍びこみ、ダナエと交わったためペルセウスがうまれる。怒ったアクリシオスはダナエと幼いペルセウスを方舟に押しこみ、海に流してしまった。

　方舟はセリポス島に漂着し、ダナエとペルセウスは島の王ポリュデクテスに保護される。ダナエの美しさにはポリュデクテスも虜になり、なんとかして妻に迎えようとしたが、ペルセウスに邪魔されてうまくいかない。そこでポリュデクテスは一計を案じ、ペルセウスに怪物ゴルゴンの首を持ってくるよう命じた。ゴルゴンは蛇の頭髪を持った女性の姿をしており、見たものを石に変えてしまう。極めて危険かつ達成困難な任務を押しつけられたのである。

　しかし、ペルセウスは命令を受け、ゴルゴン退治に旅立った。

メドゥーサと戦いアトラスを苦しみから救う

　ゴルゴンは3人姉妹で、末妹のメドゥーサだけが不死ではなかった。そこでペルセウスはメドゥーサに狙いをつける。戦と勝利の女神アテナ、伝令の神ヘルメス、そしてニンフから鏡のように磨いた盾、首切り用の曲刀ハルパー、空を飛べるサンダル、被ると姿が消える兜、首を入れる袋をそれぞれ与えられて装備を万全にすると、ゴルゴン3姉妹の寝こみを襲う。

　ペルセウスは磨かれた盾にメドゥーサの姿を映しながら近づき、ハルパーで素早く首を斬り落とした。この時、したたるメドゥーサの血から翼を持つ馬ペガソスがうまれたという。異変に気づいたメドゥーサの姉たちが目覚めたが、ペルセウスは兜で姿を消し、サンダル（ペガソスとも）で空に飛びあがって魔物のもとを離脱した。

　母のもとへ戻る途中、ペルセウスは天空を支える巨神アトラスに出会う。ティタン神族のアトラスはオリュンポス神族との戦いに敗れ、永遠に天空を担ぐ罰を受けていた。気の毒に思ったペルセウスはアトラスにメドゥーサの首を見せて、石にしてやった。一説によると、ペルセウスのおかげでアトラスは苦しみから解放されたともいわれている。

　そして、ヤッファという国の上空に差しかかったとき、ペルセウスは荒波が押し寄せる大岩に鎖でつながれた乙女の姿を見かけてたちまち心を奪われる。この乙女こそが、将来の妻となるヤッファの王女アンドロメダだった。

美しき王女アンドロメダの救出に奮戦

海岸ではアンドロメダの父でエチオピア王のケペウスと、母で王妃のカシオペアが娘を見守っていた。降り立ったペルセウスが事情を尋ねると、美貌自慢のカシオペアが「海のニンフたちより自分と娘のほうが美しい」と口を滑らせたため、海のニンフの怒りをかったのだという。このため海のニンフの守護者である海神ポセイドンは罰として大津波を起こし、海の怪物ケートスを送りこんで市民を襲わせた。厄災を鎮めるにはアンドロメダをケートスの生贄に捧げるしかないと神託が下ったため、泣く泣く娘を岩に縛りつけたのだ。

これを聞いたペルセウスは、アンドロメダとの結婚を条件に救出を引き受ける。空を飛べるサンダルの力で、またはペガソスを駆って上空に飛び上がると、海面に映る自分の姿を囮りにして、ケートスをおびきよせ、ハルパーで一刀のもとに首を斬り落としたとも、メドゥーサの首で石に変えたともいう。

アンドロメダが戻ってきて安堵したケペウスとカシオペアだが、冷静になると突如現れた謎の男に娘をやるのが惜しくなる。そこで、かつてアンドロメダと婚約していたケペウスの弟ピネウスとの結婚式を開き、ペルセウスを誘いこんで暗殺しようとした。この仕打ちに憤慨したペルセウスはピネウスにメドゥーサの首を見せて石に変え、実力行使でアンドロメダを妻にしたのである。

こうしてセリポス島に帰ったペルセウスは、ポリュデクテスもメドゥーサの首で石に変え、母ダナエを救い、故郷アルゴスに戻るが、祖父アクリシオスは神託を恐れて姿を消していた。落胆したペルセウスは気晴らしに円盤投げ競技会に参加したが、手元が狂って観客席に潜んでいたアクリシオスに命中させてしまう。アクリシオスはこの傷がもとで死に、神託は的中したのだった。

ペルセウスの一連の神話では、ペルセウス、アンドロメダ、ケペウス、カシオペアら多くの登場人物が星座になっている。また、ペガソスはペガスス座に、ケートスは鯨座になって天空に上げられた。

ハルパー
伝令の神ヘルメスがペルセウスに与えた剣。鎌のように弧を描いた刀身の内側に刃がある。どんな怪物でも斬れるという。

ペガソス
翼を持ち、天を駆ける白馬。ペルセウスがメドゥーサの首を落とした血の中から誕生したとされる。

ペルセウス座
ペルセウスが星になった姿。北東の夜空にありメドゥーサの首を手に持っているという。

父親 ゼウス
母親 アルクメネ

女神ヘラの報復で狂気に支配され、妻子を殺害

父は主神ゼウス、母は英雄ペルセウスの孫アルクメネと伝わる、英雄になるべくしてうまれた英雄である。アルクメネにはミュケナイ王アルカイオスの息子アンピトリュオンという婚約者がいたが、当然ゼウスはこれを知りながら横恋慕してアルクメネと情を交わした。アンピトリュオンの留守を狙ってアンピトリュオンそっくりに変身し、寝室に潜りこんだのである。

ゼウスは「次にうまれるペルセウスの子孫はミュケナイ王になる」とヘラクレスのための予言をした。しかし度重なるゼウスの浮気に激怒した妻のヘラが、出産の女神エイレイテュイアに頼んで別のペルセウスの子孫であるエウリュステウスを先に誕生させたため、ミュケナイ王はエウリュステウスになった。

ヘラクレスが成人してもヘラの報復は終わらない。ヘラクレスがテバイ王女メガラと結婚して3人の息子に恵まれると、ヘラクレスを狂気に陥れて自分自身の手で惨殺させた。我に返ったヘラクレスは悲嘆に暮れ、罪を償う方法をデルポイの神託に求める。すると、「ミュケナイ王に12年間仕えてすべての命令を達成せよ」と告げられた。そこでヘラクレスは自分がなり損ねたミュケナイ王の座にいるエウリュステウスに仕え、12の功業に挑戦することになる。

贖罪の旅・12の功業への旅立ち

12の功業は、ネメアの森に住む獰猛な獅子退治からはじまった。獅子は鋼のように強靭な肉体を持っており、棍棒で殴っても致命傷を与えられない。そこでヘラクレスは素手で組みつき、首を絞めて窒息死させた。そしてこの獅子の毛皮をはぎ取って、愛用の鎧としたのである。ゼウスはネメアの獅子の奮戦を称えて天空の星にし、獅子座とした。

第2の功業では、レルネの沼に住む水蛇ヒュドラを退治する。首が9本もあるうえ、1本切り落とすと新しく2本生えてくるという厄介な怪物で、甥のイオラオスに切り口を焼いて再生を封じてもらいながら戦った。そして首をすべて落として息の根を止めると、ヘラクレスはヒュドラの毒で毒矢をつくった。

エウリュステウスは腹の内でヘラクレスを殺そうと企んでいたため、このように危険な命令ばかり与えた。このあと続くのは、ケリュネイアの聖なる鹿の生け捕り、エリュマントスの暴れ猪の生け捕り、太陽神ヘリオスの子アウゲイアスが所持する30年間汚れ放題の家畜小屋の掃除、ステュンバリデスの怪鳥の退治、クレタの牡牛の生け捕り、トラキア王ディオメデスが飼う人食い馬の奪取、女戦士アマゾネスの女王ヒッポリュテの帯の奪取、3つの頭と3つの胴を持つ怪物ゲリュオンが飼う牛の奪取、ヘスペリデスの黄金のリンゴの奪取、冥界の番犬ケルベロスの生け捕りである。どれも常人には不可能なミッションだったが、ヘラクレスは武勇と知恵を駆使してすべてを達成した。

贖罪を終え後妻を迎えるも思いがけない最期

12の功業は第8の功業からギリシャの外に広がり、最後は冥界にまで及んだ。この努力でヘラの怒りが解けたヘラクレスは、晴れやかな気持ちでオイカリア王エウリュトスが開催する弓術大会に参加した。優勝者に与えられる王女イオレに心惹かれたのだ。

しかし、優勝したヘラクレスは肩透かしを食らう。前回の結婚が不幸だったという理由でイオレをわたしてもらえなかったのだ。無論ヘラクレスは憤慨したが、カリュドン王オイネウス（ディオニスとも）の娘デイアネイラを後妻に迎えると、新たな幸せに喜びを見出した。

ヘラクレスがデイアネイラを連れた旅路で、カリュドンのエウエノス川をわたった時のことである。第4の功業で戦闘となったケンタウロス族の生き残りであるネッソスが渡し守をしていた。デイアネイラがネッソスの船で川をわたっていると、突然ネッソスに襲われる。自力で泳いでいたヘラクレスは、異変に気づくとすぐさまネッソスを矢で射殺した。ネッソスは死の間際、デイアネイラに「ヘラクレスの愛を失いそうな時はこの血が媚薬になる」とささやく。デイアネイラはこの言葉を信じ、ひそかにネッソスの血を持ち帰った。

そして、悲劇が起きる。ヘラクレスはオイカリアを攻めて王を殺し、念願のイオレを連れ帰った。ヘラクレスの愛がイオレに移るのではと不安になったデイアネイラは、ヘラクレスから依頼された儀式用の衣装にネッソスの媚薬を染みこませて送った。しかし、媚薬の正体は猛毒だったのだ。毒に侵されたヘラクレスは苦痛にのた打ちまわり、一説によると自ら火に飛び入ったという。

ところが、次の瞬間、雷鳴が轟いてヘラクレスの姿は消え失せた。ゼウスがヘラクレスを天上の星に変え、神の仲間に迎え入れたのだと伝わる。

ヘラクレスの棍棒
ヘラクレス愛用の巨大な棍棒。先端がクローバーのように3つに分かれていたという。

ヘルクレス座
毒に苦しみ自らを焼いて絶命したヘラクレスは星座になり、ゼウスによって神に招き入れられたという。

獅子座
ヘラクレスが第1の功業で倒したネメアの獅子が星になった姿。胸の位置に1等星レグルスが輝く。

Oἰδίπους

オイディプス

英 エディプス

父親 テバイ王ライオス
母親 テバイ王妃イオカステ

不吉な予言により実の両親を知らずに育つ

テバイ王ライオスと王妃イオカステの息子。しかし、ライオスが「実の息子に殺される」という神託を受けていたため、生まれるとすぐ、両足のかかとをピンで貫き留めた状態で山に捨てられてしまう。通りかかった羊飼いに拾われてコリントス王夫妻に差し出されると、子どものいないコリントス王夫妻は喜んで引き取り、オイディプスと名づけた。「オイディプス」には「腫れた足」の意味がある。

コリントス王夫妻が実の両親と信じて成長したオイディプスは、自分がコリントス王家の血を引いていないという噂に不安を抱き、デルポイに出向いて神託を求めた。お告げは「故郷に帰れば父を殺し母を犯す」というもの。コリントス王夫妻を傷つけたくないオイディプスは、コリントスに帰らず旅に出た。

悲しき運命に弄ばれ、父を殺して母を妻に

旅の途中、細い山道で反対側から来た男と口論になったオイディプスは、腹を立てて殺してしまう。実はこの男こそ、オイディプスの実父ライオスだった。

そうとは知らず旅を続けたオイディプスは、ひとつの町にたどりつく。テバイだった。この頃のテバイは、女性の顔にライオンの体を持つ怪物スピンクスに怯えていた。山に住みついたスピンクスは、通りかかる人に「朝は4本足、昼は2本足、夜は3本足になるものとは」と謎かけをして、答えられないものを食べてしまうのである。しかし、聡明なオイディプスは「人間」と即答した。赤ん坊ははいはいで4本足、青年は2本足、老人は杖をついて3本足というわけだ。完璧な回答をされたスピンクスは、恥じ入って谷に身を投げた。

怪物を退治したオイディプスはテバイに英雄として迎えられ、ライオスの死で空席になっていたテバイ王の座に就いた。そして、王妃を妻にする。この妻こそが、実母のイオカステだった。神託は的中したのである。

悲劇はオイディプスが命じたライオス殺しの犯人探しで最高潮を迎える。ライオス殺害時に現場から逃げた従者の証言で犯人がオイディプスだとわかり、かかとの傷からオイディプスがライオスとイオカステの息子だと判明したのだ。オイディプスの子を4人うんでいたイオカステはショックで自殺。残酷な真実を知ったオイディプスは自分で両目を潰して、罪滅ぼしの旅に出たという。

スピンクス
女性の顔にライオンの体、蛇の尾と鷲の翼を持つ怪物。テバイの山上に住み、近くを通るものに謎かけをしては答えられないものを食べていた。オイディプスに謎を解かれると、恥じ入って谷に投身自殺してしまう。

衛星イオカステ
オイディプスの実母イオカステの名を持つ木星の衛星。発見されたのは2000年で、比較的最近である。

Πάρις

パリス

幼アレクサンドロス

父親 トロイア王プリアモス
母親 トロイア王妃ヘカベ

トロイア戦争のきっかけとなったトロイアの王子

トロイア王プリアモスとその王妃ヘカベの間の王子だが、羊飼いのもとで育てられた。そのいきさつは次のようなものだ。

ヘカベがパリスを妊娠中、おなかの子どもがトロイアを滅ぼす夢を見た。このため両親は、家臣に誕生した子パリスを殺すよう命じたが、家臣は殺すのを忍びなく思い、山に捨てて逃げた。そこに通りかかった羊飼いが、赤ん坊のパリスを拾って育てたのだ。成長したパリスは羊飼いとして穏やかに暮らしていたが、思いがけず神々に運命を弄ばれることになる。

プティア王ペレウスと海の女神テティスの結婚式が催された時、招待されなかった争いの女神エリスが腹を立て、一番美しい女神への贈り物と称して黄金のリンゴを投げこんだ。するとヘラ、アテナ、アフロディーテの3女神がリンゴを取りあって争いはじめたので、見かねたゼウスはパリスにだれが一番美しいか選ばせることにしたのである。

ヘラはアジア全土の支配権、アテナはすべての戦いの勝利を与えるといってパリスの気を引こうとしたが、羊飼いとして育ったパリスは権力や戦争に興味がなく、この世で一番の美女を与えるといったアフロディーテを選んだ。これをパリスの審判という。

こうしてパリスが手に入れた美女は、スパルタ王妃ヘレネだった。スパルタにわたったパリスは、ヘレネの夫であるスパルタ王メネラオスに歓待されたにもかかわらず、メネラオスが他国に出向いた隙にヘレネを奪い、トロイアに帰ってしまった。当然ながらメネラオスは烈火のごとく怒り、同盟国に檄文を飛ばしてトロイアへの遠征を開始する。こうしてトロイア戦争が開戦したのである。

パリスはトロイア戦争でスパルタの英雄アキレウスを討ち取る活躍をしたが、その後、自らも重傷を負って絶命した。

パリスをはじめ世紀の大戦に関わった勇士たちの名の多くは、トロヤ群と呼ばれる小惑星群の星々につけられている。

父親 ゼウス
母親 スパルタ王妃レダ

美の女神が地上で一番と認めた傾国の美女

主神ゼウスは美しいスパルタ王妃レダに心を奪われ、妻ヘラに浮気を悟られないよう白鳥に変身して近づいた。これが白鳥座の由来と伝わる。

白鳥と交わったレダは懐妊し、ふたつの卵をうむ。ひとつからはレダの夫でスパルタ王のテュンダレオスの血を引くカストルとクリュタイムネストラの兄妹、もうひとつからはゼウスの血を引くポルックスとヘレネの兄妹が誕生。カストルとポルックスは仲のいい双子だったが、ポルックスだけ不死だったため、カストルが死ぬとふたりで空へ昇り双子座になったという。

レダの美貌を受け継いだヘレネには、ギリシャ中の王や英雄が求婚した。これでは戦争に発展すると懸念したテュンダレオスは、ヘレネが自分で夫を選ぶのでその決定を尊重すること、ヘレネの決定を覆そうとするものは求婚者全員で成敗することを誓わせた。これをテュンダレオスの掟という。そしてヘレネはミュケナイ王アガメムノンの弟メネラオスを選び、メネラオスはスパルタ王を継いだ。アガメムノンの妻がヘレナの姉クリュタイムネストラなので、ミュケナイ王家の兄弟がスパルタ王家の姉妹を妻に迎えたことになる。

ヘレネはメネラオスと幸せに暮らしていたが、トロイアの王子パリスに出会うと激しい恋に落ち、トロイアへ駆け落ちする。

パリスは女神の中で最も美しいと審判した美の女神アフロディーテから地上で一番の美女を与えると約束されており、その美女であるヘレネを奪いに来たのだった。

ヘレネをメネラオスから引き離したパリスは、テュンダレオスの掟を破ったことになる。メネラオスはかつての求婚者たちに檄を飛ばし、トロイア戦争がはじまった。

10年にわたるトロイア戦争でパリスが戦死すると、ヘレネはメネラオスとよりを戻して以前よりも仲睦まじく暮らした。アフロディーテがメネラオスの心の奥に眠るヘレネへの愛情を呼び覚ましたためだという。

Ἀχιλλεύς

アキレウス

羅アキレス

父親 プティア王ペレウス
母親 テティス

冥界の川の水に身を浸して不死身になる

父はプティア王ペレウス、母は海神ネレウスの娘テティスで、半人半神の英雄である。

テティスは美女と名高く、主神ゼウスや海王神ポセイドンが妻に望んだ。しかし、「テティスは父親より強い息子をうむ」という神託があり、自分より力のある息子がうまれては困ると思った神々は求婚をあきらめた。ゼウスは神を超える子がうまれないよう、テティスを人間と結婚させることにし、ペレウスと引き合わせたのだ。ペレウスとテティスの結婚式が、トロイア戦争の引き金となったパリスの審判の原因をつくる現場となる。

母テティスはアキレウスの血の半分が人間なので命に限りがあることに胸を痛め、アキレウスが赤ん坊のうちから冥界を流れるステュクス川に身を浸させた。こうしてアキレウスは不死身の肉体を手に入れる。しかし、テティスはアキレウスが流されないように右の足首を握り続けていたため、ここだけは不死身にならなかった。このため、足首に唯一にして最大の弱点を持ってしまう。致命的な弱点をアキレス腱と呼ぶのはこの神話に基づいているといわれる。

死の運命が待つトロイア戦争に参戦

テティスにはまだ気がかりがあった。「アキレウスはトロイア戦争に参戦すれば必ず死ぬ」と神託があったのだ。そこでアキレウスには兵法を学ばせないようにしたが、武芸の才に恵まれたアキレウスの名はギリシャ中に知れわたる。困ったテティスはアキレウスを女装させて女性の中に隠すことにした。スキュロス島の王女たちのもとにアキレウスを送り、女として暮らさせたのである。

いよいよトロイア戦争の開戦が近づくと、予言者カルカスは、「アキレウスがいなければギリシャ軍は勝てない」と告げた。しかし、どこを探してもアキレウスは見つからない。出陣要請の交渉役となっていたイタケ王オデュッセウスは頭を悩ませたが、一計を案じてスキュロス島の城を訪ねることにした。

オデュッセウスは商人に変装し、美しい宝飾品や生地とともに武具を持ちこんで王女たちに披露した。女性たちは愛らしい品物を手に取ったが、アキレウスだけは武具に興味を示したため、女装を見破られたのである。

これをきっかけに、もともと武名を轟かせたいと考えていたアキレウスはギリシャ軍への参戦を決意し、親友パトロクロスとともに戦場へ向かった。もはや止められないと観念したテティスは、鍛冶の神ヘパイストスにつくってもらった軽く頑丈な鎧をアキレウスにわたし、神託が的中しないことを祈った。

唯一の弱点を射抜かれて戦場に命を散らす

戦場でのアキレウスの勇猛な戦いぶりはギリシャ軍の士気を鼓舞し、特に動きが素早いことから「駿足のアキレウス」と絶賛された。

しかし、総大将のミュケナイ王アガメムノンとは折り合いが悪く、特にアキレウスが愛情を注いでいた元リュルネソス王妃ブリセイスをアガメムノンが横取りすると、アキレウスは激怒して戦場に出なくなった。

このためギリシャ軍は一気に形勢不利になり、撤退寸前まで追い詰められる。そこで、親友パトロクロスがアキレウスの鎧をまとって代わりに出陣した。トロイア軍はアキレウスが復帰したのかと焦り、その隙を突いてギリシャ軍は戦況の立て直しに成功する。しかし、パトロクロスはトロイア最強の戦士と謳われたトロイア王子ヘクトルに討ち取られ、鎧まで奪われてしまった。

親友の死を知ったアキレウスは己の浅はかさを後悔し、仇を討つと誓って戦場に戻る。そしてヘクトルとの一騎打ちに臨み、師匠であるケンタウロスの賢者ケイロンから授けられた槍でヘクトルの鎧の隙間を貫き、誓いを果たした。

怒りが収まらないアキレウスは、ヘクトルの亡骸を戦車にくくりつけ、パトロクロスの墓の周囲で引きずり回したという。その後、トロイア王プリアモスの懇願により、ヘクトルの体は遺族のもとへ返されて手厚く葬られた。ホメロスの叙事詩『イリアス』はこのシーンで終幕となる。

最強の戦士を失って動揺するトロイア軍のもとに、アマゾンの女戦士ペンテシレイアとエチオピア王メムノンの援軍が到着したが、アキレウスは獅子奮迅のはたらきでこの軍勢も一気に打ち破った。

しかし、神託の示す未来は変わらなかった。アキレウスは光の神アポロンの息子テネスを殺していたため、アポロンはトロイア王子パリスに協力した。パリスの放った矢はアポロンに導かれ、アキレウス唯一の弱点である右足首に命中。途端にアキレウスは戦場に倒れ伏し、絶命したのだった。アキレウスの死で戦況は膠着し、奇策トロイの木馬作戦決行となるのである。

アキレウスの鎧
鍛冶の神ヘパイストスが鍛えた鎧。母テティスがアキレウスに贈った。どんな攻撃もはね返す頑丈さと、動きを妨げない軽さを持つ。

射手座
アキレウスの師であるケンタウロスの賢者ケイロンが星となった姿。ヘラクレスが誤射した毒矢で命を落とし、ゼウスが空に上げたという。ケイロンはアキレウスに不治の傷を与える槍を授けた。

Διομήδης

ディオメデス

英 ダイオミード

父親 テュデウス
母親 アルゴス王女デイピュレ

スポーツ万能の勇敢なる優れた戦士

父はカリュドーン王オイネウスの息子テュデウス、母はアルゴス王女デイピュレと伝わる。父テュデウスが戦いの女神アテナからの加護を得ていたため、ディオメデスもアテナに守られていた。

傑出した身体能力の持ち主で、馬に引かせる1人乗りの戦車チャリオットと徒競走を得意とし、レースで優勝も収めている。

なお、ヘラクレス12の功業に登場する人食い馬の飼い主であるトラキア王ディオメデスは別人である。

父テュデウスがテバイとの戦いで命を落とすと、ディオメデスは復讐として、わずか15歳でテバイ攻略を成し遂げ、武名を轟かせた。この戦いで戦友のアルゴス王子アイギアレウスが戦死し、その父アルゴス王アドラストトスも悲しみから自殺したため、ディオメデスは母デイピュレの妹でアルゴス王女のアイギアレイアを妻に迎えてアルゴス王の座に就く。以降はアルゴスの良き王になったという。

ギリシャとトロイアの間でトロイア戦争が勃発すると、親友のオデュッセウスとともにギリシャ軍に加わった。

ヘラクレスの弓を入手しギリシャ軍勝利に貢献

トロイア戦争におけるディオメデス最大の功績といえば、英雄ヘラクレスの弓の入手だろう。予言者カルカスが「ヘラクレスの弓を手にしなければギリシャ軍は勝てない」と告げたため、ディオメデスはこの弓の所持者ピロクテテスのもとへ向かった。

ピロクテテスは弓の名手だが、トロイアの戦場に向かう途中で毒蛇に噛まれ、レムノス島に置き去りにされていた。そこでディオメデスは、「ギリシャ軍には医術の神アスクレピオスの息子ポダレイリオスがいるので高度な医療が受けられる」と説得し、ヘラクレスの弓とピロクテテスを迎えることに成功した。ピロクテテスはギリシャ軍の英雄アキレウスを討ち取ったトロイア王子パリスをヘラクレスの弓で射抜き、トロイア軍の戦意を大いに削ぐこととなった。

ディオメデスはトロイア戦争最終戦となるトロイの木馬作戦で、木馬から奇襲をしかける50人の勇士のひとりに選ばれ、門外で待機中の仲間を招き入れた。そして、炎上するトロイアの町で大いに活躍し、武名をさらに高めて、ギリシャ軍を勝利に導いたのである。

こうして大活躍のディオメデスであったが、帰国後は妻アイギアレイアの不貞が判明し祖国を去るという悲しいエピソードが残っている。

ヘラクレスの弓
死に瀕した英雄ヘラクレスが、弓の名手ピロクテテスに譲った弓。この弓がなければギリシャは勝利できないと予言された。

チャリオット
台車に馬をつないだ古代の戦車。トロイア戦争の時代はまだ騎兵の出現前で、馬はおもに戦車の引き手として戦場で活躍した。身体能力に優れたディオメデスが得意としていた。

Ὀδυσσεύς

オデュッセウス

羅ウリュッセウス　英ユリシーズ

父親 イタケ王ラエルテス
母親 イタケ王妃アンティクレイア

出陣をいやがり気が狂った演技をするも…

イタケ王ラエルテスと王妃アンティクレイアの息子。コリントス王シシュポスの隠し子という説もある。妻はスパルタ王女で貞淑な妻で知られるペネロペで、2人の間にはテレマコスという息子がいる。

武勇にも知恵にも優れ、頭の回転が速く冷静な策略家で、トロイア戦争時はギリシャ軍に加わり、随一の軍略家として名を馳せた。

しかし、はじめから意気揚々とトロイア戦争に参戦したわけではない。もともとオデュッセウスは愛する妻子と離れて戦争に行きたくなかった。そこで畑に塩と砂を蒔いて耕し、気が触れたふりをしたのである。ところが、参戦を要請したミュケナイ王アガメムノンの使者パラメデスが、まだ幼いテレマコスを畑に置いたので、オデュッセウスは思わず避けてしまう。こうして狂っていないと見破られたオデュッセウスは、しかたなく戦場へ向かった。

大戦の決着をつけた奇策・トロイの木馬

しぶしぶトロイア戦争に加わったオデュッセウスだが、戦場に出れば冴えわたる軍略を披露した。特に、トロイの木馬作戦は奇策中の奇策といえるだろう。

10年にわたるトロイア戦争は、ギリシャ軍がトロイアの城を包囲して大詰めを迎えたが、抵抗が激しく決定打が出ない。そこでオデュッセウスは職人エペイオスに巨大な木馬をつくらせた。胴体は空洞になっており、50人の兵士を潜ませられる仕組みだ。ギリシャ軍はトロイア城外にこの木馬を放置すると、陣を焼き払って船に乗りこんだ。敵が撤退したと思いこんだトロイア軍は木馬を戦利品として城内に引き入れ、勝利の宴に酔いしれた。

その夜、木馬から降り立ったギリシャ軍兵士はトロイアの城の門を開き、船に隠れている仲間を城内に招き入れてトロイア軍を一網打尽にしたのである。オデュッセウスの奇策が大勝利を導いたのだった。

この時、妻ペネロペはオデュッセウスの留守を狙って言い寄る男たちをあきらめさせるため、夫の強弓が引けるものとしか結婚しないと宣言していた。

戦後、さまざまな障害にあい、10年の歳月をかけてやっとイタケに帰還したオデュッセウスは、放浪者に変装して自分の弓を引いて見せ、ついに妻と再会したのである。

この長い苦難の旅を、ホメロスは叙事詩『オデュッセイア』にまとめた。そこでは魔女キルケや、セイレーンなどが登場する。

トロイの木馬
オデュッセウスが考え出した奇襲用の巨大な木馬。内部の空洞に兵士を潜ませておき、敵の陣地に運び込んで奇襲をしかける。

オデュッセウスの弓
妻ペネロペがオデュッセウスの留守中に言い寄ってくる男を避けるため、この弓を引けるものとしか結婚しないと宣言した強弓。

父親 ヘリオス
母親 ペルセイス

男たちをだまし、毒で異形に変える妖艶な魔女

太陽神ヘリオスと海神オケアノスの娘ペルセイスの間にうまれた、アイアイエ島に住む魔女。コルキス王アイエテスは兄、牡牛と交わって怪物ミノタウロスをうんだパシパエは妹にあたる。美貌と知性、さらに強大な魔力にも恵まれており、毒薬を調合して他者を別の姿に変えることを得意とした。

イタケ王オデュッセウスの一行が、トロイア戦争勝利ののちギリシャへ帰還する旅の最中、アイアイエ島にたどり着いた時のことである。オデュッセウスは部下の半分の22人を副司令官エウリュロコスに任せて偵察を命じた。そこに現れたのがキルケだ。キルケは偵察部隊を館に招き、おいしいワインと料理を振る舞ったが、そこにはたっぷりと毒薬を混ぜてあったのだ。そうとは知らず腹一杯に飲食した偵察部隊一行は、人の心を持ったまま豚に姿を変えられてしまう。

唯一、館の外で見張りをしていて難を逃れたエウリュロコスがオデュッセウスに一部始終を報告すると、オデュッセウスは仲間の救出に向かった。

その道中でオデュッセウスは、旅人の神ヘルメスから白い花と黒い根を持つ植物を与えられた。これはキルケの毒を無効にできる薬草モーリュである。この薬草の効力でオデュッセウスには毒が通用せず、キルケは動揺。オデュッセウスに部下たちをもとの姿に戻すよう命じられると素直に従い、偵察部隊はやっと変身から解放されたのである。

オデュッセウスに感服したキルケは好意的になり、本物のおいしい料理でもてなし、アルゴ船で航海したイアソンら英雄アルゴナウタイの話をオデュッセウスに語った。なお、英雄を乗せたアルゴ船は星座となったが、大きすぎるため、現在は竜骨座、艫(とも)座、帆座、羅針盤座に分割されている。

オデュッセウスの部下たちは居心地のいいキルケの館に入り浸り、キルケの美しさに魅せられたオデュッセウスは愛欲の日々に溺れ、オデュッセウスとキルケの間には子どもも生まれた。一行が帰還の旅路に戻ったのは1年後のことだった。帰国の際にキルケは、これからの旅の助言も与えている。

父親 イカリオス
母親 ペリボイア

20年の長きにわたり夫を待ち続けた貞淑な妻

イタケ王オデュッセウスの妻。夫との間にテレマコスという息子がいる。スパルタ王テュンダレオスの弟イカリオスを父に、ニンフのペリボイアを母に持つ美女。幼い頃はアルナキアと呼ばれていたが、海に落ちた時に紫の羽毛の鴨に助けられたため、鴨を意味するペネロペの名に改めたという。

オデュッセウスがトロイア戦争に出征すると、ペネロペは小さな島国イタケを守った。しかし、夫の不在中に美しいペネロペを手に入れようと求婚する男があとを絶たない。困り果てたペネロペは自室に機織りを置き、オデュッセウスの父ラエルテスが亡くなったときの装束づくりをしなくてはならないと言い訳した。そして昼は布を織り、夜になると解いてしまう。当然、装束はいつまでも完成しない。うまく男たちをやり過ごしたペネロペだったが、この事実を召使のひとりが漏らしてしまったため、男たちの求愛はさらに激しくなった。

そこでペネロペはオデュッセウスの大弓を持ち出し、12本の斧に開けた穴をこの弓ですべて射抜けるものと結婚すると宣言した。多くの男が挑戦したが、オデュッセウスの強弓を引くことすらできない。そこへみすぼらしい放浪者風の男が進み出て、いともたやすく難題をやってのける。そして変装を脱ぎ捨てると、自分はオデュッセウスだと告げたのだった。

しかし、注意深いペネロペはすぐに男の言葉を信じない。夫婦しか知らない事実で鎌をかけ、本物かどうか試すことにする。傍らの侍女に、オデュッセウスの寝室のベッドを運び出してこの男に貸すよう命じたのだ。すると男は、地面から生えているオリーブの木のベッドを持ち出すのか、と尋ねた。これこそが夫婦しか知らない秘密である。ついにペネロペとオデュッセウスは20年ぶりの再会を果たしたのだった。

ペネロペの名を持つ小惑星があるが、ほとんどが金属で構成されている。まるでペネロペが抱き続けた鉄の意志のようだ。

種族 獣人
神格 牧畜の神

昼寝を邪魔されると、人々を「パニック」に陥れる

山や森に入ると、風が草を揺らす音や、木の枝が落ちる音など、さまざまな音が聞こえてくる。上半身は頭に山

羊の角を持ち、毛深く頬ひげのある男性、下半身は山羊の姿で足には蹄がある。笛吹きの牧神パンは、牧歌的だが少し不気味な森の雰囲気を具現化したかのようだ。また好色な性格で、ニンフに求愛しては失敗に終わるエピソードが、いくつか残っている。

うまれてすぐのこと、赤ん坊の奇妙な姿に驚いた母はパンを置いて逃げてしまった。一方、父である伝令の神ヘルメスはその姿をおもしろがった。パンを大切に毛皮に包み、神々に見せに行くと、パンの姿を見て大爆笑。すべての神が笑ったので、「パン」は「すべて」という意味を持つことになった（パンの父はゼウスやクロノス、ウラノスなど諸説あり）。

こんな愉快なエピソードの一方で、昼寝好きのパンは、穏やかな眠りを妨げられると激怒するという一面も持つ。大音響をまき散らし人々を恐慌状態に陥らせるのだが、その様子が「パニック」という言葉の語源となったという。

また、怪物テュポンの出現に慌てて、上半身は山羊、下半身は魚というちぐはぐな姿で逃げようとした様子をさして「パニック」になったとする説もある。この様子も神には大ウケで、おもしろがって星座にされてしまった。

パンの味方をしたら、ロバの耳にされた!?

神々に笑われてばかりのパンだが、笛の腕にかけては自信を持っていた。ある日、芸術の神でもあるアポロンの竪琴とパンの笛とで音色を競った。聴衆はどちらの音色も素晴らしいといい、聴き入っていたそうだ。

だが、勝者となったのはアポロンだった。なんだ出来レースか…とがっかりのパンだが、唯一プリュギアの王ミダスだけはパンに票を入れてくれた。しかし心の狭いことに、腹を立てたアポロンが、ミダス王の耳を「役に立たないもの」としてロバの耳にしてしまったのである。

ミダス王はこれを恥じた。決して他言されないよう耳を隠したが、隠しきれなかった人がいた。お抱えの床屋である。床屋は口外しないことを誓うが、秘密の重さに耐えきれなくなり、地面に穴を掘って「王様の耳はロバの耳！」と大声でぶちまけてしまった。やがて、穴を埋めたところから1本の葦が生え、秘密を吸い上げて風に乗せて広めた。これが後に、有名なイソップ童話の『王様の耳はロバの耳』になったが、いきさつや結末にはさまざまなバージョンがある。

パンの笛
パンは笛が得意。その音色は人間も神もうっとり聴き入るような素晴らしさだった。パンの笛（パンパイプ）や、振られてしまったニンフのシュリンクスの名を取ってシュリンクス笛とも呼ぶ

山羊座
怪物テュポンが神々の前に現われた時、パンは下半身は魚、上半身は山羊という姿で逃げようとした様子がもとになったといわれる

種族 ニンフ
住処 不明

処女のままでアポロンに愛され続けた乙女

ニンフはギリシャ神話における精霊で、不老不死ではないが非常に長寿だという。ダプネは狩りをするのが大好きな処女のニンフだったが、ある日突然、光の神アポロンに求婚された。だが、これにはわけがあった。

アポロンは大蛇をも倒す弓矢の持ち主である。ある日、愛の神エロスの持つ小さな弓矢が役に立たなさそうに見えて、思わず冷やかしてしまう。しかし自慢の弓を馬鹿にされれば、当然怒るというもの。エロスは、人の恋心を自在に操るという金の矢と鉛の矢の2本の矢を、パルナッソス山の頂から放った。金の矢が命中したアポロンは、目の前にいたダプネに猛烈に恋をした。鉛の矢が命中したダプネはアポロンが疎ましくなり、ひどい嫌悪感を持つようになってしまった。

アポロンは逃げるダプネに愛を叫びながら、どこまでも追いかけまわした。一方、ダプネも必死に逃げた。ダプネは色恋よりも狩りが好きな、清らかな処女であった。アポロンの手に落ちることは大きな恐怖だっただろう。

ついにアポロンの腕の中にとらえられそうになったその時、ダプネは父である河の神ペネイオスに祈る、「清らかな体のままでいたい」と。娘の悲痛な声を聞いた父は、ダプネをつやつやとした葉が美しい月桂樹の木に変身させた。

諦めきれなかったのはアポロンだ。ダプネへの愛を証明するかのように月桂樹を聖木とし、その葉で編んだ冠を身につけた。アポロンを称える古代ピュティアの競技大会では、月桂樹の葉の冠が優勝者に与えられるようになった。

アポロンとダプネの物語はギリシャ神話の中でもメジャーなエピソード。徐々に月桂樹へと変わっていくまさにその瞬間をモチーフとした、彫刻や絵画も残されている。バロック期の偉大な作曲家ヘンデルやドイツのロマン派を代表するシュトラウスなど、多くの音楽家の題材にもなった。

種族 怪物
住処 タルタロス、オリュンポス

度の幽閉を経験した、鍛冶職人の怪物

大地の神ガイアは多くの怪物をうんだ。ガイアを母に、ウラノスを父に持つキュクロプスもその中の一族である。語源に「丸い目」という意味を持ち、

その名のとおり額にひとつだけ丸くて大きな目がある。ガイアからうまれたキュクロプスは3兄弟で、それぞれブロンデス、ステロペス、アルゲスという名前を持つ。

父ウラノスはキュクロプスの不気味な容姿を好まなかった。嫌うだけならまだしも、彼らを奈落の底タルタロスに幽閉するという極端な仕打ちを行った。それを知った母ガイアは怒り、他の息子たちに父が行ったひどい仕打ちを打ち明けた。そして、「お前たちが打ち倒すこともできる」とけしかけたのだ。こんな風にハッパをかけられても、立ち上がったのは息子のうちひとりだけ。その息子がクロノスだ。ウラノス討伐のあと、キュクロプスや、兄弟である百手の怪物ヘカトンケイルを解放。しかし、その姿が恐ろしくなったのか、クロノスは再び彼らを幽閉してしまった。

キュクロプスが再び解放されるのは、ゼウスがクロノスと戦ったティタノマキアの時であった。手先が器用なキュクロプスは、解放の礼に武具を献上するとともにゼウスの側に立って参戦した。この時に贈られたのがゼウスの雷霆（ケラウノス）、ハデスの隠れ兜、ポセイドンの三叉の鉾（トリアイナ、トライデントとも）である。

性格は荒々しく、時には人を喰らう姿も描かれている。一方、火を自在に使って物をうみだす鍛冶職人の性質も持つ。これについて、後世の学者の中にはキュクロプスは火と創造物の化身ではないかと考えるむきもあった。また鍛冶の仕事は火山（一説にはエトナ火山）で行われたとも伝えられている。

英語読みではサイクロプスとなる。映画やゲームで額に目がある怪物は登場しないことがないといえるほど。ギリシャ・ローマ世界でも、ホメロスの『オデュッセイア』やプリニウス『博物誌』など、たびたび出番のある怪物である。

テュポン

Τυφών

羅 テュフォン、テュポエウス、ティフォン

種族 怪物
住処 不明

タイフーンの語源にもなった、暴れ狂う火と風の化け物

「ティタノマキア」「ギガントマキア」というふたつの大きな戦いを制したゼウスに、最後に立ちはだかったのが、神とも怪物ともいわれる巨人テュポンである。一説には、敗北を認めきれなかったガイアが、タルタロスと交わってテュポンをうみ、ゼウスに差し向けたという。

背は天に届かんばかりに高く、両手は世界の果てから果てまで広げられるほど巨大。胴体は人間で、からだからは100の竜の頭が生え、下半身は蛇であるとか、全身が羽に包まれているだとか、どの伝承も〝ラスボス〟にふさわしい、力の入った描写がなされて

いる。
目からは激しい炎を放ち、口からは溶岩をだす。火炎や暴風を伴って暴れ、地を焼き破壊する。英語の「typhoon（タイフーン）」はこの姿を語源としているともいわれる。テュポンは声も武器とし、人間や動物の声を使い分ける戦法が得意。子犬の鳴き声で敵を油断させるという小賢しさも持つ。

運命の女神の計略でついに怪物王が倒れる

テュポンは「ギガントマキア」のあと、ゼウスと対決した。第1戦目、テュポンはゼウスに勝利する。足の腱（けん）を奪い、ゼウスを閉じこめることに成功したのである。だが伝令の神ヘルメスと英雄ヘラクレスが、ゼウスの腱を取り戻して救出。その間、テュポンのほうも行動を起こしていたらしい。運命の女神モイラ（複数形はモイライ）に、「自分に勝利の運命を授けるように」と脅しをかけたのだ。

しかしモイライはゼウス側に加担していて、自らこん棒を持って勇ましく戦うほど。モイライは一計を図り、テュポンに勝利の運命ではなく無常の果実を与えたのである。これは望みがかなわなくなるという代物で、だまされたテュポンには敗北の運命が待つこととなる。

復活したゼウスとの2戦目。ゼウスの雷霆がテュポンを直撃し、体がバラバラになる。ゼウスはその上に火山を投げ飛ばして下敷きにした。一説によればそれはエトナ火山で、噴火はテュポンが暴れたからだと考えられてきたそうだ。

テュポンは、上半身は美女で下半身は蛇というエキドナを妻とし、たくさんの怪物をもうけた。100の竜の頭を持つラドン、「うみへび座」となった頭が9つある水蛇ヒュドラ、ライオンと山羊と蛇の姿を持つキマイラ、3つの頭を持つ冥界の番犬ケルベロスなどだ。

エトナ火山
テュポンが封印されたと伝わるシチリア島の火山。下敷きにされたテュポンが火山活動を起すという。

無常の果実
望みが叶わなくなる果実。運命の女神モイライがテュポンをだまして食べさせた。

鯨座
アンドロメダを襲った怪物ケートスを描いた星座とされる。ケートスはテュポンの子という説がある。

地中海の船乗りを恐怖に落とす海の怪物たち

イタリア半島とシチリア島を隔てる狭い海峡であるメッシナ海峡は、スキュラの縄張りと怪物カリュブディスの縄張りに挟まれた危険地帯である。

スキュラは上半身は美しい女だが、胴体からは6つの犬の頭が生えており、12本の足を持つと記述される怪物だ。普段は岩の上で海峡を通る船を待ち受けている。そこを船が通ろうとすると、スキュラは長い首を伸ばして船から船員をさらって食べてしまうという。子犬に似た鳴き声で船員たちを安心させたうえで突如牙をむくという記述も。これは怪物テュポンにも共通する能力だ。

スキュラを避けようとすれば、大渦巻きを起こす怪物カリュブディスが待ち受けている。英雄オデュッセウスはここを通った時、船ごと波にのまれてしまうより、わずかな船員の犠牲ですむスキュラのほうの航路を選んだ。オデュッセウスさえもスキュラに対してはなすすべを持たなかったのである。この海峡の怪物コンビの攻略がいかに〝無理ゲー〟であったかを伝えるエピソードだ。

スキュラの最期については、岩に変えられたともされているが、それ以外の討伐談が見当たらない。スキュラは不死身で、逃れるには神に願うしかなかった。アルゴ船を率いたイアソンが通り抜けられたのも、女神ヘラの加護があったから。実はスキュラこそ最強クラスの怪物といえるのかもしれない。

そんなスキュラは、実はもとは美しいニンフだった。海神グラウコスは美しいスキュラを気に入って、薬づくりが得意な魔女キルケに惚れ薬をつくってもらうほどだった。だが、キルケはあろうことかグラウコスを好きになってしまう。スキュラに嫉妬したキルケは、スキュラが気に入っていた水浴び場の水に毒を入れ、海の怪物に変身させたという。

名前の由来は古代ギリシャ語で「犬」という意味。この怪物が意味するところは、スキュラが岩礁、カリュブディスが潮の化身であると考えられている。

Σειρήν

セイレーン

羅 シーレーン　英 サイレン

種族 怪物
住処 海辺

美声に騙されたら沈没！恐るべき海の怪物女

美しい歌声で船乗りを惑わせるセイレーンは、スキュラやカリュブディスのいる海域に近いところに潜んでいるという。胸から上は女性、胸から下は鳥の姿の、半鳥半人の怪物で、乳房は鋭くとがっているという。セイレーンのいる小島の近くを船が通ると、美しい歌声を聴かせて船乗りたちの心を奪う。操られた船員たちは、無意識のうちに島に上陸してセイレーンの餌食となったり、我を忘れて海に飛び込んだり、岸壁にぶつかるまで船を操縦させられたりと、なす術がなかったようだ。もとは水の女神や、ニンフだったともされる。

セイレーンの恐ろしさは船乗りたちの間で次第に噂になる。その海域に臨む時には対策を立てるようになった。英雄オデュッセウスは、部下たちの耳にロウをつめて歌声が聞こえないようにした。自身はというと、セイレーンの歌声を聴いてみたいと、船の帆柱に自らをかたく縛り付けた。結果半狂乱になりながらも歌声を聴き届けることができた。警鐘の「サイレン」という言葉は「セイレーンの歌声に気をつけろ」という意味からうまれた。アルゴ船の一行は、竪琴の名手オルペウスを乗せ、その音色でセイレーンを魅了して切り抜けた。アルゴ船はアルゴ座という星座になり、その帆に当たる部分を独立させたのが帆座である。

半人半鳥の怪物というと、ギリシャ神話では怪鳥ハルピュイア（英語ではハーピー）もよく知られている。同じ半人半鳥といっても、ハルピュイアは首から上だけが人間の女で、あとは丸ごと鳥。騒々しく人間の食べ物を奪い、あとには悪臭を残していくというから、セイレーンのようなロマンは感じられない。

セイレーンは中世ごろから半身が鳥ではなく魚の姿でも描かれるようになった。これが人魚の原型ともなり、中世にはセイレーンと人魚の混同も起きたようだ。日本でも人気の世界的コーヒーチェーンのロゴに描かれている〝女神〟のような女性、実はふたつに分かれた魚の尾を持つセイレーンである。

Τρίτων トリトン

種族 神
住処 海

波を自在に操る、ポセイドンの片腕

トリトンは、海神ポセイドンとその妻アンピトリテの子としてうまれ、ポセイドンの右腕のように付き従って支えた。彼は比較的穏やかなキャラクターだ。

日本では手塚治虫の漫画『海のトリトン』やディズニー映画『リトル・マーメイド』の主人公アリエルの父として名前が使われているので耳なじみの方もいるだろう。

本来は神々のうちのひとりだが、その姿は非常にまがまがしい。緑色の髪と髭（ひげ）に覆われ、上半身は人間、下半身は魚のような姿をしている。半分が馬、半分が魚である海馬のヒッポカンポスに乗って海を自在に移動し、ホラ貝で波を自在に操り、大波を立てたり鎮めたりするという。

普段は海の底の宮殿にすんでいて、ポセイドンが到着するとホラ貝を吹いて知らせる。このホラ貝は主に波を鎮めるために使われていた。オヴィディウスが記した洪水神話では、人間に怒ったゼウスが洪水を起こしたあと、

トリトンがホラ貝で波を引かせたことで、善人だったデウカリオンとその妻を助けたとされている。

気まぐれな面も神話に残されている。叙事詩『アエネイス』には、ラッパ吹きのミセヌスとの勝負が描かれた。トリトンは勝利はしたが、彼の傲慢(ごうまん)な態度に腹を立てて溺れさせたという。アルゴ船の冒険にも登場する。乗組員のエウペモスがトリトンに航路を教えてもらおうとしたのだが、トリトンは虫の居所が悪かったのか、川の方向を指さしただけ。あとになって気にしていたらしいトリトンは、エウペモスが犠牲の羊を捧げると、アルゴ船の竜骨を持って目的地へと押し出してくれたという。その竜骨は星座にもなっている。

ところで海王星の衛星トリトンは、太陽系最大の逆行軌道を持つ衛星として知られているが、その成り立ちは謎に包まれているという。

種族 怪物
住処 不明

女神アテナに怪物にされてしまった美女

毒、眠りなどゲームでよくいう〝ステータス異常〟の中でも最も厄介なのが石化だ。どの世界にも目を合わせたくない人はいるものだが、ギリシャ神話ならこのメドゥーサ。彼女の輝く目を見た者は石にされてしまう。

もとは豊かな髪が魅力的な美女だったが、女神アテナが怪物にした。理由は、アテナと美を競おうとしたためとも、彼女を見初めた海神ポセイドンとアテナ神殿で交わり神殿を汚したため、エウリュアレー、ステンノという姉妹もろとも怪物にされたともされている。あわせてゴルゴンと呼ばれたその姿は蛇髪の頭、青銅のカギ爪、背には黄金の翼が生えているとか。

鏡の盾でメドゥーサの視線をシャットアウト!

メドゥーサを倒したのが、英雄ペルセウスである。ゴルゴンの首を取ってくるように命じられたペルセウスは、その居場所を知るグライアイのもとを訪れる。グライアイは1つしかない目と歯を3人で共有している老婆だ。しかし、彼女たちはなかなか口を割らなかった。そこでペルセウスは、グライアイの目を奪っておどし、ようやく居場所を聞きだした。

ついにゴルゴン3姉妹のもとへたどりつくと、ペルセウスはメドゥーサの目を見ないように目を背け、鏡のように磨かれた盾に映るメドゥーサの姿を確認しながら近づいた。異説では、盾にメドゥーサを映して反射させ、石化させたともいわれる。いずれにしてもメドゥーサの虚を突いたペルセウスは、ハルパーで一息にメドゥーサを斬首。

すぐさま袋の中に首を入れ、空を飛べるサンダルで飛び上がって逃げた。首から滴り落ちるメドゥーサの血は、有翼の馬ペガソスと黄金の剣を持つクリュサオルをうみ落としたという。ペガソスはその後、一連の事件の際眠っていたゴルゴン姉妹を起こしに行ったとも、ペルセウスが乗っていったとも伝えられている。

ペルセウスがメドゥーサを退治したエピソードにあやかり、古代ギリシャやローマでは武具や防具にメドゥーサの首の絵が描かれたという。今もメドゥーサの胸当てをつけたアレクサンドロス3世が描かれたポンペイ遺跡のモザイク画や、有名画家カラヴァッジョが描いたメドゥーサの盾などが残っている。

アンドロメダ座
英雄ペルセウスの妻アンドロメダが星になった姿。一説によると、生贄にされたアンドロメダを襲う怪物ケートルをメドゥーサの首で倒したという。

グライアイ
「灰色のものたち」という意味。メドゥーサらゴルゴンの姉妹だったともいわれる3人の老婆たち。

ペガソス
翼の生えた馬で、メドゥーサの血から誕生。

Κένταυρος

ケンタウロス

羅ケンタウルス、英セントー、セントーア

種族 獣人
住処 森林

粗暴な見た目から悪魔化が進んでいった獣人

馬の首にあたる部分に人間の上半身を合わせた姿をしている半人半馬のケンタウロス族は、粗暴で野蛮、酒に弱いうえに悪酔いして身を破滅させるという低級なモンスターとされている。一説には、獣の下半身に人間の野蛮な側面が表現されているのだと考えられている。

一族がうまれた経緯として有力なのは、女神ヘラを誘惑しようとしたラピテス（ラピュタイ）族のイクシオンのエピソードだ。妻を誘惑されそうになって怒ったゼウスが、ヘラに似せた雲をつくり、イクシオンをだまして交わるように仕向けたという。その結果、ケンタウロス族が誕生したのだから、ことの発端に神への冒瀆（ぼうとく）があったというわけだ。

中世になると、神学者たちは半身が獣の生き物を悪魔的なものとみなすようになった。人間の中に潜む獣のような乱暴な性質を表現していると考えたためだ。半人半山羊で女性や美少年に目がないサテュロス、ファウヌス（パンのラテン語）とともに、情欲の化身ととらえられていく。

英雄たちの教育係を務めた森の賢者ケイロン

一方で、ケンタウロス族には優秀なものもいた。射手座になったとされるケイロンは、クロノスとクロノスの娘のピリュラの間の子で、博識で芸術と医術に秀でていた。その優秀さはアキレウスやイアソンといった英雄たちの教育係として神々から指名されるほど。また、ヘラクレスと親交のあったポロスもシレネスとトネリコの木のニンフの間の子であるが、優秀なケンタウロスだったという。ここから誇り高い賢者のようにケンタウロス族を描く創作物も多い。

少なくとも、夜空に輝くケンタウロス座は賢者としてのケンタウロスを称えたものといわれる。ケンタウロス座の隣にはおおかみ座がある。これはケンタウロスの放った槍に射抜かれたオオカミを表わしている星座だ。狩りに優れた種族としてのケンタウロスの姿を生き生きと伝えている。

なお、ケンタウルス座を形づくる星のひとつ、αケンタウリ（リギル・ケンタウルス）は地球に一番近い恒星として知られている。

Πήγασος

ペガソス

羅 ペガスス　英 ペガサス

種族 幻獣
住処 ペレイネの泉

英雄たちとともに活躍した天馬

女怪メドゥーサの血からうまれたといわれる天馬ペガソスは、複数の英雄の活躍を手助けしたという。そのひとつがキマイラ退治だ。

キマイラは、３つの動物を組み合わせた怪物で、合成獣の異名を持つ複雑な1体だ。現代では異なる遺伝子を併せ持つ合成生物を〝キメラ〟と表現する。遺伝子研究で使われるキメラマウスなどが知られているが、このキメラの語源がキマイラ。その名からは、禁断の遺伝子操作を連想させる。

後ろ足と体は山羊、頭と前足はライオン、尻尾は蛇の姿で描かれたり、あるいはライオン、山羊、蛇の3つの頭を持っているという異説も存在する。口からは火を吐き、父テュポン同様に凶暴だ。ペガソスはカリア王アミソダレスに飼われていたが暴れだして困っていた。そこへベレロポンという青年が現れる。彼は不運な青年だった。身を寄せていた王宮で王妃に気に入られてしまい、求愛を断ったために無実の罪を着せられたのだ。そして、次に身を寄せたリキュア王イオバテスのもとで、半ば厄介払いのようにキマイラ退治を命令された。

ベレロポンはコリントスのペイレネの泉でペガソスを捕まえて、キマイラ退治に役立てようとした。だが、ペガソスは簡単にいうことをきく馬ではない。すると、夢に女神アテナが現れ、黄金の轡（くつわ）を授かり、ついに手懐けることができた。ベレロポンはペガソスに乗って上空から矢を放ち、口に槍を突き刺してキマイラを倒した。以降もイオバテスの無理難題は続いたが、ベレロポンはどれもこなしてみせた。その強さが認められ、王権を譲り受けることとなった。

ところが、晩年に傲慢になったベレロポンはペガソスに乗って天に昇ろうとした。これに怒ったゼウスが蛇を放つ。ペガソスは驚いてしまい、ベレロポンを振り落とした。ペガソスはそのまま天高く昇っていって星座になったという。

Κέρβερος

ケルベロス

羅 ケルベルス　英 サーベラス

種族 幻獣
住処 冥界

冥界の入り口を守るハデスの忠犬

冥界の入り口にはステュクス河があり、渡し守のカロンが水先を案内する。ステュクス河を渡った先にある冥界の王ハデスの館の前にはケルベロスが待ち受けている。

冥界の番犬と呼ばれるケルベロスの仕事は、逃げ出そうとする死者を捕らえて喰うことと、冥界に侵入しようとする者を追い払うことだった。名前は「底なしの穴の霊」を意味しているという。両親はあまたの怪物をうんだテュポンとエキドナ。ケルベロスは3つの頭を持ち、尾が蛇、首のまわりにものたうつ蛇が生えているという、動物の組み合わせ系怪物だ。伝承によっては巨大な犬や獅子の姿で描かれることもあった。

さて、冥界の地をひとたび踏めば、生きて地上に戻ることはできない。ところが、ケルベロスの6つの目を盗めば、生きて地上に戻ることができたらしい。オルペウスが竪琴を奏でて眠らせたというエピソードがあるが、もうひとつ、ケルベロスに好物を与えるという方法もある。好物とは甘く味つけされた焼き菓子で、これを与えるとケルベロスは眠ってしまうのだとか。かつてギリシャ人やローマ人は死者を埋葬する時にパンを持たせ、ケルベロスへの賄賂（わいろ）にするという習慣があった。この伝承は敵を懐柔するという意味を持つ「ケルベロスにパンを与える」という言葉にも残っている。

英雄ヘラクレスはエウリュステウス王に命じられた12の功業の最後の仕事としてケルベロスを生け捕りにした。その方法は、ケルベロスの喉元を豪快に素手で掴んで窒息寸前まで追い込み、ふらふらの状態のところを地上に連れて行くという荒業だ。太陽の光を浴びたケルベロスはようやく意識を取り戻し、暴れている姿に怖れをなしたエウリュステウス王が隠れている間にハデスのところへ帰っていったという。

中世の星図では、ヘラクレス座の一部にケルベルス座という星座も併記されていたそうだが、残念ながら88星座には残れなかった。

2章 北欧神話

・神の名称の上記には北欧で用いられていた古ノルド語での表記も示す
・データについて
【種族】…神族や種族
【住処】…居住する世界や国

北欧神話の特徴と成立

厳しい自然からうまれた破滅を描く神話

神々と巨人たちの個性溢れるキャラクターと、彼らが繰り広げる戦いが魅力の北欧神話。巨人の祖ユミルの殺人事件からはじまり、最終戦争「ラグナロク」において神々と巨人が相討ち果てるというのが、主なあらすじとなっている。

実に人間くさくてユーモアたっぷりな神々のエピソードは、そのどれもが滅亡を引き起こす伏線にすぎず、すべての事柄が世界の滅亡というクライマックスに向かうよう展開される。数ある神話の中でも珍しい物語だ。

北欧神話はデンマークやノルウェー、スウェーデンなどに住む北方ゲルマン人に約2000年前から語り継がれてきたといわれる。かつて、北欧の人々は氷に閉ざされた長い冬に耐えながらも、農耕や狩猟を行って暮らしていた。毎日が生きるか死ぬかという過酷な戦いだったのだ。そういった厳しい自然環境が、北欧の神々の好戦的な性格に反映されているのだろう。

北欧神話の正確な成立時期はわかっていないが、北欧の地に古くから残る伝承や信仰、宗教などが紀元前1世紀頃から数百年にかけてひとつにまとまり、神話という形になって口承で伝えられてきた。

やがて、8世紀から10世紀頃になると北欧はヴァイキング時代に突入。それまで伝えられてきた神々の物語に、格言詩や英雄伝説が加わったものが、12世紀頃に書物として記され、今日まで残っているのである。

この書物というのが、2種類の『エッダ』だ。ひとつは『古エッダ（詩のエッダ）』と呼ばれる古詩集で、17世紀に写本が発見されたものの、作者も成立時期も正確にはわかっていない。

もう一方は『新エッダ（スノッリのエッダ）』と呼ばれ、アイスランド人のスノッリ・ストゥルルソンという詩人が詩学を志す人のために北欧神話を用いてつくった、詩学入門書のようなものである。両書は神話の他に、北欧における当時の暮らしを知ることができる貴重な資料でもある。北欧神話はこの2種類の『エッダ』をもとに成立しているのだ。

神々の誕生と天地創造

巨人の死体を解体してつくられた天地

天地創造というと、大地と天の結婚からはじまるギリシャ神話のように、神々の婚姻からはじまるものが一般的だが、北欧神話はというとどういうわけか巨人の殺害事件からはじまる。なんとも血なまぐさい幕開けだ。

天地が創造される前の世界は混沌（こんとん）としていて、深い穴ギンヌンガガプと灼熱の国ムスペルヘイム、極寒の国ニヴルヘイムしか存在していなかった。ある時、穴底に溜まった氷塊を熱風が溶かしたことで霧が発生して雫（しずく）が垂れ、

北欧神話のあらすじ

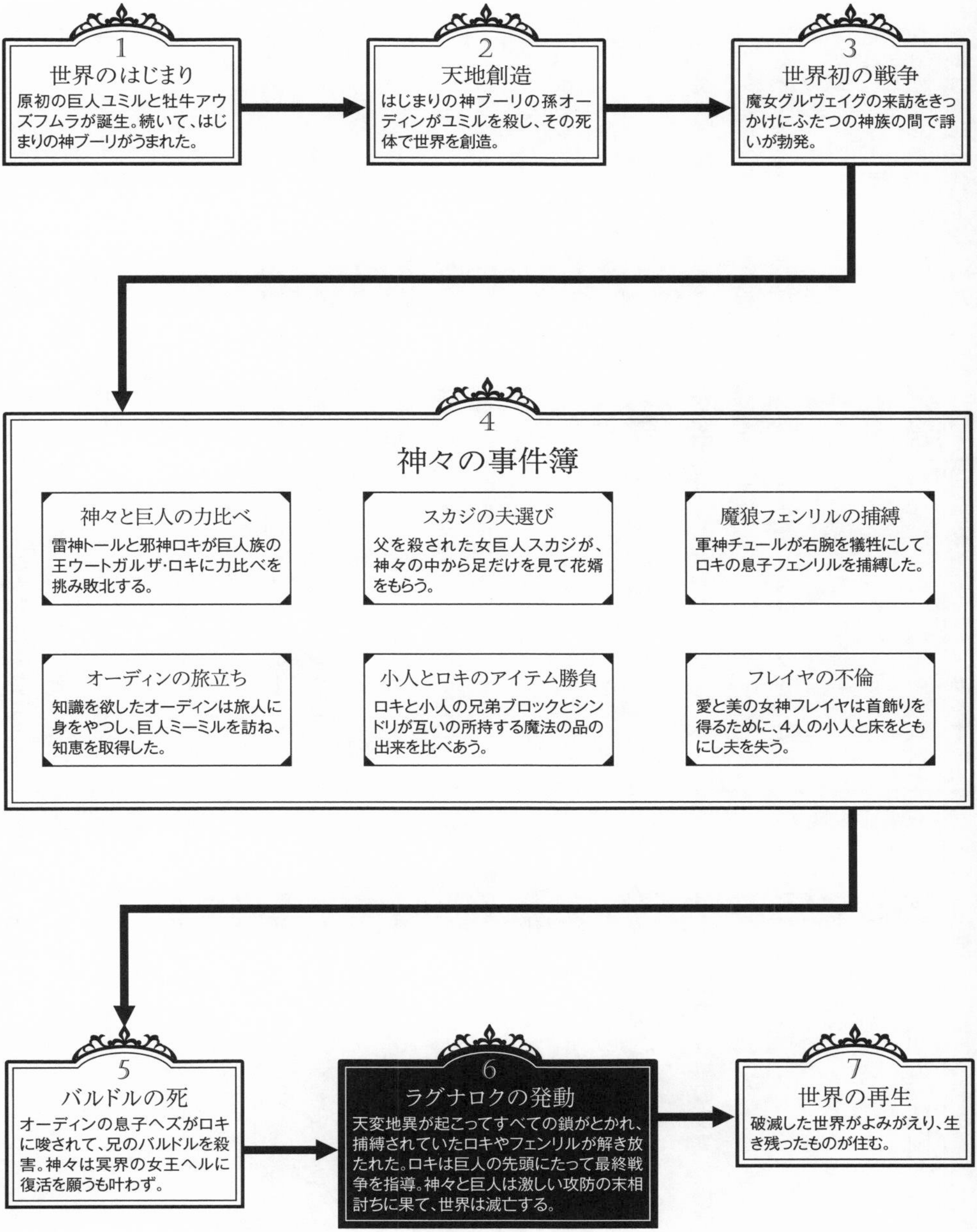

1 世界のはじまり

原初の巨人ユミルと牡牛アウズフムラが誕生。続いて、はじまりの神ブーリがうまれた。

2 天地創造

はじまりの神ブーリの孫オーディンがユミルを殺し、その死体で世界を創造。

3 世界初の戦争

魔女グルヴェイグの来訪をきっかけにふたつの神族の間で諍いが勃発。

4 神々の事件簿

神々と巨人の力比べ

雷神トールと邪神ロキが巨人族の王ウートガルザ･ロキに力比べを挑み敗北する。

スカジの夫選び

父を殺された女巨人スカジが、神々の中から足だけを見て花婿をもらう。

魔狼フェンリルの捕縛

軍神チュールが右腕を犠牲にしてロキの息子フェンリルを捕縛した。

オーディンの旅立ち

知識を欲したオーディンは旅人に身をやつし、巨人ミーミルを訪ね、知恵を取得した。

小人とロキのアイテム勝負

ロキと小人の兄弟ブロックとシンドリが互いの所持する魔法の品の出来を比べあう。

フレイヤの不倫

愛と美の女神フレイヤは首飾りを得るために、4人の小人と床をともにし夫を失う。

5 バルドルの死

オーディンの息子ヘズがロキに唆されて、兄のバルドルを殺害。神々は冥界の女王ヘルに復活を願うも叶わず。

6 ラグナロクの発動

天変地異が起こってすべての鎖がとかれ、捕縛されていたロキやフェンリルが解き放たれた。ロキは巨人の先頭にたって最終戦争を指導。神々と巨人は激しい攻防の末相討ちに果て、世界は滅亡する。

7 世界の再生

破滅した世界がよみがえり、生き残ったものが住む。

原初の巨人ユミルと牝牛のアウズフムラが誕生する。

ユミルはアウズフムラの乳で育ち、自らの寝汗からうまれた女巨人ベストラとの間に子をもうけて、「霜の巨人」という一族へと繁栄していく。一方、アウズフムラは食料としていた塩味の氷岩を舐めていると、舐めたところから人型の塊が現れる。塊ははじまりの神ブーリとなり、ボルという息子をもうけた。

ボルはユミルの娘ベストラとの間に3人の息子を授かるのだが、その3兄弟の長男こそ、北欧神話の最高神オーディンだ。成長したオーディン兄弟は、自らに仇なす霜の巨人を嫌っていたため、霜の巨人の長ユミルを殺害。ユミルから流れた大量の血は洪水を引き起こし、霜の巨人たちはほぼ溺れ死んでしまった。

ユミルが死ぬと、オーディン兄弟は天地創造に取りかかったのだが、なんとそれにユミルの死体を利用したのだ。彼らはまず、ギンヌンガガプをユミルの血液でいっぱいにすると、その上に肉体を浮かべて大地をつくり、骨や歯、毛髪から山や岩、木々をつくりだす。頭蓋骨は4人の小人に支えさせて天空とし、ムスペルヘイムの火花から太陽、月、星をつくって世界を照らし、海辺で拾った流木からは人間を誕生させた。最後に、各種族の住む場所を定め、やっと世界を完成させたのだった。

巨人の死体を解体して天地を創造するなど前代未聞だが、その荒々しくて悲劇的なはじまりこそ、北欧神話の本質を表しているといえるだろう。

北欧神話の世界観

世界の中心に立ち宇宙を構成する巨大樹

北欧神話の世界観は1本の巨大樹ユグドラシルを中心に広がる。ユグドラシルの根本は3つに分かれ、それぞれ極寒の国ニヴルヘイム、灼熱の国ムスペルヘイム、神々の国アースガルズにある3つの泉に根を下ろす。ムスペルヘイムは世界の南に、ニヴルヘイムは最北端に位置する原始の国で、その地下にあるのは、死者の国ニヴルヘル（ヘル）だ。アースガルズは海に浮かぶ大地の中央にあり、強固な城壁で守られている。

大地にはアースガルズの他にミズガルズとヨトゥンヘイムがあり、それぞれ人間と巨人が住んでいるという。この他にもヴァナヘイム、アールヴヘイム、スヴァルトアールヴヘイムの3つの国が存在しているが、所在は定かではない。

神々のグループとその性格

戦闘のアース神族と豊穣のヴァン神族

北欧神話の神々は2つのグループに分けることができる。

ひとつは、最高神オーディンを中心とした「アース神族」である。彼らは、祭祀や魔術、法律、知識、戦闘などを司った。姿は人間とほぼ変わらず、女

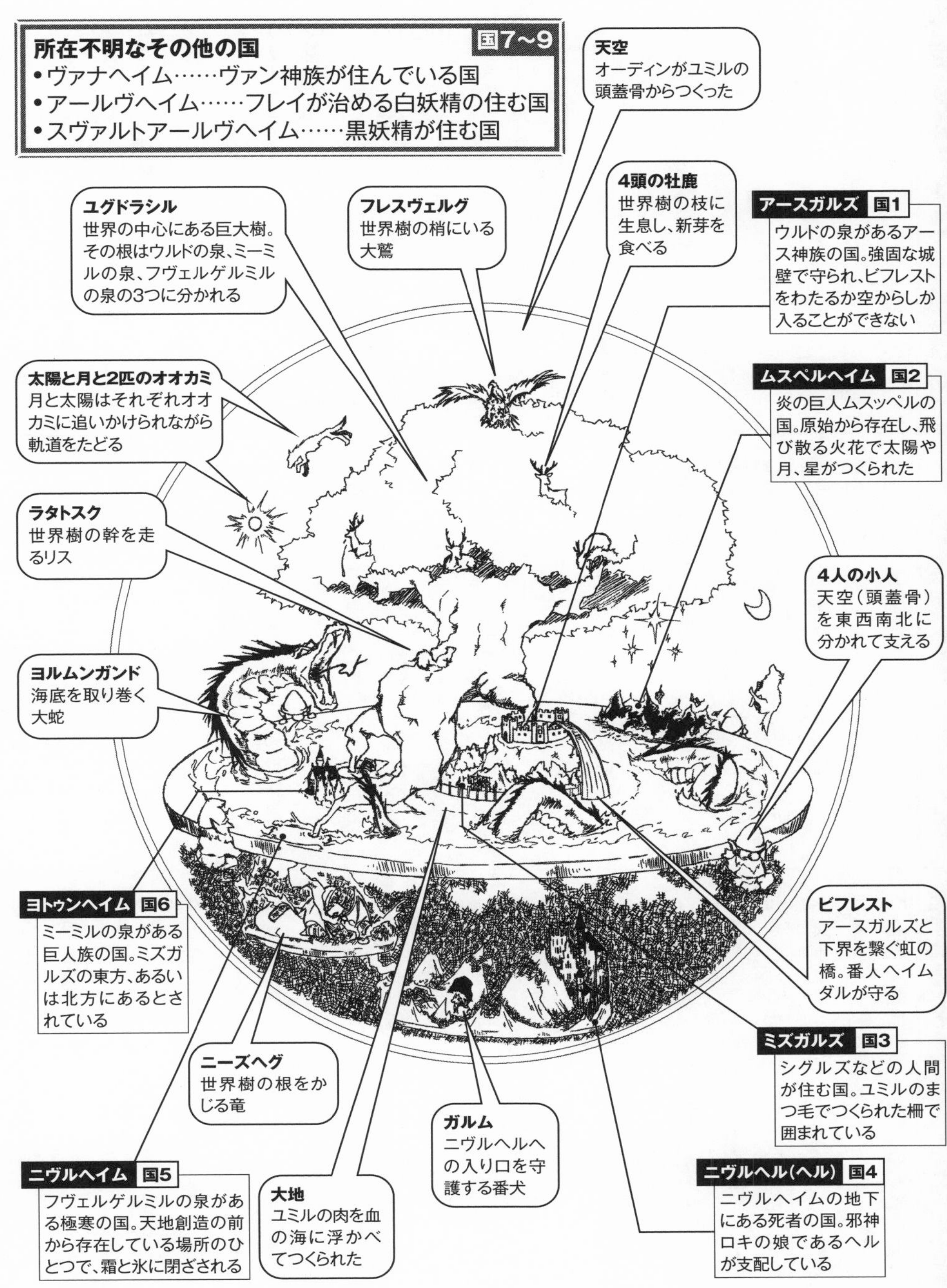
所在不明なその他の国
国7〜9
•ヴァナヘイム……ヴァン神族が住んでいる国
•アールヴヘイム……フレイが治める白妖精の住む国
•スヴァルトアールヴヘイム……黒妖精が住む国
天空
オーディンがユミルの頭蓋骨からつくった
ユグドラシル
世界の中心にある巨大樹。その根はウルドの泉、ミーミルの泉、フヴェルゲルミルの泉の3つに分かれる
フレスヴェルグ
世界樹の梢にいる大鷲
4頭の牡鹿
世界樹の枝に生息し、新芽を食べる
アースガルズ 国1
ウルドの泉があるアース神族の国。強固な城壁で守られ、ビフレストをわたるか空からしか入ることができない
太陽と月と2匹のオオカミ
月と太陽はそれぞれオオカミに追いかけられながら軌道をたどる
ムスペルヘイム 国2
炎の巨人ムスッペルの国。原始から存在し、飛び散る火花で太陽や月、星がつくられた
ラタトスク
世界樹の幹を走るリス
4人の小人
天空（頭蓋骨）を東西南北に分かれて支える
ヨルムンガンド
海底を取り巻く大蛇
ヨトゥンヘイム 国6
ミーミルの泉がある巨人族の国。ミズガルズの東方、あるいは北方にあるとされている
ビフレスト
アースガルズと下界を繋ぐ虹の橋。番人ヘイムダルが守る
ミズガルズ 国3
シグルズなどの人間が住む国。ユミルのまつ毛でつくられた柵で囲まれている
ニーズヘグ
世界樹の根をかじる竜
ガルム
ニヴルヘルへの入り口を守護する番犬
ニヴルヘイム 国5
フヴェルゲルミルの泉がある極寒の国。天地創造の前から存在している場所のひとつで、霜と氷に閉ざされる
大地
ユミルの肉を血の海に浮かべてつくられた
ニヴルヘル（ヘル） 国4
ニヴルヘイムの地下にある死者の国。邪神ロキの娘であるヘルが支配している

神イズンが管理している若返りのリンゴを食べているため歳を取らない。しかし不死ではなく、負傷することもあれば、光の神バルドルのように命を落とすこともあった。

一方、豊穣と平和の神フレイや愛と美の女神フレイヤに代表される「ヴァン神族（ヴァナ神族とも）」は、豊穣や富、愛欲を司る種族である。ヴァンは「光り輝くもの」を意味し、未来予知の能力を持っていた。特に得意だったのはセイズ呪術という魂を操る魔術で、未来予知ができたという。しかし、ヴァン神族は神話のエピソードにほぼ登場せず、フレイとフレイヤ、その父である航海の神ニョルズ以外の神々の名前や、その生活については詳しくわかっていない。

2グループの神々は一時期、敵対関係にあった。アース神族がアースガルズに住みはじめた頃は、多くの財宝や黄金であふれる、明るく華やかな生活を送っていた。しかし、魔女グルヴェイグがアースガルズを訪れたことで状況は一変。グルヴェイグが得意の魔術で神々の貪欲な心をかきたてたために、アース神族は次第に黄金に執着しはじめた。

騒動の原因となった魔女グルヴェイグをとらえたところ、ヴァン神族だと判明したため、アース神族はヴァン神族の領土を侵攻し、北欧神話世界初の戦争が勃発する。戦いは長期にわたって決着がつかず、疲れきった両者は、アース神族から容姿の優れたヘーニルと知恵者のミーミルを、ヴァン神族からニョルズとその子どもたちをそれぞれ人質として交換し、和解にいたったのである。

この戦争の理由については、欲望に取りつかれたオーディンの領土拡大によるものだとも、グルヴェイグへの処遇にヴァン神族が怒ったためだともいわれているが、戦争が終結して以降、両神族は相互関係を築いていく。

己が欲するままに生きる不完全さが魅力

一般的に神といえば、ギリシャ神話のゼウスのようにあらゆる物事を凌駕する全知全能の存在を思い浮かべるだろう。しかし北欧神話の神々は、そのトップに君臨するオーディンでさえ最終戦争ラグナロクを止めることができずに敗北したり、神々が使う魔法の品々も小人がつくったものであったりと万能ではない。

さらに、注目すべきは欲望に忠実なこと。彼らは目的を達成するためには、裏切りや色仕掛け、殺戮さえも厭わない。たとえば、アースガルズの城壁をつくってくれた巨人との約束を反故にしたり、フレイヤが小人と不倫までして首飾りを手に入れたりなど、挙げればきりがない。しかし対照的に、恋愛や道徳的な物語がほぼ見られないのも、おもしろい特徴といえる。

北欧神話は神々が欲しいものを強引に手に入れる物語だといっても過言で

はない。だが不思議と嫌悪感はなく、むしろユーモアに溢れた魅力ある話に感じる。それは、すがすがしいほど本能のままに生き、人間よりも人間らしい彼らの生き様に、ちょっとした憧れを感じるからかもしれない。

北欧神話の関係図

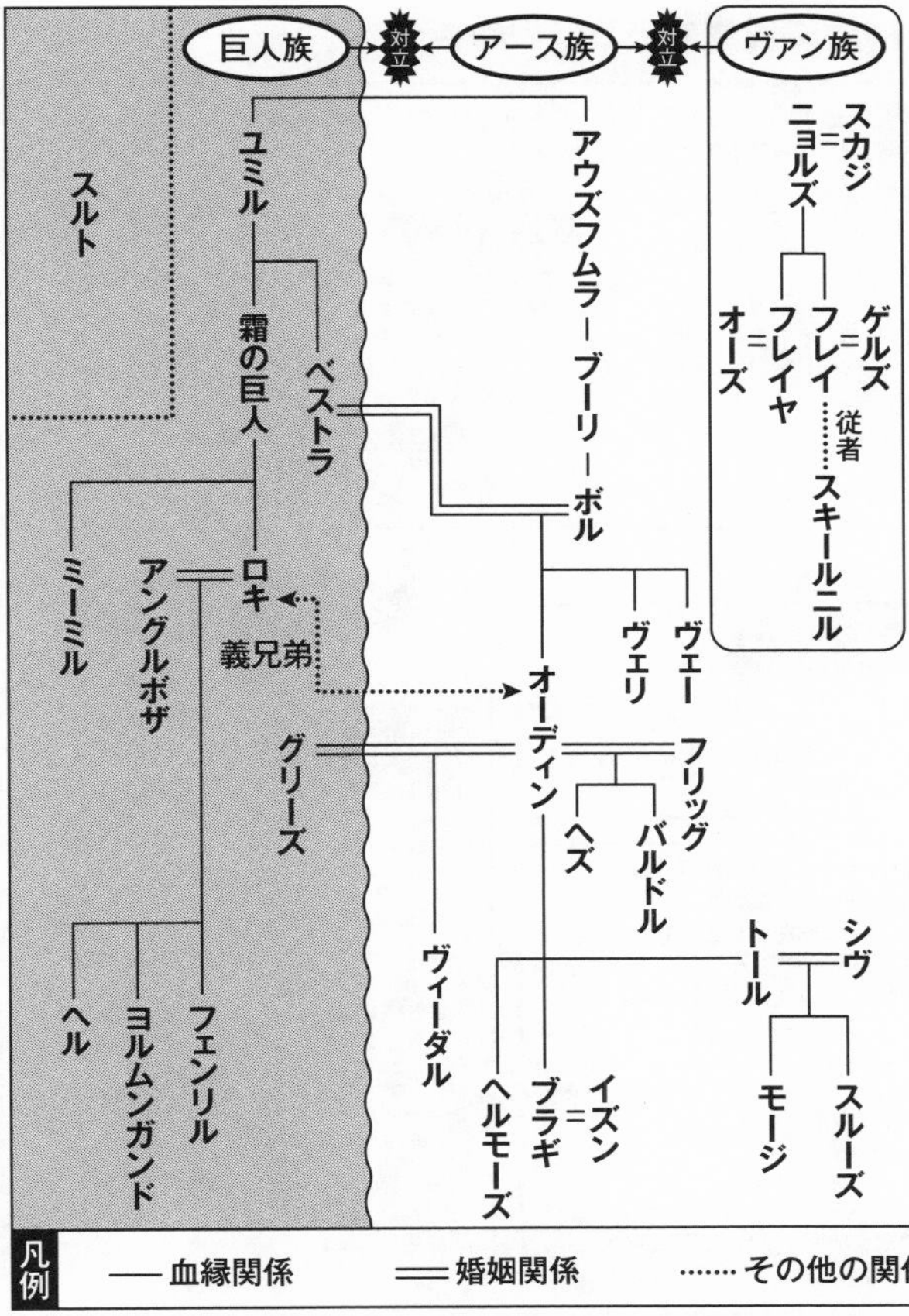

ヴァン族
スカジ＝ニョルズ
ゲルズ＝フレイ
フレイヤ＝オーズ
従者
スキールニル
アース族
巨人族
対立
アウズフムラ
ブーリ
ボル
ヴェー
ヴェリ
オーディン
フリッグ
ヘズ
バルドル
シヴ
トール
スルーズ
モージ
イズン＝ブラギ
ヘルモーズ
ヴィーダル
グリーズ
ユミル
霜の巨人
ベストラ
ミーミル
ロキ
義兄弟
アングルボザ
フェンリル
ヨルムンガンド
ヘル
スルト

凡例　―― 血縁関係　＝ 婚姻関係　…… その他の関係

神話を支える「巨人」と「小人」

どこか憎めない神族の敵たる「巨人」

北欧神話を語る上で欠かせない存在である「巨人」。彼らを一言でいえば、神や人間に害悪をもたらす「敵役」にあたる。性格は獰猛(どうもう)だが単純で騙されやすく、腕っ節が強いのが特徴だ。

巨人という名前から彼らの容姿は醜い巨体に描かれることも多いが、人間と変わらないサイズのもの、魔狼フェンリルのように獣型のもの、神々が一目惚れするほどの美貌を持つものなどさまざまだった。

巨人は怪力や魔法、ずば抜けた知識など実に多彩な特技を持っていたが、中には神々を上まわる能力を誇っているものもいた。雷神トールと邪神ロキが挑んだ力比べで、幻術を使って勝利した巨人ウートガルザ・ロキはその筆頭だ。一説によると、巨人は一種の魔術師だったといわれ、優れた建築技術を持ち、多くの巨石建築をデンマークに残したという。

巨人というと、原初の巨人ユミルの縁者である「霜の巨人」が有名だが、他にも炎に強い「ムスッペル（炎の巨人）」や、トールと対決したフルングニルが属する「山の巨人」などがおり、

いくつかのグループに分けられる。これらは、北欧の自然や災害と呼応しているともいわれる。

一般的に神話は、神とその敵が光と影のように対照的な存在として描かれ、善となる神が絶対的悪を圧倒する勧善懲悪なストーリーが多い。だが、北欧神話の巨人は、ミーミルのように最高神オーディンに知恵を授けたり、女巨人スカジのように神々の嫁に迎え入れられたりと、完全なる悪とはみなされていない。

北欧神話に登場する5つの種族

神族 北欧神話の神々は「アース神族」と「ヴァン神族」の2グループに分けることができる

アース族 ←世界初の戦争→ ヴァン族

アース族
アウズフムラが舐めた氷からうまれたブーリからはじまる神々。ブーリの孫である3兄弟の長男、オーディンが主神を務める。黄金にきらめく国アースガルズの宮殿に住んでいる。

例 オーディン……北欧神話の最高神
ヘイムダル……虹の橋の番人
イズン……若返りのリンゴの守護者

ヴァン族
「光り輝くもの」を意味するヴァン神族。未来を読む能力を持っていたといわれているが、詳しいことはわかっていない。ヴァナヘイムという国に住んでいて、昔はアース神族と対立していた。

例 ニョルズ……航海を司る神
フレイ……豊穣の神。イング神とも
フレイヤ……フレイの妹で愛と美の女神

最終戦争ラグナロク

巨人族 神族と対立するもの。乱暴者も多いが神族に匹敵する特殊能力を持つ

霜の巨人
ユミルからはじまる神族の敵。その容姿は醜い巨体だと思われがちだが、人間とほぼ変わらないもの、獣の姿をしたもの、神族が惚れるほどに端麗なものなどさまざま。一種の魔術師だったともいわれており、ヨトゥンヘイムに住む。

例 ユミル……霜の巨人の祖で原初の巨人

ムスッペル（炎の巨人）
灼熱の国ムスペルヘイムの住人。熱に耐える強靱な体を持つ。ラグナロク以外にはほぼ登場しない。

例 スルト……ムスッペルの長

妖精族（アールヴ）
神族に容姿が似ている美しい「白妖精（リョースアールヴ）」と、小人族と同一視されることもある醜い「黒妖精（デックアールヴ）」がいる。

小人族（ドヴェルグ）
魔法のアイテムをつくる名工。地中や岩の中に住み、邪悪で好色。醜い外見をしていて日光を浴びると石化する。

例 ブロック……大槌ミョルニルの制作者

人間族
神族が木からつくった。巨人を防ぐ柵で囲まれたミズガルズに住む。ラグナロク後に復活した男女が現代の人間の祖。

例 シグルズ……ファヴニール退治の英雄

その上、神よりも先に誕生し、神族の中心グループであるアース神族と血縁関係があるなど、神族に匹敵する力を所持している。極めつけは、神族によって退治されるべき巨人がラグナロクによって、神々を滅ぼしてしまうのである。巨人が単なる「悪」として扱われないのは、彼らが北欧の国々を取り巻く自然環境を具現化した存在だからだろう。

魔法のアイテムをうみだす「小人」

オーディンの愛槍グングニルなど、北欧神話には魅力的な魔法のグッズが数多く登場する。そのほとんどを手がけているのが、「小人（ドヴェルグ）」たちだ。その誕生には2とおりの説があり、ユミルの血と骨からつくられたとも、ユミルの死体に湧いたウジのような生物に、神々が与えたともいわれる。性格は邪悪で好色、鼻周辺が青白くて死人のような外見をしており、日光に弱く朝日を浴びると石化するという。手先が器

用で鍛冶の術に長けているため、神々からも重宝されている。だが、彼らのつくる魔法の品は、なにかと引き替えに力を発揮するものが玉にキズだ。
　小人と同一視される生物が「黒妖精（デックアールヴ）」だ。地下世界に住み、瀝青（れきせい）よりも黒く小人と似た容姿をしている。醜い黒妖精とは対照的に、太陽よりも美しいと称されるのが「白妖精（リョースアールヴ）」。その姿は神々と似ており、アールヴヘイムに住むという。白と黒の両者をまとめて「妖精族（アールヴ）」と呼び、彼らは一種の先祖霊だったと考えられている。

神々の黄昏「ラグナロク」

ラグナロクの原因をつくったのは神？

　北欧神話のクライマックスである「ラグナロク」。ラグナロクとは古ノルド語で「神々の黄昏」「神々の運命」を意味する、神々と巨人の最終にして最大の戦争のことだ。
　最もラグナロクを恐れていたのは、他ならぬ最高神のオーディンであった。彼は人間の戦死者の中から神々のために戦う戦士「エインヘリヤル」を徴兵。時には、自分が目をつけた勇者をエインヘリヤルとすべく、人間の世界に不和や戦火をもたらし、世界を混乱へと陥れた。
　ある時、オーディンの息子ヘズが、邪神ロキに唆（そその）かされて兄のバルドルを殺害。神々はバルドルを復活させようとするが、ロキの策略により阻まれる。

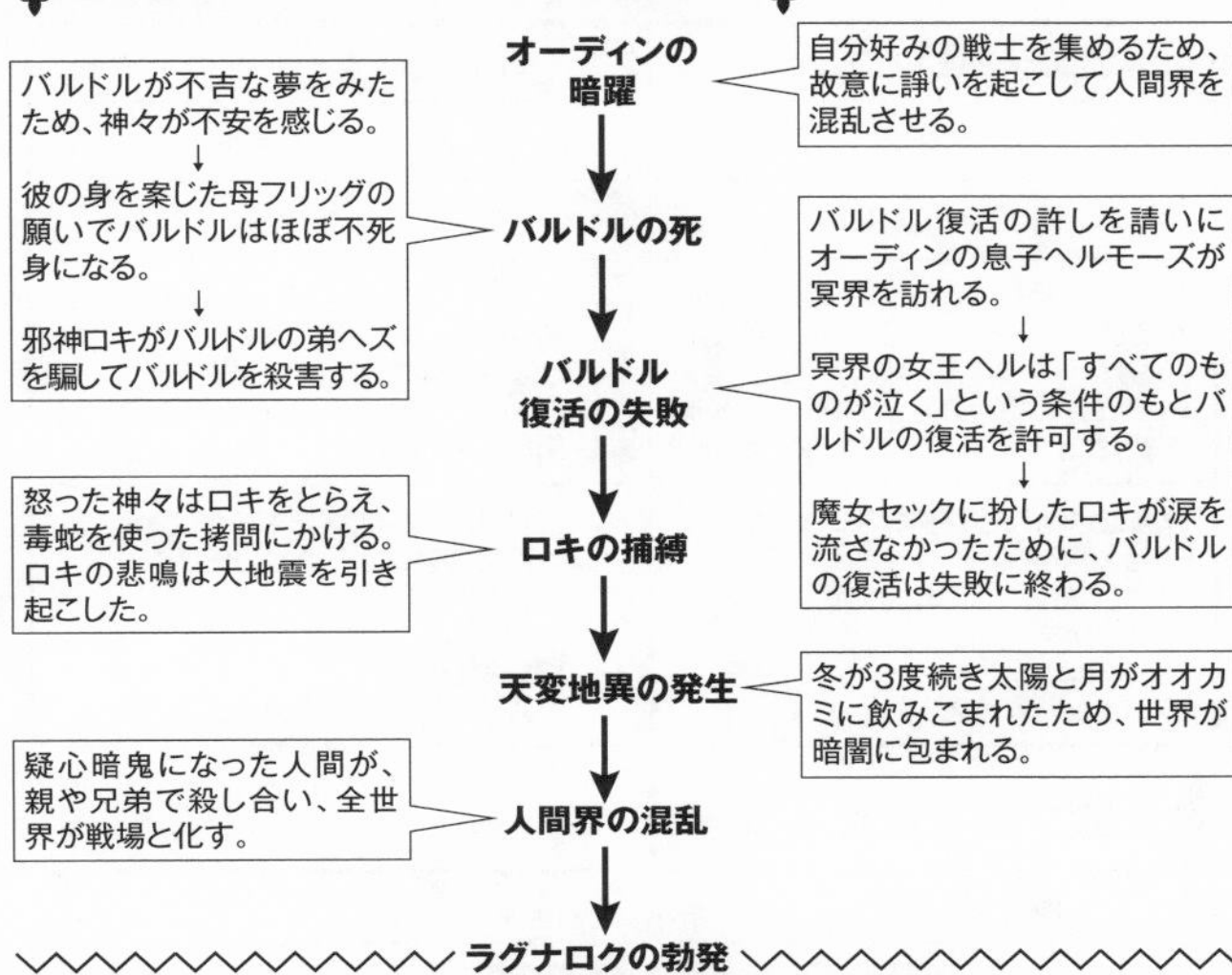

ラグナロクの勃発

混乱する世界の中、ついに神々と巨人が激突する。その勢いはすさまじく、神も巨人も滅び、世界は終焉を迎えた。

オーディンvsフェンリル
フェンリルの勝利
真っ先に戦場を駆けたオーディンはフェンリルに飲みこまれて敗退。そのあと、オーディンの息子ヴィーダルがフェンリルを討った。

トールvsヨルムンガンド
相討ち
大槌ミョルニルで大蛇ヨルムンガンドを討ったトールだったが、ヨルムンガンドの毒が体にまわり両者死亡となる。

ヘイムダルvsロキ
相討ち
なにかと張り合うライバルだった2神は、ラグナロクにて最終決戦に挑んだ。しかし、勝敗は決まらず、相討ちに果てる。

フレイvsスルト
スルトの勝利
女巨人と結婚するために宝剣を手放したフレイに勝ち目はなく、鹿の角で応戦するも敗北。勝者スルトは大地に火を放った。

北欧神話の根幹

古エッダ（詩のエッダ）	名称	新エッダ（スノッリのエッダ）
不明	著者	スノッリ・ストゥルルソン
800～1100年頃	成立	1220年頃
17世紀に発見された北欧で最も偉大な古詩集。デンマーク王に献上された29編からなる『王の写本（Godex Regius）』に、別の写本から「バルドルの夢」などの物語を数点加えたもの。	解説	アイスランドの政治家であり、詩人でもあったスノッリが記した詩学入門書。もとは、ただ「エッダ」と呼ばれていた。試作法の起源となった神話やその実用例などを3部構成で解説している。
神話、英雄詩、格言詩の3つからなる •巫女の予言 •ヴァフスルーズニルの言葉 •スキールニルの旅 •ロキの口論 •スリュムの歌 など	主な内容	［第1部］ギュルヴィたぶらかし 質疑応答による神話の語り ［第2部］詩語法 詩作法の実例と用法の紹介 ［第3部］韻律一覧 スノッリによる自身の詩の解説

北欧文化を伝える文学

名称	解説	主な内容
宗教的・学問的サガ	アイスランドへの移住やキリスト教改宗の歴史などを扱った宗教や学問の記録。	•植民の書 •キリスト教のサガ など
王のサガ	ノルウェーやデンマークの王族を中心に、9～13世紀の北欧の歴史を語るもの。	•ヨームヴァイキングのサガ •ヘイムスクリングラ など
アイスランド人のサガ	異教時代のアイスランド人の生活を記す。芸術的価値が高く、サガ文学の傑作といわれる。	•エギルのサガ •グレティルのサガ など
伝説的サガ	異教時代の英雄たちを描く。歴史的に正確な記述が少なく「嘘のサガ」の異名を持つ。	•フロールヴ・クラキのサガ •ヴォルスンガ・サガ など

さらに怒り狂った神々は、逃げまわるロキを捕縛し拷問にかけた。ロキへの復讐を成し遂げた神々だったが、これがラグナロクを引き起こすきっかけとなってしまう。

復讐に燃える巨人の進撃と神々の世界の滅亡

かつてないほどの天変地異が起こり、あたりが暗闇に包まれる中、ラグナロクの混乱によって鎖が解けたロキが、死者を乗せた船ナグルファルに乗って襲来する。魔狼フェンリルは大きく口を開けて世界を飲みこもうとし、海底を取り巻く大蛇ヨルムンガンドも大地へ上陸した。さらに、この混乱に乗じて、炎の巨人ムスッペルたちも集団攻撃をしかけてきたのだ。ついに、巨人と神々との最終決戦の火蓋が切って落とされる。ロキには番人ヘイムダルが、ヨルムンガンドには雷神トールが応戦するも両者相討ちとなる。フェンリルにはオーディンが挑んだが敗北。しかし、フェンリルもまた、オーディンの息子ヴィーダルによって引き裂かれる。ムスッペルの長スルトには豊穣の神フレイが応戦したが、武器を持っていなかったためかなわなかった。多くの神々と巨人が滅び、スルトが吐いた炎により戦火で焼き尽くされた大地は、海の底へ沈んだのだった。

その後再び大地が現れると、ヴィーダルら数少ない神々の生き残りは、かつてアースガルズがあったイザヴェルに住み、世界の再形成を始めた。

人間にまつわる歴史を記した「サガ」

4つの物語群

ラグナロクで一度滅んだ世界は、息を吹き返し生き延びた神々や、人間が住まう新しい世界としてよみがえる。この時、戦火から逃れて生き残った男女が、現代の人間の祖とされている。アダムとイヴのように扱われるこの逸話は、北欧独自の文化にキリスト教が取りこまれたものだと考えられている。

こういった北欧の歴史や文化、実在した英雄たちの勇姿などを描いた、人間にまつわる逸話を「サガ」という。これは12世紀から14世紀にかけて成立した物語群のことで、大きく「宗教的、学問的サガ」「王のサガ」「アイスランド人のサガ」「伝説的サガ」の4ジャンルに分けることができる。サガは、新旧の「エッダ」とは別の角度から北欧文化を知ることができる貴重な資料なのだ。

古代北欧において使用されたルーン文字。木や石に刻むことで魔力を増し、削ると力が消える。北欧各地の碑文に残されており、現代では占いのタロットカードに使用されることもある。

ルーン文字一覧

ルーン文字	意味	呼び方	英字	魔力・呪力	関連する神
ᚠ	富	フェオ	F	富、豊かさ、家畜、所有	フレイ
ᚢ	野牛	ウル	U	力、スピード、不屈の精神	オーロクス
ᚦ	トゲ	ソーン	Th	魔除け、恐れなき心、傷	スルト
ᚨ	言霊	アンスル	A	言葉、伝達、口	オーディン
ᚱ	旅	ラド	R	勇者、タフな身心、旅の守護	風の神
ᚲ	火	ケン	C/K	松明、情熱、灯火	火の神
ᚷ	贈りもの	ギュフ	G	贈り物、才能、寛大さ、栄誉	フレイヤ
ᚹ	喜び	ウィン	W	幸福、実り、家庭平和	—
ᚺ	雹	ハガル	H	変革、崩壊、災い	—
ᚾ	必要	ニード	N	必要な学び、困苦、先手必勝	ミョルニル
ᛁ	氷	イス	I	停止、静寂、時を待つ力	巨人族
ᛃ	収穫	ヤラ	J	1年の収穫、豊作、恵み	地の神
ᛇ	イチイ	エオー	Y	死、再生、防御、強靭な身心	木の神
ᛈ	ダイス	ペオス	P	挑戦、選択、陽気	—
ᛉ	鹿	エオルフ	Z	守護、危険の察知、仲間	—
ᛊ	太陽	シゲル	S	光、健康、夢の実現	バルドル
ᛏ	チュール神	チュール	T	勝利、正義、不可能を可能にする	チュール
ᛒ	白樺	ベオーク	B	新しいはじまり、繁茂、母性	フリッグ
ᛖ	馬	エイワズ	E	協力者の出現、早い進歩	スレイプニル
ᛗ	人間	マン	M	宿命、内なる自己	人間族
ᛚ	水	ラグ	L	豊穣、浄化、船出	水の神
ᛜ	イング神	イング	Ng	受胎、性的魅力、本能の力	イング(フレイ)
ᛞ	1日	ダエグ	D	1日の守護、朝日が昇る、希望	—
ᛟ	世襲財産	オセル	O	不動産、相続、祖先	—

出典:『いちばんわかりやすい北欧神話』(杉原梨江子著 実業之日本社刊)

北欧神話の神々

オーディン

種族 アース神族
住処 ヴァルハラ宮殿（アースガルズ）

自らの欲望に忠実すぎる「神々の父」

最初の神ブーリの孫にあたるオーディンは天地創造の神であり、「神々の父」と呼ばれる北欧神話の最高神だ。しかし、天地ができるまでの物語は非常に血なまぐさい。オーディンは原初の巨人ユミルを疎ましく思って殺し、亡骸の血を海に、肉を大地に、頭蓋骨を空にしたのである。最高神といっても慈悲深い存在ではなく、欲望に忠実で目的のためには手段を選ばなかった。

オーディンは特に知識の獲得には貪欲だった。つばの広い帽子を目深にかぶり、片眼を失った老人の姿で描かれるが、隻眼になった理由は知恵を授けるミーミルの泉の水を飲む代償として泉に片眼を沈めたからである。また、ユグドラシルに秘められたルーン文字を得るために、愛槍グングニルで自らを傷つけ、ユグドラシルの枝に9夜9日も逆さ吊りになる苦行をやってのけたこともある。

さらに、巨人のスットゥングが詩才を得られる魔法の蜜酒を持っていると知ったオーディンは、スットゥングの弟バウギをだましたり脅したりして強奪の手伝いをさせ、蜜酒を守るスットゥングの娘グンレズを誘惑してまんまと奪い取るという狡猾な策も用いている。

オーディンは情報収集にも余念がなかった。両肩に乗せた2羽のカラス、フギンとムニンを早朝ごとに空へ放って偵察に向かわせる一方、自らも玉座のフリズスキャールブから世界を見わたし、この世のあらゆる出来事を知ろうとした。このためオーディンは知識、詩歌、魔術などの神とされる。

オーディンがここまで知識を求めたわけは、来たるラグナロクに備えるためだった。そして、最終決戦の兵士に選んだのは人間の戦死者の魂だ。戦場で死んだ人間は魂の選定を受け、オーディンに認められると「優れた戦死者の魂」を意味するエインヘリヤルとしてヴァルハラ宮殿に招かれる。

ラグナロクへの備えが世界に混乱を招く

エインヘリヤルは死してなお、軍事訓練に明け暮れた。オーディンは目をつけた勇士が勝てるよう戦争の勝敗を決定したり、ヴァルハラに招きたい勇士を殺したりしたので、戦争、勝利、

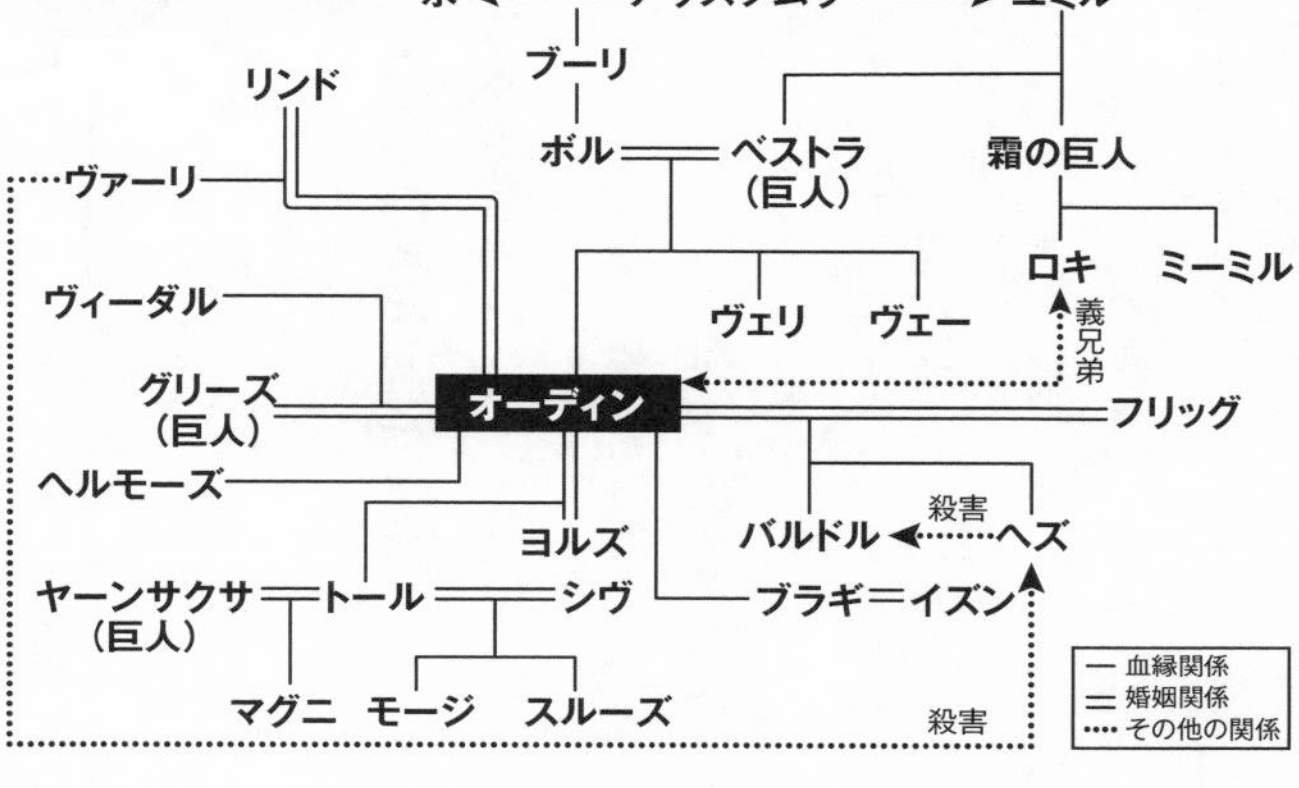

さらには死の神とされた。オーディンがラグナロクへの備えとして戦死者の魂を集めたことが人間たちの戦争をエスカレートさせ、やがて終末の戦いを招いてしまうのは皮肉な展開である。
　ラグナロクの際、アース神族の先陣を切ったオーディンは、金の鎧兜に身を包み、手にはグングニルを提げ、愛馬スレイプニルに騎乗した勇壮な姿で現れる。かつて自らを傷つけたグングニルは、投げれば百発百中の名槍である。しかし、オーディンは不死身ではなかった。邪神ロキの異形の息子である魔狼のフェンリルに飲みこまれて死んでしまうのである。オーディンの仇は息子のヴィーダルが討った。多彩な面を持ち、欲望に嘘をつかないオーディンは、最高神でありながらどこまでも完璧ではない神だった。

北欧神話の関係図

氷 ← 舐める … アウズフムラ … 養育 → ユミル
ブーリ
ボル ＝ ベストラ（巨人）
霜の巨人
リンド
ヴァーリ
ロキ
ミーミル
ヴィーダル
ヴェリ
ヴェー
義兄弟
グリーズ（巨人）
オーディン
フリッグ
ヘルモーズ
ヨルズ
殺害
バルドル ← ヘズ
ヤーンサクサ（巨人）＝ トール ＝ シヴ
ブラギ ＝ イズン
マグニ
モージ
スルーズ
殺害

— 血縁関係
＝ 婚姻関係
…… その他の関係

現代でも強大な力がフィーチャーされる

　かなり人間的な性格のオーディンだが、戦争を差配する能力はやはり脅威であり、エンターテインメント作品でも人知を超えた力がフィーチャーされる。力が強すぎるためか、プレイヤーが操作するより主人公の補佐役が多い。
　日本のゲーム界でオーディンの知名度を高めたのは『ファイナルファンタジー』（以降ＦＦとする）シリーズだろう。Ⅲ以降ほとんどの作品で主人公の協力者となっており、敵を一撃で斬り伏せる。『女神転生』『ペルソナ』シリーズでも高パラメータの強力なキャラクターに設定されている。
　圧倒的な力を持つ点から、敵にまわる場合もある。『ヴァルキリープロファイル』シリーズでは戦闘力が高く、策略家の面も持つ強敵だ。また、ライトノベル『とある魔術の禁書目録（インデックス）』には、『デンマーク人の事績』に由来するオティヌスの名で登場。強大な魔力で主人公を何度も窮地に陥れる。少女の姿をしているが、つばの広い帽子や右眼の眼帯がオーディンを連想させる。

グングニル
小人族が作成した大槍。敵に投げると必ず命中するというオーディンの愛槍。

フギンとムニン
世界を視察する2羽のカラス。フギンは「思考」、ムニンは「記憶」を意味する。

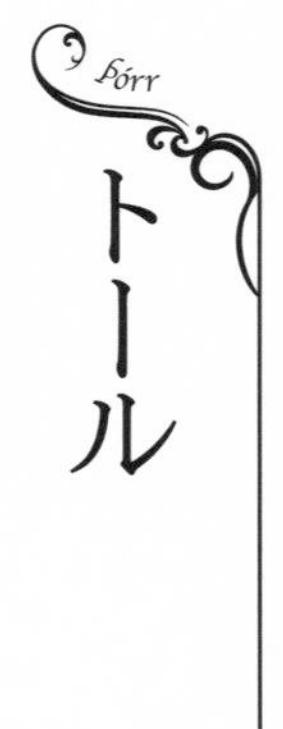

トール

Þórr

種族 アース神族
住処 アースガルズ

強さと純粋さを併せ持つ愛すべき雷神

北欧神話で最強とされる存在が、雷神トールである。荒ぶる雷の神格化であるトールは、最高神オーディンと女巨人ヨルズの間にうまれた息子でありながら、戦を司る父さえも上まわる武力を誇った。また、トールには天候を操る力があると考えられ、農業の神としても崇拝された。

筋肉隆々の肉体を持つトールはそれだけでも充分に強かったが、数々の愛用品でさらなる力を得ていた。中でもトールの代名詞といえるのが大槌ミョルニルだ。腕のいい鍛冶屋である小人族のブロックとシンドリが鍛えた逸品で、「打ち砕くもの」を意味する名前のとおり、投げると必ず敵に命中して手元に戻ってくる。しかもトールは自身の力を倍にする帯メギンギョルズを締めていたので、山さえも砕くことができた。

また、鉄製の手袋ヤールングレイプルを必ず装備していたが、これは手違いで短くなったミョルニルの柄をしっかり握るためとも、高温で燃えているミョルニルに耐えるためともいわれる。

腕っぷしの強いトールは性格も豪快だった一方、お人好しなところもあり、しばしば他者に翻弄された。しかし、その二面性が古代の人々に広く愛された点でもある。

巨人スリュムにミョルニルを盗まれた時には、花嫁に女装してスリュムの館に乗り込み、ミョルニルを取り戻した。巨人の王であるウートガルザ・ロキの挑戦を受けて立つ逸話では、角杯に満たされた酒を飲み干す、灰色の猫を持ち上げる、老婆のエリと相撲を取るといういずれの勝負でも負けてしまった。ところが、ウートガルザ・ロキは幻術使いで、トールの勝負相手はすべて幻だったのだ。

神々と人間を守り強敵と名勝負を演じる

トールがお人好しだった理由は頭が弱いからではなく、根が優しかったからだろう。トールは常に神々と人間を守る使命に燃えており、どんな敵が現れても恐れなかった。タングニョースルとタングリスニルという2頭の魔法のヤギが引く戦車に乗って世界をめぐり、自ら率先して巨人や魔物と戦っている。2頭のヤギは殺してもミョルニルで清めれば復活するため、移動手段にも食料にも困らなかった。『新エッダ』では、フルングニルという粗暴な巨人と一騎打をする。トールが自慢の大槌ミョルニルを投げつけ、フルングニルの頭を打ち砕いた。

ラグナロクでは大蛇ヨルムンガンドと死闘を繰り広げた。この大蛇は、邪神ロキと女巨人アングルボザの間にうまれた異形の息子である。トールはかつて海釣りをした際、針にかかったヨルムンガンドと対峙したことがあるものの決着はついておらず、まさに宿命の一戦。トールはヨルムンガンドにミョルニルを投げつけて殴り殺したが、自身も周囲に立ちこめる大蛇の毒が全身にまわってしまい、9歩後退したのちに力尽きた。

　こうしてトールは滅びたが、息子マグニがラグナロクを生き延び、新世界でトールの形見となるミョルニルを発見して受け継いでいった。

エンタメ作品登場時は怪力と雷が必須

　圧倒的攻撃力を持ち、雷を支配するトールは、キャラクター性が明解でエンターテインメント作品でも扱いやすく、敵としても味方としても重宝されている。トールが主人公として活躍する作品といえば、アメコミ『マイティ・ソー』だろう。実写映画版は日本でも大ヒットした。「ソー」とはトールの英語発音である。原作と映画では若干設定が異なるが、北欧神話をベースにしている点は同じで、驚異的な戦闘能力を持つソーが魔法のハンマー、ムジョルニアを振るって強敵をなぎ倒していく。「ムジョルニア」はミョルニルの英語発音。ソーの戦闘力は各国のスーパーヒーローを題材にした作品、『アベンジャーズ』の中でも最強レベルとなっているのだ。

　また、破壊力の高い武器や技にミョルニルの名前がつけられている例は多く、アニメ版の『聖闘士星矢』や漫画『からくりサーカス』などに見られる他、トールハンマーの名でも『FF』シリーズやSF小説『銀河英雄伝説』、漫画『黒子のバスケ』などに幅広く登場する。

ミョルニル
小人族のブロックとシンドリが作成したハンマー。大地が変形するほどの威力を発揮する。

ヤールングレイプルとメギンギョルズ
ヤールングレイプルは鉄製の手袋。メギンギョルズは力が倍増する帯。

タングニョースルとタングリスニル
戦車を引く2頭のヤギ。死んでもミョルニルで清めると復活する。

種族 アース神族
住処 ブレイザブリク（アースガルズ）

麗しく心優しいオーディンの愛息

　光を司る神バルドルは、最高神オーディンとその妻フリッグの自慢の息子で、その神格にふさわしい輝くばかりの美貌を備えていた。美しく優しいバルドルはアースガルズの神々から愛され、バルドルという名が「主人」や「首領」を意味するとおり、オーディンの後継者とみなされていた。

　バルドルが妻ナンナとともに暮らす館、ブレイザブリクは、邪悪なものが決して近づけない平和の園で、病気や怪我を癒す清浄な力に満ちている。『新エッダ』の「ギュルヴィたぶらかし」では、バルドルとナンナの息子フォルセティは優れた調停者とされ、フォルセティが住む館、グリトニルはアースガルズで最もすばらしい法廷だった。

まさに非の打ちどころがない貴公子のバルドルだが、幸福な生活が永遠に続くわけではなかった。『古エッダ』の「バルドルの夢」には、バルドルが死を予見させる悪夢に悩む逸話がある。死の影におびえるバルドルを、なんとしても救おうとしたのは母のフリッグだった。フリッグが世界中をめぐってあらゆる生物や物質、毒や病気にまでも「バルドルを傷つけない」と約束させたので、バルドルはこの世のなにを用いても傷つけられない体になったのである。

バルドルが不死身になった報せがもたらされると、心配していた神々は大喜びした。そして、あらゆるものをバルドルに投げつけ、すべてがバルドルを避けていく様子を楽しむ遊びに興じはじめる。

再び、バルドルを中心に笑い声の絶えない日々が戻ってきた——しかし、それを妬ましく思う存在がいたのだ。ひねくれものの邪神ロキである。

突然の悲劇に見舞われるも復活を遂げる

本当になにを使ってもバルドルを傷つけられないのか疑ったロキは、魔法使いの老婆に変身してフリッグに尋ねた。するとフリッグは、「ミステルティンの若木だけはまだ小さくて弱いから約束を取らなかった」と教えてしまう。ミステルティンとは古ノルド語で「ヤドリギ」を意味する。

この話を聞いたロキは、バルドルの弟ヘズが盲目なのをいいことにミステルティンをわたしてバルドルに投げつけさせた。ミステルティンに胸を貫かれたバルドルはばたりと倒れこみ、そのまま息を引き取ってしまう。

しかし、フリッグはあきらめなかった。冥界の女王ヘルにバルドルが復活できるよう頼んでくれる勇士はいないか呼びかける。これにバルドルの異母弟ヘルモーズが志願する。ヘルモーズと対面したヘルは「すべてのものがバルドルのために泣くならよみがえらせてもよい」と条件を出した。そこでヘルモーズはすべてのものに泣いてくれるよう頼んでまわった。しかし、セックという女巨人だけが泣かなかったため、バルドルの復活は失敗に終わる。実は、このセックもロキが変身した姿だったのだ。

バルドルの亡骸は船葬にされ、出航前に悲しみのあまり死んでしまった妻ナンナとともに船上で灰になった。この時、ドラウプニルの腕輪がバルドルの傍らに供えられている。これは小人のブロックとシンドリ兄弟がつくった秘宝で、9夜ごとに同じ重さの腕輪を8つ滴らせる。

バルドルの死は神々の絶望を呼び、ラグナロクの引き金となった。そして、すべてが滅びたラグナロク後の新世界でバルドルは復活を遂げる。この生と死のサイクルが農作物の育成と重なることから、バルドルは豊穣の神ともされる。

多くの作品でまばゆい美男に描かれる

美貌と知性に彩られ、神々から愛されたバルドル。戦争好きの集まる北欧神話神には珍しく、戦いの描写が見られないこともあり、エンターテインメントの世界では穏やかな美少年、いわゆる〝王子様キャラ〟の扱いが多い。

その特徴がよく出ているのは、女性向け恋愛ゲーム『神々の悪戯（あそび）』だろう。金髪ロングヘアの美少年で、温かい癒しのオーラを放つ人気者だが、なにもないところで転ぶという天然な面も併せ持つ。

また、『女神異聞録デビルサバイバー』ではストーリーの中枢に関わる「ベル神」の「ベル・デル」という敵キャラクターとして登場。すべての攻撃が無効で、ダメージを与えられるのはヤドリギのみという、神話の内容を反映した弱点を持つ。ゲーム『ベヨネッタ』におけるバルドルは北欧神話と直接のつながりはないが、新世界の構築を目指す野望や光の剣を飛ばす戦闘スタイルなど、随所に北欧神話のバルドルを連想させるモチーフが使われている。

王子様キャラはもちろん、敵としても個性的な魅力を見せているのだ。

ドラウプニルの腕輪
小人族のブロックとシンドリ兄弟がつくった腕輪。「滴るもの」という意味のとおり、9夜ごとに同じ重さの腕輪が8つこぼれ出る。バルドルの棺にオーディンが供えた。

ミステルティン
ヴァルハラ宮殿周辺に生えていたヤドリギの若木。世界で唯一、バルドルに傷を負わせることができる。

ヘズ

Höðr

種族　アース神族
住処　アースガルズ

兄殺しの汚名を着せられた盲目の弟

オーディンとフリッグの間の息子で、光の神バルドルの同母弟。兄同様に高貴な身の上だが、目が見えないため神々の輪から外れていることが多い。バルドルがこの世のなにを持ってしても傷つけられない体になった時も、神々はバルドルにものを投げつける遊びに夢中になったが、ヘズは騒ぎの外にいた。

これに目をつけたのが、バルドルの人気を不愉快に思う邪神ロキである。ロキはバルドルを不死身にしたフリッグから、ヤドリギだけはバルドルを傷つけられることを聞きだすと、ヘズを利用してバルドルを殺そうと企んだのだ。ヘズが神々の遊びの輪から離れた場所にいると、ロキが「なぜ遊びに加わらないのか」と聞いてきたため、ヘズは「目が見えないからものを投げられない」と答えた。するとロキは「手を取って教えてあげよう」と言い、ヘズの手にヤドリギを握らせて投げさせた。ヤドリギに貫かれたバルドルは息絶えてしまう。

　ヤドリギは古ノルド語で「ミステルティン」といい、ヘズが投げたものはヴァルハラ宮殿の周辺に生える小さな若木だった。このためフリッグは無害だと思い、バルドルを傷つけないという約束を取りつけなかったのだ。

『古エッダ』の「バルドルの夢」でのヘズは、バルドルの死後すぐに異母弟ヴァーリに殺されてしまう。ヴァーリはヘズを葬るために生を受け、一晩で復讐を果たすと記されていることから、一晩で成人したのではないかと考えられている。しかしヘズは、ラグナロク後の新世界でバルドルとともに復活し、ともに生き延びたヴァーリと和解して新たな統治者となった。

　ゲーム『ディバインゲート』では女性キャラで登場。『ヴァルキリープロファイル・咎を背負う者』には攻撃がクリティカルヒットになる「ヘズの一撃」という能力があり、ミステルティンによる一撃必殺のインパクトもキャラクター特性に繋がっているようだ。

Hermóðr ヘルモーズ

種族　アース神族
住処　アースガルズ

バルドル救出のため冥界の女王と対面

　最高神オーディンの息子で、身のこなしが素早かったことから「俊敏のヘルモーズ」と呼ばれた。名前は「勇気」「戦い」を意味する。ラグナロクで戦うために集められた人間の魂エインヘリヤルの接待役といわれる。

　ヘルモーズが神話に登場するのは、異母兄で光の神バルドルが邪神ロキの策略で命を落とした時のことだ。バルドルをよみがえらせようとするバルドルの母フリッグの声に応え、冥界への使者に志願したのである。

　ヘルモーズは、父オーディンの愛馬スレイプニルを借り受け、冥界の女王ヘルが支配する死者の国ニヴルヘルへと旅立つ。ユグドラシルの根の先にあるニヴルヘルは簡単に行ける場所ではないが、スレイプニルの力を持ってすれば可能だった。

『新エッダ』の「ギュルヴィたぶらかし」によると、9日9夜をかけてギョル川にかかる黄金の橋まで来たヘルモーズは、通行人の番をする女巨人モーズグズからヘルの館、エリューズニルまでの道を教わり、スレイプニルを駆ってついにたどり着いた。ヘルモーズはバルドルとの再会を果たし一晩過ごした後、ヘルとの交渉に向かった。すると、ヘルは「あらゆるものがバルドルのために泣いたら、よみがえらせてもよい」という条件を出す。

もともとバルドルはすべてのものから愛されていたため、容易な条件だと踏んだヘルモーズは神々とともに世界中をめぐってバルドルのために泣いてくれるよう頼んだ。あらゆる生物・無生物が泣く中、ロキが変身した女巨人セックだけは泣くことを拒否したためバルドルは復活できず、ヘルモーズの努力は水泡に帰したのだった。

エンターテインメント作品でのヘルモーズは、アプリゲーム『神獄のヴァルハラゲート』でスレイプニルによる連撃スキルを持つ他、カードゲーム『FOW（フォースオブヴィル）』では闇属性を与えられており、冥界に向かった神話がフィーチャーされている。また、アニメ版『銀河英雄伝説』の戦艦にもヘルモーズの名が見られる。

Frigg

フリッグ

種族 アース神族
住処 フェンサリス（アースガルズ）

優しいだけではないオーディンの正妻

「愛されるもの」「伴侶」などを意味する名を持つオーディンの正妻。結婚と出産を司る女神で、『ヴォルスンガ・サガ』では子に恵まれない夫婦がフリッグから子宝のリンゴを与えられ、懐妊する逸話が語られる。

司る対象や名前が似ていることから愛と美の女神フレイヤと同一視されることも多いが、フリッグはアース神族、フレイヤはヴァン神族で、出自から異なる。

フリッグはオーディンとの間の息子バルドルに深い愛情を注いだ。バルドルが邪神ロキの奸計で命を落としたのちも、死の国から帰ってこられるよう、すべてのものに泣いて欲しいと頼んでまわった。

強く優しい母であるフリッグだが、オーディンに対しては自分の価値観を前面に出し、時に厳しく接した。アグナルとゲイルロズという人間の兄弟を夫婦それぞれで養子にした際はオーディンに強いライバル心を燃やしてアグナルを教育した。

『デンマーク人の事績』によると、人間の王たちがつくったオーディンの黄金の神像に嫉妬して、黄金をはぎ取ったとされる。

たびたびフリッグにやりこめられたオーディンだが、フリッグには一目置いており、世界のすべてを見わたせる神の玉座フリズスキャールブに座ることを唯一許していた。また、フリッグは鷹に変身できる衣を持っているが、自分で着ることはめったになく、もっぱらロキなどに貸してあげている。

フリッグが登場するゲーム作品は多くないが、ほとんどはサポート系のキャラクターだ。家庭用ゲーム『斬撃のレギンレイヴ』では戦闘に加わらず、主にナビゲーターとして活躍。カードゲーム『FOW(フォースオブヴィル)』や『バトルスピリッツ』では優雅な女神の絵柄で、防御重視のパラメータに設定されている。

その他『遊戯王』にはダメージ帳消しの効果を持つ「フリッグのリンゴ」のカードがある。

シヴ
Sif

種族　アース神族
住処　アースガルズ

美しい金髪をなびかせるトールの妻

北欧神話最強の雷神トールの妻。トールとの間に息子モージと娘スルーズをもうけたといわれる他、トールとの結婚以前に巨人と関係を持ち、息子ウルをうんでいる。

シヴのチャームポイントは、きらきらと輝く長い金髪が自慢で、トールのお気に入りでもあった。シヴの美しい金髪は豊かに実った小麦を象徴するといわれる。

シヴの金髪はあまりに美しかったため、悪戯好きの邪神ロキに目をつけられて悲劇を招いた。シヴが昼寝をしているところに忍びこんだロキは、シヴの金髪を丸坊主に刈り上げてしまったのである。目覚めたシヴは絶望し、これを知ったトールは激怒してロキを殺そうとした。そこへオーディンが仲裁に入り、ロキはなんとかしてシヴの金髪を取り戻すことになる。

ロキは小人族の鍛冶場を訪れると、口八丁で小人の鍛冶師たちのご機嫌を取り、金ののべ棒から金髪のかつらをつくらせた。鍛冶の名手が仕上げた金の糸は限りなく細く柔らかく軽く、シヴの髪と比べても遜色（そんしょく）ない輝きを放つ。この出来栄えなら大丈夫だと満足したロキはアースガルズへ帰り、シヴの坊主頭に黄金のかつらをかぶせた。すると、かつらはシヴの頭を美しく彩っただけでなく、頭皮にぴったりとはりついて新しい髪の毛になったのである。こうしてシヴの金髪はもとどおりになり、ロキは命拾いしたのだった。

エンターテインメント作品のシヴは、別の発音である「シフ」の名でよく見かける。

アプリゲーム『ゆるドラシル』では神話どおりの美しい金髪を持つ一方で、自らも剣を持ち戦場に出る。実は、夫のトールが荒々しい雷神であるためか、エンタメ界のシヴは戦う女神として描かれることが多い。

アメコミ『マイティ・ソー』では狩りの女神として武器を振るい、『ペルソナ2罪』ではトール同様に雷の魔法が使用可能で雷無効の属性も持つなど、どの作品のシヴも大変勇ましい。

チュール

Týr

種族 アース神族
住処 アースガルズ

ヴァイキングに篤く信仰された勝利の神

最高神オーディンの息子とされるが、『古エッダ』の「ヒュミルの歌」では、巨人ヒュミルの息子とされている。そもそもチュールは北欧神話神の中でもかなり古い起源を持ち、ゲルマン祖語の表記では「天空神」を指すことから、かつては主神だったのではないかという説もある。

大胆不敵で勇猛果敢とされるチュールはヴァイキングから絶大な支持を得ていた。『古エッダ』の「シグルドリーヴァの歌」には、「勝利を望むなら剣の柄、血溝、剣の峰に勝利のルーンを彫り、2回チュールの名を唱えよ」という旨があり、ヴァイキングは出航前にこの呪術を実践していたという。

勝利のルーンとはルーン文字「↑」のことで、チュール自身も表す。「↑」が刻まれた剣はチュールの魔剣と呼ばれた。つまり、チュールの魔剣とはチュール自身の武器ではなく、チュールの加護を得た剣のことである。チュールの名を2回唱えるのがよいとされたため、「↑」を2重に彫ることもあった。

また、チュールは冷静沈着で知的な面を持ち、法廷を守る神としても信仰された。『新エッダ』の「ギュルヴィたぶらかし」では、チュールは戦いの勝敗を決する神と説明されており、同時に訴訟の勝敗を決める神でもあったのだ。

古代の人々は勇敢で聡明なチュールに敬意を払い、なにものも恐れず進むものを「チュールのように強い」、思慮深く賢いものを「チュールのように賢い」と表現した。

フェンリルを拘束するため右腕を失う

チュールの大きな特徴として隻腕が挙げられる。北欧神話最大の邪神ロキの異形の息子で獰猛なオオカミのフェンリルに、右腕を噛み切られてしまったのだ。この逸話は「ギュルヴィたぶらかし」に詳しい。

「フェンリルは将来の災いになる」という予言を受けた神々は、自分たちが管理して危機から免れようと考えた。しかし、だれも凶暴なフェンリルの世話をできず、勇敢なチュールが引き受けたのである。

フェンリルは巨大な魔獣に育ち、いよいよ災いの火種としか思えなくなった神々は、フェンリルを拘束しようと動き出す。そして、レージングとドローミという鎖をつくってフェンリルを縛ったが、どちらも簡単に引きちぎられた。

恐ろしくなった神々は、小人族に

フェンリルを拘束できる品の作成を依頼。小人族は、石に生えた根、魚の息、女の髭、猫の足音、熊の腱、鳥の唾の6つの素材を使い、しなやかで柔らかな魔法の紐、グレイプニルを完成させた。6つの素材は神々がすべて集めてしまったため、世界に存在しなくなったという。

フェンリルは直感的にグレイプニルの強靭さを感じ取り、「神々のだれかがこの口の中に腕を入れなければ、その紐はかけさせない」と言って口を開いた。そこへ腕を差し入れたのがチュールである。果たしてグレイプニルはフェンリルの力でも引きちぎれず、激怒したフェンリルはチュールの右腕を噛み切ってしまった。チュールの犠牲で、フェンリルはやっと拘束されたのである。

しかし、天変地異によりグレイプニルは断ち切られ、解放されたフェンリルはラグナロクでオーディンを飲みこみ、予言どおりの結果をもたらした。

チュールはラグナロクで冥界の番犬ガルムと戦い、相討ちして果てた。

軍神らしい堂々とした力強さが魅力

戦いを司る神だが、豪快というよりも毅然（きぜん）という言葉が似合うチュール。右腕を犠牲にして神々の安全を守ろうとした姿からは、勇敢さとともに力での解決を最終手段とする思慮深さも感じられ、エンターテインメントの世界でも度量が大きく頼もしいキャラクターに描かれる。

その特徴がよく出ているのは、家庭用ゲーム『斬撃のレギンレイヴ』のチュールだろう。プレイヤーのサポート役で、主人公フレイの剣術の師匠という設定。あらゆる武芸に精通するが普段は物静かである。口元しか見えない兜を装備し、表情がうかがい知れないデザインも冷静さを引き立てている。

カードゲーム『カードファイト!! ヴァンガード』では「滅獣軍神」というふたつ名が与えられている。機動力を補充するスキルを持ち、戦略の中核に据えられるカードだ。この他、『サモンズボード』や『神獄のヴァルハラゲート』でもカウンターや号令など、軍神らしいテクニカルなスキルが使用できる。また、漫画『進撃の巨人』のエルヴィン・スミスが仲間を奪還する戦いの中で右腕を失うエピソードは、チュールがフェンリルに右腕を噛み切られる神話がモデルではないかと考察する読者も多い。

グルヴェイグ

Gullveig

種族 魔女
住処 不明

魔女が教える魅惑のセイズ呪術

魔女グルヴェイグは、最高神オー

ディンが属するアース神族と、魔術が得意なヴァン神族の争いを生んだ魔性の女である。

アース神族と並ぶヴァン神族は、その美しさや賢さを特徴とし、ルーンによる魔術の腕前はアース神族以上だったともいわれている。ヴァン神族とアース神族は互いに争っており、航海の神ニョルズと豊穣の神フレイ、愛と美の女神フレイヤが人質になり、両者は和解したという経緯がある。

ある時、グルヴェイグはアース神族が平和に暮らす国、アースガルズを訪れる。それは魔術に長けた彼らの間に伝わる「セイズ呪術」をアース神族の女神たちに教えるためだった。

セイズ呪術は、魔法道具を使って自身を忘我状態にし、魂を肉体から解き放って移動させることができるという呪術だ。最大の特徴はそれに性的快感が伴うということ。このセイズ呪術にアース神族の女神たちは夢中になってしまったのである。

これを問題視したアース神族は、グルヴェイグを処刑することにした。グルヴェイグは3度にわたって槍を突き刺され焼き殺されるが、不死身の肉体を持っていたため3度よみがえったとも、肉体は炎に焼かれたが心臓は残り、その心臓は邪神ロキが食べたともいわれる。

事件後、アース神族とヴァン神族は仲違いし、世界初の戦争へと発展した。諍(いさか)いの原因については諸説あるものの、グルヴェイグの登場がこの戦争の引き金になったのは間違いない。

グルヴェイグの正体はフレイヤ?

グルヴェイグは魔女との記載はあるものの、その正体については、明確にはわかっていない。しかし、グルヴェイグもフレイヤもともに、セイズ呪術の優れた使い手であること、ノルウェー王朝の歴史書『ヘイムスクリングラ』に、フレイヤがアース神族にセイズ呪術を教えたと記されていることから、彼女はよくフレイヤと同一視される。そのため、グルヴェイグもヴァン神族の一員とするのが一般的な見方のようだ。

グルヴェイグは「黄金の力」という意味を持つ。その名前の由来となっている黄金は、王が戦士に黄金の腕輪を与えるという儀式に見られるように、古代北欧戦士にとって重要なもの。しかし黄金に溺れることは堕落であり、恥ずかしいことでもあっただろう。何度殺しても死なない魔女グルヴェイグは、人間の黄金への尽きない欲求を表しているかのようだ。

不死身の体
3度にわたって槍で突かれ、アースガルズの城壁の上で焼かれても死なず、黄金が精錬され輝きを増すかのようにその体はよみがえったという。

魔女の心臓
一説によると、体は焼かれてしまったが、グルヴェイグの心臓だけは焼け残り、その心臓は邪神ロキが喰ったともいわれている。

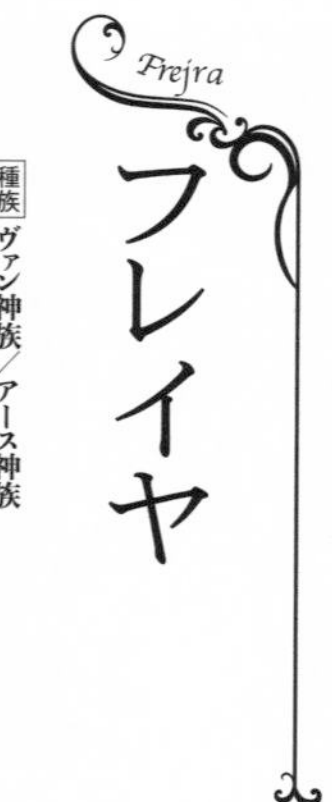

種族 ヴァン神族／アース神族
住処 ヴァナヘイム／フォールクヴァング（アースガルズ）

欲望に忠実な愛と美の女神

目が覚めるような美しい容貌と魅惑的な肉体を持つフレイヤは、愛と美、豊穣を司る女神だ。人々に愛を与える恋愛の女神であり、だれかの愛を得ようと思うならフレイヤの名を唱えることがならわしとされた。

フレイヤはヴァン神族に属する。アース神族とヴァン神族の抗争を終わらせるため、父ニョルズ、双子の兄フレイとともに人質としてアースガルズへやってきた。

アースガルズで並ぶものがいないほどにすばらしいフレイヤの美貌は、敵対する巨人族にも愛欲を目覚めさせた。雷神トールの大槌ミョルニルを盗んだ巨人スリュムは、槌を返すかわりにフレイヤとの結婚を要求。またアースガルズに乱入して泥酔した巨人フルングニルは、「アース神族を皆殺しにし、フレイヤとトールの妻シヴだけは自分の国に連れて帰る」と暴言を吐いた。またある時は、敵対関係にありながら「フレイヤとの婚姻を約束するならば、アースガルズに神々を守る堅牢な壁を立てよう」と申し出る巨人までいた。フレイヤの美貌はたびたびトラブルの火種となったのである。

その性格は己の欲望に忠実で奔放。その象徴といえるのが、フレイヤの首飾り「ブリーシンガメン」だ。見るものすべてを魅了する黄金の首飾りブリーシンガメンを目にしたフレイヤは、ひと目でそれを気に入り手に入れたくなる。ブリーシンガメンをつくった小人たちは、譲りわたすかわりに条件を出す。それは、4人の小人とそれぞれ一晩床をともにすることだった。

フレイヤは迷った末にその条件を受け入れ、4日後に念願の首飾りを手に入れた。

しかし、フレイヤはこの軽率な行為により大切な夫のオーズを失うことになる。自分の妻が行った数々の行為にあきれたオーズは、旅に出て行方不明

関係図

シアチ（巨人）
スカジ（巨人）＝ニョルズ＝女神
ニョルズの妻はニョルズの妹やフレイヤなどさまざまな説がある
4人の小人 ←相助関係→ フレイヤ＝オーズ
フレイ＝ゲルズ（巨人）
主従関係
スキールニル
フノッサ
ゲルセミ
― 血縁関係
＝ 婚姻関係
…… その他の関係

に。フレイヤはオーズを探して世界中を飛びまわるが、ついに彼を見つけだすことはできなかった。この時にフレイヤが流した涙は深紅の黄金となった。フレイヤは愛と欲望だけでなく、美しい憧れの愛をも司る女神なのだ。

死を司る戦争の女神としての一面も併せ持つ

一方で、フレイヤにはもうひとつの顔がある。オーディンと並ぶ戦争の女神という顔だ。神界を訪れる戦死者の半分はフレイヤのものとなり、彼女の館フォールクヴァングに導かれた。「フレイヤのもとに行く」という言葉は死ぬことを意味する。

また、首飾り事件の後日譚もフレイヤの戦争神の一面を物語る。首飾りの一件が邪神ロキの告げ口によりオーディンの知るところとなり、フレイヤのふしだらさに怒ったオーディンは、彼女の寝ている隙にロキに首飾りを盗みださせる。

首飾りを返すよう懇願するフレイヤに対し、オーディンは「人間の国の王ふたりを戦わせよ。永遠に戦い続けさせることができるなら、返してやろう」と告げる。

フレイヤはためらうことなく命令に従い、のちに「ヒャズニングの戦い」と呼ばれる、デンマーク王ホグニとセルクランド王ヘジンとの間に戦乱を引き起こした。両国は皆殺しになっては復活して再び戦うという悲惨な運命の輪に閉じこめられ、それ以来、ブリーシンガメンは優れた人間の勇士同士を争わせる呪いの首飾りとなったのだ。

多大な犠牲をはらってでもフレイヤが首飾りを離さなかったのは、自らの愚かさを戒めるためだったともいわれている。

魔女にもたとえられる北欧神話の華

また、フレイヤは魔術の優れた遣い手でもある。ヴァン神族に伝わる魂を操る魔法「セイズ呪術」をオーディンに教えたのも彼女だという。このことから、アース神族とヴァン神族が争うきっかけをつくった魔女グルヴェイグと同一視されることもある。

ゲームでは美しいだけではなく、直接戦闘にも参加する。ロキが「ここにいるアース神や妖精はみな、おまえの情人だったじゃないか」と彼女を罵ったように奔放な性質を持つ一方で、夫への純粋な愛を貫いたフレイヤ。愛と美、豊穣と多産、戦争と死といったように、矛盾するようで実は表裏一体な側面は女性の象徴そのものであり、北欧神話の華といえる存在だろう。

ブリーシンガメン
火のような輝きを放ち、見たものすべてを魅了する黄金の首飾り。4人の小人によってつくられた。雷神トールがフレイヤに変装する際にも用いられた。

猫が引く戦車
フレイヤが出かける際にいつも乗る乗りもの。2匹の猫に引かせる。

フレイ

種族 ヴァン神族／アース神族
住処 ヴァナヘイム／アースガルズ

豊穣と富を司る神界の貴公子

オーディン、雷神トールとともにアースガルズに君臨する3大神に数えられるのがフレイである。父はヴァン神族のニョルズで、母は諸説あるが、ニョルズの妹ともされている。

雨と日光を司る豊穣神であり、多産や愛、家庭の幸せをもたらす神として盛んに信仰された。その容姿は神々の中で最も美しく、双子の妹で愛と美の女神フレイヤとともに美男美女の兄妹神として知られる。

フレイという言葉は、「支配するもの」という意味を持つ。その名が示すとおり、白妖精の国アールヴヘイムの王であり、妖精族を支配する。アールヴヘイムは、フレイの乳歯が生えたお祝いに、アースガルズの神々から贈られたものだ。

ちなみに「フレイ」は本名ではなく、「ユングヴィ」が本当の名だったといわれる。スウェーデンの最初の王家となったユングリング家はフレイの子孫を名乗り、その家名もユングヴィにちなんでいる。このことからもフレイが人々から強い信奉を受けていたことがわかる。

フレイはアールヴヘイムの他にも多くの財産を持っていた。魔法の船スキーズブラズニルはアースガルズの神々全員を乗せることができるほどの大きな帆船で、どの方向に向かっても追い風を受けて目的地まで進むことができた。しかもこれほど大きな船でありながら、使わない時は小さく折りたたんで持ち運びができるという優れものだった。

こうした魔法の道具は小人族によってつくられ、長槍グングニルや大槌ミョルニルとともにアースガルズに献上されたものだった。一説によるとこの船はオーディンのものであったとする伝承もある。

またフレイは黄金の猪グリンブルスティも所有していた。金色のたてがみを持つグリンブルスティは馬よりも速く走ることができ、空中や水中を自在に移動することができるフレイの乗りもの。豊かさや富を約束する神らしく、フレイは数多くの魅力的な宝物を持っていた。

愛を得た代償に払った大きな犠牲とは

しかし、あることをきっかけにフレイが手放してしまった宝物がある。ひとりでに巨人と戦ってくれる宝剣と、魔法の炎にも恐れることなく飛び越えることができる名馬フレイファクシだ。大事な宝物をふたつも手放した理由とは、巨人族の美女ゲルズにひと目ぼれしたことだった。

神である自分と敵対する巨人族の娘であるゲルズとの婚姻は祝福されないであろうと思い悩むフレイは、従者であり幼なじみであるスキールニルに相談。求婚の使者として巨人族の国ヨトゥンヘイムへ赴き、ゲルズとの間を取り持ってくれるよう頼みこむ。スキールニルは危険な旅を引き受けるかわりに、ふたつの宝物を要求した。ひとつは、ヨトゥンヘイムの暗くゆらめく炎を越えられる名馬フレイファクシ。もうひとつは、持つものが賢ければひとりでに敵と戦ってくれるフレイの宝剣である。

この宝剣は、雷神トールが持つ大槌ミョルニルに並ぶ巨人を倒すための重要な武器だった。しかし、恋に身を焦がすフレイは宝物をふたつとも譲りわたしてしまう。

こうして愛しの恋人を手に入れたフレイは、ゲルズと仲のいい夫婦となり、ふたりは家庭円満のシンボルとなった。しかし、フレイは愛を得た代償として大きな犠牲を払うこととなる。最強の武器を手放してしまったがために、最終戦争ラグナロクでは鹿の角で巨人族と戦わねばならず、炎の巨人ムスッペルの首領スルトに殺されてしまうのだ。

フレイが手放した宝剣の行方はわかっていない。「光の剣」「勝利の剣」とも称されるこの宝剣は、フレイを傷つけることができる唯一の武器。そのため一説には、フレイを倒した巨人スルトの手にわたっていたのではないかとするが、その経緯については一切不明だ。

少年らしさも併せ持つ平和のプリンス

最終戦争ラグナロクではオーディン、トールとともに前線に立ち、巨人を素手で殴り倒したこともあるフレイだが、その性質は戦争よりもむしろ平和を司ることにある。

豊穣の神であるフレイは、男たちを死に追いやり、妻や花嫁を悲しませるようなことは決してしない。こうしたフレイの優しさを神々と人間たちは愛し、平和と安心できる暮らしを願ったのである。

ゲーム作品などでフレイが登場するものはあまり多くない。しかし、神々の中で最も美しい容姿を持つ貴公子というだけでなく、妖精国を統べる王であるなど、主役として十分な特徴を持つ。また、恋に悩み、大切な宝物をうっかり手放してしまうといった少年のような一面も併せ持ち、非常に魅力的なキャラクターといえるだろう。

スキーズブラズニル
アースガルズの神々全員を乗せることができ、不要な時には折りたためる伸縮自在な魔法の船。

グリンブルスティ
あらゆる場所を馬よりも速く自在に走ることのできる黄金の猪。

フレイの宝剣
ひとりでに巨人を倒す魔法の剣。

ニョルズ

Njorðr

種族　ヴァン神族／アース神族
住処　ヴァナヘイム／ノーアトゥーン（アースガルズ）

苦労人の過去を持つ富の海神

　ヴァン神族の出身であるニョルズは富と豊穣の神であり、海運や漁業の守護神だ。風を支配し海と火を鎮める力を持ち、「港」という意味の館ノーアトゥーンに住んでいる。とても裕福な神であり、望むものには土地でも財産でも気前よく与えた。海が重要な生活圏であり商業圏であるヴァイキングたちのニョルズへの信仰は篤く、富を築いたものは「ニョルズのように富んだ」と称えられ、「サガ」においてもニョルズは富と繁栄の象徴としてたびたび登場する。

　ニョルズの子どもは美形で有名な双子、豊穣の神フレイと愛と美の女神フレイヤ。フレイとフレイヤも豊穣を司り、まさに人々に繁栄を約束する縁起の良い一家といえる。しかし、この一家がアースガルズへやってきた理由は縁起の良いものとはいい難かった。世界初の戦争で争っていたアース神族とヴァン神族は人質を交換することで講和を成立。その時ヴァン神族からアース神族へ引きわたされたのが、ニョルズとその子どもフレイとフレイヤだったのだ。

　アースガルズで生活するようになったニョルズは、巨人族の娘スカジと結婚。波に洗われた美しい足をスカジに見初められたという、奇妙なお見合いから成立した結婚だったが、海育ちの夫と山育ちの妻では気があわず、結婚生活はうまくいかなかったようだ。

　一方で、ニョルズは妹との近親相姦が仄（ほの）めかされている。フレイとフレイヤの母はこの妹だとも考えられている。

　ニョルズはアース神族に引きわたされる以前には巨人族の人質となり、苦渋に満ちた生活を送っていたこともある。富と豊穣の神としては意外な過去だが、最終戦争ラグナロクのあとも生き延び、ヴァン神族のもとへ帰ったという。

　ゲーム作品では荒々しい海の象徴として、キャラクターのモチーフにされることが多く、凄まじい力を持った存在として登場する。今後は苦労人の面もピックアップされるかもしれない。

スキールニル

Skírnir

種族　アース神族
住処　ヴァルハラ宮殿（アースガルズ）

交渉術に優れた謎の多いフレイの従者

　豊穣の神フレイの忠実な従者であり幼なじみでもあるスキールニル。交渉術に優れ魔術にも通じるが、その正体ははっきりとしない。自身の素性を尋ねられた時、「妖精の子でも、アース神族の子でも、ヴァン神族の子でもない」と答えているからだ。だが外見は、神族もしくは妖精族に近かったという。

あるときスキールニルは、巨人族の美女ゲルズにひと目ぼれしたフレイに命じられ、求婚の使者として巨人族の国ヨトゥンヘイムへ赴くこととなった。スキールニルは、危険な旅をする代償としてフレイの宝剣と名馬フレイファクシを手に入れた（馬の名前は諸説あり）。スキールニルは、ゲルズのもとにたどりつくとただちに求婚の件を告げ、ゲルズに若返りの黄金のリンゴ11個、最高神オーディンの黄金の腕輪ドラウプニルといった贈りものを差しだす。しかし、ゲルズはこれを拒否。そこで今度は趣向を変え、求婚に応じなければおまえの首を切り落とすとフレイの宝剣を使って脅しにかかった。しかし、それでもゲルズは気丈に拒み続けた。

業を煮やしたスキールニルの脅し文句は苛烈になっていく。次々と恐ろしい呪いの言葉を投げつけ、その呪詛にさらに強い力を与えようと無限の災いを意味するルーン文字「ᚦ（スルス）」を小枝に刻んだ。そして最後に「もし求婚に応じれば、すべてを取り消すこともできるのだがな」とつけ加えた。恐ろしくなったゲルズは求婚を承諾。スキールニルは主の依頼を達成したのだった。

スキールニルの交渉術は魔狼フェンリルを縛る鎖を闇の妖精につくらせるためにも役立てられている。

ゲーム作品では、スキールニルはほとんど登場しない。そのかわり、武器や戦艦にスキールニルの名前を見ることができる。フレイが彼に与えた宝剣には名前がないため、かわりに使われたのだろう。手段を選ばず任務を達成したスキールニルにあやかった武器は、どんな困難でも切り抜けてくれそうである。

Heimdallr

ヘイムダル

種族 アース神族
住処 ヒミンビェルグ（アースガルズ）

虹の橋の袂で見張る美しい神

天空にある神々の国アースガルズと人間族の国ミズガルズを繋ぐ場所に、虹の橋ビフレストがある。この橋のたもとでアースガルズに巨人族が侵入しないように見張っているのが、ヘイムダルだ。

ヘイムダルは、海神エーギルの娘である9人の姉妹を母に持つ。この不思議な出生の理由は、9人の姉妹が海の波を擬人化したもので、波間にきらめく光が神、つまりヘイムダルになったからと考えられている。またヘイムダルという名前は「宇宙の中心」という意味が秘められているとされる。そのため9人の姉妹の母とは、北欧神話における世界樹ユグドラシルを中心に広がる9つの国を表すとも考えられている。こうした名前の由来からも、ヘイムダルが神々の中でも重要な位置を占めていることがわかる。

アース神族の中で最も美しいといわれるヘイムダルの異名は、「白いアース」。黄金でできた歯を持ち、昼夜を問わず100マイル（約160㎞）先まで見とおすことのできる眼力と、草の生える音や羊の毛が伸びる音さえ聞き漏らさない聴力を持つ。睡眠時間は鳥よりも短く、まさに神々の番人にふさわしい能力だといえよう。

これらの超人的な能力は、一説には知恵の巨人ミーミルに片耳を差し出して得たともいわれる。神々の番人という重要な任務を果たすために、この取引を行ったのだろう。最高神オーディンの片目と同じように、ヘイムダルの片耳も担保としてミーミルの泉の底に沈んでいるという。

終末に鳴り響く ギャラルホルンの音色

予言された最終戦争ラグナロクに向けて、ヘイムダルは鋭い目で四方八方を見わたし、どんな物音も聞き逃さない。虹の橋ビフレストのすぐそばにある聖地ヒミンビョルグの館から、全世界を見わたしている。北と東の端には霧の巨人や山の巨人、南の端には炎の巨人ムスッペルがアースガルズに侵攻しようと虎視眈々と狙っているからだ。アースガルズに危機が迫った時、神々に知らせるために吹くのが角笛ギャラルホルン。平和な時には、この角笛は世界樹ユグドラシルの根元に隠されている。

しかし、世界が腐敗して終わりが迫りくる時、ヘイムダルはユグドラシルの根元からギャラルホルンを取り出し、力強く吹き鳴らして神々をヴィーグリーズの野に集結させる。この響きの恐ろしさに、ニヴルヘルの国の死者たちは身を震わせ、巨大なユグドラシルさえもが揺れ動いたという。

神々と巨人が死闘を繰り広げる中、ヘイムダルも戦いに加わる。その相手は邪神ロキ。ロキはヘルダイムの宿敵ともされる存在。両者はぶつかり合い、死闘の末に相討ちとなった。

一方で邪神ロキとは互いの利益が一致すれば共闘することもあった。大槌ミョルニルを奪われた雷神トールが巨人の花嫁に扮して奪い返した時には、ヘイムダルが作戦を練りロキが全面的にサポートしている。

『古エッダ』の「ロキの口論」で神々に容赦のない罵倒を投げつけたロキは、ヘイムダルに対しては「いつも背中を濡らし目を覚まして神々の見張り番をしなければならない。そんな苦労をしてまで神々の連中の肩を持つのか?」と彼の苦労を揶揄するような言葉をかけている。好悪感情入り混じるヘイムダルとロキの因縁は、相討ちの形で決着を迎えたのだった。

番人から人類の階級制度の始祖となる

ヘイムダルは神々の見張り番という役目から常に自分の館にこもっているイメージがあるが、しばしばリーグという別名を名乗って世界中を旅している。この旅の途中で出会った3人の女性との間に子をもうけ、スレール、カルル、ヤルルと名付けた。この3人の子どもたちがのちに、それぞれ奴隷、自由農民、王侯となり、人間の階級制度のもとができたという。この3階級は、ヴァイキング社会を構成した階級制度と一致している。一説には、人間を表す言葉として「ヘイムダルの子ら」と呼びかける場面があり、ヘイムダルが人類の階級制度の祖、ひいては人類の祖と考えられていたことがうかがわれる。

　ラグナロクを防ぐために戦うという、北欧神話をベースにしたアプリゲーム『ヴァルキリーコネクト』では、味方全体にバリアを付与できる、防御に優れた前衛キャラとしてヘイムダルが登場する。

　また、角笛ギャラルホルンは数多くのゲーム作品に登場し、味方を呼びだしたり士気を上げたりするだけでなく、相手を破滅させるような強力なアイテムとなっている。

　なお、アニメ『機動戦士ガンダム　鉄血のオルフェンズ』では、地球の各国連合の総意によって組織された治安維持部隊に、ギャラルホルンの名が冠されている。

ギャラルホルン

最終戦争ラグナロクの到来を告げる角笛。ヘイムダルがこの角笛を吹き鳴らすと神々は集結する。平和な時には世界樹ユグドラシルの根元に隠されているという。巨人ミーミルがこれを使って泉の水を飲んだという描写からミーミルの泉に隠されているともいわれている。なお、なぜリンゴなのかについては北欧では古来よりリンゴが豊穣の象徴とされていたからと言われている。しかし一方でギリシャ神話や『聖書』からの影響を受けたという説もある。

イズン

種族 アース神族
住処 アースガルズ

神々の若さと若返りのリンゴを管理する

詩神ブラギを夫に持つイズンは、若返りのリンゴを管理する女神。かつて神々が老いはじめた時、黄金に輝くリンゴを食べたことで若さと力を取り戻したという。それからアース神族はこのリンゴを「第1の宝物」と呼んで大事に保管するようになった。イズンはこの若返りのリンゴを丹精込めて育て上げ、アースガルズの神々に若さと繁栄をもたらすという重要な役割を持つ女神だ。

　イズンは収穫したリンゴをトネリコの樹でつくった箱に入れて、大事に保管した。トネリコは北欧神話における重要な樹で、9つの国を支える世界樹ユグドラシルはトネリコの樹ともいわれている。

イズンはリンゴが欠けることのないよう、まただれかに盗まれることのないよう誠実に毎日仕事に励んだ。

アースガルズの神々はイズンのリンゴを定期的にもらって食べることで、老いることなく若さと力を保ったまま安心して毎日を過ごすことができた。しかし、この状況が一変することになる。邪神ロキの悪だくみによって、イズンがさらわれてしまったからだ。

ロキの奸計よって巨人に誘拐される

ある時、巨人シアチのもとにとらわれの身となったロキは、自由にしてもらうかわりに、イズンと彼女が管理する若返りのリンゴをシアチに与える約束をしてしまう。ロキは言葉巧みにイズンに語りかけた。

「あなたが持つ若返りのリンゴとそっくりのすばらしいリンゴを見つけましたよ。あなたもきっとすばらしいと思うに違いない。あなたのリンゴとどちらがすぐれているか比べてみましょう」と。

自分が丹精込めて育て上げたリンゴに誇りを持っていたイズンは、ロキの挑発にのってしまう。若返りのリンゴを手にロキに指示されたとおり、アースガルズの外にある森に足を踏み入れた。その途端、鷲に姿を変えた巨人シアチが現れ、イズンをその爪でつかんで自分の館へ連れ去ってしまった。

イズンと若返りのリンゴを失ったアースガルズは大混乱に陥った。若返りのリンゴはイズンにしか扱えなかったため、神々はとたんに老いはじめ、髪は白く腰は曲がっていった。

ことの成り行きが判明すると、神々はロキをとらえてイズンを取り戻すよう脅迫。これに怯えたロキは、オーディンの妻フリッグから鷹に変身できる羽衣を借りて巨人の国ヨトゥンヘイムへ向かった。

巨人シアチが留守の時を見計らって、ロキはイズンを木の実に変えて連れ去ることに成功する。

しかし、これに気づいたシアチは鷲に姿を変えて猛スピードで追いかけてきた。待ち構えていたアースガルズの神々は、城門の前に薪を積み上げる。滑るように門から中へ入っていったロキを追いかけ、シアチが城門に近づいたその瞬間、神々は薪に火を放った。羽に火が移ったシアチは墜落してしまい、神々にとらえられて殺されることとなった。

こうしてイズン奪還に成功したアースガルズの神々は再び若さと力を取り戻し、イズンは夫ブラギの歌とともに神々の心を喜びで満たしたのだった。

この神話は豊穣の物語とも解釈されている。イズンが巨人シアチにさらわれることは冬の到来を、神々のもとに戻ることは春の訪れを表しているのだという。

清純な女神かはたまた淫乱な女神か

イズンはアースガルズの至宝である若返りのリンゴを管理するという役目から神々に尊重された。それだけでなく、「晴れやかで優しい娘」「清らかな心の持ち主」と称えられたように、その人柄から皆に愛された。

しかし、清純なイメージを持つイズンはロキによって真逆の罵倒を受けている。「あらゆる女の中でおまえがいちばんの淫婦だ。自分の兄を殺した男を、きれいに磨いたその腕で抱いたのだから」とロキは痛烈な罵倒を浴びせるのだ。

北欧神話にイズンの兄は登場しないため、真相は不明である。「兄を殺した男」も夫ブラギのことを指すのかどうかもわからない。ただ、このエピソードから、イズンは巨人族の娘であるゲルズとの関連性が指摘されている。ゲルズの夫となる豊穣の神フレイは、イズンの兄ベリを牡鹿の角で撲殺した張本人であった。また、ゲルズはフレイの使者スキールニルから、求婚の贈物として若返りのリンゴを差しだされている。こうした数々の符号の一致から、イズンとゲルズは同一人物ではないかとも考えられている。

ゲーム作品において、イズンはリンゴとともに回復系の能力を持つキャラクターとして登場することが多い。また別名である「イズーナ」が独立し、双子として登場する。イズンの持つ二面性が双子として表されたのかもしれない。

若返りのリンゴ

アース神族が「第1の宝物」と呼ぶ至宝。このリンゴを定期的に食べることでアースガルズの神々は老いることなく、若さと力を保ったままでいることができる。リンゴはイズンにしか扱うことができないため、彼女によって管理されトネリコの箱にしまわれている。なお、なぜリンゴなのかについては北欧では古来よりリンゴが豊穣の象徴とされていたからと言われている。しかし一方でギリシャ神話や『旧約聖書』からの影響を受けたという説もある。

ノルン

Norn

種族 ノルン（神族、巨人族、妖精族など）
住処 ウルズの泉（アースガルズ）

過去、現在、未来を司る運命の3姉妹

北欧神話において、「運命」は重要なキーワードだ。

神々が死に絶える最終戦争ラグナロクはあらかじめ予言され、神々でさえその運命から逃れることはできない。だれもが持つ運命を定め、それを告げる女神がノルンだ。

ノルンは複数の女神の総称（複数形はノルニル）。ウルズ、ヴェルザンディ、スクルドといった方がなじみ深い人もいるだろう。ウルズ、ヴェルザンディ、スクルドは、アースガルズに住むノルンの3姉妹。長女ウルズは「なった」の意で過去、ヴェルザンディは「なる」「起こる」の意で現在、スクルドは「〜

でなければならない」の意から「これから起こる」未来を司る。

　また、ウルズは「編むもの」「織姫」という意味から「運命」「宿命」を、ヴェルザンディは「生成するもの」という意味から「存在」を、スクルドは「義務」「税」という意味から「必然」を象徴するともいわれている。

　なお、スクルドだけは戦乙女ヴァルキューレとする説があり、馬に跨って天空を駆け、戦場で戦死者を定める役目を担うとされる。

　ノルンたちは、ある時は糸を紡ぎ機を織る姿で現れ、またある時は木片にルーン文字を刻んで運命のくじを引く。人間はうまれる前に必ずノルンのもとへ行き、運命を定められ寿命を決定づけられる。ノルンの発する予言から逃れることは不可能で、神々でさえもノルンの決定には従わなくてはならなかった。

　ちなみに、ノルンは妖精族や巨人族にも存在した。ノルンは良い女神だけとは限らず、良いノルンは幸運を、悪いノルンは病気や飢え、不幸を与えた。

　また彼女たちの爪にはルーン文字が刻まれていたという。これら数多くのノルンの中で最も高貴なのが、ウルズ、ヴェルザンディ、スクルドの3姉妹なのである。

運命の女神の登場は予言されていた？

　世界樹ユグドラシルは3本の根を3つの世界に伸ばし、そのうちの1本は神々の国アースガルズに伸びている。その根元に湧く「ウルズの泉」のほとりに、ウルズ、ヴェルザンディ、スクルドの3姉妹は住んでいる。長女ウルズの名を冠するウルズの泉は、神々の世界の中でも最も美しい場所とされ、現世のあらゆる水の源となっている。瑞々しく湧く神聖な泉の水に身を浸すと、だれでも卵の殻の中の薄皮のように白くなるという。

　3姉妹のノルンたちは、ウルズの泉から汲んできた水を世界樹ユグドラシルにかけることを日課としている。大きく枝を広げ全世界を包みこむユグドラシルは、常に鹿や竜などに齧(かじ)られて弱りきっている。ノルンたちは毎日、清らかな水をかけることでユグドラシルの成長を促し、枯れることを防いでいるのだ。

　ノルンたちの頂点に立つウルズ、ヴェルザンディ、スクルドだが、彼女たちの登場もまた予言されたものだった。3姉妹がやってくる以前のアースガルズは黄金時代と呼ばれ、アースの神々は平和と歓楽の日々を過ごしていた。しかし黄金時代はいつまでも続かない。巫女は黄金時代の終わりを予言し、巨人の国の3人の強力な女たち、つまりノルンと呼ばれる運命の女神の出現のことを物語った。

　ここから、ウルズ、ヴェルザンディ、スクルドは、巨人族の末裔に連なるともいわれ、彼女たちがやってきた日以降、アースガルズの黄金時代は終わりを告げ、約束された終末という運命に支配されることとなる。神々の運命と終わり、そして神々が支配する世界の運命と終わりをノルンたちは定めることができたのだ。

ノルンの出現と、常に敵対する強者に脅かされる世界樹ユグドラシルという2つのイメージには、神々の世界にやがて邪悪なものが近づいてくることを表しているとされる。

予言者や巫女として登場し謎を深める

一方で、ノルンは優れた人間がうまれると自らその場所を訪れ、運命とその寿命を定めた。こうした優秀な人間はノルンから栄光ある人生を約束され、英雄となって活躍することとなる。シグルズの異母兄弟であるヘルギがうまれた時には、ノルンは君主となる運命を定め、「運命の糸」をより合わせて彼に庇護を与えた。やがて成長したヘルギは偉大な王となり、「フンディング殺しのヘルギ」として名を馳せることとなる。

メディア作品に登場するノルンは、主人公を助けるアドバイザー的な立場を担っていることが多い。また、ストーリーの根幹に関わる重要な謎に関与し、予言者、巫女などとして扱われることもある。

ちなみに、シェイクスピア作『マクベス』の冒頭で登場する醜い3人の魔女は、3姉妹のノルンからきたものだという。古今東西、古典から漫画まで登場し、物語に深みを与えるキャラクターといえよう。

ウルズの泉
世界樹ユグドラシルの根のほとりに湧く、アースガルズにある泉。そばにある館にノルン3姉妹が住み、泉の水をユグドラシルにかけ、枯れるのを防いでいる。最高神オーディンはほとりに置かれた賢者の椅子に座って話すのを常としていたため、神々の集会の場でもあった。

種族 アース神族
住処 アースガルズ

魔獣フェンリルを倒した無口な青年

最高神オーディンと巨人族の女性グリーズとの間にうまれた子。名前は「森」「広い場所」を意味し、柴や背の高い草が生い茂る森に住んでいる。邪神ロキの挑発にものらず沈黙を貫き通す大人しい性格で、「沈黙の神」といわれるほどに無口な青年だ。

しかしヴィーダルは、実は雷神トールに次ぐ強者だとされる。『古エッダ』の「ヴァフスルーズニルの言葉」では、最終戦争ラグナロクにおいて父オーディンを飲みこんだ魔狼フェンリルを殺すと予言されているのだ。ヴィーダルはアース神族にとって、最後の頼みの綱なのである。

ヴィーダルは雷神トールの大槌ミョルニルのような有名な武器は持っていない。そのかわり身につけているのが、鉄のように硬い革のサンダルである。これは巨人族の母グリーズから与えられたもので、サンダルをつくる際に普通なら切り捨ててしまう足の指と踵の部分を寄せ集め、繋ぎ合わせてできている。

この靴が真価を発揮したのは、最終戦争ラグナロクの時。オーディンを飲みこんだフェンリルは、ヴィーダルも飲みこもうと大きく口を開ける。その瞬間を狙い、ヴィーダルは鉄のごときサンダルを履いた足でフェンリルの下顎を踏みつけ、上顎をつかむと力任せにふたつに引き裂いた。また「巫女の予言」では引き裂くかわりに、剣をフェンリルののど奥深く、心臓まで突き刺したとある。

予言どおり父オーディンの復讐を果たしたヴィーダルは異母弟のヴァーリらとともにラグナロクを生き残り、新たな世界を見守る数少ない神となった。一説によると、世界を焼き尽くした炎でさえ、彼を傷つることはできなかったという。

ゲーム作品のヴィーダルは、戦闘能力の高いキャラクターとして登場する。彼のサンダルも攻撃力を上げるアイテムとなっている。

フェンリルを倒すという強烈なエピソードと固有のアイテム持ちという特徴から、ゲーム作品などで取り上げやすい神といえるだろう。

Magni

マグニ

種族 アース神族
住処 アースガルズ

父トール譲りの怪力を持つ巨人の子

雷神トールを父に、巨人族の女性ヤールンサクサを母に持つマグニ。トールからは怪力だけでなく、その豪胆さ、剛勇さをも受け継いだ。その兆候は、マグニが赤ん坊の頃からすでに現れていた。

トールが巨人フルングニルと決闘した時、トールは勝利するものの、足が倒したフルングニルの下敷きになって動けなくなってしまうことがあった。その場にいたアースガルズの神々のだれひとり動かすことができなかった巨人の足をどけ、トールを助け出したのはなんと生後3日のマグニだった。マグニは父を救出すると、次のように言った。

「すまない、父さん。ぼくが遅れたばっかりに。こんな巨人、もし間にあっていたらぼくの拳骨で殴り倒してやったのに！」

幼子のものとは思えない言葉だが、将来有望な戦士になるであろう息子の言葉にトールは大喜び。倒した巨人フルングニルの愛馬グルファクシを褒美としてマグニに与えた。

「金のたてがみ」を意味するグルファクシは、世界一の駿馬と賞賛された最高神オーディンの愛馬スレイプニルと並ぶ名馬。グルファクシに跨った巨人フルングニルが、スレイプニルで駆けていくオーディンを追いかけた時、追いかける疾駆の勢いでつい、敵国アースガルズの門をくぐり抜けてしまったという逸話を持つ。

マグニは、最終戦争ラグナロク後も生き残る。ともに生き残ったオーディンの息子ヴィーダルらとかつての神々の世界を語り合い、戦死した父の武器ミョルニルを見つけだして、再び世に戻ってくるとされている。

神話での登場回数は少ないマグニだが、ゲーム作品では、父トールを超える怪力の持ち主として登場する。また名馬グルファクシは、スレイプニルより知名度が低いためか登場するのはまれだ。

Loki

ロキ

種族 巨人族／アース神族
住処 アースガルズ

ラグナロクで神々を滅ぼした邪神

ロキの顔は美しいが邪悪な心を秘めている北欧神話きってのトリックスターである。カワウソに化けていた人間を殺害し、その賠償金として呪いのかかっているアンドヴァリの指輪をわたして人間の一族を呪ったり、雷神トールの妻シヴの髪を剃って激怒させたりと、彼の行為は悪意に満ちている。

その悪行の最たるものが、オーディンの息子バルドルの殺害事件である。ロキはみんなに気に入られているバルドルを気に食わず、バルドルの弟を騙して殺させたのである。これぱかりは許されないと、ロキは最終戦争ラグナロクまでの間、拷問にかけられた。そんな恨みからか、ラグナロクでロキは神々に背く。女巨人アングルボザとの間にうまれた魔狼フェンリル、大蛇ヨルムンガンド、冥界の女王ヘルといった子どもたちも加わり、神々を破滅させ、自らは神々の番人ヘイムダルと相

相関図

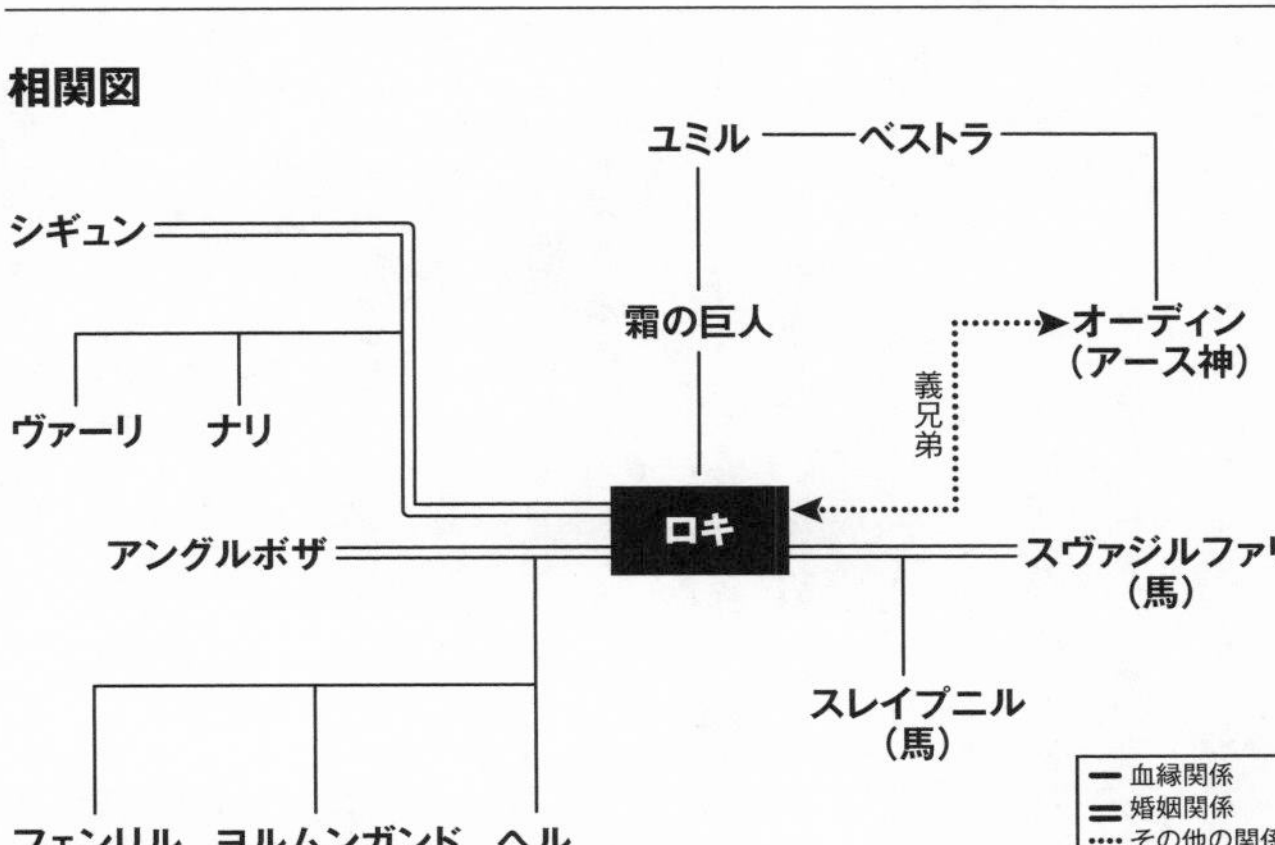

討ちに果てた。

　現代のメディア作品において、最初は些細ないたずら好きとして登場し、のちに本性を露にしてラスボスとなるキャラクターがいる。このようなキャラの原型こそロキといえるだろう。ドイツの文学者ゲーテの古典戯曲『ファウスト』に登場する悪魔メフィストフェレスなどにも、ロキの面影を見ることができる。

ロキ自らつくった珍しい魔剣

　ロキはまた、神々に優れた装備品をもたらす存在でもあった。たとえば、先のトールの妻シヴの件では、小人に黄金のかつらをつくらせて切り抜けたが、ロキはなにかと小人から宝物を奪い、神々に贈呈している。

　また小人の兄弟ブロックとシンドリはロキに言葉巧みに操られ、オーディンの愛槍となるグングニルや魔法の船スキーズブラズニルなどを譲りわたしている。

　ロキについて13世紀成立の『新エッダ』は、トラブルを起こす半面、悪知恵で神々を助けることも多かったと記している。

　「傷つける魔の枝」「裏切りの枝」を意味するという魔剣レーヴァティンは、ロキが小人に頼まず、自らこしらえた珍しいアイテム。この剣はロキ自身が死者の国ニヴルヘルの門の前で、ルーン魔法を使って鍛え上げた、刀身にルーン文字が刻まれている美しい剣だ。

ロキの悪戯心？魔剣の入手法とは

　スウィプダーグという人物がレーヴァティンを探し求める物語が、古詩『グロアの呪文』と『フィヨルスヴィドの歌』に記されている。

　どういうわけかレーヴァティンはロキのもとを離れ、炎の巨人ムスッペルの長スルトの妻シンモラの手で大箱に9つの鍵をかけて保管されていた。意地悪な継母に命じられて、メングラッドという女性の愛を得よと命じられた主人公スウィプダーグは、巨人の国ヨトゥンヘイムにあるメングラッドという女性の館を訪れる。

　だが、彼女の館は炎や番犬に守られていて容易く侵入できない。そこでスウィプダーグは館の入り口を守っていた巨人（一説では、この巨人はオーディンが変身していた姿だともいわれている）に話しかけた。巨人が言うには、番犬の好物は世界樹ユグドラシルの頂上にいる黄金の雄鶏ヴィゾフニルの両翼の肉で、ヴィゾフニルを殺すことができるのは唯一、レーヴァティンだけだという。しかしさらに巨人に問い詰めると、レーヴァティンを手にするには、それを保管するシンモラにヴィゾフニルの尾羽をわたさねばならないことがわかる。

　堂々めぐりで謎かけのような話は結局、スウィプダーグとメングラッドが実は両思いだとわかったことでハッピーエンドとなり幕を閉じる。結局のところ、どうやらレーヴァティンを手に入れることは不可能らしく、ここにもロキの悪戯心を見いだすことができるといえよう。

シンモラの夫スルトが炎の悪魔と呼ばれることから、レーヴァティンはスルトが持つ炎の剣と同一視されてきたが、元来は別のものという説が有力だ。ゲーム作品で炎属性の魔剣としてレーヴァティンが登場することがあるのも、このイメージからだろう。

またロキは、人間がコントロールできない自然の脅威、特に山火事を人格化した火の精霊が原型だったと考える説もある。

レーヴァティン
ロキが自らルーンを唱えて鍛え上げたという、炎をまとってゆらめく美しい魔剣。槍や枝などとする解釈もある。

スレイプニル
牝馬に変身したロキが、アースガルズの城壁をつくった巨人の馬スヴァジルファリを誘惑してうんだ、8本脚のオーディンの愛馬。

フェンリル

種族 巨人族
住処 ヨトゥンヘイム／アームスヴァルトニル湖のリュングヴィ島

巨大な姿で神々を不安に陥れる

月を司るマーニと太陽を司るソールを追いかける、2匹のオオカミの話など、北欧神話はオオカミたちのエピソードも印象深い。そんな中で、最高神オーディンを殺した獣として名高いのが魔狼フェンリルだ。

フェンリルはロキの子どものひとりで、フェンリスヴォルフと呼ばれたり、『古エッダ』の「ロキの口論」ではフローズヴィトニル（悪評高きオオカミ）と呼ばれたりもしている。弟に大蛇ヨルムンガンド、妹に冥界の女王ヘルがおり、3兄弟の長男。3兄弟は神々に災いをもたらすと予言されたため、ヨルムンガンドは海へ捨てられ、ヘルは冥界ニヴルヘルに落とされた。

フェンリルはというと、うまれた頃はまだ小さかったので、軍神チュールのもとで養われることになった。しかし、小さくとも凶暴な性格だったようだ。フェンリルは巨大に成長し、怖れをなした神々は彼を拘束しようと計画。アームスヴァルトニル湖にあるリュングヴィという小島に連れ出した。

もちろんフェンリルが大人しく捕まってくれるはずもない。そのため神々は足かせを壊せるかどうかの力試しをフェンリルに持ちかける。最初のふたつの足かせ、策略を用いて縛るものを意味する「レージング」と束縛するものを意味する「ドローミ」は破壊されてしまった。

魔法の紐グレイプニルの材料とは？

困った神々は小人に魔法の紐の制作を依頼。豊穣の神フレイの従者スキールニルが使者として、小人のところへ向かった。小人たちは魔法の紐グレイプニルをつくるといったが、制作にはとある6つの材料が必要だった。それは猫の足音、女のあごひげ、山の根、熊の腱（神経）、魚の吐息、鳥の唾液という不思議なもの。これらはグレイプニルをつくる時に世界から取りつくされてしまったので、現在には残っていないのだという。

できあがったグレイプニルは絹糸のように柔らかくたやすく切れそうに見えるが、ひとたび巻きつければ2度と解けないという代物だった。そうとは知らないフェンリルもこの紐は怪しいと感じたらしく、グレイプニルが解けるかどうかの力試しの際は、万が一の保証として自分の口の中にだれかの腕を入れるようにと要求する。

神々がおののく中、これをのんで進みでた勇敢な青年が軍神チュールだった。チュールの腕と引きかえに、フェンリルはついにグレイプニルで縛られ、どんなに暴れてもグレイプニルが解けることはなかった。

拘束されたフェンリルは、ゲルギャという網でギョルという岩に繋がれ、巨岩スヴィティで押さえつけられた。顎の下から剣を突き刺され、開きっぱなしの口からはよだれが流れ落ち、ヴォーン（希望）という川になったという。

最終戦争ラグナロクが到来するとフェンリルは拘束を解かれ、神々に敵対する。なぜグレイプニルが解けたのかについて詳しく記されてはいないが、ラグナロクでは天変地異が大地を襲い、すべての枷が解かれたとされているため、グレイプニルもそうして解けたものと考えられる。

上顎は天に届き下顎は地を削るほどに、巨大な口を大きく開き、目と鼻からは火花を噴いてアースガルズに襲い掛かると、その勢いのままオーディンをのみこんだ。そののち、オーディンの息子ヴィーダルによって、下顎を踏みつけられて口を引き裂かれ絶命したという。

ヴィーダルがその時履いていたのは、ヴィーダルのサンダルというアイテム。革靴の指と踵の部分をつくる際に切り落とした端切れを集めて制作したもので、鉄のように強固だった。

また一説によると、フェンリルは剣で心臓を刺し貫かれて死んだともいわれる。

創作物によく使われるフェンリルの名前

フェンリルはオオカミの一族や、オオカミそのものの代名詞としても扱われることが多い。巨人の国ヨトゥンヘイムにあるイアールンヴィズと呼ばれる森に住む巨人が、フェンリルの一族をうんだという説もある。フェンリルの名には森の中にうごめくような、なにか不気味な存在が象徴されているのかもしれない。

そんなフェンリルは、さまざまな

ゲームで高位の魔獣として扱われている。『パズル&ドラゴンズ』では強力な〝神キラー〟スキルを持つ一撃必殺の高火力モンスター、『女神転生』シリーズでは氷属性の強力なモンスターとして登場する。

その他、名前だけが象徴的に使われることも。北欧神話のモチーフが多い人気ゲームの映像作品『FFⅦアドベントチルドレン』では主人公クラウドが乗るバイクの名前に。その他、神に抗う組織や特殊部隊、戦闘機などの名前として、ゲームやアニメに引っ張りだこだ。

グレイプニル
怪力を持つフェンリルを縛るために神々が小人(妖精とも)につくらせた魔法の紐。現実世界に存在しない材料でできている。

ヴィーダルのサンダル
オーディンの息子ヴィーダルが履いている靴。革靴をつくる際の端切れを集めて強固な靴となった。

ヨルムンガンド

Jörmungandr

種族 巨人族
住処 海底

トールとの3本勝負! 勝敗のゆくえは

他の兄弟と同じく、アースガルズの神々に災いをもたらすという予言により神々に忌み嫌われ、まだ小さかったヨルムンガンドは海に投げ捨てられた。しかし海底でとてつもない大きさに成長する。世界を囲む海中をぐるりと包みこんで自分の尾を噛むほどの大蛇となったのだ。

予言では、ヨルムンガンドはラグナロクで雷神トールと戦うと定められていて、ラグナロクでの最後の戦いを含めて3度対決している。1度目の対決は、トールが邪神ロキを伴って巨人ウートガルザ・ロキの館を訪れ、ウートガルザ・ロキと力試しをした時のことである。

ウートガルザ・ロキは、トールに「灰色の猫を持ち上げる」という力試しを提案した。実はこの猫は幻術により姿をかえられたヨルムンガンド。見た目は猫でも、中身は世界サイズの大蛇のため、トールはその片足を少し持ち上げるのが精一杯だった。最初の勝負はヨルムンガンドの勝利だったといえるだろう。

のちに真実を知ったトールは、今度は自らヨルムンガンドを捜す旅に出た。そんな中、2度目の対決の機会がやってくる。それはトールが旅の途中で宿を借りた巨人ヒュミルと釣りに出かけた時のこと。

2人はどちらがより大物を釣り上げられるかを張り合っていて、ヒュミルは鯨を釣り上げることに成功。一方、トールはよほど大物を釣りたかったのか、なんと牛の頭を餌に。すると、あろうことかヨルムンガンドがかかってしまったのだ。トールは怪力を振り絞り、ヨルムンガンドを引き上げ、大槌ミョルニルでとどめをさそうとする。だが大蛇の出現に怯えたヒュミルが釣り糸を切ってしまった。それに乗じて、ヨルムンガンドは海中へ逃げ帰る。2度目の勝負は、引き分けに終わったのだった。

毒で大地を破壊し最後の決戦へ臨む

3度目の対決の舞台はラグナロク。ロキ側についたヨルムンガンドは海からその巨大な姿を現し、陸に上がるとアースガルズの大地を洗うような大津波を巻き起こしたという。

空を覆い隠すほどの巨大な体から毒を吐きだし、地上を死の霧で覆った。そしていよいよ、トールと3度目の対決が行われた。

トールはヨルムンガンドに大槌ミョルニルで攻撃する。これまでの勝負と異なり、百発百中のミョルニルの鉄槌を叩きつけられたヨルムンガンドはついに頭を砕かれて絶命した。

しかし、勝者となったトールも、ヨルムンガンドが死の間際までまき散らしていた毒に体をおかされ、ラグナロク後を生き延びることはできなかった。『古エッダ』には、ヨルムンガンドとの対決のあとにトールが「9歩あとずさった」という記述があり、これがトールの死に関連があるとされている。3度目の勝負は壮絶な相打ちとなったのだ。

大蛇の死が世界の変容をもたらす

世界をぐるりと取り巻いて自分の尾を噛んでいる大蛇。この象徴的な図案には、「物事の循環」「宇宙の終わりとはじまり」「完全な存在」といった意味があるとされ、錬金術で使われる自分の尾を噛む蛇ウロボロスなどのように、他の神話や宗教にもよく似たモチーフを見ることができる。

脱皮を繰り返す性質からか、蛇は古代から死と再生の象徴として特別な意味を持つ生きものだった。

スカンジナビア半島で出土した装飾品や北欧各地の石碑には、輪を描く蛇のモチーフがしばしば見られ、古代北欧でも蛇は聖なるものと考えられていたことがわかる。北欧の人々にとって、ヨルムンガンドもただの怪物ではなく、畏怖を呼び起こす存在だったといえるだろう。

また『旧約聖書』のレヴィアタン（リヴァイアサン）が海の巨竜や海蛇などと表現されるように、蛇と竜は近いものとして考えられてきた。北欧神話で竜といえば、英雄シグルズが黒竜ファヴニールを退治する物語を思い起こすが、強大な力を持つ敵を打ち倒し、それによって主人公の世界がかわっていくという物語の類型は、現在のエンターテインメントにも共通するといえるだろう。

争いの耐えない世界で武器商人をなりわいとする人物たちを描く、アニメ化もされた漫画『ヨルムンガンド』では、ヨルムンガンドの名前が世界の終わりとはじまりの〝象徴〟として重要な役割を担う。

毒におかされながらも雄々しく戦ったトールのように、人間は勇敢にヨルムンガンドに立ち向かえるのかと考えさせる物語だ。

ヘル

Hel

種族 巨人族
住処 エリューズニル（ニヴルヘル）

氷に閉ざされた死者の国に君臨

兄に魔狼フェンリル、大蛇ヨルムンガンドを持つ。邪神ロキと女巨人アングルボザの間にうまれた3兄弟の末っ子は、兄たちとは違い人間の姿をした女性だった。しかしその体の半分は、北欧にある氷河のような、青い肌色をしているのだという。これは半身の死を意味するともいわれ、おぞましい姿はやはり神の敵とするのにふさわしい。

他の兄弟と同じくヘルもアースガルズの神々の災いになると予言され、霜と氷に閉ざされた極寒の国ニヴルヘイムの地下にある、ニヴルヘルへと追放された。

しかしヘルはただ追放されたわけではなかった。最高神オーディンより老衰や病気などで死ぬことを指す、「藁の死」を遂げた死者を支配する権限も与えられていた。つまり9つの国を支配することを認められたのだ。

遥か昔の北欧では、戦死してヴァルハラ宮殿に迎えられることこそが名誉だったため、戦死以外の死を司るということは決して誇れることではなかっただろう。しかし自らの館エリューズニルを築き、死者の国を支配したヘルの様相は、他の兄弟とは随分異なるといえるのではないか。

ヘルに向けられた〝不思議ちゃん〟疑惑

ヘルが支配する死者の国ニヴルヘルの入り口には、険しい岩石に阻まれたグニパヘッリルという洞窟があり、獰猛な番犬ガルムが守っているので簡単には入れない。

『古エッダ』の「バルドルの夢」では、光の神バルドルをよみがえらせるために、使者としてヘルを訪ねたオーディンの息子ヘルモーズが、暗く深い谷間を9日間進んで、死者がわたるギアラルという橋をとおり、ようやくヘルの館エリューズニルにたどりついたと記されている。

ヘルのもとには下男のガグラティと下女のガングレトが付き従う。ヘルは藁の死による死者を迎え入れ、住居を割り当てる仕事をしている。ヘルは死と死者の国の管理者であり、ヘルの許可がなければ、死者として迎え入れられることはもちろん、復活させることもできないのだ。

ヘルの館エリューズニルは一風変わった館だったようだ。信じられないほど高い垣根に囲まれた館内では、家具などの調度品に変な名前がつけられていた。皿は「フング（空腹）」、ナイフは「スルト（飢え）」、入り口の敷居は「フォランダ・フォラズ（落下の危機）」、ベッドは「ケル（病床）」、ベッドのカーテンは「ブリーキンダ・ベル（輝く災い）」という名前だった。ヘルは現代でいう〝不思議ちゃん〟風な感性の持ち主だったのかもしれない。

ヘルのつかみどころのなさは、これ以外にも見られる。たとえば、バルドルの死に際しては、自らをうまれてすぐに捨てた憎い神の息子であるにも関わらず、その復活のために神々との交渉に応じようとした。

またラグナロクでは、ヘル自身は神々と直接戦っていはいない。ラグナロクのあとにうまれかわった世界では、死者の岸を意味する館、ナーストランドに住み、ラグナロクによって死んだ死者を支配するという。

周囲や自身の過去に縛られず、自分の仕事をまっとうする。ヘルのエピソードからはそんな雰囲気さえ感じ取れる。『ラグナロクオンライン』などのゲームで、奥深く多面的な魅力を持つ女性キャラとして描かれるのも、こうしたイメージがあるからではないだろうか。

死を恐れない死者の船ナグルファル

ラグナロクでは、巨人や死者の軍勢を乗せた巨大な船が、アースガルズの軍勢と戦うために襲いくるとされている。その船の名はナグルファルといい、ヘルが死者の爪を集めてつくったもの。ナグルファルをめぐってはさまざまな記述がある。その舵を取るのは、『古エッダ』の「巫女の予言」ではロキとなっているが、『新エッダ』の「ギュルヴィたぶらかし」ではロキは死者の軍勢を率いるだけで、舵はフリュムという巨人が取っている。いずれにおいても、所有するのは灼熱の国ムスペルヘイムの軍勢となっているようだ。

北欧では死者を埋葬する時、爪を切っておく習慣があるそうだが、これはナグルファルの完成を遅らせるためなのだとか。

ナグルファルは、ヨルムンガンドがラグナロクの際に起こした大津波により、船を陸につなぎとめる綱が外れて、海からやってくるという。北欧神話の影響が濃いイギリスの小説『指輪物語』では死者の軍勢が仲間として登場。敵に恐怖を与える、頼もしい味方となっている。

ナグルファル
死者の爪でつくられ、最終戦争ラグナロクではヘルが支配する死者たちを乗せてアースガルズを襲う。舵はロキや巨人が取る。

死者
ヘルは藁の死を遂げた者を自分の支配する能力を持つ。支配した死者はナグルファルに乗せる。

アングルボザ

Angrboða

種族 巨人族
住処 不明

魔獣たちの母親は神の敵なのか？

魔狼フェンリル、大蛇ヨルムンガンド、冥界の女王ヘルという凶悪な3人の兄弟の母親として登場するアングルボザは、謎の多い巨人族の女性だ。『新エッダ』の一説「ギュルヴィたぶらかし」により、彼女は巨人の国ヨトゥンヘイムに住んでいたとされているが、邪神ロキとの間に3兄弟をうんだということ以外、彼女の生涯や性格などの詳細は、ほとんど記されていないのである。

『古エッダ』の一節「バルドルの夢」には、ラグナロクを引き起こしたきっかけとなった、光の神バルドルの死について描かれる中、最高神オーディンがとある巫女を訪ねて質問を投げかけるエピソードがある。その問答においてオーディンが「そなたは巫女でも賢者でもなく、3人の巨人の母であろう」と巫女に問う。ラグナロクにもつながる物語で、かつ3人の巨人といえばフェンリル、ヨルムンガンド、ヘルの他にはいない。そのため、この巫女こそアングルボザではないかとされている。

ロキとの間にうまれた3人の子どもたちの出生については異説がある。これは『古エッダ』の「ヒュンドラの歌」にある記述で、ロキが菩提樹で焼いた女の心臓を食べたことであらゆる怪物をうんだというものだ。

この異説の場合、該当の女を人間としたり、アングルボザとしたりと諸説展開されている。

神々の前に立ちはだかった恐ろしい魔物たちの母親という重要なポジションでありながら、このようにアングルボザのキャラクター性はほとんど不明である。

だからこそ想像のしがいもあるというもの。アングルボザはさまざまなゲーム作品に登場しているが、ロキにべた惚れの愛情あふれる女性だったり、魔獣の母として妖艶な雰囲気を醸し出していたり、時には子どもたち以上に強力な力を持った、影の支配者のようなキャラクターだったりと、さまざまな解釈で楽しませてくれる。

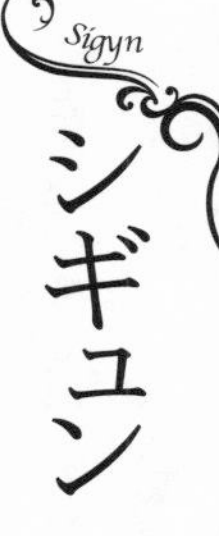

シギュン

Sigyn

種族 不明
住処 不明

拷問を受けるロキに寄り添った妻

邪神ロキの2番目の妻がシギュンである。2人の間にはヴァーリとナリという2人の息子が生まれている。なおシギュンの種族は不明である。『エッダ』においてシギュンについて記したエピソードは少ない。そんな中でも、バルドルを殺害した罪でとらえられたロキを心配する妻として登場するシーンはとても印象的である。さらに、シギュンの息子ヴァーリとナリは悲しい運命をたどることになる。

最高神オーディンの息子バルドルの殺害を計画した罪で、神界を追われたロキは、鮭に変身して川に身を隠したが、それを見破った雷神トールによってついにとらえられた。怒りに燃える神々はロキを洞穴に閉じこめた。それでも神々の怒りは収まらず、ロキの息子であるヴァーリも、オオカミに変身させられてしまったのだ。オオカミになったヴァーリは、弟のナリの体を引き裂くようにして殺してしまう。神々がそのナリの腸でロキを岩に縛りつけると、ナリの腸は鎖のように強固に変化したという。

ロキに父親を殺された恨みを持つ、女巨人スカジは、ロキの頭上に毒蛇を置き、毒液がロキに滴り落ち続けるように仕向けた。シギュンは毒の責め苦に苛まれるロキを気の毒に思い、器で毒液を受け止め続けた。しかし、毒液は常に滴り落ちるため、器がいっぱいになってしまう。それを捨てにいく時には毒液を避けられず、ロキは激痛にのたうちまわって苦しんだ。『古エッダ』の「ロキの口論」では、この振動が大地を揺らしたので、地上の人々は大地震を感じたと記している。この激しい拷問はラグナロクが訪れるその時までながい間続いたという。

イギリスのゴスフォースという古い町には、北欧神話を記した十字架石碑「gosforth cross」が残されており、そこに描かれているのが蛇の毒に苦しむロキとシギュンではないかといわれている。ヴァイキング時代が到来した、8～10世紀頃のものとされ、北欧神話の広まりを示す遺構のひとつだ。

Ymir

ユミル

種族　霜の巨人
住処　ニヴルヘイム

なにもない混沌の世界にうまれ落ちた巨人

まだ世界に神も巨人も存在しなかった遠い昔のこと、世界はまだ混沌として、北に極寒の地ニヴルヘイムと、南に灼熱の国ムスペルヘイムがあるだけだった。

やがてふたつの地域の寒気と熱気がぶつかり合い、溶け出した氷の雫から、原初の巨人であり、霜の巨人たちの祖となるユミルが誕生したのだ。一説によると、エーリヴァーガルという川の毒が固まってうまれたのがユミルともいわれる。

ユミルに続き、アウズフムラという牝牛も同じ雫から誕生する。食べるものを探していたユミルは、アウズフムラの乳から流れる4本の乳の川を飲み成長した。しかし世界にはまだ、ユミルとアウズフムラしかいない。ならば、どうしてユミルは巨人族の祖となったのだろうか。

ユミルの名は「混合物」「両性具有」と解釈されることがある。ある時、ユミルはたくさんの寝汗をかいた。すると、左脇の下から男と女の巨人が、両足が交わると6つの頭を持つ息子がうまれたという。

こうしてユミルの体のあちらこちらから巨人がうまれた。そして、ユミルからうまれた巨人族は「霜の巨人」と呼ばれるようになる。

ゲームなどで、ユミルの名を冠するキャラクターが登場する際、氷属性をつけられることが多いのは、この名前が由来しているからであろう。

神々の誕生とユミル殺害事件

巨人族の祖であるユミルが氷の塊から滴る雫からうまれたといわれる一方、ユミルに遅れて最初の神であるブーリも、ぶ厚い氷の中から誕生する。ブーリは氷の中に埋まっていたが、アウズフムラが食料としていた氷についた「塩辛い霜」を舐めたことで氷が溶け、外界に出てきた。

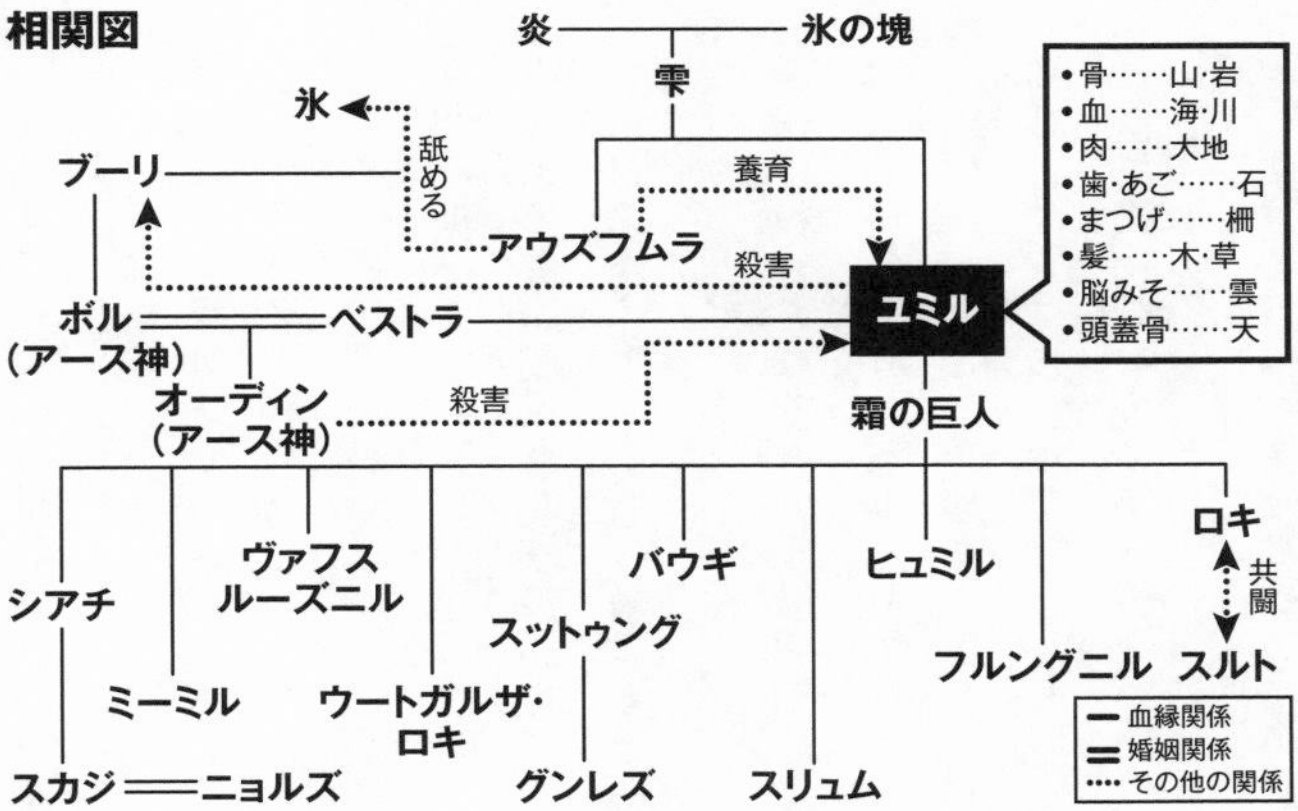

相関図

炎 ― 氷の塊
雫
氷 ← 舐める
ブーリ
アウズフムラ
養育
殺害
ユミル
- 骨……山・岩
- 血……海・川
- 肉……大地
- 歯・あご……石
- まつげ……柵
- 髪……木・草
- 脳みそ……雲
- 頭蓋骨……天

ボル（アース神）＝ベストラ
オーディン（アース神）
殺害
霜の巨人
シアチ
ヴァフスルーズニル
バウギ
ヒュミル
ロキ
共闘
スルト
ミーミル
ウートガルザ・ロキ
スットゥング
フルングニル
スカジ＝ニョルズ
グンレズ
スリュム

― 血縁関係
＝ 婚姻関係
…… その他の関係

ブーリはその後、アース神族の祖となるボルという息子をもうける。そのボルとユミルと同じ巨人族の娘ベストラとの間にはオーディン、ヴェリ、ヴェーの兄弟が誕生。しかし、このオーディンの世代で、巨人族との間にはじめての諍い（いさか）が起こる。

ユミルら霜の巨人一族が、はじまりの神ブーリを殺害。さらに、オーディンら3人の兄弟もユミルを殺してしまったのだ。オーディンが世界を自分たちの手で治めたかったためともいわれているが、ユミル殺害の動機については、どの原典にも描かれていない。

ユミルの巨体が倒れ、オーディンたちに切り裂かれた体からは、おびただしい量の血液が流れ出した。あふれだした血の海はやがて洪水となり、巨人たちを飲みこんでいく。

この時、数人の巨人が生き残ったと考えられているが、『新エッダ』の「ギュルヴィたぶらかし」では、生き残った巨人族は石臼の上に乗って難を逃れたベルゲルミルと、その妻だけだったという。

ユミルの死骸でつくられた世界

ユミルの死骸は、オーディンらによってギンヌンガガプという深い穴に運ばれた。そして、ユミルの血液を穴になみなみと満たしたあと、肉体から大地、骨から岩山、血から海と湖がつくられ、頭蓋骨は天の覆いとなった。神々はユミルの体で世界を創造したのである。

生き残った巨人族は少しずつ数を増やし、ヨトゥンヘイムという土地で生活をはじめた。そして先祖であるユミルを殺害した神々との対立を深めていく。巨人たちとの遺恨を恐れた神々は、ユミルのまつげを使い人間の国ミズガルズを囲む壁をつくり、その中に人間を住まわせたという。

「人間が脅威から身を守るために壁の中で生活する」という世界観は、漫画『進撃の巨人』にも見られる。

本作ではユミルという名の巨人化できるキャラクターも登場し、人々を守る壁建造の謎に巨人が関わっているなど、北欧神話からの影響が見られる。作者である諫山創氏も北欧神話を知っていればストーリーが読み解けると明言している。

遠縁に殺害されるという最期を迎えたユミル。物語がユミルの死骸の上で繰り広げられることを踏まえると、北欧神話とは、はじまりからなんとも死臭に満ちた物語なのである。

アウズフムラ

ユミルと同様に、凍りついた氷塊が溶けて滴った雫からうまれた原初の牝牛。アウズフムラが出す乳は4つの川となり、ユミルはこの川の乳を飲んで成長する。牝牛自身は氷を覆う塩辛い霜を舐めて生きていたといわれ、この氷の中から最初の神となるブーリがうまれた。

種族 巨人族／アース神族
住処 ヴァナハイム／ミーミルの泉（アースガルズ）

人質として交換され生首となった知恵者

知恵の泉を守る首だけの巨人ミーミル。「王のサガ」のひとつ『ヘイムスクリングラ』では、アース神族ともいわれるミーミルだが、こんな奇妙な姿になってしまった理由は、アース神族とヴァン神族の長きにわたる戦争にあった。

ふたつの神族は世界で初めての戦争をはじめたものの、長すぎる戦いに疲弊し、和平を結ぶことにした。和平の証として、アース神族はヘーニルとミーミルを、ヴァン神族は航海の神ニョルズ、豊穣の神フレイ、愛と美の女神フレイヤを人質としてそれぞれ交換することになった。

ヴァン神族のもとに送られたヘーニルとミーミルのうち、ヘーニルは背が高く、その見た目の麗しさからヴァン神族の間で評判の神となっていく。しかしその実、思慮が浅く、すべての判断を智恵者のミーミルに頼る有様だったのだ。

見かけ倒しのヘーニルに、アース神族は人質に出しても惜しくないものを寄こしたのだと思ったヴァン神族は、彼らへの当てつけに、ヘーニルではなくミーミルの首を切ってしまった。ミーミルの知恵を失うことは、アース神族にとって惜しいことだと考えたのである。

そしてヴァン神族はミーミルの首をアース神族へ送り返した。首を受け取ったオーディンは、彼の知恵を失うことを惜しく思い、首が腐らないように薬草を塗り込み、魔法をかけることで、ミーミルの首だけを生き返らせたという。

旅人オーディンが向かったミーミルの泉

首だけの姿になったミーミルは、ユグドラシルを支える3本の根のうちの1本、巨人の国であるヨトゥンヘイムに伸びる根のもとに広がる、知恵の泉の番人となった。

のちにこの泉は「ミーミルの泉」と呼ばれた。『古エッダ』の「巫女の予言」によれば、ミーミルは毎日この泉の水を飲み、その知恵をさらに深めていたという。

ある時、オーディンは旅人に扮して、世界中を旅していた。来たるラグナロクに向けて、世界を救う方法を探していたのである。

そこで、あらゆる知恵を得られるといわれるミーミルの泉を訪ねることにした。

しかしその道中で、巨人のヴァフスルーズニルに出会い、ミーミルの泉の水を飲むには片目を差しださなければいけないということを知らされる。オーディンはその代償に大いに悩んだ。いくら知恵が得られるとはいえ、片目を失うのはとても怖ろしいことだったのである。

だが、世界を歩いているうちに今度は灼熱の国ムスペルヘイムで、炎の巨人ムスッペルの長スルトを見た。この巨人は終末の戦いラグナロクで、オーディンたちの敵となると言われていたのだ。またオーディンは、極寒の国ニヴルヘイムにあり、冥界の使者の血で溢れているというフヴェルゲルミルの泉の中から響く、禍々しくうなるような音も聞いた。

オーディンはこの世界に近づく危機を感じ、ついに片目を犠牲にすることを決心したのだ。

知恵の代償となったオーディンの片目

オーディンはついにミーミルの泉にたどりつく。旅人を見たミーミルは、すぐにこの男が最高神オーディンであると悟る。

オーディンがミーミルに泉の水を飲ませて欲しいと頼むと、ミーミルはやはり首を縦に振らなかった。オーディンが巨人ヴァフスルーズニルに言われたとおり、ミーミルは泉の水を飲む代償として、片目を差しだせと言う。オーディンは意を決してその条件を呑んだ。

ミーミルは大きな角の盃に溢れた泉の水をオーディンに飲ませた。『新エッダ』の一説「ギュルヴィたぶらかし」によると、この角の盃はアースガルズの番人ヘイムダルがラグナロクを知らせる角笛、ギャラルホルンだったともいわれる。

オーディンは知識と知恵を得たことを確かめると、約束どおりに自分の目をえぐり取り、ミーミルに差しだしたのである。ミーミルはオーディンの目を受け取ると、泉の奥深くに沈めたという。

こうして知恵を得たオーディンは、世界の未来が見えるようになった。オーディンがその知恵で見た未来の結末は、なんとも悲惨なものだったが、一筋の希望を見いだしたオーディンは、泉から得た知恵と知識を携え、ラグナロクに臨むのだった。

虹の橋ビフレストの番人であるヘイムダルがミーミルに片耳を差し出し、超人的な視力や聴力を身に着けたとする説もある。

このように、旅人に知恵を与える存在であるミーミルは、漫画やゲームなどでも、主人公を導く存在やアイテムなどに名づけられることがある。

オーディンの右目

ミーミルの豊富な知識と知恵は、蜜酒ともたとえられる、ミーミルの泉を飲むことで得ていたという。オーディンはこの泉の水を飲むかわりに、担保として自身の右目をミーミルに差しだした。オーディンの右目を受け取ったミーミルはその目を泉の底深くに沈めた。

Surtr

スルト

種族 ムスッペル
住処 ムスペルヘイム

炎の剣を持ちムスペルヘイムを守る

世界の南には、原初の巨人ユミルがうまれる以前から存在したという、灼熱の国ムスペルヘイムがあった。スルトはこのムスペルヘイムの国境を守る巨人だ。ムスペルヘイムに住む巨人たちは炎の巨人ムスッペルと呼ばれ、スルトがその長として君臨していたのである。

巨人というと「霜の巨人」という呼び名からも寒冷地帯と結びつくが、炎を司るスルトはその中でも異質である。ムスッペルたちは、灼熱に耐えられるほど強靭な肉体を持ち、独特の戦い方で神々を翻弄したという。

ムスッペルの中で名前がわかってい

るのは、スルトとその妻であるシンモラだけだ。

「審判の日」「終末の日」という意味を持つというこのムスッペルたちが、その名のとおり、ラグナロクの際に世界を破滅させてしまうのである。

世界を破滅に追い込んだスルトの炎

炎の剣を携えたスルトはラグナロクが訪れると、ムスッペルの軍勢を引き連れて進軍を開始した。

邪神ロキの率いる巨人族とともにアースガルズに攻めこみ、次々と神々を薙ぎ払っていく。

スルトには豊穣の神フレイが立ちはだかるも、宝剣を他人に譲っていたため、鹿の角で応戦するしかなかったフレイに、スルトを止めることはできなかった。さらにスルトは、地上からアースガルズへ唯一いけるという、虹の橋ビフレストを落とし、神々を追い込んでいく。

神々がヴィーグリーズの野へと転戦すると、スルトはこの地に火を放ち、世界を炎で覆ってしまった。太陽と月が、オオカミのスコルとハティたちに食べられ、世界は闇に包まれてしまったが、それでもスルトの放った炎は赤々と燃えていたという。こうして神も巨人も人間も死に絶え、世界は破滅を迎えたのだ。

全世界を火の海に変えたスルトが持っていた炎の剣は、どういったものだったのだろうか。その後の彼はどうなったのか。いずれも詳しくは不明である。

スルトの驚異的なパワーは、ゲームなどでも如実に現れる。一筋縄ではいかないボスクラスのモンスターや神として現れ、プレイヤーに試練を与える。人気ゲーム『女神転生』シリーズでも常連のキャラクターとして登場する。やはり炎を操る悪魔で、強力なスキルや高い能力値が魅力だ。

Þjazi

シアチ

種族　山の巨人
住処　スリュムヘイム(ヨトゥンヘイム)

若返りのリンゴと女神イズンの誘拐犯

シアチはスリュムヘイムの館に住む、莫大な財宝を持つ巨人だった。このシアチは、神々の威厳に関わる大事件を起こす。

ある時、最高神オーディンと、邪神ロキは巨人の国ヨトゥンヘイムを旅していた。彼らは1頭の牡牛をしとめ、その生肉を火にかけたが、どうしても肉に火がとおらず、空腹を満たすことができなかった。そこに、巨大な鷲がやってきて、自分にその肉を分けてくれれば、肉を焼けるようにしようと申しでる。

鷲のおかげで肉は焼けたものの、おいしい部分を鷲にすべて食べられてしまった。怒ったロキが鷲に襲いかかったが、逆に連れ去られてしまう。

　この巨大鷲こそ、シアチが変身した姿だったのだ。正体を現したシアチは、ロキを逃がすかわりに、女神イズンの誘拐を手伝えと脅す。

　イズンは不老のリンゴを管理し、アースガルズの神々に配給するという大切な役割を担っていたのだが、ロキは保身のため彼女の誘拐に手を貸すことを約束してしまった。イズンがいなくなると神々はみるみる老いていく。強く美しかった姿は醜くかわってしまったので、神々は必死に原因を探った。そしてその原因をつくったロキを問いつめイズンを取り戻すように命じたのだった。

　ロキは再びヨトゥンヘイムを訪れ、捕まっているイズンを木の実にかえ、自らは鷹に姿をかえて飛び立った。それを目ざとく見つけたシアチは激怒。大鷲に姿をかえてロキを追いかけるも、あと一歩のところで神々の仕掛けた炎の罠にかかり墜落。ついには殺されてしまった。この時焼け残ったシアチの両目は、彼の娘スカジへの償いとして天の星にされたという。

　シアチは鷲に姿を変えるなど、風の属性や鳥をモチーフにしたキャラクターとして扱われることが多く見られる。事件の顛末と比べるといささか爽やかすぎる設定である。

スカジ

Skaði

種族　山の巨人？／アース神族
住処　スリュムヘイム（ヨトゥンヘイム）

美しさと激情をあわせ持つ女狩人

　武装した戦う女性というキャラクターは、さまざまな作品で登場する。そのモデルは神話から取られることも多い。スリュムヘイムの館の主である巨人、シアチの娘スカジもまた、魅力的な戦う女性だった。

　スカジは狩猟の名手で、冬山をスキーで走りまわり、狩りを行っていた。それだけでも勇ましい女性だが、彼女には神々のもとに武装して乗りこんだという伝承がある。

　父シアチは若返りのリンゴの管理者イズンを誘拐し、神々の世界に混乱をもたらした巨人だ。邪神ロキによってイズンは救い出されたが、シアチはロキを追いかけて神々の仕掛けた罠にはまり殺されてしまう。

　スカジは父の訃報を知り、仇を討つことを決めた。スカジは美しく麗しい巨人の娘だったが、非常に激しい気性の持ち主だったのだ。

　スカジは鎧兜を身につけ、アースガルズに単身乗りこんだ。神々は彼女を哀れに思い、和解を申しでる。スカジは和解の条件に、アースガルズの神々から夫を選ぶことを許すように持ちかけた。神々はこの条件を受け入れたが、かわりに条件を出す。なんと、足だけを見て婿を選べというのだ。

スカジが足だけを見て選んだ婿とは？

神々とスカジは互いの条件を呑み、スカジの婿選びがはじまった。スカジには、この婿選びで求めていた神がいた。最高神オーディンの息子で光の神と呼ばれた美青年のバルドルだ。

上半身を隠した男神たちが並ぶという異様な光景の中、スカジは美しい足に目を止める。この透きとおるような白い足はバルドルのものに違いないと思ったスカジは、この足の神を婿にすると宣言した。

ところがいざ蓋を開けてみると、白い足の持ち主は、航海の神ニョルズだったのだ。思いも寄らない人物を婿に選んでしまったスカジだが、神々からは「神々の美しき花嫁」と呼ばれて歓迎された。

しかし、やはり納得がいかないスカジ。彼女はさらに条件をつけ、父シアチが死んでから笑っていない自分を笑わせてみろというのだ。そこでシアチが死ぬきっかけをつくった、邪神ロキが名乗りをあげた。

ロキは自身の陰嚢（いんのう）とヤギの髭に紐を結び、ヤギと引っ張りあい甲高い悲鳴を上げはじめた。なんとも下品なネタで笑いを取りにいったロキだったが、その滑稽な姿に思わずスカジは笑い、ようやく和解が成立したのだった。

一説によると、ロキとスカジは、実は一度体の関係を持ったことがあるのだという。

だが、ロキはスカジにとって父の仇。このあのち、ロキが木に縛られた時、その頭上に毒蛇を結び、毒がロキの顔にしたたるようにしたのはスカジだったという。

彼女の心に芽生えた復讐の炎は、ロキ渾身の下ネタを持ってしても鎮火しなかったようだ。

山と海のちぐはぐな夫婦の新婚生活

さて、こうして山の狩人スカジと、航海の神ニョルズの新婚生活がはじまったのだが、もともと生活してきた環境の違うふたりである。スカジは山に住みたいと言い、ニョルズは海のそばがいいと言うので新居が一向に決まらなかった。『新エッダ』の「ギュルヴィたぶらかし」によると、ふたりは散々議論した結果、9日間ずつ、スカジが生活していたスリュムヘイムと、海の近くにあるノーアートゥンに交互に住むことになった。

いよいよ新婚生活のはじまりと思えたが、ニョルズの望む海の近くではスカジは海鳥の鳴き声で眠ることができず、スカジの望む山奥ではニョルズはオオカミの遠吠えにうんざりするといった調子だった。お互いがお互いに不満をつのらせる日々を続けていたようだが、『古エッダ』の「ロキの口論」に出てくる神々の酒宴には夫婦で出席している。しかし、『ユングリンガ・サガ』では最高神オーディンの妻となったとも書かれており、結果的にはニョルズとはうまくいかなかったのかもしれない。

スカジは一説にはケルト神話の「スカアハ」であるとされる。ケルトの英雄であり槍の名手、クー・フーリンの師匠ともいわれ、『Fate/Grand Order』では別名のスカサハの名で登場する。弟子クー・フーリンの設定にならい槍の使い手、ランサーとして活躍する。

スカジの血気盛んで美しいイメージは、キャラクターとしても魅力的だ。

スキー
スカジはスキーの名手だった。そのため、スカジはスキーの神を意味する「アンドルグス」という別名を持っている。

弓矢
狩りの名人でもあったスカジ。スキーに乗り、弓矢を使って狩猟を行っていた。

Vafþrúðnir

ヴァフスルーズニル

種族 巨人族
住処 ヨトゥンヘイム

オーディンが知恵比べを挑んだ老巨人

最高神オーディンは来たるラグナロクに向けて、あらゆる知識を得ようとした。ヴァフスルーズニルもまた、豊富な知識を持った老巨人で、その知識量はオーディンが嫉妬(しっと)するほどであったという。

そんなヴァフスルーズニルとオーディンは、それぞれの知恵を競いあったことがある。

ある時、オーディンは人間の旅人を装い、世界をめぐっていた。ガグンラーズと偽名を名乗ったオーディンは、知恵比べのためにヴァフスルーズニルのもとを訪れる。博識で評判のヴァフスルーズニルだが、オーディンの変装には気づかず、「お前の知識がわしに劣っていたら、この屋敷からは出さんぞ」と威(おど)しをかけた。こうして、ふたりの知恵比べがはじまった。

はじめにヴァフスルーズニルが問答をしかけて、それにオーディンが答えると、今度はオーディンが問答をしかけた。

問いの内容は、世界の仕組みや、地名などの基礎的なものからはじまったが、次々と問いに答える人間の旅人に、老巨人は驚きを隠せない。お互いに質疑応答し、ヴァフスルーズニルが17問目を回答し終わったところで、オーディンが問いを出す番になった。

ここでオーディンは「オーディンは息子のバルドルが殺される時、最後になんと言ったか」という問いを出した。これはラグナロクの予言で、答えはオーディンしか知らない。ここで老巨人ははじめてこの旅人が神々の父オーディンであることを悟ったのだ。こうしてオーディンが知恵比べに勝利を収めたという。この勝負のあと、ヴァフスルーズニルがどうなったのかは語られていない。

オーディンと知恵を競った老巨人の名は、やはり知恵に深く関係する。しかし、オーディンの変装を見抜けないあたりを考えると、ヴァフスルーズニルの知恵と知識は、一目で変装を見やぶった「知恵の泉」の番人ミーミルには劣りそうだ。

ウートガルザ・ロキ

Utgarða Loki

種族　巨人族
住処　ウートガルズ（ヨトゥンヘイム）

ウートガルザ・ロキが仕掛けた力比べ

雷神トールと邪神ロキにシャールヴィという人間の少年を加えた一行は、巨人ウートガルザ・ロキが治めるウートガルズへ力試しをしに乗りこんだ。

そこで巨人ロキは、トール一行に力比べを申し出る。まず邪神ロキには、「ロギ」という巨人との大食い競争をしかけ、シャールヴィには、「フギ」という巨人との足の速さ比べを持ちかけた。いずれも接戦を繰り広げるが、ふたりの巨人に勝つことはできなかった。

ふがいない仲間を見ていた雷神トールは「次は自分が」と、力比べに名乗りを挙げた。それに対して巨人ロキは「角杯を一息で飲み干して空にせよ」「わしの猫を地面から持ち上げよ」「老婆と相撲を取れ」という3つの課題を出す。

いずれも簡単そうに感じたトールだが、どれもうまくいかなかった。

巨人ロキのトンチにはまったトール一行

釈然としない様子のトール一行に、巨人ロキは直々に種明かしをはじめる。彼が仕掛けた力比べは、すべて彼の幻術がつくりあげたものだった。

邪神ロキが大食いの相手をしていたロギの正体は「炎」で、食べていたのではなく焼き尽くしていただけだった。シャールヴィが相手にしていたフギの正体は「思考」。どんな瞬足でも、思考と速さを競っても負けるだけだ。さらにトールに出された3つの課題も巨人ロキの幻術だった。角杯を満たしていたものは「海」で、もちろん海を飲み干せるわけがない。持ち上げようとしていた灰色の猫の正体は「大蛇ヨルムンガンド」。また相撲を取っていた老婆は「老い」そのものだった。

種を明かした巨人ロキは「幻術に対抗する神々の力に正直肝を冷やした」と語ったが、2度と会わないほうがいいだろうと言って姿を消してしまうのだった。

神々を手玉に取ったウートガルザ・ロキ。彼の名前はゲームなどの敵キャラとしてもしばしば登場するが、人気ライトノベル『とある魔術の禁書目録(インデックス)』でもその名を見ることができる。神話の巨人と同様に、幻覚の魔術に長けており、「五感のひとつが得た情報を他の五感に移す」という力の持ち主だ。どこか人を食ったような性格も、巨人ロキがもとになっているのだろう。

スットゥングとバウギ

Suttungr & Baugi

種族 霜の巨人
住処 ヨトゥンヘイム

賢者の蜜酒を守る霜の巨人の兄弟

霜の巨人スットゥングとバウギは兄弟だ。ふたりの両親は、小人フィアラルとガラルのいたずらで命を落としてしまったが、その償いに「賢者の蜜酒」を得ていた。

この賢者の蜜酒は、飲んだものに知恵と素晴らしい詩をうみだす才能を与える飲みものだ。スットゥングは蜜酒を守るため、フニトヴョルグの洞窟に隠し、娘のグンロズにその見張りをさせることにした。

この蜜酒に目をつけたのが、他ならない最高神オーディンだ。オーディンは得意の変装で旅人を装い、スットゥングの弟のバウギのもとを訪れた。バウギは9人の奴隷に仕事をさせていたが、オーディンはこの9人を殺害。人手が足りなくなったところを狙い、雇って欲しいと申し出たのだ。そして、9人分の働きの見返りに、蜜酒を飲ませて欲しいと頼んだ。バウギは兄に事情を話すが、きっぱりと断られてしまう。そこでオーディンは、働いた分の駄賃を払えとバウギを威し、フニトヴョルグの洞窟に錐(きり)で穴を開けさせた。

はじめは穴を開けたフリをしていたバウギだったが、オーディンは穴が貫通していないと見抜き、さらにバウギを急かした。ついに小さい穴が空くと、オーディンはすかさず蛇に姿をかえて穴の中からフニトヴョルグの洞窟に侵入してしまう。

オーディンは見張りのグンロズを誘惑。蜜酒を3口だけ飲ませて欲しいと願い、グンロズが許すと、3口で蜜酒すべてを飲み干し、すかさず鷹に姿を変えて飛び立つ。グンロズはただ呆気にとられるだけだった。オーディンはアースガルズに戻ると蜜酒を桶の中に吐きだし、まんまとこれを手に入れたのだ。

オーディンに蜜酒をだまし取られてしまった巨人の兄弟と娘。彼らの名前がゲーム作品などに登場することは少ないが、アイテムとして「スットゥングの蜜酒」が使用されることは多い。詩の才能は北欧神話において知恵と魔力の象徴でもある。オーディンが本当に望んだのは、人々を治める力だった。

スリュム

Þrymr

種族 巨人族族
住処 ヨトゥンヘイム

フレイヤを娶ろうとした小ずるい巨人

『古エッダ』には、巨人の国ヨトゥンヘイムに住む王のひとりと記されているスリュム。王として莫大な富を持っていたスリュムは、妻を娶っていないことを不満に思っていたという。そのうちに彼は愛と美の女神フレイヤを、妻にしたいと考えはじめた。しかし、フレイヤが容易く自分を受け入れるとは思えない。そこでスリュムはまず、雷神トールからミョルニルという大槌を奪った。大切な槌をなくしてしまったトールは、慌てて邪神ロキに相談。ほどなくしてスリュムがミョルニルを奪った張本人だとわかるが、スリュムは「返して欲しければフレイヤを差し出せ」と言う。トールはフレイヤに事情を説明するが、彼女は怒り、協力を拒否されてしまった。

その様子を見たロキは、トールが女装をしてスリュムのもとに行けばいいのだと言いだした。ミョルニルが巨人の手にわたってしまえば神々の身が危なくなる。トールの気も知らず、神々はロキの作戦に諸手を挙げて賛成した。トールは嫌々花嫁に変装し、スリュムのもとへ向かった。

スリュムは到着した花嫁に喜んだが、いざ口づけをしようとすると、トールの血走った目が見えてしまった。すかさず侍女に扮したロキが「フレイヤは貴方に焦がれて8日もの間寝食を忘れていたのだ」と助け船を出す。スリュムはその言葉に納得し、早々に花嫁を清めようとミョルニルを持ってきたのだが、大槌を見るが早いか、トールはすぐさまそれを掴み、そのままスリュムの頭に振り下ろした。勢いづいたトールは館の巨人たちを皆殺しにしてアースガルズに帰還したという。

女装したトールに殺されてしまったスリュム。神話の中での登場回数は多くないが、このエピソードのおもしろさから名が知られている。女装ネタや、性別と見た目が異なるキャラクターの名前に用いられることが多い。

ヒュミル

Hymir

種族 海の巨人
住処 エーリヴァーガル（ヨトゥンヘイム）

雷神トールにライバル心を燃やす老巨人

原初の巨人ユミルがうまれたエーリヴァーガルという毒の川。その東の館には、睨（にら）むだけでものを壊せる老巨人ヒュミルが住んでいた。

ある時、宴で出す麦酒を入れる鍋を

探していた雷神トールは、大きな麦酒醸造鍋を持つヒュミルのもとを訪れた。ヒュミルはトールの来訪をあまりよく思っていなかったが、夕飯に招きもてなす。トールは遠慮せず飲み食いし、牛を2頭もたいらげる。その食いっぷりに、ヒュミルの妻はトールを気に入った。

あまりの食欲にふるまうものがなくなり、漁業を生業としていたヒュミルは海へ漁に出た。トールが漁の手伝いを申し出ると快諾。ふたりは船の上で釣りをはじめた。ヒュミルは鯨を釣り上げたが、対するトールは大蛇ヨルムンガンドを釣り上げる。ヒュミルは釣り糸を切り（またはトールがミョルニルで攻撃し）、ヨルムンガンドを海に沈めたが、釣り上げた獲物の差にヒュミルの機嫌はさらに悪くなっていく。

ヒュミルはトールに恥をかかしてやろうと、ガラスの高脚盃を壊す遊びを持ちかけた。ところが、これは割れない魔法の盃で、いくら壊そうとしてもトールは盃を割ることができない。しかし、トールを気に入っていたヒュミルの妻が、ヒュミルの頭に投げればいいと助言を与えてしまう。トールは助言どおり、ヒュミルの頭にむかって、勢いよく盃を投げつけて割ってしまった。観念したヒュミルは麦酒をつくる大鍋を持たせさっさと帰らせることにした。

これ幸いとトールは大鍋を軽々と持ち上げ、ヒュミルの家をあとにしたが、怒りが収まらなかったヒュミルは、徒党を組んでトールを追いかけてきた。しかし、トールの力に及ばずヒュミルたちは返り討ちにあってしまう。

髭につららが下がっていたというヒュミルは、氷の力を持つキャラクターとして描かれることが多い。しかし、トールに敗れてしまったことから、そのステータスは決して高いとはいえないだろう。

フルングニル

Hrungnir

種族　山の巨人
住処　ヨトゥンヘイム

己が欲するもののためにオーディンが仕掛けた一騎討ち

石の頭と心臓を持つ巨人フルングニル。彼のもとには名馬グルファクシがいた。ある時最高神オーディンは、このグルファクシと自身の愛馬スレイプニルの足を競わせようとフルングニルを誘う。オーディンはどうしてもフルングニルの持つグルファクシが欲しかったのだ。

オーディンの誘いに乗ったフルングニルは、疾走の勢いで気がつくと神々の住むアースガルズに入っていた。神々はフルングニルを快く迎え入れ宴を催すという。しこたま酒を飲まされたフルングニルは、前後不覚になり、どんどん口が悪くなっていった。たがが外れた彼は、あろうことか神々の悪口を言いはじめる。腹が立った神々は、フルングニルを止めるために雷神トールを呼んだのだが、フルングニルが丸腰だったため、改めて決闘を行うことにした。

アースガルズとヨトゥンヘイムの国境で対峙したトールとフルングニルは、それぞれ、大槌ミョルニルと砥石（といし）を投げつけた。砥石とミョルニルは衝突。砥石は割れてしまい、破片がトールの頭に当たったが致命傷にはいたらなかった。対するミョルニルは一直線にフルングニル目がけて飛んでいき、脳天をふたつに割った。トールとフルングニルの決闘は、トールの勝利に終わった。

しかし、脳天をつかれフルングニルの巨体が倒れた時、トールはその下敷きになってしまった。

トールの息子であるマグニが父を救い出したため、その功績を称えられ戦利品の名馬グルファクシは彼に与えられることになった。そもそもグルファクシが欲しくて策を講じたオーディンは、この結末に大いに不満を感じたという。

雷神トールと一騎打ちを演じたフルングニル。その戦闘的な性格と、巨人族であることから、氷属性の強敵として扱われることも多い。

ゲーム『ラグナロクオデッセイ』ではボスモンスターとして登場。難敵として名高い。

Hræsvelgr

フレスヴェルグ

種族　巨人族
住処　ユグドラシルの頂上

世界に風を起こし死者をついばむ大鷲

世界樹ユグドラシルの頂上の北端にとまり、下界を睥睨（へいげい）する大鷲フレスヴェルグ。いつも天空から下界を見下ろしていて、あらゆる出来事に通じているとされる。『古エッダ』の一説「ヴァフスルーズの言葉」では、その正体は巨人族であるとされ、『新エッダ』の「ギュルヴィたぶらかし」では、彼の翼の羽ばたきは世界の人々に風となって吹き下ろされるといわれている。

この怪鳥は死者の肉を食らい魂を運ぶ役割を持ち、ユグドラシルの根元に住む黒蛇ニーズヘグと同様に恐るべき存在である。

ニーズヘグとは大変仲が悪く、死者の魂をどちらがより多く喰らえるかという配分をめぐって、いつも喧嘩ばかりしている。最終戦争ラグナロクの時には、フレスヴェルグもニーズヘグとともに死者の魂を奪いあう。フレスヴェルグの目と目の間には鷹がとまっている。

なお、フレスヴェルグと同じくユグドラシルの頂上には雄鶏がとまっている。雄鶏の名は「木の蛇」という意味を持つヴィゾフニルといい、自ら光り輝いてユグドラシルを隅々まで照らす。ヴィゾフニルを唯一殺すことができるのは、魔剣レーヴァテインだけだとされているが、レーヴァテインを手に入れるためにはヴィゾフニルの羽根が必要だという。

鷲の化身フレスヴェルグはその威容から、各メディア作品では、特に武器や兵器の名前で登場する傾向が強いキャラクターでもある。また、前述の雄鶏ヴィゾフニルとも混同されることもある。ちなみにヴィゾフニルは、モンスターや武器、技の名前としてもしばしば使用されるが、その性質になぞらえて強い光と関係のあるものになっていることが多い。

ゲーム『ファイナルファンタジーXIII』では、大鷲フレスヴェルグの名前がつけられた武器が登場し、改造することで雄鶏ヴィゾフニルの名を冠する武器にレベルアップする。

Sleipnir

スレイプニル

種族 神馬
住処 アースガルズ

世界一の駿馬の母親は邪神ロキ？

ある日、神々の世界アースガルズに、石工に扮したひとりの巨人が訪れ、「神々が住む国ミズガルズの周囲に外敵を侵入させない堅固で高い壁を建てましょう」と神々に申しでた。この申しでに神々は喜んだが、あろうことか巨人はその報酬に太陽と月、そしてアースガルズで最も美しい女神フレイヤを差しだすように要求する。

神々は大いに悩んだ末に「巨人が期限までにだれの助けも借りずに壁を建てることができれば、望みどおりの報酬を与える」と条件を出した上で、神々は巨人の申し入れを受け入れたのである。

契約が成立すると、巨人は自らの飼い馬スヴァジルファリを働かせて、あっという間に堅固な壁を築いていく。壁がほぼ完成し、神々と交わした約束の期限を3日後に控えた夜、スヴァジルファリの前に1頭の美しい牝馬が現れた。スヴァジルファリはこの牝馬に一瞬で誘惑され、2頭連れだって駆けていってしまった。

愛馬に仕事を放棄された巨人は、期限内に壁を完成することができなかったため、神々は巨人へ報酬を支払わずにすんだのだった。

一方、スヴァジルファリはというと、牝馬と2日2晩野山を駆けめぐり交わった。

実はこの牝馬、ロキが変身した姿だったのだ。牝馬となったロキは8本の脚を持つ馬を産み落とし、最高神オーディンに献上した。この馬こそ、世界最速と名高いオーディンの愛馬、スレイプニルなのである。

オーディンの愛馬や世界一の駿馬と

いった輝かしい肩書きとは裏腹に、スレイプニルは死者の世界との関係が色濃くみられる。スレイプニルの特徴である8本脚は、棺桶を担ぐ4人の人間の足をモチーフにしたといわれ、灰色の毛並みも冥界との関わりを示しているのだという。

冥界との関わりも深いスレイプニル

スレイプニルを産み落としたロキは、世界の破滅を招くラグナロクの指導者であり、その子どもには冥界の女王ヘルがいる。その血縁であるスレイプニルもまた、死者の世界と密接な関わりを持っていても不思議ではない。

さらに、オーディンが死神の側面を持つことから、その愛馬であるスレイプニルは、敵を死の世界に送り込む恐るべき兵器ともいえるだろう。現にゲームなどではスレイプニルは兵器の名前として使われることもあるようだ。

スヴァジルファリ
スレイプニルの父。アースガルズの城壁をつくった巨人の愛馬でもあり、怪力で働きものだが、牝馬に変身したロキに誘惑されて仕事を放棄してしまう。

グラニ
英雄シグルズの愛馬。スレイプニルの血を引いており、炎も飛び越える。

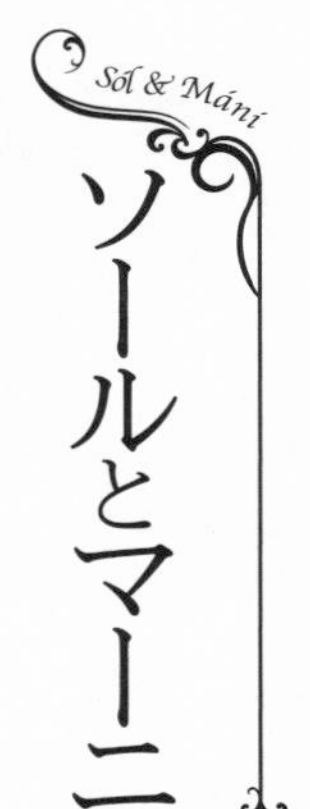

種族 人間／アース神族
住処 天空

名前のせいで天に召された月と太陽

太陽の女神ソールと、その弟で月を司るマーニ。『新エッダ』の一説「ギュルヴィたぶらかし」によれば、彼らは人間だとされている。

ことの起こりは、最高神オーディンが原初の巨人ユミルの死体を使って天地を創造した頃のことである。

2人の父親は、ムンディルフェリという人間であった。彼は自分の子どもたちの美しい金髪を自慢に思い、娘にソール（太陽）、息子をマーニ（月）と名づけた。このムンディルフェリの傲慢な行いに腹を立てた神々は、姉弟をとらえると、罰として昼夜交代で、太陽と月を乗せた馬車を引くように命じる。

こうしてふたりは、世界を照らす太陽と月の満ち欠けを支配するようになったのだ。

ちなみに、ソールは「早起き」を意味するアールヴァクと、「快速」を意味するアルスヴィズという2頭の馬を引いており、馬の肩には体を冷やすためのふいごが、取りつけられているという。

巨人の恨みを買いオオカミに追いかけられる兄妹

ソールとマーニが天に召し上げられ、世界は明るく照らされたのだが、巨人たちはこれを憎み、巨人の国ヨトゥンヘイムでいちばん恐ろしい2匹のオオカミにふたりを追いかけさせたのである。2匹の名前は、「騒音」を意味するスコルと「憎しみ」「敵」を意味するハティだ。スコルは太陽を、ハティは月をそれぞれ喰らい尽くそうと狙い続けている。

平時の間はソールとマーニを2匹のオオカミは決して捕まえることはできない。しかし、最終戦争ラグナロクの日に2匹はそれぞれの獲物に追いつき喰らい尽くしてしまうのだ。

ゲーム作品において、ソールとマーニの2人が重要なキャラクターとして扱われることはほぼないが、スコルとハティは一対の名前として登場することが多く、それぞれが対照的な属性を持つこともある。中でも、月とオオカミという相性のよい組み合わせのためか、ハティのほうが登場回数は多いようだ。

Niðhoggr

ニーズヘグ

種族 ドラゴン
住処 フヴェルゲルミルの泉（ニヴルヘイム）

ユグドラシルと死者の魂を喰らう黒竜

世界を支える大樹ユグドラシルには、多種多様な生物が棲んでいる。その中でも最も悪食で貪欲な怪物が、ユグドラシルの最下部ニヴルヘイムにある、フヴェルゲルミルの泉に住むとされる黒竜ニーズヘグだ。

ニズホッグ、ニドホッグ、ニドヘグともいいその名は、「怒りに燃えてうずくまるもの」を意味する。また、「恐るべき咬むもの」という異名も持っており、あらゆる物体を噛み砕く自慢の歯で、ユグドラシルの3本の根のうち1本に噛みつき、その養分を吸い取っている。

しかし、この悪食の竜が最も好んだものは死者の魂だった。『古エッダ』の「巫女の予言」によると「ラグナロク終結後のニーズヘグは、黒い山々の中から閃光とともに空に舞い上がり、死者たちの魂を運んでいった」と記されている。ニーズヘグはラグナロクの戦いには参加せず、ユグドラシルに運ばれてくる死者の魂の分け前をめぐって、宿敵である大鷲フレスヴェルグと喧嘩をしていたという。

ニーズヘグとフレスヴェルグは、常日頃からお互いを忌み嫌っていたが、ユグドラシルの幹には、彼らの憎悪を助長させるリスが住んでいた。リスの名前は「かじる歯」を意味するラタトスク。ラタトスクはユグドラシルの枝の間を駆けまわり、ニーズヘグとフレスヴェルグにそれぞれの悪口を吹聴しているといわれるが、その内容は定かではない。

ゲームやメディア作品でのニーズヘグは、彼の住処であるフヴェルゲルミルの泉が毒の泉であることから、毒竜として扱われることが多い。ラタトスクは神話での登場回数は少ないが、北欧神話を題材にしたゲーム以外にも名前が見られるなど認知度が高い。その容姿からマスコット的な存在として活躍している。今後はそのしたたかさがフィーチャーされるかもしれない。

ベルセルク

Berserk

種族 人間
住処 ミズガルズ

獣の皮をかぶり忘我の境地で戦う強者

北欧神話に登場する戦士ベルセルクの呼称は、英語の「バーサーカー(狂戦士)」、「バーサーク(凶暴な)」の語源ともなった言葉である。本来は古ノルド語で「熊の毛皮」の意。

北欧神話にはベルセルク以外にもオオカミの皮でつくった服をまとった戦士が描かれており、ウールヴヘジン(オオカミの狂戦士)と呼ばれている。イギリスの叙事詩『ベオウルフ』の主人公で英雄であるベオウルフの名前は、ここから取られたともいわれる。

ベルセルクが熊の毛皮をかぶるのは、皮の主である獣の霊力を借りて、その獣と同化する行為だといわれる。『ユングリンガ・サガ』によれば、鎧をつけず熊やオオカミの獣を被ったベルセルクは、ひとたび戦場に赴くと犬やオオカミのような荒々しさと、熊や牛のような力強さを発揮したという。

彼らは、勝利のために命を犠牲にすることも厭(いと)わないため、一族から「オーディンの眷属(けんぞく)」として惜しみない庇護と称賛を受けることができた。

最強戦士ベルセルクの狂気の秘密とは?

ベルセルクは痛みに対する感覚を持っていなかった。これは、彼らが儀式的な行為によるトランス状態に陥ったゆえのものと考えられている。一説によればベルセルクは戦いの前に自己暗示、あるいは麻薬作用を持つ薬草や茸類によって錯乱状態へと陥り、常時では外すことのできない身体能力のリミッターを解除したともいわれる。ベルセルクはその認知度とは裏腹に、神話には数回しか登場しないため、彼らの秘儀における詳細は定かではない。

謎と狂気に真相を隠されたベルセルクの存在は、漫画『ベルセルク』をはじめ、後世の創作にも多数影響を与えている。また、人気ロールプレイングゲーム『FF』シリーズに登場する「バーサク」という魔法は、敵、味方に関係なく守備力が下がるかわりに攻撃力が上がるというものだが、これもベルセルクの戦闘スタイルに由来したものだろう。このように、ゲームやメディア作品でのベルセルクの扱いは、彼らが持つリスクを度外視した桁外れの攻撃力をもとにした扱いが多い。

熊の毛皮

ベルセルクたちは戦いの際に熊の毛皮を装着した。彼らは獣の霊力を借り、一体化することで、戦場では規格外の戦闘力を手に入れることができると信じていたという。熊の毛皮のかわりに、オオカミの毛皮をかぶった戦士ウールヴヘジンと同一視されることがある。

ブロックとシンドリ

Brokkr & Sindri

種族　小人族
住処　地底にある洞穴

ロキと小人の兄弟の首をかけた技比べ

北欧神話の小人は鍛冶や細工に長けているものが多く、神々が持つさまざまな武器や財宝、道具のほとんどは小人たちがつくったものだ。ブロックとシンドリはそんな小人の兄弟である。彼らが神々に魔法の品を献上したのは、邪神ロキの首をとるためだった。

ある日、雷神トールの妻シヴの髪を切ったロキは、お詫びの品として小人のイーヴァルディの息子を訪ね、黄金でできた髪、折りたたみ式の船スキーズブラズニル、魔槍グングニルをつくらせる。

ロキはこの宝物を自慢し、こんなにすてきなものをつくれるのは、イーヴァルディの息子たちだけだと吹聴。これを聞いた別の小人、ブロックとシンドリ兄弟は怒り、自分たちならもっと素晴らしいものがつくれると名乗り出た。こうして、ロキと兄弟はお互いの首をかけて勝負することになる。

小人の兄弟がつくった無限に増える腕輪

ブロックとシンドリ兄弟はさっそく鍛冶場に戻り、魔法の品物づくりに取りかかった。彼らは器用な手でどんどん作業を進める。

その様子に焦ったのはロキだ。ロキはアブに変身して、兄弟の手を刺すなど邪魔をはじめたのだが、兄弟は妨害をものともせず、ついに3つのすばらしいアイテムをつくりあげた。黄金の毛並みを持つイノシシ、グリンブルスティと、一撃必殺の大槌ミョルニル、そして重さのおなじ8個の腕輪が9夜目ごとに滴り落ちる黄金の腕輪ドラウプニルだ。ブロックとシンドリは豊穣の神フレイ、トール、最高神オーディンにそれぞれを献上した。その出来に感心した神々は、兄弟の勝ちを言いわたしたのだった。

窮地に立たされたロキだったが、さすがはアースガルズでいちばんの悪神。「自分の首にさわらずに首を切れたなら、この首をくれてやる」とトンチを持ちかけたので、ブロックとシンドリはロキの首を諦める他なかった。

ブロックとシンドリがつくった宝の中でも、無限に増え続ける黄金の腕輪ドラウプニルは、「滴るもの」という意味を持ち、北欧世界を題材としたファンタジー作品のアイテムとして登場することが多い。古代の北欧世界では王が褒章として兵士に黄金の腕輪を与える習慣があり、配下の戦士にどれだけ多くの腕輪を与えられるかが、王の力量の物差しとなったのである。

ミョルニル
雷神トールの武器である大槌。邪神ロキに制作を妨害されたため、持ち手が短くなってしまった。

グリンブルスティ
どんな場所も馬より早く駆ける光り輝くイノシシ。豊穣の神フレイの宝物のひとつ。

ドラウプニル
無限に増える黄金の腕輪。最高神オーディンが息子バルドルの棺に供えた。

Andvari

アンドヴァリ

種族　小人族
住処　地底にある滝の近く

呪われた指輪を持つ黄金好きな小人

豊富な黄金を持っていた小人、アンドヴァリ。彼は財産を増やす魔法の指輪アンドヴァラナウトを所持していた。しかし邪神ロキによって指輪は、大量の黄金とともに奪われてしまうのであった。

　最高神オーディンとロキが旅をしていた頃、カワウソに化けたオッタルという人間（小人とも）を誤って殺してしまった。それを知ったオッタルの父フレイズマルはオーディンを縛り上げ、釈放と引き換えに莫大な黄金を要求。オーディンはありったけの黄金を持ってくるように指示し、命令を受けたロキは黄金を隠し持つ小人アンドヴァリを探した。当のアンドヴァリは、魚に変身して海の中に逃げていた。そのためロキは神々の番人ヘイムダルの祖母ラーンから魔法の網を借りる。これによって、アンドヴァリはあえなく捕まってしまう。

　ロキはアンドヴァリの黄金を残らず奪い、さらに黄金をうみだす指輪アンドヴァラナウトも強奪する。この仕打ちを恨んだアンドヴァリは、奪われた指輪に向かって、手に入れたものに必ず破滅が訪れる呪いの言葉を口にする。こうしてアンドヴァラナウトは、所持しているものへ災いをもたらす呪いの指輪となったのだった。

　アンドヴァリをゲーム作品などで見ることは少ないが、アンドヴァラナウトは通貨や財宝が増えていくアイテムとして登場することが多い。リヒャルト・ワーグナーの楽劇『ニーベルングの指輪』では、神々の王ヴォータン（オーディン）によってもたらされる呪われた指輪として描かれる。

　世界を支配しうる魔力と引き換えに、所有者に破滅をもたらすという表裏一体の性質を秘めた指輪が、人間たちを誘惑し災いをまき散らしていくという設定は、Ｊ・Ｒ・Ｒ・トールキンの小説『指輪物語』をはじめ、さまざまな作品で取り扱われている。

ファヴニール

fáfnir

黄金の魅力に取りつかれ竜になった人間

種族 人間／ドラゴン
住処 ミズガルズ

ファヴニールはもともと、ドワーフ（妖精）の王、フレイズマルの息子であった。ある日、ファヴニールの弟オッタルが、最高神オーディンによって誤って殺される事件が発生。怒ったフレイズマルはオーディンに賠償を請求し、オーディンからあふれんばかりの黄金と、黄金を出す魔法の指輪アンドヴァラナウトをもらい受けた。しかし黄金に目がくらんで、弟のレギンと共謀して父親を殺し、さらに黄金を独り占めするためレギンを追放した。

そのあと、魔法が得意だったファヴニールは、自分に魔法をかけて黒い竜へと姿を変え、自らが守る黄金に近寄るものがあれば、火を吐きかけて威嚇したという。

一方、追放された弟のレギンは、兄への復讐と黄金への執着に取りつかれていた。レギンは人間の王族出身のシグルズを養子に迎え、勇敢な戦士に育ててファヴニール討伐に向かわせる。ファヴニールとシグルズは死闘を繰り広げたが、シグルズの持つ、レギンが鍛え直した魔剣グラムの一撃を受けたファヴニールは死亡。黄金をめぐる壮絶な兄弟喧嘩は、弟レギンの勝利で幕を閉じたのだった。

この時、黄金の他にファヴニールが父フレイズマルから奪ったとされる「エギルヒャールム（恐怖の兜）」もシグルズの手にわたった。この兜は見たものを震え上がらせ、逃げ出させてしまうほど怖かったと言い伝えられており、その逸話がそのまま名前の由来となっている。

なお、ファヴニールが奪い取った指輪アンドヴァラナウトは、小人アンドヴァリからロキが奪ったものであった。アンドヴァリは指輪が奪われた際、指輪に呪いをかけた。このため、指輪を手にしたフレイズマルは息子に殺され、ファヴニールは退治されてしまうという不幸に遭った。

ファヴニールは、リヒャルト・ワーグナーの戯曲『ニーベルングの指輪』でも財宝の番人として登場している。またファヴニールという名前には「抱擁するもの」という意味もあるので、ゲームや小説、漫画では、黄金に正気を失った強欲者のファヴニール像とはかけ離れた解釈をされることもある。単なる竜の呼称や兵器の名前にも、ファヴニールの名前が使われるのはこのためだろう。その他、相手を石化させる能力を持つこともあるようだ。エギルヒャールムを身につけていることから、武装化した竜の先駆者ともいえるだろう。

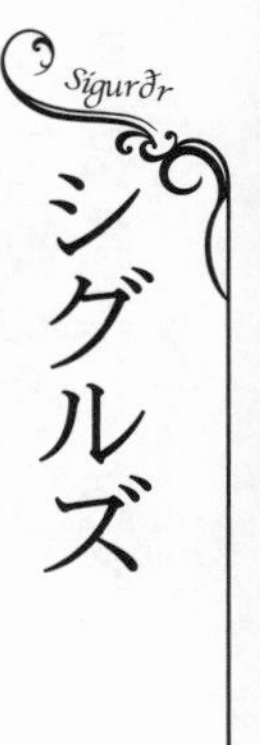

シグルズ

Sigurðr

種族 人間
住処 ミズガルズ

ヒーローの資質を備えた竜殺しの英雄

北欧の代表的な英雄譚のひとつ『ウォルスンガ・サガ』に描かれる英雄、シグルズ。彼は、ドイツに古くから伝わるニーベルンゲン伝説の主人公ジークフリードのモデルとなった人物だ。

シグルズはグラムという魔剣を持つ。この剣は、最高神オーディンが岩に突き刺したもので、シグルズの実父シグムンド王が見事引き抜き、手にしたものであった。しかし、のちにシグムンド王はオーディンと対立し、オーディンがグラムをへし折ったのを機に、シグムンドは戦死してしまう。シグムンドは折れたグラムを幼い息子、シグルズに授けて戦死する。

その後シグルズは鍛治師のレギンに引き取られた。レギンはシグルズを勇敢に育て、魔剣グラムを再び鍛え直して与えたのである。レギンの目的は、竜と化した実の兄ファヴニールをシグルズに殺させ、竜が独占する莫大な黄金を手に入れることだった。

レギンの望みどおり、魔剣グラムの力を借りたシグルズは、ファヴニールを倒すことに成功する。その時、竜の返り血を浴びたシグルズは、動物の言葉を理解することができるようになったという。ちなみに、ニーベルゲンの伝説で、同じく竜の返り血を浴びたジークフリードは、1枚の葉がついて血を浴びなかった背中を除いてあらゆる刃物を通さない身体となった。

シグルズはファヴニールを倒し、黄金と指輪アンドヴァラナウトを手に入れた。しかし、この指輪には小人アンドヴァリによる呪いがかけられていたため、レギンを殺害してしまう。さらに戦乙女ブリュンヒルドとの結ばれぬ恋に身を焦がすなど破滅への道を歩んでいった。

不死の肉体と魔剣によって無敵の強さを手に入れ、悲劇的な運命を背負うシグルズは、ファンタジーに登場する英雄の手本のようなキャラクターだ。ドラマ的な要素も多いため、ゲームや漫画では数多くの作品に登場し、プレイヤーが操作する主人公として使用されるようだ。

ブリュンヒルド

Brynhildr

種族 ヴァルキューレ（人間）
住処 ヴァルハラ宮殿（アースガルズ）／ミズガルズ

戦士の命運を決定すべく戦場を駆ける

最高神オーディンに仕え、最終戦争ラグナロクのために勇敢な戦士の魂をヴァルハラ宮殿へ導く戦乙女ヴァルキューレ。天駆ける馬に跨って戦場を駆けめぐり、時には白鳥の羽衣をまとって白鳥に姿をかえ、戦士の命運を定めた。

彼女たちの出自はさまざまで、アース神族だけでなく巨人族や人間の娘もいた。ヴァルキューレたちはしばしば人間の英雄と恋に落ち、彼らを過酷な運命へと追いやることもあった。その代表が、ブリュンヒルドだ。

ブリュンヒルドはある時、オーディンに逆らって本来なら戦死するべき王に勝利を与えてしまう。これに怒ったオーディンは、罰としてブリュンヒルドを茨で突き刺し、灼熱の炎に囲まれた城で眠りにつかせる。この眠りの呪縛からブリュンヒルドを目覚めさせたのが、悪竜ファヴニール殺しの英雄シグルズだった。

シグルズへの愛に身を焼き滅ぼした戦乙女

目覚めたブリュンヒルドはシグルズと恋に落ち、ふたりは終生の愛と忠誠を誓いあう。しかし、婚礼を済ませる前にシグルズが立ち寄ったギューキ王の館で悲劇が起こる。一説によると娘グズルーンの婿にシグルズを望んだ王妃により、シグルズは忘れ薬を飲まされブリュンヒルドのことを忘れてしまったという。

シグルズはグズルーンと結婚。その後、グズルーンの兄グンナルがブリュンヒルドとの結婚を希望すると、シグルズはグンナルに変装し、ブリュンヒルドに求婚した。グンナルはブリュンヒルドの城の炎の城壁を越えられなかったからである。意に沿わずグンナルの妻となったブリュンヒルドは、なんだかんだ夫を愛するようになる。ある日ブリュンヒルドとグズルーンはどちらの夫の方が勇敢か言い争いになり、シグルズがグンナルのふりをしてブリュンヒルドとの結婚を取りつけたと知る。

シグルズの裏切りに、かつての愛が憎しみへとかわったブリュンヒルドは、夫グンナルを唆(そそのか)してその弟にシグルズを暗殺させる。自らの望みとはいえ最愛の人を失ったことで、生きる気力をなくしたブリュンヒルドは、シグルズとともに火葬してくれるよう言い残し、自ら命を絶った。

このブリュンヒルドの悲恋物語は、うら若い乙女ならではの冷酷さと、自らが見こんだ男性に情熱的な愛を捧げるというヴァルキューレの特質をよく表している。ゲーム作品などでもこうした特質が取り上げられ、愛に身を焦がす狂気を持ったキャラクターとして登場している。

白鳥の羽衣

白鳥に変身できる羽衣。ヴァルキューレはこの羽衣を身にまとって白鳥に姿をかえ、戦場を飛びまわって勇敢な戦士の魂を見定めた。ヴァルキューレに導かれた戦死者の魂はヴァルハラ宮殿で手厚くもてなされ、最終戦争ラグナロクでは神々の尖兵エインヘリヤルとなって戦う。

3章 ケルト神話とアーサー王伝説

・神の名称の表記について
アイルランド語、またはウェールズ語などをローマ字で表記

・神の名称の別名について
別の読み方(発音)、異名や幼名などを記載

・データについて
【神話】…登場する神話群
【神格】【地位】…該当するいずれか、もしくは両方を記載
【名前】…名前の意味、由来

・ケルト神話、アーサー王伝説の登場人物は各伝承や文献によって異なった逸話、人物設定が伝わっているものが少なくない。本書で取り上げているのはそのうちのほんの一部である

ケルト人とは?

ヨーロッパを席巻した 流浪するケルトの民

　ファンタジー小説やゲーム、音楽などでも日本人に馴染みの深いケルト。しかしその実態は、いまだ謎に包まれている部分が少なくない。

　この「ケルト」とは国や部族の名前ではなく、ケルト語を話す人々のことを指す。紀元前5世紀頃に書かれたギリシャの文献には「ケルトイ」という呼称が残されており、それがケルトの由来となったともいわれている。同じ言語を喋り似た文化をもつ民族、そして紀元前～後のヨーロッパの各地へ侵略を繰り返した民族の総称が「ケルト」なのである。

　ケルト人はヨーロッパ大陸が渾沌としていた時代、非常に高度な鉄器の技術を身につけた戦闘集団だった。彼らは鉄の武器をもち、騎馬兵や戦車を率いて、紀元前7世紀頃からヨーロッパ大陸に侵攻。国ではなく部族ごとに固まって各地に居住地を築きあげていった。神官であるドルイドを中心とした身分制度をもつなど社会的な一面もあるが、戦士は上半身裸で盾と武器をもって剛胆に戦ったという記録からは、荒々しい勇姿が想像できる。

　ケルト戦士の戦闘能力は相当なもので、彼らはヨーロッパ大陸の大半を制圧、一部はギリシャ、小アジアにまで進出。その支配はガリア、ブリテン島、アイルランドまで広がっていく。さら

ケルト文化圏の変遷

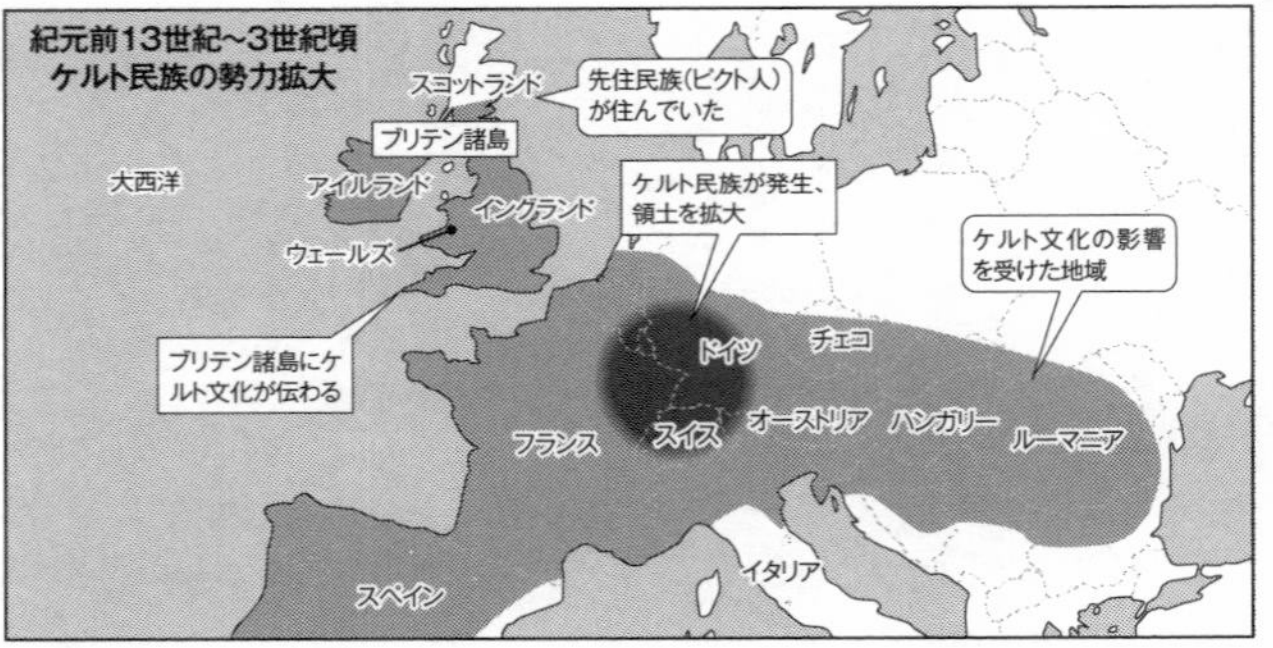

▼

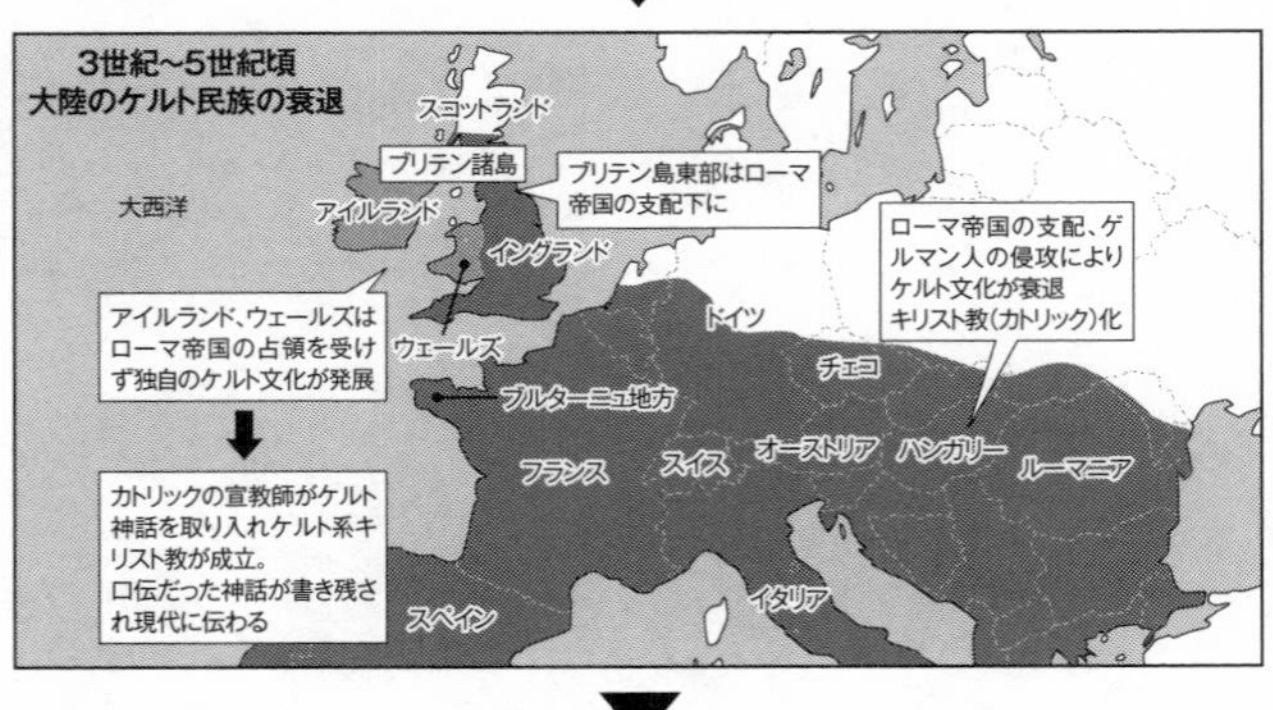

▼

その後のケルト民族
5~7世紀になると、異民族によりケルト民族はブリテン島西部のウェールズ、コーンウォールに追いやられた。さらにその一部は大陸へわたり、ブルターニュに移住。それぞれに独自の神話が残されている。

にローマ帝国さえも脅かし、スペインにも多数のケルト人が流れこんだという。この時、ヨーロッパ大陸に広がったケルト人を「大陸のケルト」、ブリテン島（スコットランド、イングランド、ウェールズ）やアイルランドに広がったケルト人を「島のケルト」と呼ぶ。

滅ぼされた大陸のケルト 生き残った島のケルト

彼らの支配地域はヨーロッパ全体まで広がったが、大陸のケルトはゲルマン人、ローマ人などから攻撃を受け、一世紀あまりで勢力は後退。紀元前2世紀頃にはケルト人の支配地域はガリアやアイルランドのみとなり、ガリアはのちにローマ帝国のカエサルに従属することとなる。ローマが滅んだあとにはアングロ・サクソン人の支配を受け、ガリアにおけるケルト文化はほぼ消滅した。

島のケルトは地形的に他国の侵略を免れ、9世紀のヴァイキングの侵略まで文化を守り続けることに成功した。今でもアイルランドにケルトの文化が色濃く残っているのはそのためだ。ただし遺伝子検査などにより、島のケルトは大陸のケルトから分かれた民族ではなく、もとから別の民族だったという説が有力視されるようになっており、今後のケルト研究の続報が待たれる。

ケルト人がヨーロッパを統一できず衰退した理由として、彼らが歴史や文化を文字で残さなかったこと、そしていくつもの部族に分かれており、ひとつの国として固まりきれなかったことが挙げられる。彼らの使っていた文字は非常に簡単な「オガム文字」であり、各部族の文化、神話、歴史は口伝や吟遊詩人の歌に残されるのみで、時とともに大部分が失われてしまったのだ。

ただし、彼らの文化や思想はケルトを滅ぼしたヨーロッパ各国の文化、キリスト教やローマの文化に吸収された。ケルトの文化は現在のヨーロッパの根源となり、今もヨーロッパの各地にケルトの息吹を感じることができる。

伝承されたケルト神話

修道士によってつくられたケルト神話

ケルト人は日本人と同じく多神教で、彼らもまた自然の中に神を見た。主に小川、森、谷などの自然界に神が宿ると考えられていたようだ。そんな神話をドルイドと呼ばれる神官が口伝で広げ、人々を取りまとめたとされる。

今日、ケルト神話として伝えられているものの大半は、アイルランド、ウェールズに残された史料をもととしている。その理由は、大陸のケルトと違って島には他国の侵略がなかったこと、そして中世アイルランドのキリスト教修道士たちが異国の宗教に寛容だったことが大きい。10世紀から16世紀にかけて、アイルランドのキリスト教修道士たちは、口伝で残されたケルトの神話を取材し、キリスト教と融合させることで神話としてまとめあげたのである。

ケルト神話は主に次の3つの神話群

に分かれる。
・化け物や神、英雄たちがひとつの島の利権を争う「来寇神話」
・神が去り、その代わりに神々の血を引く英雄や騎士、王たちが活躍するロマンスあり、魔法ありの神話物語「アルスター神話」、「フィン神話」
・ケルトの文化を色濃く残すといわれるウェールズ神話『マビノギオン』

ただしこれらの神話は、キリスト教やギリシャ神話の影響が大きく、話をおもしろくするために付け加えられたエピソードも多くみられる。中世に流行した騎士ブームに乗り、神話の中に騎士や王、姫君のロマンスが加えられ、神話というよりも物語としての色合いが強くなっている。現在に伝わるケルト神話は後世の創作に近いものといわざるを得ない。

またヨーロッパで広がった大陸のケルトの神話に関しては、ローマやキリスト教文化に融合してしまったため、ほとんどが消滅してしまった。今でもわずかに伝わる大陸のケルトの神は、戦いのシンボルである残酷な雷神「タラニス」や鹿のような大きな角をもつ獣の王「ケルヌンノス」などであり、戦いや狩猟に重きをおいた原始的な神が多いのが特徴である。

ドルイドと転生思想

知の教師である聖職者が伝えたケルトの死生観

圧倒的な力をもってヨーロッパを席巻したケルト人だが、その根底にあったのは宗教だった。しかし彼らの宗教は、聖典をもたない。そんなケルト人の宗教儀式は、ドルイドによって語り伝えられ守られてきた。

昨今では魔法使いのようにも思われがちなドルイドだが、実際の彼らは神に仕える神官、司祭のような役割をもつ人物であり、争いごとの仲裁、人々の指導などにもあたる存在だった。「オークの賢者」「多くを知る者」などと呼ばれたドルイドたちは、ただの神官としてだけでなく教師としても民衆などから尊敬を集めていたようだ。彼らはケルト社会の中でも特権階級であり、兵役や徴税から免れることができた。教えを文字で伝えることをよしとしなかったため、伝承や詩を暗記しており、すべての教えを修めるのには20年もの歳月がかかる者もいたという。

彼らは白い布で体を覆い、植物の冠などの飾りを身につけ、樹木を神聖視した。木に寄生したヤドリギを重要視し、その下で儀式を行うことも多かったという。冬になってオークは葉を落とすが、オークについたヤドリギだけが青々とした緑を残すところに彼らは神秘性を見たのだとされる。

ドルイドは宗教家として死後の世界なども人々に語っていたと思われるが、どのような死生観をもっていたのか、そのヒントは神話の中にありそうだ。ケルト神話の中に登場する神や英雄たちの多くは異界へ入る。また蝶や動物に転生を繰り返すこともある。彼らケルト人は、魂の不滅や死後の転生を含めた死生観をもっていたらしい。さらにケルト人たちの葬儀では、装飾品や暮らしのための道具を一緒に埋める。転生や再生を信じてのことだろう。

そんなドルイドたちはキリスト教の広まりとともに追い払われ、数を減らしていく。口伝のみで伝わっていた神話、伝統などはドルイドとともに姿を消したものの、のちにキリスト教の修道士の手によって再び広まることとなった。

アイルランドの来寇神話

アイルランドに残されたケルトの神話

口伝のみで残されていたケルト神話は、歴史の中に埋もれてしまった。しかし、いくつかの神話が今でもアイルランドに残されているのは前述のとおり。その神話群のひとつが、「来寇神話」と呼ばれるものだ。

世界の西の果てにエリンと呼ばれる島（現アイルランド）があった。その島に大洪水を生き残ったノアの子孫が流れついたのは紀元前２０００年頃のこと。

彼らが滅んだあとも数百年以上、エリンには続々と入植者がやってくる。そして新しい入植者と先住民との戦いが繰り広げられるのだが、いずれの入植者も災害や人災で滅んだり、または島を捨てて逃げ出したりと、渾沌とした時代が続く。このような戦いの中で、アイルランドはアルスター、レンスター、ミース、マンスター、コナハトの5つの地域に分かれることとなった。

エリンの島は神の時代から英雄の時代へ

時は流れ、ある時エリンの地にダーナ神族（トゥアハ・デ・ダナーン）という神の一族が流れついた。彼らは偉大な王ヌァザの指揮のもと、すでに島を支配しつつあったフィル・ヴォルグ族と、土地の利権をかけて戦うこととなる。ダーナ神族は、島の先住民族、フォモール族を味方につけてフィル・ヴォルグ族に戦いを挑み、見事に勝利した。これを「第1次モイ・トゥラの戦い」という。しかしこの戦いは大きな犠牲を払うこととなった。ヌァザが腕を失ってしまったのである。ダーナの掟では、五体満足でなければ王にはなれない。そのため、彼は王位から引きずり降ろされてしまった。

ヌァザの代わりに王となったのは、ダーナ神族とフォモール族の混血としてうまれたブレス。しかし彼は悪政を敷き、島の人々は苦しむこととなる。悪王でもあるブレスを追い払ったのは、光の神ルーである。

彼はダーナ神族の軍を率い、「第2次モイ・トゥラの戦い」でブレスとフォモール族を打ち破り、島の支配者へと成り上がる。その姿を見た前王のヌァザはルーに王権を譲った。

こうしてアイルランドは、一時的に穏やかな時代に突入した。しかしその平穏はたった160年で破られることとなる。第6の侵略者ともいうべき、

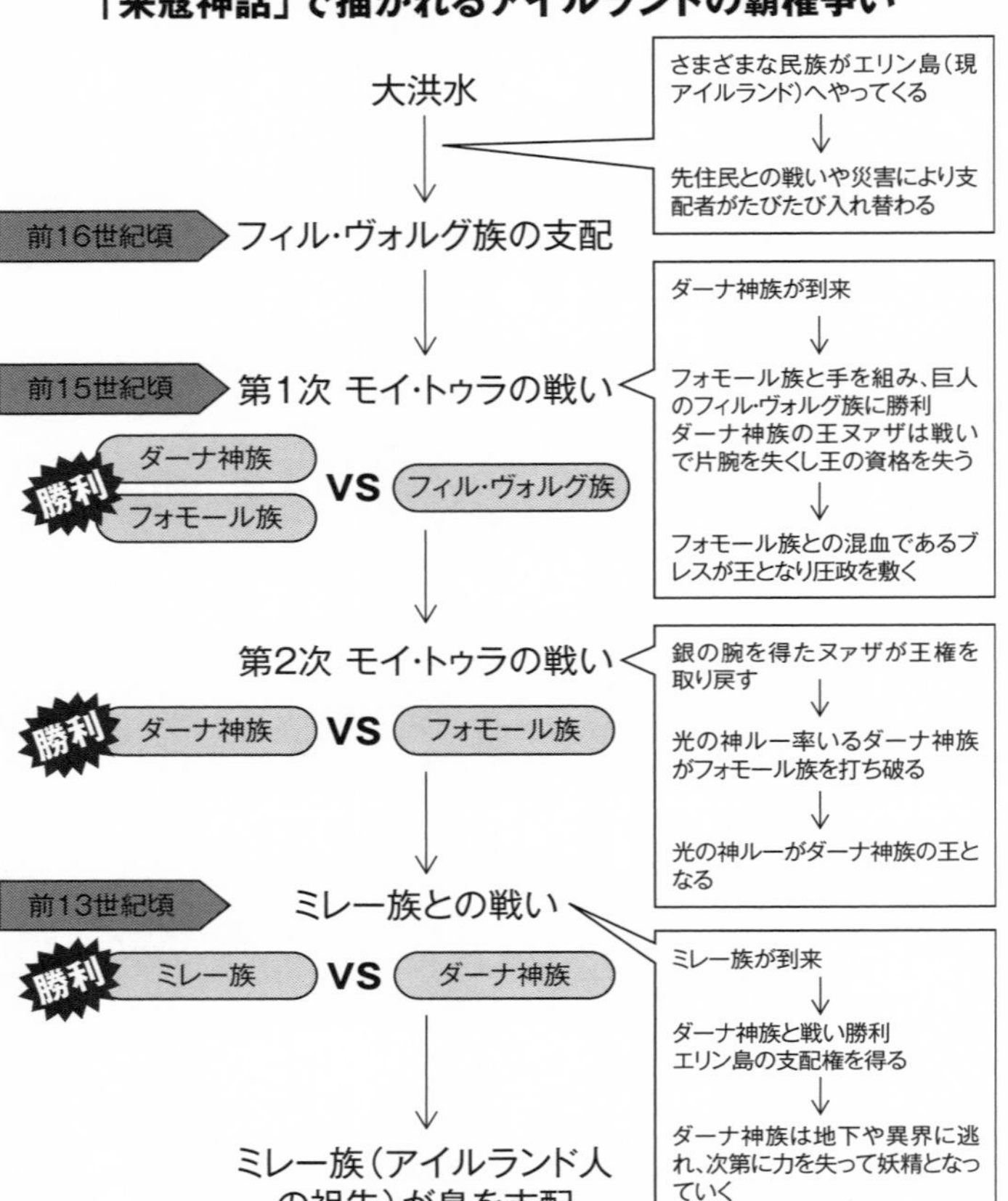

ミレー族がこの島へ流れついたのだ。

ミレー族は神ではなく人間の一族だった。しかし彼らはダーナ神族に打ち勝ち、神々を異界へと駆逐してしまうのである。このミレー族がアイルランド人の祖先ともいわれている。また逃げた神々は海の世界や地下の世界で国をつくり、異界の地で妖精となったといわれている。

この「来寇神話」に描かれているのは、アイルランドの開拓史だ。来寇神話は、キリスト教の修道士が口伝をもとに話を膨らませてまとめたものであるため、ノアという旧約聖書の人物が登場する。

なお、世界の神話を見てみると天地創造から語られるのが常だが、ケルト神話には天地創造がみられない。口伝をまとめ物語がつくられている間に、その部分は欠落してしまったか、キリスト教の修道士たちがあえて削り落としたのかもしれない。

アルスター神話とフィアナ神話

英雄たちが紡ぐケルトの神話

「来寇神話」の次にアイルランド神話として語り継がれているのが「アルスター神話」だ。来寇神話より1000年以上もの年月が経った頃、島は4つの国に分かれ、それぞれの王が統治を行っていた。王が組織する赤枝騎士団をもつアルスター王国、女王メイヴが支配するコナハト王国、のちにフィアナ神話の主人公がうまれるレンスター王国、山岳地域のマンスター王国。すでに神は去り、ここからは人間の英雄

アルスター神話のあらすじ

1 女神マッハの呪い

アルスターの成人した男たちは残らず女神マッハにより「国の危機において陣痛の苦しみを味わう」呪いをかけられる。

→

2 コンホヴァル王の乱心

アルスター王コンホヴァルは、不幸をもたらすと予言された美しい娘ディアドラを育てて婚約者にした。しかし赤枝騎士団の騎士と駆け落ちしたため、ふたりを死に追い込む。これに反発した多くの騎士が離反。

→

3 英雄クー・フーリン

コンホヴァルの甥であり光の神ルーの息子である若きクー・フーリンが武勇で名を上げる。彼はアルスター王に忠誠を誓う「赤枝騎士団」に所属し、超人的な強さを誇った英雄だった。

↓

4 影の国での修行

クー・フーリンはエウェルを妻にめとるため、影の国へ行きスカアハに師事。スカアハに魔槍ゲイ・ボルグを与えられる。ともに修行したコナハトのフェル・ディアドとは親友であり、互角の腕前だった。

→

5 クーリーの牛争い

コナハト女王メイヴが夫との財産争いに勝つため、アルスターの赤牛を狙って戦争をしかける。国の男たちはマッハの呪いで動けず、クー・フーリンはひとりで抗戦を続けた。戦いの中で親友フェル・ディアドとも一騎打ちになり、彼を殺すという悲劇がおきる。回復したアルスター軍はコナハト軍を撤退させるが、赤牛は奪われてしまった。

→

6 クー・フーリンの最期

女王メイヴはクー・フーリンを恨み、再びアルスターに侵攻すると、彼をおびきだしゲッシュを破らせて謀殺。クー・フーリンは最後まで立っていられるよう、自ら石柱に体を縛り付けた状態で死亡した。

フィアナ神話のあらすじ

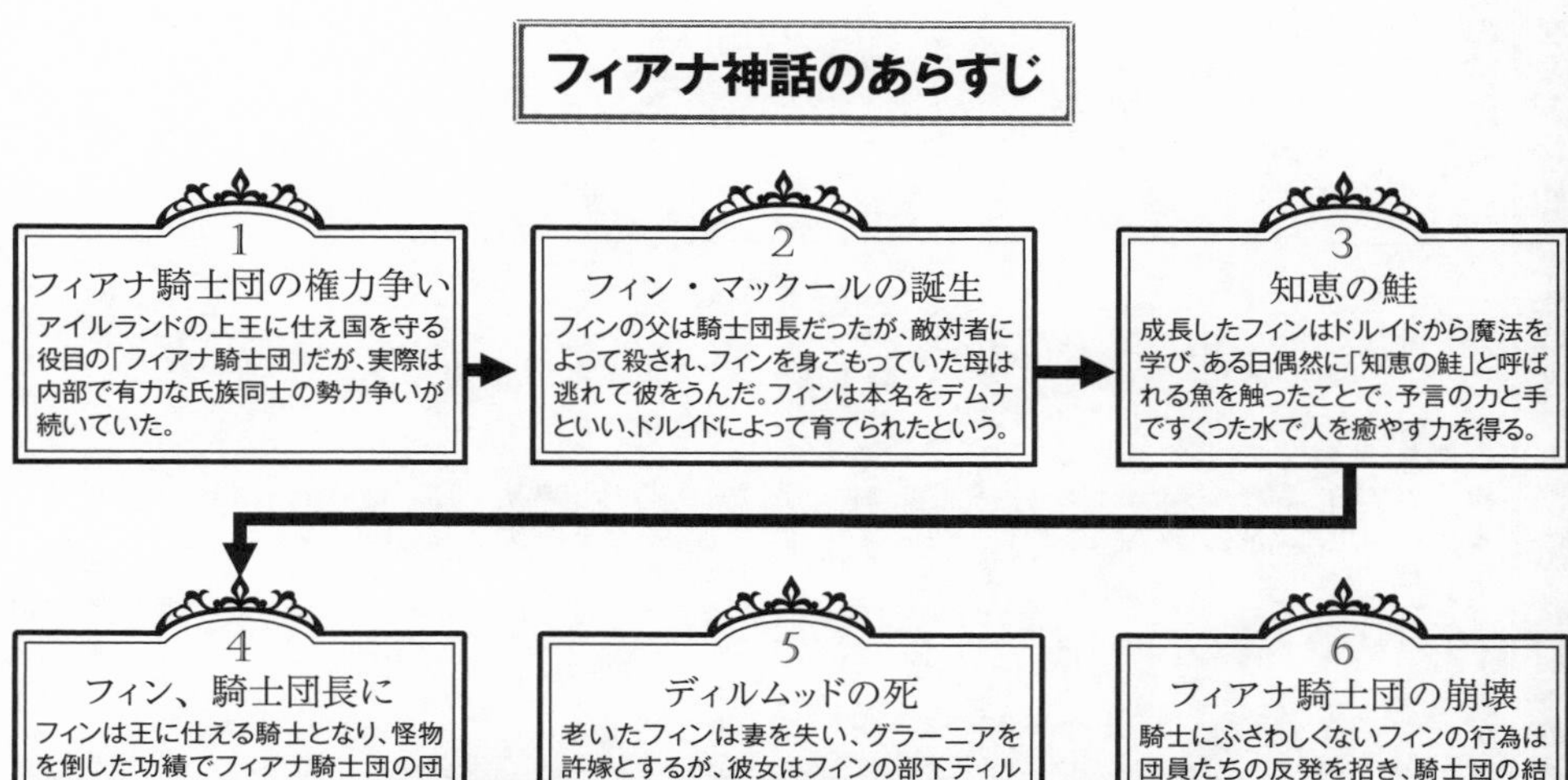

時代へと移っていく。

ある時、コナハト女王メイヴがアルスター王国の宝ともいえる「クーリーの赤牛」を狙い侵攻を開始した。アルスター王国は「国の危機に成人した男たちが陣痛の苦しみを味わう」という呪いにかけられており、騎士のほとんどが役に立たない。唯一戦えたのが、半神半人の若き騎士、クー・フーリンであった。赤枝騎士団に所属する彼は、たったひとりでコナハトの大軍を翻弄し、勝利を飾る。しかしその後、彼は女王メイヴの策略にかかって殺されてしまった。

そして約300年の時が流れ、次の「フィアナ神話」へと移り変わる。この時代、島はフィアナ騎士団を従えた上王が統一していた。この騎士団の団長をフィン・マックールという。フィンは幼い頃に父を亡くしてドルイドに育てられており、魔法ともいうべき特殊能力を身につけた人物でもあった。

怪物を倒したフィンは騎士団長に任命され、騎士たちを統率。しかし晩年、やむを得ない事情でフィンの後妻グラーニアと不倫した騎士団員ディルムッドを見殺しにしたために信頼は失墜する。最期は戦死したとも、破れば厄災が降りかかるというゲッシュ（禁忌）のため死んだともいわれる。

このようにアルスター神話、フィアナ神話ともに神話というよりも、愛憎渦巻く英雄たちの生涯に主軸が置かれている。

キリスト教の修道士たちがまとめた物語なので、異教徒の神を出せなかったのか、それともすでに神の伝承が消滅していたのかは不明だが、それでも話のところどころに登場する妖精、異界、魔法といったキーワードが古いケルトの片鱗を感じさせるのである。

『マビノギオン』とアーサー王伝説

ブリテン島に残された奇跡の神話

アイルランドと同じく、ブリテン島（イギリス）にも島のケルトの神話が残されている。それがウェールズ地方に伝わる『マビノギオン』だ。

5世紀頃までブリテン島はケルトの一族、ブリトン人が支配していた。しかしローマ帝国が崩壊すると、ゲルマン人の大移動により、アングロ・サクソン人がブリテンに大挙して押し寄せてくる。ブリトン人たちは、ブリテン島の西側にあるウェールズなどへ逃げ込み、そこで独自の王国を築きあげた。この行動により、彼らの語るケルト神話は侵略を免れ、ウェールズの地に残されていくこととなる。それが『マビノギオン』と呼ばれる神話集である。

『マビノギオン』とは古いウェールズ語で「少年」「若者」を意味する言葉を由来とし、ブリテン島に散逸していたケルト神話の口伝をまとめた物語集のこと。修道士たちが口伝を寄せ集め中世にまとめられたいくつかの写本をもとに、シャーロット・ゲストという研究者が3つの章、11編の物語として

ウェールズ神話集『マビノギオン』の構成

『マビノギオン』とは

19世紀に英語で編纂されたウェールズ神話の物語集。
3章構成で、合計11の物語がおさめられている。

第1章	**「マビノギ4枝」** ◆第1枝「ダヴェドの大公プイス」 ダヴェド大公プイスと異国の王アラウンとの交流 プイスと妻リアンノンの出会い、プリデリの誕生 ◆第2枝「スィールの娘ブランウェン」 ブリテン王ベンディゲイド・ブランの妹ブランウェンと アイルランド王との結婚が発端となる悲惨な戦争の物語 ◆第3枝「スィールの息子マナウィダン」 ブリテン王の弟マナウィダンとリアンノンの結婚 マナウィダンがプリデリとリアンノンを救う冒険物語 ◆第4枝「マソヌウイの息子マース」 プリデリがグウィネズ王マースとの戦いで命を落とす マースの姪アリアンロッドがうんだ息子スェウの数奇な運命の物語
第2章	**「カムリに伝わる4つの物語」** 夢の中の美女に恋をする物語、 兄弟が助け合い怪物退治などの冒険をなしとげ国を守る物語など
第3章	**「アルスルの宮廷の3つのロマンス」** ブリテン王アルスルに仕える騎士たちの物語 のちのアーサー王伝説の原型のひとつ

編纂、翻訳。こうして世界にケルトの神話が発信された。

3つの章の中でも「マビノギ4枝」と呼ばれる第1章が最も神話的であるとされる。この物語では、異界の化け物の登場や、「死者を復活させる釜」というアイテム、魔術を使う敵など神話らしいエピソードがちりばめられている。

この4枝の物語のあとは「カムリに伝わる4つの物語」と呼ばれる第2章、そして「アルスルの宮廷の3つのロマンス」と呼ばれる騎士と姫君、ロマンスが語られる第3章が続く。この物語に登場するブリテン王アルスルこそ、後世に名高いアーサー王伝説の原型のひとつとなった人物とされる。

騎士物語、アーサー王伝説

アーサー王とは、岩に刺さった「王を選定する剣」を引き抜いたことからブリテンの王となり、忠実な円卓の騎士たちを従えて島を統一し、最強のブリテン王国をつくり上げた伝説の王のことだ。

『マビノギオン』の中では、アルスル王の従兄弟の物語や、アルスル王が従えた円卓の騎士たちによる宮廷での恋愛模様などが描かれている。

『マビノギオン』がシャーロットの手で再編されるより遥か昔より、アルスル王の伝説はブリテン島に伝わっていた。1100年代につくられた『ブリタニア列王史』にはアルスル王が実在の王としてその名を連ね、彼にまつわる伝説がやがて中世にブームとなった騎士物語と混じりあった。

こうして『ブリタニア列王史』からおよそ300年後の15世紀頃にウェールズの騎士によって『アーサー王の死』という作品が発表される。これはアルスル王を下敷きとしてうまれたアーサーの生と死、彼に忠実に仕えた円卓の騎士たちを主役に据えてつくり上げられた物語である。

実在の人物としてアーサー王の活躍が描かれている『ブリタニア列王史』は偽書だったともされる。しかし、すでにアーサー王の伝説はとどまるところを知らず、各地に広まると一気にヨーロッパはアーサー王ブームとなり、有名な騎士は皆、アーサー王の騎士と呼ばれるようになった。

「大陸のケルト」と『ガリア戦記』

戦記の中に残された大陸ケルトの記録

大陸のケルトの神話はローマ人やアングロ・サクソン人の侵攻によって歴史の波の中で消滅してしまった。しかし、実はとある書物の中にその片鱗が残されている。それが、ユリウス・カエサルが執筆した『ガリア戦記』である。

ユリウス・カエサルとは古代ローマの基礎を築いた人物で、ジュリアス・シーザーの英語名でも知られている。彼はまだ将軍だった紀元前50年頃、ガリア地方（現フランス）での戦い、「ガリア戦争」の総指揮官として任命された。この頃、この地方はガリア人（ケルト人）が支配をしており、カエサルは7年もの歳月をかけてガリア地方を制圧したのである。彼は戦争の記録を本国へ報告するため、書簡にまとめた。あくまでも仕事上の戦争記録であったが、ガリアに残るケルトの神話やケルトの人々の生活も描かれており、失われたケルトの歴史を紐解くための貴重な一冊となった。

カエサルは戦記の中で「神々のうち、彼らガリア人たちが崇拝するのはメルクリウスである。アポロやマルスやユピテル、ミネルヴァも信奉している」など、ケルトの神々を、似た性格や性質をもつローマの神々に置き換えて記載した。これは、この本が歴史書ではなく軍事記録のための書簡だからだ。ローマ本国の人々でもわかりやすいように、慣習に従ってケルトの神々にローマの神の名を与えたのである。

ここでわかることは、当時の大陸ケルトではさまざまな神が信じられていたということだ。最初に名前が登場した「メルクリウス」の名が与えられた神は、技芸の発明者で旅と商売の神だったらしい。他にも女神の名なども登場し、日本と同じ多神教だった形跡が見て取れる。さらに当時は神殿や像なども残されていたらしい。のちに修道士の手によって像や神殿が壊されるまで、確かにそこにケルトの神々は存在したのだ。しかしカエサルが記したメルクリウスの神がケルトの言葉で何という名前なのか、それを知る術はもうない。

ケルト神話の神々

別名 クー・ホリン、クー・クラン、セタンタ（幼名）など
神話 アルスター神話
地位 赤枝騎士団の騎士
名前 クランの番犬

今も昔も人気の高い最高の英雄

アイルランド最大の英雄と名高いクー・フーリン。魔槍ゲイ・ボルグをはじめ数々の武器を使い、輝かしい伝説を残している。特に有名なのは「クーリーの牛争い」で、コナハト女王メイヴがアルスターに侵攻した時、コナハトの大軍をたったひとりで食い止める活躍を見せた。

　その強さは、幼い頃から備わっていたと伝わっている。ある日、鍛冶屋のクランを訪ねた際にその番犬がクー・フーリンに襲いかかった。クー・フーリンは、その獰猛な番犬を返り討ちにするが、それを申し訳なく思い犬の代わりに自分が番人となることを誓った。このことから、クランの番犬という意味をもつ「クー・フーリン」という名で呼ばれるようになったとされている。

　現代でも人気は高く、ゲーム作品などで扱われることも多い。『真・女神転生』シリーズでは常連キャラクターとして、『Fate/Grand Order』では長い槍の似合う、青髪の美青年として描かれている。多くのタイトルで、強さをもつ心強い味方として描かれる傾向にあるのが特徴だ。

美しい英雄は女性にも苦労する？

クー・フーリンは影の国の女王スカアハのもとで修行しているが、実は惚れた女性と結婚するためであった。彼は美しい娘エウェルを見染め、結婚を申し込む。しかし、結婚に反対するエウェルの父が、修行という名目でクー・フーリンをスカアハの住む影の国に向かわせた。父としてはそのまま死ねばいいと思っていたが、彼は無事に修行を終えて帰還する。修行で得た強さでエウェルの父が率いる軍を倒し、クー・フーリンは彼女との結婚を実現させたのだ。

　苦労した末にエウェルと結ばれたクー・フーリンだが、美しく強い彼はよくモテた。修行先の影の国では、スカアハの娘ウアサハと交際した。また、戦いの女神モリガンにも好意を寄せられたが、これをはねつけて恨みを買っている。さらに、結婚したあとで海神の妻ファンと恋に落ちてしまった。さすがにクー・フーリンの妻エウェルの怒りを買ったことでファンは身を引き、クー・フーリンは彼女を忘れるために忘れ薬を使わなければならなかった。女性が放っておかないのも、強く美しい英雄ならではといえるのではないだろうか。

ゲイ・ボルグ
海獣の骨からつくられたものとされる槍で、影の国の女王スカアハから譲り受けた。魚をとる銛のようになっており、刺し貫いて相手の体内に入れば、逆とげが破裂するように広がったという。たいへん扱いが難しく、真の強さを発揮するには足の指で挟んでもち、そのまま足で蹴るように投げつける必要があった。このため、扱えるのはクー・フーリンを含むごく限られた者だけとされる。

コンホヴァル・マク・ネサ

Conchobar mac Nessa

別名　コンホヴァル・マク・ネッサ、コノール・マック・ネサ、コホナール・マックネサなど

神話　アルスター神話
地位　アルスター王
名前　ネッサの子コンホヴァル

善き王と非情な鬼の二面性

赤枝騎士団を率いるアルスターの王。長い髪の毛をもち、長身であるとされている。王位に就いた時は、なんとまだ弱冠7歳の少年であった。幼いコンホヴァルが王位に就いたのは、実は本人の意思ではなく、本来であればコンホヴァルの叔父であるフェルグス・マク・ロイヒが王としてアルスターを治めるはずだった。しかし、フェルグスはコンホヴァルの母ネッサに惚れ込んでおり、彼女に「1年間、コンホヴァルを王にして欲しい」と頼まれてそれを聞き入れる。こうして、期間限定の約束で、7歳のアルスター王が誕生した。だが、若いながらもコンホヴァルの王としての働きが認められ、1年を過ぎても人々に望まれてそのまま王であり続けることとなった。

　王としての手腕を発揮したコンホヴァルだが、敵と認めた者に対しては非情で、のちに婚約者ディアドラと、その恋人ノイシュとの仲を引き裂いている。かつてコンホヴァルを認め、快く王位を譲った叔父のフェルグスすらも、この時謀略に利用した。コンホヴァルのあまりの非情さに気を悪くしたフェルグスが、彼のもとを離れる道を選ぶほどだった。

　コンホヴァルの最期には、イエス・キリストが関係しているとされる。ある時、襲撃を受けたコンホヴァルは、レンスター王の脳を加工した弾が頭に命中し、その破片が頭の中に埋まったままになってしまった。破片を頭から取り出せば命を落とすという予言をされたコンホヴァルは、摘出を諦める。

　しかしそれから7年後のこと、コンホヴァルはキリストの処刑を聞いて激しく腹を立て、怒りにまかせて兵を動かそうとしたところ、頭から破片が飛び出してきた。かつての予言のとおり破片が頭から取り出されてしまったがために、コンホヴァルは命を落としたとされている。キリスト教徒ではないが特例として、コンホヴァルの魂はキリストによって天に召されたとも伝わっている。

フェルグス・マク・ロイヒ

Fergus mac Roich

別名 フェルギュス、ファーガスなど

神話 アルスター神話
地位 アルスターの戦士
名前 強靱な牡馬（強い精力）

アルスターの王から亡命者へ

元アルスター王のフェルグスは気高く義を重んじ、私欲とは無縁な性格であったとされている。期間限定の約束で幼い甥のコンホヴァルに王位を譲ったが、コンホヴァルが人々に認められたのを知ると快く退位した。また、フェルグスはクー・フーリンの父の兄弟である。つまり、クー・フーリンの叔父にもあたるのだが、養父であり、さらには親しい友でもあった。

嫉妬や悪意がなく清い性格であったがために、それを卑怯な策に利用されてしまうこともあった。成長したアルスター王コンホヴァルは、一方的に結婚を約束した美女ディアドラがノイシュに恋をして逃げ出したあと、彼らをとらえるための罠を仕掛ける。コンホヴァルを恐れて逃げるディアドラとノイシュを迎えに行く使者として、ノイシュと親しいフェルグスが選ばれた。フェルグスは当然、ノイシュらが王に許されたと思い、喜んでこの役を引き受ける。ノイシュ側も、卑怯な行いとは無縁のフェルグスが迎えに来たことで信頼した。

ノイシュらと合流したフェルグスは、彼らをコンホヴァルのもとへ連れて行く道中で歓迎の宴会に招待されたが、ノイシュらは呼ばれず、引き離されてしまった。ノイシュはコンホヴァルに指示された館に立ち寄り、フェルグスの目が届かない間に謀殺されてしまう。自分が利用されたことを知ったフェルグスは怒り、祖国を離れてコナハトへと亡命したのだった。

無類の女好きが招いた最期

しかしコナハト亡命後も、祖国への愛は変わらなかった。コナハトがアルスターに侵攻した際は、参加したもののあまり積極的ではなかったという。また、クー・フーリンとは決して戦わなかった。そのためコナハト女王メイヴは、フェルグスが邪魔になると判断し、参戦させなかった。

彼の最期は、女性好きが仇となる形であった。女王メイヴの愛人となるが、彼女の夫であるアリルが嫉妬。最期はアリルに暗殺されてしまった。

近年の作品では、ゲーム『Fate/Grand Order』にフェルグス・マック・ロイという名で登場。強くたくましいが、かなりの女性好きという、神話通りの描かれ方をしている。また、同作中では幼少期のフェルグスも登場する。

カラドボルグ

フェルグスが扱った、魔法の剣。『ブリタニア列王史』に登場するブリテン王アーサーが扱った剣カレドヴルフ（カリバーンともよばれる）の原型とされている。幅が広い刃で、振るうとその軌跡に虹が現れるという。コンホヴァルと敵対したフェルグスは、カラドボルグでコンホヴァルに襲いかかったものの、コンホヴァルも魔法の盾をもっており、斬ることができなかった。怒ったフェルグスがカラドボルグを振るうと、3つの山が切り崩されたという。

神話　アルスター神話
地位　赤枝騎士団の騎士
名前　勝利者

友のために命を賭した戦士

赤枝騎士団に属する、アルスターの英雄。ケルナッハという名が「勝利者」という意味をもつことから、「勝利のコナル」と呼ばれることもある。討ち取ったコナハトの戦士の首を腰から下げており、眠る時は膝の下に首を置くという。長い髪を編んでおり、たいへん体の大きな戦士であるとされている。

コナルは複数の物語に登場するが、強く立派な戦士とされていたり、時には頼りにならない臆病者とされていたりするなど、それぞれの物語で異なった描かれ方をしているのが特徴である。しかし、友のために怒り、命をかける熱い気持ちは常にもち合わせていたようだ。養子であり友人、そしてライバルでもあったクー・フーリンの死に激怒し、敵討ちをしたのはコナルであるとされている。さらには、親友であったフェルグス・マク・ロイヒを殺したコナハト王アリルも、敵として手にかけたとされる。

ただし、このアリル王への敵討ちは、コナハト女王メイヴによる罠であった。コナルを邪魔に思い、消してしまいたいと思ったメイヴは、フェルグスの敵討ちをしてはどうかとコナルにもちかけたのだ。その話に乗ったコナルはこれを実行するのだが、その後メイヴは手のひらを返し、コナルを夫の敵であるとした。コナルは結局、メイヴの差し向けた追っ手により、首を切り落とされて殺されるのだった。

この時切り落とされたコナルの頭部には、特別な力があるといわれている。コナルの頭部はがれきの中から人をふたり咥えて引っ張り出せるほど強く、巨大であるとされていた。アルスターの戦士たちは、国に危機が起こった際に陣痛の苦しみを味わう「マッハの呪い」にかかっている。しかし、コナルの頭蓋骨からつくられた器を使ってミルクを飲めば、マッハの呪いを解くことができるといわれている。

神話　アルスター神話
地位　アルスター王コンホヴァルの婚約者
名前　災いと悲しみを招く者

素敵な恋人を夢見た少女

ディアドラの悲劇は、うまれる前からはじまっていた。ある日、ディアドラの父フェズィルヴィスは、アルスター王コンホヴァルらを招いて宴会を催した。すると宴会の最中、フェズィルヴィスの妊娠中の妻の腹から悲鳴が響き渡った。

ドルイドのカスヴァズが「悲劇をもたらす美女がうまれてくる」と予言したが、コンホヴァルは赤子に興味をもち将来の妻にすると宣言。ディアドラは養父母に預けられ、人目につかない砦に閉じ込められることとなる。

やがてディアドラは、予言どおりの美女に育った。天真爛漫で、年の離れた王の妻になることを嫌がった彼女は、ある日養父が牛を捌く様子を目にする。牛から流れた血が雪を赤く染め、その血を烏が飲む光景を見たディアドラは、この三色を備えた男性と結ばれたいと思い、女詩人のレイアルハに相談した。この時レイアルハがディアドラに紹介した男性が、烏のような黒髪、血のような赤い頬、そして雪のような白肌をもつノイシュだった。

ディアドラは、ノイシュのプライドをくすぐって王への忠誠心を断ち、自分と結ばれるよう誘導したという。幽閉されていたことで擦れずに育ったかと思いきや、小悪魔な一面があったようだ。

悲恋が招いた国の危機

ノイシュとその兄弟とともにアイルランドを逃げ出したディアドラ。そこでコンホヴァルは、ノイシュと親しいフェルグス・マク・ロイヒを使者として遣わし、ノイシュを油断させるのだった。

フェルグスとともにアイルランドに帰還しようとしたディアドラ一行だが、コンホヴァルの罠でフェルグスと引き離され、ノイシュとその兄弟は殺されてしまう。とらわれたディアドラは馬車から身を投げ、石に頭をぶつけて死ぬことを選んだのだった。

利用され怒ったフェルグスをはじめとした戦士が他国に流出し、国は弱体化してしまう。一連の出来事は、結果としてアルスターにとっての災厄となった。

ディアドラは、ゲームなどでも美しい女性として描かれることが多い。一例を挙げると、ゲーム『ファイアーエムブレム　聖戦の系譜』に登場。人と交われば災厄を招くと予言されていたディアドラだが、シグルドを愛してしまい、やがて彼の身に悲劇が起こるという、神話を反映させた設定となっている。

ノイシュ

ディアドラの夫であり、悲劇の物語のもうひとりの主人公。赤枝騎士団の戦士。烏色の髪の毛と血色のよい頬、雪のような白肌をもつ美青年とされている。また、美声のもち主で、彼の歌声は人々や動物に癒しを与えたという。アルスター王コンホヴァル・マク・ネサがディアドラを婚約者としたことを知っていたため、ディアドラの想いを最初は断る。しかし、のちにディアドラを愛するようになり、味方をしてくれた兄弟たちとともに、悲劇に巻き込まれる。

神話 アルスター神話
地位 ドルイド

王コンホヴァルがうまれた経緯

カスヴァズは、未来を予言する強い力をもったドルイドである。アルスター王コンホヴァル・マク・ネサのお抱えアドバイザーのような役割で、王を、ひいては国の人々を導いた。高い地位をもち、人々を導く賢者であるドルイドとして名が知れわたっているカスヴァズであるが、若い頃は戦士で、しかもかなりの暴れ者であったとされている。

若きカスヴァズは、戦士の集団を率いていた。時のアルスター王エオフには、「優しい者」という意味をもつアサという名の娘がいた。しかしカスヴァズの集団は、アサの12人の養父を殺してしまった。復讐に燃えるアサは、「優しくない者」という意味のネサを名乗ってカスヴァズに対抗するが、逆にとらえられてしまう。この時カスヴァズはネサに対し「今日、子どもを身ごもれば、その子は必ず王になるだろう」と予言した。ネサはこの予言に従って、カスヴァズの子を身ごもったのである。このような経緯でカスヴァズとネサとの間にうまれたのが、のちのアルスター王コンホヴァルであったという。

正確無比の予言で人心を得る

カスヴァズがもたらす予言は、かなり的確である。たとえば、母親の腹の中にいる時に絶望的な悲鳴を上げたディアドラに対して「美女に育つが、災厄をもたらす」と予言。のちにその予言は的中し、ディアドラをめぐる争いで、フェルグス・マク・ロイヒをはじめとした国の戦士たちが、コンホヴァルを見限って離反した。フェルグスは隣国コナハトの戦士となり、弱体化したアルスターとの戦争に敵側として加わったのだった。

また、英雄クー・フーリンが、英雄となるきっかけの予言を与えたのも、カスヴァズであるとされている。ある日、子どもの指導をしていたカスヴァズは「今日、王のもとへ行って武器を授かれば、その者はアイルランド最高の英雄になり、歴史にその名が刻まれる。しかし、その者は長く生きることはできないだろう」という予言をした。人づてにこの予言を知ったクー・フーリンは急いで王コンホヴァルのもとへ向かい、武器を授かった。のちにクー・フーリンは予言どおりの英雄となり、そして短命で生涯を終えた。

ドルイド
ケルト人の社会において、高い地位を与えられていた司祭。魔法の杖をもっているとされ、魔法使いや賢者とも考えられている。宗教の指導や祭祀の取り仕切り、さらには政治や司法にも深く関わっていた。特権が与えられており、納税や兵役は免除された。

メイヴ

Medb

神話 アルスター神話
地位 コナハト女王
名前 酔わせる者

ただのわがままが戦争に発展!?

メイヴという名は「酔わせる」「酩酊」という意味をもつが、その名のとおり女王メイヴは多くの人々、特に男性たちを酔わせてきた。夫アリル・マク・マガーハと結婚する前にも、複数の王と結婚を繰り返してきたようである。また、アルスターから亡命してきたフェルグス・マク・ロイヒや、コナル・ケルナッハといった戦士たちも、メイヴの魅力にとらわれてしまい愛人になっていたとされている。

また、非常にわがままで嫉妬深い性格のもち主でもある。その様子は、アルスターとコナハトとの戦争を題材とした「クーリーの牛争い」の物語にも描かれている。そもそもこの戦いは、夫が所有している牛のほうが自分の牛より優れていることが許せず、よい牛を強奪したいという、メイヴのわがままが発端だったのだ。

アルスターの戦士たちはマッハの呪いで身動きが取れないため、コナハトが圧倒的に有利であると思われた。しかし、侵攻は英雄クー・フーリンたったひとりに防がれてしまう。そうこうしているうちに、マッハの呪いが解けたアルスターの戦士たちが押し寄せてきてしまった。追い詰められたメイヴはこの時、クー・フーリンによって助命されている。

しかし、メイヴを生かしたことがのちにクー・フーリンにとって命取りとなってしまうのだ。

一度覚えた恨みは執拗に忘れない

クー・フーリンへの恨みを忘れなかったメイヴは、復讐を決意した。同じくクー・フーリンへの恨みを抱いている者たちを集めて軍を結成。マッハの呪いでアルスターの戦士が動けないタイミングを狙い、クー・フーリンを誘い出した。今回もひとりで大軍を相手にすることになったクー・フーリン。そんな彼のもとに、メイヴは詩人たちを向かわせた。アイルランドの戦士は、自分の評判を落とすような詩を広められないよう、詩人の言葉を大事にする。クー・フーリンも例外ではなく詩人の言うことに従い、結果として武器を手放してしまう。そして、そのまま詩人たちに殺されてしまった。屈強な英雄クー・フーリンを、恨みの力で突き動かされたメイヴが謀略で殺したのであった。

メイヴはアルスターの民の恨みを買い、アルスター王コンホヴァル・マグ・ネサの子フォルバに殺された。彼女が池で入浴しているタイミングを見計らい、彼女の額に当たるよう投石機を仕掛けていたのであった。

Ailill mac Magach
アリル・マク・マガーハ

神話 アルスター神話
地位 コナハトの王

コナハト王国
かつてのアイルランドは、5つの州に分かれていた。アルスター、レンスター、ミース、マンスター、そしてメイヴが女王として君臨していたコナハトである。現在も、アイルランド共和国に属するひとつの地方としてその名が残る。今日のコナハトは、多くの人が英語を使うようになったアイルランド国内でも特にアイルランド語を話す人が多く、ケルト人の文化が色濃く残っている地域である。

悪名高い女傑を妻にもった王

アリルは悪女とも女神ともいわれるコナハト女王メイヴを妻にもつコナハトの王である。彼の名前は「クーリーの牛争い」に登場している。これはアルスターとコナハトの戦争のきっかけともなった事件である。

ある日、アリルは妻メイヴに、彼が所有する白い雄牛フィンヴェナフを自慢する。すると負けず嫌いの妻はもっと素晴らしい牛を欲しがり、とうとう彼女はアルスターの宝でもある赤牛ドン・クアルンゲを略奪しようと考えた。メイヴは軍を率いて自らアルスターへ侵攻、これがのちに7年にも及ぶ大戦に発展していった。

自ら剣を振るって戦う女傑メイヴに反して、夫であるアリルの存在感は薄い。戦闘中もメイヴは馬に乗る一方で、アリルは徒歩で進む。また、敵である英雄クー・フーリンの問いかけに答えるのも妻のメイヴが率先して行い、王のアリルはほとんど顔を見せることはない。

それは、コナハト王は女王メイヴに選ばれただけの存在でしかなく、なんの権限も権威も持っていなかったためだ。9人の男性と結婚していたメイヴの思惑で、アリルが王に選ばれただけなのである。

なぜアリルが夫に選ばれたかというと、彼が穏やかで優しく、浮気をしても嫉妬をしない男であるだろうと見込まれたからだ。しかしアリルはメイヴの思惑と異なり、妻に嫉妬をしたりつまらない自慢をするなど狭量な姿を見せる。

また彼は、メイヴと違って戦いが苦手だったとみえ、戦士からは不満が漏れていた。それでも争いの仲介を買って出たり、富の分配を行うなど、実戦以外の部分では王としての才覚はもっていたようだ。

しかしそんな彼の最期は悲惨なものだった。ある日、うっかりメイヴ以外の女性と関係をもってしまったことから彼女の怒りを買い、彼女の愛人の手によって殺されてしまったのである（または、クー・フーリンの乳兄弟コナルに殺されたという説もある）。それ以降、彼の名前は神話から消えてしまう。

親友と戦う羽目になった悲劇の戦士

コナハトの戦士であり、英雄クー・フーリンの親友でもあった人物。一説によると、彼の体は角質化した鱗のような皮膚で全身が覆われていたのだという。

彼は若い頃、クー・フーリンとともに影の国の女王スカアハのもとで学び、よきライバルとして育った。しかし彼の母国はコナハトであり、クー・フーリンの母国はアルスターである。修行が終わると、それぞれ別の国に帰っていくこととなる。やがてコナハト女王メイヴの策略によって両国が戦争となった時、ふたりは敵同士として再会した。

クー・フーリンは強く、次々とコナハト戦士が敗れて行く。そんな中、メイヴは武勇の誉れが高いフェルに目をつけた。もちろん親友と戦いたくない彼はメイヴの命令を断るのだが、メイヴは「娘と結婚をさせよう」、「コナハト王の地位を与えよう」など、さまざまな条件で誘惑し、フェルにクー・フーリンとの一騎打ちを約束させようとするのだ。

それでも断り続けたフェルだったが、しびれを切らせたメイヴが「臆病者だったと詩人に歌わせて、歴史にその名を刻む」と脅し、いよいよ進退きわまった彼は戦いを承諾せざるをえなくなってしまった。

親友との戦いを避けたかったのはクー・フーリンも同じこと。しかし非情にも戦いの火ぶたは切って落とされ、ふたりの一騎打ちは幾日も続いた。ただし、戦いのあとには食事を贈り合うなど、互いに遠慮のある戦いであった。

戦いの4日目、盾をもって戦うフェルの体にクー・フーリンのもつ魔槍ゲイ・ボルグが投げつけられ、彼の体を盾ごと貫いた。同じスカアハのもとで学びながらも、フェルにはゲイ・ボルグもその技も与えられていなかったのだ。

親友を殺してしまったクー・フーリンは嘆き哀しみ、彼の死体を抱き上げたまま親友を悼む詩を詠んだという。

英雄クー・フーリンの師である女戦士

影の国アルバに暮らす女戦士であり女王、そして女神ともいえる存在だ。この影の国とはスコットランドにある島のひとつ。彼女は影の者という異名ももち、文献によっては魔女と書かれることもある。

そんな彼女は影の国で、未来の戦士たる若者に武芸を仕込んでいた武者伝道師である。非常に武芸に秀でた女性であり、その名はアイルランド中に響きわたっていたようだ。

彼女の育てた弟子の中でも、飛び抜けて優秀だったのはアルスターの戦士でもあるクー・フーリンだ。とはいえ、彼もすぐにスカアハの弟子になれたわけではない。そもそもスカアハに弟子入りするためには、多くの難関を越えて彼女の屋敷にたどりつく必要があった。生首をさした木の柵や7重にもなった城の壁など、さまざまな困難が志願者を襲う。ここにたどりつくまでに、多くの若者が命を落としたといわれている。

スカアハの目的は、優秀な戦士を育てることだった。彼女の用意した困難は通過儀礼であり、これを乗り越えられない若者はもとより必要としていなかったのである。多くの若者の中でもクー・フーリンは誰よりも早く彼女の屋敷にたどりつき、スカアハを驚かせた。そこで彼女は自身が所有していた魔槍ゲイ・ボルグをクー・フーリンに与え、その使い方なども伝授したという。ちなみにこの魔槍ゲイ・ボルグは、敵を突き刺した時点では単に傷を負わせるだけだが、ひとたび体内に入ると30ものトゲが開き、胃をズタズタに切り裂いたという。

またスカアハの妹のオイフェも影の国の女戦士とされ、スカアハの強力なライバルであった。クー・フーリンはこのオイフェも打ち破り、アルバに平和をもたらしたという。

予知能力で愛弟子の未来は見えていた

女傑、そして最強の女戦士という立ち位置の彼女は、『ファイナルファンタジー』や『Fate/Grand Order』といったゲーム作品にもよく登場する。『女神転生』シリーズでは作中のイベントで弟子のクー・フーリンとともに描かれるシナリオもある。

時代を超えて人々を魅了する彼女は、一種の予知能力ももっていた。彼女は自分のもとから巣立っていくクー・フーリンが、このあとコナハトの大軍と戦うことや、親友フェル・ディアドと戦うこと、そして彼が戦いのあとで命を落とすこともすべて見えていたようである。予見はできたものの、彼女の力をもってしても愛弟子のクー・フーリンの運命を変えることはできなかった。

影の国アルバ

スカアハの戦士育成学校があったとされる国。城壁に囲まれた場所にあり、そこへたどりつくには数多くの困難を越えなければならないといわれている。そのため、たどりつく前に命を落とす若者も少なくなかった。それでも希望者が絶えなかったのは彼女のもつ誉れ高い武芸のためだろう。この国は現在のスコットランドに実在したと伝えられている。

Connla コンラ

別名 コンラッハ、コナリーなど
神話 アルスター神話
地位 クー・フーリンの息子

父に憧れ、そして父に殺された

英雄クー・フーリンの息子としてケルト神話に登場する人物。コンラの母親はオイフェという女戦士だが、彼女は影の国の女王スカアハの双子の姉妹だという説もある。また、スカアハとオイフェは領地争いを繰り広げた敵同士でもあった。

ある時、影の国に現れたオイフェに対し、クー・フーリンが師匠スカアハの代理として一騎打ちを申し込む。クー・フーリンに敗れたオイフェは影の国を二度と荒らさないこと、そしてクー・フーリンの子をうむことを約束させられ、ふたりの間にうまれたのがコンラであった。

誕生したコンラはスカアハに預けられ徹底的に武芸を教え込まれる。息子を預けたクー・フーリンは影の国を発ち、アルスターの赤枝騎士団に戻るのだが、コンラは父の勇姿や赤枝騎士団の話を聞いて育てられた。いつか英雄である父に会いたいと、クー・フーリンへの憧れや思慕を強くするコンラだが、その結末は悲劇的なものだった。

父がコンラに与えた金の指輪。これが指にぴったり合うようになれば会いに来るようにと聞かされていたコンラは成長後、念願であった父に会いにアルスターへ向かう。しかしアルスター到着後、彼はアルスター王コンホヴァル・マク・ネサの態度に怒り、攻撃を加えてしまった。コンホヴァルは襲撃してきたコンラを討伐するよう、クー・フーリンに命令を下すのである。

ふたりは親子であることを薄々感じながらも戦い、結局コンラは魔槍ゲイ・ボルグによって殺されてしまう。お互いに親子とわかりながら戦いを止められなかったのは、クー・フーリンが息子に残した「名前を聞かれても答えてはならない」「戦いを申し込まれたら断ってはならない」というゲッシュのためであり、父子はついに感動の再会を果たすことは叶わなかった。

Fionn mac Cumhaill フィン・マックール

別名 デルデレ、ジェルドレなど
神話 フィアナ神話
地位 フィアナ騎士団の団長
名前 美しい、輝く

多くの奇跡を身につけた騎士団長

フィアナ神話の主役ともいえる人物。彼はフィアナ騎士団の団長として登場する。彼の父もフィアナ騎士団の団長を務めた由緒正しい血筋だったが、その父が敵対勢力との戦いによって殺されたことで、幼少時は女ドルイドのもとで育てられることになる。
もとはデムナという名前であったが、幼い頃に光輝く金髪の美しさから、白い、輝くという意味の「フィン」と名付けられた。妖精の姉妹が彼を奪い合い、そのとばっちりで白髪頭にされたこともあるほど、彼は多くの女性に愛された。

また、彼はドルイドのもとで魔法を学び、さまざまな特殊能力を身につけた。中でも素晴らしい魔法は、親指を噛みしめると知識が得られるというものだ。これは幼い頃、「知恵の鮭」と呼ばれる魚を煮込んだ油で親指を火傷し、それがきっかけで身についた魔法だという。さらに彼の手でくんだ水を飲むと怪我が治るという、癒やしの力ももっていた。

高潔だった男にも晩年の翳りが

成長した彼はドルイドのもとを去り、アイルランド上王が治めるタラの砦を毎年燃やしに来るエイレンという化け物を退治したことで認められ、フィアナ騎士団の団長の座を父の仇から奪い返す。それ以来、王の命令を受けて魔法の猪や巨人などの怪物を殺し、国を守った。しかし後年になると、その栄光に翳りが見えはじめる。

老境を迎えたフィンは、新しい妻としてグラーニアを迎えようとするのだが、彼女はフィンと結婚するのを嫌がり、フィアナ騎士団の戦士ディルムッドと駆け落ちしてしまう。フィンはふたりを一度は許すのだが、のちにディルムッドを見殺しにしたことで騎士団員からの信用が失墜する。その信用を回復する間もなく、彼は騎士団と新上王との戦いの中で殺されてしまうのである。

ただ伝説によっては、川で溺れ死んだとも、どこかで身を隠しアイルランドの危機になれば再び姿を見せるともいわれている。

ゲーム『Fate/Grand Order』では、女難の運命があると言及されている。

マック・ア・ルーイン
フィン・マックールの愛用の剣として物語に登場する。騎士団長となった彼は巨人族に助けを求められて彼らの国を救いに赴く。その時、敵の巨人を殺した武器こそ、マック・ア・ルーインだ。1回しか登場しない特殊な武器ではあるが、巨人の首を1回で刎ねるという伝説の剣にふさわしい活躍を見せる。

神話 フィアナ神話
地位 フィアナ騎士団の騎士

美男子の身に起きた悲劇

フィンが率いたフィアナ騎士団の若き英雄であり騎士。彼はダーナ神族の愛の神でもあるオェングスに育てられ、魔法や戦い方を学んだ。

忠義に溢れた戦士だが、彼は人生の中で、多くの女性に愛された。その理由は美しい顔立ちだけではない。妖精が彼につけた顔のほくろだ。このほくろを見た女性は彼を愛さずにはいられなくなるという。

ある時、フィアナ騎士団の団長フィンのもとに、3番目の妻としてグラーニアという美しい女性が迎えられることになった。しかし老いたフィンとの結婚を嫌がっていた彼女は、ディルムッドを一目見るなり恋に落ちる。そして夫や衛兵を薬で眠らせ、ディルムッドに自分との駆け落ちを迫った。しかし忠誠心のあついディルムッドは首を縦に振らない。業を煮やしたグラーニアはディルムッドに「自分を連れ出さないと破滅が訪れる」というゲッシュ（制約）をかけ、彼はとうとう駆け落ちする羽目になった。逃亡後も最初はグラーニアの愛を受け入れなかったが、痺れを切らしたグラーニアが、「私の足にかかる泥水の方がディルムッドよりよっぽど勇敢だ」と挑発し、関係をもつようになり、ふたりの逃亡は数年にも及んだ。

許されなかった愛の代償

ディルムッドとグラーニアは、最終的には周囲の取りなしで国に戻ることができ、彼らは数名の子どもをもうけた。騎士団は彼らを許したが、団長のフィンだけは違った。自分が一番信頼していたディルムッドの不義に対する彼の怒りの炎は収まらず、ひそかに復讐の機会を狙っていたのである。

その復讐に利用したのが、ディルムッドのもつ「猪狩りをしない」というゲッシュだった。猪の化け物が彼に死の呪いをかけており、いつか猪に命を奪われると予言されていたのである。フィンはそれに目をつけた。無理矢理に猪狩りに参加させられたディルムッドは、呪いのとおり致命傷を受けてしまう。

この時、フィンの手からくんだ癒しの水を飲めば命を救うことができたのだが、グラーニアの件による恨みでディルムッドを許すことができなかったフィンは、水を2度もこぼして見殺しにしようとする。周囲の怒りに気づいたフィンが後悔し水をくみ直すも、あと一歩というところで間に合わず、若き英雄は死にいたる。その遺体は彼を育てたオェングスがもち帰り再び命を与えたという。

そんなディルムッドはアニメの『Fate』シリーズにも登場している。アニメでの彼は忠義心を尽くして戦う騎士として描かれている。しかしここでも伝説と同じように女難に見舞われてしまい、不遇の死を遂げてしまうのであった。

ゲイ・ジャルグ、ゲイ・ボー
ディルムッドが愛用していた2つの武器の名前である。赤槍のゲイ・ジャルグ、黄槍のゲイ・ボーはともに魔法のかけられた槍であり、彼の英雄的な勝利をいくつも飾った。この他にも彼はモラルタとベガルタという双剣の使い手であったともされ、これらの武器をもって彼はグラーニアを連れた逃亡生活を送ることになる。

神話 フィアナ神話
神格 フィアナ騎士団の詩人
名前の意味 子鹿

300年を異界で過ごした詩人

フィアナ騎士団長フィン・マックールの息子であり、散文叙事詩『オシアン』の主人公でもある。

彼の母サイヴァは人間であるが、魔法で雌鹿の姿に変えられていた。しかしアレンの丘という人間の姿に戻れる地でフィンと出会い身ごもる。そのためオシーンの名前は子鹿を意味し、彼のこめかみには鹿の毛が生えているという。

フィンと結ばれたサイヴァはのちに黒ドルイドにさらわれ、妻子ともに行方不明となる。そして7年後に成長した息子とフィンは出会うこととなる。フィンは彼をオシーンと名付け、騎士団に引き取った。そしてオシーンは父や仲間のもと、騎士団で活躍を続けていくこととなる。

しかしある日、彼は異界の女王ニヴァに結婚を申し込まれ、それを受け入れてしまう。オシーンは騎士団を辞め、父や仲間たちに別れを告げて彼女が住む国ティル・ナ・ノーグへと赴いた。そこは異界の地であり、地上から遠く離れた場所にあるとされた。

しかし3年もたつと彼は地上が恋しくなってしまった。そこで妻に断って一度帰省をすることにしたが、その時ニヴァからは「決して地面に足をつけないように」と警告を受けた。

こうして地上に戻ってみれば、異界ではたった3年の月日だったものが地上では300年の時が流れていた。騎士団の痕跡を探して旅をするオシーンだったが、石の下敷きになった人間を救うために地面に足をつけたとたん、彼は老人の姿になってしまった。彼はこのあと、フィアナ騎士団の詩をうたいながら各地を案内する詩人となる。

別の話では、彼と何人かの騎士団員は魔術の力で不死を得て、アイルランドを案内し過去の物語を聞かせる詩人となった。それを聞いた聖パトリックが記録を残させたという伝説も残っている。

神話 ダーナ神話
神格 ダーナ神族の王
名前 雲をつくる人

2度王位についた ダーナ神族の偉大な王

世界の西の果ての島エリン（現アイルランド）に次々に来訪する者たちを描く「来寇神話」において、中核をなすダーナ神族。彼らがエリンに来た時の王がヌァザである。ダーナ神族は、先に入植していたフィル・ヴォルグ族とモイ・トゥラ平原で武力衝突し勝利を収めるが、ヌァザは片腕を失ってしまう。肉体欠損があると王位につけないのが彼らの掟であったため、ヌァザのかわりに王位はブレスに譲られた。これは片目や片足の者が多い海の魔族フォモール族とは対象的といえる。

　フォモール族とダーナ神族双方の血を引くブレスは、見た目はよいが品位に欠けており、圧政を敷いた。王の責務を重視するヌァザにはこれが耐えられず、医療の神ディアン・ケヒトがつくった銀の腕（義手）を装着すると、ブレスを追いやって王位を奪い、王都タラへ返り咲く。

　一方、王位を追われたブレスもフォモール族を後ろ盾に反旗を翻す。強力な能力をもつフォモール族に対して劣勢になると、ヌァザは潔く若く優秀な光の神ルーに王位を譲り、戦いを任せたのだった。若さの称賛と老王の譲位という流れはアイルランド神話の大きな特徴だ。

　ヌァザはギリシャ神話のゼウスにもたとえられる最高位の神であるが、権力に執着することがない性格であった。神々の国の豊かさを守るために次の王に引き継ぐことこそ、彼の役割であったのだ。

代名詞の〝隻腕〟は後世の創作物でも印象的に使われる

　あとを継いだルーの力によりダーナ神族はフォモール族に勝利する。ヌァザ自身はフォモール族の王バロールに妻の女神マッハともども討たれ敗れ去ったのだが、その影響力は失わなかった。

　他の神話でいえば先述のゼウスや北欧神話の最高神オーディンにも比較され、青銅製の腕を象徴のひとつとするブリテンの神ノドンスとの類似を示唆する研究者もいる。腕や手は支配の象徴であったという。

　なお、ヌァザの別名となった「銀の腕（アガートラーム）」はのちに医療の神ディアン・ケヒトの息子により再生された。やはり生身のほうがよかったのか。

　義手が象徴的に扱われる例は現代の創作物においても数多く見られる。映画『マッド・マックス　怒りのデス・ロード』に登場する女戦士フュリオサ、人気コミック『ベルセルク』の主人公ガッツ、『鋼の錬金術師』の主人公エドワードなどもそうだろう。彼らの強さの一端も、ヌァザ同様に、象徴としての「腕」が与える力にあるのかもしれない。

ヌァザの剣

ダーナ神族はアイルランドに入植した時４つの秘宝をもち込んだ。戴冠する王を予言する石リア・ファル、ルーの槍、ダグザの大釜、そしてヌァザの輝く剣である。ヌァザの剣の切っ先からはだれも逃れることができないと説明されるが、そうした性質をもつ最強の剣の伝承は、たとえば北欧神話のダーインスレイブなど、さまざまな神話に見られる。アイルランド民話の光の剣クラウ・ソラスと同一視されることもある。

ダーナ神族の中でも抜きん出て万能な神

ルーの語源は光を表わす語LUGで、現在のフランス、リヨン市の古名ルグドゥヌムはこの語が起源。かつて同地では8月1日のルーの祭日ルーナサァに豊穣祭が行われていたという。聖なる神として広く信仰されたと見られるルーは、アイルランドではダーナ神族の王となり、魔王バロールを葬り、のちの世でも息子クー・フーリンを助けるなどの活躍を残した。

ルーの能力は万物におよぶ万能さ。それはサヴィルダーナハ（多くの芸に通じる）、ラムブハザ（長い腕）などの異名にも現われている。神話では、ルーがフォモール族との戦いに加勢しようとタラの王宮を訪れた時、戦士、つくり職人、歴史家、治療師、金属加工師など武芸から芸術までひとりでできることを門番にアピールする場面がある。ルーの能力の高さを認めたダーナ神族の王ヌァザが、次の王になって欲しいと懇願するほどだった。

ルーが百芸を身につけられたのは、さまざまな神に育てられたからであるとされる。彼の親はフォモール族の王バロールの娘エスリンとダーナ神族のキアンだが、育てたのは海の神マナナンや鍛冶神ゴブニュ、フィル・ヴォルグ族の王の妻タルティウらだといわれている。彼はフォモール族の血を引きながらも聖性を失わず自己研鑽し続けたのだ。

強敵を倒してダーナ神族の世をつくる

ルーのダーナ神族への最大の貢献は祖父でもあるバロールを討ち取ったことであろう。バロールは見た者を破壊する強力な邪眼をもち、ヌァザやダーナ神族の長ダグザら神々が次々とその餌食になった。ルーは、敵の魔力を吸う魔術で味方を助けながらバロールの目が自分を狙う瞬間を待った。そしてバロールが目を開く一瞬を狙って投石機で石を放った。この一撃はバロールの目、そして頭部を貫き、バロールは死んでしまい、フォモール族も散り散りとなった。

その後もルーは王座に君臨し、エフタハら多くの妻をめとり、子どもにも恵まれた。だが最後にはルー自身も、かつて討伐したダグザの息子カーメイドの子孫に報復され、40年間の統治から退いた。ダーナ神族の天下も長くは続かず、第6の入植者ミレー族に敗れることとなる。

ルーの槍

ダーナ神族がアイルランドにもち込んだ4つの秘宝のうちのひとつがルーの輝く槍。この槍をもてば戦いに敗れることはないと描写される最強武器のひとつだ。日本では「ブリューナク」という独自の名称で呼ばれたこともあったが、海外の史料にその名称は見られない。ルーの槍をもとにした創作が広まったものと考えられる。

ダグザ

Dagda

別名 ダグダなど

神話 ダーナ神話
神格 神々の父、ダーナ神族の長
名前 善き神

神々の父は恋多き神

丸々とした顔にひげをたっぷり生やし、粗末な服を身にまとった姿で描かれる神ダグザは、知恵にあふれ魔術にも通じた、いわばダーナ神族の〝大オヤジ〟と呼ぶにふさわしい神である。

彼の持ち物は巨大なこん棒や無尽蔵の大釜、天候から人間の感情まで繰る竪琴など、どれもスケールの大きさが特徴。そんな神がなぜ美しくない姿で描かれるのかは謎だが、古代ケルトの父に対するイメージや、豊穣性の典型のようなものとする見解がある。

見た目はいまいちでも、彼の温厚な性格を慕う女神は多かったようだ。戦女神モリガンを見初めて川のほとりで交わり、彼女からフォモール族との戦いに加護を受けたという物語や、ボイン川の女神ボアーンと不倫の末に息子オェングスをもうけた物語は彼のモテっぷりエピソードを代表するものであるといえるだろう。恋多き彼には子孫が多く、他にもブリギッド、ミディールら、ダーナ神族の主要な神がずらりと並んでいる。

敵陣においても大担な食いっぷりの大食い王

ダグザが戦いで活躍する物語は数多く、しかも肝のすわった逸話ぞろい。フォモール族とダーナ神族の戦争の際、開戦前に敵情視察を命じられたダグザはフォモール族の陣営を訪れた。開戦前とはいえ敵をただで帰すわけもない。フォモール族はダグザの大好物の粥、しかも豚肉やヤギ肉もどっさり入った脂たっぷりのものを80杯分も用意し、全部食べなければ命を差し出せと要求した。だがダグザは巨大なスプーンでぺろりと平らげてしまう。ダグザのもつ巨大な竪琴が暴君ブレスにもち去られた時も直接敵地に乗り込み奪還。さらに眠りの曲を奏でてフォモール族をぐっすりと眠らせた。

ダグザの最後の活躍は、第6の入植者ミレー族に敗北したあと、一族を地下世界へ移住させるという重大な任務においてのこと。一説にはこの時ダグザが王となって移住の指揮を執ったという。彼自身はブルー・ナ・ボーニャ（ボイン川の宮殿）に隠居した。

今日、ブルー・ナ・ボーニャは世界遺産指定のニューグレンジ遺跡と同定する説が有力となっている。

ダグザの大釜
ダーナ神族の4秘宝のひとつ。底が尽きず中身がなくならない魔法の大釜で、大勢の飢えを満たすことができる。ダグザの豊穣神の性質を表している。

ダグザのこん棒
巨大なこん棒は男根の象徴とも。片面で打てば命を奪い、もう片面で打てば死者をよみがえらせるという。重すぎて引きずると巨大な溝ができるので、荷車に乗せて運ぶ。その姿は絵画のモチーフにもなった。

神話 ダーナ神話
神格 ダーナ神族の母神
名前 流れ

古い地母神崇拝を原型とする母なる女神

アイルランドへの入殖者たちの中で唯一、神の一族とされるダーナ神族は、トゥアハ・デ・ダナーン、ダーナの部族というその名が示すように、女神ダヌを始祖とする。ヌァザやダグザといった主要な神々も彼女の末裔とされるほどの女神だが、そんな偉大さのわりにダヌ自身の物語はほとんど残されていない。創造神話をもたないケルト神話の特徴からいえば、神の出自も明らかにしないという意図なのだろうかと思えてくる。

性格や見た目も定かでないダヌを考古学的な観点から見ると、ヨーロッパで古くから存在した地母神崇拝と無関係ではなさそうだ。名前さえ判然としないものの、この地母神が原型となり、アイルランドのダヌ、ウェールズのドーン、フランスのブルターニュ地方のアナなど、同類の女神が形づくられたと見なされている。ダヌはドナウ川の由来となった語でもあり、インド＝ヨーロッパ語族では「川」や「流れ」という意味でダヌという言葉が使われていた。

アイルランド南西部マンスターの女神アヌとは特に同一視される向きがある。同地にはこんもりと並んだふたつの山があり「アヌの乳房」と呼ばれている。ダヌ同様、女神アヌがもつ土地の支配権や豊穣神の性質ゆえだという。

豊穣性に関していえば、数少ないダヌの神話にもその性質を表すエピソードがある。ダヌは朝日とともにうまれ、家からは火柱が上がったという、火とかまどの神話だ。火やかまどは食物や命そのもののシンボルでもあるとされている。

ダヌの最期については、フォモール族との戦いに参加し敵に討たれたという記述があり、ダーナ神族がミレー族に敗北したあとは、仲間たちと一緒に地下世界へ隠れたようだ。

また、アイルランドにおいては、母神信仰が強かったおかげか、キリスト教の普及期にはダヌは聖母マリアをうんだ聖アンナ（アナ）と結びついて同一視され、信仰の対象となったともいわれている。

別名 オインガス、アンガス・オグなど
神話 ダーナ神話
神格 愛の神、妖精の王

恋人と一緒に白鳥になった愛の神

「若い恋人たちと彼らにとって障害となる王」という恋愛話の典型はケルト神話を特徴づける物語要素のひとつである。オェングスは恋人たちの救済者として活躍する、若さと愛を司る神だ。フィアナ騎士団の美男子ディルムッドは彼の養い子で、ディルムッドが主君フィン・マックールの婚約者グラーニアと駆け落ちした時はフィンとの和解を取りもってやったとされる。また、養い親のミディールの恋物語にも登場する。

オェングス自身はダーナ神族の長ダグザと川の女神ボアンの不義の子だ。ダグザはボアンの夫から妊娠の事実を隠すために太陽を9か月も沈ませず、出産時期をごまかすという強引すぎる隠蔽工作をしている。そんな出自が「恋の救済」という役割に彼を駆り立てたのかもしれない。オェングスはダグザの宮殿ブルー・ナ・ボーニャをだましとったこともあり、父に対して必ずしも肯定感をもっていたわけではないらしい。ブルー・ナ・ボーニャは異界にあったとされ、オェングス自身も妖精の王と目されることとなった。

若く眉目秀麗なオェングス自身の恋は「オェングスの夢」という物語で描かれている。恋の相手はなんと夢で見た乙女であった。これでは成就など望めそうもないが、やつれていくオェングスを心配した父ダグザや異母兄の〝赤毛の〟ボォヴ、コナハトの女王メイヴらの協力で夢の中の乙女カーを見事探し出した。カーの父によると彼女は11月1日のサウィンの祭りの日を境に、1年ごとに人間の姿と白鳥の姿に変わるのだという。次の11月1日には白鳥になるだろうとのことで、その日に彼女がいるはずの湖に行くと、多くの白鳥が水に遊んでいた。オェングスがカーを呼ぶと1羽の白鳥が飛んできた。オェングスは喜び、自分も白鳥になって2羽は仲よく飛び立つ。2羽の白鳥は魔法の歌を歌い三日三晩人々を眠らせ、ブルー・ナ・ボーニャへと飛んで行った。

ミディール

Midir

別名 ミエールなど
神話 ダーナ神話
神格 妖精の塚の王

美少女エーディンを求め続けた執念の王

ミディールはアイルランドのレンスター地方にあるブリー・レイという妖

精の塚の王。ブリー・レイは地下にあるため地下世界（異界）の王ともいわれる。父はダーナ神族の長ダグザで海の神マナナンを養父にもつ。魔法に長けたマナナン同様、人心を繰る魔法を得意とする。光の神ルーの発明と伝わる知的ゲーム「フィドヘル」も得意であり、詩作を好むインテリだ。また、変身術がうまく、人間になると金髪に深紅の衣をまとった優美な男性の姿をとる。3つの魔法道具をもつとも伝わり、その内のひとつ、鳴き声で戦意を砕くカラスはブリー・レイの門を見張っている。

　ミディールは美しい妻をめとりたいと考えていた。異母弟オェングスは、かつてケガさせたことを負い目に思ったのか、彼に頼まれて美女を探し、コナハト王アリルの娘エーディンを紹介する。ミディールはその美貌を気に入って彼女と結婚した。おもしろくないのは、ミディールのもうひとりの妻ファームナッハである。嫉妬したファームナッハは、エーディンを杖で打ち、水溜まりに変えてしまう。しかしエーディンにも神がかり的な力があり、その水が紫色の大きな蝶（ハエとも）に変化した。ミディールは、蝶になってもエーディンが愛しかったようで、蝶と過ごす時間を優先しファームナッハを遠ざけるようになる。怒ったファームナッハは、魔法の風で蝶を遠くへ飛ばしてしまった。幸運にも、さまよっていた蝶のエーディンをオェングスが救出した。しかし、かくまわれて一安心と思ったのもつかの間、執念深いファームナッハに見つかり、今度は国外へ飛ばされてしまう。そして、アルスター王エダルの妻の杯の中に落ち、とうとう彼女に飲みこまれてしまうのだ。

　その後もミディールはエーディンを探し続け、やがて再会するが、必ずしもハッピーエンドとはならない。この話の続きは次項で紹介する。

エーディン

Étaín/Edain

別名 エーダインなど

神話 ダーナ神話

神格 神の妻、上王の妻

ふたりの王に愛された アイルランド随一の美少女

　妖精の塚の王ミディールに愛された美しい乙女エーディンが、蝶になってアルスター王エダルの妻に飲みこまれたところまで前項で紹介した。その後、エーディンはエダルの娘として転生し、今度はアイルランド上王エオヒドの妻となる。エーディンの最初の出生から1012年も経っていたが、彼女を探し続けていたミディールは、エオヒドに嫁いだと知って取り返そうと目論む。得意のボードゲーム「フィドヘル」で、エオヒド、または前世のエーディンの父アリルに挑戦し、勝負に勝つと、エーディンをもらう許可は得たとして彼女と白鳥の姿になってブリー・リーに去った。

　エオヒド王もあきらめなかった。ブリー・リーの丘の場所を突き止め、エーディンを返すようミディールに迫る。ミディールは、魔法でエーディンそっくりにした娘50人から本物を識別できるかエオヒド王を試した。結末は伝承により異なる。エーディンが人間の王に嫁ぐことを選び名乗り出る展開と、エオヒド王が選んだ娘が自分とエーディンの実の娘で、近親相姦エンドとなる展開だ。この娘がうんだ子は、アイルランドの悲劇的な王コナレ・モールの母となる。

　ケルト神話の中でもきわめて不思議なこの物語の意図とは何か。ケルト神話では女神は土地との結びつきが強く、たとえば女神と結婚することは王にその土地の統治権を保証することを暗示したと考えられる。このことはミディールがエーディンと結婚するためにアリル王にわたしたもの、「12の平原、12の川、エーディンの体重と同じ重さの金と銀」という表現からも明らかだ。つまりエーディンは麗しきアイルランドの土地の疑人化なのだ。エーディンの美しさについて述べられる「ヒヤシンスのように青い目、真珠のような歯、ナナカマドのように赤い唇、祝福された長い腕に白く滑らかな太もも、月のように輝く顔をもつ美女」といった賛辞は、アイルランドへの称賛でもあるのだろう。

ディアン・ケヒト

Dian Cecht

別名 ディーアン・キェーフトなど

神話 ダーナ神話

神格 医療の神

高度な治療術でダーナ神族の勝利に貢献した医療神

　ダーナ神族が繰り広げた戦いにおいて治療役として欠かせないのが医療の神ディアン・ケヒトだ。RPGゲームでいえば回復担当である。その能力は一級品で、片腕を失ったダーナ神族の王ヌァザのために彼が製造した銀の腕（義手）は自由自在に動いたのだという。さらに、癒しの泉（井戸）をつくりだし、その中に傷ついた兵士たちを投げ入れて呪文を唱え、一気に傷病を療やすこともできた。妖精の塚の王ミディールが片目をケガした時も治療して光を取り戻させたといい、「頭を切り落とされたのでない限り死者であっても治してみせる」と豪語するほどである。

　高い能力と引き換えに嫉妬深い性格が短所ともいえた。彼にはたくさんの子どもがいて、有名どころでは光の神ルーの実の父キアンがいる。また、息子のミアハ、娘のアーミッドは父と同じ医療の道へ進み、父以上に優秀な医療を施すようになる。ミアハは移植に関しては父をしのぎ、盲目の門番に猫の目を移植し治したことが評判になった。ヌァザの失った腕にもその技術が生かされ、ミアハは父に無断でヌァザに移植術を施し、生身の腕を再生させた。これを知ったディアン・ケヒトは、自分の子に嫉妬心を向け、亡きものにした。

ミアハ殺害のてん末は現代ホラーもかくやのおぞましさだ。父ケヒトは3度殺害におよぼうとするも、その度にミアハは自らを治療して切り抜けた。しかし、4度目に脳への一撃を受けて絶命する。ミアハは墓地に埋葬され、そこから365種の薬草が生じた。この薬草は正しく組み合わせると不老不死の薬になるといい、妹のアーミッドはこれを研究しようとしたが、ケヒトは、兄が長生きできなかったことを忘れるなと言い、薬草を踏みつぶした。

まるで現代のマッドサイエンティストのような一面をもつディアン・ケヒトだが、ダーナ神族の主要な神のひとりであることには違いない。

Lir

リル

別名 リールなど

神話 ダーナ神話
神格 海の神
名前 海

引きこもりが災いしたマン島の海の神

アイルランド島とブリテン島の間に狭まれたマン島に由来する海の神リルは、神話への登場頻度は多くなく、やや地味な神である。彼が言及される時はいつも海の神マナナン・マクリルの父としてであり、「マクリル」とはリルの息子という意味である。ウェールズの神話『マビノギオン』に登場するスィールと息子マナウィダンの親子は、リルとマナナンと同一視される。またブリテン、アイルランド両島にリルにちなんだ地名もあり、古代の信仰においては決して地味なだけではなかったようだ。

リルの物語として知られているのは「リルの子どもたちの最期」という神話である。この神話によると、リルは王都タラでも知られた有力者であり、ダーナ神族の長ダグザの子〝赤毛の〟ボォヴと王座を争い、敗れた。短気な気性のリルはこれに腹を立てて癇癪を起こし、自身の宮殿のあるシー・フィナハに引きこもる。すると今度は彼の極端な行動に神々から批判が集まり、居城に火をつけられてしまった。不運なことに、この火事のせいでリルの妻が亡くなってしまう。

この事態を気の毒に思ったのか、リルとの争いを制して王となったボォヴは、事態を平和的に収めるべく、養女イーヴァをリルに嫁がせた。リルとイーヴァの仲は良好で、4人の子宝に恵まれた。しかし4人目の出産で、イーヴァは産後の肥立ちが悪く亡くなってしまう。ボォヴはイーヴァの妹エヴァを嫁がせるが、エヴァはイーヴァの子どもたちに嫉妬し、彼らを人語を話せる白鳥に変えてしまった。

その呪いは900年後にキリスト教の鐘が聞こえるまで解けず、4羽の白鳥はアイルランド上空からシー・フィナハの宮殿が荒れ果てていくのを見続けた。900年後、コナハトの王子とマンスターの王女が人語を話す白鳥を探しに来る。そこで司祭の洗礼を受け、4羽の白鳥は天に召されたという。この物語の成立は、15世紀以降とみられている。

マナナン・マクリル

Manannan Mac Lir

別名 デルデレ・ジェルドレなど

神話 ダーナ神話
神格 海の神
名前 海の子マナナン

魔法のアイテムや助言を授ける神出鬼没の神

マナナンにその名を由来するといわれるマン島は、世界最高峰のバイクレース開催地として、また映画ファンにとっては「ミス・ポター」など数多くの映画のロケ地としても有名だ。

この島の紋章には3本の足が描かれている。マン島の守護神マナナンが3本足だったことに由来したものだ。歴史的に何度も国籍を変えてきたマン島は現在も英国王室直轄地という特殊な立ち位置にある。島の守護神マナナンも、ダーナ神族とはつかず離れずの特別な立場にあった。

マナナンは養い子の光の神ルーに名剣フラガラッハや静波号などを与えて援助したが、自らは戦争に参加しなかった。そのためか、「来冠神話」ではダーナ神族として数えられていないこともある。

のちの神話の「ブランの航海」や「コーマックの異界行」に登場しても、異界を目指して航海する主人公ブランに目的地への航路を助言したり、不思議なアイテム（料理してもよみがえる豚など）を与えたりするだけである。マナナン自身は暴力を嫌い、自ら何かに直接参加しようとする姿はほとんど見られない、謎めいた神である。

変幻自在に姿を変え人々と関わる

マナナンが関与する神話には「クー・フーリンの病」がある。マナナンの妻で妖精のファンが英雄クー・フーリンと恋に落ちる物語だ。クー・フーリンの妻エウェルに激怒され、ファンは反省してマナナンのもとに逃げ帰る。しかし、まだエウェルの軍団が追ってくるので、マナナンは人間から姿を隠す虹色のマントでファンを隠してやった。クー・フーリンとファンはこれで2度と会えなくなり、悲しんだクー・フーリンは物忘れの草でファンを忘れねばならなかった。

また、実在のアイルランド王モンガーンの伝説では魔法で人間に化けたマナナンが人間の女性と交わりモンガーンがうまれたとする。

マナナンは何かと人の目から姿を消そうとする性格のようで、俗世を離れたその姿にはどこか冬の海のような寂しさが滲み出ている。アイルランドのアニメ映画「ソング・オブ・ザ・シー 海のうた」にはそんなマナナンのイメージを現わすような、海の巨神マクリルの創話が登場する。マクリルは大事な人を失って悲嘆に暮れ、見かねた母マカの魔法で感情を奪われ石になってしまうのだ。

十字剣フラガラッハ
マナナンがルーに授けた魔剣。この剣で受けた傷は決して治らず、突きつけられたものは力を失う。

ウェーブ・スィーパー（静波号）
同じくルーが授かった魔法の船。オールで漕がずとも目的地まで連れていってくれる。

フェート・フィアダ
マナナンがダーナ神族に教えた魔法の霧。地上を追われた神々がこの魔法で人間から姿を隠している。

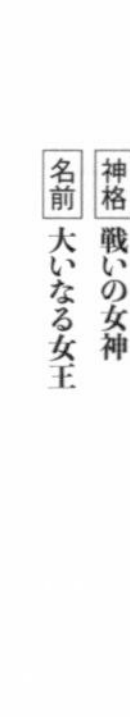

Morrigan

モリガン

別名 モリグー、モーリアンなど

神話 ダーナ神話
神格 戦いの女神
名前 大いなる女王

愛した戦士には勝利を、そうでなければ死をもたらす

モリガンはMor（偉大な）rigan（女王）という名のとおり、戦争の行方をも支配する恐るべき女神。戦場に彼女が現われるだけで恐れられ、敵は勇気を失い、味方は奮起した。戦場では、カラスの軍団バイブ・カハを率いていたり、灰色や赤色のドレスを着た美女の姿をしていたりと、描写はさまざま。ダーナ神族の長ダグザとの馴れ初め話では、川で洗濯する美女という姿で、彼女を見初めて交わったダグザはのちにそれがモリガンであったと知った。モリガンはダグザに勝利を約束し、フォモール族とダーナ神族の戦いにおいて助立ちしている。この逸話はモリガンの姉妹であるバズヴァにも類似する。バズヴァは「クー・フーリンの最期」で血まみれのクー・フーリンの服を川で洗い、その死を予言する。戦士の血に染まった鎧を洗う「浅瀬の濯（すす）ぎ女」や死の予兆として現われる妖精バンシーの原型であるとみられている。また、モリガンは一説によると26人の娘と26人の息子をもうけており、豊穣の性質ももつ。

英雄の生涯にさまざまな形で関与した

愛と性に奔放な女神の求愛を拒んだ罰あたりがアルスターの英雄クー・フーリンだ。彼は「クーリーの牛争い」の中で若い美女に扮したモリガンに求愛されるが、戦に女の力はいらないと突っぱねてモリガンを激怒させている。これを因縁としてモリガンはその後、鰻や狼などさまざまな姿でクー・フーリンを攻撃し続けた。その度にクー・

フーリンも彼女を撃退し、そのうち両者には互いを認める気持ちが芽生えていく。クー・フーリンの最期の時には、モリガンら三姉妹がカンムリガラスの姿で彼の肩に悲しげにとまったという。

　モリガンの姉妹マッハも英雄の運命に関わりが深い。アルスター神話に登場するマッハは非常に俊足で、マッハの愚かな夫はアルスター王の俊馬の話を聞き、妻マッハの足の速さを自慢した。マッハは臨月の身でありながら馬と競争させられ、レースには勝ったものの、苦痛の中で双子（アワーン）をうんで亡くなった。

　これを恨んだマッハは死の寸前にアルスターの男たちは国の危機に陣痛の苦しみを味わい力が出せなくなる呪いをかけたという。

戦いの三女神

ケルトの神は3人1組で語られることが多く、モリガンはバズヴァ、マッハ（マカ）と三姉妹とされる。異説にはそのひとりをネヴァンとするものもある。バズヴァは激怒、暴力という意味。マッハはアルスターの男たちに呪いをかけ、コナハト女王メイヴとの戦いを妨害した物語で知られる。またマッハ自身も3人のマッハとして神話ごとに別の人物の姿で登場するという重層性をもつ。

ゴブニュ

Goibhniu

別名 ゴヴァノンなど

神話 ダーナ神話
神格 鍛冶の神
名前 鍛冶

ダーナ神族の技術力を支える鍛冶の神

　ゴブニュは医療の神ディアン・ケヒトと協力して、ダーナ神族の王ヌァザのために銀の腕（義手）を製造したとされる神である。大工のルフタ、金属加工のクレーニュとあわせて工芸の三神とされている。鍛冶師は産業革命以前には重宝された仕事であり、その神であるゴブニュもその腕前に絶大な評価があったのである。

　ダーナ神族が戦いに向かう時、ゴブニュはいつもよく鍛えられた武器をつくった。

　ゴブニュはたった3回カナヅチで打つだけで、すばらしい武器をつくったといわれる。武器は投げれば的を外さず、敵を必ず仕取めると評判が高く、ゴブニュ自身も戦場では壊れた武器もすぐさま直して勝利に貢献した。その製作スピードと正確性は、まさに職人の中の職人と呼ぶに相応しい。彼のような神がダーナ神族の高度な技術を支えていた。

　ゴブニュとは鍛冶という意味であり、同じ言葉を語源とするウェールズの鍛冶神ゴヴァノンと同一視される。地位はドルイドと同様に高く、治癒を司っていたとする解釈もある。

　ゴブニュの姿は鍛冶師のイメージそのままに、筋骨隆々としているという。戦闘力も高く、暴君ブレスの息子ルアダンに槍で刺されてもそれを引き抜いて返り討ちにしたほどであったとされる。アニメやゲームによく登場するマッチョな親方キャラの原型ともいえるだろう。そうした存在につきもののイメージといえば、仕事のあとのビールではないだろうか。

実はゴブニュは異界で開かれる祭宴の主催者でもあった。これは「ゴブニュの祝宴」と呼ばれており、中身が尽きることのない魔法の大鍋にはスープがあふれ、焼いてもよみがえる魔法の豚も用意された。豪勢なテーブルの目玉は魔法のビールである、エールだ。神話においては飲めば不老不死にもなれるとされていた。

エールは古くから醸造されているビールの一種で、普通のビールより高い温度で発酵させるのが特徴である。現在もイギリスやアイルランドにおいてとても人気がある飲み物だ。

日本で神に捧げる酒を神酒というように、古今東西、神と酒は切り離せないものなのである。

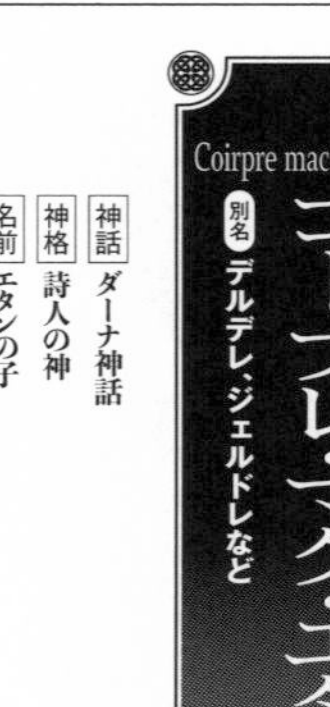

コープレ・マク・エタン

Coirpre mac Etaine

別名 デルデレ、ジェルドレなど

神話 ダーナ神話
神格 詩人の神
名前 エタンの子

アイルランド初の風刺で暴君を批判

さまざまな場面で、ダーナ神族の社会を詩で表現した詩人の神。医療の神ディアン・ケヒトの娘エタンを母にもつので、エタンの子という意味をもつ「マク・エタン」が名に冠されている。父に関してはダーナ神族の長ダグザであるという説と、文学の神オグマとする2つの説がある。同じく言葉と関わりが深いためか、オグマを父とする説のほうが説得力をもつようだ。

彼の武器は魔法や武力ではなく言葉である。フィル・ヴォルグ族との戦いに際しては交渉役を任され、フィル・ヴォルグ族の王エオヒドを説得した。そのかいあって一時、同盟関係を結ぶことに成功している。

ヌァザのあとにダーナ神族の王となった暴君ブレスに対しては、彼がいかにケチで精神が貧しいかを痛烈に批判した。それはコープレがブレスの居城を訪ねた時のことである。客人には最大のもてなしをするのがマナーのはずなのに、とにかく物惜しみするブレスはコープレを粗末なあばら屋に泊まらせた挙げ句、3つの焼き菓子を出しただけだった。

これを屈辱と感じたコープレはありったけの言葉でブレスを批判する詩をつくり、ブレスの顔が真っ赤になるほど憤らせた。ただし、ブレスについては他の神々からも反発が強かったため、コープレはそんなダーナ神族の気持ちを代弁したにすぎないのかもしれない。この詩がアイルランド初の風刺詩であるという。

やがて銀の腕をつけたヌァザが王位に復活すると、ブレスを擁立するフォモール族とダーナ神族の戦争になった。この時もコープレはダーナ神族のために詩をつくり、敵が武器をもてなくなるほど罵倒して味方を助けた。

伝承では、詩による貢献が神々に認められて、フォモール族の王バロールの血が染み込んだ毒の盾を授けられたともされる。詩人（フィーリ）など、知識をもつ者を尊重するケルトの特徴を体現している神である。

Ogma

オグマ

別名 オグマ・グリアン・アイネアハ

神話 ダーナ神話
神格 雄弁と文学の神、死神
名前 太陽の顔

戦士でもあり言葉の力も操る雄弁の神

アイルランドの言葉の歴史を探ると、1世紀ごろまで使われていたとされるケルト語は、現在ではその響きを一部の地方に残すのみで文字記録は残されていない。しかし、4世紀頃から使われたとされる文字は石碑などに刻まれて現在も見ることができる。これは「オガム文字」といい、直線と点を組み合わせて音を表す、アイルランド独特の文字である。ドルイドが祭祀で重用したというこの文字を発明したのが、文学と雄弁の神オグマだとされている。

オグマはフィル・ヴォルグ族との戦いに活躍した偉大な戦士である。力もちで、80頭の牛の力でも動かないような巨大な岩をひとりで動かせたという。ダグザの竪琴を取り返しに暴君ブレスの砦へ乗り込んだり、フォモール族との戦いではフォモールの王がもつという魔剣オルナ（自身の戦歴を話すという不思議な剣）を見つけたりした。ブレスの圧政下においては、海を泳いでもち運ばないとならない過酷な薪集めをさせられる苦労も経験した。なかなか冒険に彩られた波乱万丈の生涯を送ったようだ。うみの親については諸説あるが、フォモール王エラハの息子である説は有力な説のひとつだ。彼もまた、光の神ルーと同じくフォモールの血を引く者なのだろうか。オグマという名前は正式にはオグマ・グリアン・アイネアハ、意味は太陽の顔となる。

オグマは弁証と詩作にも優れていたとされている。このことから、古代ローマの将軍ユリウス・カエサルが『ガリア戦記』に書いた「ガリアの雄弁の神オグミオス」はオグマのことであろうとする説が多い。

また、オグミオスはギリシャ神話の英雄神ヘラクレスと比較されることが多いが、オグマはヘラクレスにはない役割ももつ。死者を拘束して異界へ運ぶ、死神の役割である。

一方、オグミオスも捕虜を鎖で繋ぎその雄弁さによって従えている姿が描かれており、ここでもオグマとオグミオスの共通点を見ることができる。

神話 男神
神格or地位 ブリテン王の顧問官、予言者
名前の意味 父：ブラフラーダ、

人々から広く信仰を集めた女神

ダーナ神族の長ダグザの娘とされる女神ブリギッドは三姉妹で、みな名前はブリギッドである。ひとりは占いや予言、詩作に長け、詩人（フィーリ）の崇拝を集める。ひとりはけがや疫病など病気の治療に加護をもち、出産の無事を祈る妊婦からも崇拝され、その力は人間のみならず家畜にもおよんだ。そしてもうひとりは鍛冶をはじめとする工芸の保護者である。

ブリギッドの出生は伝説によれば、朝日とともにうまれ、かまどから火柱が燃え上がったという。この逸話は女神に太陽神の性質が備わっていることを表わす。女神ダヌの逸話と類似性が見られるが、ブリギッドはもともと〝女神〟を意味する言葉との説も有力であり、女神ダヌはのちに名付けられたのではともいわれる。ブリギッドは「高貴なる者」を意味し、ブリテンで最高女神とされたブリガンティアとの関係も研究されている。

２月１日はブリギッドの祝祭「インボルク」の日だ。仔羊の出産を控え、牝羊の乳搾りをして春の訪れを祝う祭であった。この時期は太陽の光も強くなり、自然の豊かさを感じられたはずだ。民の生産活動に密接に結びついていた女神の力は、キリスト教の時代になっても簡単には切り離せなかったようだ。

同名の聖女の伝説に取り込まれる

アイルランドでは女神ブリギッドと同じ名前をもつ聖女ブリギッドが、かつて女神が請け負っていた役割を担い、同化していったとされている。

５世紀頃のアイルランドに実在したとされる聖ブリギッドは、同国の守護聖人・聖パトリックに次ぐ人気をもつという。聖ブリギッドは敬虔で慈悲深く、貧者には自身の財産を施しとして与えたともされる。アイルランドにはじめて女子修道院を創設し、最期は自身がつくったキルデアの修道院で亡くなったという。

素晴らしい功績をもつ彼女だが、不思議な逸話も多い。たとえば、「誕生した時家が燃えるように輝いた」とか、「赤い耳をもった白牝牛の乳で育てられた」、「キルデアの修道院には消えない火がある」などだ。家畜、火、乳などの要素が女神ブリギッドと共通しており、女神の役割を引き継いだことを裏づけている。２月１日のインボルクは、現在は聖ブリギッドの祝日になっている。

聖ブリギッドの十字架

現在もアイルランドの教会で聖ブリギッドのシンボルとなっている十字架。草を編んで十字に形取った素朴なもので、風車にも似たその形は太陽光線を現わしているとされる。伝統的に2月1日の聖ブリギッドの祝日（かつては女神の祭日インボルクだった）につくられ、玄関や窓に飾って厄災除けとした。

バロール

Balor

別名 バラール

神話 ダーナ神話

神格 フォモール族の王

予言におびえるフォモール族の怪物

バロールはどんな武器でも倒せないとされる巨大な怪物だ。アイルランドのキュプクロス（ギリシア神話の一つ目の巨人）ともいわれ、海から来た、もしくは地下に棲むとされている、獰猛で奇怪な魔族フォモール族の王である。彼の最大の武器はその目に宿る邪眼である。普段は重く垂れたまぶたに覆われているのだが、部下が4人がかりでまぶたをもち上げると邪眼が開き、見たものをすべて破壊してしまうといわれている。

しかし、強力な魔王として名をはせている彼にも恐れているものがあった。それは自身を殺すと予言された孫の存在である。バロールはまだうまれていない孫を恐れるあまり、娘エスリンをアイルランド北西部の沖にあるトリー島の水晶塔に幽閉した。伝承により詳細は異なるが、幽閉されたエスリンをダーナ神族のキアンが訪ね、そのあとふたりの間に子どもができた。それを知ったバロールは激怒し、うまれた3つ子を海に投げ捨てたのだが、その内のひとりだけが運よく生きのびる。この生きのびた孫こそが、光の神ルーである。

魔王バロールを倒せるのは光の神ルーだけであったとする説もあるほど、2者の因縁は深いものである。フォモール族とダーナ神族の戦いで、成長したルーは予言のとおりにバロールの邪眼を投石器で討ち取った。バロールは斬首される時にもルーを道連れにしようとし、毒の血をばら蒔いたが、ルーはそれを見透かしていて、首を高く掲げたりせず岩の上に置いて離れたので無事だった。

忌まわしく許されざる眼の力

バロールはそのあとも民間伝承の中に登場して人々を苦しめる悪役を背負ったようだ。一説には、アイルランドに侵攻してきたヴァイキングなどの侵略者、キリスト教の普及以降は悪魔としての役目を引き継いだのだろうといわれる。

神や英雄の行く手を阻む巨人・怪物は他の物語にもあまた登場する。ギリシャ神話ではひとつ目の巨人キュクロプスが有名だ。これを英語読みにしたサイクロップスという名は、アメコミ

『X－MEN』シリーズで主要キャラとして登場する。その能力は目から破壊光線を出せること。しかし常に光線が出てしまうので、普段は特殊なサングラスをかけねばならない。

　また、日本においては、忍者が使う瞳術があるとされており、漫画『NARUTO』や『バジリスク～甲賀忍法帖』には瞳術使いが活躍する。しかしながら、強力な術ゆえにその力をもつ者は悲劇に見舞われることもある。眼の力にはどこか忌まわしさがつきまとうのであろう。

邪眼

バロールの魔眼は、ひと睨みで敵に死をもたらすことができる。まぶたが重く閉じられているので、4人がかりでもち上げねばならないのが唯一の難点であった。古代ヨーロッパでは悪意のある目を邪視として恐れる文化があったようだ。毒をもつ蛇の王バジリスク、見た者を石にするメドゥーサ、見た相手の動きを封じ死にいたらしめる大天使サリエルなど、邪視をもつ存在は数多く描かれている。

王の器をもたなかった美しき暴君

　フォモール族の王エラハとダーナ神族のエリウの間に生まれた混血児であり、ダーナ神族の王となる。大神ダグの娘であるブリギッドを妻としており、その間に息子ルアダンをもうけている。

　ブレスは通称であり本名はエオフという。ブレスは美しい者という意味で、父エラハが「アイルランドの美しいものはすべてブレスと比べられるだろう」と息子を誉めたことから名付けられたという。

　実際、ブレスの外見は麗しかった。一般的にフォモール族は醜い姿の魔物といわれるが、光の神ルーやブレスのような美しい者がまれにうまれることもあった。だが、見た目とは裏腹にブレスは王としての適性は皆無で、人との接し方も知らず、寛大さにも欠ける性質であった。

　ブレスは、ダーナ神族の長とも慕われるダグザに穴を掘って石を積み上げて城の砦を築く重労働をさせ、戦士として名高いオグマに海を越えての薪集めという過酷な仕事をさせたことで非難の的になってしまう。また詩人のコープレは、ブレスのケチぶりと客人にろくなもてなしもしないことに腹を立て、その怠惰さを猛批判する。彼は王の器ではなく、「ブレスを襲うは衰退のみ」とまで言った。

追放された愚王は復讐のチャンスを待つが…

　ブレスは7年の在位ののち、重税に耐えかねた神々に追放され、母や父を頼ってトーリー島へ逃げのびると、フォモール族とともに反撃の機会をうかがった。

そしてついにダーナ神族に戦いを挑んだのだが、彼らの指導者ルーの活躍が目覚ましかったのもあり、邪眼をもつバロールら強力な魔物たちでも勝てなかった。

とらえられたブレスは命乞いをしたのだが、その結末についてはいくつかの説がある。ひとつは、嘆願が受け入れられずに牛乳に見せかけた汚い沼の水を300ポンド飲まされて最終的に死んだという説である。また、ルーとの一騎討ちで命を落としたという説、さらにもうひとつは土返しと種蒔きと刈り入れの適期についてアドバイスするという条件で助命されたとする説である。

この助命されたという説に関しては、ダーナ神族は魔法だけでなく鍛冶などの工芸にも、さらに医療にも長けていたが、農耕の技術は未熟だったため、それを補うことを条件に命を救われたということである。

エリウ

Eriu

別名 エリなど

神話 ダーナ神話

神格 アイルランドを支配する3人の女神

アイルランドの地名になった女神

アイルランドの古名はエリンといい、これは女神エリウのものという意味をもつ。この島にエリウの名がつけられたのは、次のようなエピソードがあったからである。

ダーナ神族がフォモール族を破ってからしばらくののち、第6の入殖者ミレー族がやって来る。彼らはスペインから来たゲール人で、ミールの息子たち（ミレー）と呼ばれた。ダーナ神族は嵐と魔法の霧でミレー族の上陸を阻止しようとしたが、ミレー族には強い力をもつ詩人のアマーギンがおり、彼の詩の力で嵐も霧も退けられて上陸されてしまった。

上陸後、ミレー族は王都タラを目指した。その道中、アマーギンは3人の美しい女神に出会う。女神はバンバ、フォドラ、エリウと名乗った。バンバは金のローブを着ていて重たい感じ、フォドラは銀のローブで堅く痛い感じ、そしてエリウは銅のローブを着て温かく優しい感じの女性であった。彼女たちは戦いにおいても勇敢だったため、アマーギンは敬意を表し、和平交渉をもちかける。女神たちはアイルランドの地名として残るのならばと交渉を受け入れた。そうしてアイルランドの地名は女神たちから名付けられることになった。特にエリウの助言はミレー族を大いに助けたため、その名前は島名として残ることに。エリウは喜び、「アイルランドは永遠にミールの息子たちに属する」と予言を授けた。ケルト神話に見られる女神による土地支配の承認がここでも繰り広げられたのである。

一方、ミールの息子のひとりドンは、異国の神を崇拝する必要はないと言った。これを侮辱と受け取った女神はドンに支配権を与えず、彼の船団は海に沈んだとされる。

ミレー族はダーナ神族に取って代わるかのようにアイルランドの地上を支配することとなった。ダーナ神族は地下（異界）に移り、姿や能力は卑小化したが、たまに地上に現われ、のちに妖精と呼ばれる存在になったといわれている。

プリデリ

Pryderi

別名 プレデリ

神話 ウェールズ神話
地位 ダヴェドの大公
名前 心配

「心配」と名付けられた理由

プリデリはウェールズに伝わる散文物語集『マビノギオン』の全4枝に登場する英雄的人物である。だが、物語の中で常に運命に翻弄される不遇な人物でもある。

ウェールズ南西のダヴェド地方の大公プイスと、女神に連なるリアンノンとの間にうまれたプリデリは、生後間もなく謎の存在にさらわれてしまう。この存在が何者かは結局のところ不明だが、妖精は美しい赤子を自分のものにしようとする略奪行為を頻繁に行っていたため、プリデリもこの標的になったのだろう。

異界へ連れ去られるはずだったプリデリを救ったのは、かつてプイスの家臣だったテイルノンだった。5月1日、毎年必ずこの日に子馬がさらわれるので、それを守ろうと寝ずの番をしていたテイルノンは、大きな鉤爪が子馬をつかむ場面を目撃する。その腕を一刀両断し外に出ると、戸口には赤ん坊が残されていた。この赤ん坊こそが、さらわれたプリデリだった。

驚く速さで成長する赤ん坊は日増しに大公プイスに似ていった。子殺しの罪を着せられ苦境にあったリアンノンの噂を耳にしたテイルノンは、プリデリを彼女のもとに届け無実を証明。この時リアンノンが「これで心配（プリデリ）から解き放たれる」と言ったことから、息子はプリデリと名付けられたのだ。

魔法と戦いに翻弄された受難の生涯

父プイスの死後、ダヴェドを治めるプリデリは、幸せな日々を過ごしていた。しかしブリテンとアイルランドの間に起こった戦争は双方に壊滅的な被害をもたらし、アイルランド戦役に赴いたブリテン側の生存者はプリデリを含む7人のみとなった。

ブリテン王ベンディゲイド・ブランの遺言に従って、彼の首を埋葬する旅に出たプリデリは、80年以上かけて遺言を完遂する。ようやく戻ってきた故郷では、亡き父プイスを恨む者の呪いによって領地を荒野にされた挙げ句、自身も幽閉されてしまう。義父であり友人のマナウィダンの機転により危機を脱するまで労役を行わなければならなかった。

さらにプリデリは魔術師グウィディオンの計略に利用され、異界の王アラウンの豚をめぐってグウィネズ王マースと戦争状態に。グウィディオンにだまし討ちされる形で生涯の幕を閉じたのだった。

アラウンから贈られた豚

異界の王アラウンからプリデリの父であるダヴェド大公プイスに贈られた豚。アラウンとのゲッシュにより最初に譲り受けた数の倍に繁殖させるまで国外に出すことはできない。魔術師グウィディオンの口車に乗せられて豚を譲ってしまったプリデリは、グウィネズ王マースと戦争状態に陥り命を落としてしまう。これはプリデリとマースの間に争いを起こそうとするグウィディオンの計略によるものだったとされる。

プイス

Pwyll

別名 プウィル

神話 ウェールズ神話
地位 ダヴェド大公
名前 知性、分別

異界を見事に統治して失態を挽回

プイスは『マビノギオン』第1枝の物語の主人公だ。ウェールズ南西にあるダヴェド地方の7つの州を治める大公で、その名は「知性」「分別」を意味する。人間の身でありながら異界や怪異と縁が深く、「異界の王」と呼ばれるには次のようないきさつがあった。

ある日、プイスは狩猟の最中に赤い耳をした白い猟犬たちが牡鹿を仕留めるところに出くわした。プイスはこの見知らぬ猟犬を追い払い、自分の猟犬に獲物の肉を与えて横取りしてしまう。そこへ灰色の衣をまとった猟師がやって来て不躾な行為をなじると、プイスは非礼を詫びて償いをしたい、と申し出た。

実はこの猟師は、異界アンヌンの王アラウンだった。アラウンは自分の代わりに1年間国を治め、敵のハヴガンを討ち倒すことを要求。勇敢な戦士でもあるプイスはこの申し出を受け、アラウンがお互いの外見をそっくり入れ替えると地下へ赴き無事統治してみせ、ハヴガンを仕留めることに成功したのだった。

女神リアンノンをめとることに成功

異界から戻ってきたプイスは、不思議な馬に乗って現れた女性リアンノンと出会う。だれも彼女に追いつくことができなかったが、プイスが声を掛けるとリアンノンはようやく立ち止まり、彼の求婚を喜んで受け入れた。

ところが、婚礼の席上で軽率な発言をしたプイスは、恋敵グワウルにリアンノンを譲ることになってしまう。その1年後、グワウルとリアンノンの婚礼の宴に、プイスはみすぼらしい姿に変装して現れた。持参した袋にいっぱいの食料を施してくれるよう求めると、機嫌のよいグワウルはこれを快諾。しかし、食料をいくら詰め込んでも袋は満杯になる気配はない。「この袋は高貴な人が両足で食料を押し込み、これで満ち足りたといわなければいっぱいにはならない」とプイスが告げると、早速グワウルは立ち上がり袋に足を入れた。

これこそがリアンノンが密かにプイスに授けた計略で、そのまま袋をひっくり返すとグワウルはすっぽりと包み込まれてしまった。弱ったグワウルは復讐しないと誓い、プイスとリアンノンは結ばれて優秀な息子プリデリをもうけるのだった。

無尽蔵にものが入る袋

女神であり妻となるリアンノンから授けられた魔法の袋。どれだけ食料を入れても満杯になることはない。プイスはこの袋を使って、恋敵グワウルからリアンノンを奪い取ることに成功した。グワウルを袋に閉じこめ、袋を叩いて「穴熊かネズミか」と配下の騎士たちにはやし立てさせたことは、「袋の穴熊」という遊びの起源になったという。

リアンノン

Rhiannon

別名 フリアノン

神話 ウェールズ神話
神格・地位 馬の女神、プイスの妻、マナウィダンの妻
名前 神々の女王

不思議な白馬に乗って現れた美しき女神

リアンノンは『マビノギオン』第1枝と第3枝に登場するヒロイン。人間の娘のように登場するが馬との関わりが深く、古代の馬の女神の系譜に連なる存在だと考えられている。またその名は「神々の女王」を意味している。

第1枝でリアンノンはダヴェドの大公プイスの前へ白馬に乗って現れる。突如現れたリアンノンに興味をもったプイスは、彼女を追うよう部下に命じるが、だれも彼女に追いつくことはできない。プイスが声を掛けるとようやく立ち止まり、自分は彼を探していたと語る。望まぬ婚約者グワウルからリアンノンを奪ったプイスは彼女と結婚し、その3年後に息子プリデリをもうけるのだった。

プイス以外のだれも寄せつけないリアンノンは、手に入れるのが困難な「支配権」、つまり王権を表していると考えられる。リアンノンはプイスの伴侶となったあと、諸侯らにあふれんばかりの宝石を自らの手でわたしてまわったという。彼女との婚姻によって、ダヴェドの地に繁栄がもたらされたのであった。

荷馬のように苦役を果たした忍耐強い女性

ところが、幸せは長くは続かなかった。ふたりの間にうまれた息子がさら

われてしまったからだ。しかもおつきの侍女たちは叱責をまぬがれようと、「リアンノン様が赤ん坊を食べてしまった」と嘘の告げ口をしてしまう。無実の罪を着せられたリアンノンは、訪問客に求められれば自分の背に乗せて城まで運ぶ罰を科せられることに。彼女の無実が証明されたのは7年後、さらわれたはずの息子が元家臣テイルノンに養育されていたことがわかってからだった。

苦難の末に息子を取り戻したリアンノンだったが、受難はまだ続く。プイス亡きあと、リアンノンは息子プリデリの勧めにより、彼の友人マナウィダンと再婚する。ところが、かつてリアンノンをプイスに奪われたグワウルの友人スィウィトの呪いにより、ダヴェドの地は荒野となり、プリデリ母子も城に幽閉。マナウィダンの機転によってふたりは解放され、ダヴェドの地ももとに戻ることができた。

こうした彼女の受難と復権は、冬の季節と豊穣の季節を意味し、彼女が豊穣神の性格をもっていたことの表れだという。

追いつくことのできない白馬

リアンノンが従える、青みがかった白毛の立派な馬。どれだけゆっくり駆けていようとも、だれも追いつくことはできない。

3羽の不思議な鳥

リアンノンが飼っていたとされる、死者を起こし、生者を寝かしつけるさえずり声をもつ3羽の鳥。

Arawn

アラウン

神話　ウェールズ神話
地位　異界アンヌンの王

不思議な猟犬を率いて地上に現れる異界の王

アラウンは地下に存在する異界アンヌンの支配者だ。異界アンヌンにいる時は黄金で飾られた絹の衣装をまとい、地上に出てくる時は灰色の外套に角笛を下げた狩人の姿で現れる。地上のダヴェドを治める大公プイスとは厚い友情で結ばれているが、彼らの出会いは非常に険悪なものだった。

ダヴェドの大公プイスは狩猟中、純白に輝く体に真紅に輝く耳をした不思議な猟犬が大きな牡鹿を仕留めるところに出くわした。周囲に飼い主らしき人物がいないことから、プイスはその猟犬を追い払い、自分の猟犬に獲物を与えてしまう。そこへ灰色の馬にまたがり、灰色の装束をまとった狩人が現れた。その人物こそが異界の王アラウンで、不思議な猟犬はアラウンの飼い犬だった。

アラウンはプイスの不躾な行為をなじり、「君の名前は知っているが挨拶する気になれない」と侮辱。己の非礼を詫びたプイスは償いをしたいと申し出た。

非礼を許すために アラウンが出した条件とは

プイスの謝罪を受け入れたアラウンは自分の素性を明かし、償いをするための条件を言いわたした。

ひとつめはプイスがアラウンの姿をして異界アンヌンを1年間治め、その間にアラウンはプイスとしてダヴェドを治めること。もうひとつは、その1年の終わりにアラウンの敵であるハヴガンを一騎打ちで討ち果たすことであった。

実はアンヌンにはアラウンの統治を争うハヴガンというライバルがいた。アラウンはその対応に困り果てていたのだった。

こうして互いの姿と領土を入れ替えたプイスは、地下世界へと下っていった。そして無事1年間、異界を治めたプイスは、その終わりに敵ハヴガンを倒すことに成功する。ハヴガンは一撃で倒さない限り、以前より力を増して回復してしまうという特殊な力をもっていたが、アラウンからあらかじめ忠告を受けていたプイスは、ハヴガンを一撃で倒すと、無事アンヌンを統一するという使命を果たすことができたのだった。

アラウンはプイスの活躍を喜んだが、それ以上に彼を喜ばせたのは、プイスがアラウンの妻の肌に一度も触れることがなかったことだった。約束を果たしたふたりはさらにあつい友情で結ばれ、贈り物を交換し合う仲となった。

ところが、この時、アラウンが贈った贈り物の一つの豚が、後に戦争を引き起こす原因になり、プイスの息子プリデリの命を奪うきっかけになってしまうのである。

純白の体に真紅の耳をもつ猟犬

アウランが所有する妖精犬。夜空を飛んで、人の死や天変地異などを告げる役割をもつ。白く輝く体に赤く輝く耳をした、不思議な姿をしている。アラウンが地上に現れる時はこの猟犬を従え、灰色の狩人の装束をまとう。

Bendigeid-fran

ベンディゲイド・ブラン

神話 ウェールズ神話
地位 ブリテン王
名前 祝福されたワタリガラス

首だけになっても守護神の役割を果たした巨人の王

『マビノギオン』第2枝に登場するベンディゲイド・ブランは、ウェールズの伝説的な巨人王。海を徒歩でわたれるほどの巨体で、死者を生き返らせる魔法の大釜を所有していた。ブリテン島全土を治める賢王であったが、家族想いの優しさから故国を滅亡へと導いてしまう。

アイルランド王マソルッフのもとに嫁いだ妹のブランウェンが屈辱的な扱いを受けていることを耳にしたベンディゲイド・ブランは、アイルランドへの報復を決意。巨人の彼が乗れる船はなかったため、船団とともに海を歩いてアイルランドへわたった。途中、わたろうとする者を引きずり込む不思議な石がある川では、王自らが橋となり軍勢の渡河を助けたという。

一方、形勢不利を悟ったアイルランド側では和平工作が図られていた。巨体ゆえにうまれてこのかた屋根のある家で暮らしたことのないベンディゲイド・ブランに、巨大な館を献上したのだ。こうして和解は実現したと思われたが、ベンディゲイド・ブランの異父弟エヴニシエンが、ブランウェンとマソルッフの息子を火に投げ入れたことをきっかけに戦いが勃発、両軍は激しく争い合うことになる。

戦争はかろうじてブリテン軍の勝利に終わったが、ブリテン軍で生き残ったのはたった7人のみであった。毒槍で足に深手を負ったベンディゲイド・ブランは、生き残った弟のマナウィダンやダヴェドの大公プリデリを呼ぶと自らの首をはねさせ、グウィンヴリン（ロンドンのホワイト・ヒル）に埋葬するよう命じた。

ベンディゲイド・ブランの首はこの旅の間も生前のようにしゃべることができ、7年もの間友人たちと宴を楽しんだ。首が埋葬された地では、首がそこにある限り敵の侵略を受けることはなかったという。これはベンディゲイド・ブランが神に連なる神的英雄であったというだけでなく、ケルト人たちが生首をいかに神聖視していたかが表されているのだ。

Branwen ブランウェン

神話 ウェールズ神話
地位 ブリテン王の妹
名前 白いワタリガラス、白い胸

ブリテンとアイルランド破滅のきっかけになった薄幸の美女

ブランウェンは、ブリテン王ベンディゲイド・ブランの妹で、絶世の美女と謳われるほどの美貌をもつ。しかし、彼女の思わぬところでブリテンとアイルランドを破滅に導いてしまった悲劇のヒロインである。

ブランウェンに求婚するためブリテン島へやって来たアイルランド王マソルッフ。ベンディゲイド・ブランはこれを受け、宮廷で祝宴が開かれた。ところがこれをおもしろく思わない者がいた。ブランウェンのもうひとりの兄エヴニシエンだ。自分への相談なしに縁談が進められたことに立腹したエヴニシエンは、マソルッフの馬を徹底的に痛めつけて侮辱した。この腹いせへの償いは、ベンディゲイド・ブランがもつ「死者をよみがえらせることのできる魔法の大釜」を贈ることで解決したが、これがのちの戦争で苦戦する一因となる。

アイルランドへ嫁いだブランウェンは幸せな日々を送り、王との間には息子をもうけた。ところがその翌年、人々の間でアイルランド王が受けた屈辱への報復の声が高まり、ブランウェンにも罪の償いが求められた。このためブランウェンは王の寝所から追い出され、料理人として働かされるように。しかも毎日、仕事を終えた肉屋から平手打ちを受けるという屈辱つきだった。

だれの助けも得られないまま3年間も下女として働いていたブランウェンは、その間に1羽のムクドリを手なづけ兄への手紙を届けさせることに成功。

妹の苦境を知ったベンディゲイド・ブランは、大軍を率いてアイルランドへ報復に向かった。戦いはブリテン軍が優勢だったが、アイルランド軍は魔法の大釜を使って兵力を増強。激戦の末、アイルランド側で生き残ったのは妊婦5人、ブリテン軍は7人のみという凄惨な結果となった。ブランウェンは生き残った7人とともに故郷にたどりつくが、自分が招いた悲劇を思い、悲しみのあまり心臓が張り裂けて死んでしまったという。

マナウィダン

Manawydan

別名 マナヴィダン・ファブ・スィール

神話 ウェールズ神話

地位 ブリテン王の弟、ダヴェドの大公

名前 マン島の人

混沌の呪いからダヴェドをもとに戻した魔術師

ブリテン島を治める巨人王ベンディゲイド・ブランの弟。手先が器用で、わずかに見知っただけの技術をすぐに習得できる能力のもち主。王族にも関わらず数々の職人芸を取得し、魔術師としても有能な人物だ。

凄惨なアイルランド戦役からブリテン島に戻ったマナウィダンは、従兄弟が兄ベンディゲイド・ブランの後釜にすわったことを知り当惑する。兄の首を埋葬する旅も終え、喪失感に苛まれていた彼を救ったのは、旅路をともにしたダヴェドの大公プリデリの存在であった。彼は自分が父から受け継いだ領土を譲り、寡婦となった母リアンノンを妻として欲しいと申し出たのだ。こうして充足した生活を手に入れたが、その日々は突然終わりを迎える。ある時、雷鳴がとどろいて深い霧が立ちこめると、そのあとには人も家畜も住居もすべて姿を消してしまったのだ。

マナウィダン夫婦はプリデリ夫婦とともに自給自足の生活を余儀なくされた。生計を立てるためにマナウィダンは職人として働きはじめるが、そのあまりのできのよさに地元の職人たちの嫉妬を買い、街を転々とするはめに。再びダヴェドの地に戻ったが、突然現れた巨大な塔にプリデリとリアンノンがとらわれてしまい、ふたりを飲み込んだまま姿を消してしまった。

食料の確保のために麦畑をつくったマナウィダンは、小麦を食い荒らす怪しいネズミを見つけ出す。このネズミを処刑しようとすると、学僧、司祭、大僧正が順にやって来て処刑の中止を要求。ネズミを助けるために自分の馬と積み荷を譲るという怪しい申し出に、マナウィダンはプリデリとリアンノンを無事戻すことを条件に出した。実はこの大僧正は、かつてリアンノンに求婚するもふられてしまったグワウルの友人スィウィトであり、ネズミはその妻が化けたものだった。こうしてダヴェドの地にかかった呪いは解かれ、再び秩序がもたらされたのだ。

Math マース

神話　ウェールズ神話
地位　グウィネズの王

優れた魔術の代償に奇妙な体質をもつ王

『マビノギオン』第4枝に登場するマースは、グウィネズ地方の王であると同時に、非常に優れた魔術師だ。しかしその能力には代償がついていた。戦争の時を除いて、常に乙女の膝に両足を置いていなければ死んでしまうのだ。これはマースがその魔力を保つための儀式で、清い乙女から活力を得ていたのだろう。そのためマースは美しい乙女ゴーウィンをいつもそばに従えていた。

ところがその乙女に恋心を抱く者がいた。マースの甥ギルヴァエスウィだ。同じくマースの甥で魔術師のグウィディオンは弟から恋心を打ち明けられると、一計を案じた。ダヴェドの大公プリデリから魔法の豚をだまし取ることでマースと戦争を起こすよう仕向けたのだ。マースが戦場に出ている間に、ギルヴァエスウィは乙女ゴーウィンを陵辱してしまった。

戦から戻ってきたマースはお気に入りの乙女の純潔が奪われたことに激怒。彼女に対しては謝罪として妻に迎えることを約束し、甥たちには厳罰を与えた。彼らを魔法の杖で打つと獣のつがいに姿を変えさせ、互いに交わり子を授かるように言いわたしたのだ。1年ごとに鹿、猪、狼のつがいに姿を変え屈辱を味わった兄弟は3年後にようやく許され、ゴーウィンの代わりとなる乙女として妹アリアンロッドを紹介するのだった。

こうした神話は、マースの豊穣神としての性格を表しているという。狩猟社会のケルトでは、豊穣神は農耕の神としてではなく狩猟や採取の神として獣を従えた森の主として描かれることが多いからだ。

一方、新たな乙女として紹介されたアリアンロッドはマースが課す処女試験に失格してしまう。魔法の杖をまたいだ瞬間、男児をふたりうみ落としてしまったのだ。そのうちのひとりスェウ・スァウ・ゲフェスは母が課す試練を乗り越え、マースの跡を継いでグウィネズの領主となった。

アリアンロッド
Arianrhod

別名 デルデレ、ジェルドレなど

神話 ウェールズ神話
神格・地位 星辰の女神、運命の女神、マース王の姪
名前 銀の輪

処女性を試された美しき女神

アリアンロッドはウェールズに伝わる星辰の女神。その名は「銀の輪」を意味し、「輪」が運命の象徴であることから運命の女神ともされる。

伯父であるグウィネズ王マースは戦争の時以外、常に乙女の膝に足を乗せていなければならない奇妙な体質のもち主であった。アリアンロッドの兄であるグウィディオンとギルヴァエスウィ兄弟は一計を案じ、マースが不在の間に彼のお気に入りの乙女の純潔を奪ってしまう。

戦争から戻ってきたマースはこの事件を知り激怒。兄弟には厳罰が下されたが、ここで問題となったのが新たな「足乗せ役」の乙女。ようやく罪を許されたグウィディオンとギルヴァエスウィ兄弟は妹であるアリアンロッドを紹介し、美しいアリアンロッドは当然マース王のお眼鏡にかなうものと思われた。

マースは宮廷でアリアンロッドに面会すると、彼女の処女性を確かめるために魔法の杖をまたぐよう命じた。アリアンロッドが処女であればなにも問題はおこらないはずが、彼女が杖をまたいだ瞬間、ふたりの男児を出産。その産声を聞いた彼女は走って去ってしまったという。また一説によると、この時うまれた子どもはアリアンロッドと兄グウィディオンの近親相姦の証だという。

わが子の運命を閉じようと3つの呪いをかける

こうして乙女として不適格という烙印を押されたアリアンロッドは、自身の恥の証であるわが子を大いに恨むようになる。子どものうち泳ぎが達者なひとりはマース王に引き取られ、もうひとりは黒い箱に収められてしまった。その子どもが兄グウィディオンによって箱から救い出されても、アリアンロッドはわが子と認めることを拒絶したのだった。

さらに「自分が与えるまでは名をもつことはできない」「自分が与えるまでは武器をもつことができない」「いかなる人種の妻をめとることもできない」という3つの呪いをかけた。この呪いはグウィディオンの機知により次々に無効とされ、子どもは「スェウ・スァウ・ゲフェス（器用な手をもつ光り輝く人）」の名を得て立派な統治者に成長した。

この時アリアンロッドがかけた3つの呪いは、女神がもつ3つの権限（名前＝神聖性、武器＝戦闘性、結婚＝豊穣性）に対応しているという。

スェウ・スァウ・ゲフェス

Lleu Llaw Gyffes

神話　ウェールズ神話
地位　アリアンロッドの息子、グウィネズの領主
名前　器用な手をもつ光り輝く人

母に否定され女難に翻弄された光の英雄

「器用な手をもつ光り輝く人」という名をもつスェウ・スァウ・ゲフェスは、アイルランドの光の神ルーグに相当するとされるウェールズの英雄。実の母から存在を否定され3つの呪いを受けるものの、それらのすべてを克服した人物だ。

スェウの母アリアンロッドはグウィネズ王マースが課した処女試験に落第した時に、双子の男の子をうみ落とした。その双子のうちの一人がスェウである。アリアンロッドは自らの恥の証であるわが子を憎み、自分が名付けるまでは名前をもつことができないという呪いをかけた。

だがスェウを養育していた伯父で魔術師のグウィディオンは一計を案じ、少年靴職人に変装して彼女を誘導し、少年が投げ矢で小鳥を捕らえる場面に遭遇させる。彼女はその少年が実の子であることに気づかず「スェウ・スァウ・ゲフェス（器用な手をもつ光り輝く人）」と呼びかけ、それが彼の名前となった。

名前の呪いは解けたが、続けてアリアンロッドは「自分が与えるまで武器をもつことができない」という呪いをかける。これも伯父の機転により無効にできたのだが、彼女はなおも息子に「いかなる人種の妻をめとることもできない」という呪いをかけた。しかしグウィディオンはマース王の協力を仰ぎ、貞淑を表すカシ、美しさを表すエニシダ、さらに優しさを表すシモツケソウの花から、ブロダイウェズという美女をつくり出すと、スェウの妻としたのである。

ところが花のように美しいブロダイウェズはとんでもない悪女だった。隣国の領主グロヌウと不倫しただけでなく、スェウ殺害を企てたのである。スェウは実は「片足を入浴用の大釜の縁にかけ、もう片足を牡鹿の背にかけた状態で、安息日のみに鍛えた槍で刺されないと死なない」という不死身に近い身体だった。ブロダイウェズはこの弱点を不倫相手に打ち明け、共謀して実行したのだ。

しかしスェウは鷲に姿を変えてかろうじて生きのびると、伯父によって人間の姿に戻り、ふたりに復讐する。不倫相手を槍で貫いて殺し、さらに不貞を働いた妻を梟の姿に変えてしまったのである。

スェウはマース王の跡を継いでグウィネズの領主となり、この地では梟のことを「ブロダイウェズ」と呼ぶようになったという。

『アーサー王伝説』の登場人物

神話 ブリテン王
名前 熊、熊のような

「アーサー王」とは一体何者なのか?

6世紀はじめ頃、ブリテン島はゲルマン系民族サクソン人の攻撃を受け、先住民族のブリトン人は島西方のウェールズ地方やコーンウォール地方に追いやられた。このサクソン人をペイドン山の戦いで破ったと伝わるのが、ブリテン島の王アーサー・ペンドラゴンである。

アーサーは父ユーサー・ペンドラゴンの死後、正統な継承者のみが抜けるという剣を岩から引き抜き、王位を継承した。この剣がRPGでもおなじみのエクスカリバーだ。15世紀末に書かれた騎士物語『アーサー王の死』では、このエクスカリバーは冒険の途中で折れてしまい、湖の乙女から2代目のエクスカリバーが授けられたとされる。なお、初代の剣は別の名前で呼ばれることもある。

世界に名高い伝説の王アーサーだが、実はアーサーが実在の王かはいまだ不明である。6世紀頃のサクソン人侵攻に対抗した実際のブリテン人の英雄がモデルだとされるが、現存する最も古いアーサー王の物語『キルッフとオルフェン』、ウェールズの古詩『アンヌヴンの掠奪』などでのアーサー王は、ケルト人の理想の王であった。しかしウェールズの歴史を記した『カンブリア年代記』にはペイドン山の戦いやカムランの戦いでのアーサーの活躍が描かれている。これが『ブリタニア列王史』や『アーサー王の死』で発展し、中世騎士道的な理想の王のイメージとなった可能性が高い。

危険を恐れない冒険大好き王

アーサーの居城であるキャメロットの宮殿には、13の席を配置した円卓がある。この席のひとつにアーサーが座り、他の席は甥のガウェインや乳兄弟のケイなど、精鋭の騎士に与えられた。アーサーはこの「円卓の騎士」たちから絶対の忠誠を捧げられている。それは、どの騎士よりも率先して冒険に飛び込む勇敢さと騎士道精神のもち主だったからだ。

伝説の原点とされる『マビノギオン』においては、従兄弟キルッフの冒険に同行し、巨人の王イスバザデンが課す難業の達成に協力する。また『アーサー王の死』では、反逆の騎士モルドレッドをカムランの戦いで討ち取る。アーサーはこの戦いで重傷を負ってしまい、修道院に埋葬されたとも、または再び返り咲く日のために伝説の楽園アヴァロンで傷を癒やしているともいわれる。

アーサー王と騎士たちの物語は数多くの小説や映画で描かれ、モチーフとしている作品も多い。人気ゲーム『Fate』シリーズや『モンスターストライク』への登場など、近年の日本でもその人気は衰えず、新たな活躍を見せている。

エクスカリバー
アーサーが所持する魔法の剣。『アーサー王の死』では、ブリテン王になる資格のある者だけが石から抜き取れる剣と、この剣が折れたあと湖の乙女から贈られた剣の両方がエクスカリバーと呼ばれている。

円卓の騎士
アーサーに仕える精鋭の騎士たち。キャメロットの宮殿にある円卓に席をもつことが名前の由来。アーサーに仕える騎士すべてを指す場合もある。

Merlin
マーリン

別名 メルディン、ミルディン、メルリヌス・アンブロジウスなど
神話 ブリテン王の顧問官、予言者
名前 コチョウゲンボウ(ハヤブサの一種)

人ではない父からうまれた不思議な子ども

『アーサー王の死』によると、マーリンの父は人間ではない。夢の中で性交を行うとされる悪魔の一種、夢魔と訳されるインキュバスが父とされる。そして母は、その交わりによってマーリンを身ごもった貞淑な人間の女性だという。

マーリンがうまれた頃のブリテン島は、正統な王モインズの家臣でありながら王位を奪ったヴォーティガンが治めていた。ヴォーティガンはモインズの弟であるアンブロシウスとユーサーを追放しており、ふたりが帰還できないように砦を築こうとする。ところが何度建てても崩れてしまうので占い師に対処法を尋ねると、「土台の角石を人間の父親なしでうまれた子どもの血で浸すべし」という答えを得たので、マーリンがヴォーティガンの前に連れ出された。

王と向き合ったマーリンは少しも怯えることなく、「砦が崩れるのは2匹の竜の洞穴が土台の下にあるからだ」と告げる。そこで砦の地面を掘り返すと本当に白い竜と赤い竜がいた。2匹の竜は戦いはじめ、マーリンが煽る。戦いの果てに赤い竜は敗れ、勝った白い竜は岩の奥に姿を消した。

魔法と予言で王を助けるも恋愛が破滅を招く

実は白い竜の勝利はアンブロシウスとユーサーの帰還を予言しており、ヴォーティガンはこの兄弟に滅ぼされてしまう。そしてマーリンは王位についたアンブロシウス、ユーサー、さらにユーサーの息子アーサーの顧問官と

なった。

アーサーの時代には白いひげの老人となったマーリンだが、その知謀と魔力は衰えなかった。アーサーの宮廷に円卓を導入し、円卓の騎士制度を考案したのはマーリンである。またアーサーの魔剣エクスカリバーが折れた時に、2代目のエクスカリバーが得られることを予言して、剣を与える湖の乙女のもとまで案内したこともある。奇跡を起こす聖杯の探求をアーサーに進言したのもマーリンであり、物語の進行において重要な役割を担う人物となっている。

一方で好色なインキュバスの血を引くせいか恋に溺れやすく、湖の乙女ヴィヴィアンに焦がれて身を滅ぼした。ヴィヴィアンはマーリンの魔力にしか興味がなく、マーリンから教わった魔法を利用して彼を空気でつくられた塔の中に永遠に幽閉したといわれている。こうしてマーリンはアーサーの前から姿を消してしまった。

アヴァロン
ウェールズ語で「リンゴの島」を意味する、不死のリンゴが常に実る伝説の楽園。ブリテン島南方のグラストンベリーなどがモデルと考えられている。

ストーンヘンジ
サクソン人との戦いで戦死したブリトン人の慰霊碑として、マーリンが建てたと伝わる巨石遺構。実際にはケルト人の移住より前の紀元前25～20世紀頃の遺跡で、だれが何の目的で建てたかは不明である。

モーガン・ル・フェイ

Morgan le Fay

別名 モルガン・ル・フェ、ファタ・モルガーナなど

神話 オークニー王妃、魔女

名前 妖精モーガン、魔女モーガン

アーサーの敵役となったアヴァロンの女王

ブリテン王アーサーの母は、父ユーサーが略奪愛の果てに結婚したイグレイン。彼女の前夫はコーンウォール公ゴルロイスだった。モーガン・ル・フェイはこの夫婦の間にうまれた、アーサーの異父姉である。

父が異なっても姉弟ならばアーサーに協力しそうだが、『アーサー王の死』のモーガン・ル・フェイはアーサーを妨害する敵役として登場する。アーサーの剣エクスカリバーは鞘に不死身の魔法がかかっていたが、モーガン・ル・フェイはこれを盗んで湖に投げ込んでしまう。このためアーサーは死の運命を背負うことになったのである。さらに最終的にアーサーが死と直面する原因をつくったモルドレッドは、彼女とアーサーの不義の子だともいわれている。

モーガン・ル・フェイがアーサーに敵対する理由は詳しく語られていないが、彼女の父ゴルロイスはユーサーに攻め滅ぼされているため、ユーサーの息子であるアーサーにも憎しみを抱いていたのかもしれない。名前の「フェイ」とはケルト神話における妖精や魔

女を指すが、モーガン・ル・フェイはうまれた時からの魔女ではなく、ゴルロイスの死後に修道院で修行して魔力を身につけたという。この力があれば復讐を果たせると考えたのだろう。

しかし、伝承の中のモーガン・ル・フェイははじめから邪悪な魔女ではなかった。『アーサー王の死』より先に書かれた『マーリンの生涯』ではアーサーとの血縁関係はなく、伝説の楽園アヴァロンを治める9人姉妹の長女で、実質上の女王として登場する。医術の心得があり、カムランの戦いで瀕死の重傷を負ったアーサーをアヴァロンに招いて、傷の手当てをしたという。

モーガン・ル・フェイはダーナ神話の戦いの女神であるモリガンと同一視されることもある。残虐な戦いと戦士への加護を司るモリガンの性質から見れば、役まわりがアーサーの敵にも味方にもなるのは納得のいくところといえるだろう。

ヴィヴィアン

Vivian

別名 ニムエ、ニニアン、ニミアン、ニミュエなど

神格 湖の乙女

物語の重要な役割を担う湖の精霊

水は人間に必要不可欠だが、時に人は水難で命を落とす。このため多くの神話で水そのものや水場には神秘的な力が宿ると考えられた。特にケルト神話は水場への信仰心が篤く、水がたっぷりと溜まる湖は霊的な力も溜まるパワースポットとされた。ブリテン王アーサーの一連の物語においても登場しているヴィヴィアンは、このように霊的な場である湖の精霊「湖の乙女」と呼ばれる。

水を重視するケルト神話の流れを汲むからこそ、アーサー王伝説には水場が多く登場し、そのたびにヴィヴィアンは重要な役まわりを担う。アーサーが一騎打ちで聖剣を折ってしまった時、湖の中からエクスカリバーを掲げてアーサーに与えたのはヴィヴィアンである。また円卓の騎士のひとりランスロットは、幼少期に湖の宮殿へ招かれてヴィヴィアンから教育を受けた。さらにカムランの戦いで命にかかわる傷を負ったアーサーを、伝説の楽園アヴァロンに向かう船に乗せたのもヴィヴィアンといわれる。

魔術師マーリンに言い寄られるエピソードでのヴィヴィアンは、けんもほろろでマーリンの魔力を利用することしか考えない。マーリンに教わった魔法を使って幽閉場所をつくり出すと、そこにマーリンを永遠に閉じ込めてしまう。しかし幽閉されてもマーリンはまんざらでもないようで、まさに恋は盲目である。

このように多彩な活躍をするヴィヴィアンだが、すべての行動が同一人物のものではない可能性もある。「湖の乙女」とはヴィヴィアン固有のニックネームではなく、湖の精霊すべてを指す種族名とも読めるからだ。実際、ヴィヴィンにはニムエやニミュエなど異なる呼び方がとても多い。また、ヴィヴィアンはダーナ神話の戦いの女神バズヴァと同一視されるネヴァンが源流ともいわれる。もともとはダーナ神族の女神だが、人間に敗れて異界に移住し、次第に神の力を失って精霊になった存在が「湖の乙女」と考えられるのだ。

タリエシン

Taliesin

別名 タリエッシン、ダル・レシンなど

地位 吟遊詩人、予言者

名前 輝く額

アーサーと同時代を生きた天才的詩人

歴史書『ブリトン人の歴史』では、「ブリテンの五大詩人」のひとりにあげられるタリエシン。史書に取り上げられていることからもわかるように、6世紀後半頃に北ブリテンで活動した実在の詩人と考えられている。

タリエシンの史実上の生涯は詳しくわかっていないが、伝説的な生涯を描いた『タリエシン物語』では数奇な出自が語られる。タリエシンははじめグウィオンという名の小人で、魔女ケリドウェンの召使だった。ある日彼女が調合した霊薬を誤って舐めたことで、この世のすべての知識を得たのである。ケリドウェンが怒ったためグウィオンは鹿や魚に変身して逃亡するが、ケリドウェンも猟犬やカワウソに変身して追いかける。そしてグウィオンが麦粒に変身して休んでいたところを、鳥に変身したケリドウェンが飲み込んでしまった。

こののちケリドウェンは妊娠した。彼女は赤ん坊がグウィオンだとわかっていたため殺すつもりだったが、いざうまれてみるとあまりに美しくて殺せず、革袋に入れて海に捨てる。それを見つけたウェールズ北部を治める王グウィズノの王子エルフィンが、タリエシンと名づけて養子に迎えたのである。タリエシンはうまれつき詩と予言の才能に恵まれ、エルフィンが危機に陥った時は嵐を起こしたり対峙した詩人の言葉を奪ったりして救い出した。

6世紀後半は、ブリテン王アーサーが活躍した時代でもある。物語のつくり手たちがタリエシンとアーサーに接点をもたせようと考えるのは当然の流れであるだろう。アーサー王伝説の源流とされる『マビノギオン』のアルスル王の物語において、タリエシンはアルスル王の宮廷詩人とされている。実は『マビノギオン』のベースのひとつが、タリエシンの詩を集めた『タリエシンの書』なのだ。後年のアーサー関連の物語では、傷を癒すため伝説の楽園アヴァロンに向かうアーサーを船で送り届け、晩年は森で静かに暮らしたという。

フランスうまれの円卓の騎士

ブリテン島のケルト神話継承者であるブリトン人は、6世紀はじめ頃にサクソン人の襲撃を受け、島の西方であるウェールズ地方やコーンウォール地方に逃げのびた。さらにその一部は海を南方へとわたり、現在のフランスの最西端であるブルターニュに移住した。これと同時に一連のアーサー王伝説もブルターニュに伝わり、フランス流の騎士物語として新たな発展を遂げる。

そして12世紀頃に、フランスの吟遊詩人クレティアン・ド・トロワによってはじめて語られたのが、ブリテン王アーサーに仕える円卓の騎士ランスロットである。ランスロットがブルターニュ王バンの王子と設定されているのは、フランス人によって新たにつくられたキャラクターだからであるとされる。

しかしバンが宿敵クラウダスとの戦いに敗れたため、ランスロットは幼くして国を追われた。しかもバンは逃走中に亡くなり、ランスロットは湖の乙女ヴィヴィアンによって湖の宮殿で育てられる。ここで優れた武芸を身につけたランスロットは、キャメロットへと向かい、円卓の騎士に加わることとなったのだ。

禁じられた恋が史伝を物語に昇華した

はじめてアーサーに謁見したランスロットは、隣に控える王妃グィネヴィアに一瞬で恋をした。同時にグィネヴィアもランスロットに一目惚れした。こうして王妃との禁じられた恋物語が幕を開ける。グィネヴィアが毒殺事件の犯人の疑いをかけられた時は、ランスロットが被害者の弟との一騎打ちに臨んで無実を証明するほどであった。

しかし、想いがどんなに純粋でも不倫は罪深い。ランスロットは清廉潔白な者しか認めない聖杯には触れられず、聖杯探索の旅に失敗している。

この秘められた関係は、同じ円卓の騎士であるモルドレッドの告発によって露見し、ランスロットはアーサーとの望まぬ戦いに向かわざるを得なくなる。しかもその間にアーサーの留守を預かったモルドレッドが裏切り、王位を奪った。アーサーは帰国してモルドレッドとのカムランの戦いに臨むが、ランスロットは主君の最大の危機を救う資格すら失ってしまったのである。結局アーサーはモルドレッドと相討ちとなり、訃報を聞いたランスロットは出家。グィネヴィアと再会することなく死去した。

道ならぬ恋に生きたランスロットの悲劇は、当時の貴族に広く支持された。ランスロットの登場で、史伝が文学的な物語に進化したといえるだろう。

アロンダイト
ランスロットの剣。『アーサー王の死』などには登場せず、後世の詩文の中で「もともとはランスロットの剣だった」と語られている。

聖杯
イエス・キリストが最後の晩餐で使ったと伝わる聖なる杯。奇跡を起こすとされるが、実は初出の騎士物語『ペルスヴァル、あるいは聖杯の物語』が未完であるため、具体的な効果は不明である。

モルドレッド
Mordred

別名 モードレッド、モウドリッド、メドラウト、モドレドゥスなど

地位 円卓の騎士

クライマックスに登場する裏切りの騎士

『アーサー王の死』では、物語が終盤にさしかかってからやっと活躍する円卓の騎士モルドレッド。しかしそのインパクトは凄まじい。太陽の英雄とされた兄ガウェインとは対照的に、モルドレッドは「闇」を象徴し、アーサー王世界の崩壊を決定的なものとした。

まず同じ円卓の騎士ランスロットとアーサーの王妃グィネヴィアの不倫を告発し、裏切りでアーサーの王位を奪い、最後はアーサーと一騎打ちを演じて果てるという、まさにアーサー王伝説のラスボス的存在なのである。

モルドレッドはアーサーとその異父姉モーガン・ル・フェイの間にうまれた近親相姦の子どもだとされる。姉とは知らずに火遊びをした結果の子である。この罪は、アーサー王の世界の崩壊を招く腐敗の象徴とされる。ただし、アーサーの甥とされることもあり、伝説によってモルドレッドの立場は変化している。

このような不義の出自を呪うように、魔術師マーリンはモルドレッドがアーサーとその国を滅ぼすと予言した。そして成長する前に命を絶つため、モルドレッドの誕生日である5月1日うまれの子どもたちを船に乗せ、海に流してしまった。ところがモルドレッドだけは生き残り、漂流先の漁師に育てられる。成長したモルドレッドは運命の悪戯か、やがて円卓の騎士に列するのだった。

もともとはアーサーの敵か味方かも不明だった？

円卓の騎士となったのち、モルドレッドはランスロットと王妃の不倫の証拠を押さえてふたりを告発する。ランスロットが逃げたため、アーサーは不倫の事実を認め、アーサーとランスロットの戦いがはじまる。王の留守役を任されたモルドレッドは、アーサーが戦死したと偽の情報を流して王位を奪うのだった。

モルドレッドの裏切りを知ったアーサーは急いで国元に帰り、両者がぶつかり合うカムランの戦いが開戦する。この戦いは両軍ともほぼ全滅の激戦になり、最後はアーサーがモルドレッドを槍で貫いてとどめを刺した。モルドレッドも剣でアーサーの兜を割るほど

の一撃を与え、アーサーはこの傷がもとで死んだとも、傷を癒すために伝説の楽園アヴァロンにわたったともいわれる。

　モルドレッドが裏切った詳しい動機は語られていない。そもそもモルドレッドの名がはじめて見える『ウェールズ年代記』では、「アーサーと同じく戦いで死んだ」とだけ書かれており、敵対していたのかもわからない。物語を盛り上げるため、後世になって悪役にされた可能性もあるのだ。

カムランの丘
カムランの戦いでモルドレッドとアーサーが一騎打ちをした決戦の場。戦死者の遺体が山のように折り重なっていた。現在のどの土地に当たるかは不明で、キャメルフォードなどが候補地とされている。

5月1日うまれの子ども
モルドレッドがアーサーに災いをもたらすと予知したマーリンは、モルドレッドの誕生日である5月1日うまれの子どもを皆殺しにするため、海に流した。

地位 円卓の騎士

多くの武勲を立てたアーサーの側近

　アーサー王伝説のモデルとなったウェールズ神話『マビノギオン』で、キルッフの冒険を手伝うアルスル（アーサー）につき従った騎士のひとりがベドウィル（ベディヴィア）である。隻腕ながら槍を得意とし、戦場では3人の戦士よりも早く敵に血を流させることができ、そのひと突きは他の者の9突きにも相当するという。

『マビノギオン』から物語を抽出した『ブリタニア列王史』では、アーサーの同盟者であるブルターニュ公ホウエルの娘をさらったモン・サン・ミシェルの巨人を退治するアーサーに同行した。残念ながら娘は殺されていたが、ベディヴィアはアーサーをサポートし、巨人退治を成功させて住民から賛辞を送られた。

　このようにベディヴィアは、一連のアーサーの物語が形成される初期段階からアーサーの重臣として扱われている。このため実在の人物ではないかとも考えられているが、詳しいことはわかっていない。しかし、さらに後年の『アーサー王の死』でも、ベディヴィアがアーサーの信頼厚い側近とされていることは確かだ。むしろ重要性は増しているといえるだろう。

激戦を生きのびアーサーを見送った忠臣

『アーサー王の死』終盤で語られるカムランの戦いで、対峙したアーサーとモルドレッドの両軍はともにほぼ全滅状態となった。アーサーはモルドレッドを一騎打ちで討ち取ったが、最後の反撃を受けて自身も致命傷を負ったのだった。

アーサーを助け起こそうとしたベディヴィアの兄ルーカンも、深手を負っていたため息絶えたが、ベディヴィアは、負傷しながらも生きのびた。もはや起き上がることもできないアーサーは、ベディヴィアに最後の願いを託す。湖の乙女に授けられた聖剣エクスカリバーを返還して欲しいと頼んだのだ。ベディヴィアは投げ込むのを2度ためらいアーサーに嘘の報告をするが、3度目にエクスカリバーを湖に投げ入れる。すると湖から手が現れ、剣を受け取って沈んでいった。

このこのちベディヴィアは伝説の楽園アヴァロンにわたる船に乗ったアーサーを見送り、ひとりきりで号泣した。やがて気を取り直して森に入ると、たどりついた修道院で真新しい墓を見つける。これがアーサーの墓と悟ったベディヴィアは、修道院に住む隠者に仕えて静かな余生を送ったという。

ガウェイン

Gawain

別名 ガーウェイン、ゴーヴァン、ワルワヌス、グワルフマイなど

地位 円卓の騎士

思慮深さの奥に激情を秘めたアーサーの甥

ブリテン王アーサーの異父姉モーガン・ル・フェイとオークニーの王ロトの間にうまれたガウェインは、アーサーの甥に当たる親密な関係にある。また「賢明な」「礼儀正しい」と呼びならわされるように思慮深く紳士的な性格で、若くして円卓の騎士に名を連ねた。武芸にも秀でており、『アーサー王の死』によると朝9時から正午と午後3時から夕方までは力が倍になり、陽が沈むと弱まるという特性をもっていたという。

ガウェインの賢明さと礼儀正しさは、美しい妻を迎えることにも繋がった。アーサーが謎解きに悩んでいた時、的確な助言を与えた醜い女性が、「見返りに若々しく勇敢な騎士を夫に欲しい」と願った。これに対してガウェインが夫に名乗りを上げると女性は美女に変わり、「若々しく勇敢な騎士を夫にできたので魔法が解け、本来の姿に戻った」と言う。

しかし美女でいられるのは半日だけ。妻は「多くの人に見てもらえる昼」に本来の姿でいたいと望み、ガウェインは当初「ふたりきりになる夜」を望んだが、妻の意見を尊重して昼を認めると、すべての魔法が解けて妻は一日中美女でいられるようになったのだ。

この一方でガウェインは激情家の面もあった。円卓の騎士ランスロットとアーサーの王妃グィネヴィアの不倫が露見し、グィネヴィアが処刑されそうになった時のことである。グィネヴィアの救出に現れたランスロットは警備の騎士と衝突し、警備兵だったガウェインの弟ガヘリスとガレスを殺してしまう。

ガウェインはこれに激怒し、もともとは友人だったランスロットを絶対に許さないと誓う。そしてアーサーとランスロットの軍が戦いをはじめると、自ら進んでランスロットとの一騎打ちに臨んだ。しかし返り討ちに遭って重傷を負い、その傷がもとで世を去る。この死の間際、自分の強情さを悔いてランスロットを許し、冷静で誠実なガウェインに戻ったのだった。

ガラハッド

Galahad

別名 ギャラハド、ガラハド、ガラードなど

地位 円卓の騎士

聖杯入手を運命づけられた聖杯伝説の中心人物

ブリテンの王アーサーの物語において重要なエピソードのひとつが「聖杯伝説」だ。キリスト教の聖遺物である聖杯を求めて円卓の騎士が冒険を繰り広げる物語だが、実はアーサーの物語にはじめて聖杯が登場する『ペルスヴァル、あるいは聖杯の物語』という物語は未完である。このためだれがどのような恩恵を聖杯から受けるのかは不明で、後世の詩人や作家がオリジナルの続編を発表した。結果的に、聖杯伝説にはいくつものパターンがうまれることになる。

聖杯伝説の中心人物は、はじめ円卓の騎士パーシヴァルだった。しかし次第に、聖遺物としての聖杯を強調するための新たな人物が中心となった。それが円卓の騎士ガラハッドである。いわば聖杯伝説の主役として誕生したキャラクターであり、聖杯伝説はガラハッドの登場ではじまりガラハッドの死で終わる。

ガラハッドの初出は13世紀前半にフランスで発表された『聖杯の探索』で、アーサーの物語の集大成『アーサー王の死』はこれをベースに聖杯伝説を描いている。

『アーサー王の死』によればガラハッドは円卓の騎士ランスロットの息子であり、聖杯探索がはじまるまさにその時、円卓の騎士に加わった。円卓の騎士となるには円卓の席に名前が浮かび上がる必要があり、ガラハッドの名前は13番目の「危難の席」に現れる。ふさわしくない者が座ろうとすると不幸をもたらす席だったが、ガラハッドは難なく座れたので、アーサーや円卓の騎士たちは「ガラハッドこそが聖杯を得るべき者だ」と喜んだ。

清廉な者しか認めない聖杯を手にできたのは、ガラハッドとその仲間パーシヴァル、ボールスの3人だけだった。3人は聖杯とともに東方のサラスにたどりつき、ガラハッドは望まれて王位に就く。しかし聖杯に魅入られたガラハッドは、肉体から解放されて純粋な魂になることを望んだ。そして聖杯がその願いを聞き届け、ガラハッドは満ち足りた心で天に召されたのである。

Kay
ケイ

別名 カイ、クー、カイウスなど

地位 円卓の騎士

口うるさいがアーサー思いの執事

ブリテンの王アーサーの乳兄弟で義兄。もともとはアーサーの主人だったが、のちに彼の執事となった。それは次のような事情からである。

アーサーが誕生した時、魔術師マーリンはその安全を確保するために、アーサーの父ユーサーの信任厚い騎士エクターにアーサーを託した。このエクターの息子がケイである。エクターはアーサーの身分を隠してケイと兄弟のように育て、ケイが騎士の洗礼を受けた際にアーサーをケイの従者としたのである。

ある日、馬上武術試合に出場したケイの剣が折れてしまったため、彼はアーサーに家から代わりの剣をもってくるよう命じた。そこでアーサーは家に戻ったが見つけられず、近くの教会の前にある石に刺さっていた剣を引き抜いてケイのもとへもっていった。

実はこの剣こそがブリテン王の証の聖剣であり、石から引き抜ける者は正統なブリテン王の継承者なのだ。ケイとアーサーはこの時はじめてアーサーがブリテン王の血筋と知る。そして王位を継いだアーサーはエクターに育ててくれた礼をしたいと望み、エクターはケイを執事にしてほしいと答えた。こうしてケイはアーサーに仕えることとなる。

昨日の部下が今日の上司となったわけだが、ケイが不満を言うことはない。むしろ進んで忠誠を誓い、軽々しくアーサーに近づこうとする者には厳しい態度を見せる。しかし少しばかり口が過ぎるところもあり、田舎育ちで垢抜けないパーシヴァルがアーサーを訪ねた時には「馬も武器も貧弱だ」と嘲笑して、のちに腕と肩を骨折する手痛い仕返しをされてしまった。

そんな失敗も見せるケイだが、アーサーの信頼は厚かった。ケイはモン・サン・ミシェルの巨人退治に同行し、これに成功するとそこからほど近いアンデガヴィアの地を与えられた。最期はカムランの戦いに散ったといわれ、アーサーの幼少期から最後の戦いまで、最も長い時をともに過ごした騎士といえる。

かなわぬ恋に身を焦がした「悲しみの子」

円卓の騎士トリスタンとアイルラン

ド王女イゾルデとの悲恋を描いた「トリスタンとイゾルデ」は、『アーサー王の死』中盤のメインストーリーである。もともとは別の物語だが、ブリテン王アーサーの物語と並び人気が高い作品だったため次第に融合してアーサー王伝説の一部となった経緯がある。

『アーサー王の死』のトリスタンはコーンウォールの隣国であるリオネスのメリオダス王とその王妃エリザベスの間の息子である。母親が出産後すぐに亡くなったため、「悲しみの子」を意味するトリスタンと名づけられた。エリザベスはコーンウォールの王マルクの妹であったため、成長したトリスタンは伯父に当たるマルクに騎士として仕えた。

こののちトリスタンは一騎打ちで重傷を負い、医者を探す旅の中でアイルランド王女イゾルデに出会う。医術の心得があるイゾルデの手当てで傷が癒えたトリスタンは、コーンウォールに帰って王にイゾルデのすばらしさを伝えた。するとと王がぜひイゾルテを王妃にしたいと言ったため、トリスタンは彼女に淡い恋心を抱きながらも主君の意向に従う。こうしてイゾルデはコーンウォール王マルクと結婚したが、彼女がコーンウォールに向かう道中、運命的な事件が起きていた。王とイゾルデの夫婦仲をよくするための「愛の妙薬」を護衛役のトリスタンとイゾルデが誤って飲んでしまい、激しい恋に落ちたのだ。そしてふたりは王に隠れて不倫関係を続けることになる。

『アーサー王の死』ではアイルランド王がアーサーへの反逆を疑われた時、トリスタンが決闘で無実を晴らしてイゾルデをコーンウォール王の王妃とする許可を得る。この活躍が認められたトリスタンは円卓の騎士となり、イゾルデを忘れるために別のイゾルデと結婚した。ふたりのイゾルデはアイルランド王妃が「金髪のイゾルデ」、トリスタンの妻が「白い手のイゾルデ」と呼ばれる。

ガレス

Gareth

別名 ボーマン

地位 円卓の騎士

その死がアーサー陣営分裂の原因となる

ブリテン王アーサーにとって、信任厚い円卓の騎士ガウェインの末弟であり、自身も円卓の騎士である。ガウェインの他にアグラヴェインとガヘリスの兄がおり、父違いの兄弟にモルドレッドがいる。父はオークニーのロット王、母はアーサーの異父姉モーガン・ル・フェイとも、あるいはその姉モルゴースともいわれる。純粋でまっすぐな性格のガレスは、兄ガウェインにも、同じ円卓の騎士ランスロットにもとても気に入られていた。それ故にガレスの死がガウェインとランスロットの間に亀裂を生じさせてしまい、果てはアーサー陣営を二分する危機の原因となってしまうのだ。

『アーサー王の死』終盤で、アグラヴェインが「ランスロットと王妃グィネヴィアの不倫を暴露しよう」と兄弟たちにもちかける。ガレスはもちろん、ガウェインとガヘリスも断ったが、モルドレッドが賛同したため計画は実行された。アグラヴェインたちは不倫の現場を押さえ、ランスロットには逃げられたものの、アーサーに不倫を知らせることに成功する。この不倫はアーサーに対する反逆にあたると判断され、グィネヴィアは火あぶりの刑を宣告された。

処刑に際し、ガレスとガヘリスが刑場の警備に臨む。ただしランスロットとグィネヴィアを敬愛しているふたりは武器も防具も身につけず、平時の服装だった。グィネヴィアが刑場に引き出されたまさにその時、逃走中のランスロットが救助のために突入を敢行。この乱戦に巻き込まれ、攻撃も防御もできないガレスとガヘリスはランスロットに殺されてしまったのである。

大切な弟たちを殺されたガウェインは激怒し、絶対にランスロットを許さないと誓った。こうして円卓の騎士たちはアーサー・ガウェイン派とランスロット派に分かれて戦うことになる。アーサーは和睦を望んだがガウェインが断固拒否したため戦いが長引き、モルドレッドに裏切りの好機を与えてしまった。

Agravain アグラヴェイン

地位 円卓の騎士

仲間の不倫を暴露した内部告発者

オークニーのロット王と、その妃であるモーガン・ル・フェイ、またはその姉モルゴースの間にうまれた息子とされており、ブリテンの王アーサーの甥に当たる存在だ。自身も含め兄弟はみな円卓の騎士に名を連ねており、兄にガウェイン、そして弟にガヘリスとガレスがいる4人兄弟である。また、彼らとは別に、父親違いの弟としてモルドレッドがいる。

アグラヴェインはモルゴースと不倫関係にあった円卓の騎士ラモラックを兄弟たちと暗殺したといわれ、不正を許さない厳格な性格だったようだ。このため、円卓の騎士ランスロットとアーサーの王妃グィネヴィアの不倫関係を度し難く思っていた。しかもランスロットは聖杯探索の最中に「グィネヴィアとはもう関係をもたない」と誓ったのに、帰国後は以前と同じ関係に戻っていたのだ。

アグラヴェインはこれを腹に据えかねて、兄弟たちにランスロットとグィネヴィアの不倫暴露計画をもちかける。ガウェインたちはこの誘いを拒否したがモルドレッドだけは同意したので、ふたりはアーサーに不倫の事実を伝えた。しかしアーサーは証拠がなければ信じられないと返したため、アグラヴェインとモルドレッドは不倫現場を押さえることにする。

　ふたりは賛同を得た12人の騎士を連れ、ランスロットとグィネヴィアが不義をはたらく部屋に踏み込むが、アグラヴェインは逃亡しようとしたランスロットに12人の騎士とともに殺されてしまう。モルドレッドは命こそ取られなかったものの、手傷を負った。こうしてアグラヴェインは死んだが、不倫の告発は成功し、アーサーと円卓の騎士たちの崩壊がはじまる。

　仲間の不正を告発したアグラヴェインは、現代なら勇気ある人物と讃えられるだろう。しかし『アーサー王の死』では「邪悪な騎士」と貶められてしまう。これはランスロット人気を反映した作品で敵役となった不運の結果なのである。

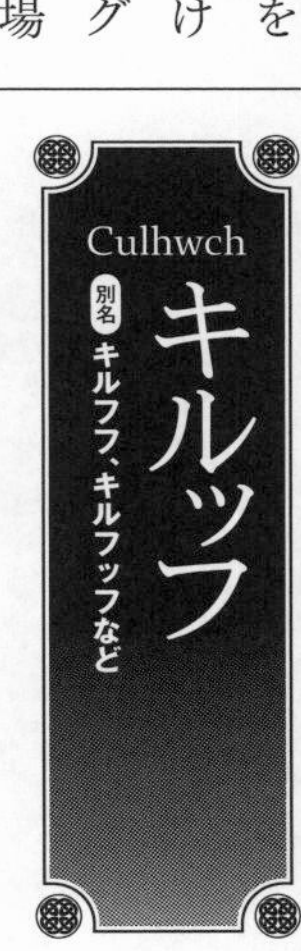

神話 ウェールズ神話
地位 ケレドン・ウレディクの息子キリッズの子
名前 豚の檻、豚の囲い場

見知らぬ女性と結婚するため旅に出た王子

かつてのブリテンには、「ウレディク」という称号の王が5人いた。キルッフはそのうちのひとりケレドン・ウレディクの息子であるキリッズを父に、そしてアンラウド・ウレディクの娘ゴレイディズを母にもつ王子である。名前は「豚」と「狭い場所」という一風変わった意味をもつが、これはゴレイディズが豚小屋の前で産気づいてそのまま出産したことにちなんでいる。

　キルッフはいわゆる「アーサー王物語」である『アーサー王の死』などには登場しないが、ブリテン王アーサーとは深い関係があるとされている。これはウェールズ神話『マビノギオン』第2章の「キルッフとオルウェン」の中で、キルッフがアーサーのモデルとされるアルスルの従兄弟と語られるためだ。アルスルの母アイグルはアンラウドの娘である。つまりお互いの母が姉妹なのだ。

　この血縁を頼りに、キルッフはアルスルと冒険の旅に出る。そのいきさつは次のようなものだ。ゴレイディズはキルッフの誕生後まもなく病死してしまい、キリッズは攻め滅ぼした国の王妃を後妻に迎えた。この後妻には前夫との間にうまれた娘がおり、後妻はキルッフとこの娘の結婚を望んでいた。ところがキルッフに断られたため、腹を立てた後妻はキルッフに巨人の王の娘オルウェンとしか結婚できない呪いをかけてしまう。しかしキルッフはオルウェンと会ったこともなければどこにいるのかも知らない。そこでキリッズのアドバイスに従い、従兄弟アルスルの協力を得てオルウェン探しの旅に出たのである。

　そしてオルウェンを目の当たりにしたキルッフは、その輝く金髪と抜けるように白い肌をもつ乙女に一目惚れした。オルウェンの父イスバザデンはキルッフとオルウェンの結婚を認めず、無理難題を要求して妨害する。しかしキルッフはアルスルとアルスルに仕える騎士たちの力を借りて難題をすべてクリアし、晴れてオルウェンとの結婚を果たしたのだった。

イスバザデン

Ysbaddaden

別名　アズバザデン・ペンカウル

地位　巨人の王

最後は自らの宿命を受け入れた巨人の王

『マビノギオン』第2章の「キルッフとオルウェン」に登場する巨人の王。白く長いひげを蓄えた老人の姿をしており、瞼は重く垂れさがっているため、召使たちが麦や干草を運ぶための農具であるピッチフォークで支えなければならなかった。娘のオルウェンが結婚して去った時に命を落とすと予言されたため、辺境の城で隠れるように生きてきた。

　この隠棲の日々を打ち壊したのが、ケレドンの王子キルッフである。キルッフは継母によってオルウェンとしか結婚できない呪いをかけられたうえ、オルウェンの姿を一目見て恋に落ちてしまったため、是が非でもオルウェンと結婚したいと考えてイスバザデンのもとを訪ねたのだ。

　イスバザデンとしては自分の命もかかっている以上、オルウェンの結婚を許すわけにはいかない。その意志を示すため毒の槍をキルッフに投げつけたのだが、同行している隻腕の騎士ベドウィルに弾き返されて膝を負傷してしまう。キルッフはブリテン王アーサーのモデルとされるアルスルの従兄弟であり、オルウェンを探す旅にアルスルと彼の騎士たちの協力を得ていた。ベドウィルはその騎士のひとりで、円卓の騎士ベディヴィアのモデルであるとされている。

　力押しではかなわないと考えたイスバザデンは、結納の品という名目で入手困難な宝物の数々をもってくるようキルッフに要求した。曰く、花嫁のヴェールをつくるための素材、宴席の料理や酒肴を並べるための大籠と酒器、自動演奏してくれる竪琴など。イスバザデンの髪を整える櫛とはさみは強大な猪の耳の間にあり、アルスルの騎士たちが危険を冒して奪い取った。

　こうして40もの冒険の末に結納の品が集まると、イスバザデンは予言を受け入れた。オルウェンはキルッフと結婚し、イスバザデンは恨みを買っていた甥のゴレイに首をはねられて最期を遂げたのである。

4章 エジプト神話

・各神のデータについて
【信仰地域】…その神の信仰の中心地
【神聖動物】…その神を象徴する動物
【神格】…該当するいずれかを記載

・神の名称の読み方について
英語、ギリシア語ともにカナ表記には揺れがあるため、ここで取り上げているのは一例である。また、古代エジプト語は子音文字だけであり、母音表記がほぼ不明なため、発音については諸説ある。ここでは一定の規則に従って読んだものをカナ表記しており、本来の発音ではない

エジプト神話の成立

開祖、原典が特定されない多神教

エジプトという地名を聞くと、すぐに思いつく大きなランドマークのひとつはナイル川ではないだろうか。エジプトの文明、そして信仰はナイル川を中心として発展した。たっぷりと蓄えられた水は人々が生きるために必要な農業を可能にしたのだ。農業という軸が存在したからこそ、ナイル川の周囲に人が集まり、文化と信仰の発展があったといわれている。豊富な水による恩恵をもたらしながらも、時には氾濫により作物と命を奪うナイル川は、人々にとって尊敬と恐怖の対象であったのだろう。エジプト神話の主要な神々には、自然を司るものが多くみられるのも特徴である。

雄大なナイル川はエジプトを上下に分断している。また、ナイル川がもたらす恵みは、地中海やアフリカ、そしてアジアなどから多くの人々を惹きつけた。各地からナイル川にたどり着いた人々は集落をつくり、定住していったのだ。

こうして出来上がった古代エジプトはいくつかの共同体に分かれ、それぞれに信仰があったと考えられている。複数の地域で異なる信仰をもち、流入してきた人々によって別の地域の影響がもたらされていることから、エジプト神話は開祖が特定されていない。また、原典が1つではないのもこのことが影響しているという。本書においてもいくつかの原典を紹介しているがそれらは地域によって異なるものが伝わっている。

地域ごとに信仰されていた神は、時の流れと軍事的な理由により、幾度か〝合併〟されたものと考えられている。争いで敗北した地域の神は、勝利した地域の神にその役割が吸収されていったのだ。神の中に複数の呼び方、様相の多面性をもつものがいるのは、このためであるといわれる。

数千年間にわたり変化を重ねたエジプトの神々は、とりわけ多彩だ。さらにその数は途方もないほどに多く、名前がわかっている神だけでも1500神にもおよぶという。

エジプト神話の特徴

鳥、カエル、フンコロガシ……動物の姿の神が多い理由

エジプトの神々の容姿は、実にバラエティーに富んでいる。その理由として、動物の姿で描かれることが多いことが挙げられるだろう。詳細は各神の紹介ページに譲るが、猫、牛、ジャッカル、トキなどモチーフとされる動物や鳥の種類は広範にわたる。なかには、両棲類のカエルや昆虫のフンコロガシという、他の神話ではあまり見られない意外な生き物が、エジプトの神々の姿を形どっている。

古代エジプト人は、動物の人智を超えた能力、たとえば牛の繁殖力やハヤブサの鋭い視力と空を飛ぶ力などを、

神の力だと考えたのだ。そのため、動物を神の魂の化身と捉え、ある種の動物を〝神聖動物〟として崇めたのである。

先述のとおり、古代エジプトの信仰対象は地域ごとに異なっていた。それに伴って、信仰されている神と関連づけられている動物、すなわち神聖動物についても地域ごとに違っており、ある地域では神聖動物として崇められている動物も、別の地域では敵として扱われていることがあった。

このように、動物の種類にこそ地域差はあるが、動物を崇拝するという行為自体はエジプト全土に広がっていた。もともと動物への崇拝は、庶民の間で行われていたものと考えられているが、ファラオと神が同一視される頃になると、その神の化身、または使いとされている動物が広く大切にされるようになっていった。

発掘調査による出土品の中から、猫のミイラが見つかることがある。そのミイラにはしっかりと布が巻かれており、人の手により丁寧に加工されたものと考えられる。もちろん猫は猫の女神バステトの神聖動物である。このように神聖動物は葬る時にも手厚く扱われた。

しかし時には、古代エジプト人の動物を崇める精神を利用されてしまうこともあった。前5世紀、エジプトに侵攻してきたペルシア軍は、盾に猫をくくりつけていたという。猫を神聖動物として崇めていたエジプト軍は、手を出すことができず、敗北してしまったのだった。

4つの創世神話

地域で異なる創世神話が伝わった

古代エジプトの人々は広い知識をもち、豊かな想像力があり、そして寛容であったと思われる。争いで敗北した地域の神は排除するのではなく、別の神にその特性を合併したり、子として扱うようにしたりという工夫がなされた。神話もひとつに集約されることなく、ある程度の自由度をもって広まっていったのだ。こうして、各地で異なる創世神話が伝わることとなったのである。

しかし、複数の神話の中で共通してみられる表現もある。世界はなにもない〝混沌〟からうまれたという冒頭部分だ。この混沌そのもの、または混沌を神格化したものをヌンと呼ぶ。ヌンから最初の神がうまれ、そこから少しずつ世界が創造されていったという流れで神話は語られている。では、主要な4つの創世神話について、そのあらすじの違いをみていこう。

4つの創世神話で語られるストーリー

下エジプト地方で聖域といわれたヘリオポリスで伝わる創世神話は、複数ある創世神話の中でも主流なもののひとつであると考えられている。

混沌の海ヌンの中に、まだ姿をもたない太陽神アトゥム(太陽神ラーとも)が存在した。アトゥムは、自分の意思でヌンよりうまれた。そして、自分が立つ場所である原初の丘をつくった。

アトゥムは大気の神シューと湿気の女神テフヌトをうみ、ふたりは最初の夫婦となった。シューとテフヌトは大地の神ゲブと天空の女神ヌトをうみ、ふたりもまた夫婦となった。しかしゲブとヌトはお互いを求めすぎて離れようとしなかった。怒ったシューはゲブとヌトを地と天に引き離した。この時すでにヌトは身ごもっていたが、1年のすべての月で出産を禁じられてしまった。それを憐れんだ知恵の神トトが月にかけあい、1年のどこにも属さない5日の閏日をつくった。閏日に出産することができたヌトは、冥界の王オシリスをはじめとするヘリオポリスの神々をうんだ。

一方、上エジプトにあるヘルモポリスの創世神話では、ヌンから4神の雄のカエルと、4神の雌の蛇がうまれたとする。この8神は原初の丘をつくり、そこに1つの卵をうんだ。卵からは太陽神ラーがうまれ、世界に光が届くようになったとされる。

ヘリオポリスの神話とは、ラーがうまれるいきさつ部分が大きく異なる。しかし、ヘルモポリス神話には複数の異説がある。ラーがうまれたのは卵からではなく蓮の葉からであり、その蓮はラーの子ネフェルトゥムであるとする説。また、卵からうまれたのがトトであったとする説もある。

上下エジプトが統一され、首都となったメンフィスでは、創造神プタハが中心となる創世神話が語られた。へ

神話名	信仰の中心地（古代名）	主神	特徴
ヘリオポリス神話	イウヌもしくはオン（カイロ近郊）	太陽神アトゥム	混沌の海ヌンからうまれた創造神アトゥム（のちに太陽神ラーと習合）が主神。アトゥムの孫である地の神ゲブと天空の女神ヌトが兄妹婚をしたが、ふたりが離れようとしないため、アトゥムの子でふたりの父親でもある大気の神シューが引き離し、生命の生きる空間ができた。
ヘルモポリス神話	クヌム（現エル＝アシュムネイン）	知恵の神トト	「原始の水」「無限」「暗闇」「隠されたもの（または否定、不在）」を意味する4男神と4女神が、それぞれ1対となり「オグドアド（八神一体）」を構成する。男神はカエル、女神は蛇の姿をとる。ラーはオグドアドのうんだ卵から孵化する。トトはオグドアドの主であり創造神という立場をとる。
メンフィス神話	メンフィス（現ミトラヒナ）	創造神プタハ	プタハを万物の創造神と定め、ヘルモポリスの原始の神であるオグドアドも、彼の体を構成するものだとする。プタハはシア（思考）とフウ（言葉）によって、この世のすべてを創造することができる。法の女神マアトなど、抽象的な概念もそれぞれが独立して神となる。
テーベ神話	ワセト（現ルクソール）	戦の神モントゥ 太陽神アメン	比較的新しい神話。モントゥが第11王朝期にテーベ出身のファラオによって帝国の神となり、テーベ9神の長を務める。その後、第12王朝に帝国の神となった、オグドアドのひとりであるアメンと習合。さらに太陽神ラーを習合、メンフィス神話のプタハと同化し、徐々に全能神となった。

リオポリスの創世神話の流れをくんでいるが、すべての神々はプタハの意志でうみだされたとしている。

上エジプトの都市テーベの創世神話では、太陽神アメンが主神とされた。アメンはラーと習合（同一視）され、さらにほかの創造にまつわる神々の要素もすべて取り入れられた。創世神話としての有名度はほかに劣るが、テーベ地域では多くの儀式が執り行われ、アメンを崇めたとされている。

オシリス神話のあらすじ

神の死と復讐を描く異色の神話

オシリス神話は、多数伝わるエジプト神話の中でも特筆すべき存在だ。物語としては、先に紹介したヘリオポリス創世神話の続きとして描かれている。

この神話の中心となっているのは冥界の王オシリスとその妹で妻の豊穣の女神イシス、そしてオシリスの弟で砂漠の神セトである。

農耕の神でもあるオシリスは、知性が高く温厚な性格であった。無駄な戦いを好まず話し合いを推奨し、人々に農業と法を広めた。エジプトの王となったオシリスは、多くの人々に慕われた。セトはそんなオシリスを強く妬んでいた。セトはオシリスの弟ながら性格は正反対で、暴力を好む荒い気性の持ち主であった。オシリスのやり方では自分の大好きな争いが封じられてしまう。それに、オシリスばかりが人々に好かれるのが気に入らない。妬みはやがて憎悪に変わり、ついにセトはオシリスを殺してしまう。オシリスの遺体はナイル川に捨てられた。夫の死を知ったイシスは、オシリスを復活させるために旅に出る。

イシスの苦悩とホルスの戦い

オシリスの入った棺はナイル川を流れて地中海に入り、ビブロス（レバノン）へと流れ着いていた。そして、ビブロスの王により棺は王宮へと持ち込まれてしまう。オシリスを追ってビブロスにたどり着いたイシスだが、よその国の王宮に堂々と入り込むことはできない。そこでビブロス王妃に近づき、信頼を得て王子の乳母となった。しばらくの間、乳母として忠実に勤めたイシスはビブロス王に事情を話し、棺を譲り受けることができた。

エジプトに戻ったイシスは、オシリスを復活させるため儀式を行った。しかし、隠していたオシリスをセトに見つけられてしまう。セトはオシリスの体をバラバラにして、エジプト中にばらまいた。イシスは再び駆けまわり、オシリスの体をひとつひとつ集めていったのだ。こうして、イシスはようやく最愛の夫を復活させることができた。復活したオシリスはイシスとの間に子ホルスをもうけ、冥界の王となることを決意して旅立った。

セトの憎悪はイシスにも及んでいたが、イシスは身を隠しながらホルスを育てた。成長したホルスは父の復讐のため、そして父を継いで正統な王となるためセトに戦いを挑んだ。

オシリス神話のあらすじ

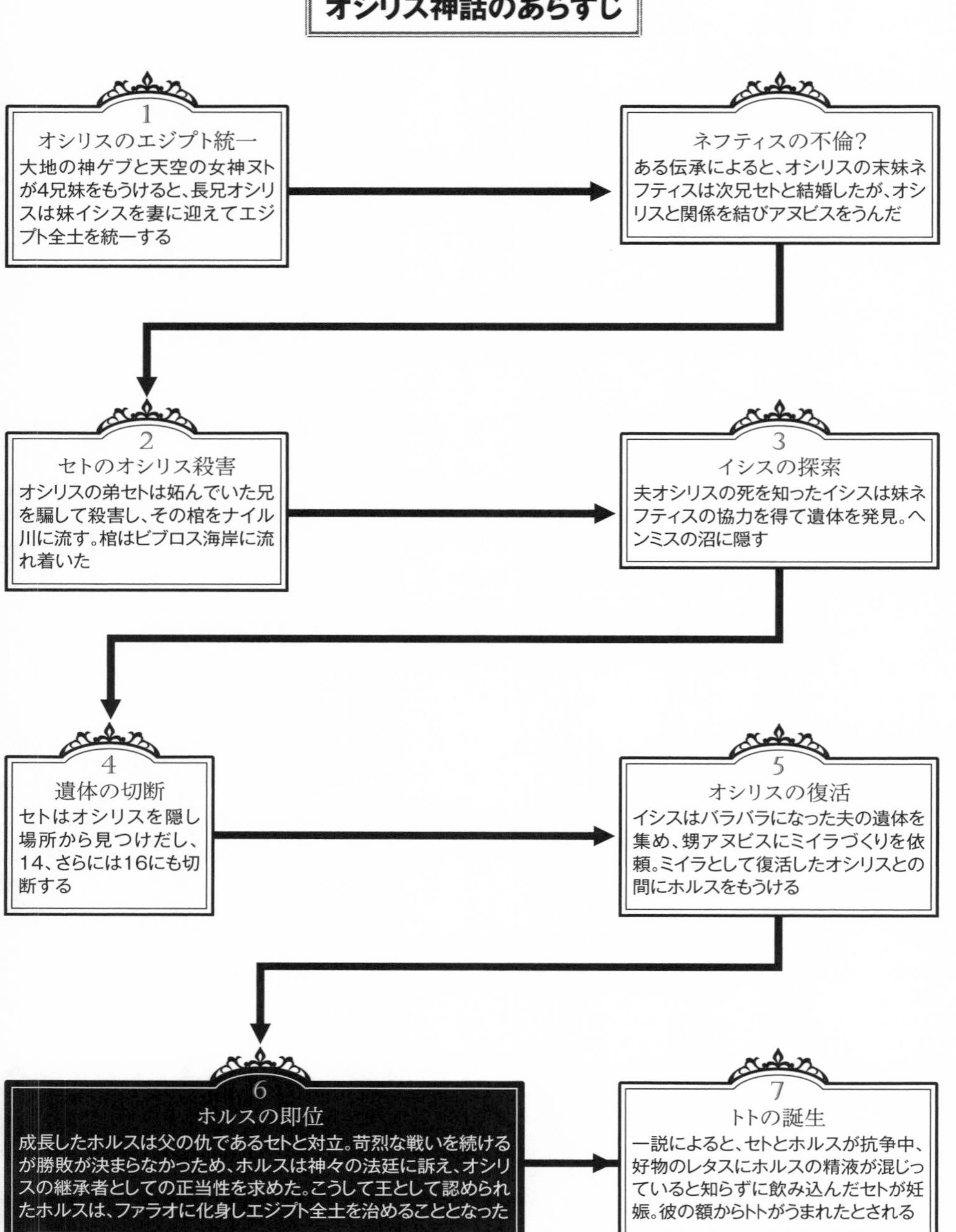

1
オシリスのエジプト統一
大地の神ゲブと天空の女神ヌトが4兄妹をもうけると、長兄オシリスは妹イシスを妻に迎えてエジプト全土を統一する
ネフティスの不倫?
ある伝承によると、オシリスの末妹ネフティスは次兄セトと結婚したが、オシリスと関係を結びアヌビスをうんだ
2
セトのオシリス殺害
オシリスの弟セトは妬んでいた兄を騙して殺害し、その棺をナイル川に流す。棺はビブロス海岸に流れ着いた
3
イシスの探索
夫オシリスの死を知ったイシスは妹ネフティスの協力を得て遺体を発見。ヘンミスの沼に隠す
4
遺体の切断
セトはオシリスを隠し場所から見つけだし、14、さらには16にも切断する
5
オシリスの復活
イシスはバラバラになった夫の遺体を集め、甥アヌビスにミイラづくりを依頼。ミイラとして復活したオシリスとの間にホルスをもうける
6
ホルスの即位
成長したホルスは父の仇であるセトと対立。苛烈な戦いを続けるが勝敗が決まらなかったため、ホルスは神々の法廷に訴え、オシリスの継承者としての正当性を求めた。こうして王として認められたホルスは、ファラオに化身しエジプト全土を治めることとなった
7
トトの誕生
一説によると、セトとホルスが抗争中、好物のレタスにホルスの精液が混じっていると知らずに飲み込んだセトが妊娠。彼の額からトトがうまれたとされる

ホルスとセトの戦いは、太陽神ラーなどの神々を巻きこんで、欺き欺かれの泥沼戦となる。あまりに決着しない戦いに、ついにオシリスが現れ「あらゆる存在はやがて死に、審判を受ける。裁く立場にある私の意見を聞き入れよ」と言った。オシリスは、ホルスがエジプトを治めるべきだと主張。戦いもホルスが優勢であったことと、ラー以外の神はセトが好きではないこともあり、無事にホルスがエジプトを治めることとなった。

この神話がもつ意味は大きい。死と復活、冥界の王について描かれたオシリス神話は、古代エジプトの人々がもつ独特の死生観を決定づけたのである。また、神と同視されていたファラオが死に、次のファラオが跡を継いで即位するという事実に対しての、人々の疑問を払拭する役割も果たした。なお、この神話はギリシャの哲学者プルタルコスによって伝えられたものである。

人間の魂と死者の審判

人間を構成している5つの要素

エジプトの人々は、人間は「カー」「バー」「レン」「シュト」「イブ」という5つの要素で構成されていると考えていた。

カーは、人の生命力そのもの、魂のようなものと解釈されていた。バーは人の個性、性格。レンはうまれた時に与えられた名前。シュトは影。地面に投影される影というよりは、人の中に潜んでいるものとされる。

イブは心臓である。死後、人が生き返って永遠の命を得るために、心臓は決して失ってはいけないものとされていた。人をミイラにして保管するのも、心臓を保つという理由からといわれている。

死者はカーとバーがあわさった究極の形「アク」になることができれば、永遠の命を得て楽園で暮らすことができると考えられていた。死者がアクになれるよう見送った人々は墓を管理し、アクになることを祈って儀式を行った。しかし、誰もが楽園で永遠に暮らせるわけではない。その前に、神々による「死者の審判」を通過しなければならないのだった。

死者の審判と理想の楽園

死後、すべての人間は死者の審判を受けるため「2つの真理の間」という場所に通される。そこには裁判を執行する42神と、裁判長である冥界の王オシリスがいる。死者はここで自らの生前の行動について「否定の告白」を行う。罪を犯してはいないと、神々の前で堂々と主張するのだ。

それが終わると、次は死者の審判の書記である知恵の神トトが見守る中、審判がはじまる。審判では天秤が用意され、片方にイブ（心臓）を、もう片方に「真実の羽根」ともいわれる法の女神マアトの羽を乗せる。この天秤を、冥界の神アヌビスが確認する。

死者が本当に潔白であるならばイブ

は真理と同じ重さであるとされたため、死者が罪人であった場合、天秤は偏ってしまう。万が一、天秤が偏った場合は、幻獣アメミトが心臓を喰らってしまい、死者は楽園へ行けなくなるどころか二度とうまれかわることができなくなってしまう。

審判で認められた死者は、理想の楽園「イアルの野」へと立ち入ることを許される。エジプトの人々は、ナイル川周辺地域こそ地上の楽園であると考えていたため、死者がたどり着くイアルの野も地上とそっくりな場所であると考えられていた。しかし、イアルの野では病気や川の氾濫は起こらないという。

イアルの野では、死者は農業などの仕事を行う義務を課せられているが、死者の墓に供えられているウシャブティ像があらゆる仕事を代わりに行ってくれる。エジプトの墓からウシャブティ像が多く発掘されているが、これは死者が楽園にたどりつくと信じ、仕事をせずとも暮らしていけるようにという願いを込めて人々が死者と一緒に埋葬したものであると推測されている。ウシャブティ像が代わりに働いてくれるおかげで、イアルの野の死者は気ままにあちこちを行き来したり現世の者が供えてくれた食べ物を味わったりしながら、穏やかに暮らすことができるという。人々はこの理想の楽園を目指すため、生前に罪を犯すことなく自戒し、神を崇めて暮らしていたのだ。

死者の審判の手順

真理の羽を頂くふたりの女神

真理の羽とは法の女神マアトの羽のこと。「○○をしたことはない」と身の潔白を証明する「否定告白」でウソを見破るために使用される

オシリスへの礼拝

死者は冥界の王オシリスへ挨拶する。その後、42神の陪審の前で「否定告白」を行い、その告白が正しいか否かが審議される

心臓の計量

審議の際、死者の心臓はマアトの真実の羽（マアト自身とも）とともに冥界の神アヌビスの監視する秤にかけられる。少しでも傾けば側に控える幻獣アメミトに心臓を喰われ、「二度目の死」を迎える

トトによる記録

この裁判の結果は書記の守護神トトによってパピルス（古代エジプトで使用されていた紙）に記される

ファラオと神々の信仰

神として信仰されていたファラオ

エジプト王であるファラオは、名前を5つももっていた。5つの名はそれぞれ「ホルス名」「二女神名」「黄金のホルス名」「上下エジプト王名」「ラーの息子名」という。

なかには意味がまだはっきりしない名もあるが、基本的にはファラオがそれぞれの神と結びつくことを示しているといわれる。

ファラオが、地域によって異なる神を信仰するエジプトをまとめるには、主要な神に人々の信仰が多く寄せられることを利用し、ファラオを神と重ねて信仰させる必要があったのだ。ファラオや王朝と結びつく神は、出身地域の異なるファラオが即位するなどの理由から交代が繰り返された。また、アメン＝ラーのように別々の神を習合するなどして、信仰を集める工夫がなされたとも考えられている。

上下エジプトを統一し、第1王朝をつくった最初のファラオと考えられているナルメルは、自身を出身地である上エジプトで信仰の強かった天空の神ホルスであるとした。

ところが、第4王朝期（前2613年～前2498年頃）ではファラオであるジェドエフラーが太陽神ラーの息子を名乗るようになったことで、ファラオが神そのものであるという考えが薄れてしまった。その結果、神官の地位が向上することとなる。

第6王朝期（前2345～前2181年頃）、貴族や神官の力が強まり中央集権が崩壊する。そして覇権争いの末、第11王朝期（前2060～前1991年頃）にエジプトを統一。第11王朝では戦の神メンチュ（モントゥ）が信仰され、ファラオは「メンチュを満たすもの」という意味のメンチュホテプと名乗る。

最古の宗教改革と合成された神の誕生

1700年頃、エジプトは異民族ヒクソスに侵攻されて危機に陥る。ヒクソスは首都に到達し王朝を設立してしまった。

しかし、下エジプトと上エジプトには別の王朝が設立され、王朝同士の戦いが勃発。最終的にヒクソスとの戦いに勝利したテーベの軍勢が再び統一王朝を設立した。こうして、テーベで信仰されていた太陽神アメンが王朝と結びつく神となったのだ。

1360年頃アメンホテプ4世が、大きな宗教改革を起こす。彼は太陽神アテンを信仰し、アメンの神官と対立した。アメンホテプ4世は、自身の名をアクエンアテン（アテンに有益なもの の意）に改名。さらにアケトアテンという新都をつくり、テーベから遷都する。神官の力から脱却するために唯一神アテンによる統一を目指し、それ以外の神を崇拝することを禁じたのである。

しかし、この改革は人々の心に響かず、アクエンアテンの死後、息子トゥトアンクアメンがファラオになると完全に撤廃された。
　紀元前343年、エジプトはペルシア軍に占領される。しかし、ギリシアのアレクサンドロスがペルシア軍を破ると人々は彼を歓迎し、彼はファラオとなった。その後アレクサンドロスに仕えた護衛官プトレマイオス1世がファラオとなり、2国の宗教統合を画策する。ギリシア人が親しむ人の姿をもち、冥界の王オシリスと創造神プタハの化身アピスとを融合したセラピスという神をつくった。このように、王朝と信仰は切り離せないのである。

古代エジプト文字のヒエログリフは表意文字でも表音文字でもある。ローマ字に置き換えられるものも存在するため、日本語を綴ることも可能だ。

ローマ字対応

ah	p	h	s	t	i	f
h	sh	ch	a	m	kh	qu
d	u,w	r	kh	k	j	d
n	s	g	y	l		

日本語50音

ア行	カ行	サ行	タ行	ナ行	ハ行
a	k	s	t	n	h
i		sh	ch		f
u					
	ガ行	ザ行	ダ行		バ行
e	g	z	d		b
o		j			
マ行	ヤ行	ラ行	ワ行		パ行
m	y	r	w		p

死者の審判の場面を描いた『死者の書』フネフェルのパピルス
（The British Museum蔵）

歴代王朝と信仰表

時代区分	王朝		首都		信仰
	上エジプト	下エジプト	上エジプト	下エジプト	
先王朝	0王朝				
初期王朝	第1王朝		メンフィス		ホルス
	第2王朝				
古王国	第3王朝				
	第4王朝				ラー
	第5王朝				
	第6王朝				
第1中間期	第7·8·9王朝				
		第10王朝		ヘラクレオポリス	
	第11王朝		テーベ		モントゥ
中王国	第12王朝		イティ·タァウイ		アメン
第2中間期	第13·14王朝				セベク
	第17王朝	第15·16王朝	テーベ	アヴァリス	
新王国	第18王朝		テーベ		
			アマルナ		アテン
			メンフィス		アメン
	第19王朝		ペル·ラメセス		
	第20王朝				
第3中間期	第21王朝		タニス		
	第22·23·24王朝				
末期王朝	第25王朝		テーベ		
	第26王朝		サイス		
	第27王朝		サイス地方を中心としたデルタ地帯		
	第28王朝				
	第29王朝				
	第30王朝				
	第31王朝				
プトレマイオス時代	マケドニア王家		アレクサンドリア		セラピス
	プトレマイオス朝				

ホルス：初期時代のファラオはホルスの化身を名乗り、絶対的な権力を誇示した。この思想を反映したのが「ホルス名」である

ラー：第4王朝のジェドエフラーは「ラーの息子」を名乗る。それによりファラオは神の化身という思想が崩れた

モントゥ：第11王期のテーベ出身のファラオによって祀られる。のちにアメンと習合し「モントゥ＝アメン」となる

アメン：第12王朝のアメンエムハムト1世によって守護神となり、のちにラーと習合する

セベク：ファイユームを中心に信仰された神。第13·14·17王朝には即位名にセベクの名を入れるファラオもいたほど重要性をもつ

アテン：第18王朝のアメンホテプ4世の宗教改革により、王朝の唯一神となる。のちに淘汰される

アメン：アメンホテプ4世の息子トゥトゥアンクアメンによって帝国の守護神へと復活する

セラピス：冥界の王オシリスと聖牛アピスを習合した神。プトレマイオス1世が創造した

エジプト神話の神々

すべての神のはじまりとなった原初の水

「原初の水」と呼ばれ、古代エジプトのすべての神と世界をうみ出すもととなった起源の神。エジプトには複数の創世神話が存在しているが、ヌンはさまざまな創世神話に登場している。その多くで、ヌンはまだ誕生していない世界のすべてを内包する、巨大なよどんだ水の固まりとして語られる。何もなく、動くものもいない混沌とした暗黒の世界に浮かんでいたヌン。その中では、まだ形すらもっていない生命や物質がひっそりと息づいているだけだった。

最も古い創世神話のひとつとされる「ヘリオポリス神話」によると、ヌンの中から自身をつくり出し、太陽をもたらして世界に光を与えたのはアトゥムと呼ばれる神だという。彼は自らの意志の力によって自身を創造したのだった。

すべてのもととなり、神々の「父」とも呼ばれるヌンだが、その息子であるアトゥムよりも下位の存在と考えられていたようだ。これは自らを意志の力でつくりだして世界を創造したアトゥムよりも、何もうみださずに原初の水として存在するだけだったヌンは神として劣っていると考えられたのだろう。

ヌンはめったに表現されることはないが、太陽神の創造を表した場面などでは、ひげを生やした男性、もしくはカエルの頭部をもつ男性として表される。また頭には2本の羽か自身の名を表したヒエログリフをもつ。

ヌンがもつ重要な役割のひとつは、宇宙を航行する太陽の舟を持ち上げることである。うまれたばかりの太陽をのせた舟を原初の海から持ち上げ、地平線へと運んでいくのだ。これは毎日繰り返される日の出のサイクルを表している。

また、来世と関わりをもたない死産した赤ん坊や罪人の魂はヌンのもとに送られるとされた。

ヌンは創造された世界の外に深淵として存在し続けることで、死者の魂が還る場となった。ナイル川の水とも考えられたヌンによって、太陽も死者も活力を与えられ、再生することが可能となるのだ。

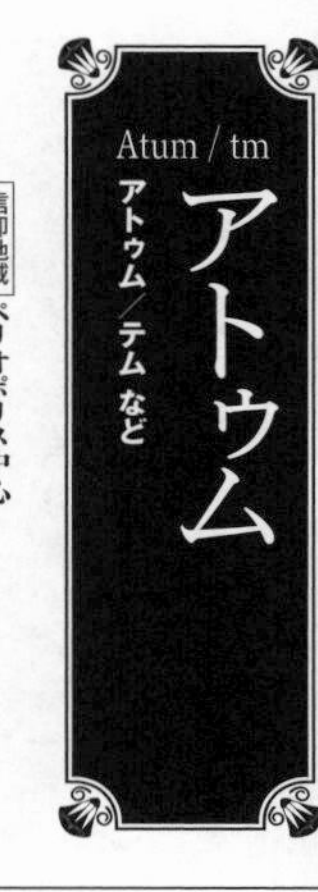

信仰地域 ヘリオポリス中心
神聖動物 マングース、雄牛など
神格 創造神など

神々を創造した原初の神

最古の創世神話のひとつ「ヘリオポリス神話」によると、原初世界は「原初の水」と呼ばれる神ヌンだけが存在する暗黒だった。ヌンの中から意志の力によって自らを誕生させ、他の神々をうみだした創造神がアトゥムだ。

アトゥムはヌンの混沌の水から形をなして上がってきたが、世界にはまだヌンしか存在せず、彼が立つべき大地も存在していなかった。そのため「原初の丘」をつくりだし、ここで神々の創造を行った。

子孫をつくりだそうとしたアトゥムだが、世界にはアトゥムただひとり。共に新たな命をつくりだす相手は存在しない。そこでアトゥムがとった手段は、自らの手と交わること——つまり手淫によって自らの子をうみだすことだった。また、一説にはくしゃみ、もしくはつばを吐くことで大気の神シューと湿気の女神テフヌトをうんだという。

現代人の目から見ると異様に思えるかもしれないが、アトゥムは両性具有の神ともされ、他の力を借りず神を創造したことはアトゥムの創造神としての強大さを表しているともいえる。

創造神と絶滅神の性格をもつ

アトゥムという語は「万物の創造者」「それ自身で完成するもの」という意味をもつ。一方で彼は創造という表の性格に対し、「万物を終わらせる」という裏の性格ももっているのだ。アトゥムは原初の水から誕生したとき蛇の姿をしていたといわれる。『死者の書』には、世界が終わる時に自分がつくったものすべてを破壊し、原初の蛇の姿に戻るだろうと記されている。

蛇は古代エジプト人が最も原初に近いと考えていた生物のひとつで、脱皮などの生態から、繰り返す生命の象徴とされた。このことから、破滅を迎えアトゥムが再び「原初の水」ヌンの中に還る時、蛇の姿をとるとされたのだ。

また、闇を払って世界に光をもたらしたアトゥムは太陽信仰とも結びつき、他の太陽神と同化しケプリ＝ラー＝アトゥムとなり、日の出の若い太陽をフンコロガシの神ケプリ、天頂にあって世界を支配する太陽をラー、日没の生気のない太陽をアトゥムが表すようになった。

原初の丘

アトゥムが自身を創造した時、立つべき大地としてうみだした世界のはじまりの場所。この原初の丘に立ち、世界を照らして神々をうみだしたという。古代エジプトのヘリオポリスのベンベン石がその地にあたり、太陽神としてのアトゥムへの信仰の対象となった。古代エジプトの代表的シンボルであるオベリスクは、太陽光線を表したベンベン石を様式化したものと考えられている。

シュー　テフヌト

św　tfnwt

信仰地域 ヘリオポリス、レオントポリス、オンボスなど中心
神聖動物 とくになし／雌ライオンなど
神格 造神など

世界の空気を象徴する、ふたりでひとつの夫婦神

「ヘリオポリス神話」では、太陽神アトゥムによって最初に性別をもつ神々がつくり出された。アトゥムから吐き出されたつば、またはくしゃみからシューとテフヌトがうまれたた（または精液とも）。この兄妹は、世界で最初の夫婦神でもある。

シューは人々が生きていくために必要な空気や太陽の光を司り、生命に息吹を与える役割をもつ。風や雲といった危険度の低い気象現象を司る一方、聴覚や思考能力も彼の支配する分野だ。これは、空気が音を伝えるという関係性を、当時の古代エジプト人がおぼろげながらも理解していたからかもしれない。

シューは多くの役割をもつが、なかでも重要なのは、空を支えて太陽の通り道を維持することだ。シューとテフヌトの子どもである大地の神ゲブと天空の女神ヌトはあまりの熱愛ぶりに離れようとせず、太陽と神々（大気とも）の通り道をふさいでいた。シューは自らの手で娘ヌトを持ち上げて太陽の通り道を確保し、人間が住める空間をつくりだしたのだ。

一方、シューの妹であり妻であるテフヌトは、湿気や霧のような水気のある空気や太陽の熱を司る。人間の体に雌ライオンの頭部をもつ姿などで表され、天を押し上げる夫シューを助け、一心同体の存在として世界の安定のために働く。

しかし、シューの妻となる前は家出でひと悶着を起こしたこともある。宮殿で退屈していたテフヌトは、父親（ここでは太陽神ラーとされる）に何も告げず、南のヌビア砂漠へ家出してしまう。獰猛（どうもう）な雌ライオンとなって気ままに駆けまわっていたテフヌトに手を焼いた父親は、有能な息子シューと知恵の神トトに依頼し、ようやく連れ戻すことに成功したという。

テフヌトはヌビアへ逃れる時、太陽神ラーの力を持ち去っていた。このことから、女神の帰還は夏至とともに到来する洪水を象徴しているという。

ゲブ　ヌト

gb　nwt

信仰地域 ヘリオポリスなど中心／ヘリオポリス中心
神聖動物 とくになし／不明
神格 大地の神／神々をうむものなど

天と地に引き離された熱愛の夫婦神

世界で最初の夫婦神となったシューとテフヌトは、息子ゲブと娘ヌトをもうけた。ゲブは大地の神、ヌトは天空の女神である。

ふたりは両親同様、夫婦となったが、あまりにも熱愛的だった。交わったまま離れようとせず、太陽と神々（大気とも）の通り道をふさいでしまった。父シューは熱烈な抱擁をかわすふたりを引き離し、娘ヌトをはるか高みまで持ち上げた。一説には、激しい嫉妬からふたりを引き離したという。こうして天と地の間に空間ができ、太陽の通り道と人間が誕生する場所が確保されたのだ。

壁画などでは、横たわる大地の神ゲブの上に、手足を地上に伸ばした天空の女神ヌトが覆いかぶさり、ふたりの間に両手でヌトを支えるシューが描かれる。

ゲブは愛妻ヌトと引き離され、嘆き悲しみながら地面に仰臥（ぎょうが）する姿で表されることが多い。古代宗教では地母神、いわゆる「母なる大地」が登場することが多いが、エジプトでは男性であるのが興味深い。ゲブは荒ぶる神としての一面ももち、災厄をもたらす地震は「ゲブの笑い」だと信じられた。

一方、ヌトは星で覆われた裸体か、星をちりばめた服をまとった姿で描かれる。彼女は毎日、夕闇に沈む太陽を飲みこみ、朝になると再び太陽をうみだすとされた。そのため、ヌトは「太陽の母」ともいわれる。同じようにヌトの体にちりばめられた星々も彼女の子どもであり、星を飲みこんで再びうみだす様子から、自らの子を食べてしまう雌豚になぞらえられることもある。

ヌトはゲブと離れる前に子を宿していたが、祖父アトゥムは怒って1年360日の間に出産できない呪いをかけた。これを哀れんだ知恵の神トトは、月にかけあって5日の閏日を手に入れた。こうしてオシリス、イシス、セト、ネフティスをうむ。ふたりめにハヤブサの神ハロエリス（大ホルス）を加えた5神の兄弟とする説もある。

トト

Thoth / dḥwty

トト、トート／ジェフウティ など

信仰地域 ヘルモポリス、ヘリオポリスなど中心
神聖動物 ヒヒ、トキ
神格 月神など

最古の計算で宇宙を機能させる

知恵の神トトは、トキの頭をもった人の姿、またはヒヒの姿で描かれる。エジプトにおいてはトキの頭をもつ人の姿で描かれるほうが主流であるようだが、日本ではゲーム『真・女神転生』シリーズに登場するトト（作中では魔神トート）が、本を持ったヒヒのような姿で描かれていることから、ヒヒの姿も広く知られている。ヘルモポリスの創世神話では、トトは特定の神がつくりだしたのではなく、石や卵からうまれた造物神であるとしている。ただしトトの出生には別説もあり、太陽神ラーの息子としている神話もある。

トトが神話の中で果たしている役割は、簡潔に語ることが難しいほど多岐にわたる。トトは世界で最初といわれている〝計算〟を行い、宇宙の機能や物質の法則、科学をつくりあげた。また、あらゆる変化は記録するべきであるとし、文字を発明した。さらに人間と神々の道徳観を定め、法や秩序であるマアトを具体的に示して社会の仕組みをつくった。

ヘリオポリスの創世神話では、1年の12か月すべてで出産を禁じられた身重のヌトのため、どの月にも属さない閏日をつくっている。このことからトトは月を司るもの、暦の神ともいわれている。

王、民衆、神々の尊敬を一身に集めた

知識、天体、数字と結びつきが強いトトは、魔法や占いとも関わりが深いといわれた。豊穣の女神イシスは偉大なる魔法使いとも呼ばれているが、その多くの魔法はトトが教えたとされる。トト自身も魔法を使う。神話の中でラーの敵対者と戦う場面が描かれているが、その際も武器などではなく魔法を用いている。

また、砂漠の神セトが傷つけたホルスを治療したりと、医術の神という一面ももっていた。

創造に携わり、多才で賢く、重要な発明をいくつもしているトトは、多くの人々に崇められた。各世代のファラオたちは主神を補佐する神としてトトを崇めた。また、エジプトの数か所からトキとヒヒを多く埋葬した墓地が見つかっていることから、王族のみならず民衆たちもトトを信仰していたことがわかる。

最古のボードゲーム〝セネト〟

セネトは、王の墓から発掘されたボードゲームで、世界最古のボードゲームであるといわれている。マス目で区切られた盤面と、そこに乗せる駒がある。セネトは単なる遊びではなく、クリアすることで太陽神ラーやトトの祝福が得られると考えられていた。また、エジプトの人々の死生観にも関わっている。死者と一緒に埋葬された、楽園に行くためのガイドブック『死者の書』でも、死者が神とセネトをしている場面が描かれている。

オシリス

Osiris / wsir / iw.s-ir.s

オシリス／ウシル／イウ・ス＝イル・ス など

信仰地域 ブシリス、アビドス中心
神聖動物 とくになし
神格 穀物神など

エジプトに善政を敷いた優しき穀物神

エジプト神話の中で最も重要な神のひとりである冥界の王オシリス。豊穣を司る穀物神としての側面をもち、温厚な性格をもつ理想的な王とされた。民衆から王族にいたるまで幅広く信仰された神だ。

大地の神ゲブと天空の女神ヌトの間にうまれたオシリスは、豊穣の女神イシス、砂漠の神セト、葬祭の神ネフ

ティスを弟妹にもつ。長兄であるオシリスは父の跡を継いで地上を治める王となった。

穀物神であるオシリスは、穀物やブドウといった作物のつくり方をエジプトの民に教えた。それだけでなく、食人を禁じた法を制定。さらに、国中を巡回して平和のうちに人々に文化的な生活をもたらしたという。その治世は穏やかなものであり、民衆は善王であるオシリスを敬愛していた。

オシリス神話の相関図

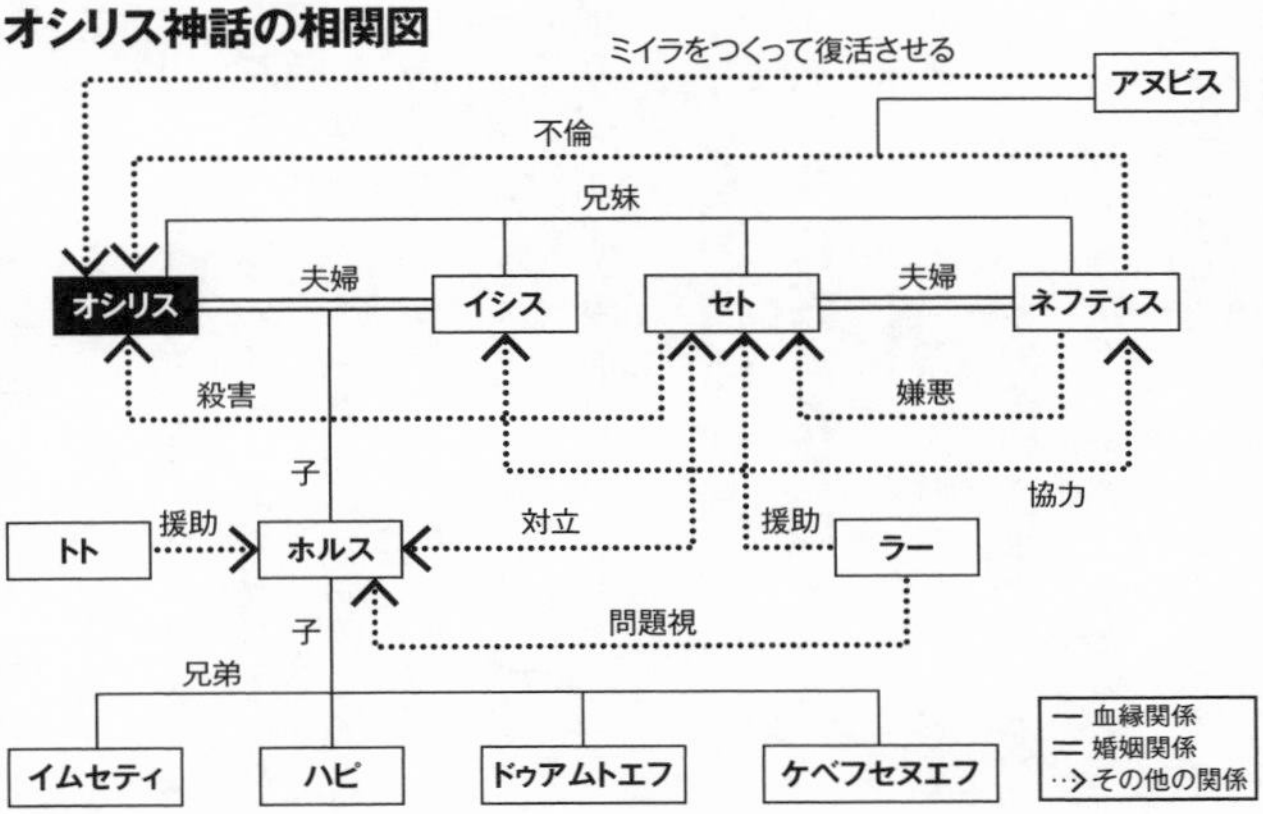

ところが、これに嫉妬する者が現れる。実の弟であり破壊神であるセトだ。セトはひそかにオシリスにぴったり合う立派な棺をつくり、饗宴の場で「この棺に合う者に棺を進呈しよう」と切りだした。オシリスが棺に入ると、セトはすぐさま棺に蓋をして、棺ごとナイル川へ流してしまったという。

バラバラにされても復活して冥界の王に

オシリスの妹であり妻であるイシスは嘆き悲しみ、オシリスの入っている棺を捜し求めて旅をする。イシスは遥かビブロス（シリアの地中海沿岸にある貿易港）の地でようやく棺を見つけたが、セトがイシスの隙を突いて遺体を奪うと、これをバラバラにしてエジプト全土に撒き散らしてしまった。

愛する夫を諦めることのできないイシスは、再び苦心して夫の遺体を集めることに成功。妹ネフティスと養子アヌビスの協力を得てオシリスの遺体をつなぎあわせると、イシスは自分の羽で命の息を送りこんでオシリスを蘇生させた。

もはや執念ともいえるイシスの献身が実を結んだのだ。しかし、オシリスの性器だけはナイル川の魚に食べられてしまったため、イシスは呪力で性器を蘇らせて息子ホルスを得ることができたのだった。

蘇ったオシリスは地上の王には戻らず、冥界に下って冥界の王となった。オシリスは最初にミイラとなったことから、彼を表す際には白い衣をまとったミイラ姿で表現される。また、交差した手には王権の象徴である鞭と牧杖（ぼくじょう）を持ち、頭には上エジプトの王の証である白冠をかぶる。

また、死者たちの中から心の正しい者を選定して永遠の魂を与える役目を担うため、生前よりも厳しい性格になったようだ。多くの民衆は死後、オシリスの前で行われる死者の裁判を乗り越え、永遠の命が与えられることを願ったという。冥界への手引書『死者の書』には、オシリスが死者に対して好意的になるよう、神の心から怒りを取り除く呪文も記されている。

オシリスの遺体がバラバラにされた意味とは？

オシリスは最古の神のひとりと考えられ、オシリス神話は農耕生活の中からうまれてきたとされる。もともとオシリスは穀物を、そしてオシリスを殺害したセトは暴風を象徴していたという。セトがオシリスを殺したのは、暴風が実った穀物をバラバラと地上に吹き散らす様子を描写しているというのだ。またオシリスの蘇生は、種が発芽することを象徴的に表現しているともいえる。

バラバラにされたオシリスの遺体が埋葬されたとする地域では、オシリス信仰が盛んに行われた。特にオシリスの背骨が埋葬されたとするブシリスや、頭部が埋葬されたとするアビドスが有力な信仰地域となった。穀物神であるオシリスはバラバラに撒き散らされることで、各地に恵みをもたらすのだ。

一方で、オシリスは先王朝時代（前5500～前3100年）のシリアの王を神格化したとする説や、バビロニアの神マルドゥクと関連づける説もある。死せる冥界の神、また復活した穀物神としても祀られるのがオシリス信仰。古代エジプト人の死生観をよく表しているといえるだろう。

オシリスの復活劇

オシリスはデルタ地方のブシリスと、上エジプトのアビドスで信仰され、固有の聖地を持っていた。特にアビドスには祭儀用の墓標が残るオシリス神殿があり、今でも多くの巡礼者で賑わっている。オシリス神殿では年に1度「オシリスの復活劇」が上演される大祭が催され、参詣客も劇の一部として参加することができる。

愛する夫の遺体を捜し求め復活させることに成功

古代エジプトで最も崇拝され、古代ギリシアやローマでも信仰された偉大な女神がイシスだ。豊穣の女神、死者や子どもの守護者、さらに秘儀の女神として彼女を信仰する地域はとても広く、イギリスにもその崇拝の跡が残っている。

イシスが神話上で大きな役割を果たすようになったのは、夫オシリスの死がきっかけだ。砂漠の神セトは、嫉妬からオシリスを棺に閉じ込めナイル川に流し、溺死させてしまう。オシリスを深く愛していたイシスは大いに嘆き悲しみ、棺を求めてエジプト国外まで旅をしてようやく見つけ出した。

しかしそれを知ったセトによってオシリスの身体はバラバラにされ、エジプト全土にばら撒かれてしまう。イシスはこれにもめげず夫の遺体を拾い集めると、妹ネフティスとアヌビスの力を借りて遺体をつなぎあわせ、オシリスを復活させた。

イシスは呪力で蘇らせてオシリスと交わり、息子ホルスを得る。このことから、イシスはネフティスとともに墓所を守り、死者の再生を約束する葬送の女神となった。

太陽神から呪力を手に入れた魔術の女王

蘇ったオシリスは、地上の王には戻らず冥界の王となった。いわばシングルマザーとなったイシスは、息子ホルスを立派な王に育て上げ、エジプトの玉座を奪還することでセトに復讐を果たす。ホルスはエジプト全土の王となり、イシスはファラオの象徴的な母となった。

また、ホルスを育て守ったことから、イシスは子どもの守護者ともされるようになった。

良妻賢母で完璧な女神に思えるイシスだが、狡猾な魔術師としての一面ももつ。セトからホルスを守るために強大な呪力を必要としたイシスは、年老いた太陽神ラーが垂らすよだれを使って毒蛇をつくりだすと、これにラーを噛ませた。自身からつくりだされた毒のため治療できずラーが苦しんでいるところに、イシスは治療の条件としてすべてを支配できるラーの真の名を明かすことを提案。この取り引きによってイシスは強大な呪力を得た上に、息子ホルスにラーの力を受け継がせることに成功したのだ。

のちにイシスは秘儀を有する宇宙神として祀（まつ）られるまでになり、古代ローマでも神殿が建てられるほどであった。

玉座
イシスの名を示す象形文字、ヒエログリフは「座」を示すものであることから、イシスは玉座の力の擬人化とされる。壁画などで人間の女性の姿で表される時は、頭に玉座のヒエログリフを載せている。

ソプデト（ソティス）
ナイル川の氾濫を知らせると伝わるシリウス星を神格化した女神。イシスの化身とされる。

Set / s̍utekh

セト

セト／セウテフ など

信仰地域　上エジプト
神聖動物　とくになし
神格　暴風神

制御することができない暴風神セト

セトはオシリスやイシスと並んでヘリオポリス九柱神に数えられる暴風の神である。不毛の砂漠や暗黒、戦争など悪しきものを人格化した、破壊と混沌の神でもある。太陽神アトゥムを先祖にもつ高貴な出自だが、その誕生は異様で残酷なものだった。

　閏日第2日にうまれたセトは、兄オシリスよりも先にうまれようと母ヌトのわき腹を食い破って誕生。このため、セトの誕生日にあたる閏日第2日は、古代エジプト人にとって忌むべき日とされたという。

　セトはその外見も凶暴さと不吉を表している。動物の頭部をもつ人間の男性として描かれるが、実在するどの動物をモチーフとしているのか現在でもわかっていない。ぴんと立てた長い長方形の耳に、長く伸びた鼻面、先がわかれた尾をもち、髪や瞳は当時不吉とされていた赤色である。古代エジプト人からは有害なものとして忌み嫌われたブタやロバ、カバの姿をとることもあった。

悪神の性格と軍神としての役割を併せもつ

　破壊、混沌を司るセトが欲望のままに悪神として活躍するのがオシリス神話だ。王としてエジプトを支配していた兄オシリスに嫉妬したセトは、オシリスをだまして溺死させる。オシリスの妻イシスが流された遺体をようやく捜し当てると、非情にもこれをバラバラにして国中に撒いてしまうのだ。イシスはこれをかき集めオシリスを復活させるものの、オシリスはそのまま冥界の王になってしまった。

　一説には、オシリスの遺児ホルスとも王位をめぐって法廷で80年も争ったという。だがここでのセトは、徹底した非情さや暴力性は影を潜め、姑息でどこか間の抜けたライバルとして登場する。イシスの謀略によって自分が不利となるような証言をして失笑を買ったり、起死回生を狙ってホルスを愛人にしようとすればその行為の不潔さをなじられてしまう。

　こうした凋落は、勝者であり王位の正統な後継者であるホルスを引き立たせるためにつくられたものだろう。セトは悪神として忌み嫌われるようになっていった。

　しかし、外国からの侵略を受けた後世のファラオたちからは、セトのもつ破壊的な力は魅力的に映った。また、オシリスは太陽神ラーの航海の際には、悪蛇アポピスを撃退するのに欠かせない存在として信仰された。また第19王朝の時代となり、宗教上の復権を果たしたセトは、「ファラオの武器の主人」として信仰された。

　セトは軍隊の守護神であり、戦争時には太陽神ラーや同じく太陽神アメンと肩を並べる力をもつ。単なる悪役の神とはいいきれない、複雑な性格の神なのだ。

セトの神名を冠するファラオ

セトは悪神の性格をもつが、諸外国から侵攻を受けた中王国時代（前2055～1650）や新王国時代（前1550～1069）にはエジプトを守護する軍神として篤い信仰を受けた。第19王朝から第20王朝にかけて、「セティ（セトの男）」「セトナクテ（セトは強大なり）」のように、セトの神名を名前の一部にするファラオも現れた。

ネフティス

Nephthys / nbt=hw
ネフティス／ネベト=ヘウト など

信仰地域 特定の聖域なし
神聖動物 とくになし
神格 葬祭の女神など

セトの妻でありながらオシリスの復活を助ける

大地の神ゲブと天空の女神ヌトの娘で、冥界の王オシリス、豊穣の女神イシス、砂漠の神セトを兄姉にもつ、非常に高貴な出自の女神である。しかしネフティスの名前の意味は「城の女主人」。姉イシスがオシリスや王の玉座を神格化した存在であるのに対し、妹ネフティスはその城を神格化した存在だとされる。

その姿はエジプトの神々の中ではめずらしく、人間の女性、または腕に羽をつけた女性の姿で表され、古風な衣装を身にまとい、さまざまな宝石が散りばめられたアクセサリーを身につけた格好で描かれる。対応する神聖動物もいない。

ネフティスは兄である砂漠の神セトを夫としていた。ところが、彼女が恋焦がれていたのは同じ兄でも長兄オシリス。ネフティスはオシリスと関係を持とうと必死になり、酒でオシリスを酔わせたり、彼の妻イシスに変装したりとさまざまな手段をつかった。

その結果、オシリスとの間に子どもをもうけることに成功。その不義の子が、犬の頭をもつ冥界の神アヌビスだ。しかし、セトの怒りを怖れたネフティスはアヌビスを捨ててしまう。アヌビスはイシスに拾われて養子となり、彼女を補佐した。一説によると、ネフティスが不義をはたらいたのは、子どもを欲した彼女をセトが拒んだためともいわれる。

姉イシスと妹ネフティスの間にはオシリスをめぐってさぞ確執があるように思えるが、ふたりはオシリス復活のため共闘関係を結んでいる。オシリスがセトによって殺害され身体をバラバラにされた際には、これを捜すイシスにネフティスは同行し手助けするのだ。ネフティスは自身の名が示す通り、姉イシスとともに愛する王オシリスに仕え続けたのだった。

ネフティスはオシリスの復活に協力したことから、イシスとともに死者を守り復活を手助けする葬送の女神となった。しかし、彼女への祭儀はほとんどがイシスとペアで行われ、二次元的な存在としてあつかわれる。また、オシリス神話以外に彼女は登場しない。そのため、オシリスの妻イシスに対応するべく、人為的にセトの妻として創作されたともいう。

古王国時代末期のピラミッドに刻まれた呪文「ピラミッド・テキスト」では、イシスとネフティスは、それぞれ昼と夜の二隻の太陽の船、または冥界の最後の門を守る二匹の蛇と同一視され、崇拝されていた。

ホルス
Horus / hr
ホルス／ヘル など

信仰地域 エジプト全土、ヌビアなど
神聖動物 ハヤブサ
神格 天空神など

多様な役割と神格をもつ天空の神

古代エジプトの神々の中でも最も偉大な存在で、特に篤い信仰を受けたホルス。天空や太陽を司り、ハヤブサを神格化した神だ。王権の守護者でもあるホルスはエジプトの支配者といっても差し支えないほど重要な神で、その姿はハヤブサもしくはハヤブサの頭をした人間の男性の姿で表される。基本的にホルスは天空の神であり、宇宙創造の神だ。さらに太陽と月の神であり、王の守護者でもある。古代エジプト人は、天空を舞うハヤブサの姿に、地上を睥睨（へいげい）する神の威信を見出したのであろう。

またホルスはエジプトで最も古い神のひとりで、信仰勢力を拡大していく中で、次々とほかの神々を習合していった。そのため、さまざまな神話に登場し、数多くの神格と名前をもつようになった。

神格は大きく分けて太陽神を意味する「大ホルス」と、オシリス神話に登場する「小ホルス」がある。

大ホルスは崇拝される地域によって異なった呼称と役割をもち、「年長のホルス」（太陽と月を両眼とする天空の神）、「地平線のホルス」（太陽を意味し、太陽神ラーと混同される）、「地平線を見出すホルス」（太陽の人格化）などがある。

一方、小ホルスは冥界の王オシリスと豊穣の女神イシスの子で、父の仇である叔父セトを打ち破って上下エジプトの王となった英雄神。この小ホルスが次第に大ホルスの役割を兼ねて優勢となったという。

苦難の末ようやく「現世の王」となる

太陽の都市ヘリオポリスでうまれたオシリス神話によると、ホルスがエジプト全土の王になるには次のような苦難の道があった。善き王として国を治めていたオシリスは実の弟セトに殺され、遺体をバラバラにされ国中に撒き散らされてしまう。オシリスの妻イシスはこれを拾い集めてつなぎ合わせ、呪力でオシリスの蘇生に成功。このとき交わって授かった子がホルスだ。

しかし、一度死んだ父オシリスは地上の王には戻らず冥界に下ってしまった。大魔術師である母イシスの庇護のもと、セトからの執拗な攻撃を受けながらも成人したホルスは、父の王権を取り戻すべく、セトに戦いを挑むことになる。

ホルスは神々の法廷で、自分こそ父の跡を継ぐべき正式な後継者であると、王位の正当性を主張した。しかし、神々の法廷の裁判官を務める太陽神ラーは、ホルスの経験不足からこれを認めなかった。そのため、ホルスとセトは苛烈な戦いに突入していく。この戦いの中でホルスは両目を、セトは睾丸(こうがん)をそれぞれ負傷。しかし、ホルスの左目は知恵の神トトの世話により治癒したため、以来、失ったものが回復する象徴である「ウアジェトの目」となった。

　ホルスは若さゆえか向こう見ずな行動をとり、幾度も窮地に陥った。セトを追いつめて殺そうとした際には、セトを許すよう諭すイシスの首を怒りにまかせて斬り飛ばしてしたという。知恵の神トトのおかげで事なきを得たが、ホルスは短気で歯止めがきかない性格だったようだ。しかし、失敗しながらも不足していた経験を積んでいき、オシリスの後継者にふさわしい神になっていった。

　力を得たホルスは再び神々の法廷に赴き、要求を繰り返した。これがようやく神々に認められ、ホルスはエジプト全土の王になったのだった。一説には、ホルスとセトは80年にも及ぶ法廷闘争を繰り広げたともいう。

エジプト全土の王のシンボル

　かくしてホルスはエジプト全土の王につくことができた、というのがオシリス神話の結末だが、そもそもホルスは南の上エジプトを、セトは北の下エジプトを象徴する神で、オシリス神話に取り込まれる前からライバル関係にあったという。つまり、オシリス神話は上エジプトの国家神ホルスが全エジプトの国家神となることの正当性を強調しているのだ。

　ちなみに、もともと穀物神でもあるオシリスは、穀物の伝播とともに南部へ伝わっていった南北両エジプトの農民にとって馴染みのある神。征服された北部の人たちにとって、「ホルスはオシリスの息子である」とした方が馴染みがよかったのだろう。

　王はホルスの化身とされ、ホルスが人間の姿をして現れた、いわば「現人(あらひと)神」とされた。このため、歴代のファラオはホルスの子孫ともいわれ、神の化身として古代エジプト王国を絶大な力で支配していったのである。

　また、オシリス神話は息子による復讐劇を人間臭く描いている点も特徴的だ。他の神々がうまれつき特別な性質をもっていたのに対し、ホルスは苦難の末、自らに欠けていたものを獲得して王となる。ホルスがなめた苦難の道筋は、統一エジプトを維持するために必要な努力を表しており、同時に最初の人間の王の登場を予告するものだといえるだろう。

ホルスの目（ウアジェトの目）
父の仇セトとの戦いでえぐり取られたホルスの目。知恵の神トトによって癒されたことから、「ウアジェト」（健全なるものの意）と呼ばれ、失ったものを回復するものの象徴となった。また、光のシンボルとも邪悪の目に対するお守りともみなされ、墓の入り口や扉、のちには棺にも描かれるようになった。

イムセティ

Imsety / imsti

イムセティ、アムセト／イムセティ など

信仰地域 エジプト全土
神聖動物 とくになし
神格 カノプスの壺の守護者

最高の女神イシスに守られ肝臓を守護する

「ホルスの息子たち」と呼ばれる4神のうちのひとり。ミイラとなった死者の内臓を保存するための「カノプス壺」の守護神だ。

「カノプス壺」はミイラをつくる過程で抜きだされた内臓を保存するための容器で、遺体の近くに置かれたものである。4つの壺にはそれぞれ入れるべき内臓が決められており、それを守護する神もそれぞれ違っていた。その4神が、「ホルスの息子たち」と呼ばれるイムセティ、ハピ、ドゥアムトエフ、ケベフセヌエフだ。

イムセティが守護するのは、肝臓。象徴する方位は南だ。イムセティは人間の頭をもち、身体はミイラで表される。名前はアニスなどの薬用植物に由来するとされる。一方で「二者間の争い」を意味するともされ、もともと「かかあ天下」の夫婦のことを指していたともいわれる。

また、「ホルスの息子たち」はそれぞれ異なる女神によって守護されている。イムセティの守護神は豊穣の女神イシス。つまり、死者の内臓は「ホルスの息子たち」と女神によって二重に守られているのだ。

古代エジプトの人々は、人間の魂は5つの要素からできていると考えていた。個性や意識を司り鳥の身体と人間の頭をもつ「バー」、人間の魂のうち精神的なエネルギーが独立したものである「カー」、名前を意味する「レン」、感情や思考をうみだす心臓「イブ」、不可分な存在である影の「シュト」である。

人間は死ぬと魂を構成するこの5つの要素のうち「バー」だけが身体から離れ、死後の世界で暮らす許可を得るため、冥界の王オシリスが支配する冥界へ旅立つとされた。

また、死後の世界で生きるためには肉体が必要だと考えられた。そのため、内臓が残っていると腐ってしまうため、死後も肉体を保存するミイラづくりが行われ、厳重にミイラと臓器が守られたのである。

ハピ

Hapi / hʿpy

ハピ／ハーピ など

信仰地域 エジプト全土
神聖動物 マントヒヒ
神格 カノプスの壺の守護者

肺を守護する「ホルスの息子」のひとり

イムセティ、ドゥアムトエフ、ケベフセヌエフとともに、「ホルスの息子たち」と呼ばれる4神のうちのひとり。死者の内臓を保存するための容器「カノプス壺」を守護する。

エジプト神話には同じ名前の神「ハピ」が存在するが、そちらのハピはナイル川を神格化した両性具有の豊穣の神である。

ハピはヒヒの頭をもち、身体はミイラで表される。守護する臓器は肺（脾臓とも）。象徴する方位は北方である。ハピを守るのは葬祭の女神ネフティス。ネフティスは豊穣の女神イシスの妹で、ともに死者を悼み守護する女神である。

ハピの名前の由来はイムセティ同様、「二者間の争い」がもとになっているという。古くは「2羽のアヒル」、あるいは「2羽のガチョウ」を意味することもあったとされる。ハピはのちに神聖猿とも結びつけられた。ちなみに、古代エジプトで神聖動物として扱われたサルはマントヒヒのみで、夜明けに叫び声を上げるため太陽の崇拝者と考えられたという。

ハピを含む「ホルスの息子たち」についてはじめて触れているのは、古代エジプトの葬礼文書のひとつである『ピラミッド・テキスト』だ。そこでは、「ホルスの愛するホルスの子どもたち」と記載されているが、彼らの神話はおろかその外見についてもまったく説明されていない。聖域も礼拝所も持たない彼らだが、後世では重要な役割を担っていく。

彼らは「王の友人たち」とも呼ばれ、亡き君主が昇天するのを助ける存在でもあったという。さらに彼らは王権で守護する天空の神ホルスの「魂」でもあるとされた。

また、死者の内臓を保存する「カノプス壺」は最初、死者の頭部を表す人の頭の形に彫刻された栓がされていたが、第18王朝以降は「ホルスの息子たち」を表す頭部がそれぞれ彫刻されるようになったという。

ドゥアムトエフ

Duamutef / dw3-mwt.f

ドゥアムトエフ／ドゥアムテフ など

信仰地域　エジプト全土
神聖動物　ジャッカル
神格　カノプスの壺の守護者

好戦的な女神とともに死者の胃を守る

ドゥアムトエフは死者の身体、特に内臓を守護する「ホルスの息子たち」と呼ばれる4神のうちのひとりで、死者の内臓を保存する容器「カノプス壺」の守護神である。

ジャッカルの頭をもつドゥアムトエフが、守護する臓器は胃（肺とも）で、象徴する方位は東だ。名前は「その母を称えるもの」、あるいは「その母を熱愛するもの」を意味するという。ジャッカル、または犬といった神聖動物と同一視された。

ドゥアムトエフを守るのは母性の女神ネイトである。ネイトは王国、墓所の守護神で、戦争や狩猟を司る好戦的な女神である。ファラオは礼拝の際にネイトに武器を捧げ、彼女はその代償に王が通るべき道から障害を取り除いたという。またネイトは豊穣の女神イシス、葬祭の女神ネフティス、サソリの女神セルケトとともにカノプス壷を守り、王の死を嘆く「4人の泣き女神」のひとりである。

「ホルスの息子たち」が守護する肝臓、肺（脾臓とも）、胃（肺とも）、腸は重要な臓器とされ、防腐処理を施されたあと、「カノプス壷」に入れられ大切に保管された。ミイラづくりの目的は遺体を本来の姿で保存すること。そのため、まずは水分が多くて腐りやすい内臓が取りだされ、脱水処理が行われた。一方、脳は腐らせて液体として排出されたり、鼻の奥の軟骨を壊して掻きだされたりして、破壊されてしまったようだ。しかし、古代エジプト人は魂が宿る場所は心臓だと考えていたため、心臓だけは脱水処理を施されたあとも、本来あるべき場所である体内に戻された。

ただし第3中間期になると、防腐処理された内臓はそれぞれを守護する「ホルスの息子たち」の護符を添えられ、体内に戻されたようである。

ケベフセヌエフ

Qebenseneuf / kbḥ-śnw.f

ケベフセヌエフ／ケベンセヌフ など

信仰地域 エジプト全土
神聖動物 ハヤブサ
神格 カノプスの壷の守護者

活気を与え死者に復活を促す

「その兄弟たちを蘇らせるもの」という意味の名をもつケベフセヌエフ。死者の臓器を守る4神の「ホルスの息子たち」のうちのひとりで、彼が守護する「カノプス壷」には「腸」が入れられる。また西の方角を担当し、その姿は父ホルスと同じくハヤブサの頭をもつ。彼ら兄弟がとる動物の姿、ヒヒ、ジャッカル、ハヤブサは、各神聖動物と同一視される。また、4兄弟はもうひとつの姿として、神の使者を務める4羽の鳥とされることもある。

ホルスの別の形ホルセムス（老ホルス）と女神イシスの子とされる4人の「ホルスの息子たち」は、睡蓮（ロータス）の花からうまれたという。冥界で行われる死者の審判の間を描いた絵画には、冥界の王オシリスの玉座の前で、開花した睡蓮の上に立つ彼ら兄弟の姿が描かれている。古代エジプトにおいて、太陽が昇ると開花し夕方には閉じる睡蓮は再生の象徴であった。死後において、ホルスの息子たちが守護する4つの臓器が睡蓮の中で蘇る姿を表しているのだろう。

ケベフセヌエフの役目は死者に元気を与えることとみられ、名前の意味は「同胞に献酒するもの」である。

ケベフセヌエフを守るのは女神セルケトである。セルケトは非常に古くから崇拝された神のひとりで、サソリを神格化したものだといわれる。彼女を表した図像には、頭の上にサソリが描かれている。本来、セルケトはナイルの源流を守る女神だとされるが、水が行き着く先が冥界と結びつけらたことで、冥界神の属性を得ることになった。また、サソリなどの毒性生物との関連から、セルケトは医療やまじないと強く結びつけられた。彼女がのちに同一視されることとなる豊穣の女神イシスの神官は、セルケトへの深い信仰からサソリを恐れることはなかったという。

ちなみに、死者の内臓を保存する「カノプス壷」の名前の由来となったのは、古代エジプトの貿易都市カノプス。ここで崇拝されたオシリスは人間の頭の形をした容器で表わされていた。このため、初期のエジプト学者たちは、人間や動物の頭の形をしたふたをもつ壷を「カノプス壷」と呼ぶようになったという。

アヌビス

Anubis / inpw

アヌビス／インプ など

信仰地域 上エジプト中心
神聖動物 黒犬など
神格 冥界神

アヌビスの由来は墓地をあさる野犬？

黒犬の頭に人間の身体をもち、死者、特に墓地を守る冥界の神。特徴的な外見をもつため、古代エジプトの神様といえばアヌビスを思い浮かべる人も多いだろう。

アヌビスはもともと冥界の王オシリスなどよりも古くから信仰されていた神だ。餌を求めて墓場をうろつく野犬の姿が死者を守っているように見えたことから、墓地の番人として信仰されるようになったとされる。

アヌビスの名はギリシアやローマ人によってつけられたもので、エジプトでは「若い犬」を意味するインプという名で呼ばれた。ちなみに、アヌビスは従来ジャッカルだともいわれていた。というのも、その姿は犬科の特徴を表しているが、しっぽは幅が広くて太い棍棒のような形をしているからだ。そのため、黒犬とジャッカルをかけあわせた動物である可能性もある。

アヌビスは猫の女神バステトの子ともされるが、後代になって同じ冥界神であるオシリスとその妹ネフティスの子とされるようになった。ところが、ネフティスは砂漠の神セトの妻である。アヌビスはいわば不義の子とされるようになった。

はじめてミイラづくりを行いミイラ職人の守護神に

不義の発覚を恐れたネフティスに捨てられたアヌビスは、オシリスの妻イシスに拾われ義母を補佐していく。その有名な神話が、アヌビスによるミイラづくりだ。砂漠の神セトによってバラバラにされたオシリスの身体をつなぎ合わせてミイラとして保存し、オシリスの復活を助けたのだ。これは神話の中ではじめて行われたミイラづくりで、アヌビスはミイラづくりの職人の守護神とされるようになった。「神秘の長老」と呼ばれる神官の長は、死体を整え墓へ運ぶ儀式の際、犬の頭の形をした仮面をかぶりアヌビスの役を演じ死者の生命力を回復させる「口開け」の儀式を行なったという。

アヌビスがもつもうひとつの重要な役割は、冥界で死者の魂を計量すること。彼は死者を冥界の王オシリスの裁きの間へと導き、死者の心臓と法の女神マアトの羽を天秤にかける。重さがつりあわなければ罪があるとされ、死者の心臓、つまり魂は幻獣アメミトに食べられてしまうのだ。

死者を導く役割から、アヌビスはギリシア、ローマ時代には冥府に死者を導くヘルメスと同一視され、生と死に関する秘儀を司る知識の神ともされた。

神聖動物：犬

葬祭と結びつけられた犬、ジャッカル、オオカミはエジプトの図像ではあまり区別されていなかった。アヌビスは黒犬とされるが、尾の幅が広いことからジャッカルだともいわれている。ここからスーダン原産のバセンジー犬やオオカミとキツネ中間種アビシニアオオカミに近い動物だと考えられているが、オオカミはアフリカにおらず、実際のところはよくわかっていない。

バステト

Bastet / b3stt

バステト／ハステト など

信仰地域　メンフィス、ヘリオポリスなど

神聖動物　猫

神格　愛と多産の女神など

エジプト人が愛した猫の女神

世界中でペットとして愛される猫。現在では人間の身近なパートナーだが、猫を最初にペットとして飼いはじめたのはエジプト人だといわれている。

古代エジプトで飼われていた猫は、ヨーロッパヤマネコの亜種であるリビアヤマネコだと考えられている。エジプト人たちはそんな猫をネズミや毒蛇よけとして飼育しはじめたが、猫と人間との共存生活は案外うまくいき、猫はエジプト人の生活にすっかり溶けこんで、なくてはならないものとなった。また猫の多産性も称賛されており、神格化される要因の一つであろう。

人々は愛猫が死ぬとその死を悲しみ、猫の復活を祈って猫のミイラも多くつくられた。こうして猫は神聖な生き物として認識されるようになり、猫を模した神が誕生した。それが猫の女神バステトである。

彼女の特徴は何といってもその顔である。すらりとした女性の体にスマートな猫の顔。首飾りなどの装飾品を身につけ、手には振って音を出す楽器のおもちゃ「シストラム」と盾、そしてカゴを持っている。時には足もとに数匹の子猫を引き連れた姿で描かれることもある。

戦いの女神とも同一視される存在

バステトはもともと、一部地域で信仰を受けた地域神であったといわれている。ブバスティス、テーベなどでは猫のミイラが多く発掘されており、このような地域でバステトは信仰されていたと思われる。彼女は豊穣と音楽の神であり、同時に多産の猫にあやかって出産や子どもを守る神の象徴にもなった。彼女の持つ楽器「シストラム」は俗にいうガラガラで、子どもをあやすおもちゃのひとつ。この点からも彼女の優しい一面が感じられる。

エジプト人が猫を愛するように彼女もまた多くの民衆に愛され、バステトをまつる祭事は非常に多い。なかでもナイル川の氾濫時に行われる「ブバスティスの祭儀」が有名だ。この祭りの際には酒に酔っても無礼講で、むしろ酒に酔うことこそ神聖な行為とされた。他の祭りでも大勢が練り歩くなど、彼女を称える祭りは非常に陽気でにぎやかだ。彼女の名前の意味は、バステトをうんだ地域の名を冠した「ブバスティスの女主人」である。

バステトには別名も多く、「ラーの目」と呼ばれることもある。彼女は一説では太陽神ラーの娘であるとされ、ここから湿気の女神テフヌトなどと同一視されている。

「ラーの目」のふたつ名をもつ女神の中では、獅子の女神セクメトが有名だ。彼女も猫科であるライオンの顔をもち、ラーの命令で人間を片端から殺戮した戦いの女神。実はバステトももとはセクメトと同じくライオンの顔をもっており、かつてはセクメトと同一視されることもあった。

後年になって慈母神となったバステトだが、もとは「ファラオの敵を殺す」という熾烈な運命をもった女神であり、人に対して危害を加えることもある恐れるべき神だったのだ。しかしライオンから猫の顔となり性格もそれに従い穏やかになった。

しかし穏やかであっても、あくまでも猫。豊穣の女神となったあとも彼女はラーの側にあり、ラーが航海をする際には鋭いナイフをふるって、悪蛇アポピスを叩き切り、ラーを守るという仕事をこなした。決して穏やかなだけの神ではないところも彼女の魅力のひとつだ。

バステトはあらゆる文化に溶けこんでいく

そんな彼女はファラオを側で守る存在としても信仰された。オソルコン2世は自分の称号の中にバステトを取り入れたといわれている。なお、前述のセクメトの激しさは太陽神ラーに与えられたものとされている。それに対して穏やかな月を表すのがバステトだ。そのせいだろうか、のちにエジプト神話がギリシア神話と混じり合った時、バステトは月の女神アルテミスと同一視されることとなる。

動物神が多いエジプト神話の中では違和感のないバステトだが、世界的にみてみると、猫が神となる事例はとても少ない。ヨーロッパでは猫が悪魔の手先となることはあっても、神になることはなかった。このように彼女は世界でも珍しい猫の神様だ。

さらに猫の女神という見た目のインパクトから、ソーシャルゲームをはじめ、ゲームでの登場もたびたびみられるなど、古代エジプトを遥か遠く離れた現代日本でもその名を知られる有名神である。

神聖動物：猫

エジプト神話には動物や虫を模した神が多く存在する。動物のもつ力に驚嘆した古代エジプト人たちが、動物や昆虫を神格化したのである。猫もまた神となった動物のひとり。最初はネズミ取りのために猫を飼いはじめたエジプトの人々だが、やがて猫の愛らしさと神秘性に惹かれていく。古代エジプト人は猫をペットとして愛するだけでなく崇拝の対象、神としても崇めた。それは壁画や像にもなり、やがて女神バステトの誕生にも繋がることとなる。

クヌム

Khnum / hnmw

クヌム、フヌム／ヘネムウ など

信仰地域　エレファンティネ、メンフィスなど中心
神聖動物　雄羊
神格　創造神など

ろくろで人間をつくる羊頭の創造神

クヌムとは「創造するもの」という意味をもつ男神である。その名のとおり、彼は人や神、大地や冥界、世界そして自分自身までもつくった。彼はろくろの前に座って泥から人間をつくる姿で描かれる。クヌムが粘土をこねて人をつくり、妻でカエルの女神ヘケトが命を吹きこんだ。

クヌムは初期王朝時代（前3050～前2686年頃）にはすでに祀られていた記録が残る古い神で、一時期は太陽神ラーと同一視されることもある。第18王朝期（前1570～前1293年頃）の女王ハトシェプストは「自分はクヌムとヘケトの夫婦神によって生を受けた」と記録させ、自らの地位を高めようとした。

そんなクヌムの特徴といえばその姿。彼は人の体に雄羊の顔がついた羊頭神である。ヒツジがもつ強い生殖能力を、創造の力として擬人化したのがクヌムなのだという。クヌムはもともとナイル川近くの都市エレファンティネ（現アスワン近く）で信仰されていたのだが、この場所はナイル川が泥を運ぶ場所であり、陶芸とも縁が深い。ここから彼は泥を操る創造神となったのかもしれない。

さらにエレファンティネはナイル川の源流と信じられていた。冥界、あるいは混沌の海ヌンの地下の海から、洞窟を通ってナイルの水がエレファンティネに到達し、そこからエジプト全土に水が行きわたると信じられていたのである。そのため、クヌムはナイル川を司る番人でもあり、水をエジプト中へ分配する神としても崇められてい

た。ナイル川の氾濫や渇水の際、ファラオはこぞってクヌムに救いを求めたという。

このようにクヌムは優しいだけの神ではない。今でこそ大人しいイメージをもたれるヒツジだが、もともとの性質は荒々しく獰猛だ。クヌムもまた「弓の民を押し返すもの」と呼ばれ、被征服民や反乱分子を制圧する神としても崇められていたようだ。

ヘケト

Heqat / ḥḳt

ヘケト／ヘケト など

信仰地域　アビドス、ヘルモポリスなど
神聖動物　カエル
神格　命の女神

人に命を吹きこむ心優しきカエルの女神

カエルの女神という珍しい神である。彼女はカエルそのものか、カエルの頭部に人間の体をもつ女神として描かれる。手に命のモチーフである「アンク」をもつ姿もよく描かれる。

彼女と対をなすヒツジの神クヌムがつくった人間に、命を吹きこむのがヘケトの仕事だ。このことから出産の女神として崇拝され、出産の手助けをする助産師は「ヘケトの従者」とも呼ばれていたという。

そんなヘケトは神話の中で人間だけではなく、多くの神の命を助けることとなる。なかでも有名なのはオシリス神話の神々との関係である。ヘケトは殺された冥界の王オシリスの復活を助けるだけでなく、オシリスの妻である豊穣の女神イシスが息子ホルスをうむ際にも手助けをした。ヘケトはオシリス神話でも重要な地位を築いた女神でもあるのだ。

とはいえ、彼女はもともと古い地方神だ。しかし昔どのような神だったのかは記録に残っていない。ヘルモポリス神話でのヘケトは宇宙創造より古くから存在するカエル神のひとりとされたが、のちにクヌムの妻として神話が上書きされた。命の神クヌムの妻であることから、彼女もまた命の女神となったのである。

もともと古代エジプト人はカエルや蛇などを神聖なる生き物として捉えていたようだ。その理由は、彼らが毎年ナイルの泥の中から目覚めるからである。死んでも肉体はいつか復活すると信じていた古代エジプト人からみると、カエルは1年ごとに復活をする不死の生き物だった。さらに卵を大量にうむことから多産の象徴でもある。カエルのヒエログリフは「命を繰り返す」という意味をもち、のちにキリスト教が導入されるとカエルは復活のシンボルとなった。

不死と再生を意味するカエルをモチーフとした女神ヘケト。かつてはヘケトを称えるための祭事もあったようだがすべては謎に包まれている。

ハピ

Hapi / ḥʿpy

ハピ／ハアーピ など

信仰地域 ナイル川全域中心
神聖動物 とくになし
神格 ナイル川の神など

男性の体に女性の胸をもつナイルの神

はじめてハピをみた人はきっと驚くはずだ。なぜならハピは男性の体に女性の胸をもつ神だからである。顔には髭、腹は太鼓腹という男性神だが、ふくよかな胸は女性のもの。その両性具有の見た目は、荒々しさと豊穣を表す。なぜなら彼は上ナイルと下ナイル、両方のナイル川を神格化した、ナイル川そのものの神だからである。

彼はパピルス草、または蓮でできた飾りをつけ、片手に供物を、もう片方の手にはエジプトの国花であるロータスが握られている。1体で描かれることも多いが、時には2体で描かれることもある。ラムセス2世の玉座にはひとりが頭に蓮を、もうひとりがパピルスの冠をつけて向かい合い、ヒエログリフをパピルスで縛り上げるふたりのハピが描かれている。これは上エジプトと下エジプトを結ぶという意味合いだとされる。

ナイル川を具現化したハピの信仰は、おもにナイル川のそばで広がった。ナイル川の恵みがエジプトを育てたことから、彼は神々の父とも呼ばれている。ナイル川の増水は溺死した冥界の王オシリスの体液とも、その妻である豊穣の女神イシスの涙ともいわれる。そのため、ハピはオシリスの化身とも呼ばれる。また、死んだオシリスにハピが乳を与え復活させたという神話もあり、場所によっては、太陽神ラーよりも上位に置かれることもあった。

ナイルは古来、たびたび氾濫を起こす暴れ川だった。氾濫時にはナイル川をなだめるために人々は多くの供物を川へと投げこみハピに慈悲を乞うた。かつてはファラオの娘が投げこまれることもあったという。そして1964年には、人々は麦で編んだ「ナイルの許嫁（いいなずけ）」と呼ばれる人形をナイル川へと投げこんだ。生け贄の代わりにハピへと捧げたのである。この年はアスワンハイダムがつくられる直前で、最後の増水の時。最後の供物以降、ナイル川はダムによって管理され、ハピは氾濫を忘れ、穏やかな神となった。

信仰地域 アクミームなど
神聖動物 雄牛
神格 生殖の神

生殖を司り男性の崇拝を受けた神

頭にはそそり立つ2本の羽毛がついた冠、手には「フラジェルム」という鞭を持ち（あるいはなにも持たずに振り上げ）、まるでミイラのように足を揃えて立った姿で描かれる男神がミンだ。ただし彼は陰茎を勃起させた姿で描かれる、異質な見た目をもつ神である。古くは「メヌ」とも呼ばれていた彼は「女たちの上にいる、神々と女神の子種をつくる雄牛」という生殖を思わせる名がつけられている。彼のその見た目、そして名のとおり、彼は豊穣と国の豊かさを象徴する神であり、男性的な力をもつとされた。その力にあやかろうと多くの男性が彼の神殿を訪れたという。

ミンに関しては、「ミンの階段への外出」と呼ばれる盛大な祭りが有名だ。これはファラオが大行列を率いてミンを聖域に迎え入れ、ファラオ自身が麦を切り取りミンに捧げるのだ。さらにのちには、特別に飼育された雄牛を使ったミンの祭りや、動物の皮を飾った支柱をよじ登る「ミンのための柱登り」と呼ばれる祭りも盛大に執り行われた。

ミンは大変古い神であり、先王朝時代にはすでに土器などにその姿が描かれている。コプトスから金山、紅海の道沿いに神殿が多くつくられ、鉱山の労働者、旅人などからも信仰を寄せられた神だった。

そんなミンは時代が下るにつれてほかの神話にも習合。さらに豊穣を司ることから、植物に関わりの深い冥界の王オシリスとも混じりあい、彼の信仰は遙かローマ時代まで続いたといわれている。

彼の生殖能力の高さは、ミンの背後に描かれる植物にも示される。棘を持って生えるその植物はエジプトのレタスだ。一説では、レタスを切った時に出てくる白い汁が精液を想起させるため古代エジプトではレタスは男性の生殖能力を高める媚薬的な力をもつと信じられていた。砂漠の神セトも好んで食べた野菜だ。このレタスの苗床を人々は「ミンの庭」と呼んだ。

ベス

Bes / bs

ベス／ベス など

信仰地域 エジプト全土
神聖動物 とくになし
神格 舞踊の神など

民衆に愛された歓喜の神は舞い踊る

その顔はまるで老人か猿。皺だらけの顔に、巻き毛と髭。長い舌をつきだして目は前を睨みつけている。体は矮小に描かれ、ライオンの皮と蛇のベルトをつけて、構えるようなポーズを取る小人の神、それがベスである。

エジプトの神といえば大体が横向きで描かれる。さらにすらりとしたスリムな体型が多いのだが、ベスに関してはしっかりと真正面を向き体つきもがっしりとしている。雰囲気がかなり異なるその見た目から、エジプトではなくアフリカなど別の国から来た神なのではないかという説もあったようだ

が、ベスは古王国時代（前2686～前2181年頃）から信仰されていたことがわかっている

見た目こそ恐ろしいものの、彼は歓喜と祝福、舞踊の神であり、のちにハトホルと結びつく。身分を問わず誰でも庇護し、幸福を与えてくれる神でもあった。また、生殖の神ミンと習合したことにより多産や出産の守護を司り、妊婦をはじめとした女性、そして街の民衆から篤い信仰を集めていたという。

蛇や悪魔から人々を守る勇ましい一面も

ベスは蛇などの危険な動物や厄災から人々を守る戦いの神でもある。ナイフを振り回し、タンバリンを打ち鳴らして蛇を食らい悪魔を祓うのだ。人々は彼の姿絵を魔除けとしてベッドの枕元に飾ったり、香料の壺や鏡など女性が使う道具にベスの絵を刻みこんだりした。

もともとはライオンを擬人化した神だという説もあり、確かにたてがみのような髪の毛にはその名残が見える。

不思議な表情で踊り、魔を祓い人々を守るという土着的な神であったが、彼の起源についてわかることはほとんどなく、一般的に信仰されるのも新王国時代（前1570～前1069年頃）からだ。彼だけをまつる神殿はまだ発見されていないが、各地の神殿の中にはベスが描かれた部屋が見つかっている。さらにローマの時代になると彼は軍装となり、戦神としての側面がクローズアップされることとなる。

市井の人々の間では非常に有名な神であるにも関わらず、ベスがどのようにうまれたのかは謎のままという不思議な神でもある。

ベスの部屋

ベスは固有の神殿をもたなかった神である。しかし、メンフィスの神殿、セラペウムなどいくつかの神殿の中には「ベスの部屋」と呼ばれる施設がつくられている。ここはベスを中心に裸体の女神たちが描かれた部屋であり、ここに籠もると生殖の力を授かるとされている。

ウプウアウト

Wepwawet / wp-w3wt

ウプウアウト／ウプ＝ウアウト など

信仰地域　アシウト中心
神聖動物　黒犬など
神格　王家の守護者など

道を切り拓く好戦的なオオカミの神

ウプウアウトの見た目はオオカミ、あるいはジャッカルである。彼はもともと、中エジプトにあるアシウトの地域神である。エジプト神話で犬の見た目をもつ神といえば、ミイラづくりで知られる冥界の神アヌビスが有名だろう。アヌビスは人間の体に犬の顔がついた半獣半人の姿で描かれることが多いが、ウプウアウトは獣の姿で描かれることが多い。

彼の持ち物が盾やこん棒、弓などの武具であることからわかるとおり、ウプウアウトはもともとアシウトで信仰されていた戦いの神である。ウプウア

ウトは「いくつもの道を開くもの」という意味の名で、戦争で王の道を拓くとされる。

ウプウアウトは敵を追い払う神とされ、彼の力にあやかろうとファラオは行進する際に旗に彼の絵を掲げて進んだ。このことからウプウアウトは「道を拓くもの」とも呼ばれるようになる。

彼が導くのは王だけではない。冥界では川を進む船の船首に立って死者を導き、悪しきものに睨みをきかせる神でもあった。のちの神話でも、太陽神ラーや冥界の王オシリスが冥界に降りたった時にその道を悪魔から守り、道を切り拓いたと語られている。「2つの国を開くもの」と呼ばれるのはそれが所以（ゆえん）である。なお、ウプウアウトと冥界の関係性は、彼の神聖動物であるジャッカルが、ネクロポリス（巨大な墓地）を徘徊していたことから着想を得たのだと考えられている。

ローマの頃には武装した軍神として彼の絵が描かれることもあり、それほど長く信仰を集めた神でもあった。

また、後年になるとオシリスの神話とも混じりあい、時に彼はオシリスの息子とされることもある。オシリスの息子であるアヌビスも前述のとおり犬頭の神で、さらにどちらも冥界に深く関わりをもつ。不思議な繋がりをもつ2神といえる。

なお彼を信仰したアシウトに住む人々はこの神の気質を継いだのか、好戦的な民族だったそうだ。もともと好戦的な民族が多い土地だからこそ、戦の神が誕生したのかもしれない。

セルケト

Serket / śrḳt

セルケト、セルキス／セレケト など

信仰地域 上エジプト中心
神聖動物 サソリ
神格 祭祀の女神など

サソリを模した冥界の女主人

エジプトをはじめ、砂漠地帯の人間が恐れる生物、それがサソリだ。そんな猛毒をもつサソリを模した女神がこのセルケトである。彼女は一般的に、頭にサソリを乗せた姿で描かれる。ケベフセヌエフとともに死者の棺を守る時は、抱擁するように両腕を広げた姿で表される
彼女はもともと、一部地域で信仰される古い女神だった。彼女の名は「呼吸させるもの」「喉に呼吸させるもの」という意味をもち、命を奪うほど危険なサソリの毒を、彼女が解毒できることを示す。そのため医療やまじないの神でもあり、呪術を専門とする医療神官たちに信仰されていた。また、セルケトは蛇の女神ウラエウスと同一視されたことにより「ラーの娘」となり、悪蛇アポピスから太陽神ラーを守る役目を担った。
時代が下ると彼女の存在は他の地域の神話と混じりあっていく。やがて彼女はラーの娘となり、ラーを毒のある生物から守る役割を得た。またオシリ

スの神話と混じり合うと、セルケトがうんだサソリが豊穣の女神イシスと彼女のお腹の子どもを守るという神話がうまれた。

さらに彼女はほかの女神たちとともにファラオの墓に描かれ、王の内臓を収めた「カノプスの壺」と棺を守る役割も担うのである。その立ち位置のため、彼女には「王の乳母」という別名もある。彼女の姿はかのトゥトアンクアメンのピラミッドの中、カノポス箱の黄金の厨子にも描かれている。

ただし彼女がサソリの女神となったのは後年の話。遙か古い時代、彼女が頭に乗せていたのは「タイコウチ（ミズサソリ）」という生き物だった。このタイコウチはサソリによく似ているが無毒な生き物だ。しかしサソリと勘違いされるようになってから、彼女の神話に広がりがうまれた。勘違いによって、信仰が広まっていった希有な女神ともいえる。

メルセゲル

mr.s gr / Mertseger

メルトセゲル／メル・セ＝ゲル など

信仰地域　下エジプト中心
神聖動物　コブラ
神格　不明

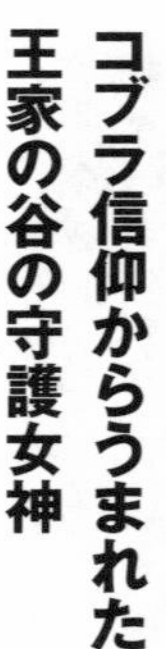

コブラ信仰からうまれた王家の谷の守護女神

テーベ西岸にある王家の谷の山や峰を神格化した女神が彼女、メルセゲルである。

エジプト王朝の首都でもあるテーベ、この地にある王家の谷はファラオの墓地として有名な場所だ。この地で墓を守る彼女は、墓地にふさわしい「沈黙を愛する女」「静寂を愛する貴婦人」という異名をもつ。

メルセゲルの見た目はコブラ。女神の体にコブラの頭がついたものから、鎌首をもたげて敵を威嚇（いかく）するコブラそのものとして描かれることもある。なぜそのような恐ろしい姿なのかといえば、彼女はファラオの墓を墓荒らしや悪人から守る守護の女神だからだ。

テーベの王墓地の峰と同一視されていたメルセゲルは、墓地がある砂漠に住みつく蛇の姿を取るようになったという。

その見た目のとおり、メルセゲルは優しい神ではない。特に墓を荒らすものや罪を犯したものに対しては、決して追及の手を休めない。墓泥棒には毒液を拭きかけ盲目にしてしまうという恐ろしい女神である。

彼女は「死者の国の女主人」「日の没する地域の女主人」など死に繋がる別名ももっている。

そんなメルセゲルだが、良い振る舞いをする人間や正しく信仰する人間に対しては恵みをもたらすといわれ、信仰地域の近辺には神殿や礼拝堂などが多く建てられたようだ。

彼女の名前は中王国時代から見られるようになるが、多くの信仰を集めたのは新王国時代に入ってから。ファラオに愛された神というよりは、民衆からの人気が高かった。なかでも、墓地をつくる職人が多く住んでいた、デイル・エル・メディーナの住人たちが彼女に熱心な信仰を捧げていたようである。苦労をしてつくりあげた「作品」を盗掘者に奪われることを危惧した職人たちがこぞってメルセゲルに石碑や供物を捧げたという。

アメミト

Ammut

アメミト、マメミット、アムムト など

信仰地域 不明
神聖動物 カバ
神格 不明

死者の心臓を見つめる信者のいない女神

頭はワニ、上半身はライオン、そして下半身はカバ。まるでキメラのような見た目のアメミトは、神というより魔物に近い存在だ。「むさぼり食うもの」という意味の名前を持つこの女神は、死後に待ち受ける罪の報いを象徴する。そのため神殿もなければ信者もない。この神はエジプト人の死後の案内本でもある『死者の書』に登場する生き物で、なによりもれっきとした女神である。

アメミトの名前は「霊を貪り食う者」という意味をもつ。彼女の仕事はただ1つ。死者が生前の行いを問われる「心臓計量の儀式」、つまり裁判における刑の執行だ。この場面では、冥界の神アヌビスが死者の心臓と法の女神マアトの羽を秤に乗せる。そして神々が死者に生前の行いに対する問いを投げかけるのだが、それに対して真実を伝えれば心臓は羽根と同じ重さになり、嘘を口にすれば秤は傾く。こうして善人であることが証明されれば、人は死者の楽園に導かれるが、悪人であればアメミトが死者の心臓を一口で食べてしまうのである。

エジプト人にとって最も恐ろしい魔物

死者の復活を信じていた古代エジプト人にとって、心臓は死後の復活に必要なアイテムと考えられていた。ミイラづくりの際には、内臓のほとんどを別の壺に移し替えるのだが、その中でも心臓は肉体に残したままにしておくのである。

つまりアメミトに心臓を食べられてしまうと、人は2度目の死を迎えることとなるのだ。そうなれば復活はできず、さらに永遠の闇の底に突き落とされてしまう。それはエジプト人にとって、最大の恐怖だった。

人々に恐怖を与えるアメミトが描かれているのは葬祭用にまとめられたパピルスの中のみ。『死者の書』第125章、秤の前に座って人間の心臓をじっと見上げる彼女の姿が最も有名である。

なぜ彼女がワニ、ライオン、カバと

いう生き物の集合体で描かれるかといえば、これらの生き物を古代エジプト人が恐れていたからだ。こんな恐ろしい生き物が自分の心臓をねらっている。だからこそ、生前は良い行いをしなければならない……。

罪人にとっては恐ろしい神だが、正しき人にとっては守護神ともいえる。そうした人々への戒めのためにつくりだされた存在なのかもしれない。

ちなみに、アメミトの胴がライオンだとなぜわかるのかというと、たてがみが描いてあるからである。なかにはたてがみではなく布を巻いたアメミトの図像もある。

神聖動物：カバ
アメミトは下半身の半分をカバとして描かれる。エジプトにはもう存在しないが、カバはナイル川特有の動物で、古代エジプトでは神聖な生き物として見なされていた。アメミトは神としての顔と魔物としての二面性をもつ生き物でもあったといえる。ちなみに、雌のカバは恩恵をもたらす女神として崇拝されており、妊婦の守護神タウレトの神聖動物となっている。

信仰地域 不明
神聖動物 鳥
神格 不明

フェニックスの原型となった聖なる鳥

エジプトでは鳥は聖なる生き物として知られている。鳥の顔をもつ神は多く、天空の神ホルス、知恵の神トト、太陽神ラーなどはすべて鳥頭人体の神である。聖鳥の多いエジプト神話の中でも、最も聖なる鳥とされるのがベンヌである。

巨大なアオサギもしくはセキレイをモチーフにしているが、実際にはベンヌのような鳥はどこにもいない。彼は想像上の鳥である。

動物神は猫であれ蛇であれカエルであれ擬人化して描かれることの多いエジプト神話にあって、彼の姿は鳥そのもので描かれることが多い。もともとは小さな鳥の姿で描かれていたが、時代が下るにつれて大きな鳥の姿で描かれるようになったという。

そんなベンヌはエジプトの世界創世神話にも登場する。ベンヌが発した最初の言葉が世界の静寂を破り、世界が動きだしたという伝説が残る。さらに彼がうまれた時ベンベン石の上に降り立ったといわれているが、このベンベン石とはヘリオポリス神話における聖石。「1番最初に朝日があたる場所」に祀られていた、太陽に深い関わりのある石だ。

その太陽でさえ、ベンヌの卵から誕生したという神話もある。そのことから彼は太陽神ラーとの関わりも深い。太陽神を描くヒエログリフではこの鳥の姿が用いられているほどだ。

のちにベンヌはオシリス神話にも習合され、冥界の王オシリスの心臓からうまれた鳥であるという神話も誕生した。なぜ魂と密接に結びつくかといえば、古代エジプト人たちは魂が鳥の形をしていると信じていたからである。

彼は500年生きると、自らに火を放ち燃えさかる火の中から新しい命としてうまれかわる。そして死んだ父の体をミイラにしてラーの神殿へ運ぶのだ。ベンヌは魂そのものであり、死者の守り神である。のちにギリシア人がベンヌを取り入れた時、不死の鳥フェニックスの原型となった。

ハトメヒト

Hatmehit
ハトメヒト など

信仰地域 不明
神聖動物 不明
神格 不明

壁画に描かれるのみ 謎の多い魚の女神

歴史に埋もれてしまった魚の女神。もともとメンデスで信仰を集めていた女神のようだが、その詳細は現代に伝わっていない。なぜならメンデスの町では雄羊の頭をもつ神バネブジェデトが信仰を集めており、ハトメヒトはその妻として吸収されてしまったからだ。そのせいでこの小さな女神はただ壁画に描かれるだけとなり、その存在を潜めてしまったのである。

壁画などでみられる彼女は頭に魚を乗せた人間の女性の姿で描かれる。その魚はイルカといわれていたが、実際はナイル川に生息するスキルベという魚だという説が有力。彼女はこのスキルベを擬人化した女神だった。

エジプト神話では猫やカエルなど、さまざまな動物が擬人化されている。その生き物たちは縁起のいい、聖なる生き物であることが多いのだが、「魚」はエジプト人の中で不浄なものとされていた。

確かに世界的にみても、魚の神というのは珍しい。ギリシア神話では海の女神などが登場するが、魚の体をもつものはだいたい魔物である。エジプトでも魚は禁忌であり、神の象徴とされることはめったになかった。ファラオや貴族は魚を食べず、供物として魚を神殿や墓に供えるのも禁止されているほどだった。

こうしてファラオには嫌われた魚だが、ナマズやウナギなど何種類かの魚は神聖なものであるとして神聖動物にもなっている。稀に遺跡の中から魚のミイラが発掘されることもあり、民衆の間では魚は愛されていたようだ。同じように彼女もまた民衆に愛された女神だったのかもしれない。

像や壁画は残るが、彼女がいったいどんな神でどんな神話で紡がれていたのかはわからない。彼女についてわかることといえば「魚の中の1番最初の魚」と呼ばれていることだけである。かつては信仰を集めていたかもしれない魚の女神、すべてが謎に包まれた女神といえる。

メジェド

Medjed

メジェド など

信仰地域 不明
神聖動物 不明
神格 不明

SNSによって現代に蘇った謎の神

メジェドはある意味で、日本でのエジプト神話人気の火つけ役となった存在である。しかしながらこの神は、果たして本当に神なのか、男神なのか女神であるのかさえわからない存在だ。

メジェドの姿が描かれているのは『死者の書』のみ。その姿は、布のようなものにすっぽりと体ごと包まれている形で表される。円錐形の体の下に足だけがつきだしており、体には大きな目だけがこちらを見つめている。エジプト壁画によくみられる横向きの顔ではなく、真正面を向いたインパクトのある姿だ。その隣で神官が拝礼しているので、崇拝するに値する存在であることがわかる。

この不思議な姿は2012年に日本で公開された、世界最長の死者の書『グリーンフィールド・パピルス』によって人々の目に触れた。その姿に衝撃を受けた人々がSNSを通じてメジェドの存在を拡散。人気は一気に加速し、彼(?)が登場するアニメまでつくられた。すべてが謎のままで、インターネット・ミームによって一気に火がついた神である。

しかし前述のとおり、実際のところ彼が何者であるのかは一切が謎のまま。唯一の出典ともいえる『グリーンフィールド・パピルス』でさえ、彼が登場するのはたった2回だけである。人ではなくナイル川にすむ魚ではないかという説もあるようだが、確定には至っていない。

彼が登場する唯一の書物『死者の書』におけるメジェドの名の意味は「打ち倒すもの」であり、メジェドが名前であるのかどうかも謎だ。

そんなメジェドは冥界の王オシリスの家に住んでおり、目から光を放ち敵を打ち倒すと記載されている。そして彼の姿は「見えざる」ものとされていた。目だけが見える不思議な姿は「見えない」ことを表現していると思われる。そんな見えざる神は、時を経て今の時代に蘇った。

ラー

Ra / r^c(w)

ラー／レアー(ウ)、ラー(ウ)など

信仰地域 エジプト全土
神聖動物 エジプトマングースなど
神格 太陽神など

あらゆる時代・地域で信仰された太陽神

温かな光で生命を育む一方、時には旱魃(かんばつ)で恐怖と絶望をふりまく太陽は、多くの神話で絶大な力をもつ神として描かれる。この傾向はエジプト神話の太陽神ラーも同様だ。通常、エジプト神は時代や地域で信仰にばらつきがあるが、ラーはいつどこにおいても強い影響力をもった珍しい存在である。

これはラーへの信仰が先王朝時代には誕生していたためと考えられる。太陽が原初から崇拝されていたのは自然な流れだろう。ラーは初期王朝が成立した時点でエジプト全域はもちろん、国外の一部でも崇拝されていた。そこで、自分の地位を正当化したいファラオたちは、すでに確立しているラーの権威を利用したのだ。第4王朝のジェドエフラーが自らを「ラーの息子」と称し、第5王朝の頃には信仰の絶頂期を迎える。中王国時代に首都がテーベに移ると、その地の守護神アメンと習合してアメン＝ラーと呼ばれた。

ヘリオポリスの創世神話ではアトゥムが創造神とされるが、太陽神信仰が盛んなこの地ではアトゥムとラーが同一視されるようになり、ラーは創造神としても崇拝された。また、ヘリオポリス近郊で信仰されたフンコロガシの神ケプリも太陽神であるためラーと同一視され、やがて日の出がケプリ、昼がラー、日没がアトゥムへと太陽神の神格が変化していく神話が定着した。

ラーの相関図

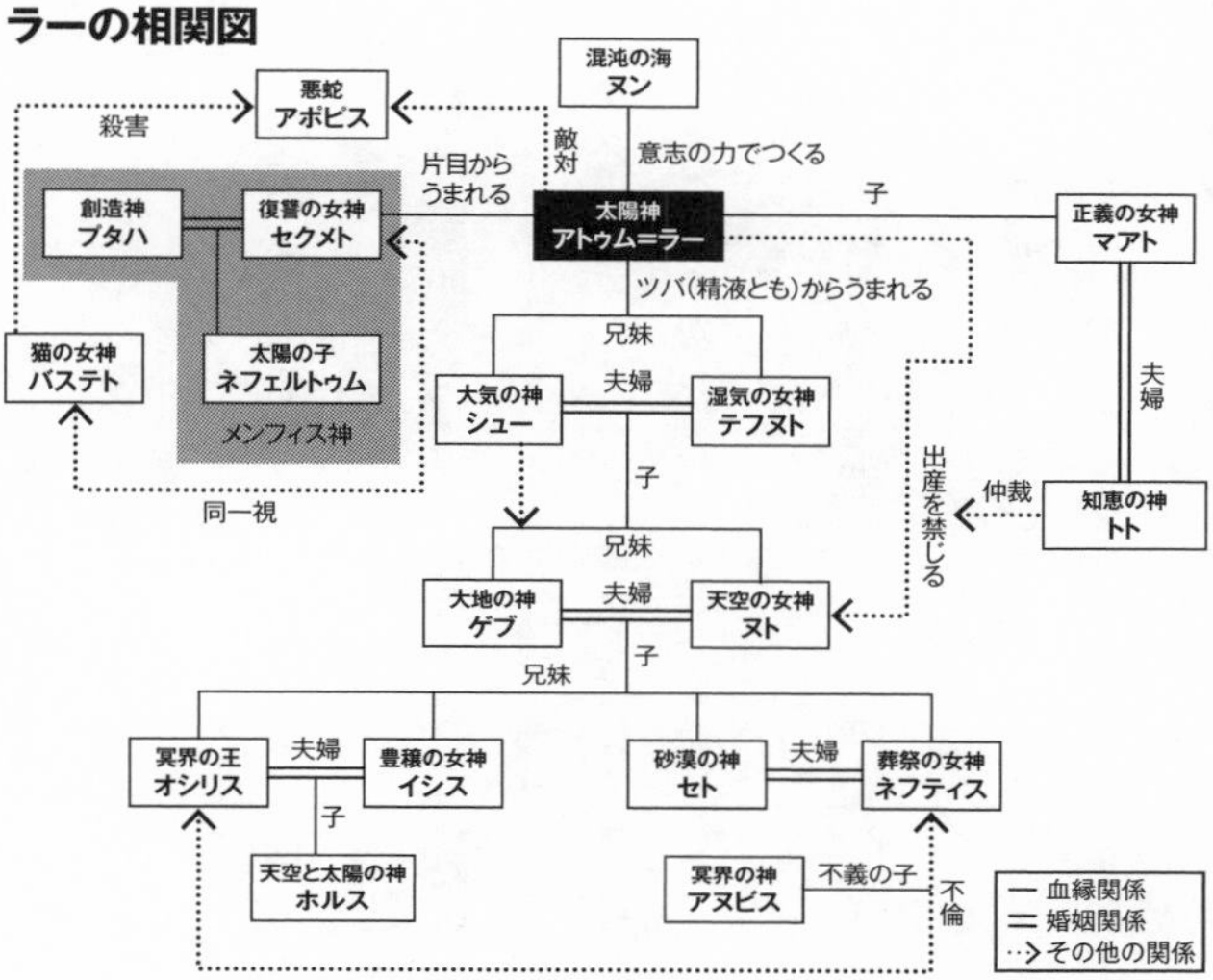

毎日繰り返される壮大な船旅

太陽を司るラーのおもな役割は、太陽の運行である。ラーはこの日課の中で誕生と死を繰り返す。朝にケプリとしてうまれ、天高く昇ってラーになると世界を照らし、アトゥムとなって死に、夜はヒツジの頭を持つ姿となって冥界を通り、翌朝には再びケプリとしてうまれて空に昇るのだ。

この一連の営みは壮大な航海の神話として描かれる。ラーは毎朝、天空の女神ヌトからうまれ、天を支える山並みの東から、2本のエジプトイチジクの木の間を通って昼の船「マンジェト」に乗りこみ、航海に出発する。船には知恵の神トトや砂漠の神セトなどが同乗し、漕ぎ手は「不死のもの」と呼ばれる星々、つまり魂たちが務めた。ラーたちは悪蛇アポピスの妨害を退けながら西へ航路を取る。そして日没とともに死ぬと夜の船「メセケテット」に乗りこみ、「疲れを知らぬもの」と呼ばれる星を従えて冥界を進む。ここでさらに狂暴化したアポピスを退けると、冥界の王オシリスと一体化して休息し、再びヌトから誕生して新たな航海に出発する。

　ラーの太陽神話には異伝も多く、空を航海したラーはヌトに飲みこまれてその胎内を通り抜け、再び誕生するというバージョンなども存在する。

他の神の権威づけに利用されることも

　一方、ラーは無力な老人として描かれることもある。なかでもその描写が顕著なのはホルスとセトの争いの神話である。この時のラーはよだれを垂らすほど弱っているうえ、ホルスの母イシスの計略にはめられて誰にも知られてはいけない真の名前を教えてしまう失態まで犯す。また、人間が年老いたラーを侮るようになると、腹を立てて娘のセクメトに人間を懲らしめるよう命じるが、彼女が人間の虐殺を行ったため焦って制止する神話もある。

　このようにラーを貶めることで、同じ神話に登場する神はマウンティングの上位に立って権威を向上させられた。つまり情けないラーの描写こそが、ラーの強力な権威を誰もが認めていたことの証明なのである。

　エジプト神話で重要なラーは、日本のエンターテインメントでも特別なキャラクターとして扱われることが多い。アメン・ラーの名で登場する『女神転生』シリーズでは上位ランクの仲魔となって主人公に協力する。またゲーム『エジコイ!』ではラー先生という教師役で登場。この他、競馬界では2013年のマイルチャンピオンシップで勝利したトーセンラーの名前の由来でもある。

神聖動物：ハヤブサ
空高くを飛ぶハヤブサは、天空の象徴である。このため太陽を司るラーや天を司るホルスのように、空と関わりの強い神の神聖動物とされた。

ファラオのラーの息子名
ラーの息子を自称したファラオたちは、誕生時の名前を「サー・ラー（ラーの息子）」ではじまる「ラーの息子名」とした。現在呼びならわされているファラオの名は、基本的にラーの息子名である。

ケプリ

khepri / hpri

ケプリ、ヘプリ／ヘプリ など

信仰地域　エジプト全土
神聖動物　フンコロガシ
神格　太陽神など

フンコロガシの頭をもつ暁の太陽神

　エジプト神話にはハヤブサやライオンなど、インパクトの強い頭部を持つ神が多い。その中でも群を抜いているのがケプリだろう。頭部はなんとまるまる一匹のタマオシコガネ、いわゆるフンコロガシなのだ。

日本人の感性では目を疑ってしまうが、エジプトではスカラベと呼ばれるこのフンコロガシは、太陽を運ぶとされる神聖な存在だった。つまりスカラベはケプリの神聖動物で、ケプリが太陽神であることを示している。古代エジプトの人々は太陽が昇っては沈む営みを、スカラベが糞玉を転がす姿に重ねたのだ。

ただし、糞玉から誕生する幼虫に関しては現代と違う解釈をしていた。実際の幼虫は糞玉を栄養源にして卵からうまれるが、古代エジプトの人々は幼虫が糞玉から自然発生すると信じていたのである。このため、ケプリという名前は「発生する」「生成する」などを意味する動詞が由来になっており、スカラベは再生の象徴であった。

自然発生するスカラベは自己創造の象徴でもあり、ケプリはヘリオポリスの太陽神アトゥムと同一視された。そのアトゥムが太陽神ラーと習合するとともにケプリもまた融合し、創造神にして太陽神という絶対の存在になったのである。

こうした経緯もあるため、エジプト神話の太陽神はひとりではない。朝はケプリ、昼はラー、夜はアトゥムへと神格を変更する。ケプリが朝日の神とされた理由はやはり、「発生する」という名前にちなんだためだ。夜に死んだ太陽は冥界を通り、再びケプリとなって天空の女神ヌトから発生するのである。

ケプリは特別な神殿や祭儀をもたなかったため、太陽神としての中心的神格をラーに譲った。しかし、アメン＝ラーを祀ったテーベのカルナク神殿などには大規模なスカラベ石像が残されており、重要な神として崇拝されたことがうかがえる。

新王国時代（前１５７０～前１０６９年頃）のファラオ、トゥトアンクアメンの遺品からも太陽を掲げたスカラベの胸飾りが発見されている。

アポピス

apophis / ʿ3pp

アポピス／アーアペプ など

信仰地域 不明
神聖動物 ヘビ
神格 不明

太陽神の航海を妨害する邪悪な大蛇

恐ろしきもの、危険なもの、悪しきものなどと形容され、巨大な蛇の姿で描かれるアポピスは、神というより魔物のような存在だ。

アポピスは太陽神ラーを敵視しており、ラーが太陽を運行するための航海を妨害しては撃退される。ただし、撃退されるといってもアポピスの強さは凄まじく、ラーも随行する神々も睨みつけられるだけで身がすくむほどであった。アポピスとの戦いで主力となるのは砂漠の神セト。セトだけがアポピスの睨みにすくむことなく、アポピスを打ち負かしラーを守ることができるのである。

しかし、オシリス神話の広がりでセトが悪神とされてしまうと、セトとアポピスは同一視されるようになる。アポピスは直接ラーを襲うだけでなくとぐろを巻いて「砂州」になったり、天を流れる川の水を飲み干したりしてラーの船を座礁させようとすることもあった。

すべての闇属性を受容した エジプトを代表する邪神

非常に強大な力をもつアポピスだが、その神話を確認することができるのは中王国時代（前2060〜前1782年頃）のピラミッド・テキスト以降である。

しかし、古王国時代（前2686〜前2181年頃）がはじまる以前から崇拝されていたラーよりもずっと後世にうまれた神であることを忘れてはならないだろう。アポピスは闇への不安や恐怖が次第に1つの神格へと集約された存在であり、この闇の特性が光と相容れないことからラーのライバルという位置づけにされていったと考えられる。

新王国時代後期になると、アポピスは嵐や地震などの自然災害の元凶ともされ、その脅威を退けるための呪術書『アポピスの書』がつくられた。この書物には、葬祭文書『門の書』にある豊穣の女神イシスたちが魔法の網にアポピスを捕えて寸断した神話にちなんで、蝋でつくった蛇の模型を寸断して火に投じる呪術などが記されており、神官たちは毎日実践して災いを払おうとしたという。

徹底した悪役の扱いを受けたアポピスだが、裏を返せば打ち倒されることで人々の心に安寧をもたらす守護神だったともいえるだろう。

セクメト

sekhmet / 'shmt

セフメト、セクメト／セヘメト など

信仰地域　メンフィス中心
神聖動物　雌ライオンなど
神格　ファラオの守護神など

太陽神の目からうまれた殺戮（さつりく）の女神

雌ライオンの頭をもつ特徴的な容貌のセクメトは、古くから太陽神ラーの娘にしてラーの守護者と考えられていた。このため、ラーの子であるファラオにも加護をもたらすとして、古王国時代から篤く信仰される。

中王国時代に入るとメンフィスの創造神プタハの妻となり、息子のネフェルトゥムとメンフィス3神として祀られ、セクメト信仰はさらに隆盛する。これと時期を同じくして、破壊的な面が強調されるようになった。「強い女性」を意味する名前のセクメトは、灼熱の息と心臓を射抜く矢で戦ったという。この圧倒的な破壊の力が支配を確立したいファラオたちには魅力的だったのである。

年老いたラーを人間が侮蔑する神話では、立腹したラーが怒りをこめてえぐり取ったラー自身の右眼からセクメトが誕生する。ラーに人間の抹殺を命じられたセクメトは手当たり次第に殺して生き血をすすったため、人類は滅亡の危機に瀕した。さすがにやりすぎだと感じたラーはセクメトを止めようとするが、セクメトが強すぎて神々の力を合わせてもかなわない。そこでラーは血の色に似た真っ赤なビールでセクメトを酔わせ、その隙にセクメトの残虐性を抜き取ることでなんとか事態を収めたのだった。

多くの慈悲深い女神と同一視される

荒ぶる心を鎮められたセクメトは、愛情と多産を象徴する猫の女神バステトになったという後日談がある。これはセクメトのライオン頭とバステトの猫頭が似ていることによる習合と考えられる。一見すると両者は性格が正反対なのでこじつけのようだが、実はセクメトの本来の神格は慈悲深いものだったといわれている。

古代エジプトでは疫病を「セクメトの使者」と呼んで恐れたが、セクメトは病気を防ぎ治癒する役割ももつとされた。ファラオの都合で残虐な女神とされたセクメトだが、治癒の力をもち、病から人々を守るという側面もあり、もともとは生命を慈しむ愛情をあわせもった女神なのだ。

このため、愛と美の女神ハトホルや母性の女神ムトとも習合している。

さらにセクメトは病気を癒す魔術を使うことから、魔術を操る豊穣の女神イシスとも同一視されており、多くの女神と関わりをもっている。

神聖動物：ライオン
太陽を象徴する神聖動物。セクメトの頭はライオンで、これは太陽神ラーの娘の証明といえる。百獣の王たる強さが厄除けのモチーフとなり、神殿の入り口や玉座を守るために好んで使用された。

メンフィス3神
プタハ・セクメト・ネフェルトゥムの3神。創造神一家としてメンフィスで崇拝され、のちにテーベでも古い時代の神々に敬意を払って信仰を集めた。

プタハ

Ptah / pth
プタハ／ペテハ など

信仰地域 メンフィス中心
神聖動物 雄牛
神格 創造神など

メンフィスの創造主として崇められた技巧と芸術の神

プタハはかなり古い起源をもつエジプト神のひとりで、もとはメンフィスの地方神だったと考えられている。司るのは技巧や芸術で、おもに職人などの手工業者に信仰されたようだ。絵画などに残されたプタハは冠を戴かず、ごく短いスポーツ刈りのような髪型をしているように見えるが、頭にぴったりフィットした職人用の帽子を戴いているともいわれる。

この一地方神の転機が、古代エジプト統一王朝の出現だった。第1王朝の首都がメンフィスに築かれると、プタハは人心を掌握する拠りどころとして世界の創造神に据えられたのである。「新しい何かをつくりだすこと」を司るプタハは、創造神にふさわしかったのだ。このため、メンフィスの創造神話はヘリオポリスの創造神話と基本的な内容は同じながら、すべてがプタハの意志によるものとされた。プタハは心臓から生じる思考と舌から生じる言葉によって太陽神アトゥムを創造し、大地や神々をつくるよう命じたという設定なのである。

メンフィスの主神となったプタハは、同じく古くからメンフィスで信仰されてきた獅子の女神セクメトと夫婦だと考えられるようになり、ふたりの息子であるネフェルトゥムとあわせたメンフィス3神として崇拝された。

また、メンフィスでは豊穣の象徴である牡牛アピスへの信仰が盛んだったことからプタハと結びつけられ、牡牛はプタハの神聖動物とされた。

さらにプタハは、メンフィスの大地の神タテネンや葬祭の神ソカルと習合してプタハ＝タテネンやプタハ＝ソカルとなった。これは、プタハがミイラとして描かれることもあるため、タテネンが司る地下世界やソカルが司る葬儀とイメージが重なった結果だ。さらにプタハ＝ソカルは冥界の王オシリスとも習合して、プタハ＝ソカル＝オシリスとなった。

のちにエジプトがローマに支配されると、プタハはギリシャ神話の技巧神ヘパイストスとも同一視された。

なお、「エジプト」の語源は、プタハの神殿「フウト・カー・プタハ」をギリシア人が「アイギュプトス」と呼んだことにある。

ネフェルトゥム

nefertem / nfr-tm

ネフェルトゥム／ネフェル＝テム など

信仰地域 メンフィス
神聖動物 とくになし
神格 原初の蓮

蓮の花が神格化された創造神の息子

蓮の花の冠を頂いた青年として描かれることが多いネフェルトゥムは、下エジプト東方のデルタ地帯が起源の神であると考えられている。もとはごく局地的な信仰を受けていたようだが、エジプト統一王朝の最初の首都がメンフィスに築かれると、この地の創造神とされたプタハとその妻である獅子の女神セクメトの子とされ、合わせてメンフィス3神のひとりという地位についた。

ネフェルトゥムがプタハの息子と考えられた理由は、蓮の花からの連想による。プタハが創造した世界では、原初の水から蓮の花が出現して太陽になる。この蓮の花の神格化がネフェルトゥムとされたのだ。このため、ネフェルトゥムは単純に蓮の花として表現されることもある。蓮の花が太陽のイメージにつながるのは、太陽が昇ると開き、太陽が沈むと閉じるためだ。

さらに、蓮の花から太陽がうまれたことから太陽神ラーと関わりが深く、同一視されることもあった。ラーと同一視されたネフェルトゥムは、そのシンボルである蓮の花がラーの乗る船に描かれるようになる。また、ネフェルトゥムは、太陽の子どもであるともいわれており、ラーの息子であるホルスと同一視されることもある。

いかにもエジプト神話らしい発展ぶりだが、ネフェルトゥムの進化はまだ続く。天空の神ホルスとの習合で光の力を獲得すると、闇の力をもつ砂漠の神セトのライバルとして戦闘神の側面をもつようになり、テーベの戦の神モントゥともつながった。戦いを司る神格は、人類を滅亡寸前まで追いこんだセクメトの荒々しい血を受け継いでいるのだろう。

もちろん、本来の蓮の花にちなんだ性質ももっている。ネフェルトゥムはかぐわしい花の香りからイメージされる、芳香の神としても崇拝されたのだ。いかにも至高神の息子らしい、華やかで優雅な一面である。

モントゥ

Montu / mntw

モントゥ／メンスウ など

信仰地域　テーベ中心
神聖動物　ハヤブサなど
神格　戦争神

政治権力に翻弄されたテーベの軍神

エジプト神話にはハヤブサの頭をもつ神が多く登場するが、なかでもモントゥは頭に太陽円盤と聖蛇の他に2本の羽飾りを戴いているのが特徴だ。この羽根飾りは単純なハヤブサの姿の時にも描かれており、太陽神ラーや天空の神ホルスと区別する目印となる。モントゥは、通常は手にケペシュという内反りの湾刀か槍を持っており、古い時代からテーベ近辺で戦いを司る神として崇拝された。

モントゥが最も信仰された時期は、中王国時代の第11王朝である。テーベを本拠地とする第11王朝はヘラクレオポリスを本拠地とする第10王朝と並立しており、これを破って上下エジプトを再統一した。このような力で力を制する時代には、やはりモントゥのような武神が称賛されたのだ。

また、第11王朝のファラオたちは自分たちの正当性を主張するために、今まで信仰されてきた太陽神ラーとは別の神を主神にする必要があった。この点からも、モントゥの信仰は盛大にしなければならなかったのだ。ラーからモントゥへの主神交替は、ラー信仰の中心地であるヘリオポリスの古代エジプト語「イウヌ」と、モントゥ信仰の中心地である「イウニ」の音が似ているという、古代エジプトではおなじみの語呂合わせによってすんなり受け入れられた。ところが、モントゥの天下は長く続かなかった。第12王朝は第11王朝と違う系統の王族が開いたため、また新たな主神が必要になったのだ。こうしてモントゥは太陽神アメンに取って代わられ、神々のひとりに逆戻りした。

しかし、モントゥ信仰は廃(すた)れず、国外との戦いが激化する新王国時代に入ると、ラーとアメンが習合したアメン＝ラーにモントゥも習合。第18王朝のファラオ、トトメス3世などは自身をモントゥになぞらえていた。テーベに広がるモントゥの聖域は、ローマ時代に入っても整備拡張が続き、強さを求める人間の心はいつの時代も変わらないことがうかがえる。

アメン

Amen / imn

アモン、アメン／イメン など

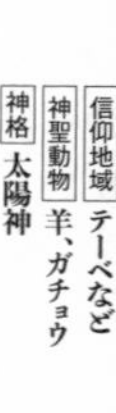

信仰地域 テーベなど
神聖動物 羊、ガチョウ
神格 太陽神

原初の8神のひとりが起源となる

「隠す」を意味する動詞が名前の由来となっているアメンは、エジプト神話を語るうえで欠かせない神のひとりである。なぜなら、太陽神ラーをはじめとする多くの神と習合しており、エジプト全域で広く信仰されたからだ。

しかし、その起源は意外と地味である。アメンの原型が登場するのはヘルモポリスの創世神話で、原初の海から自然発生した神という位置づけだが、8神の創造神を指すオグドアドのひとりにすぎない。

しかもこの神話では、アメンの女性形であるアマウネトが妻であることと、「隠れたもの」を司ることが語られる程度で、具体的にどのような神なのかよくわからないのだ。このため、誕生はかなり古いながらもあまり信仰は広まらず、もともとはテーベ周辺で豊穣の神としてまつられる地方神だったと考えられている。

ところが王朝時代の幕開けによって、逆にこの曖昧さがアメンの飛躍の好機となった。ファラオたちは、とらえどころがないからこそ多彩な解釈が可能であるアメンに独自のアレンジを加え、新たな神格をつくっていったのである。

「隠れたもの」ゆえの多彩な融合

アメンは早い段階で大気の神シューと習合し、シューがもつ「生命を与える力」を我がものとした。アメンが司る「隠れたもの」と、目に見えなくても確かに存在する大気は親和性が高かったのだ。こうして生命に関わる力を得たアメンは、生命を形成する5要素の1つである霊魂と考えられたバーの概念と結びつき、神々のバーを司る神となって存在感を増す。

さらには、生命に関連するイメージのつながりで生殖の神ミンを取りこみ、アメン＝ミンとも呼ばれた。この習合には、霊魂を表す「バー」とアメンの神聖動物のひとつで豊穣の象徴である牡羊を表す「バー」の音が似ているという、エジプト神話ではおなじみの語呂合わせも一役買っている。

アメンの神聖動物といえばもっとも代表的なのがガチョウだが、エジプトの神聖動物は必ずしもひとりに1種ではない。また、ガチョウは卵からの連想で生命や創造を象徴するので、この点からもシューやミンと相性がよかったのだろう。

習合を重ねて強大になったアメンは、ここで本来の創造神という神格をいかし、ついにヘリオポリスの創造神アトゥムとの融合を果たす。この時点でアトゥムは太陽神ラーと習合していたため、アメンはアトゥムとラーを同時に取りこみ、アメン＝ラーと呼ばれるようになった。ささやかに信仰された一地方神が、創造神にして太陽神という規格外の神格に昇りつめたのである。

この頃には、アメンの妻はアマウネトではなく母性の女神ムトとされており、ふたりの間の息子コンスとあわせてテーベ3神として崇められた。

ファラオの崇拝を得て主神の座へ

アメンの目覚ましい勢力拡大ぶりはまさにサクセスストーリーといえるが、純粋な信仰心のみで実現されたものではない。むしろ、アメンを政治利用したいファラオの思惑があってこその結果といえる。

最初にアメンを主神としたのは、中王国時代の第12王朝初代ファラオであるアメンエムハト1世。彼は平民出身で、クーデターにより王位を奪ったと考えられており、自らがファラオであることを正当化するために新たな主神が必要だった。そこで、第11王朝の王族が信仰していたテーベの戦の神モントゥからアメンに主神を変更。アメンはモントゥと同じくテーベの神であり、まだ不安定な政情下でも貴族や神官に抵抗なく受け入れられた。しかも自由な解釈が可能なのだから、アメンを利用しない手はなかったのだ。

こののちエジプトは一時的に異民族ヒクソスの支配を受けるが、これを打破して新王朝時代がはじまると、アメンは異民族を退けた軍神という神格も与えられて信仰の絶頂期を迎える。創造神にして太陽神とされたのは第18王朝の時期だ。

アメン信仰の隆盛にともないアメンの神官が力をもちすぎると、アメンホテプ4世がアメン＝ラーと異なる太陽神アテンを唯一神とするアマルナ革命でアメン信仰を禁じた。しかしこの改革は浸透せず、アメンはアメンホテプ4世の死後すぐに主神として復活する。

テーベでは盛んにアメンの祭儀が行われたという。特に、アメンがルクソール神殿を訪れる第2・3月のオペト大祭と、アメンの子であるファラオの霊を慰める第10月の谷の大祭は重要な祭礼とされた。

　アメンはファラオのみならず民衆にも広く信仰され、庶民を助けてくれる「貧しい者たちの声に応じて来てくださるお方」とも呼ばれる。この点からもアメンがいかに広く慕われたかがうかがえる。

神聖動物：ガチョウ
卵をイメージすることから、創造や誕生を象徴する。創造神であるアメンにふさわしい神聖動物だ。

テーベ3神
アメン、アメンの妻ムト、ふたりの間の息子コンスがそろって3大神となった。

アメン＝ミン
ともに豊穣の神であるアメンとミンが習合した姿。陰茎が勃起したアメンとして描かれることがある。

信仰地域　テーベ、メンフィスなど中心
神聖動物　とくになし
神格　太陽の母など

起源に大きな謎をもつ上下エジプトの母

頭にハゲワシの皮と上下エジプトの支配者の証である二重王冠を戴いた女性として描かれるムトは、新王国時代（前1570〜前1069年頃）のテーベで至高神とされたアメン＝ラーの妻。息子コンスとともにテーベ3神として信仰された。

　しかし、それ以前のムトには不明点が多い。現在のところ、中王国時代末までの文献や図像から情報が得られないため、どこが起源なのかも判明しておらず、テーベ近辺の地方神ではないかと推測されているにすぎない。

　また、アメン＝ラーの原型のひとりである太陽神アメンの妻はアマウネトという女神だが、第18王朝期（前1570〜前1293年事）にはムトがアメン＝ラーの妻の座についており、この間にどのような経緯があったのかもわかっていない。

　いずれにしても、新王国時代の最高位の女神はムトである。ファラオの王妃はムトと同一視され、ハゲワシの冠を戴いた。実は、ムトという音律の意味と彼女を示すヒエログリフの「ハゲワシ」は「母」を意味する。

　エジプト全土の母として信仰されたムトは、多くの称号をもつ。最も重要なものは「2つの国の女主人」だ。2つの国とは、上下エジプトを指す。また、アメン＝ラーの原型のひとりである太陽神ラーと関係する称号に、ラーの母という一面をもつヌトの「天空の女主人」や、優れたラーの娘を指す「ラーの目」がある。つまりムトは、ラーの母にして娘であり、アメン＝ラーの妻なのだ。日本人の感覚では矛盾を感じてしまうが、古代エジプトでは儀式的に娘と結婚するファラオもいたため、さほど違和感なく受け入れられたようである。

　習合した女神には豊穣の女神イシスや、愛と美の女神ハトホルなどの優美な女神の他にも、獅子の女神セクメトや、セクメトと習合した猫の女神バステトも名を連ねる。

コンス

khons / hnśw

ホンス／ヘンセウ など

信仰地域 テーベ中心
神聖動物 不明
神格 月神など

神秘の力で生命を支配した「夜の太陽」

　新王国時代に入って首都がテーベに定められると、それまでの戦の神モントゥから新たにアメン＝ラーが至高神とされた。そして、その妻ムトと息子コンスがテーベ3神として特に篤い信仰を受けた。

　コンスはもともとテーベを起源にもち、南方のコム・オンポや西方のダフラオアシスなど広範囲にわたり崇拝された神である。

　コム・オンポでは、ワニの神セベクと愛と美の女神ハトホルの間の息子とされた。神格は月で、満月と三日月を組み合わせた冠を戴いており、三日月がコンスを象徴する。三日月は鋭利な刀を連想させることから、コンスの武器にもなった。『ピラミッド・テキスト』では、三日月を手にしたコンスが人間を殺して死んだ王の供物に捧げ、自らも人肉を食べるという血なまぐさい神話が語られる。

　一説では古代エジプトが発祥とされるタロットカードで、月は神秘や不安を象徴する。実際にこの傾向は古代エジプトに存在しており、生物の健康や精神状態は月の影響を受けると信じられていたため、コンスは病をもたらすと同時に癒す神でもあった。19王朝期のファラオ、ラムセス2世は娘の病気が治るようホンスの像を贈ったと伝わっている。コンスを表すヒエログリフには丸いクッションのような図形が用いられており、これは胎盤と考えられている。コンスの神殿には胎盤のミイラが供えられることもあったという。

　また、コンスという音律は「胎盤」と「王」に分解できることから、母の胎内で王とともに育つ双子と考えられた。さらに、古代エジプトの月は「太陽の夜の姿」と信じられたため、コンスは原型に太陽神ラーをもつアメン＝ラーの息子にぴったりだったのだ。新王国時代には天空の神ホルスと習合して天空神としての地位を高め、一方で同様に月を司る知恵の神トトとの習合により、死者の魂を裁く書記という重要な役割も担った。

信仰地域 コム・オンボなど
神聖動物 ワニ
神格 王の守護者など

最初は大物扱いされていなかった

セベクはエジプトで古くから信仰されてきた神だ。母性の神ネイトの子であるとされている。もともとはそれほど高い人気があったわけではなく、主要な神話の中でも中心的な描かれ方はされていない。しかし、他の神を手助けする善き神として、脇役的ながらも活躍する場面がある。

オシリス神話では、バラバラになってしまった冥界の王オシリスの遺体を捜す豊穣の女神イシスを助け、ナイル川の中に落ちたオシリスの体の一部を引き上げた。

また、天空の神ホルスが、父の敵である砂漠の神セトと戦った時も、ホルスを助けたとされている。さらにオシリスの体を川から引き上げる際、ホルスがセベクになったという話もある。このことから、ホルスとセベクを同一視することもあった。

人々の信仰で太陽神へと昇りつめる

人気が上がったきっかけは、セベクへの信仰が篤いファイユームに遷都したためだという説が有力だ。第13王朝のファラオには、セベクの名を冠するファラオが複数見られる。ファイユームで語られていた神話の中では、セベクは太陽神ラーと関係が深い神であるとされていた。このことから、セベクはラーの化身であると考えられるようになり、ラーと習合するようになった。太陽神と同一視されるようになったセベクは、やがてギリシア神話の太陽神ヘリオスとも同一視されるようになったと伝わっている。

セベクの姿のもとであるワニは、エジプトの人々にとって非常に恐ろしい存在であった。現代でも時に人の命を奪うワニは恐ろしく、今よりも対策の少ない当時の人々にとってはまさに脅威であったのだろう。実際、ワニを悪いものとして扱う壁画が見つかっていたり、悪神ともいわれているセトの化身であると考えられたりもしている。

しかし、それでもセベクが悪神ではなく善きファラオの神となったのは、ワニがもつ強さとファラオのイメージを重ねたためだともいわれている。人心を掌握したいファラオの思惑や、ナイルの恵みが必要な人々の願いなどによって、セベクの地位は、最終的に太陽神に昇りつめていったのである。

神聖動物：ワニ

セベクは、ワニの頭をもつ人の姿で描かれる。セベクを崇拝する人々にとっての神聖動物は、もちろんワニである。セベク信仰の中心となっていたファイユームの神殿などではワニは良い食べ物を与えられて専用の池で大切に飼われた。ワニのミイラも見つかっている。

ハトホル

Hathor / ḥwt-ḥr
ハトホル／ヘ(ウ)ト=ヘル など

信仰地域　デンデラ、サイスなど中心
神聖動物　雌牛など
神格　愛と舞踊の女神など

愛の力で人と神の心を掴んだ

エジプトの女神の中でも、特に人気が高いのがハトホルである。母子を守り、愛を象徴するハトホルは、女性のファラオであるハトシェプストやクレオパトラが信仰した。王だけではなく、エジプト中の女性たちがこぞってハトホルを崇めた。

ハトホルの姿は、牛の頭部を持つ女性、または、頭から牛の角が生えた女性の姿として描かれている。後者の場合はツノの間に太陽円盤があしらわれている。

現在でもゲーム『パズル&ドラゴンズ』など多数の作品に登場し、いずれも美麗な女性のイラストで表現されていることから、美しい女神のイメージは広まり続け、信仰とは別の形で人気を集めている。

ハトホルは太陽神ラーの娘だが、妻であるともいわれている。オシリス神話で天空の神ホルスと砂漠の神セトが王位をめぐって争った時、多くの神がセトを支持していないのに対し、ラーだけはセトを支持した。そして、話し合いを放棄したのである。

そこでハトホルはラーを誘惑していい気分にさせ、話し合いを再開させるという活躍をしたのだ。ハトホルの美と性の力は、頑（かたく）なだった太陽神すらも動かしたというエピソードである。この神話が広まったことも、多くの女性がハトホルを信仰する理由のひとつと考えられる。

ハトホルはホルスの母でもあり妻でもある存在のため、ホルスの母である豊穣の女神イシスと同一視されることもあった。

人気者が多忙になるのは神も人も一緒

温厚で柔らかいイメージの強いハトホルだが、攻撃的な面を伝える話もある。ラーに抗う人間たちを鎮圧させるため、皆殺しにしようとしたのだ。ハトホルは荒れ狂い人間に次々に襲いかかった。しかし、ラーは人間を力で押さえつけて治めるつもりがなかったので、事態の鎮圧に乗りだす。ラーは、赤く着色した酒を用意させた。怒って血を欲したハトホルは、渇きを癒すために赤い酒を飲んで酔っ払い、落ち着きを取り戻したという。

この話が獅子の女神セクメトのエピソードとそっくりであることから見て取れるように、ハトホルはセクメトと関連づけられ、「ラーの目」としての役目も担った。

他にも音楽や踊りの神、葬祭を司る神、ファラオの乳母など多くの役目があると考えられていた。人気が高かったために多くの神と結びつけられたり、役目を吸収したりした結果、このように多彩な大女神となったのだ。

イチジク
ハトホルは冥界へと向かう者にイチジクでできた食べ物を与える役目を担った。
セクメト
戦いの女神セクメトは、怒ったハトホルの化身であるとも考えられている。
アフロディーテ
ギリシャ神話に登場する美と愛の女神であるアフロディーテはハトホルと同一視されることもある。

ネクベト

Nekhbet / nḫbt

ネクベト・ネフベト／ネヘベト など

信仰地域　上エジプト
神聖動物　エジプトハゲワシ
神格　ファラオの白冠の後見人など

ファラオの王冠を守護する女神

ネクベトはハゲワシの頭をもつ女性や、白い冠を戴いたハゲワシの姿で描かれることが多い女神。神聖動物もエジプトハゲワシである。知性が高いハゲワシは、神聖な鳥として古くから大切にされてきた。ネクベトは、ハゲワシを神格化させることでうまれた神であると考えられる。

ネクベトの役目は、ファラオが身につける王冠の守護である。王冠の後見人ともいわれる。エジプトの王ファラオは、分断されていた上エジプトと下エジプトの双方を統治する立場であった。そのため、上下エジプトを表す2つの王冠を戴いていたとされている。

このうち、上エジプトを表す白い王冠を司っていたネクベトは、王の戴冠に立ち会い、力を授けるとされている。また、ネクベト自身が擬人化した王冠であるという考えもあった。

ちなみに下エジプトの王冠は赤く、コブラの姿で描かれる女神ウアジェトが守護する。ネクベトとウアジェトはそれぞれ月と太陽を司るなど、対の存在であるとされた。

ネクベトは強い母性を抱いていると考えられ、王の乳母ともいわれた。そのことから、母性の女神でもある愛と美の女神ハトホルに結びつけられるようになった。

また、やはり母性を司り、同じハゲワシをシンボルとする女神ムトと結びつけることもあったが、ムトはネクベトの母であるともされる。

さらに、出産を司るカエルの女神ヘケトとも結びつけられた。他にも太陽神ラーの娘であり、天空の神ホルスの妻ともされる。また、ワニの神セベクの妻だという説もある。

エジプト全土で広く崇拝されているハトホルと同一視されるようになると、ネクベトへの信仰も広がっていった。しかし後年は、対の存在とされてきたウアジェトと習合されたり、ウアジェトと同じコブラの姿で描かれたりすることが多くなっていったとされている。

マアト

maat / m3ᶜt

マアト／メアアート など

信仰地域　メンフィス、テーベなど中心
神聖動物　とくになし
神格　正義など

法と正義を神格化した神々の食物

マアトは、頭に羽を飾った人の姿で描かれる女神である。大きな翼をもった女性として描かれることもある。太陽神ラーが世界を創造した時につくられた娘で、秩序・法・真実そのものであるといわれている。別の神と習合したり、化身として別の姿になったりすることもなく、マアトはすべてのものが従う法そのものであると考えられた。つまり、マアトは正義という概念を神格化した神と考えられている。

特定の地域で信仰が篤かったということもなく、まさに概念としてエジプト全土に広がっていた。このため、他の主要な神々のように決まった神殿で折に触れて祭儀を行われるようなこともあまりなかったと伝わっている。しかし、マアトの姿が他の神の神殿に装飾として描かれることはあった。

一方、神話では大きな役割が描かれている。死者の審判では、マアトが持っている真実の羽根と死者の心臓を天秤に乗せ、死者が真実を述べているかどうかを確かめる役目を担っていたのだ。この時に天秤の傾きを確かめている知恵の神トトと関連があり、マアトの夫であるともされている。

死者の審判に関する神話から、マアトは法や裁判と関係が深いと考えられた。古代エジプトで法や裁判に関わった人たちは「マアトの神官」と呼ばれ、黄金のマアトの小像を身につけていた。

この他、マアトが誰かと争うなどといった個性が表れているたぐいの神話は見られない。マアトの存在はまさに絶対の真理であったのだろう。

他の神に見られない特徴として、マアトは神々への供え物であるという一面がある。神々はマアトを食物として常に補充する必要があるとされている。ファラオが自分の神に対してマアトの像を供物として捧げることもあった。マアトは、秩序を守る立場のファラオが、自らの中にある正義と真理を守っているという表現であったとの見方もされている。

ネイト

Neith / ni(i)t

ネイト／ネ（イ）トなど

信仰地域　サイス、ファイユームなど中心
神聖動物　雌猫
神格　戦争と狩猟の女神など

母性と好戦性という2つの神性をもつ

ネイトは母性の神、または狩猟や戦いの神とされる。そして弓矢と盾を持つ女性の姿で描かれることが多い。地域によっては雌牛の姿で描かれることもある。

特筆すべきは、母性と戦いという真逆の神性が共存している点だ。ネイトはエジプト最古の頃から最後のファラオの時代まで、長きにわたり崇拝されてきた。そのなかで、他の神との結びつきなどから役割が増えたり、神性に変化が起こったりしたものと考えられている。

また、ネイトはファラオや王朝を守護する神と考えられてきた。ファラオは、ネイトに武器を供え、ネイトはファラオの進むべき道から障害物を取り除くとされる。このことからネイトは、ファラオの力を象徴する神であるといわれた。また、同じ役目をもつオオカミの神ウプウアウトと結びつけられた。

ネイトと結びつけられたウプウアウトが死者を冥界へと導く役目をもっていたことから、ネイトも死者や冥界と関連があると考えられたのだ。ネイトは、ミイラづくりに使う包帯を供与し、死者の心臓以外の内蔵を収めた「カノプス壺」を守護するとされた。同様の役目をもつ、冥界の神でミイラづくりを監督するアヌビスと結びつけられることもある。

母性の神としては、人が妊娠、出産することを発案したのがネイトであるとされている。自身の子にはワニの神セベクがいる。しかし、ネイトの夫にあたる神については正確に伝わっていない。

このことから、セベクはネイトがひとりでうんだと考えられ、ネイトは性別が定まっていない両性具有で、母であり父でもあるとされた。

ネイト自身の出自については、原初の海からうまれた造物神であり、神や人が住むべき原初の丘をつくったとする説もある。さらには人類をつくったのもネイトであるとされ、創造神として崇められた。

アテン

Aten / itn

アテン・アトン／イテン など

信仰地域　アケト・アテン
神聖動物　とくになし
神格　唯一神

ファラオの都合でもちあげられた唯一神

アテンは、ハヤブサの頭をもった男性の姿や、太陽を表す円盤を頭部にいただくハヤブサの姿で描かれていた。しかしのちに、エジプト十字ともいわれる「アンク」がぶら下がった円盤のような姿で描かれるようになった。後者の姿は、アテンが唯一神とされたあとのものであると考えられる。同じ太陽神であるラーと同一視されることもあった。

第18王朝では、太陽神アメンを主神としていた。そのためこの頃のファラオにもアメンを含む名が見られる。アメンホテプ4世も第18王朝のファラオだが、彼はアテンを熱心に信仰していた。ファラオになった彼は、すべての人が崇拝する神が必要であると考えた。アメンの神官の力が強くなりすぎていたことを危惧していたともいわれている。そこでアメンホテプ4世は、アメンと同じくラーと結びつけられている太陽神アテンを唯一神とし、他の神への信仰を禁じたのである。

唯一神の神性と信仰の終わり

唯一神になったアテンは、すべての生命の親であり、全能の神であるとされるようになった。その神性は慈悲深く、法と正義である女神マアトを遵守する神聖な存在であると広められた。太陽そのものがアテンであるとし、像に祈りを捧げることもなくなった。ファラオとその妻はアテンから送られる生命のエネルギーを仲介する、アテンそのものに等しい存在であるとした。

このような宗教改革はエジプトにおいてははじめてのことながら、実は他の一神教と非常に近い内容であった。しかし、エジプトの人々は一神教になじみがなく、長く複数の神を崇めることに親しんでいたため受け入れるのが難しかった。また、アメンホテプ4世はこの宗教改革に力を入れすぎるあまり、内政をおろそかにしてしまったともいう。

改名してアクエンアテンと名乗っていた王がこの世を去ると、その息子トゥトアンクアメンによってアテン信仰は撤廃された。アテンが唯一神とされていた期間は、ファラオにして一代のみの短いものであった。

唯一神アテンへの信仰が三大一神教をつくった？

アメンホテプ4世の宗教改革について興味深い説がある。それは20世紀の心理学者フロイトが説いた「アテン＝唯一神説」である。アメンホテプ4世の治世、エジプトには奴隷として捕縛されたヘブライ人（のちのユダヤ人）たちがいた。その後ヘブライ人たちはエジプトを脱出し、現在のパレスチナに自分たちの国をつくることとなる。このとき、ヘブライ人独特の神として、アテン一神教にならって唯一神ヤハウェを創出したというものである。このヤハウェへの信仰がユダヤ教となり、そのユダヤ教の影響を受けてキリスト教が、さらにキリスト教の影響を受けてイスラーム教が生まれることとなる。アメンホテプ4世が考えた「唯一神」の概念は、世界史に大きな影響を与えたと言えよう。

テル＝エル＝アマルナ
ナイル川東岸の遺跡。アテンを唯一神とする際、ここにアケト・アテンという都を新たにつくって遷都した。アテンの神殿や王宮がここに急ピッチでつくられたのだ。しかし、アテンが唯一神とされた期間が短かったのと同様に、ここが首都として機能した期間も短かった。信仰がもとに戻されると同時に首都はテーベに再遷都され、この場所は廃墟となったのである。

神の子たるファラオたち

ナルメル

Narmer

ナルメル など

王朝 第1王朝
在位 前3125年頃～前3062年
埋葬地 アビドス

古代エジプトを統一し王朝の創始者となった〝統一王〟

紀元前3000年頃、まだナイル川の上流と下流に分かれていたエジプトは、ナルメルというファラオによって統一された。ここに、古代エジプト初期王朝が幕を開ける。ナルメルという名前は「荒れ狂うナマズ」という意味である。

考古学的には、上エジプトのヒエラコンポリスで発見された「ナルメル王のパレット（化粧板）」に、ナルメルによる上下エジプト統一の事績が描かれているという。このパレットは化粧品を精製するための板で、裏表には図像とヒエログリフが刻まれている。表に描かれているのは、下エジプトを指し示す赤い冠をかぶったナルメルや、雄牛が城壁を崩す姿、捕虜の死体などである。裏には、天空の神ホルスがハヤブサの姿で描かれ、逃げ惑う敵の上には上エジプトの王冠である白い冠をかぶって立つナルメルも描かれている。ハヤブサの片方の足は縄を掴んでおり、そのすぐ下にいる人間の鼻と接している。これは上エジプトが下エジプトを征服したという意味に取れるのだという。王のナルメルが赤冠と白冠の両方をかぶっていることも統一の根拠となるそうだ。

ナルメルの王権を描いたとされる岩絵も存在する。エジプト南部で19世紀に発見されていた「タブロー7a」と呼ばれる岩絵だ。これが近年の研究によってナルメルの〝王朝誕生〟の描写であると考えられはじめた。

この岩絵では「ナルメル王のパレット」に描かれた王とよく似た姿の人間が白冠をかぶり、王笏（おうしゃく）を手にした姿や、船が船団を組む様子も描かれている。これはファラオがナイル川を下って王国をめぐる「ホルスの行幸」の様子ではないかと推測されている。

上エジプトでは、スコーピオン・キングというファラオが勇名を轟かせていたという伝説も残る。スコーピオン・キングがナルメルであるという説も有力で、武力的に優位だった上エジプトが、肥沃なデルタ地帯を擁する下エジプトを制していったというストーリーが思い描かれている。

彼ら初期王朝時代のファラオは、自らをホルスとし、主としてだけでなく、神としても君臨したのである。

ジェセル

Jeser

ジョセル など

王朝 第3王朝
在位 前2668年頃～前2649年
埋葬地 サッカラ

エジプト史上初のピラミッドをつくらせたファラオ

　ナルメルからはじまった古代エジプト王朝は、徐々に中央集権体制を強めていった。前27世紀の古王国時代第3王朝には王の権威の象徴、ついにあの巨大建造物ピラミッドが登場する。古代エジプトにはじめてお目見えしたピラミッドとは、メンフィス近郊のサッカラにつくられた階段ピラミッドだ。これをつくらせたのが、第3王朝の2代目ファラオであるジェセルとされている。ジェセルという名はのちの時代に使われた通称であり、彼の時代の遺物にはネチェルイリケトという名前が刻まれている。この時代までにつくられていた王墓は、正方形のマスタバ墳というものだった。マスタバはアラビア語でベンチの意で、その名のとおり人が腰かけられそうな四角く石で盛り上げられたものだったという。ジェセルの墓をつくる指揮を取ったのは宰相イムホテプ。歴代の王のものよりもジェセルの墓を大きくしようとして、マスタバを上に積み上げていった結果、階段状になったと考えられている。

　階段ピラミッドは高さ約62メートルあり、地下は28メートルほどの深さに埋葬室がある。その入り口や葬祭殿などを含めて周辺を壁で囲い、階段ピラミッド複合体を形成していた模様だ。その大規模なピラミッドと複合体の構造によって、イムホテプは建築家としての名を上げたという。

　階段ピラミッドの建設は画期的な出来事で、その後のファラオもピラミッドに挑んでいった。第4王朝のスネフェル王は崩れピラミッドや屈折ピラミッド、赤のピラミッドなどを建造。スネフェル王の後に即位したクフは、エジプト最大のピラミッドをつくりあげ、さらにその跡を継いだカフラー王、メンカウラー王がつくったピラミッドと併せてギザの3大ピラミッドと呼ばれることになる。その後、第5・6王朝でもピラミッドはつくられたが、どんどん規模は小さくなっていき、やがてはつくられなくなっていった。

王朝 第3王朝
在位 なし
埋葬地 サッカラ

ピラミッドを考案した万能の天才

　第3王朝時代のジェセルの宰相であったイムホテプは、ジェセルの階段ピラミッドの設計者として知られている。階段ピラミッドは歴史上、建物全体を石でつくりあげたはじめての建造物である。それを設計したイムホテプがたぐいまれな独創性の持ち主であったことは間違いない。

古代エジプトで庶民が最も出世できる職業は書記であったという。もともとは王家の人間ではないとされるイムホテプも学問によって出世した人であった。ヘリオポリス教義に通じ、知恵の神トトの神官を務め、著述、医学などの知識で王に仕えた。彼がその学識を最も発揮したのが、先述の階段ピラミッドであった。天文学や建築の知識を注ぎこみ、古代人の知識だけで現存する世界最古の石造建築物をつくりあげたのだ。その天才的なピラミッド建設法が後世のエジプトに多大な影響を与えたことはいわずもがなである。

こうしてエジプトピラミッドの原案者となったイムホテプは、労働監督官としても優れており、労働者たちを指揮してピラミッドをつくらせた手腕も特筆すべきものといわれている。

イムホテプの出自については謎が多く、詳しくはわかっていない。実はメソポタミアから来た外国人だったのではという説もある。また第3王朝最後の王フニの代まで仕えたとされており、そうすると80歳近くまで生きていたことになる。これは当時としてはとても長寿である。イムホテプは医師としても活躍し、なんと、ガンに関して最古の記述を残した人物ともいわれている。それは、どんな治療をしても回復しない、乳房にできた塊についての記録のこと。すなわち乳ガンのことを観察していたのではないかというのだ。イムホテプの頭脳、恐るべしである。

死後は神として崇められる

ジェセルの彫像の台座に残された碑文によると、イムホテプはその功績にふさわしく、下エジプトの大臣、ヘリオポリス最高司祭、主任建築家などたくさんの肩書を与えられていた。彼の素晴らしい頭脳は、当時の人からは神のようにも見えたかもしれない。ファラオ以外で歴史に名を残しただけでもすごいことだが、イムホテプは死後、神格化されていくのである。

イムホテプの死後100年も経たないうちに、医術の半神として神聖視されるようになる。さらに彼が生きた紀元前27世紀から1000年以上経った紀元前16から13世紀頃の新王国時代には、彼は書記の守護者とみなされるようになっていた。この時代の書記たちは書き物をはじめる前にイムホテプに祈りを捧げたという。

イムホテプが完全に神格化されたのは第26王朝期（前7〜6世紀）頃とされる。彼の神殿がメンフィスに建てられるようになり、書記の守護者だけでなく、知識の守護者、また悪魔払いという意味合いも含んで医術の守護者とされた。また、知恵の神トト、創造神プタハの崇拝と結びつけられて人々の信仰を集めた。イムホテプ信仰の拠点はメンフィスを含むサッカラ地域やテーベにあったとされる。

特に人々の信仰を集めたのは、医術の加護が受けられるとされたため。劇的に病が治ると、イムホテプのおかげだと信じられていたという。カルナクのプタハ神殿には、イムホテプが夢枕に立って治療法を教えてくれることを願うという、切実な庶民の碑文も残されている。エジプトの民は、この地を巡礼し、癒やしてほしい部位を彫った彫像をイムホテプの神殿に奉納して、救いを求めたのである。

ギリシアへも広まった イムホテプ崇拝

末期王朝からギリシア・ローマ時代にかけて神格化はさらに発展していく。この頃になるとイムホテプの図像が一般的になった。その姿は、書記のように長いキルトをまとって玉座に座り、頭の形にぴったりとフィットする帽子をかぶるか、または剃髪した頭で、膝の上ではパピルスの巻物を広げている神官、というものだ。

ギリシア人は、ギリシア神話の医学の守護神アスクレピオスと彼を同一視して崇拝した。また、どの時代からかは不明だが、プタハ神とのつながりから、人間の女性を母としてうまれたプタハ神の息子であるという神話も生じた。イムホテプはついに神の子にまでなったのだ。

古代エジプト史上最高の天才は、死後の名声と信仰においても他に類を見ない大出世を遂げたのである。

トトの神官

知恵の神トトに仕える神官でもあったイムホテプは、ファラオの絶大な信頼を得ていた。ナイル川が7年も氾濫せずエジプトが飢饉に陥った際、主のジェセルはイムホテプにどうしたらいいかと尋ね、イムホテプはヒツジの神クヌムに祈願せよと勧めた。そのとおりにクヌム神に祈願すると、エジプトは救われたという逸話が残されている。

王朝 第4王朝
在位 前2589～前2566
埋葬地 ギザ

巨大ピラミッドは本当に王墓だったのか？

エジプトの首都カイロからほんの14キロの砂漠の都市ギザに建つ三大ピラミッド。そのなかで最大となる147メートルの高さを誇る「大ピラミッド」は、第4王朝の2代目ファラオ・クフの時代につくられた。その名前が発見されたのは1836年、ハワード・ヴァイスという考古学者によってであった。

大ピラミッドの内部には、王の棺を納めたとされる王の間や、目的不明の大回廊、地下室などがあるが、いったい何のためにつくられた建造物なのかはっきりしない。現在考えられるだけでも、王墓説、天文台説、公共事業説、オリオン信仰説、ナイル川氾濫時の防波堤説、日時計説など、きりがないほどの説が存在する。クフのミイラもピラミッドからは発見されていない。

後世につくりあげられた〝暴君〟のイメージ

クフがどんなファラオだったのかについてもよくわかっていない。ヘロドトスによると、人民に労役を強いた暴君だったとのことだが、これは、のちのち権力をもつことになるアメン神官団と仲が悪かったために後世にそう言い伝えられただけともいわれている。

そもそも、あの巨大なピラミッドをどうやってつくったのかもまだ推測段階。平均2・5トンの石が230万個積み上げられているといい、そのためには膨大な量の労働力が必要だったことは確か。それを実現できるファラオが強固な中央集権体制を築いていたことは想像に難くなく、そんなファラオが悪王だったとは考えにくいだろう。

ピラミッドづくりに関して、近年さまざまな文書からわかってきたことがある。それは労働者たちに医療や食料、十分な休息などが与えられていたということだ。いわゆる奴隷のイメージとはかけ離れた、実に人間らしい待遇だった。

こうしたピラミッドの多くの謎に対して、2015年、新たな研究がはじまった。宇宙から降り注ぐ素粒子のひとつ「ミューオン（ミュー粒子）」をとらえてピラミッド内部を〝スキャン〟しようという研究だ。日本、フランス、エジプトの共同研究チームによるこの「スキャン・ピラミッド計画」で、2017年、まだ発見されていない巨大な空間がありそうだということが発表され、注目を集めた。

スフィンクス
王を神の外観で描いたもの、あるいは神の特別な表現である。スフィンクスとはギリシアからの言葉で、古代エジプトでは使用されておらず、一般に思い描く女性の姿のスフィンクスもギリシアのもので、エジプトでは男性神とされる。

ギザの三大ピラミッド
クフ、カフラー、メンカウラーら3人のファラオのピラミッド。その高度な技術やスケールの大きさの謎は今も研究の的だ。

ハトシェプスト

Hatshepsut

ハトシェプスト など

王朝 第18王朝
在位 前1473～前1458
埋葬地 王家の谷

歴史から名を消された悲しき女王

テーベの北西、王家の谷の東に位置するハトシェプスト女王葬祭殿は、3段のテラスを長い斜路で結んだ、広々とした壮麗な建物だ。神殿建築の最高峰と称されるこの葬祭殿を建築家センムトにつくらせたのは、女王ハトシェプストである。トトメス1世を父にもち、エジプトの歴史の中で数少ない女王となった彼女は、幼いトトメス3世を後見する役割を担うためファラオとなったとされる。

しかし後見どころか、トトメス3世に代わって政治に辣腕（らつわん）を発揮する。男装して男性の王として自身を壁画に描かせたこともあったほど熱心に国政に関わり、トトメス3世が築き上げた強大な帝国の礎を築いたといっても過言ではない。

女王は治世の初期こそ外国に遠征したが以降は交易を重視した。地中海東岸のビブロスや東アフリカのプント国に交易隊を派遣し、乳香や黒檀、没薬、象牙といった貴重な資源を持ち帰らせたのだという。交易による蓄財は、トトメス3世が海外遠征する際に役立ったとされる。

また、歴代ファラオと同じく、巨大建造物づくりにも貢献した。カルナク神殿に現在もそびえたつ高さ約30メートルにもなるオベリスクも彼女が建造させたものだ。

そんなハトシェプストだが、50歳ほどで亡くなったらしい。彼女のミイラによると、骨まで浸食した悪性腫瘍や糖尿病、虫歯などで満身創痍だったようだ。

没後、彼女の名前はあらゆる記録から消され、壁画からもその名を削り取られてしまった。それがなぜなのかはよくわかっていない。

トトメス3世との不仲説もあったが、女性が統治した歴史を残さないためという政治的事情だったのではとも見られている。

のちの時代に王女の地位が徐々に下がっていったことからすると、後者の方が説得力のある説のようだ。ハトシェプストのオベリスクが略奪されなかったのも、トトメス3世の時代に覆いをされ、隠されてしまっていたため。それが逆に彼女の名を残すことになったとは皮肉である。

トトメス3世

Thutmose III

トウトモセ3世 など

王朝 第18王朝
在位 前１４７９頃～前１４２５
埋葬地 王家の谷

エジプト帝国史上最大の領土を獲得した戦上手

トトメス3世はわずか6歳で即位し、継母ハトシェプストとの共同統治時代のほとんどを軍隊の中で過ごしたとされる。

幼い頃から軍事面の経験が豊富で戦に長けていたという。平和主義のハトシェプスト治世下で、エジプトの国威が低下してしまったその間、北メソポタミアの強国ミタンニ王国がエジプトの領域を脅かす勢力へと成長したため、トトメス3世はハトシェプストの没後、積極的に海外遠征へ打って出て、国威を回復しようと試みた。

紀元前１４５７年（前１４８２年

など諸説あり）、ミタンニ王の息のかかったカナン連合軍とメギドの丘で激突した。メギドとは古代世界における交易ルートの要所として重要視された都市国家で、最終決戦ハルマゲドンの地の語源ともなったメギド山近郊にあった。トトメス3世はこの地を押さえることに全力を注いだという。のちにメギドの戦いと呼ばれ、歴史に名を残したこの戦争で、エジプト軍は連合軍に大勝利を収めた。その模様はカルナク神殿の壁画に残され、後世のファラオたちの憧れともなったようだ。

　トトメス3世の進軍はここで止まらず、その後17回の遠征に出掛けてさらなる領土を獲得。北はユーフラテス川から南はヌビアまで、エジプト史上最大の帝国を築き上げた。征服した地の王族や貴族からはその子どもを人質にし、エジプトで教育を受けさせた。こうすることで、彼らが国へ帰った時、エジプトを敬うようにさせたという。征服国から貢がれる金や銀は莫大な富をもたらし、のちのファラオたちの懐をも潤わせたのだ。

　ファラオという呼び方はトトメス3世の時代からはじまったという説がある。ファラオの原語は「ペル・アア」という大きな家という意味で、古代ギリシア人のなまりでファラオという音になったという。軍事に長けたその覇業から、後世の歴史家に「エジプトのナポレオン」とも称えられる。

AmenhotepIV / Akhenaten

アメンホテプ4世

アメンヘテプ4世／アクエンアテン など

王朝 第18王朝
在位 前1388～前1351頃
埋葬地 王家の谷

エジプト史の中で異彩を放つ革命のファラオ

　前14世紀半ば頃に在位したとされるアメンホテプ4世は、またの名をアクエンアテンという。その意味は「太陽神アテンにとって有益なもの」である。その名のとおりアテン神に情熱的な信仰を捧げ、それまでのファラオが信仰した太陽神アメンに代わってアテン神を唯一神として崇拝するという宗教改革（アマルナ改革）を断行した。この革命を一神教の起源とする説もある。

　先王アメンホテプ3世と正妃ティイの息子であったアメンホテプ4世の時代は、トトメス3世から続くエジプト絶頂期の中にあった。しかしファラオをしのぐほど力をつけたアメン神官団の宗教的影響力拡大を嫌った王は、王権と宗教の統一を目指してアテン神を担ぎ出したという。古代エジプト三大美女といわれる王妃ネフェルティティも熱心なアテン神信仰者だったようだ。アメンホテプ4世は、首都をテーベからアケト・アテン（現アマルナ）へと移し、エジプト各地の神殿や墓からアメン＝ラーの名と図像を削り取ってしまった。壁画や彫像などは、それまでの画一的な描き方を廃し、よりリアリズムを持たせた表現を追求。これはアマルナ様式と呼ばれ、今日に残るアメンホテプ4世の彫像も、とがったあごや長い四肢などそれまでにない異様な造形だ。

しかし、急激な改革は内政を混乱させ、彼の没後、次王トゥトアンクアメンによってアテン信仰は廃止されてしまった。特に民にとっては、冥界の王オシリスによる来世の約束がないことが、アテン単独信仰の不満の種だったらしい。こうして宗教革命は短命に終わった。

歴代ファラオの中でこのような改革を行った者は珍しい。時は飛ぶが2012年、エジプトで起きた政変の際、政権に就いたムスリム同胞団がアクエンアテンの「一神教」を条文に引用した憲法を制定したという。王がエジプトの人々の記憶に革命者としての印象を強く残したことがうかがえる。

トゥトアンクアメン

Tutankahamun / Tut-ankh-amen

トゥトアンクアムン／トゥト・アンク・アメン など

王朝 第18王朝
在位 前1363頃～前1354頃
埋葬地 王家の谷

世界を驚かせたファラオの財宝

ハトシェプスト、トトメス3世らが富を築いたエジプト新王国時代第18王朝。そのなかで、宗教改革に敗れたアメンホテプ4世の息子であったとされる「トゥトアンクアテン」は、第11代ファラオとして即位した。即位は紀元前1333年頃のことで、彼はまだ10歳にも満たなかったという。それまでの伝統的な太陽神アメンの信仰に戻すために、名前を「トゥトアンクアメン」に変更し、この名がツタンカーメンという呼び方で知られていることは説明不要だろう。なお、実際の統治は宰相アイと軍の司令官ホルエムヘブが担当し、少年王に代わって混乱したエジプトを立て直したと考えられている。

ツタンカーメンの存在を知らしめたのは、盗掘を免れ奇跡的に手つかずのまま発見された彼の王墓による功績が大きい。エジプト考古学最大の発見ともいわれるその王墓は、1922年、イギリス人の考古学者ハワード・カーターによって発見された。3000年以上盗掘を受けなかったその墓には、王のミイラを飾っていた「黄金のマスク」をはじめ、2千点を超える副葬品が抜群の状態で残されていたのだ。さらには第一発見者のカーターが2ヶ月後に急死し、これを「王家の呪い」と報道したことも、ツタンカーメンを有名にさせた一因である。この墓にはさらなる〝隠し墓〟があるのではという説が近年持ちあがり、未だに考古学者たちのロマンを掻き立てている。

次第に明らかになる少年王の生涯

そんなツタンカーメンの出生（親が

誰であるかなど）や死因についてさまざまな推測が語られてきた。ミイラの分析によると19歳の若さで亡くなっており、死因については陰謀や暗殺説が多々挙がった。頭部にあった大きな破損から撲殺説、近親婚による遺伝的な病気説も有力視されてきた。

ところが２０１０年、エジプト考古最高評議会のザヒ・ハワス事務局長率いる研究チームは、遺伝子検査やＣＴスキャンなどにより、ついにそれらに解答を見つけだした。報告によると、王は左足に変形を抱え、杖がないと歩けない状態だったという。その虚弱さゆえに何度もマラリアに感染し、そのなかでももっとも悪性で致死性の熱帯熱マラリアにかかってしまった。そして免疫力が低下した中で左足を骨折。この回復の遅れによって死亡したという。また親についても、父親はアメンホテプ４世、母親はアメンホテプ４世の姉妹であるとした。

黄金のマスク
ツタンカーメンの墓から発見された貴重な装飾品の数々は、エジプト考古学博物館に収蔵されている。有名な黄金のマスクは純金製で、ミイラにかぶせられていた。それを収めた棺も１１０kgの純金製だったという。

ウアジェト
黄金のマスクの頭部には、王を守る蛇の女神ウアジェトが巻きついている。

ラムセス2世

RamessesⅡ / Ozymandias

ラムセス２世／オジマンディアス など

王朝　第19王朝
在位　前１３０３頃～前１２１３頃
埋葬地　王家の谷

自ら戦車を駆ける勇猛な大王

新王国時代第19王朝はラムセス１世にはじまり、セティ１世、そしてラムセス２世のころに最盛期を迎えた。トトメス３世らが君臨した第18王朝と比べると領土こそ半分になっていたが、国外では強国ヒッタイトとわたりあい、国内では巨大建築物をつくるなど、王国は威厳を保っていた。

若くして即位したラムセス２世は、紀元前１２７４年ごろのカデシュの戦いで本格的にヒッタイトとぶつかった。その時、計略により軍勢が分断されてしまい窮地に陥ったという。だがラムセス２世は圧倒的に不利な状況にもひるまず、単騎チャリオット（当時の戦車）で敵の陣中に突撃した。そして砂漠の神セトのごとき力で敵を退けたという。これはかなり誇張された武勇伝だったらしく、実際はヒッタイトが背後に迫っていたアッシリアに対応するために後退しただけだったよう。セティ１世の名にもあるとおり、ラムセス２世の家系はセトを敬っており、勇ましい逸話を好んだのだろう。

このカデシュの戦いは壁画にはまるで大勝利のように描かれている。ちなみにこの時に結ばれた和平条約が、記録に残る中でもっとも古い外交条約のひとつだという。

現代にも名を轟かせる巨大建築の主

内政においては、建築事業に精力を傾けた。ルクソール神殿の第一塔門や、現在はパリのコンコルド広場に移設されているオベリスクなどは、ラムセス2世が増築したもの。また自身の葬祭殿ラムセウム、ヌビアの地に建てられた巨大な岩窟神殿であるアブ・シンベル大神殿もよく知られる。たくさんの妻をめとったが、ただひとり、王妃ネフェルタリにはひときわの愛情を注いだことも知られている。王妃の谷には彼女の壮麗な墓も残されている。

ラムセス2世は後世の研究者にも愛されたファラオだ。盗掘を免れて現在もカイロ博物館に残されているミイラは、前述のとおり防腐処理のためにパリへわざわざ移送されたことがある。ちなみにラムセス2世は当時としては長身で髪の色は赤毛だったと推測されるそうだ。現在アブ・シンベル大神殿がみられるのも、アスワンハイダム建設による水没の危機に見舞われた際、移設を提言した研究者たちの尽力があったことを忘れてはならない。

はじめてパスポートを取得したミイラ

ラムセス2世のミイラは1881年に発見され、カイロのエジプト考古学博物館に保存されている。このミイラにカビが発生してしまい、1976年にパリに運ばれることになった。その際、このミイラには生きているエジプト人としてパスポートが発行された。職業欄にはファラオと記されたという。

アレクサンドロス大王

Alexander Ⅲ

アレキサンダー3世 など

王朝 アルゲアス朝
在位 前336頃～前323
埋葬地 不明

ペルシアの支配からエジプトを解放

ラムセス2世が繁栄を謳歌したのも遠い昔となった紀元前332年、ペルシアに支配されていたエジプト第31王朝へ攻めこんできたのが、マケドニアのアレクサンドロス3世だった。

前年の紀元前333年にイッソスの戦いでペルシアのダレイオス3世を破った大王は、エジプトをたやすく占領。そして、自らファラオとなり、反ペルシアだったエジプト人たちに大歓迎されたという。この地で十分な補給ができたマケドニア軍は、翌年の紀元前331年、ガウガメラの戦いで再びダレイオス3世を撃破。ペルシアはついに滅亡へいたる。

ギリシアのオリュンポス山のふもとにある小さな王国マケドニアの王子としてうまれたアレクサンドロス3世は、幼少期からアキレスやヘラクレスなどギリシアの英雄伝説にあこがれていたという。

わずか20歳からはじめた遠征で、宿敵ペルシアを破ったあと、インド方面まで軍隊を進めて広大な領土を獲得。

それはわずか12年ほどで成し遂げた偉業だった。なぜほんの小さな国だったマケドニアがこれほど劇的に進撃できたのかについては、今も研究者が議論するところとなっている。残念ながら彼は早世で、32歳の若さで熱病に倒れたとも、蜂に刺されて死んだともいわれる。ちなみに「アレクサンドロス」はペルシア語では「イスカンダル」とも呼ばれる。

エジプト復興に努めたギリシア人ファラオ

アレクサンドロス大王は、征服地、特にペルシアとの融和を進め、各地を再編して治めるなど内政にも力を発揮した。特にエジプトの統治においては、再興に来たといって民衆を味方につけた。大王はエジプトの宗教や歴史にも敬意を示し、太陽神アメンの神殿に参拝をすると、神の子であると神託を受けてファラオの地位に就いた。漁村だった小さな町を首都にすべく一大都市を建設し、アレクサンドリアと名づけた。カルナク神殿では、トトメス3世の祝祭殿の祠堂を修復して自分のレリーフを残したり、ルクソール神殿でも祠堂を再建したりと、彼はエジプトの歴史に自らの足跡を次々に残した。かつてエジプトを栄えさせた名高きファラオと、自分の姿を重ねていたのかもしれない。

アレクサンドロス大王の死後、王国は彼の後継者（ディアドコイ）3人によって、セレウコス朝シリア、マケドニア、そしてエジプト最後の王朝となるプトレマイオス朝エジプトの3つに分割された。

オリエント文化

人類最古の文明といわれるチグリス・ユーフラテス川流域の文明と、ナイル川流域の文明のことを古代オリエント文化という。これらのオリエント世界をアレクサンドロス大王が統一したことで、オリエント文化はギリシア文化と融合。やがてヨーロッパ古典文化の祖であるヘレニズム文化へと発展する。

王朝 プトレマイオス朝
在位 前246頃～前222
埋葬地 不明

エジプト最後の王朝を開いた外国人ファラオ

アレクサンドロス大王の下でエジプト総督を務めていたプトレマイオスは、大王の死後、後継者（ディアドコイ）のひとりとして、大王の領土をめぐる激しい争いを生き抜き、プトレマイオス朝の創始者となった。

プトレマイオス1世としての彼は、エジプトに繁栄を取り戻し〝救済者（ソーテール）〟と呼ばれるほどにエジプトの復興に尽力した。マケドニア出身の外国人の王ではあったが、アレクサンドロス大王と同様にエジプトの歴史や宗教を受け入れ、自らも神殿に参拝。太陽神アメンの子であるという神託をもらうなどして、ファラオとしての地位を強化していった。

さらに彼は、ピラミッドなどに代表されるエジプトのお家芸、巨大建造物づくりにも着手した。そのひとつが、アレクサンドリアの港の入り口、ファロス島につくられた大灯台だった。その高さは140メートルにも届くほど巨大だったと伝わり、古代の人々が一度は見てみたいと憧れる「世界の七不思議」に、ギザの大ピラミッドとともに数えられていたという。残念ながら14世紀の地震によって全壊し、現在見ることはかなわないが、その巨大さは歴代ファラオと同等の権勢をもたらしたことだろう。1994年にダイバーにより遺構が発見されたので、アレクサンドリアの海に潜れば、大灯台のかけらを拝むことができるかもしれない。

その他にも、世界一の蔵書数を誇ったアレクサンドリア図書館や、ミュージアムの語源にもなったとされる王立研究所（ムセイオン）を創設し、学術を振興した。このムセイオンは、のちにアルキメデス、ユークリッド、エラトステネスといった名だたる学者たちをうむこととなる。

しかしプトレマイオス1世以降、王朝は徐々に力を失っていった。図書館もムセイオンも、その後のエジプト王朝の滅亡やローマ帝国からの支配といった動乱を生き延びることはできなかった。貴重な書物や建物は略奪や破壊行為によって失われてしまった。

Kleopatra VII クレオパトラ

クレオパトラ7世 など

王朝 プトレマイオス朝
在位 前51頃～前30
埋葬地 不明

ローマの権力者をとりこにした才気あふれる女王

紀元前51年、ローマが地中海全域へ支配を広げる中で、プトレマイオス12世の娘のクレオパトラ7世は、18歳の若さで即位し、弟のプトレマイオス13世と結婚して共同統治を行った。クレオパトラという名は女性王族によくつけられていた名で、一般にクレオパトラというとこのクレオパトラ7世のことを指す。

まだ幼かった13世を取り巻く側近たちに邪魔者とみられていたクレオパトラは、即位後すぐにその地位をはく奪された。同じ頃、エジプトに逃げた政敵を追ってローマの将軍カエサルがエジプトにやって来る。王宮を追われたクレオパトラは有能と伝え聞くカエサルを味方にしたいと考え、大胆にも寝具の中にまぎれて彼の寝室へ潜りこんだという。クレオパトラは、カエサルを驚かせつつも得意の語学と美しい声で政治や歴史について一晩中語り明かしたという。

カエサルの後ろ盾を得て王位に返り咲いたクレオパトラは、カエサルとの子どもカエサリオンをもうけた。しかしカエサルがローマで暗殺されると、ローマの期待の若手だったアントニウスを恋人にする。かねてから〝英雄に取り入った〟女としてローマから嫌われ気味だったうえに、アントニウスがクレオパトラとの子どもにローマの領土を分け与えるといいだすにあたってローマ人の怒りが爆発。のちにローマ帝国初代皇帝となるカエサルの養子オクタウィアヌス率いるローマ軍に敗れたクレオパトラは、前31年、蛇に自身を咬ませて自殺する。こうしてエジプト王朝は幕を閉じたのだ。

クレオパトラは愛に溺れた悪女だったのか

こうした劇的なドラマのせいだろうか、クレオパトラは王朝を滅ぼした悪女のように語られることもあった。だが、近年の研究は異なる側面を語る。当時ナイル川が数年にわたって氾濫しておらず、エジプトの民は不作にあえいでいたというのだ。民の不安は王朝の求心力を低下させただろう。

クレオパトラの肖像はいくつか残っているが、もっとも容姿がわかるのはアンティオ像だ。ここでの彼女は、ギリシア風の巻き毛で描かれている。しかし、彼女の本当の姿はわかっておらず、歴史家プルタルコスは、クレオパトラの容姿はそこそこだったとも述べている。クレオパトラは高い教養を駆使して、エジプトを延命させようとしただけなのかもしれない。

世界の三大美女

その美しさで歴史に名を残した美人を3人集めて〝三大美女〟と呼ぶことがあるが、クレオパトラは、中国の大帝国・唐（7～10世紀）の皇女・楊貴妃や、日本の平安時代前期9世紀ごろの歌人・小野小町と並んで世界の三大美女に数えられている。欧米では、小野小町ではなく、ギリシア神話に登場する美女ヘレネを加えて世界三大美女とすることもある。古代エジプト三大美女は、王妃ネフェルティティ、王妃ネフェルタリ、そしてクレオパトラである。

ラムセス２世が築いたアブ・シンベル神殿。入り口にはラムセス２世をモデルにした４体の巨像があしらわれている。

5章 メソポタミア神話

・別名の表記について

・神の名称のシュメール語、またはアッカド語をローマ字で表記

・神の名称の別名の紹介について

メソポタミアの神々や英雄には多くの別名があり、また同一視される者も多数存在するため、同じ神と考えられている名前を並記した

・各神のデータについて

【図像】【神格】【信仰地域】【随獣】の項目からいくつか掲載している

・本書ではシュメール神話、アッカド神話を中心にまとめている。各神の名前はわかりやすさを重視し、いずれかの神話のうち一般的に通りがよいと考えられる名前を見出しに採用。本文内でも使用している

メソポタミア文明と神話の成立

メソポタミアの地理と文明のはじまり

文明の多くは、大河の近くで発展する。それは、世界四大文明のエジプト文明がナイル川、インダス文明がインダス川、黄河文明が黄河、そしてメソポタミア文明がチグリス川とユーフラテス川という、いずれも世界を代表する大河の流域で栄えた点を見ればよくわかるだろう。

なかでもメソポタミア文明は、ふたつの大河に抱かれていたことが特徴だ。メソポタミアとは「川の間の土地」を意味するギリシャ語で、東側のチグリス川と西側のユーフラテス川にはさまれた、現在のイラク東部地域を指す。ここはふたつの大河が運ぶ堆積物によって形成された肥沃な平地で、人間が住みやすい沖積平野という地形。農耕に適しており、紀元前８３００〜前６０００年頃にメソポタミア地域土着の人々が農業をはじめたと考えられている。

系統的な文明が誕生したのは紀元前５５００年頃で、メソポタミア南部に土着文明のウバイド文化がはじまったといわれる。そして紀元前３２００年頃、メソポタミアに都市文明をもたらしたシュメール人が移住し、ウバイド文化をベースにしたウルク文化を経て、紀元前３０００年頃に都市国家を成立させたという。メソポタミア文明はここから北部へと展開する。

支配者の民族が入れ替わりながら紡いだ神話

メソポタミアは便宜的に北部をアッシリア、南部をバビロニアと呼んで区分する。バビロニアはさらに北部のアッカドと南部のシュメールに分けられる。これらの名称は、その地を支配した国家名にちなんでいる。メソポタミアは東アジアとアフリカ大陸、さらにヨーロッパ方面を結ぶ交通の要衝であり、多くの民族が進出を繰り返したため、支配国家がたびたび入れ替わったのだ。

まず、本格的な都市国家を築いたのがシュメール人である。起源や人種などが明らかではない謎多き民族だが、神殿中心の都市や楔形文字による神話を残しており、メソポタミア神話の始祖といえる。そして、西アジアからアフリカ北部に分布するセム語系民族のアッカド人。シュメール人を降して一大帝国を築いたが、シュメール人の文化は否定せずにメソポタミア神話を発展させた。

さらに、同じセム語系民族のアムル人とエラム人。『ハンムラビ法典』を記したバビロン第一王朝の王ハンムラビはアムル人である。続いて、シュメール人同様に詳細不明であるカッシート人、小アジアに住んでいたヒッタイト人も支配者となった。ヒッタイト人は、トルコ中部で採れた鉄で武器をつくり、メソポタミアだけでなくエジプトにまで支配を広げた。古代メソポタミアの人々にとって文化とは、たとえ民族が変わっても温存され、蓄積されていくものだった。

このように多彩な民族がおよそ3000年という長い年月をかけて信仰してきたのがメソポタミアの神々である。このため、時代や民族によって神の名前や神話のエピソードが異なることも多い。メソポタミア神話と一言でいっても、大きな系統としてはシュメール神話、アッカド神話、ヒッタイト神話に分類され、アッカド神話は言語によってさらにアッシリア神話とバビロニア神話に分類される。完全なひとつのストーリーが存在するわけではないのだ。

王朝年表

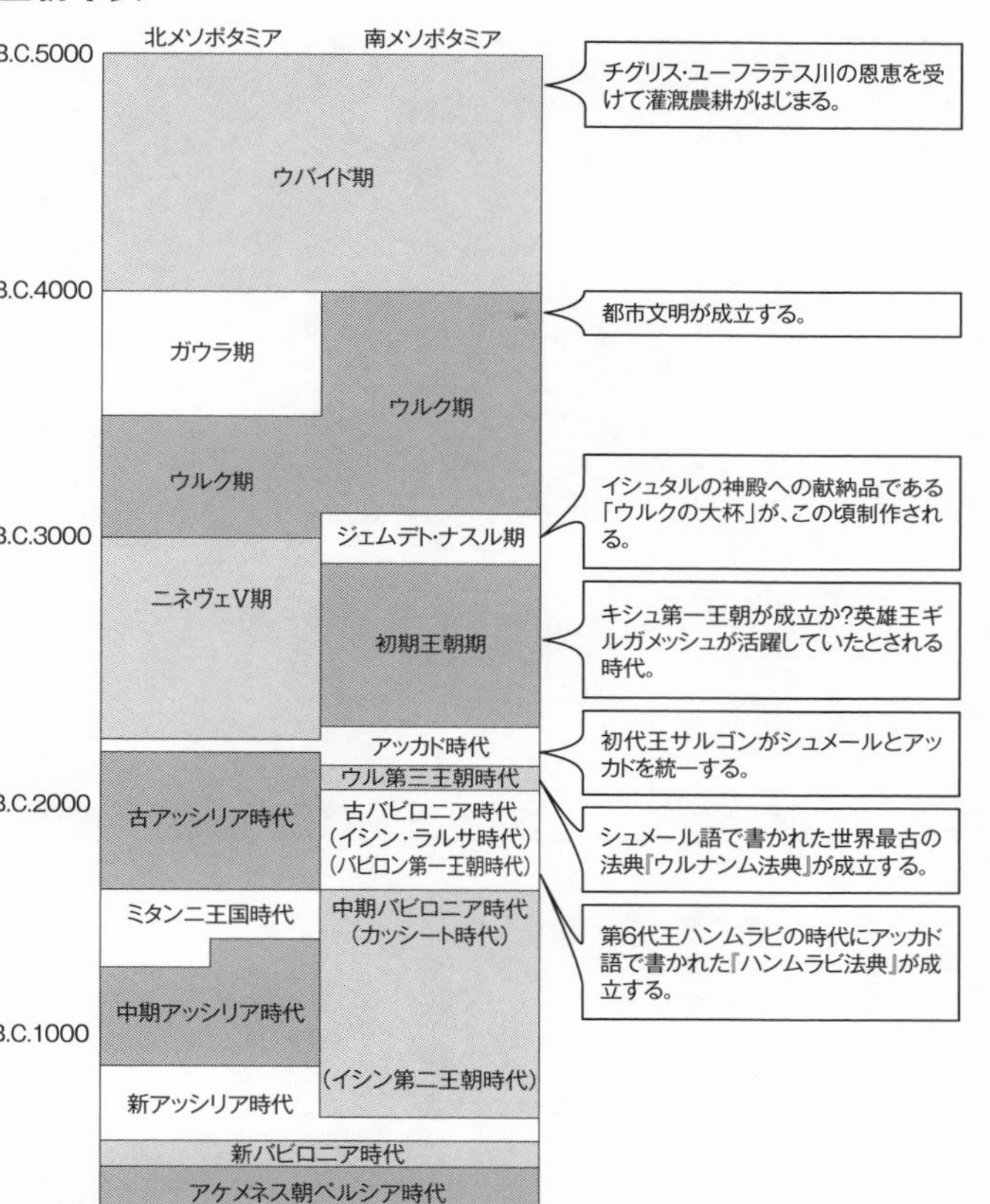

粘土板に刻まれた神話文学

大河の恩恵を生かして記述された文字

現在のイラクを含む西アジアといえば、アラビア砂漠に代表される砂漠地帯のイメージが強いかもしれない。しかし沖積平野のメソポタミアは、ふたつの大河が時に大規模な氾濫を起こしながら運んだ堆積物による広大な湿地帯を擁していた。特に最下流のシュメールまでいたるとあちこちに葦が生い茂り、巨木や岩などは少ない代わりに泥や粘土が豊富に採取できた。

シュメール人は葦で筵を編み、泥で煉瓦をつくったが、泥をこねてつくった板を、やがて葦の茎を鋭く切ったペンで引っかいて文字を筆記するようになった。これを粘土板文書といい、紀元前3300〜前3000年頃のウル

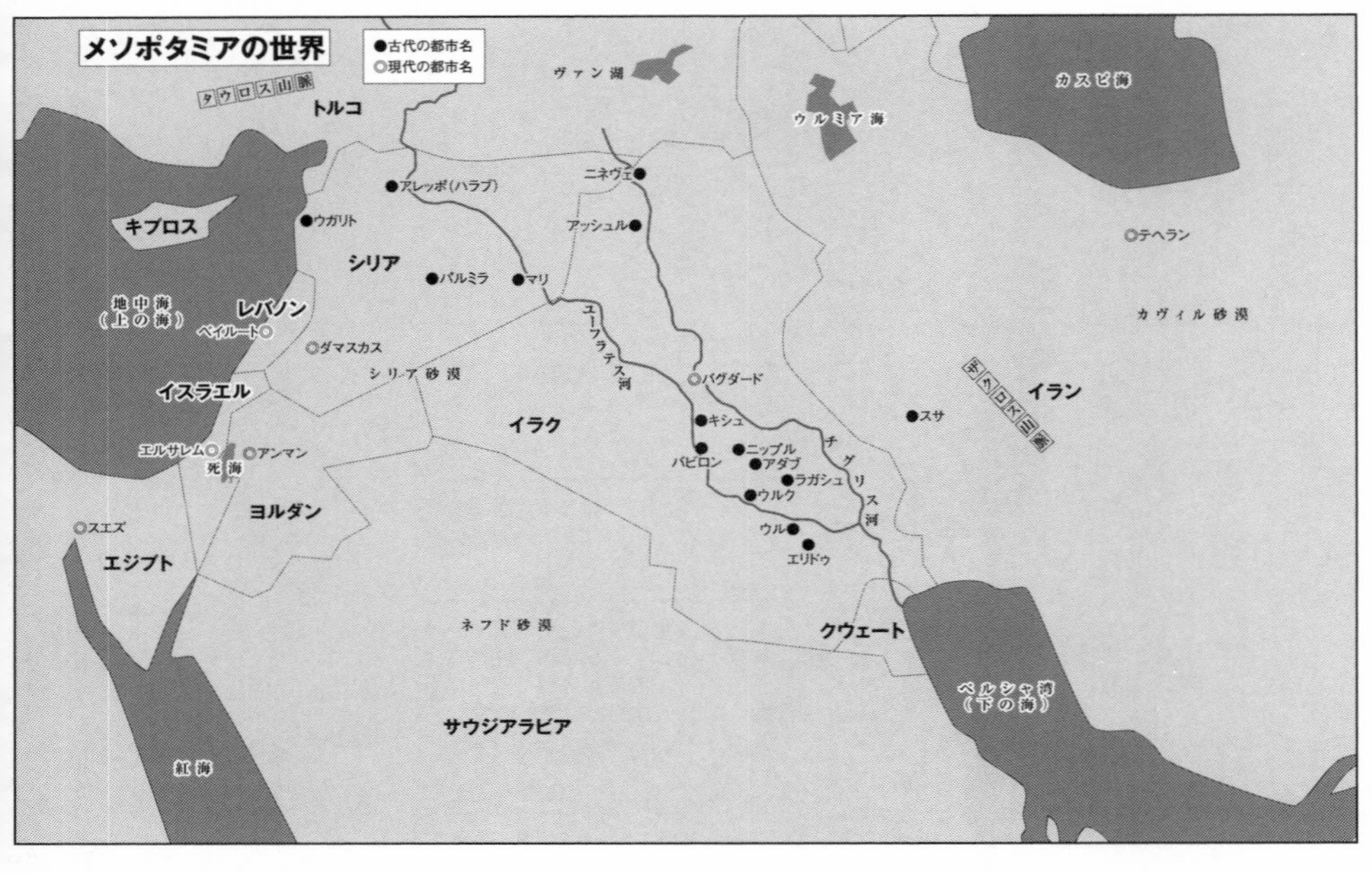

ク文化後期に原型が誕生したという。ここに書かれたのが、エジプト文明の象形文字と並んで世界最古レベルの文字といわれる楔形文字だ。

楔形文字は、葦のペンを押しつけた筆跡が三角形の楔に似ていることからこの名がついた。初期は楔形が曖昧なものも多く、曲線で魚や大麦などを表現した絵文字に近い形状だったため、「原楔形文字」と呼んで区別される。これが次第に簡略化され、楔形と直線を組み合わせた記号的な形状に発展した。

以降、3000年にわたって楔形文字はメソポタミア文明とともにあり、メソポタミア神話を書き記すツールとなった。つまり支配者の座がシュメール人からアッカド人やヒッタイト人に移ったのちも、文字は受け継がれたのである。

楔形文字50音表

おおよそ、日本語の50音に当てはめた一覧表。古代シュメール語には日本語の「お段」やその他一部に対応する音がないため、近い発音の文字を流用している。

ワ	ラ	ヤ	マ	ハ	ナ	タ	サ	カ	ア
	リ		ミ	ヒ	ニ	チ	シ	キ	イ
	ル	ユ	ム	フ	ヌ	ツ	ス	ク	ウ
	レ		メ	ヘ	ネ	テ	セ	ケ	エ
ヲ	ロ	ヨ	モ	ホ	ノ	ト	ソ	コ	オ

実は、シュメール人が起源不明といわれる理由のひとつに、シュメール語が周辺民族とまったく異なる言語系統を持つ点があげられる。一方のアッカド語はセム語族、さらにヒッタイト語はインド・ヨーロッパ語族に分類される。楔形文字は系統が異なるさまざまな言語で使用され、多層的に進化したのだ。

忘れ去られた粘土板が現代に衝撃を与える

ウルク文化後期はシュメール全域で都市国家が次々と築かれた時期だった。公共組織が人や土地を管理するようになると、人口や農作物などのデータベース化が必要になり、粘土板文書が誕生したと考えられる。このため、現存する初期の粘土板文書はほとんどが行政記録である。

神話のような物語群が現れたのは、紀元前29世紀頃にシュメール人が築いた初期王朝時代からのようだ。この頃になると創世神話や神々のエピソードを記した粘土板文書が見られるようになり、王の支配権の正当性を主張するために楔形文字で神々との繋がりを記した石碑である王碑文も多く建てられた。メソポタミア文学の最高傑作とされる『ギルガメッシュ叙事詩』も、原典は粘土板に楔形文字で刻まれた物語なのである。

このメソポタミア神話はシュメール神話をベースにアッカド神話やヒッタイト神話に発展する。しかし紀元前6世紀、バビロンに首都を構える新バビロニアが外国勢力のアケメネス朝ペルシアに滅ぼされたことでメソポタミア文明は急速に衰退。やがてローマ帝国の影響が強くなるとヘレニズム文化に吸収され、楔形文字は忘れ去られていった。

楔形文字が解読されたのは、遥かに時代が下った19世紀である。イギリス人考古学者のヘンリー・ローリンソンをはじめとする楔形文字研究者４人が解読の大会を開き、それぞれの翻訳がほぼ一致したことから１８５７年は楔形文字解読の年とされている。それから15年後の１８７２年には、同じくイギリス人考古学者のジョージ・スミスが大英博物館所蔵の粘土板文書に『旧約聖書』の「ノアの方舟」とよく似た内容が記述されていることを発見して世間を驚かせた。この粘土板文書こそ、『ギルガメッシュ叙事詩』だったのだ。

メソポタミアの神々の特徴

支配国家が移り変わっても受け継がれた信仰

メソポタミア神話は、メソポタミアを支配した異なる言語を話す複数の民族が、楔形文字を用いて書き記した神話群である。このため物語にはおおまかに3系統があり、神の名前も異なることが多い。それだけでなく、神々の属性や性別、家族構成などが変わってしまっている。しかし民族ごとにまったくばらばらの内容かというとそうではなく、すべては同じベースから派生している。

　このすべてのベースとなる神話をうみだしたのが、メソポタミアに最初の都市文明を築いたシュメール人だ。シュメール人が築いた初期の都市国家は統一王朝ではなく、いくつもの国家が乱立する分国状態で、それぞれの都市に守護神となる都市神が祀（まつ）られた。

　シュメール人の都市国家は、そのうちのひとつであるウンマによってほぼ統一されたが、これを滅ぼしたアッカド人国家がバビロニアを統一。こうなるとシュメール人の神話や文明は全否定されたかに思えるが、実際はその逆で、もともとアッカド人とシュメール人の間には交流があり、友好関係を築いていた。このため、アッカド人はシュメール人の神話を吸収し、さらに独自の要素を加えてより洗練された体裁に発展させたのだ。

　このアッカド国家が勢力を強めるとアッカド語が周辺地域にも公用語として広まり、同時にアッカドの神話が根づいていった。西方から遠征したヒッタイト人も、アッカドの神話をベースに自分たちの神話を紡いだのである。

神々の系統

古代メソポタミアの神々のよく知られている関係性を系図にまとめた。長い歴史の中で婚姻関係や性別が変化しているため、物語によっては異なる系図が基礎になっているものもある。

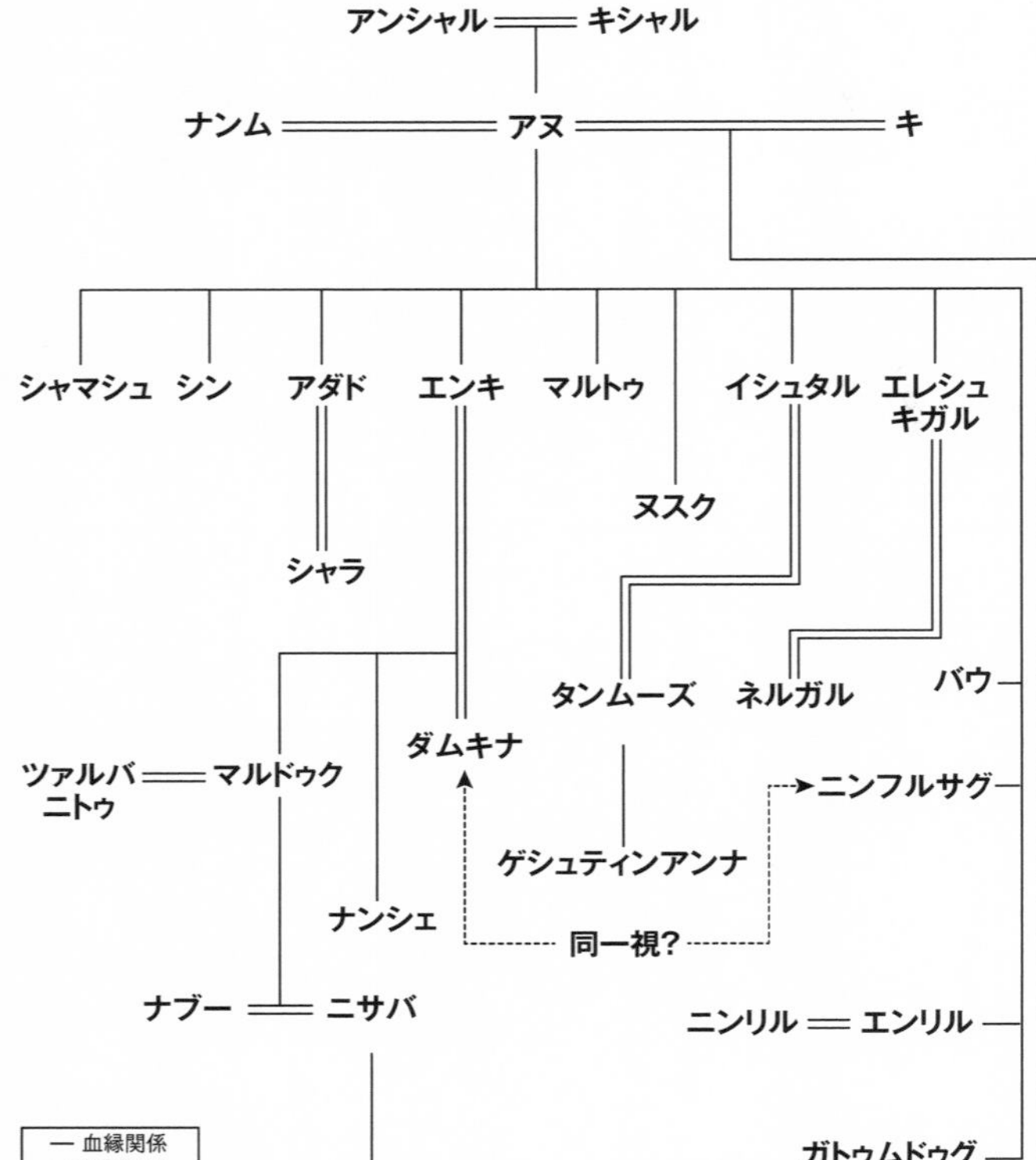

時には死ぬこともあるメソポタミアの神々

　シュメール神話がアッカド神話からヒッタイト神話に継承されたということは、シュメールの神々も継承されたことになる。それなのに神の名前が異なる場合があるのは、同じ楔形文字を用いていても言語が異なるためだ。この現象は、日本語と中国語では漢字の発音が異なることに似ている。

名前が異なる同じ役割の神が多いため、たとえばシュメールでアン、アッカドでアヌと呼ばれた天空の神は、「アン（アッカドのアヌ）」のように並列で表記されることがある。

メソポタミアの神々は自然現象や天体などを擬人化した存在で、外見は人間と変わらないが、超常的な力を持つとされる。その力の最たるものが「ニ」と「メラム」だろう。これらは神々の身を守る鎧のような光輝で、着脱可能である。「ニ」は人間に畏怖心を起こさせ、「メラム」は神性の証になるという。

しかし、メソポタミアの神々は完全無欠ではない。一般的に神といえば不老不死が定番だが、メソポタミアの神々は死ぬのである。もちろん病気や寿命とは無縁だが、神々同士で争えば命を落とすこともあり、牧畜の神タンムーズのように他の神の身代わりとなって死んでしまう神もいた。「ニ」と「メラム」は、神が死ぬと失われたといわれている。

またメソポタミアの神々は喜怒哀楽がはっきりしており、人間味を感じさせる姿も垣間見える。知恵の神エンキは深酒が原因で失敗するエピソードもあり、このような点でも完全無欠ではなかったようだ。

時代で異なる世界のはじまり

メソポタミアに伝わるふたつの創世神話

シュメール人は多くの都市国家が並存する社会で暮らしていたため、もともと複数の神話をもっていたと考えられる。これは世界のはじまりを語る創世神話にもいえることだ。実際、シュメールの創世神話をひとつにまとめた粘土板文書はまだ発見されていない。このため、世界のはじまりに触れた文書を組み合わせた物語がシュメールの創世神話とされている。それは次のようなものだ。

世界にははじめ、原初の海の女神ナンムが存在していた。ナンムは宇宙をうみ、宇宙は天空の神アン（アヌ）と大地の女神キになった。アンとキは結婚し、そして大気の神エンリルがうまれた。エンリルは天と地を分離させ、世界を現在の状態にする。そして父アンから母キを奪って大地の支配者となり、キと結婚したのだ。こうして、エンリルとキの間にうまれたのが人間とされる。

このシュメール創世神話を継承したアッカド人が、さらに発展させてうみだしたのがバビロニア創世神話といわれる。7枚の粘土板文書に記されたひとまとまりの詩歌だ。メソポタミアの文学作品は冒頭の数句をタイトルとする慣例があり、この物語も冒頭の「上では天がまだ名づけられず」を意味する語句を取って『エヌマ・エリシュ』と呼ばれる。その内容は次のようなものである。

原初の世界で淡水の神アプスーと海水の女神ティアマトが混ざり合い、多くの神をうみだした。その孫世代に天空の神アヌがうまれた。アヌたち若い神々は大騒ぎをして世界の静寂を乱したので、怒ったアプスーが彼らを滅ぼそうとしたが、逆にアヌの子で知恵の神エア（シュメールのエンキ）に殺される。さらにエアの子で太陽の神であり、のちのバビロニア最高神となるマルドゥクもまた大騒ぎをし、ついにティアマトも怒って、11の合成獣の軍団を送りこんだ。マルドゥクはこれを返り討ちにし、倒したティアマトの亡骸で天地を創造したのだという。

メソポタミア神話の世界観

天と地に分かれたティアマトの亡骸

メソポタミアの人々は、世界がどのような構造をしていると考えていたのだろうか。マルドゥクがティアマトの亡骸を使って世界を創造したとされる『エヌマ・エリシュ』から、その姿を紐解いてみよう。

マルドゥクはティアマトの体を二枚貝のようにふたつに裂き、上半身を天高く上げて天蓋に、下半身を地に横たえて大地とする。天には星が散りばめられ、東西の地の果てに天界と冥界に続く階段が設けられた。この他の各部位は、頭が山となり、尾は天と地の繋ぎ目となった。原初の女神であるティアマトは完全な人間の女性の姿ではなく、龍のような尾をもっていたという。またティアマトの体は海水を含むので、マルドゥクは頭と乳房の山から水を湧き出させ、ティアマトの両目を通ってチグリス川とユーフラテス川が流れるようにした。

天と地の2層構造になった世界はさらに細分化され、アヌが支配する上層の天、エンリルが支配する下層の天、マルドゥクが支配する地上、地下には淡水の海と冥界の5層構造となる。シュメール人が考えた世界の構造は天・地・地下の3層で、大地は円盤状だったという。『エヌマ・エリシュ』との類似点や共通点が見られ、この部分からもアッカド人がシュメール人の文化を継承したことがうかがえる。

古代メソポタミアの人々の信仰

神に奉仕するためにつくられた人間

メソポタミアの人々は自分たちを「神に奉仕するための存在」と信じていた。その由来は、シュメールの人類創造神話『エンキ神とニンマフ女神』から読み取れる。この神話によると、天地が創造されて爆発的に数が増えた神々は自分で畑を耕したり運河を掘ったりすることが辛くなった。そこで知恵の神エンキが「神々の代わりに働く創造物を粘土からつくろう」と提案し、それを受けた原初の海の女神ナンムと大地の女神ニンマフが人間をつくったという。

実はシュメールの人類創造神話は創

世神話と同様に複数のパターンがあり、『エンリル神と鶴嘴の創造』では大気の神エンリルが人類を創造したとされるが、人類誕生の経緯は語られていない。このため、シュメールの人類創造神話といえば『エンキ神とニンマフ女神』の内容を指すことが多い。なお、ニンマフは豊穣の女神ニンフルサグの別名と考えられている。

「人間は神々の代わりに働く存在」という考え方は、『エヌマ・エリシュ』にも継承されている。また、人類創造の発案者がエンキに相当する知恵の神エアであるのもシュメール神話との類似点だ。異なるのは人間の「材料」で、『エヌマ・エリシュ』ではバビロニアの最高神マルドゥクが原初の女神ティアマトの息子キングーの血から人間を創造したとされている。

メソポタミアの宇宙観

大地を平らな円盤ととらえていたメソポタミアの人々は、地上を人間の住まいとし、あらゆる神々が住まう天界と、神々も含めた死者が向かう冥界に世界は分かれていると考えていた。

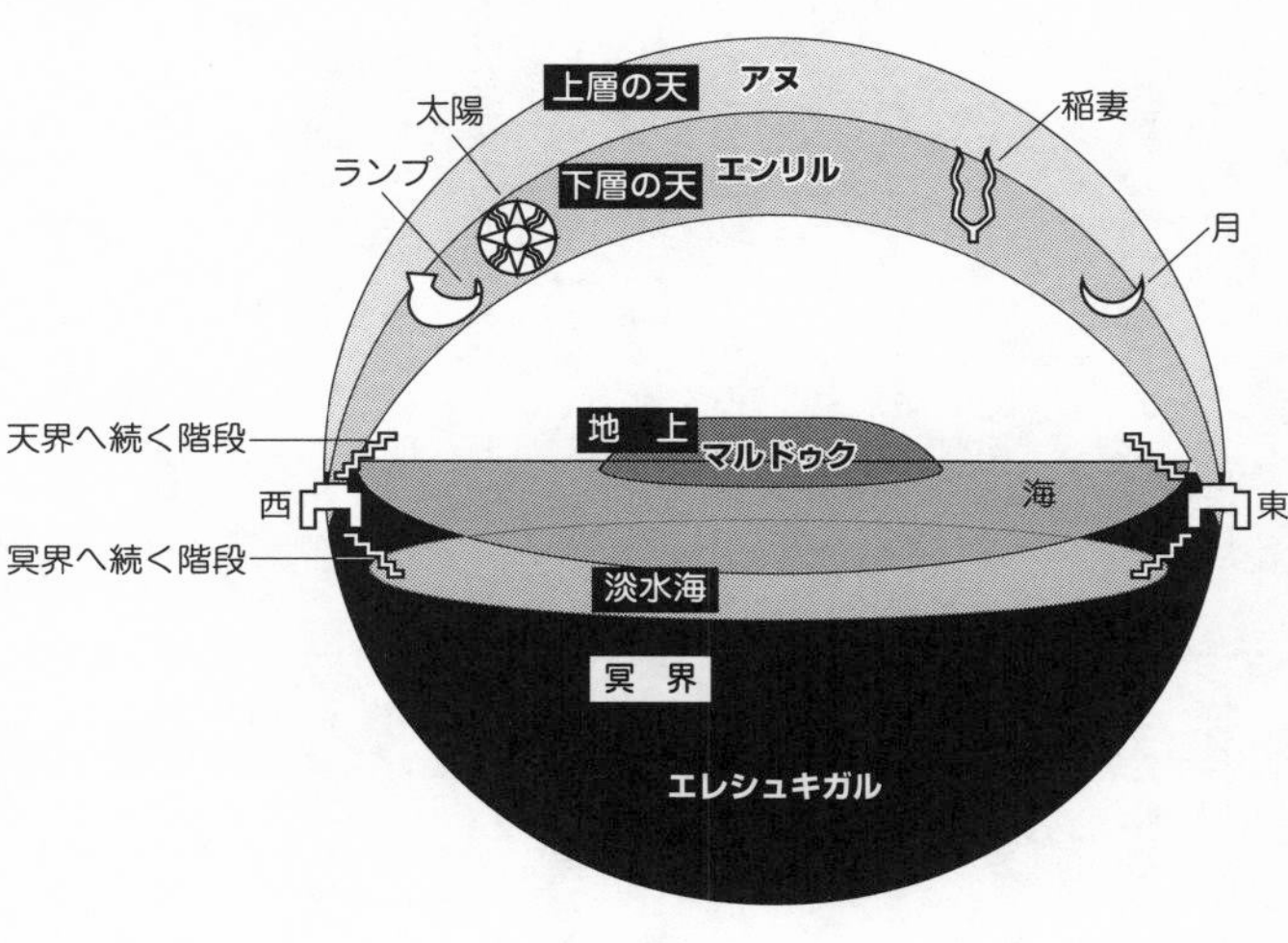

　メソポタミアの人々はいわば、神の従僕なのだ。神とは畏怖すべき存在であり、個人的な願い事をするなど畏れ多いことだった。そこでうみだされたのが「個人神」信仰である。個人神は人間ひとりひとりの守護神で、比較的地位が低く、都市神のような上位神に願いを伝えてくれるとされた。

「神が住む家」を中心に営まれた生活

　個人神を信仰したのは庶民のみならず、王も同様だった。メソポタミアの王は神とみなされる現人神（あらひとがみ）ではなく、神から王権を許された神官王であり、神の前では庶民と同じ従僕なのである。アッカド人国家が成立すると現人神になる王も登場したが、それでも都市神などの有力神よりも下位の神という位置づけだったので、個人神信仰はのちの国家まで引き継がれている。

「神の意志の代行者」である王の最も重要な仕事は、神々を地上に住まわせるための家、つまり神殿をつくり、守ることだった。

神殿は王が権力者としての力を誇示するため次第に大規模なものになり、紀元前23世紀頃にジッグラトと呼ばれる宗教建築へと発展する。ジッグラトとはアッカド語で「高くする」という意味が示すとおりの、煉瓦を丘のように積み上げた聖塔である。もともとは神殿の土台だった部分が高さを増し、多層構造になり、神の領域が高次のものであることを視覚的に演出したと考えられている。『旧約聖書』に登場するバベルの塔は、都市国家のひとつであるバビロンのジッグラトがモデルといわれる。

メソポタミアの都市はこのような宗教施設を中心に築かれ、人々は宗教とともに生きた。王の務めを代行する神官はエリート国家公務員といえるような立場で、高位の神官が任命されるとその年で一番大きな出来事として記録されるほどの影響力があった。

なかでも占い担当の神官は重要視されたという。占いこそが神の意向を知る手段だったからだ。実際に使われた占術の記録には、内臓占いが多く残っている。内臓占いとは、生贄に捧げた動物の内臓を見て吉凶を判断する占術だ。この他に夢占いや、後世には占星術も使われたという。

また、神に奉納する祭事も大切にされた。たとえば紀元前7世紀に成立した新バビロニア王国の新年祭は、11日間にもわたる神事をマルドゥクに捧げた。『エヌマ・エリシュ』はこの4日目に朗詠された詩歌なのである。

『ギルガメッシュ叙事詩』とは

生命には必ず終わりがくるという普遍的な物語

『ギルガメッシュ叙事詩』はシュメールの都市国家ウルクの王であるギルガメッシュを主人公とした英雄譚で、人類史上最古レベルの文学作品のひとつである。もともとはシュメール人がこの物語をうみだしたと考えられており、これをアッカド人やアッシリア人が受け継いで長編の物語にまとめたらしい。現在ではアッシリア版や古バビロニア版など複数の版が確認されており、ギルガメッシュの故郷ウルクで発掘された版もある。

標準版とされているのはアッカド語

ウルのジッグラトの復元想像図

南メソポタミアの多くの地域で建造されたジッグラト。特に月の神シンを祀ったウルのジッグラトが保存状態がよく、おおよそ64m×46mの敷地に、約12mの高さだったことがわかっている。なかでも高さ40mを超える巨大なものもあったと考えられる。

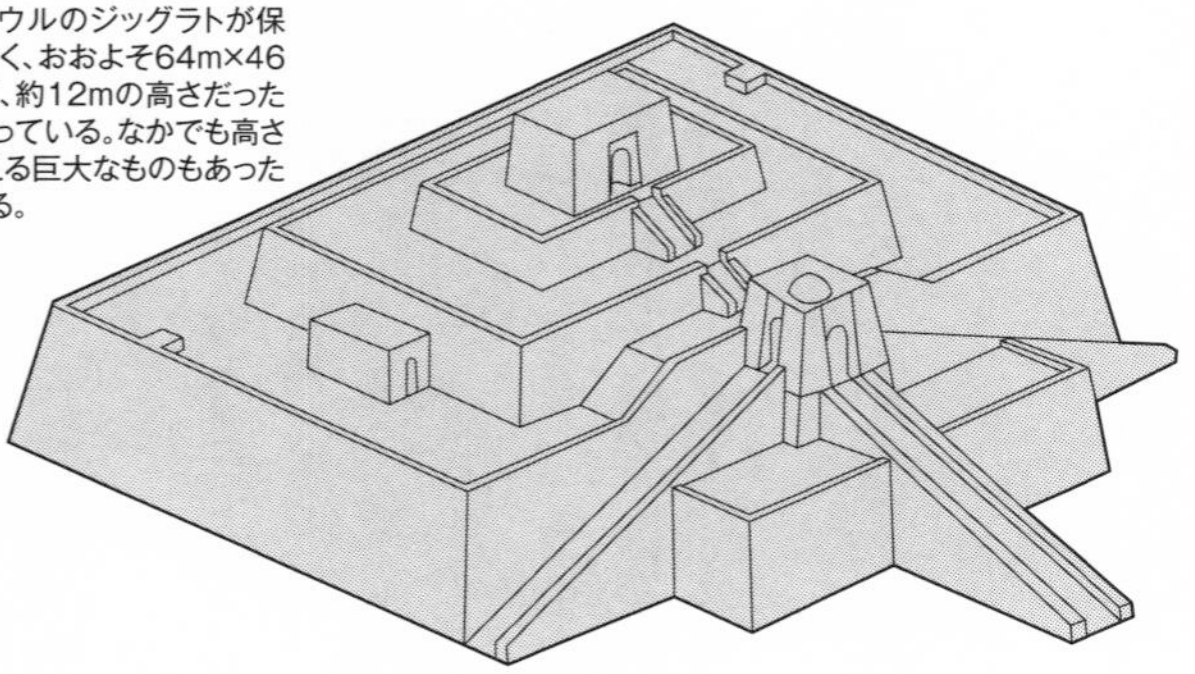

で書かれたアッカド版だ。内容がほぼ同じであるアッシリア版と古バビロニア版は約3600行のボリュームと推測されるが、破損せずに現存しているものはその半分程度にすぎず、物語の完全な姿は明らかでない。

しかし、解読された部分だけで充分に全体を貫くテーマが理解できる。それは「命は必ず終わるもの」「人は死ぬべきもの」という普遍の真理だ。

ギルガメッシュは大変な乱暴者だったため、大地の女神アルルは野人エンキドゥをつくって戦わせようとした。しかしギルガメッシュとエンキドゥは力比べで互いを認め合い、無二の親友になる。

ふたりは杉の森に遠征して魔獣フンババを倒した。この頃には分別ある王に成長したギルガメッシュは、愛の女神イシュタルの誘惑を退けた。これに怒ったイシュタルは、天空の神アヌに頼んでウルクに「天の牛」を送りこんでくる。ギルガメッシュとエンキドゥは協力してこれを倒したが、エンキドゥはフンババと天の牛を殺したことを神に咎められて死んでしまったのである。

親友の死を経験して永遠の命が欲しいと考えたギルガメッシュは、不死者のウトゥナピシュティム（アトラ・ハシース）に不死の秘密を尋ねたが、明確な答えを得られなかった。しかしかわりに永遠の若さが得られる草について教えてもらうことができ、喜んでそれを手に入れた。ところが泉で水浴びしている間に草を蛇に食べられてしまい、結局永遠の命は得られなかったという幕切れなのである。

このように『ギルガメッシュ叙事詩』のテーマは不死の追求である。そして結局は生命には終わりがくるのだという真理を示していることから、それまでの神々が支配していた世界からの脱却を告げているともいえる。

紀元前1～2世紀頃につくられた粘土板。都市が破壊されイシュタルの権威が落とされたことを嘆いている内容（Metropolitan Museum蔵）

メソポタミア神話の神々

図像 角冠
神格 太陽の神、天空の神、星の神、創造神
信仰地域 ウルク

天を司るメソポタミアの最高神

メソポタミア神話における最も古い神といえば、このアヌを外すわけにはいかない。彼は天空の神であり、神々の祖。見た目は頭に角冠をつけた髭の男性という人間らしいものだ。

シュメール神話でのアヌはアンといい、天を司る神として描かれている。彼は大地の女神キと交わり、大気の神エンリルをうんだ。エンリルがうまれた際に、もともと一体であった天と大地は離れ、アヌは天を、エンリルは母である大地を地上に運び去ったと神話には描かれている。エンリルだけでなく、その後もアヌは水と知恵を司るエンキや愛と豊穣の女神イシュタルなど多くの神をうみだした。

一方で人間の創造に関しては影が薄く、実際に人間をつくったのは主に息子のエンリルやエンキであるともされている。

息子に実権を譲った「暇な神」

最高神ではあるものの、アヌの活躍は創世記のみで、その後の決定権は息子エンリルが持つようになる。実際、アヌにはさほどの権限はなかったようである。

のちに、神々の労働を肩代わりさせるためエンリルが人間をつくるが、やがて増えた人間の対処に困った神々は、洪水で滅ぼそうと考える。その際の決定権も息子のエンリルにあり、アヌは神々の会議に参加しただけに過ぎない。さらにバビロンの創世神話において新しい神と古い神が戦いを起こした時も、アヌは傍観しているだけであった。通常、創造神は大きな役割をもつことが多いが、アヌはその役割を息子に譲り、「暇な神」と書かれるまでにいたる。

それでも彼が最高神であることには変わりなく、アヌの聖地では人工的につくられた丘の上に、神殿が建てられていたそうだ。また、ヒッタイトでまとめられた『クマルビ神話』でのアヌは、もともと存在した天空の神アラルから玉座を奪い取り、一度は反撃を受けたものの、のちに復讐を遂げて王権を簒奪するという、シュメールの神話とは違った好戦的な姿を見せている。

このように、メソポタミアの文明が変わっても次の時代の神々に習合されて、アヌの存在は長く残ることとなる。

『エヌマ・エリシュ』

紀元前12世紀頃にバビロンで編纂されたと伝わる創世神話。タイトルは冒頭にある「エヌマ・エリシュ」（その時、上にの意）からとられている。この神話における創造神は淡水の神アプスーと海水の女神ティアマトだ。アヌはふたりの孫として誕生するが目立った活躍は見せない。この神話における主役は、太陽神マルドゥク。なぜならこの物語はバビロンの都市神マルドゥクの権威を高めるためにまとめられた神話だからだ。

エンリル

Enlil

別名 ヌナムニル

図像 角冠
神格 太陽の神、天空の神、星の神、創造神
信仰地域 ウルク

最高神アヌの偉大なる息子

シュメール神話における大気の神。最高神であるアヌの息子であり、のちの神話では父以上に信仰を集める神だ。この信仰はシュメール時代だけでなくアッカドになっても続き、民衆はエンリルを中心に結束を固めた。神の中の神、至高神とも呼ばれる存在である。

見た目は顔に髭を蓄えた男性の姿で、頭には神の証でもある角のついた冠をかぶっている。そして手にはすべての運命をまとめた「天命の粘土板（トゥプシマティ）」と呼ばれるアイテムを持つ姿で描かれる。人の姿で描かれることの多い神ではあるが、一説によると彼の姿はあまりに神々しく、身体を覆う霊気でさえ、他の神には目にすることができなかったとされる。

彼の父は最高神であり天空の神でもあるアヌで、母は大地の女神キ。しかしうまれ落ちると彼はすぐさま父と離別することとなった。世界がうまれた当初、天と地はひとつにくっついた形だったが、父が天をさらって空へ舞い上がり、エンリルは母である大地をさらい地上に落ちたとされる。

人間の生殺与奪権をもつ神

エンリルはアヌと同じく多くの神をうんだ創造神であり、神々の間でなにか会議が行われる時には彼の神殿で行われたという。もちろん最高神は父のアヌなので、会議はエンリルやアヌを含めた「運命を決定する7神」によって行われた。しかしアヌはあくまでも息子にその座を譲った「暇な神」であり、決定権はエンリルにあったという。

会議で決められた世界や神々の運命は、彼がもつ天命の粘土板に書き込まれ、エンリル自身が運命を執行したとされる。そんな彼が定めた運命のひとつに、洪水伝説がある。

神が増えてくると、神の世界には神殿づくりなどの細々とした労働が増えることとなった。やがて、労働を課せられた神から不満が漏れるようになる。そこで神々は相談し、そんな労働を肩代わりさせるための存在として、人間をつくりあげた。しかし、エンリルは増え過ぎた人間の傲慢さに腹を立て、洪水で滅ぼそうと画策するのだ。

シュメール語版で描かれた『大洪水

伝説』という粘土板が現代に伝わっている。それによると計画は寸でのところで弟である知恵の神エンキによって人間に知られてしまい、一部の人々は大洪水を生き残る。こうして、エンリルはとうとう人間を滅ぼすことを諦めたのだという。

人災も天災もすべて「エンリルの思し召し」

このように神々の中では重鎮のエンリルだが、その性質はきわめて苛烈だ。人間相手だけでなく、彼は他の神に対しても暴虐である。

『エンリルとニンリル』という詩によると、ある日、彼は穀物の女神ニンリルに一目惚れし、彼女と無理矢理交わってしまう。その罪で彼は冥界へと落とされるのだが、お腹に月の神シンが宿ったからと自分を追いかけてきたニンリルをさらに3度もだまして子どもをうませ、冥界でつくった3神を身代わりに、シンとともに神の世界へと戻っていく。日本神話における黄泉国の神話にも似ているが、エンリルはさらに理不尽で自分勝手な神として描かれるのだ。

理不尽な神だからこそ、彼を信仰した当時の人々もまた、すべての運命はエンリルの思し召しで行われると考えていたようだ。実際、戦争を起こす時はエンリル名の下で行われ、王はエンリルの代行で政治を行った。

さらに異民族に攻められた時や、飢饉、嵐や洪水などの天災でさえ、エンリルの思し召しとされた。洪水で人間を滅ぼそうとしたという物語からもうかがえるように、シュメール人が暮らす地域は古来、洪水の多い地域だったようだ。洪水などの天災や、戦争の多い古代メソポタミア人の思考と、地理的な事情がここから読みとれる。

神々や人間の運命を定めるエンリル神の役割は、シュメール、アッカドまで長きにわたり、バビロン王国の台頭によって甥であるバビロンの都市神マルドゥクにその座を譲るまで続いたとされている。

バビロンの神話『エヌマ・エリシュ』によれば、海水の女神ティアマトの軍勢と神々との間で戦いが勃発した際、エンリルはマルドゥクに軍権を渡し戦いへ赴かせたのだという。それは同時に神々の主権の引き渡しともいえることだった。シュメール、アッカド神話で至高神の名を欲しいままにした彼であったが、ここでその役割を終えたのである。

エクル神殿

エクル神殿とは、山の家という意味をもつ神殿である。この建物はエンリルが自らつくりあげたという。そばには天と地の結び目の家という意味をもつ聖塔エドゥルアンキが立てられていた。この聖地はその名のとおり、天と地を繋げる役割を担っていた。なお、1888年にアメリカの調査団によって紀元前1500年代のニップルの遺構発掘が行われた際、エクル神殿は確かに存在することが明らかになった。

図像 水が流れ出るツボ
神格 知恵の神、水の神、美術工芸の神、呪術の神
信仰地域 エリドゥ
随獣 山羊魚

知的で慈悲深い水の神

父はアヌ、兄はエンリルというメソポタミア神話では主要な地位にある神のひとり。彼は知恵と水の神として知られ、兄のエンリルに比べると理性的で慈悲深い神でもある。

日々の労働を不満に思う神々の声を受けた兄のエンリルは、彼らの労働を肩代わりさせるために人間をつくることを決めたという。しかし、別の神話では、人類は母である原初の海の女神ナンムのアドバイスに従ってエンキがつくったとも書かれている。実際、彼ほど人間を愛した神はいないだろう。ある時、人間に辟易したエンリルが洪水を起こして人間を滅ぼそうと考える。そんなエンリルに反発したのはエンキひとりだった。それにも関わらず洪水計画が決定されると、エンキは自分を信仰する人間に洪水計画を漏らして逃がすのである。当然エンリルは怒るが、人間を滅ぼすことを諦め、人類は生き残ることができたとされる。このようにエンキは慈愛に満ちた穏やかな神だが、同時に浮気性な一面もあわせもっているのが興味深い。

知恵者だが女性にだらしない一面も

エンリルは妻である豊穣の女神ニンフルサグとは仲の良い夫婦であった。しかし、彼女との間にできた実の娘のニンニシグとも交わり娘をつくってしまう。さらにその娘、そのまた次の娘とも次々に交わり子どもをつくったことで、ニンフルサグは激怒。彼は身体を壊すほどの仕置きを受けた。

さらに別の神話では、愛の女神イシュタルと楽しく酒を飲み泥酔したエンキは、彼女に言われるままに世界の規範をまとめた「メ」を渡すという失態を犯す。目覚めた彼は非常に後悔し、逃げるイシュタルを追いかけるも追いつくことができず、とうとう諦めるしかなかったという。知恵の神ではあるが、人間味のあるエピソードの多い神である。

エンリルは深淵の都と呼ばれるエリドゥを聖都とする。かつては湿原地帯で水が流れていた場所らしく、彼の象徴は魚や船、水などである。エンキは世界の運命を定める神であるともいわれ、船に乗って各地の都市をめぐって掟を定め、それらの規範を「メ」に記していったという。

世界の規範「メ」

エンキの持ち物で、太古の神々によって守られていた規範そのものを指すアイテム。粘土板のようなもの、冠のように頭からかぶれるもの、身体にまとえるもの、玉座のように座れるものと、その形はさまざまに伝えられ正しい形は不明。口承された規範であり、100か条を超えるとされる。エンキは泥酔した際、愛の女神イシュタルによってこの「メ」を奪われた。イシュタルはエンキが放つ異形の化け物の追跡をかわしてこれを国に持ち帰ったという。

図像 鋤
神格 太陽の神、呪術の神、戦いの神
信仰地域 バビロニア、クアル
随獣 ムシュフシュ

バビロンの勃興に伴い主神へと成り上がる

マルドゥクはエンキとダムキナの子で、愛の女神イシュタルの兄にあたる。バビロンがまだシュメールの一都市にすぎなかった頃は、マルドゥクもまた都市神のひとりでしかなかった。しかしバビロン王朝が支配を進めるに従い、マルドゥクはそれまで至高神であったエンリルを押しのけて王朝の主神に成り代わっていく。

メソポタミアの神々は人間の姿をもつことが多く、マルドゥクも髭を蓄えた長身の男性として描かれるが、時には4つの目と耳、ふたつの頭をもち、口から火を噴くという異形の姿で表されることもある。

彼は鋤に似た武器と、運命を定めるアイテム「天命の粘土板」を持ち、7つの悪風と嵐の戦車、そして蛇の神を伴っている。その姿に表されるとおり、彼は戦いの神であり、洪水を起こし、山を崩す力も持っていたという。

一方、彼には創造の神としての一面もある。バビロニア神話『エヌマ・エリシュ』によると、海水の女神ティアマトが若い神々を殺そうと軍勢を率いて襲ってきた時、マルドゥクは神々の支援を受けて軍勢を率いて、ティアマトを打ち破った。さらに彼はティアマトの遺体から天地をつくり、ティアマト軍の司令官であるキングーの血で人間をつくったともいわれている。

『旧約聖書』や『ハンムラビ法典』にもその名を残す

シュメール神話と混じり合ううちに太陽神、再生の神、農耕の神、そして創造の神に呪術の神など、さまざまな属性が付与され、マルドゥクは絶対神として君臨することとなった。市民からも圧倒的な支持を受けたと見え、新年祭の最終日にはきらびやかに飾りたてられたマルドゥクの像が町を凱旋し、そのにぎやかな様子は『旧約聖書』にも描かれているほどである。

バビロンの『ハンムラビ法典』にも、主権が最高神アヌとエンリルからマルドゥクに移されたとの記述がある。王が即位する際には「マルドゥク神の手を取る」と彼の名を呼んで儀式を行うのが通例で、これはマケドニアの王であり、東方へ遠征を続けたアレキサンダー大王も例外ではなかった。

この様に、マルドゥクは政治においてもたびたび登場する神であり、都市神を主神とすることで人々の結束を固めようとしたバビロン王朝の始祖ハンムラビの思惑が感じられる。

マルン
鋤の形に似た武器でマルドゥクが持つ。まるでスコップに似た形状の三角刃をもっており、武器ではなく農具ではないかという説もある。もともとはマルドゥクが農業神だったことからこのような武器を手にしていたのかもしれない。鋤のシンボルは矢印のような形で表され、新シュメール時代から新バビロニア時代まで長く登場することとなる。

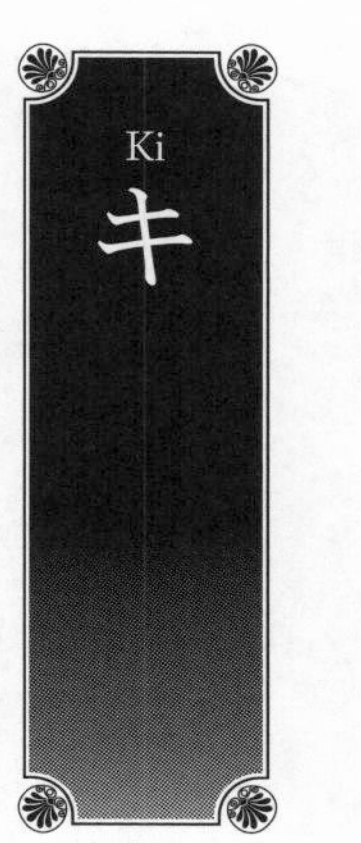

神格 大地の女神

謎に包まれた大地の女神

どの神話をみても、大地の女神キについての記述はさほど多くはない。しかし、キは古代メソポタミア神話において重要な地位の女神である。彼女は母なる大地を神格化した女神であり、最高神である天の神アヌの配偶神でもあるのだ。

女神キが登場するのは、天地創造神話だ。シュメール神話によると、彼女をうみだしたのは「原初の海」と呼ばれる女神ナンムであるとされている。ナンムはまず天の神アヌと大地の女神キをうんだ。アヌとキはぴったりとくっついた姿で誕生したという。そしてふたりの交わりによって大気の神であるエンリルがうまれた。しかし、エンリルの誕生とともに天と地は離れ、アヌは天をつかんで運び去ってしまう。代わりにエンリルが母である女神キを運び去り、地上に降り立って大地の支配者となったのだ。

女神キが登場するのは創世の部分のみで、アヌの妻であることしか記されていない。実際に信仰を集めていたのか、どこかに神殿がつくられていたのかも不明だ。なお「キ」という名前は冥界という意味ももち合わせており、のちの神話にもたびたび登場する。エンリルの子どもたちが「キ（冥界）」に送られるという神話も残されている。また、古代シュメールの人々は、アヌのシュメール語での呼び名「アン」と「キ」を合わせ、宇宙を「アンキ」と呼んだ。

大地の女神としては、他にも知恵の神エンキの妻であるニンフルサグが存在しており、女神キはのちの時代に彼女の神話と習合することとなる。ニンフルサグは穀物の女神や出産の女神とも同一視され、大地母神として信仰を集めたが、キは原初の神でありすぎたためか謎が多く残っている女神であるといえる。

メソポタミアの神々はのちに人間をつくりやがて滅ぼそうとする。また、神々の間でも諍いが起きるが、いずれの神話においても諸神の母であるキの姿は見られない。

神格　原初の海の女神

天と大地をつくりあげた原初の海

天空の神アヌをうんだとされる女神には諸説ある。そのうちのひとりがこのナンムである。彼女は「原初の海」であり、世界のはじまりから存在していた古い神とされる。遥か古代の世界にはただ彼女ひとりだけが存在していたのだが、やがて彼女はアヌと大地の女神キをうむ。このエピソードにおいては知恵の神エンキさえ彼女がつくりだしたものとされており、ナンムは多くの神をうみだした創造神として描かれている。

ナンムは神々の創造だけでなく人間の創造神話にも深く関わっている。ある時、息子のエンキのもとに下級の神々が労苦を訴えてきた。神殿などをつくる作業を請け負っていた彼らは、仕事の多さに耐えかねてエンキに泣きついてきたのだ。

訴えを聞いたナンムは息子に「あなたの知恵をもって神々を仕事から解放させなさい」とアドバイスをする。その言葉を聞いたエンキはナンムに「母上が粘土を捏ねて創造物をつくるでしょう」と伝え、その言葉のとおり人間が誕生する。つまり人間をつくった真の神はナンムともいえるだろう。

古代メソポタミアでは、遥か地底にはアプスーと呼ばれる淡水の海が広がっていると信じられていた。アプスーの別名である「エングル」とナンムは同じ文字を使うことから、ナンムもまた地上に広がる塩水の海ではなく、地下を流れる淡水の海が神格化されたのではないかと推測される。

多くを語られていないのは、娘である大地の女神キと同じだ。古い女神たちは名ばかりになって歴史の中に埋もれてしまったらしい。しかし、女神キが豊穣の女神ニンフルサグと同一視されていくように、ナンムもまたのちの時代に登場する海水の女神であるティアマトの原型になったと考えられているのだ。

アプスー

apsu

神格　淡水の神

息子に殺された淡水の神

シュメール神話やアッカド神話における「アプスー」は神ではなく、知恵の神エンキの領域である土地の名だった。英語で深海、混沌、奈落を意味する「abyss（アビュス）」の語源にもなっている。

かつてエンキは地下にある深淵の都に暮らしていたが、そこには淡水の海があったといわれている。古代メソポタミア人は、地上にある川や湖などはその地底の水が漏れ出したものと信じており、聖なる水が湧き出る土地を神格化していた。こういった土地は「聖なる場所」、また「文明を司る場所」としても知られており、エンキだけでなく彼の妻ダムキナや子のマルドゥク、そして母ナンムなども暮らしていたとされている。

このようにもともとは名前だけの神であったアプスーだったが、時代が下りバビロニアの創世神話『エヌマ・エリシュ』では神々の創造を担う存在となる。

世界も神もまだなにもない時代において、アプスーとその妻である海水の女神ティアマトが現れ、彼らはエンキをはじめとしたさまざまな神をうみだした。

しかし次第に若い神が増えると世界は途端に騒がしくなった。我が子である若い神々たちの騒々しさに嫌気がさし、耐えきれなくなったアプスーは妻のティアマトに「彼らを殺したい」と相談する。多くの神々の母でもあるティアマトは夫をたしなめるが、彼は懲りず新しい神々を殺そうと企んだ。

しかしそれに気づいた神がいた。息子のエンキである。エンキは先んじてアプスーを眠らせると衣や冠を奪って殺し、あろうことか父の遺体の上に住居をつくって妻と交わり、太陽の神マルドゥクをうみだしたのだ。ティアマトはこれに怒り、孫にあたるマルドゥクと血で血を洗う戦争を起こすこととなる。

新しい神が古い神を殺すのは神話における通過儀礼のようなものだが、アプスーは特に抵抗らしい抵抗を見せずに殺されてしまう。むしろその仇打ちに動いた妻ティアマトの方が目立つ神話となっているのがおもしろいところである。

ティアマト

Tiamat

神格 海水の女神

『エヌマ・エリシュ』における神うみの母神

バビロニアの創世神話『エヌマ・エリシュ』において、海水を神格化した女神として、最初に登場する神のひとりである。まだ天と地の名前がなかった頃、淡水の神格化である男神アプスーと、海水の女神ティアマトが現れた。ふたりは混ざり合い、多くの神々をうむ。彼女の見た目は「巨大な竜」ともいわれており、大きな尾や角をもち、目は左右ふたつずつあったとされ、のちに登場する孫のマルドゥクとの共通点も見られる。

彼女はすべての神の母であり優しい女神だった。しかしうまれた神々が次第に騒ぎはじめ、腹を立てた夫のアプスーは若い神々を殺そうと考えはじめる。ティアマトはここではまだ夫に賛同せず、「大目に見てやってほしい」と申し入れるなど慈母らしい優しさを見せている。彼女の態度が一変するのは、父親の企みを知った知恵の神エンキが先んじてアプスーを殺してしまった時だった。

彼女の体は刻まれ、そして世界が誕生した

夫の死後、ティアマトは復讐のために11の魔獣をつくりだした。なかでも最も信頼をおいていたキングーに指揮権を与えると、7つ頭の蛇や竜、サソリ人間など見るからに恐ろしい怪物を新しい神々の世界に差し向けたのだ。キングー率いるティアマトの魔獣軍と、それを迎え撃つ太陽の神マルドゥクの軍勢はぶつかるが、神々がマルドゥクに軍権を与えたことを知ったティアマト軍は茫然自失となって敗れ、彼女の遺体はマルドゥクの手により切り刻まれることになる。

彼女の4つの目からはチグリス川とユーフラテス川が流れ出した。マルドゥクはさらにティアマトの頭蓋骨をうちやぶり、体を切り裂いてひとつを天、ひとつを地とし、乳房は大きな山とした。そこに天の大神殿を建てて神を住まわせるなど、彼女の身体はすっかり天地創造の素材になってしまった。

ティアマトはシュメール神話の原初の海である女神ナンムと同一視された存在である。海水と淡水の交わりによって神々がうまれるのは、メソポタミアに恩恵をもたらしたふたつの大河と、ペルシャ湾の海水が河口で混ざり合う様子からきたものではないかと考えられる。

ラフムとラハム

アプスーとティアマトの子どもたちのこと。ラフムとラハムで一対の神であり、共に描かれていることが多い。バビロニア神話『エヌマ・エリシュ』では天空の神アヌの親であるアンシャル、キシャルをうんだとされている。ラハムの名はティアマトの魔獣の1体である海の怪物や、知恵の神エンキの命で、世界の規範「メ」を奪って逃げた女神イシュタルを追う水の怪物としても見ることができる。また、このラハムという怪物はのちに『旧約聖書』にも登場をしている。

ニンフルサグ

Ninhursag

別名 ニンマフ、ニントゥ、ダムキナ、ダムガルヌンナ、ニンシキルなど

図像 Ω
神格 豊穣の女神、大地の女神
信仰地域 アダブ、ケシュ、ラガシュ、ウバイド

知恵の神エンキの配偶神であり慈愛の神

シュメール・アッカド神話ではその名を知らしめた母神であり、「山の女主人」とも呼ばれた女神である。彼女は大地を神格化した女神で、夫は水と知恵の神であるエンキ。ふたりは非常に仲のいい夫婦であったらしく、仲良く楽園に寝転がり、植物や多くの神々をうみだしたというほのぼのとした神

話も伝わっている。

ニンフルサグの存在はバビロン王朝が主権を握るようになっても、引き続き民衆に多くの影響を及ぼした。バビロンの王たちは彼女の子孫を名乗り、自らの地位を高めようとしたという。

浮気性の夫にはしっかりとお仕置き

しかし愛情深い性格は時に強烈なものにもなりやすい。『エンキ神とニンフルサグ女神』という神話では彼女の過激な一面が描かれている。

エンキとニンフルサグの間にニンニシグという女神がうまれるのだが、エンキは自分の娘と交わりニンクラをつくりだす。それだけでなくエンキはさらにニンクラとも交わり、ふたりの間にはウットゥという乙女がうまれた。ニンフルサグはウットゥに「エンキに気をつけるように」と警告するが時遅く、エンキの魔の手はウットゥにも及んでしまう。ニンフルサグは怒り、乙女の身体に宿ったエンキの種子を抜き取り大地に埋めて遁走。その大地から芽吹いた8種類の植物を、エンキは引き抜いてすべて食べてしまう。自分の精気からつくられた植物を口にしたエンキは病にかかってしまった。

ニンフルサグは神々に懇願されて、渋々エンキのもとに戻ると彼の治療にあたることとなる。この時、彼女は夫に「どこが痛むのですか」と尋ねてはその箇所から神々をうみだした。痛む頭からは植物神アブを、鼻や喉、四肢などからもそれぞれ女神や神をうんだといわれている。

さらに彼女は夫に頼み、エンキの病からうまれた神々の運命を定めてもらい、夫の所行を後世に残すことに成功した。夫の浮気性に辟易していた彼女は大いに溜飲を下げたに違いない。エンキ神にとってみれば不名誉なことだが、彼はメソポタミア神話の世界で初の病人となったのである。

ディルムン
エンキとニンフルサグが暮らしていた場所、それが「ディルムン」と呼ばれる楽園である。遙か東方にあるといわれているこの場所には病気、苦しみ、死、天災、老いもなく、さらに新鮮な水が流れ、豊かな穀物が実る場所だったという。エンキとニンフルサグはこの場所に寝転がって多くの神々をうみだしていく。実際のディルムンの場所はペルシア湾のバハレーン島周辺といわれている。

神格 穀物の女神

向こう見ずで無防備な穀物の女神

大気の神でもある至高神エンリルの配偶神で、穀物の女神ニンリル。『エンリル神とニンリル女神』という神話には、そんなふたりの若い時代が描かれている。

ニンリルは若く美しい乙女だが向こ

う見ずで無防備なところがあった。そんな娘を心配した彼女の母ヌンバルシェグヌは「けして川で水遊びをしないように。エンリルがあなたに目をつけてしまう」と、生々しい忠告を行う。しかしまだ若い彼女はその忠告を無視し、川で水浴びをしてしまうのだ。母であるヌンバルシュグヌの予言どおり彼女はエンリルに交合を強いられてしまい、その際月の神シンを受胎する。無理矢理に関係を迫ったエンリルはといえば、最高神にも関わらず若い処女を犯したとして逮捕され、キ（冥界）へと追放された。

しかしニンリルは「私の子宮には月の神が宿っています。このままではこの子が冥界に連れていかれてしまう」と、冥界までエンリルを追いかけたのである。するとエンリルは門番に変身し彼女を口説いて交合を行い、そのあとも変身しては2度も彼女をだまして3神を受胎させた。そしてその3神の子どもたちをシンの代わりに冥界へ送ることで、シンを天界へ送り返すことに成功するのだ。

ニンリルがなぜエンリルを追いかけてきたのか、さらになぜ他の人物に変身したエンリルと交わることを許したのか、神話の中で彼女の心情が語られる場面はない。彼女の母ヌンバルシェグヌは穀物の女神であり、娘のニンリルもまた穀物に関わる女神である。一方、エンリルは風の性格をもつ。メソポタミア人は、エンリルに翻弄されるニンリルに、風に無情に揺らされながら成長する穀物の姿を見出していたのかもしれない。

冥界でもうけられた3神のうちのひとりであるネルガルは、死を司り破壊を好む冥界の神として神話で描かれている。また、冥界の女王であるエレシュキガルの夫でもある彼は、その後も長くさまざまな神話に登場することとなるのだ。

Ninurta

ニヌルタ

別名 ニンウルタ、ニンギルス

図像 犂（すき）

神格 戦いの神、農耕の神、鍛冶の神、狩猟の神、天気の神など

信仰地域 ニップル

偉大なる至高神エンリルの息子

至高神エンリルの息子で、大地の主人の名を持つ神。シュメール神話、アッカド神話、バビロン神話をとおして彼の名前は登場する。しかし特定の都市の守護神ではなく、彼の像が飾られているのは父の聖地ニップルのみ。ニヌルタは父エンリルの像に並んで祀られる存在であり、父の存在に隠れがちなのだ。

一方、神話の中での彼はまさに英雄ともいえる軍神だ。多くの神話では髭の生えた男性神とされ、時に翼をもつ姿で描かれることもあった。彼が持つのは戦いのための弓矢と、喋る棍棒シャルウル。彼は相棒でもあるその武

器を手に、多くの戦で勝利を飾った。

多くの戦闘で勝利を収めた戦いの神

『ルガル神話』では、彼が鬼神アサグを倒す物語を謳っている。シャルウルの進言どおり、ニヌルタは鬼神を倒し農耕や冶金の技を人々に伝授する。またアンズー神話では怪鳥ズーを退治する冒険譚が描かれた。

世界を動かす権限を与えられるという、エンリルの持ち物「天命の粘土板」。これをズーに奪われた神々は困り果て、奪い返すための計画を練る。エンリルは自分の息子たちにズー退治を持ちかけるが、皆それぞれ言い訳ばかりで戦いへ赴こうとしない。そこで白羽の矢が立ったのが、このニヌルタだ。彼は悪風を使って敵を押さえ込むという作戦でズーに挑戦する。しかし、ズーは運命の粘土板を使ってニヌルタの攻撃を防いでしまう。困った彼は叔父にあたる知恵の神エンキに相談し、彼のアドバイスどおりにズーに立ち向かうと、その翼を狙い今度は見事に打ち倒したのだった。それを知った神々は非常に喜び、彼は祝福を受けることとなる。

勇敢な場面ばかり目立つ彼ではあるが冶金の神でもあり、人間に金属の見分け方を教えることもあったという。また農業と灌漑の神という、古代メソポタミア人にとっては身近な神でもあった。大規模な戦に必要な金属の武器、そして食料をも司っていたと見ることもできる。

なお、ニヌルタの別名であるニンギルスとニンウルタは本来は別の神だったが、早い段階からニヌルタに習合された。どちらも勇ましい戦の神である。

喋る棍棒シャルウル

ニヌルタの持つ愛用の棍棒であり、忠実な従者でもあるシャルウルは喋ることができたという。ある日シャルウルは、主に向かって「鬼神のアサグが蜂起し、石の戦士たちを率いて都市を襲っている」と忠告する。それを聞いたニヌルタはすぐさま戦場に赴いた。1回目は敗北するが2回目の戦いで敵を仕留めることに成功。さらにシャルウルは怪鳥ズーとの戦いに際しても主を助けるなど、有能さを示すエピソードが多く、忠義心に篤く優秀な武器だったようである。

ニンスン

Ninsun

別名　ニンスンナ

神格　牧畜の女神、灌漑の女神

英雄の息子を想い、その身を案じる母神

ニンスンは、古代メソポタミアでまとめられた文学詩『ギルガメッシュ叙事詩』の主人公ギルガメッシュの母であり、「野牛の女主人」とも呼ばれていた女神である。獣信仰の時代から残る古い神であるという説もあるがあまり詳細は伝わっていない。夫はウルク第一王朝期の王として1200年もの間国を支配したという伝説の王ルガル

バンダであり、彼は王朝の歴史にも名を刻む人物である。しかし、ギルガメッシュの物語においては、残念ながら父であるルガルバンダの名前はあまり目立たない。

ニンスンの名が登場するのは息子であるギルガメッシュの人生を描いた『ギルガメッシュ叙事詩』である。そこには、ニンスンとギルガメッシュの次のようなエピソードが描かれている。

まだ英雄になる前のギルガメッシュは、ある日不思議な夢を見る。天空の神アヌの宿る星が自分のところに落ちてきて、ギルガメッシュが周囲の人の助けを得て星を持ち上げたというものだ。夢占いのできる母ニンスンに相談したところ「それはあなたに友ができるという夢だ」と告げられる。実際にギルガメッシュはエンキドゥという友人を得て冒険の旅に出ることになり、ふたりの旅の無事を太陽の神シャマシュに祈ったのである。

英雄ギルガメッシュも母にとっては可愛い息子

また別の神話では、ある女神から求婚を受けたとギルガメッシュから相談されるニンスン。しかし息子に求婚したのが「娼婦のような振る舞い」と描写される愛の女神イシュタルだと知った彼女は、申し出を断るようにきつく言い聞かせる。のちの世には英雄として名を知られるギルガメッシュであっても、母にとっては可愛い息子のひとりに過ぎなかったようだ。

そんなギルガメッシュ親子の態度に怒ったイシュタルはギルガメッシュに対して戦いを挑むのだが、この時、ニンスンは息子のために勝利の祈祷を行ったと記されている。この物語に関しては少々マザコン味が過ぎたのか『ギルガメッシュ叙事詩』には収録されていないのだが、どの神話においてもニンスンは常に息子ギルガメッシュを気遣う良き母神として描かれている。

Ishtar

イシュタル

別名 イナンナ

図像 八芒星
神格 愛の女神、豊穣の女神、戦いの女神、金星の女神、王権の守護者
信仰地域 ウルク、ニネベ、アルベラ
随獣 ライオン

古代オリエント全域で崇拝された奔放な愛の女神

イシュタルは愛や豊穣、多産を司る一方で戦争や不和をも司り、生命と死を手中にする女神の中の女神。その性格はわがままで奔放、かつ策略家で好戦的。気まぐれな女神だ。メソポタミア神話の中で最も魅力的なヒロインともいえる存在で、その魅力は人気アプリゲーム「Fate/Grand Order」でも余すことなく発揮されている。

イシュタルという名はアッカド語の呼び名で、シュメール語では「天の女主人」を意味するイナンナという。もともとは天界に属する明星（金星）の

女神で、豊穣の女神でもあった。後代になってシュメールの「王権の守護者」や「戦いの女神」など多くの神性が融合され、複雑な性格をもつようになった。また、豊穣を表す「葦束」が彼女の象徴とされ、その絵文字が「イシュタル」を示す楔形文字に発展した。

彼女の父親とされる神は数多くいるが、その中でも有力なのが天空の神アヌである。また月の神シンとその配偶神ニンガルの娘であるともされている。さらに、太陽の神シャマシュを兄に、冥界の女神エレシュキガルを姉にもつとされる。夫は優男タイプの牧畜の神タンムーズで、ふたりの結婚に関しては兄シャマシュの薦めによるものだったといわれている。

イシュタルの野心がトラブルのもとに

イシュタルは数多くの神話に登場し、舞台中央で出ずっぱりの主役として物語を引っ張っていく。そこでは愛を司る優美な女神のイメージとはほど遠い、猛々しい戦闘神としてのイシュタルが語られる。威容を誇るエビフ山が敬意を示さなかったため怒り心頭に発したイシュタルは、最高神アヌが諫めるのも聞かず、エビフ山に突進。脅威「ニ」と聖なる力の光輝「メラム」で額を覆い、首には紅玉の花飾り、足首にはラピス・ラズリの飾りを巻きつけ、右手に7つの頭をもつ武器「シタ」を荒々しく振りかざし、大地を揺るがしてエビフ山を崩壊させ、エビフ山を滅ぼすのは無理だろうという父の予想に反して勝利を収めたのだった。

また、すべてを手に入れなければ気がすまないわがままな性質のイシュタルは、姉エレシュキガルが統治している冥界をも支配しようと思い立つ。天界の女王にふさわしく、豪華な衣装に身を包み冥界へと下っていくが、エレシュキガルは妹の思惑を見抜いていた。イシュタルは冥界の7つの門をくぐるたび、ひとつずつ宝石や衣装を剥ぎ取られ、最終的には全裸となってしまう。玉座に腰掛けていたエレシュキガルが怒りに満ちた「死の眼差し」を向けるとイシュタルは死骸と化してしまい、3日もの間、死骸は鉤に吊るされてしまった。

わがままで勝気なイシュタルの恋人にふさわしいのは?

イシュタルは知恵の神エンキの計らいにより地上に帰還できることとなった。しかしそれには条件があった。自分の身代わりをガルラ霊（冥界の悪霊）に引き渡し、冥界に送らねばならなかったのだ。これを拒み、地上のウルクまでガルラ霊を引き連れてしまったイシュタル。地上に出た彼女が目にしたのは、なんと自分の喪に服さず着飾って玉座に座る夫タンムーズの姿だった。激怒したイシュタルは夫を身代わりに指名して、自身は地上に帰還したのであった。こうしてタンムーズとその姉ゲシュティンアンナは、半年ずつ交互に冥界に留まることになってしまったのである。

このエピソードからは、イシュタルの最古の大地母神としての属性が見て取れるという。愛と豊穣を司り、同時に戦争と破壊を司る二律背反的な性格をもつイシュタルは、生命をうみだす肯定的な面（聖娼）と、生命をのみこんでしまう否定的な面がある。この「冥界下り」ではエレシュキガルとその役割を分担しているのだ。

また、牧畜の神タンムーズと植物の女神であるその姉が半年ごとに冥界に下ることになるのは、春に羊が屠殺され秋にぶどうの収穫が行われる一年の農耕サイクルが、この「死と復活」の物語に重ね合わされているためであるといわれている。

魅惑的な肢体をもつイシュタルが英雄ギルガメッシュにふられてしまうのもこのためで、大地母神であるイシュタルの愛を受け入れることは第二のタンムーズ、つまり「死んで復活する神」となることを意味する。そのため、天下無双の英雄ギルガメッシュとの間では恋愛は成立しなかったのだと考えられる。

イシュタルへの信仰は古代オリエント世界の全域に広がり、各地の女神を習合した結果、イシュタルの名は古代メソポタミアにおける女神の普遍的な名称として使われるまでになった。ギリシャ神話の美の女神であるアフロディーテとも近しい存在とされ、民族、時代を超えて人々から崇拝され続けたのだ。

聖婚

王がイシュタルの夫タンムーズに成り代わり、イシュタルとの「聖婚」の儀式を行うことで、国家の繁栄を得るという祭礼。ここでのイシュタルは王権の守護者としての役割を果たしている。

天の舟マアンナ

酔っ払った知恵の神エンキから譲り受けた世界規範「メ」を積み込んだ舟。「メ」を取り戻そうとするエンキの追っ手から逃れ、ウルクに帰還した。

Sin

シン

別名 ナンナ・スエン・ナンナ・スエン

図像 三日月
神格 月の神
信仰地域 ウル、ハラン

運命を定める力を持つ暦の神

神々の指導者である大気の神エンリルを父にもつともいわれる月の神。妻であり、ウルで信仰されていた女神ニンガルとの間に太陽の神シャマシュ、金星と愛の女神イシュタルをもうけ、天体を司る神々の中でも最高位に置かれた神である。ラピスラズリのような青い髭を生やした老人の姿で表されており、三日月をシンボル、または武器とする。

古代メソポタミアで太陽よりも月が上位に置かれたのは、月の満ち欠けにもとづく太陰暦が使われていたから。正しくは暦と季節のずれを正すために閏月が挿入された太陰太陽暦だが、このことが神話の世界にも反映されていたのだ。ちなみにシンは単に30という数字で表されることもあるが、これは太陰暦の1か月の日数である。

暦日を司るとされたシンは、遠い日々の運命を定める力があるとされ、強く信仰を集めるようになった。時を刻むという力は生物の育成や誕生とも結びつくため、シンは動物、特に家畜の多産と密接に結びつけられた。これは三日月の形が動物の角を連想させることにもよるという。

罪をきっかけに誕生した正義の月神

シンが司るもうひとつの代表的な役割は、正義の番人だ。月の神であるシンは、夕暮れになると三日月形の船で天空をめぐった。彼が放つ光は地上を照らし、夜陰に乗じて悪事を働く者たちや悪霊を暴き立てたという。

しかし、シン自身の誕生はショッキングな事件がきっかけだった。シンの父である大気の神エンリルは至高神の位にある偉大な神。しかし若い頃は歯止めの利かない性格だったようで、若く美しい処女であった穀物の女神ニンリルを手籠めにして妊娠させてしまう。このとき身ごもった子が、月の神シンであるとされる。

処女を強姦した罪でエンリルは冥界に追放される。このままではうまれてくる子どもも冥界行きとなるため、身重の身体でエンリルを追いかけたニンリルはさらに彼と交わり、シンの身代わりに冥界に置き去りにするための子であり、のちに冥界の神となるネルガルらを受胎。こうして月の神シンは弟妹たちを犠牲にして天界に上げられたのだった。

三日月形の船

「天の輝ける船」とも呼ばれるシンが乗る船のこと。夕暮れ時になるとシンはこの船に乗って天空を旅し、闇夜を照らして悪事を働く罪人や悪霊の存在を暴きだした。

シャマシュ

Shamash

別名 ウトゥ

図像 太陽円盤
神格 太陽の神、正義の神、占いの神
信仰地域 ラルサ、シッパル

真実を暴き出す正義と太陽の神

太陽の神シャマシュは月の神シンの息子で、愛と金星の女神イシュタルの双子の兄にあたる。古代美術の世界では長い髭をもつ男性の姿で表され、手には太陽光線を表したノコギリ状の剣を持ち、肩からは光線を発する。

シャマシュが司るのは正義と裁判。天空を一巡して万物を見通すことができるシャマシュが発する光のもと、真実は白日にさらされるのだ。その光は冥界をも照らし、ガルラ霊（冥界の悪霊）を牽制して彼らが引き起こす疫病を地上から遠ざける。このため、病気平癒のための護符にシャマシュの名を記すことが多かったという。

シャマシュは古代メソポタミアの「大いなる神々」の一員であったが、古代エジプトの太陽神のように国家神として重要視される存在ではなかった。というのも、古代メソポタミアでは月を基準とする太陰暦を用いていたから。しかし、シャマシュへの信仰は民衆の間に広く浸透していたようで、シャマシュの光がもたらす恩恵は、人々の生活に密接な関わりを持っていた。

英雄ギルガメッシュを手助けした人間の味方

シャマシュが手に持つノコギリ状の剣は、太陽の灼熱と暴力的な力の象徴であり、正義を執り行う戦士の一面ももっていた。そのため、戦いと冥界の神ネルガルと同一視されることもある。しかしシャマシュの性格は基本的に優しく、善良な神である。妹イシュタルの夫となる牧畜の神タンムーズを擁護したり、タンムーズがガルラ霊に追われた時には力を貸して助けようとしている。

シャマシュが特に肩入れしていたのが英雄ギルガメッシュだ。ギルガメッシュ誕生の際には見目麗しい外見を与え、過剰ともいえる加護で密接に結びついた。ギルガメッシュも重要な局面では必ずというほどシャマシュに祈りを捧げている。魔獣フンババ退治の際も同様で、シャマシュは風の援軍を送ってギルガメッシュとその友エンキドゥに助力。エンキドゥの死を神々が協議する場では、祖父にあたるエンリルに「無実のエンキドゥが死ぬべきか」と食ってかかるほどだった。シャマシュは古代メソポタミアの神々としては珍しく、人間に近しい神だといえるだろう。

太陽円盤
シャマシュは翼の生えた太陽円盤の姿で表されることもある。太陽円盤は、天空から人々の生活を照らし、植物の成長を助け、暖かさを与える太陽の無限の光輝を表している。

ネルガル

Nergal

別名 エラ、メスラムタエア

図像 双頭の獅子の笏
神格 冥界の神、戦いの神、疫病の神
信仰地域 クタ、パルミラ
随獣 ライオン

トラブルメーカーな破壊と殺戮の神

メソポタミア神話で疫病、戦争など邪悪なものを代表する冥界の神ネルガル。ネルガルとはシュメール語で「偉大なる町（冥界）の権威」を意味する。

さまざまな神と習合されたネルガルはその属性も多く、火星とも結びつけられ、戦い、疫病・病気の神であると同時に、豊穣と植物の神でもある。また、ネルガルは太陽神の側面ももち、太陽の神シャマシュと同一視される。正午や夏至の太陽は人々や植物に恩恵をもたらす一方、熱病など死をもたらす災厄にもなりうる。ネルガルはその負の側面を主に司る神なのだ。

大地を熱く照らす正午の太陽の中に顕現するというネルガルは、戦いを司るとはいえ、その性格は魔物退治の英雄神ではなく大量殺戮の神だ。熱病や病魔が武器であり、それぞれ病を神格化したシビと呼ばれる7組14神の鬼神を率いて熱波や干ばつをもたらす。自分の配下となる冥界の民を増やそうとその力を無秩序に使うため、従者である火と伝令の神イシュムは血気はやるネルガルをなだめ、人類を滅亡から救うはめになったという。

傲岸不遜なネルガルが大恋愛の末に冥界の王に

ネルガルが冥界の神となったのも、そのトラブルメーカーな体質と傲岸不遜な性格が理由だった。神々が宴の準備をしていたある時、冥界の女神エレシュキガルは宰相ナムタルを使者に遣わした。だがナムタルを迎えた神々の中で、ネルガルだけが彼に敬意を示さなかった。これに激怒したエレシュキガルはネルガルを冥界に連れてくるよう命じ、殺そうと決意。ところがふたりは恋に落ちてしまう。エレシュキガルの沐浴する姿を見たネルガルがその魅力に屈してしまったとも、エレシュキガルがネルガルに心を奪われたともいう。

ふたりはベッドをともにし情熱的に愛し合ったが、7日目の朝がくるとネルガルは地上へ帰ってしまった。これを嘆き悲しんだエレシュキガルは「もしネルガルを返してくれないなら、死者たちを地上へ上がらせて生者を食らわせ、死者を生者より多くする」と神々を脅迫。ネルガルはこうして冥界にとどまりエレシュキガルの夫になったという。また、一説によるとネルガルは暴力によってエレシュキガルを下し、冥界の王になったともいう。

ヘラクレス
パルティア時代(紀元前247～前226年)には、ネルガルはギリシャ神話に登場する半神半人の英雄ヘラクレスと同一視されるようになった。

シビ
ネルガルが率いる7組14神の鬼神。ムタブリク、シャラブドゥ、ラビツ、ティリド、イディブトゥ、ベーンヌ、ツィダヌ、ミキト、ベールリ、ウンマ、リブの名前が伝わっている。

エレシュキガル
Ereshkigal

別名 ニンキガル、イルカルラ、アルラトゥ
図像 冥界の女神
信仰地域 クタ

不幸体質気味な冥界の女王

シュメール語で「大いなる地（冥界）の女主人」を意味するエレシュキガル。「日が没するところの女主人」という美称を用いられた、冥界を統べる女神である。

メソポタミア神話における冥界は、地下の淡水アプスーのさらに下層に位置する陰鬱な地下世界であった。そこは埃がご馳走で粘土が食べ物という、

真っ暗で光の差さない世界である。その中に七重に囲まれた堅固な城塞都市があり、エレシュキガルは冥界の宰相である疫病の神ナムタルらを従えて君臨していた。

もっとも、エレシュキガルはこの役割を自ら望んだわけではなく、あくまで領土として管理を任されていたようである。彼女自身は冥界から出ることを許されてはおらず、外界への交渉などはもっぱら宰相のナムタルが行っていたのだという。

冥界はある程度、生者の世界と行き来が可能であった。しかしその境界を越えるには一定の約束事があった。それを無視してやってきたのが、ライバルであり実の妹である愛の女神イシュタルだ。

冥界の女神VS天の女神の結末は？

冥界をも手中に収めようとやって来た妹イシュタルに、姉エレシュキガルは激怒。冥界から出られない彼女にとって、自由気ままに行動する妹の存在は妬(ねた)ましくもあったのだろう。7つの門を通るたびイシュタルの衣装を剥(は)ぎ取らせ、「死の眼差し」を向けて即死させてしまった。イシュタルを生き返らせるには身代わりが必要となり、その結果イシュタルの夫タンムーズとその姉が半年ずつ冥界に下ることとなった。一定の約束事とは、生者の世界と死者の世界が均衡を保つことで、生者と死者の数が釣り合う必要があったのだ。

エレシュキガルの配偶神は当初、天の牛グガランナであったが、のちに戦いの神ネルガルを夫として冥界を共同統治したという。ネルガルは罰として冥界に落とされたが、エレシュキガルと情熱的に愛し合うように。激しい愛憎劇を繰り広げ、最終的に夫として冥界にとどまった。この時エレシュキガルは「情熱的にベッドをともにする」性愛の女神としての一面を見せており、妹である愛の女神イシュタルと表裏一体の関係であることが示されている。

冥界の7つの門
冥界に張りめぐらせている七重の城壁に取りつけられた門。エレシュキガルの玉座にたどり着くには、門番がいるこの7つの門をくぐらねばならない。

死の眼差し
エレシュキガルが冥神に下ってきたイシュタルを即死させた技。

Ennugi エンヌギ

神格 堤防・路の神

エレシュキガルの夫と同一視された運河監督の神

エンヌギは「偉大な神々の運河監督官」といわれる堤防・水路の守護神。『ギルガメッシュ叙事詩』では、最高神アヌらとともに地上に洪水を起こして人りである。

またエンヌギは冥界の神としての神格ももつ。エンヌギと同じ神とされたのは、冥界の女神エレシュキガルの最初の夫グガランナ。グガランナとは、「天界の巨大な牡牛」または「天空の神アヌの運河監督者」の意味。名前の意味と役職が似通っていることから習合されたようだ。

グガランナは冥界の女神エレシュキガルの最初の夫とされるが、『イシュタルの冥界下り』に登場するのみ。登場といっても、冥界の門番ネティに問いただされたイシュタルが門を通るために、「姉エレシュキガルの夫グガランナ神の葬儀に参列するため」と策略を用いたことによる。

後代になると、エンヌギと同一視されたグガランナは冥界の神ネルガルと習合され、ネルガルがエレシュキガルの夫となり、冥界の共同統治者となった。ネルガルはさまざまな神を習合した複雑な神格をもつ神で、シュメールの神メスラムタエアとも同一視された。メスラムタエアは『エンリルとニンリル』神話において、冥界に落とされた大気の神エンリルや月の神シンの身代わりにネルガルとともに冥界に置き去りにされた神のひとりである。ネルガル信仰の中心地クタでは、古くは牡牛の頭を象徴する神が信仰され、メスラムタエアが祀られていたとされている。

ちなみに、英雄ギルガメッシュに求愛を拒まれたイシュタルが彼を殺すため、父アヌにねだった「天の牛」はグガランナとは同じ名前ではあるものの、別の存在のようだ。こちらの天の牛はウルクを荒らしまわった挙げ句、ギルガメッシュとその友エンキドゥによって捕らえられ、殺されてしまった。また、この天の牛を殺害したことで、のちのちエンキドゥは命を落としてしまうこととなる。

ニンギシュジダ

Ningishzida

別名 ニンギジダ

図像 角冠
神格 偉大なる山、異国の王、大気の神、嵐の神、至高神、秩序の神
信仰地域 エップル
随獣 アンズー

王に個人神として崇拝された異形の神

「良き木（真理の木）の主人」という意味の名をもつ冥界の神であり、植物の生育を司る神。両肩から角のある蛇（バシュム龍）が飛び出した姿で描かれる。

古代メソポタミア人は、大いなる神に直に接することのできない微小な存在である人間を救済してくれる、身近な神「個人神」の存在を信じていた。それは庶民だけでなく王であっても同様で、ラガシュのグデア王はニンギシュジダとその父ニンアズを個人神としていた。円筒印章図柄には王が個人

神によって大いなる神々に紹介される様子が描かれ、碑文には「彼の神はニンギシュジダ神」と記されている。個人神の中で固有の名前と図像が残っているまれな例が、ニンギシュジダだ。

冥界神としてのニンギシュジダは冥界に住む悪霊を支配する一方で、地上地下の救済神ともされ、「天の門番」としての役割をもつ。

さらにニンギシュジダは冥界神であると同時に、その姿が表すように蛇神でもある。蛇はその姿から忌み嫌われ恐れられることが多いが、民族によっては悪魔あるいは神に与するものと考えられた。湿地の多いシュメール地方にはさまざまな種類の蛇が存在し、神聖な存在と考えられていたようだ。また、脱皮を行う蛇は死と再生を象徴し、豊穣・多産と深く結びつけられたためニンギシュジダは豊穣神でもあり、個人神にふさわしい神なのだ。

王の個人神となったニンギシュジダだが、ユーフラテス川下流においては異形の神とされた。ニンギシュジダの両肩から飛び出している角冠をかぶった蛇はティアマトの怪物ムシュフシュともされたからだ。ムシュフシュはシュメール語で「恐ろしい蛇」を意味し、「バビロンの竜」としてもっともよく知られた霊獣だ。その本質は豊穣神と密接に関わっており、このムシュフシュがニンギシュジダの前身であったともいわれる。

タンムーズ

Tammuz

別名 ドゥムジ、タンムズ

神格 牧畜の神、豊穣の神

信仰地域 バドティビラ

農耕か牧畜か——女神イシュタルが選んだ相手は？

牧畜の神タンムーズ（シュメール語ではドゥムジ）は愛の女神イシュタルを妻にもつ。女神の中の女神といわれ、気まぐれで勝気なイシュタルを射止めたのには、次のような話がある。

ある時、太陽の神シャマシュが妹イシュタルに結婚を薦めた。牧夫と農夫どちらがいいか尋ねる兄に、イシュタルは「牧夫なんか絶対に嫌よ」と即答。兄が牧夫を擁護する中、牧夫タンムーズは「牧夫のつくるバターもチーズも農夫のつくる供物より優れている」と己の利点をきっぱりと主張。それを聞いた農夫エンキムドゥはタンムーズの主張を認め、「乙女イシュタルは君のものだし、お祝いの麦も豆もいくらでも進呈しよう」と快諾した。こうしてタンムーズは豊穣を司るイシュタルの夫となり、豊穣神としての地位も得た。

厳しい環境におかれた古代の人々にとって、生きていくためには譲ってばかりでは生活は成り立たない。そういった意味で、イシュタルとタンムーズが結婚するようになるのは必然的な流れといえるかもしれない。

自業自得？タンムーズが冥界へ行く理由

とはいえ、タンムーズは物語を主導していくタイプではなく、強いイシュタルの働きかけに応じて動き出すような優柔不断な優男タイプだったようだ。

タンムーズは牧畜神であり豊穣神であることから、大麦などの穀物が収穫され、肉の貯蔵のため家畜が屠殺される春に冥界に赴くことになる「死んで復活する神」だ。しかし、その理由はいささか情けないものだった。冥界で死骸となったイシュタルが地上に復活するには、身代わりを立てなければならなかった。そこで選ばれたのが、妻の喪に服さず玉座にふんぞり返っていたタンムーズだったのだ。さまざまな姿に身を変えて逃げるもガルラ霊（冥界の悪霊）の手からは逃れられず、身代わりを申し出た姉ゲシュティンアンナと半年ずつ交互に冥界にとどまることとなってしまったという。

このことから、タンムーズが冥界にいると植物や動物などの生命が枯渇すると信じられるようになった。また、この神話はのちの神話に大きな影響を与え、死後に蘇るギリシャの植物の神アドニスの神話のもととなった。

タンムズ月
ユダヤ暦第4月（太陽暦の6～7月）、アラブ人の伝統的暦の第4月の名。タンムーズが冥界に下ると生命活動が止まるため、女性たちはタンムーズの再来を泣いて祈念した。今日でもユダヤ暦とアラブ暦に残っている。

ゲシュティンアンナ

Geshtinanna

神格　植物の女神、ぶどうの木の女神、冥界の書記
信仰地域　ラガシュ

弟をかばって冥界の書記となった心優しき植物の女神

シュメール語で「天のぶどうの木（の女主人）」を意味する女神。愛の女神イシュタルの夫である牧畜の神タンムーズの姉にあたる。地上では「天のぶどうの木」と呼ばれる植物の神であったが、一転、冥界で書記として冥界の女神エレシュキガルに仕えるようになる。それには次のような理由があった。

冥界で死骸となったイシュタルは地上に復活するため、自分の喪に服していなかった夫タンムーズを身代わりとするよう指名。タンムーズの姉であるゲシュティンアンナは弟を助けようと身代わりを申し出て、牧畜の神である弟と植物の女神である姉は半年ずつ交互に冥界にとどまるようになった。これは牧畜とぶどうの栽培の年間サイクルに「死と復活」の物語を重ね合わせているともいう。

また一説によると、死を予感する夢を見たタンムーズはガルラ霊（冥界の悪霊）から必死に逃げようとする。夢解きをしたゲシュティンアンナは、こ

こでも弟を助けるためあらゆる努力を惜しまない心優しい姉として描かれる。しかし最後には弟は羊小屋で殺されてしまう。羊小屋は幸福、繁栄などの象徴で、家畜の多産を司るタンムーズの死に場所としてはふさわしいともいえるだろう。

半年もの間冥界に下ることになったゲシュティンアンナは、冥界の女神エレシュキガルに仕えて冥界の書記となった。彼女の夫は冥界の神であり植物の生育を司るニンギシュジダ。碑文でゲシュティンアンナは「ニンギシュジダ神の最愛の妻」と記録されているが、ニンギシュジダの妻は女神ニンアジムア（「良き液を育てる女主人」の意味）ともされ、ゲシュティンアンナは彼女と習合されるようになったという。また、歌手・詩人としても名高かったゲシュティンアンナは、あるシュメール語のテキストに「彼女なしには合唱隊はうまく歌うことができなかった」と記されている。

Adad

アダド

別名 イシュクル、バアル、ハダド、アッドゥ

図像 稲妻
神格 天候の神、嵐の神、雷の神
信仰地域 ハラブ（アレッポ）、カルカル、マリなど
随獣 有翼の獅子、牡牛

苦難と恵みをもたらした予測不能な天候神

アダドはアッカド語の呼び方で、シュメール語ではイシュクルとなる。その信仰の歴史は古く紀元前3000年以前の初期王朝から存在が見られるという。イシュクルは嵐、雷、洪水、風などを司り、象徴は稲妻である。乾燥した大地とふたつの大河に左右される水事情を反映した、厳しい自然の神格化と思われる。信仰の中心地はカルカル、風を表す文字が名についた街だ。一方、アッカドのアダドは慈雨、渓流など恵みの水を象徴する。通常は天空の神アヌの息子とされるが、古くはアヌの子である大気の神エンリルの息子であったともされる。妻は農耕の女神シャラである。

彼の二面性は神話の中にも見られる。洪水神話でアダドは神々に頼まれて天候を操った。エンリルが人間を減らそうとしてアダドに干ばつを起こさせた時は、人間が供え物をして祈祷すると、機嫌を良くして雨を降らせたという。天候が予測不能なのと同様に、アダドの行動も気まぐれなのだ。だが再度、エンリルが人間を滅ぼそうとした時には、要請のとおりに配下のシュラットとハニシュを従えて雨嵐を起こして、世界を洪水で覆ってしまった。

聖書にも登場するアダド

アダド信仰は南部よりもメソポタミアの北西で盛んだった。シリアやパレスチナではハダドと呼ばれ、ミタンニ王国をつくったフルリ人は自身の雷神テシュプと同一視した。ユーフラテス川の中流域にあったマリにおいて、アダドは最高神に近い重要な神で、王女

イニブ・シナはアダドの女大神官であったという記録が残る。地中海東岸のウガリト王国でも、アダドは彼らの神話の神と習合した。その神とは「主人」を意味するバアル。バアルはさまざまな神の神性を集めたものともいわれ、その中心的な神性をアダドが形成していたという。片手に持つ棍棒を振り上げた戦士の姿で描かれるところも、バアルとアダドはそっくりだ。

バアルは『旧約聖書』にもその名が登場する。預言者エリアがバアルを信仰する司祭たちと雨乞いで競い合いを行い、天候を左右しているのはバアルではなく、聖書における主であると証明する場面がある。

洪水神話

洪水と干ばつ、ふたつの水害は人々が神の御業として最も恐れたことだった。メソポタミア神話では各時代にいくつもの種類の洪水神話が存在する。ふたつの大河の恵みを受けるためには、洪水をいかに切り抜けるかが重視され、アッシリア国王センナケリブなど、優れた治水事業を残した王は数多い。

Shala シャラ

神格 大麦の穂
神格 農耕の女神

乙女座のスピカを象徴とする農耕の女神

大麦の穂を象徴とする、フリ系（北メソポタミア、及びその東西の地域）の農耕の女神。

メソポタミア北部の主神で天候の神であるアダドを配偶神としていたのだが、ユーフラテス川中流域を起源とする非常に古い豊穣の神ダゴンがシュメールの神々に吸収されると、ダゴンを配偶神とするようになったといわれている。ダゴンは穀物を意味する名であり、その姿は魚の尾をもつ人間、もしくは魚の頭に人間の身体で表される神である。

また、シャラは火の神ギッラの母とされる。ギッラは「アブ月」に空から降りてきて太陽に匹敵する灯りを燃やすとされた。アブ月とは、現在の太陽暦でいう7月から8月にあたる月のことで、死者を供養する「アブ祭」に由来する。

「アブ」とは死者が冥界に赴く道筋に位置した丘のことで、そこを通って死者は生者の国に戻ることができ、一方、生者は死者の供養をできると考えられていた。アブ月に灯りを燃やすことは、死者たちが冥界の暗闇で迷わないようにするためだった。その際に捧げられる火の神ギッラのための祈祷文によると、ギッラはシャラの息子ということになっている。

後代になると、おとめ座のスピカ（ラテン語で「麦の穂」）はシャラの星座とされた。ちなみにメソポタミア神話には同名でシャラという牧畜神がいるが、こちらはまったく別の神格。愛の女神イシュタルの息子で、都市国家ウンマの守護神となっている。

またシャラは、明けの明星・宵の明

星といわれる金星の山脈の名前になっている。金星の火山や渓谷、丘の名前は、世界各国の神話に登場する女神たちの名前からとられており、特に山脈は愛や豊穣を司る女神に由来しているのだ。北欧の女神フレイヤであったり、エジプト神話のハトホル、ケルト神話のダヌらと並び、シャラもオリエント世界を代表する豊穣の女神として名を連ねている。

ダゴン

Dagon

別名 ダガン

神格 穀物の神、冥界の神、海の神

信仰地域 トゥトゥル、テルカ、マリ、ブズリシュ・ダガン、ニップル、ウガリト

最高神とも崇められた古い歴史をもつ穀物の神

ダゴンはユーフラテス川中流域を起源とする非常に古い穀物の神である。名は「穀物」を意味するとされていて、その姿は魚の尾をもつ人間、もしくは魚の頭に人間の身体で表される。ウガリト、カナアンで信仰されていた豊穣の神バアル（のちに天候の神アダドと同一視される）の父としても知られている。

基本的には小麦などの穀物や豊穣を司る神とされるが、その外見から海との関連も指摘されている。また、冥界の神としての属性も備えていたという。

紀元前３０００年～前２０００年にかけて、最高神としてユーフラテス川中流域の各都市で信仰を受けていたという非常に古い歴史をもつ神だが、その実情については記録が少なく、あまり伝わっていない。

バビロニアの創世神話『エヌマ・エリシュ』では天空の神アヌと並ぶ最高神として描かれているが、次第にシュメールの神々に吸収されていったようである。のちにカナアンの地を占領したユダヤ人たちも、ダゴンがペシリテ人たちの主神であったことを『旧約聖書』に記述するのみだった。

異形の姿だったことから邪神に？

ダゴンについて記されている碑文には、アッカド王朝の創始者サルゴン（在位、紀元前２３３４～前２２７９年頃）によるものがある。その碑文によると、サルゴンはダゴンに礼拝し、杉の森（アマヌス山脈）と銀の山（タウロス山脈）までの上の国（マリ、イアルムティ、エブラ）を与えられたという。

また、その孫ナラム・シン（在位、紀元前２２５４～前２２１８年頃）の功績を讃えた碑文には、シリア地方を征服した時に「ナラム・シンの王権を大きくするダゴン神の武器によって、アルマーヌムとエブラを征服した」と記されており、ダゴンが手助けしたことを伝えている。

統一の覇業を成し遂げたサルゴンや

領土拡大を果たしたナラム・シンにも崇拝されたダゴンだが、後世、その異形の姿からか「海の怪物」扱いされていった。アメリカの怪奇作家H・P・ラヴクラフトの初期の短編小説『ダゴン』では主人公を追い詰める巨大な怪物として登場。のちにラヴクラフト作品の登場キャラクターが架空神話「クトゥルフ神話」として体系化されると、ダゴンは深海に潜む「深きものども」を統率する怪物の長〝父なるダゴン〟と描写され、有名になった。

クトゥルフ神話

1920～1930年代に活躍した怪奇作家H・P・ラヴクラフトによってつくり出された架空の神話体系。人類が誕生する前の超古代には、外宇宙から飛来した異形の存在たちが神のように君臨していた。時の流れとともに彼らは地上から姿を消したが、虎視眈々と深海や地底の闇から復活の機会を狙っていた、というのがその世界観だ。ダゴンはこの邪神のひとりとして登場し、その目を見ると狂気に陥るとされた。

ナブー

Nabu

図像 楔
神格 書記術の神、文字と学問の神、灌漑・農耕の神
信仰地域 ボルシッパ、パルミラ
随獣 ムシュフシュ

シュメール社会のエリートに必須の書記を司る

学問と文字、知恵を司る書記術の神で、神々の運命を記す「天命の粘土板」の保管者。父はバビロニアの主神にして太陽の神マルドゥクで父同様ティアマトの怪物としても知られるムシュフシュを随獣として従える。

ナブーが保管する天命の粘土板は、そもそも最高神の天空の神アヌまたは大気の神エンリルの持ち物である。天命の粘土板にはすべての神々の役割や個々人の寿命などが書き込まれていて、最高神が「天の印」を押すことで書かれていることが有効になると信じられていた。粘土板と印章の文化をもつ古代メソポタミアならではの発想といえるが、ナブーは天界の書記として、その「天命の粘土板」に神々の運命を記入するという重要な役割を担っていたのだ。

ナブーは書記術の神らしく象徴するものは「楔」。楔は粘土板の上に楔形文字を書くために使われた筆記具を意味する。ちなみにシュメール社会では書記になるには厳しい勉学を修めなければならず、書記になることは現代風にいえば高級官僚になることで、シュメール社会のエリートになることだったのだ。

父マルドゥクの跡を継いで万能の神に

ナブーの配偶神は当初、愛の女神で山羊座を象徴するタシュメツ（シュメール語ではナナヤ）とされたが、のちに穀物の女神であり書記術の女神ニサバが妻となった。総合的な学問を司る神として崇拝されていたのはもとも

とニサバであったが、のちにナブーに取って代わられ、その配偶神になったという。というのもナブーは元来セム系の神で、紀元前2000年の初めにシリアからバビロニアにもたらされた神だからだ。

ナブーはやがてマルドゥクをも追い落とし万能の神に。新バビロニア王朝ではネブガドネザル2世（アッカド語ではナブー・クドゥリ・ウスル）をはじめとする多くの王が、その名前にナブーの名を用いたほどだった。ナブーの躍進は、新バビロニア王朝を建てたのが西セム系のカルデア人だったことも関係しているのだろう。至高神となったナブーは豊穣や天候をも司る万能の神となり、バビロニア崩壊後も信仰され続けた。ギリシャ人たちはパルミラで信仰を受けるこの神を、光明・医術などを司るアポロンと同一視したという。

天命の粘土板
神々の運命が記された粘土板。楔形文字で書かれ、追記不能の証書、もしくは条約のようなものだったとされる。このため、天命の粘土板を手にすると宇宙万物の運命を決定する力が与えられた。バビロニアの創世神話では、海水の女神ティアマトがティアマト軍の指揮官キングーに与えており、マルドゥクがこれを奪っている。

ニサバ

Nisaba

別名 ニダバ

神格 書記術の女神、豊穣の女神、穀物の女神

信仰地域 エレシュ

難題に解決策を示した豊穣と書記術の女神

穀物の女神を意味する名をもつ、豊穣と穀物の女神。書記術や学問、文字や計算といった多岐に渡る学術的な要素を司る、諸芸の女神でもある。

ニサバは天空の神アヌ、もしくは大気の神エンリルの娘といわれている。都市国家ウンマの支配者ルガルザゲシが個人神として崇拝したのをはじめ、守護都市エレシュ以外でも信仰を集めたとされる。

イシン第一王朝の第5代リピト・イシュタル王（紀元前1934〜前1924年頃）は『リピト・イシュタル王讃歌』の中で、書記術の女神ニサバから文字を学んだと自慢している。メソポタミアのみならず、古代オリエント世界では文字の読み書きができるか否かは帝王の必須条件ではなく、文字の読み書きは書記（役人）の仕事だった。古代メソポタミアの王たちの識字率がどれほどであったかは不明だが、読み書きができることをよほど自慢したかったのだろう。

またニサバは、ウルク第一王朝の王エンメルカルが東方の都市アラッタの領主に難題を突きつけられた時、知恵の神エンキとともに助言を与えた。「網に包んで穀物を運べ（網の目から落ちるほど小さい穀物を、網を用いて運んでこい）」という難題に対し、ニサバ

は「穀物を水に浸して、もやしのように芽が出たものを網に包んで運搬する」ように助言し、エンメルカルは事なきを得た。ちなみにこの時、エンメルカルの使者はザグロス山脈を幾度も往復して王の言葉を伝えているうちに息が上がって復誦できなくなり、粘土板に葦筆で記したことで「文書」が史上初めて誕生したという。この逸話は書記術の女神としてのニサバへの賞讃であり、メソポタミアの文書は時代や内容の如何によらず、「ニサバ女神に栄光あれ」という書記たちの賛辞がつけ加えられている。

しかし、紀元前2000年後半からはシリアからバビロニアにもたらされたセム系のナブーに書記術の守護神としての地位を取って代わられてしまい、ニサバは独立した学術の女神ではなく、ナブーの配偶神として崇拝されるようになった。

ヌスク

Nusku

図像　ランプ
神格　伝令の神、火と光の神
信仰地域　エップル、ハラン

エンリルが引き起こすトラブルの陰にいた従神

前後にふたつの顔をもつ双面神とされ、大気の神エンリルの従神で伝令役を務める。また、火と光を司る神ともされる。エンリルはシュメール・アッカド系神話における事実上の最高権力者であり、神々に命令を下す役割を担っていた。ところがエンリルは思慮の足らない行動でしばしばトラブルを起こした。ヌスクは短絡的すぎる行動にでる主人のエンリルをとがめるどころか、唆（そそのか）しさえしているのだ。

『エンリルとニンリル』神話では、エンリルは清らかな穀物の女神ニンリルをひと目で気に入り、あろうことかヌンビルドゥ運河の土手で強姦してしまう。この時、よからぬことを相談した相手が従神のヌスクなのだ。シュメール社会では処女を手籠めにすることは許されない罪であった。神々の世界でも同様であったにもかかわらず、ヌスクはエンリルを河岸まで船に乗せて運び、主人が思いを遂げる手助けをしてしまう。

洪水物語を中心とした神話『アトラ・ハシース物語』では、エンリルの尻拭いをするかのように苦労している様子も見える。神々に労苦を強いていたエンリルに対し下級の神イギギたちは反乱を起こし、エンリルの神殿を包囲し労働に使う道具に火を放った。これに気づいたヌスクは眠っていたエンリルを起こし、イギギたちが反乱を起こした理由を問い質しに反乱者たちのもとへ調停に赴いた。また、神々を日々の労苦から解放するため、出産・創造を司る女神ベレト・イリに人間をつくるようエンリルの使いとして依頼に行き、その結果7対の男女がうまれた。

一方、火と光の神としてのヌスクは、浄化の炎により悪を懲らしめる役割を担っていたという。のちにシュメール古来の火の神で鍛冶の神でもあるギッラとも同一視されるようになった。

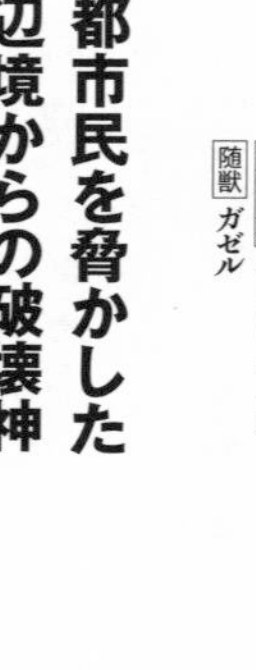

マルトゥ

Mar.tu

別名 アムル、アムッル

図像 先の曲がった杖
神格 破壊の神、暴風の神、戦士の神
信仰地域 バビロン、ニップル
随獣 ガゼル

都市民を脅かした辺境からの破壊神

紀元前3000年末頃、西方の砂漠の遊牧民がメソポタミア地域に次第に侵入しはじめ居住するようになった。こうした人々の動きの第一波をシュメール語でマルトゥ（「西方」の意味）、アッカド語でアモリと呼ぶようになった。この言葉が個人の神名となったのが、暴風や戦士を司る破壊の神マルトゥだ。

神としてのマルトゥは天空の神アヌや豊穣の女神ニンフルサグの息子とされ、配偶神は砂漠の女主人を意味するベレト・イリとも、アーシラトともいわれる。マルトゥは長い衣服を着て、先端が曲がった杖（または三日月刀）を持ち、ガゼルを伴っている。嵐のように全土に吹き荒れ都市を破壊する神格は、まさにシュメール人からみた「野蛮」な遊牧民アムル人が侵入してくる姿そのもの。アムル人の急襲を砂嵐にたとえているのだ。

「野蛮な種族」と口汚くこきおろされるも嫁はゲット

遊牧民アムル人とシュメール人の接触を物語る神話が『マルトゥの結婚』だ。ある時、カザルの都市神であるヌムシュダに捧げる相撲大会が開かれ、そこで独り者のマルトゥは屈強な男たちを次々と打ち負かした。褒美を辞退したマルトゥはヌムシュダに対し、「あなたの愛娘アドゥガルキドゥグ女神を妻にいただきたい」と懇願。ヌムシュダは「嫁取りの結納として家畜を小屋で飼い養うことができたら、娘を嫁にやろう」と承諾した。

このことを聞いた女神の女友達は次のように忠告した。「ねえ、あの人ときたら手も不器用で、ワアワア吼えてうるさいばかり。着ているものは革袋だし、野ざらしの天幕住まいで生肉をかじるのよ。生涯家を持つこともない、マルトゥのような人と本当に結婚するの？」この言葉に対し女神はあっさりとこう答えた。「そうよ、私はマルトゥと結婚するの」

この神話からは都市文明を謳歌するシュメール人にとって、転々と移動する遊牧民は「野蛮」以外の何者でもなかったことがよくわかる。しかし、『マルトゥ神讃歌』では王権の守護者、牛舎や羊舎の保護者として賞讃されていることから、若きマルトゥは嫁取りの条件として課された文化的な牧畜を完遂し、めでたく女神を妻とした。

マルトゥ（アムル人）
西方のシリア砂漠からメソポタミア地方に侵入した民族。次第にシュメール社会にも浸透していき、都市国家の住民として社会的地位を得るようにもなった。バビロン第一王朝の王ハンムラビもアムル人。有名な『ハンムラビ法典』では、「貴族（アムル人）」「平民（被征服民）」「奴隷」の身分制度の法制化など、遊牧民の征服国家に特有の規定も含まれている。

シドゥリ

Shiduri

別名 アチユタ（不死のもの）
アナンタ（無限のもの）

神格 酒場の女神

ギルガメッシュに「人間らしさ」を説いた酒場の女神

「乙女」の意味の名をもつシドゥリは、『ギルガメッシュ叙事詩』に登場する女神。不死を求めて旅をする英雄ギルガメッシュに助言・忠告をする重要な役割を果たしている。

常に行動をともにした親友エンキドゥの死を目の当たりにし、死への恐れから不死を求める旅に出たギルガメッシュ。永遠の命を求めて長く厳しい旅をしてきたギルガメッシュは海辺にたどり着き、そこで酌婦シドゥリと出会う（シドゥリは「ぶどう酒店の女主人」ともされる）。

シドゥリはギルガメッシュに対し、「永遠の命は神々のものであって、人間には死が割り当てられている」と諭し、「腹を満たし、妻子と楽しく過ごしなさい」と現実の生活を享受するよう忠告した。

しかし、ギルガメッシュはこの忠告を拒絶してしまう。シドゥリは重ねて「死の水」を渡ることの困難さを説き、その水を安全に渡るには、ただひとり不死を得た人、ウトナピシュティム（アトラ・ハシース）の下僕である船頭ウルシャナビの助けが必要であることを教えた。

ギルガメッシュはシドゥリの教えに従ったため無事「死の水」を渡ることができ、永遠の命をもつウトナピシュティムに会うことができた。だがさまざまな困難が重なり、ギルガメッシュは結局、不死を得ることはできないのだった。

シドゥリは酌婦、もしくは酒場の女主人として登場するが、名前に神格を表す文字ディンギル（※）がつけられているため、単なる人間ではなく女神だと考えられている。一説によると、愛の女神イシュタルが姿を変えたものだという。また「知恵の女神」と呼ばれることもあるシドゥリは、人気アプリゲーム「Fate/Grand Order」ではウルクの祭祀長でありギルガメッシュの補佐を務める女性として登場し、聡明で有能な働きぶりを見せている。

神格 嵐の神、天候の神
信仰地域 クンメ

王位簒奪の果てに君臨したヒッタイトの天候神

シュメール・アッカド神話は、近隣の民族や国々の信仰に大きな影響を与えていった。西アジアで最初に鉄器を使用したとされるヒッタイト人は、鉄製の武器や戦車の使用により強大な王国を小アジア一帯に築き上げた。

　彼らの間で語り継がれた神話は、まさにシュメール・アッカドの神話を吸収して発展したものだ。その中で主神として特に篤く信仰されたのが、嵐の神で天候の神でもあるテシュブである。

　テシュブの誕生の物語はヒッタイト神話の中でも異彩を放っている。テシュブの父にあたるクマルビは天空の神アヌの臣下だった。野心家だったクマルビはアヌを討ち破ると、子を残さぬようアヌの男根を食いちぎり飲み込んでしまう。勝ち誇るクマルビに、アヌは「おまえは3つの子種を宿した」と告げる。クマルビは慌てて吐き出したが、どうしてもひとつだけ吐き出すことができなかった。その子種がテシュブだ。

　クマルビから知恵を吸収し完璧な形でうまれることを望んだテシュブは、知恵の神エンキの手で帝王切開により成人の姿で誕生した。アヌからクマルビの非道を聞くと父に戦いを挑んで勝利し、テシュブはアヌの後継者となったのである。

　しかしクマルビは執念深く王座を狙い続け、岩の怪物ウルリクムミをうみだす。劣勢に陥ったテシュブを手助けしたのは妹である愛欲と戦争の女神シャウシュガ。愛の女神イシュタルと同一視される彼女は怪物を誘惑し破滅させようとするが、全身が岩であるウルリクムミは耳も聞こえず目も見えないため失敗してしまう。結局エンキの力を借りて怪物を倒すことに成功し、ヒッタイトの神々の頂点に君臨したのだった。

　この王位簒奪の物語はギリシャ・ローマ神話に近いもので、テシュブはギリシャ神話の主神ゼウス（ローマ神話ではユピテル）とも同一視されている。このように、世界のさまざまな神話の基礎にメソポタミアの血が流れているのだ。

Asarluhi アサルルヒ

別名 アサルッヒ

神格 呪術の神
信仰地域 クアル

マルドゥクに神格を引き継いだ呪術の神

古代メソポタミアでは呪術は生活の一部であった。あらゆる不具合、特に病気を引き起こすのは悪霊であるとされ、悪霊払いは盛んに行われた。その中で知恵の神エンキと並び重要な扱いを受けていたのが、呪術の神で清めの神のアサルルヒだ。

古バビロニア時代には、祈祷は機能や対決する悪霊によって細かく分類されていた。祈祷は大きく分けて、①悪霊に向かって直接唱えるもの、②普通の人々が悪霊の攻撃から身を守るもの、③短い物語風に最初に悪霊について詳しく述べ、続いてそれに対する儀礼について唱えるもの、④儀礼で使う儀器に対して唱えるものの4種類があったとされている。

アサルルヒが重要な役割を果たしていたのは①の悪霊に向かって直接唱える呪文だ。呪文にエンキやアサルルヒの名を組み込むことで祈祷師は自らを呪術の神々の系列に属する者とし、儀礼の間に悪霊から自身の身を守るのだ。またこの祈祷は「天にかけて呪文にかかるように。地下界にかけて呪文にかかるように」という言葉で終わるものが多かったという。

呪術は良い結果を引き出すものだけでなく、害をもたらす邪悪な呪術も存在していた。紀元前18世紀の『ハンムラビ法典』によれば、邪悪な呪術を使って訴えられた者は川の裁判にかけられ、川に投げ込まれて無事生還すれば無罪、溺れれば有罪として川の神に罰せられたとされた。

古バビロニア以降は、アサルルヒは新たに台頭した太陽の神マルドゥクに習合されていった。エンキの息子というアサルルヒの神格もマルドゥクが引き継ぎ、エンキの息子として信仰を受けることとなった。バビロン王朝の誕生に伴い、バビロンの主神だったマルドゥクは至高神となったが、その後も呪術の神としての効能は失っておらず、多くの呪術的なテキストにその名を残している。

ギルガメッシュ

Gilgamesh

別名 ビルガメシュ、ビルガメス

神格 ウルクの王、冥界の神、卜占の神

信仰地域 ウルク

神格化された王をモデルとした叙事詩の主人公

世界最古レベルといわれる文学作品のひとつ、『ギルガメッシュ叙事詩』の主人公。シュメールの都市国家ウルクの王である。父は同じくウルク国王ルガルバンダであり、母は牧畜の女神ニンスンである。つまり、ギルガメッシュは3分の2が神、3分の1が人間という半神半人とされている。

「シュメール王名表」にはウルク第一王朝の5代目の王として記載されており、実在した人物である可能性が高い。王名表によると治世は126年にも及び、こちらでは、風の悪魔リルが父とされていることから、王名表に名を刻まれた時点ですでに神格化されていたようだ。

太陽の神シャマシュから美貌を、天候の神アダドから雄々しさを与えられたとされ、あらゆる武器を使いこなす武勇の持ち主。しかしあまりにも圧倒的な存在であるため弱者の痛みがわからず、市民の男性には過酷な労働を強制し、女性は手当たり次第に我がものとする暴君として市民たちからは恐れられていた。

困り果てた市民たちが祈りを捧げたため、神々はそれに応えて野人エンキドゥをつくり、ギルガメッシュを懲らしめようとした。しかしギルガメッシュはエンキドゥと拳で語り合い、互いを認め合って無二の親友同士となる。以降、ギルガメッシュとエンキドゥは常にともに行動し、『ギルガメッシュ叙事詩』では西方の杉の森に住む魔獣フンババをふたりで退治したエピソードが語られる。

永遠の生命を求める長い旅の果てに

フンババ退治を果たした頃になると、ギルガメッシュは市民に心を寄せるよき王に成長していた。その立派な姿に惚れこんだ愛の女神イシュタルがギルガメッシュを誘惑したが、ギルガメッシュはイシュタルの淫乱さをなじって拒絶した。イシュタルは激怒し、天空の神アヌが管理する「天の牛」をウルクに送りこんで破壊の限りを尽くさせる。ギルガメッシュとエンキドゥはこの鎮圧に出撃し、協力して天の牛を倒した。

すると神々は、聖獣を殺したギルガメッシュとエンキドゥのどちらかに罰として死を与えるべきだと言い出した。そしてギルガメッシュはまだ世界に必要な人材であるため、エンキドゥが死ぬと決められた。神の意志の前にはなすすべもなく、エンキドゥはギルガメッシュの目の前でみるみる衰弱して死んでしまう。

ギルガメッシュは嘆き悲しみ、自分もいずれ死ぬことを恐れるようになった。そして永遠の生命を手に入れるため、不死の賢者として知られるウトナピシュティムを訪ねる旅に出ることになる。ウトナピシュティムは、『アトラ・ハシース』物語の主人公アトラ・ハシースと同一視される大洪水の生存者であるとされる。

ギルガメッシュはサソリ人間ギルタブリルに道を尋ねたり死の海を渡ったりという旅路の末、ついにウトナピシュティムと対面。しかし永遠の生命を得ることはできず、その代わりに永遠の若さを得られるという草のありかを教えてもらう。喜んでその草を手に入れたギルガメッシュだが、水浴びをしている間に蛇に食べられてしまった。ギルガメッシュは座りこんで泣いたが、気を取り直しウルクに帰還すると、その後は城壁を強化するなどの政策に力を注いだという。

暴君から名君へ成長した人間味あふれる王

最終的に、ギルガメッシュは永遠の生命を手に入れられなかった。しかしウトナピシュティムから「命は必ず終わるもの」と説かれて、ギルガメッシュは限りある命を懸命に生きようと考えを改めたのだろう。ウルクの発展に残りの生涯を捧げる姿はまさに名君であり、『ギルガメッシュ叙事詩』は彼の成長物語でもあるのだ。

紀元前2000年頃に原型が誕生したとされる『ギルガメッシュ叙事詩』が、4000年もの時を超えていまだに人々を惹きつける大きな理由は、「終わりのない命はない」というテーマの普遍性だろう。親友とともに冒険を楽しみ、親友の死に涙を流し、死の恐怖におびえる主人公ギルガメッシュの人間味溢れる魅力も一役買っていることは間違いない。だからこそ現代のエンタメ界でもさまざまな作品にギルガメッシュが登場し、人気を集めているのだ。

近年の作品では、ゲーム『Fate』シリーズがよく知られるだろう。この作品のギルガメッシュは自分こそがすべての物語の源流であるという自負をもち、傲岸不遜で常に他人を見下しているが、親友のエルキドゥ(エンキドゥ)とは固い絆で結ばれており、「メソポタミア最強コンビ」として親しまれている。

また、レトロゲーム『ドルアーガの塔』の主人公ギルの名は、ギルガメッシュに由来している。いずれの作品でも武器の扱いに長けた英雄であり、叙事詩の特徴を捉えたキャラクターになっている。

不死の妙薬
海底にあるという棘の生えた薬草。名前はシーブ・イッサルヒ・アメルといい、「老人を若くする」という意味のとおり、永遠の若さを与えるという。

夢占い
メソポタミアでは神の意向を知る手段のひとつとして夢占いが使われていた。このため、象徴的な出来事が起きる直前によく予知夢を見るギルガメッシュにはト占の神という神格が与えられた。

ルガルバンダ
Lugalbanda

神格 ウルク王シンカシドの個人神
信仰地域 ウルク

知恵と分別で困難を退けた「小さな王」

シュメールの都市国家のひとつであるウルク第一王朝の3代目となる王。2代目王エンメルカルの後継者で、牧畜の女神ニンスンを妻とした。『ギルガメッシュ叙事詩』の主人公ギルガメッシュの父とされている。

ルガルバンダとは、「小さな王」を意味する言葉だ。これは父エンメルカルがウルクにはじめて都市を築いて、

「大王」と呼ばれたことに対比した呼称のようだ。

「シュメール王名表」では、ルガルバンダの名に神であることを示す文字ディンギル（※）が冠されており、神として扱われたことがわかる。ルガルバンダの治世は1200年に及んだとの記述から、長らく伝説上の人物といわれてきた。しかし近年の研究でギルガメッシュの実在した可能性が高まってきたため、父であるルガルバンダも実在したのではないかと考えられるようになっている。

ルガルバンダはエンメルカルの第8王子で末っ子だった。それでも兄たちを差し置いて王位に就くことができたのは、聡明さと思慮深さを兼ね備えた人物だったからだろう。そのエピソードは、『ルガルバンダ叙事詩』に見ることができる。

ルガルバンダは敵対する都市アラッタとの戦いに向かう行軍中、険しい山の中で重い病に倒れた。神々への祈りが届いて病は回復したが、軍勢を先に行かせてひとりだったため、道に迷ってしまう。そこで山に棲んでいる怪鳥ズーに助けてもらおうと考え、ズーの雛を美しく飾りつけ、御馳走を捧げた。これを喜んだズーはさまざまな素晴らしい返礼を提案したが、ルガルバンダはすべて断り、最後に「どんなに動いても疲れない脚力と腕力」を望んだ。ルガルバンダの謙虚な態度に気をよくしたズーは、その願いを叶えるのだった。

こうしてルガルバンダは軍勢に追いつくことができ、ウルクの勝利に大いに貢献した。さらに、ルガルバンダは女神イナンナから助言を得ることで、戦争を終わらせた。また、「他人に妬まれるからこのことは誰にも話してはいけない」というズーの忠告をしっかり守ったので、身の破滅を招くこともなかったのである。

エンキドゥ
Enkidu

神格 家畜の神

ギルガメッシュの敵として生まれたはずが親友に

人類を創造したとされる大地の女神アルルによって、粘土からつくられた野人がエンキドゥだ。戦いの神ニヌルタの力を継承しており、その容貌は全身が毛に覆われ、頭髪が長く波打っていたという。獣同然の生活を送り、草を食べるのも水を飲むのも獣と一緒だった。

この恐ろしげな創造物がうみだされた理由は、ウルク王ギルガメッシュの暴君ぶりに頭を悩ませた神々が、対抗できる猛者と戦わせて共倒れさせようと企てたためである。

しかしギルガメッシュはエンキドゥに興味をもち、ウルクに招きたいと考えて王宮に仕える神聖娼婦を送りこんだ。娼婦と交わったエンキドゥは人間性と知性に目覚め、同時に獣との絆を失ってしまい、ウルクへの旅立ちを決意する。

娼婦の案内でウルクに着いたエンキドゥは英雄として迎えられ、国の広場でギルガメッシュと対峙し、力比べをする。ふたりは牡牛のように激しくぶつかり合い、周囲の建物の壁や扉を壊しながら戦った。そしてギルガメッシュが地面に膝をついた頃には、お互いの実力を認め合う無二の親友となったのである。

叙事詩のテーマに深くかかわる命の終わり

こののちエンキドゥは常にギルガメッシュとともにあり、大気の神エンリルが番人として置いた杉の森の魔獣フンババ退治にも同行した。その道中、ギルガメッシュは自分たちがフンババにとどめを刺すことを暗示する夢を見て、戦いはそのとおりフンババの首級を上げることで決着した。

愛の女神イシュタルがギルガメッシュの誘惑に失敗し、怒りに任せて巨大な「天の牛」をウルクに送りこんだ際においても、エンキドゥはこれに立ち向かって大手柄を立てた。天の牛の角をつかんで動きを封じ、ギルガメッシュとともに心臓を引き裂いたのである。しかしこれらの活躍が大きな悲劇につながる。

神々は会議を開き、神の使者であるフンババと天の牛を殺した罰としてエンキドゥに死を与えたのだ。エンキドゥは病を得て床に伏せ、ギルガメッシュに見守られながら世を去った。これを契機にギルガメッシュは死について深く考えるようになる。エンキドゥは『ギルガメッシュ叙事詩』において「命は必ず終わるもの」というテーマに深くかかわる、重要なキャラクターなのだ。

天の牛
ギルガメッシュに袖にされた愛の女神イシュタルが、天空の神アヌに頼んでウルクに送りこんだ巨大な雄牛。青い石の角をもつとされている。エンキドゥと互角に戦ったものの、やがて倒された。

神聖娼婦
メソポタミアの神官には、神に性的な奉仕をする役割を持つ者がいた。エンキドゥに人間性を与えたのもこのような「聖化された娼婦」と考えられる。

アトラ・ハシース

Atra-Hasis

別名 ウトナピシュティム、ジウスドラ

神格 神に選ばれた不死の人間

複数存在するメソポタミアの洪水神話

メソポタミア神話には、同じような内容の洪水神話が複数存在する。その筋書きは「神が人類を滅ぼすために大洪水を起こし、神に選ばれた人間だけが船に乗って助かる。その人間以外の人類は滅亡し、新たな時代がはじまる」というものだ。ここに登場する「神に選ばれた人間」はそれぞれの物語で名前が異なるが、人類の子孫を救った功績で神から永遠の生命を与えられた点が共通しており、同一人物として扱われることが多い。

この同一とされる人物は、『大洪水伝説』に登場する「永遠の生命」を意味するジウスドラ、『ギルガメッシュ叙事詩』に登場する「生命を得た者」を意味するウトナピシュティム、そして『アトラ・ハシース物語』の主人公で「最高の賢者」を意味するアトラ・ハシースである。

『大洪水伝説』は破損が多く、神が人類を滅ぼした理由は不明だが、『アトラ・ハシース物語』では人間が増えすぎて騒がしくなったためと説明されている。また『ギルガメッシュ叙事詩』では、洪水が引いたことを確認するために鳥を放ったという逸話が語られており、細かい部分に違いがある。

最も恐ろしい自然災害は洪水だった

『ギルガメッシュ叙事詩』では、かつてのシュルッパク国王にして永遠に生きる賢者となったウトナピシュティムが、永遠の命を求めるギルガメッシュに語り聞かせるかたちで洪水神話が登場する。

ウトナピシュティムは知恵の神エンキの言葉どおりに船をつくり、家族と動物を乗せて洪水を生き延びた。こののち永遠の生命を得たが、それは神の意志にすぎないと達観しており、人間は死ぬべきものだとギルガメッシュを諭すのである。

ふたつの大河にはさまれたメソポタミアにおいて、洪水は最も身近で最も恐ろしい自然災害だった。これは日本における地震のような存在といえるだろう。だからこそいくつもの洪水神話がうまれ、語り継がれたのだ。

洪水神話といえば2世紀頃に成立した『旧約聖書』の「ノアの方舟」が広く知られる。神を信仰しない人間が増えたことに怒った神は、信心深いノアの一家を除いて、人類を一掃することにした。神はノアに方舟を作り、その船に一家と、つがいの動物たちを乗せるよう命じた。準備を整えたノアが船に乗り込むと、大雨が降り始め、世界は40日間もの大洪水に陥ったという。ギルガメッシュ叙事詩の『大洪水伝説』は紀元前20世紀頃の成立と推測されるため、ノアの方舟はメソポタミアの洪水神話がモデルと考えられている。

方舟
神が起こした大洪水から身を守るためにつくられた巨大な舟。アトラ・ハシースはこの方舟に家族と動物を乗せ、7日7晩漂流する。こうしてアトラ・ハシースとその家族以外の人類は滅亡したという。

鳩・燕・烏
洪水が引いたかどうかを確認するため、方舟から放たれた鳥たち。アトラ・ハシースの物語には登場せず、ウトナピシュティムの語りの中に見られる。

アダパ

Adapa

神格 アプカル（精霊）、エリドゥの権力者
信仰地域 エリドゥ

人間の限りある命のきっかけとなった賢人

「アダパの物語」は、知恵の神エンキにつくられた賢人アダパが神から永遠の命をもらいそこなう話であり、古代エジプトで書記官の教科書の粘土板に描かれるほど広く伝播していた。アダパはエンキから知恵を分けてつくられた人間（アプカルという精霊のような存在だったとも）で、地上に農耕や工芸などを伝えるために「天から王権がはじめて降った都市」エリドゥに遣わされた。

さて物語の舞台は海に近い街エリドゥ、今のイラン南部にあった。その街でアダパは、海に船を浮かべて神へ捧げる魚を日々取っていた。ある日、南風が強く吹きつけ船をひっくり返し、アダパは海に投げ出された。アダパは思わず「南風の翼を折ってやる」と罵った。風向きなど現代人ですら操ることはできない。古代人ならなおさらその呪いの言葉が現実になるとは思わなかったはずだ。しかしその日から7日間、風が本当に止んでしまった。風を止めたことを咎められ天空の神アヌに天界へ呼び出されたアダパは、風を呪ったことを懺悔し謝罪した。アダパの真剣な謝罪は憤っていたアヌの心をなだめることに成功。さらに、ある贈り物がアダパに差し出されることになった。最初にパン、次に水。実はそれらは永遠の命を与え、アダパを神にするためのもの。しかしアダパはそれらを受け取らない。事前にエンキから「アヌに差し出されたものは死をもたらすので受け取らないように」と注意されていたからだ。

この物語にはふたつの謎がある。ひとつ目はエンキの意図だ。怒ったアヌがアダパを殺すのではと心配しての忠告だったのか、それともアダパが永遠の命を得るのを阻止したかったのか？　ふたつ目はアダパの本心だ。エンキの言いつけを愚直に守ったのか、それとも「命のパンと水」とわかっていて断ったのか？　賢人の選択を古代人はどう解釈したのだろう。その後、アダパはもはや精霊ではなく人間として地上に戻り、エリドゥの特別な権力者を授かったという。

エタナ

Etana

図像 角冠
神格 キシュの王、冥界の神
信仰地域 キシュ
随獣 鷲

子どもに恵まれない王が繰り広げる天空への冒険

大洪水のあと、生き残った人間のた

めにキシュの街をつくった神は、統治すべき王が必要だと考えた。神々は人間界を見渡し、羊を上手に操っていた牧者のエタナを王に任命。エタナは神の期待どおりによく街を治め、神殿をつくり、運河もつくった。そんなエタナの悩みは王妃との間に子どもができないことだった。彼は熱心に祈願したので、太陽の神シャマシュが助け船を出した。

シャマシュは、「深い穴の底に落ちた鷲がいるのでそれを助け、背に乗って飛べるようになれば天空に生える子宝の草を探し出すことができる」とエタナに教える。

さて、この鷲が穴の底に落ちた経緯は次のとおりである。エタナが建てた神殿の近くに生えていた木に、鷲と蛇が仲良く暮らしていた。ところがある日、鷲は蛇の子どもを食べてしまった。鷲の子どもたちは父をいさめたが、子どもを奪われた蛇は怒り心頭。蛇はシャマシュの知恵を借り、鷲を罠にはめて穴底へ突き落してしまったのであった。

そんな経緯があったものの、シャマシュの許しは得られたというわけで、鷲はエタナに助けられ、数か月かけてエタナを背に乗せて天空を飛べるようになったのだ。

一筋縄ではいかない王権の世襲

いよいよ子宝の草を探しにエタナは天空へと飛び立った。天上にある知恵の神エンキや大気の神エンリルの門に拝礼し、もっと高くもっと高くと鷲はどんどん高度を上げていく。エタナはもう酸欠寸前である。「これ以上は倒れてしまう」とギブアップしようとするのだが――。

結末は粘土板が欠けていて、今もわからない。果たしてエタナは空から落ちてしまったのだろうか？　しかし、その後エタナには無事に息子ができたようで、「シュメール王名表」によると1560年生きたエタナのあとは、彼の息子バリフが継いでいる。また、『ギルガメッシュ叙事詩』では、天に昇った王としてエタナは冥界の神々に座を連ねていることから、エタナは無事であったと考えられる。

古代シュメールの王は、近隣の古代エジプトなどと異なり世襲制ではなかった。次の王となるためには、それ相応の実力が求められたため、王はさまざまな試練をこなせる力量のある人物でなければならなかった。エタナがこうした試練に直面するのは、当時の王に求める人物像が反映されているともいえる。

子宝の草

神話には特別な植物がたびたび登場する。『ギルガメッシュ叙事詩』によると、永遠の若さが得られる草をギルガメッシュが手に入れるが、蛇に食べられてしまったせいで蛇は脱皮して若返るようになったとされる。このような特別な植物は探索が難しく、エタナが探した「子宝の草」は天空にあるという。

アッシュール

Assur

別名 アマルトゥ

図像 角冠
神格 アッシリアの国家神
信仰地域 アッシュール、ニネヴェなど
随獣 ムシュフシュ

アッシリアの民が最も欲した「最高神の地位」

前19世紀以前、北部メソポタミアのアッシュール（現代名カルア・シルカ）は、都市文化が花開いた南部に比べるとなにもない片田舎だった。この地がアナトリア（現トルコ）との交易で徐々に財力を蓄え有力な国家となっていく。

地方都市アッシュールが神格化されたのは、もともとなにか請願を立てる時に、市に誓う習慣があったことからと考えられている。神としてのアッシュールは、古代オリエント史に燦然と輝く一大帝国アッシリアそのものなのだ。

だがひとつだけ問題があった。アッシュールは土地を神格化した神であるがゆえに、他の神々との上下関係の裏づけがなかったのだ。そのためアッシリアの王たちは戦争と領土拡大の度にアッシュールの神としての地位を上げようと躍起になる。

エンリルやアンシャルとの習合、エンリルとアヌにのみ許された角冠をかぶった姿を描かせるといった方策では満足せず、前19世紀のアッシリア王シャムシ・アダド1世の頃からは、ライバルだったバビロニアの主神マルドゥクに劣らない神にするために、なりふり構わぬ行為に出る。

バビロニアの最高神マルドゥクへの猛烈な対抗心

アッシリア国民はアッシュールへの熱烈な信仰心で知られていた。征服地においては、反乱する住民を容赦なく痛めつけ、異民族の強制移住も辞さなかった。その戦いぶりは「アッシリアの狼」と呼ばれ恐れられるほどだったという。

紀元前704年即位とされるセンナケリブ王は、バビロニアを徹底的に敵視していたようだ。首都バビロンを征服した際には、発掘調査でも木っ端みじんになったことがわかるほど町を瓦礫の山にし、「余はバビロンを完全に破壊した」と高らかに宣言した。マルドゥクの神像は人質さながらに運ばれ、アッシュールの前に引き据えられた。アッシュールはこれでマルドゥクに代わる最高神となり、マルドゥクの随獣ムシュフシュにアッシュールが乗る姿も描かれた。

しかしこうした行いには当然、反発も出る。前7世紀頃、周辺の異民族の流入にアッシリアも抗いきれなくなる。その上「アッシリアの狼」と呼ばれた軍隊は、いつの間にか職業軍人に代わり、かつての野蛮なまでの強さは失われてしまった。アッシリアの喪失とともに、アッシュール神もまた姿を消すのだった。

サルゴン

Sargon

神格 アッカド王

シュメールを変革し「全土の王」へ成り上がる

シュメールの諸都市を政治的にはじめて統一したのは、セム語族系のアッカド王朝のサルゴンだ。サルゴンとは「正しい王」の意味で、本名ではなく即位後に名乗ったものだそう。自治を貫いていた諸都市から司法権、軍事権を奪い、暦法の統一なども実現した彼は「全土の王」を自称した。

サルゴンの時代の紀元前25世紀頃は、群雄割拠していたシュメールの諸都市が、ウルク王ルガルザゲシの活躍によって統一の機運にあった。サルゴンはこのルガルザゲシを破り、アッカド王朝を創始した。

サルゴンが勝てた秘訣は軍隊にある。当時シュメール軍は槍と盾を装備したファランクス（密集兵団）だったが、アッカド軍は槍に弓を装備した軽装で機動力を重視した。王直属軍を常設して農民の寄せ集めではない軍隊をつくったのだ。

これほどの事績を残しておきながら、本名もわからないほどサルゴンの出自は謎に包まれている。のちの時代にまとめられた『サルゴン王伝説』によれば、母は神官で子どもをうむのはご法度だったため、サルゴンはうまれてすぐにユーフラテス川に捨てられた。その後、庭師に拾われ果樹園で働いたとも伝えられている。じつはサルゴンは王族出身ではなく、成り上がりだったのだ。

その大出世にふさわしく、豪胆な伝説も残されている。彼は戦争のあと、王直属の兵士5400人に豪華な食事を振る舞ったという。この逸話は『新約聖書』におけるイエスの奇跡「5000人のパンと魚」に類似しているともとれるが、サルゴンの甲斐性をたとえたのだとしても実に豪快だ。

サルゴンは都市文化意識が根強かったシュメールをひとつにまとめたカリスマだった。サルゴン自身は自らを神格化したわけではないが、彼の称号にあやかってのちのアッシリア王もその名を使用。紀元前9世紀のサルゴン2世はアッカドのサルゴンにも引けを取らない強大な国家を統治した名君となった。

ナラム・シン

Naram Sin

図像　角冠
神格　アッカド王

メソポタミア初、「神」を名乗った王の嫌われぶり

　アッカド王朝4代目の王ナラム・シンは、初代王サルゴンの孫にあたる。即位は紀元前2254年頃とされ、サルゴンが築いた統一王朝を引き継ぎ、さらに遠征を重ねていき、西はシリア北部やアナトリア、東はイランのスーサまで征服した。ナラム・シンとは月の神シンの最も愛する者という意味をもつ。東西南北を意味する「四方世界の王」「四海の王」などビッグネームを名乗ったが、歴史上最も印象的な事績は、王をはじめて神格化したことだとされる。

　パリのルーブル美術館には彼の勝利を記録した巨大な戦勝碑が保存されている。他の銘碑に比べてこの戦勝碑の表現は絵画的だ。王は中央付近に立ち、短いスカートのような腰巻きにサンダルという戦闘着で、足元では倒した敵を踏みつけている。王の右手奥にはそびえる山が描かれ、山の神に勝利を見せつけているようにも見える。ナラム・シンはこの戦勝碑で角冠をかぶっている。それは自らを神格化することに他ならなかった。卓抜した浮き彫り技術でつくられたこの戦勝碑は、神へ捧げるための美術が王を称えるために使われたことをも示すといえよう。

　ナラム・シンはユーフラテス川の水を人為的に街に流し込むという「洪水戦術」によって、キシュ人2525人を殺したという伝説ももつ。それは当時の人々の目にも「神をも恐れぬ」恐ろしい所業と映ったようだ。ナラム・シンが当時の人々にどう思われていたかがうかがい知れる文学作品が『アガデの呪い』だ。アガデはアッカドの首都があったとされる地のこと。ナラム・シンは神々を冒瀆（ぼうとく）した者であり、神罰としてアッカドは滅亡したと書かれた。

　実際には彼の死後、グティ人の侵攻でアッカドは衰退したのだが、皮肉なことにこれがシュメール人復活のきっかけとなり、その後のシュメール人の王朝、ウル第三王朝誕生へと繋がるのだった。

シュルギ

Shulgi

別名　エア
神格　ウル第三王朝の王、ウルの守護神

自身を神として称え多くの「讃歌」を残した文人王

　ナラム・シンに続き神を自称した王は、ウル第三王朝を強力に指導した2代目王シュルギだ。即位は紀元前2094年頃、ウルに巨大なジッグラトを伴う大神殿をつくり、街に繁栄を

もたらしたとされる。自身の神格化として「シュルギ神の神殿」をつくり、「シュルギ神の祭の月」と暦に名を残した。

ナラム・シンの時代から約150年がたち、王の神格化への抵抗感もやわらいだのか、ナラム・シンとは打って変わってシュルギは知的な文人王のイメージに彩られている。

シュルギの業績の最たるところとしては、国内政治の整備が挙げられる。裁判や行政、納税、度量衡の制度を改善して、社会基盤の強化を図った。遺跡の発掘でも彼の時代のものとされる無数の経済文書が出土しており、それらの制作を指示したであろうシュルギの勤勉さ、能力の高さが想像できるだろう。

実はシュルギ、勉強ができることがたいそう自慢だったようで、自画自賛がすごい。子どもの頃から学校に通い「誰よりも読み・書き・計算がうまくできた」だとか、自らを「書記術の女神ニサバの賢い書記」と称すといった具合だ。

王自身が王の功績を称えるのが当時のトレンドでもあった面はあるのだが、それにしても多くの書版が残されており、それらは『シュルギ王讃歌』と呼ばれるシリーズになっている。この中でシュルギは、豊穣や戦を司る愛の女神イシュタルとの聖婚儀式を描かせている。

同じ次元に存在していないものと結婚するという点では、現代風にいえば2次元に嫁をもつことに似ていると感じるかもしれないが、もちろん古代ではより宗教的意味の大きいものだった。イシュタルとの聖婚は豊穣祈願と戦争における守護を願う意味もあったからである。

シュルギが残した詩文は、神々の世界に言葉の力で分け入ろうとした文人王らしい姿を現代に伝えている。

ラマッス

Lamassu

別名 ランマ、ラマストゥ

神格 神殿の守護神

欧米に持ち去られた神殿の守護女神たち

翼をもつ人面雄牛や人面獅子のモチーフは、門の守護神としてシュメールからアッカド、そして後世ではアケメネス朝ペルシアまで、メソポタミア地方で広く用いられた。これらのモチーフはシュメールではランマ、アッカドではラマッスと呼ばれた精霊で、たくさんの像が残されている。そのうちのひとつはイランのペルセポリス遺跡にある「万国の門」の前に今も立っている。

ラマッスの起源をたどると、シュメール初期に描かれた女神ラマにたどりつく。その役割は礼拝者の道先案内人といったところで、神の前まで人間を連れていくのが仕事だった。服には長い衣紋（えもん）が刻まれ、片手あるいは両手を挙げて顔の前で合わせ、神に人間を紹介する姿で描かれた。こうした役割から、人と神の間の場所＝神殿の守護者として信仰されるようになったと推察できる。

ラマからうまれた「アラドゥラムー」という言葉が、のちに王宮や神殿の門に置かれた巨大な像を指すようになり、新アッシリア時代頃から人面有翼獣の姿で描かれはじめる。それらをラマッスと呼ぶようになった。髭を生やした姿をしているが性別は女性だというのも、女神ラマからの名残なのだろう。

時は移るが19世紀中頃、欧米によるメソポタミアの遺跡発掘がはじまった時、ラマッス像は大変な人気を博した。人面の獣というモチーフが人々の興味を引き、発掘者たちはこぞってラマッス像を自国へ持ち帰った。

ロンドンの大英博物館に保存されているラマッス像は、当時エジプトにスエズ運河がなかったため、チグリス川を下ってペルシア湾、そしてアフリカ大陸の南端となる喜望峰をぐるっとまわってロンドンへという大航海を体験した。また、アメリカのシカゴ大学構内の小さな博物館にもラマッス像は保管されている。治安が安定せず、イスラム過激派組織による破壊活動が遺跡の存続をも脅かす現代、中東より外国にいるほうが、ラマッス像は安全なのかもしれない。

フンババ

Humbaba

別名　フワワ、ハンババ

神格　森の守り神、森の精霊

信仰地域　メソポタミア全域

ギルガメッシュの敵役にされたフンババ

『ギルガメッシュ叙事詩』の中で、ギルガメッシュと戦うフンババ。英雄が討ち倒す相手なのだから、さぞ凶悪なのだろう……と思うかもしれないが、実はそうとも言い切れないのだ。フンババはレバノン杉を守る森の番人であるが、この役目を命じたのは大気の神エンリルなのだという。フンババは、ただ自身の使命としてレバノン杉を守っていたにすぎないということも考えられる。

ならば、なぜギルガメッシュはフンババ討伐を決意したのだろうか？　実はフンババの存在は、木材を欲しがる人々の妨げになっていた。そこでギルガメッシュは、エンキドゥにフンババの討伐を提案したのだ。しかしエンキドゥは不吉な夢を見たため怖じ気づき、「フンババの叫び声は洪水のようだ。口は火を吐き、息は死だ。なぜ討伐に出かけようとするのか」と言って引きとどめようとした。するとギルガメッシュは「友よ、お前の力強さはどうしてしまったのだ。進め、恐れるな、と叫べ。私が倒れても、フンババと戦ったという記録は子孫まで伝わるであろう」と返し、エンキドゥの反対を押し切って討伐を決行したのだ。

森にたどり着いたふたりが木を切り倒しながら奥へ進むと、怒り狂ったフンババが現れた。ギルガメッシュは太陽の神シャマシュに助けを請い、天からの強風によって動きを封じられてしまったフンババは、侵略者に命乞いをした。それを見たエンキドゥは、友にとどめを刺すよう進言する。ギルガメッシュは助言を聞き入れ、エンキドゥとともにフンババの首を切り落としたのであった。

発掘調査でわかった近年の新解釈

フンババを象った像は、多く見つかっている。その理由として、当時行われていた肝臓占い（羊の肝臓の状態を見て占う方法）でフンババの相があったことから、占いを教え、伝えるためにつくられたのではないかとされている。また、魔除けの護符としても用いられていたのではないかと考えられている。

２０１５年、『ギルガメッシュ叙事詩』の欠落部が記されているとされる石版が発掘された。それによると、フンババとエンキドゥはもともと友人であったという。研究途中の資料ではあるが、もし本当にエンキドゥがフンババの友人であったとしたらエンキドゥがギルガメッシュに向かってフンババにとどめを刺すよう進言した場面が、また違った見え方をしてくる。

レバノン杉

フンババが守っていたとされる森に生い茂っていた木。これは架空の植物ではなく、現実に存在するマツ科の針葉樹であり、レバノンの国旗にも描かれている。建物の材料などによく用いられていたが、大量に伐採されたために森がまるごとなくなってしまった。現在は少数がかろうじて残っており、保護されている。だから守っていたのに……というフンババの嘆きが聞こえてきそうである。

Pazuzu パズズ

神格 病魔の王、呪術の神、邪神、魔王、悪霊の王
信仰地域 メソポタミア全域

風とともに病を運ぶ病魔の王

パズズは病を運んでくる邪悪な魔王として、人々に恐れられた。その姿としては、鷲の脚にライオンの爪、さらにサソリの尾と4枚の翼をもち、頭は犬の形をしているといわれている。

当時、メソポタミアの南東にあるペルシャ湾方面から吹いてくる風は、猛暑をもたらすとともに人々の目や喉を痛める砂を含んでいたことなどから、病を運ぶ風として恐れられていた。この病をもたらす風を吹かせているのが、パズズとされている。

パズズが吹かせた風にあたってしまった人は、吐き気や頭痛などの症状に苦しめられ、人々はパズズがもたらす病を回復させるために、儀式や呪文

による治療を行ったという。

また、風との関係から、蝗害をモチーフにしているともいわれている。

パズズが登場するゲームや映画は数多く存在する。特に印象的なのは映画『エクソシスト』シリーズではないだろうか。少女に悪魔パズズが取り憑き、それを払おうとする神父と壮絶な戦いを繰り広げるというストーリーである。

また、ゲーム『女神転生2』に登場するパズズ（作中では魔王パズス）は、主人公が旅立つきっかけとなる重要な役目を担っている。丁寧な敬語と腰の低い言動で人間に接する、面白い切り口のキャラクターである。

ゲーム『ドラゴンクエスト』シリーズでは、バズズという敵モンスターが登場し、モンスターの中でも上位の敵としてプレイヤーを苦しめた。こちらも元ネタはパズズだと思われる。

病魔でも信仰を集めた理由

こうして、悪魔として知られるパズズには、守護神として崇められている一面もある。供物とともに祈りを捧げることで魔や病を退け、パズズ以外の悪魔から守護してくれると考えられていたのだ。事実、パズズを象った護符と思われるものが多数発掘されている。人々は、病魔の頂点にあるパズズを味方につけることで、病や悪魔から身を守ろうと考えたようだ。

また、パズズにはラマシュトゥという妻がいる。妻もまた病をもたらす病魔で、特に妊娠中の女性や子どもを病気にするとして恐れられた。パズズとラマシュトゥとの関係は、夫婦であると同時にライバル、または敵対する存在であるとされている。ラマシュトゥを退けて地下世界に追いやる存在でもあったのだ。

このようにパズズは悪魔でありながら、神と同様に人々から広く信仰されていたのだ。

魔封じの護符

パズズは病をもたらす悪魔だが、自分よりも位の低い悪魔を退けたり、配下の悪魔がもたらした病を治すこともあったという。このことから、パズズを象った護符が多くつくられた。パズズの護符は、部屋に吊り下げるなどして使われていたと考えられている。パリのルーヴル美術館にあるパズズの小像が有名。

リリトゥ

Riritu

別名 リル、リリ、アダルト・リリー

神格 悪霊、鬼神、夜の魔女

女性や子どもを狙う恐ろしき悪霊

リリトゥは「夜の魔女」ともいわれ、夜や病など人々が恐ろしく感じるものの象徴とされた。正確にはリリトゥは総称で、男性のリル、女性のリリトゥ、そして処女のアダルト・リリーという3神のことを指しており、これら3神は性別など若干の違いはあるものの、およそ似たような特質を持っているとされる。リリトゥは、いわゆる「三幅対」のものであると考えられているのである。

リルは荒野などに住み、妊娠している女性や幼い子どもを狩る、恐ろしい存在であるとされる。リリトゥは、リルの女性版といわれており、やはり妊婦や女性に対して害をもたらすものである。そしてアダルト・リリーは風の精霊であり、乱れた髪の毛をもつ女性として描かれている。妊娠中、または出産した直後の女性を感染症にしたり、子どもを病気にしたり、さらに時には死なせてしまうこともあるとされる。また、若い男性を誘惑したり、不妊や性的な不能を引き起こしたりするとも考えられていた。

このように3神とも、特に女性や子ども、そして夫婦にとって不幸をもたらすものとして、人々に非常に恐れられていたのである。

ユダヤ教の伝承には、リリスという名の悪霊が登場する。一説によるとリリスは、神のつくり出した最初の女性であり、アダムの妻であったが、アダムと性交時の位置取りで揉めてしまい、砂漠へと家出してしまった。そこで悪魔と交わって、多くの悪魔をうんだとされている。ユダヤ教神秘思想の書『光輝の書』には、リリスは大蛇の悪魔レヴィアタンの女性形で、男性を誘惑するとも記されている。

リリスは病魔の王であるパズズの妻ラマシュトゥが起源になったと考えられている。ラマシュトゥも病魔であり、特に妊娠中の母親に害をもたらし、流産や子どもの突然死を引き起こすとして恐れられた存在である。また、リリトゥの妻であるともされている。

メディアで扱われる際は、リリトゥよりもリリスが登場することが圧倒的に多い。代表的なものでは、アニメ作品『新世紀エヴァンゲリオン』の中に登場するリリスが挙げられる。

ズーという霊鳥の一族と神々との関係

ズーは、特定の存在ではなく種族をさすもので、一族、家族がいるものとされる。このため、山の上や木の枝など、家族のための巣をつくっている描写が見受けられる。神の使い、随獣でありながら、神に敵対する場面もあるなど、いくつかの神話で異なる描かれ方をしているのが特徴だ。別名をアンズーともいうが、その名を冠する『アンズー神話』では神に反抗する姿が見られる。

エンリルを奉る神殿に、「天命の粘土板」という、神々すら支配することができるという宝物がある。ズーは、神殿を守る役目を担っており、毎日、天命の粘土板を眺めていた。そして次第に、自分がこの粘土板を手に入れて、すべてを支配したいという考えにとらわれていったのだ。

ある日、ズーはエンリルが沐浴している隙を突いて天命の粘土板を奪い、住処であるクル（山）へ飛び去ってしまった。神々は慌てふためき、集まって対策を話し合った。しかし、天命の粘土板を手に入れたズーに対し、挑もうとする神はいない。困り果てた神々は、知恵の神エンキに相談した。エンキは戦いの神ニヌルタを説得し、ズー討伐へと赴かせた。

「天命の粘土板」を使ったズーとの戦い

クルに着いたニヌルタは、ズーと対峙した。ズーは「私は神々の力を手に入れた。そんな私に挑戦しようとするのか」とニヌルタを挑発する。ニヌルタはズーに狙いを定めて弓を引き矢を放つが、ズーが「弓は植物へ、弦は動物へ、羽は鳥に戻れ」と命じると、弓矢は言葉どおり、素材の状態に戻ってしまった。

様子を見ていた天候の神アダドが、急ぎエンキにそのことを報告した。そこでエンキはニヌルタに、「弱気にならず、風をズーの羽に吹きつけて切り落とせ」と伝えた。その言葉どおり、ニヌルタはズーの羽に烈風を放ち、ついにはその翼をもぎ取った。翼を失ったズーは、どこまでも落ちていったのだった。

聖なる神の使いと、神すら恐れない怪鳥という二面性を備えるズーは、多くの作品に魔物として登場する。ゲーム『ファイナルファンタジー』シリーズでは巨大な鳥のキャラクターだ。特に、大空を飛び回る姿が見られる『ファイナルファンタジーXV』のズーは、多くのプレイヤーに強い印象を残した。

ハルブの木

『ギルガメッシュ叙事詩』の中で、ズーが巣をつくった場所。ある時女神イシュタルがユーフラテス川のほとりで、嵐でなぎ倒されたハルブの木を発見する。イシュタルはこの木で自分の椅子とベッドをつくろうと思い立ち、神殿へと持ち帰って植え、育てようとした。やがてハルブは立派に育ったが、ズーが枝に巣をつくったため、木を切ることができなかった。そこで英雄ギルガメッシュがズーを追い払い、イシュタルは目的を果たすことができたのである。

神格 精霊、悪霊

さまよう霊や悪霊たちの総称

ウトゥックは、人間に害をもたらす邪悪な精霊、悪霊である。この名は特定の精霊をさすものではなく、悪霊たちの総称とされる。ウトゥックには複数の種類があり、大別すると下記の2種類になる。

メソポタミアの人々には、人が死ぬ

と葬儀を行って埋葬し、さらに定期的に弔いの儀式を行う習慣があった。しかし、葬儀や埋葬、弔いの儀式を正しく行わなかった場合には、その死者の霊はさまよう邪悪な存在、すなわちウトゥックになってしまうと考えられていた。

このウトゥックは新月の夜になると冥界から戻ってきて、人を病気にするなどの害を与えてしまうという。ただし、このウトゥックはあとからでもきちんと儀式を行って慰霊をすることによって、冥界に正しく送ることができるとされた。

もうひとつのウトゥックは、知恵の神エンキの胆汁からうまれたとされるものである。こちらのウトゥックこそが、真に恐ろしい悪霊であると考えられていた。

こちらのウトゥックは、半人半獣の姿で描かれており、頭が人間で体が獣と、その逆で頭が獣で体が人間、どちらのパターンも見受けられる。朽ち果てた建物や洞窟、穴の中などに住んでいるとされている。

彼らは、見つけたすべての人間に対して病などの災いをもたらしたり、心に悪い影響を与えたりするとされる。たとえば、犯罪などの不正な行為を考えつかせたり、人間や家畜を病気にさせたり、家族の不仲を巻き起こしたりするなどといったさまざまな厄災をもたらすものであるとされ、人々に非常に恐れられていた。エンキからうまれたウトゥックは、慰霊することができないと考えられており、慰霊する唯一の対策としては、呪術師が悪霊に対抗する呪文などを用いて払う必要があったとされる。

イギリスの小説家ジョナサン・ストラウドのファンタジー小説『バーティミアス』においては、ウトゥックがロンドン塔の刑務所の警備員として登場する。

アサグ

Asag

別名 アサック、アシャック

神格 悪霊、病魔

川の氾濫や病をもたらす山の悪霊

シュメールの『ルガル神話』に登場する悪霊。人々に伝染病をまき散らしたり、土地や水を汚して魚などの生き物を死なせたりと、災いをもたらすものとして恐れられた。

当時、山の雪解け水がチグリス川の水量を増やし氾濫を引き起こすと、農業に大きな被害が出ることがあった。アサグはこの雪解け水をうみだす山の悪霊なのだ。天空の神アヌと大地の女神キからうまれたもので、クル（山）に住み、岩石の戦士で編成された軍団を率いているという。

『ルガル神話』においてアサグは、戦いの神ニヌルタと戦っている。ある日、ニヌルタが愛用しているしゃべる棍棒シャルウルが、「悪霊アサグがニヌルタの領土を狙って兵を挙げた」という情報をもたらした。報告を受けたニヌルタは、アサグを止めるために戦いに赴いた。アサグの力が強いことを突き止めたシャルウルはニヌルタを引き留めるのだが、ニヌルタはそれを無視してアサグに挑む。しかし、やはりアサグは強力であった。アサグは嵐を巻き起こして土砂を流し、それにより木々はなぎ倒され、チグリス川には泥が流れ込んでしまった。

アサグによって追い詰められたニヌルタは、父である大気の神エンリルに助けを求める。エンリルが激しい風と雨を起こしたおかげで、ニヌルタはなんとか生き延びることができた。

一度負けそうになったニヌルタだが、今度はシャルウルの言葉によく耳を傾けた。そして、再びの戦闘でアサグを倒すことに成功する。勝利したニヌルタはチグリス川の治水を整備し、アサグにつき従っていた岩石の戦士の軍団を裁いた。すべてを成し遂げて帰還したニヌルタは、英雄として祝福されたのだった。

ゲームファンが真っ先に思い浮かべるアサグは、アプリゲーム『モンスターストライク』に登場するナース姿のキャラクターではないだろうか。毒を拡散する能力を持っているなど、神話のアサグの病をまき散らす特質が垣間見える。

The king of dates

ナツメヤシの王

信仰地域　ラガシュ

豊穣の神でありながら戦いの神に征服される

ナツメヤシの王は『ルガル神話』において戦いの神ニヌルタが倒したとされている「11の勇士」と呼ばれる怪物のひとつであり、イラク南部にあった都市ラガシュでは神として信仰されていた。

ナツメヤシ自体は、古代メソポタミアの時代から生息していた植物である。ナツメヤシの果実（デーツ）は栄養価が高く、現在においてもドライフルーツなどに加工されて世界中で食されており、古代メソポタミアの人々のあいだでも、食物や酒などにして暮らしに役立てられていた。キリスト教の『旧約聖書』に出てくる「命の樹」はナツメヤシがモデルであるといわれるほど、古代の人々にとってナツメヤシは大切な存在であったという。メソポタミアでの樹木信仰は珍しかったのだが、ナツメヤシの王は豊穣を願う人々の思いが表れたものだったのだろう。

ところが、時代が下るとナツメヤシの王を祀っていた祭壇は、ニヌルタに取って変わられてしまい、祭事でもナツメヤシの王は脇役に追いやられたのだった。このような信仰の移り変わりは、ニヌルタによるナツメヤシの王の征服として神話に描かれているのだ。

ニヌルタが戦ったとされている11の勇士は、ナツメヤシの王の他に怪鳥ズー、竜、石膏、強靭な銅、6つの頭の牡羊、イナゴ船、ラガシュの神サマンアンナ、牛人間、ムシュマッヘと呼ばれる7つ頭の蛇、トンボである。ニヌルタがあらゆるものに打ち勝ち、手に入れてきたという偉大さの表現とも受け取れるが、戦いの詳細は現在に伝わっておらず、その様子が描写されているのは『アンズー神話』での怪鳥ズーとの戦いのみである。

ニヌルタが戦った11の勇士は、『エヌマ・エリシュ』に登場する海水の女神ティアマトがつくったティアマトの怪物のもとになったと考えられている。実際それを裏付けるように、ティアマトの怪物も、その数は11となっている。

Tiamat Monster

ティアマトの怪物

マルドゥクと戦うための怪物軍団

ティアマトの怪物というのは、バビロニア神話の創世記『エヌマ・エリシュ』において海水の女神ティアマトがつくり出した11の怪物の総称のことである。

11の怪物たちのそれぞれの名称を以下に挙げていくと、7つの頭の蛇ムシュマッヘ、キメラのような姿のムシュフシュ、サソリ人間ギルタブリル、竜ウシュムガル、毒蛇バシュム、海の嵐の女神ラハム、巨大な獅子ウガルル、獅子人間ウリディンム、嵐の怪物ウム・ダブルチュ、魚人間クルール、雄牛の怪物クサリクである。ティアマトはこれら11の怪物をつくったあとに、自身の息子とされるキングーを総司令官として、この軍勢を率いさせたのだといわれている。

ティアマトが怪物をつくったのは、太陽の神マルドゥクと戦うためだ。『エヌマ・エリシュ』によると、ティアマトは夫である淡水の神アプスーとともに若い神々をうみだした。しかし、うまれた神々が騒ぎ立てることに耐えきれなくなったアプスーは、彼らを間引こうと考えた。だが、この計画をエンキに知られてしまったアプスーは殺され、その遺体の上には住居を建てられた。さらに、その住居でエンキが妻と交わってもうけたのがマルドゥクだった。こうして夫の復讐を決意したティアマトは11の怪物をつくり出したのである。

ティアマトの怪物たちは、近年のゲームにもよく登場している。一例としてキングーは、アプリゲーム『Fate/GrandOrder』に「キングゥ」として登場。神話どおりティアマトを母とし、眠る母の覚醒を目指して主人公に敵対する。その後のストーリーの急展開などの理由から、敵として登場したキャラながら非常に人気が高い。また、ムシュフシュはゲーム『真・女神転生』シリーズや『ファイナルファンタジー』シリーズのモンスターとして有名だ。

キングー Kingu
怪物たちの総司令官

海水の女神ティアマトがうみだした11の怪物の指揮を執った総司令官。ティアマトから怪物たちを率いるよう指名され、あらゆるものの運命を操る「天命の粘土板」を与えられたとされている。

キングーはティアマトの息子だといわれているが、別説ではティアマトに味方する神々の中から選ばれ、ティアマトの2番目の夫になった者であるともいわれている。ティアマトに愛され、天空の神アヌと同じ地位を与えられたとされる。

これだけの強大な力を与えられたキングーだが、神話の中では戦闘で活躍する場面が見当たらないのが気の毒である。太陽の神マルドゥクの姿を見たとたん、キングーはおびえて動けなくなってしまったのだ。ティアマトがマルドゥクに倒されたあと、キングーの血は人類をつくるために使われたといわれている。

ムシュマッヘ Mushnahhu
7つの頭を持つ大蛇

ティアマトの怪物に数えられる7頭の蛇。7つの頭をもつ蛇として描かれることが多いが、7匹の蛇であるとする別説もある。また、海水の女神ティアマトが竜の姿を取ることがあったことなどから、ムシュマッヘは姿を変えたティアマト自身であるとする説も存在する。鋭い歯をもち、その体内には血のかわりに毒が満たされているとされている。

ムシュマッヘは、怪鳥ズーやナツメヤシの王などとともに、戦いの神ニヌルタによって討伐された「11の勇士」としても登場している。

『エヌマ・エリシュ』では、ティアマトがマルドゥクに敗北すると、ムシュマッヘをはじめとした11の怪物はすべて捕らえられ、マルドゥクが持っていた天の網に閉じ込められてしまった。

ムシュフシュ Mushus
敗北後マルドゥクに仕える

ムシュフシュは、シュメール語で「恐ろしい蛇」という意味をもつ。前足は獅子、後ろ足は鷲、体はうろこで覆われ、獅子の頭をもつ姿であると伝わる。角や翼、サソリの尻尾をもつ姿で描かれることもある。

　ムシュフシュは、ティアマトの怪物として登場するが、他の怪物たちとは扱いが異なる。海水の女神ティアマトがマルドゥクに負けたあと、ムシュフシュはマルドゥクの随獣となったのだ。また、のちにマルドゥクの子である書記術の神ナブーの随獣ともなったとされている。

　神に仕えるムシュフシュは、やがて災いを避けて人を守る聖獣であると考えられるようになった。魔除けの護符として、門などさまざまな場所に描かれている。11の怪物の中では、突出して出世した存在といえるだろう。

ギルタブリル Girtablilu

マーシュ山の番人となる

　ギルタブリルはアッカド語で「サソリ人間」の意味。角冠、髭を生やした人間の顔と体、鳥の体の後ろ半分、蛇頭の男性器、サソリの尾をもつ。

　ティアマトの怪物のひとつであるが、海水の女神ティアマトがマルドゥクに負けたあとも生き延び、一族として存続したとされる。

　ギルタブリルは『ギルガメッシュ叙事詩』にも登場する怪物である。英雄ギルガメッシュが親友エンキドゥを亡くしたあと、不死を探し求める旅の途中で日の出と日の入りが起こる場所マーシュ山を訪れる。このマーシュ山の入り口を守っているのが男女一対のギルタブリルなのである。不死を得るために山をとおりたいと訴えるギルガメッシュに対し、この山を越えたものは誰もいないと警告する。しかし、ギルガメッシュの決意が固いことを知ると、旅の安全を祈って山の入り口を開いたのだった。

ウシュムガル Usumgallu

メディア作品で人気の竜

　ティアマトの怪物に数えられる竜。一説では、ムシュマッへと同じ存在ともいわれる。海水の女神ティアマトにより恐怖をまとわされた、恐ろしい竜であるとされている。敵として扱われる作品が多く、ゲーム『ファイナルファンタジーXIII』では不仲だった主要キャラクター、ホープとスノウが心をかよわせるイベントバトルにおいて「侵攻制圧騎ウシュムガル」が登場している。

バシュム Bashmu

前足と角を持つ毒蛇

　テバシュムとはアッカド語で、シュメール語ではウシュム。ティアマトの怪物に数えられている毒蛇だ。メソポタミアに生息していた毒蛇、またはマムシが神格化したものであると考えられている。前足と角をもった蛇の姿で描かれる。人間に害をなす恐ろしい存在であったが、のちに冥界の神ネルガルに従ったとされる。

ラハム Lahmu

嵐を神格化した凶暴な怪物

その名が「凶暴」という意味をもつティアマトの怪物。海の嵐を神格化したものと考えられており、怪物というよりは神として扱われている。女神であり、対の存在として同じく海水の女神ティアマトと淡水の神アプスーからうまれた恵みの神ラフムがいる。また、ラハムとラフムから、天空の神アヌの両親となるアンシャルとキシャルがうまれたとされる。

ウガルル Ugallu

恐ろしい獅子の怪物

ティアマトの怪物で、巨大な獅子の姿で描かれる。かつて古代メソポタミアにはライオンが生息していたのだが、いつも人々を困らせており、王によるライオン狩りがたびたび行われていたともいわれる。このことからライオンは、王の権利や強さの表現として神話に登場している。ウガルルが獅子の姿をしているのも、ティアマトの怪物の軍勢がいかに恐ろしいかを表現したと考えられる。

ウリディンム Uridimmu

人の頭を持ったライオン

ウリディンムとはアッカド語で「獅子人間」の意味をもつ。人間の上半身とライオンのような下半身をもっているが、あるのは後脚だけで、2本の脚で立つ姿で描かれる。同じ存在をさす別名とされるウルマフルルは、人間の上半身に4本の脚を持つライオンの下半身をもつ姿で描かれ、こちらはアッカド語で「人頭獅子」という意味をもっている。獰猛な犬という解釈もある。

ウム・ダブルチュ Umu dabrutu

人に富も与える風の魔物

ティアマトの怪物に名を連ねる嵐の怪物。神に使役される風の魔物であるとされ、人間に災いとともに富をもたらすと考えられた。鷲の頭と翼、ライオンの身体をもつ姿で描かれる。ゲーム『Fate/Grand Order』のキャラクター、セミラミスが用いる11対の兵器「ティアムトゥム・ウームー」にはその名が使われている。

クルール Kulullu

お守りになった人魚

ティアマトの怪物のひとりで、魚人間、または人魚であり、男であるとされている。魚と別の生き物とが合わさった合成獣は、古代メソポタミアにおいて頻繁に描かれている図像だ。他にも上半身が山羊、下半身が魚のスフルマーシュなどがおり、占星術の山羊座と結びついていると考えられている。これらの半魚の存在は力のある守護怪物と考えられ、護符や彫刻として使われた。

クサリク Kuusarikku

獰猛な半人半獣の雄牛

翼をもつ雄牛、または人の顔をもつ人間雄牛の姿で描かれるティアマトの怪物。非常に獰猛で、嵐を発生させて地上に7年もの凶荒をもたらすとされた。クサリクは『ギルガメッシュ叙事詩』の、「天の牛」と同一のものであるとも考えられている。英雄ギルガメッシュにふられた愛の女神イシュタルに命じられ、地上を破壊してまわった暴れ牛だ。

エレシュキガル、もしくはイシュタルと考えられているレリーフ
(British Museum蔵)

6章 インド神話

・神の名称の表記について
古代インドで使用されていたサンスクリット語をローマ字化した表記

・神の名称の別名の紹介
インドの神々や英雄には多くの別名が存在するため、日本語訳とともに表記した。ほとんどの神々が別名を複数所持するが、ここでは2つに限って取り上げている

・神々のデータ
【神格】【種族】【持物】【乗物】【仏教名】【家族構成】などの項目からいくつか掲載している

※ ここでの【乗物】はヴァーハナ（神々が乗る鳥類や動物）を指す

・インド神話のエピソードは登場人物やいきさつ、結末などが異なるものがいくつかあるため、本書で取り上げているのは、そのうちのほんの一部である

インド神話の成立

騎馬民族の聖典を起源とするインドの神話群

日本をはじめ北欧やギリシャなど、神話は世界各地に存在するが、インド神話ほど理解が難しいものも珍しい。その難解さの主な理由は、ひとりの神に化身や同一視される神がいくつもいるうえ、1つのエピソードにおける異伝も数多く存在する点にある。実はこのように多層的で複雑な構造をもつことこそが、インド神話成立の過程を紐解く鍵といえる。

インド神話は、聖典『リグ・ヴェーダ』をメインとするヴェーダ文献をベースにして発展した神話群である。ヴェーダ文献は、現在のインド北西部にあたるパンジャーブ地方で誕生したバラモン教の聖典だ。しかし、バラモン教を興したインド・アーリヤ人はインド土着の民族ではない。黒海とカスピ海に挟まれたコーカサス地方を原住地とする、騎馬民族アーリヤ人が起源である。

アーリヤ人はヨーロッパや中央アジアへとグループに分かれて移動し、紀元前13世紀頃、パンジャーブ地方に定住したグループがインド・アーリヤ人と呼ばれるようになった。そして、紀元前12～10世紀頃に『リグ・ヴェーダ』が成立する。

インド・アーリヤ人は『リグ・ヴェーダ』をはじめとするヴェーダ文献を用いて、司祭階級のバラモンを頂点とした宗教国家を築いた。

しかし紀元前6～5世紀頃になると、バラモン（司祭階級）至上主義に疑問をもつなどして釈迦やマハーヴィーラ（ジャイナ教開祖）などバラモン教の枠を外れた自由思想家が多く現れ、バラモンは次第に権力を失う。この時流の中でバラモン教の神話は新たに誕生したヒンドゥー教に吸収された。

インド宗教の変遷

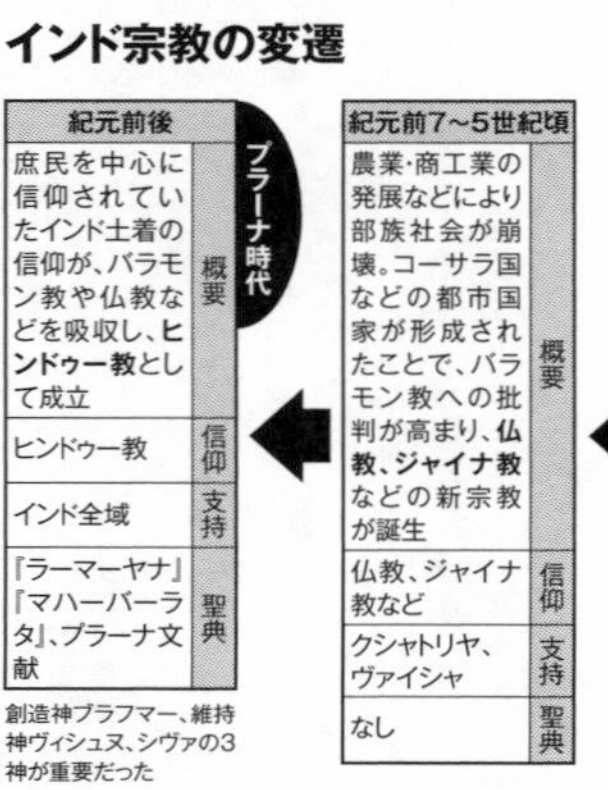

	インダス文明の頃	紀元前10世紀頃（ヴェーダ時代）	紀元前7～5世紀頃	紀元前後（プラーナ時代）
概要	先住民**ドラヴィダ人**によって**ヒンドゥー教の源流**となるインド土着の信仰が誕生	インドに侵入した**アーリヤ人**によって**バラモン（司祭階級）**を頂点とする**バラモン教**が成立	農業・商工業の発展などにより部族社会が崩壊。コーサラ国などの都市国家が形成されたことで、バラモン教への批判が高まり、**仏教、ジャイナ教**などの新宗教が誕生	庶民を中心に信仰されていたインド土着の信仰が、バラモン教や仏教などを吸収し、**ヒンドゥー教**として成立
信仰	ヒンドゥー教の源流	バラモン教	仏教、ジャイナ教など	ヒンドゥー教
支持	ドラヴィダ人	アーリヤ人（バラモン）	クシャトリヤ、ヴァイシャ	インド全域
聖典	なし	『リグ・ヴェーダ』などのヴェーダ文献	なし	『ラーマーヤナ』『マハーバーラタ』、プラーナ文献

破壊神シヴァの原型や牛の像がつくられた

司法神ヴァルナ、雷神インドラが重視された

創造神ブラフマー、維持神ヴィシュヌ、シヴァの3神が重要だった

農耕民族の信仰と融合してさらに発展

ヒンドゥー教は、ヴェーダ文献をベースにインド土着の信仰を取り込んだ宗教である。開祖は存在せず、バラモン教の衰退とともにインド各地で自然発生したといわれる。インド土着の信仰は、インド・アーリヤ人の定住以

前からインドに根づいていた農耕民族ドラヴィダ人の文明が起源である。紀元前30〜15世紀頃、ドラヴィダ人がインダス川流域に築いたインダス文明の遺跡からは、インド神話の神の原型とされる神像などが発掘されている。

インド神話成立の過程を時系列で整理すると、ドラヴィダ人によるインド土着の信仰が誕生したのち、インド・アーリヤ人によるバラモン教が成立。バラモン教隆盛期はなりを潜めたインド土着の信仰がバラモン教衰退で息を吹き返し、バラモン教の神話を取り込んでヒンドゥー教になったという展開である。

そして、2大叙事詩『ラーマーヤナ』と『マハーバーラタ』が集大成された。これらの叙事詩とヒンドゥー教の神話を記した「プラーナ文献」がヒンドゥー教の聖典である。

つまりインド神話は、インド外部の騎馬民族とインド土着の農耕民族というまったく異質の民族の神話が融合して誕生した。

このためバラモン教の神をヒンドゥー教の神の化身という設定にして辻褄(つじつま)を合わせたり、バラモン教とヒンドゥー教のエピソードが並立して異伝の扱いとなったりしている。インド神話に化身や異伝がいくつも存在するのは当然の結果なのだ。

インドの神々の特徴

バラモン教からヒンドゥー教への流れで生じた変化

インド神話はバラモン教からヒンドゥー教へ、ヴェーダ文献からプラーナ文献へと継承された。この過程で変わらずに受け継がれた大きな特徴は、複数の神を信仰する多神教の神話であることと、自然界の要素や現象を神格化した神が多いことの2点である。一方で、この2点を根底に置きつつ大きく変化した点が存在する。それは、信仰の中心となる神だ。

ヴェーダ時代（バラモン教）には、最も重要な役割を担うのが司法神ヴァルナで、最も人気を集めたのが雷神インドラだった。ところがヒンドゥー教の時代になると、世界の創造と維持と破壊をそれぞれ司るブラフマー、ヴィシュヌ、シヴァが三神一体の最高神として人気を集め、一方のヴァルナやインドラは重要性を失って3神の引き立て役となった。

このような変化が起きた背景には、バラモン教とヒンドゥー教の性質の違いが影響している。

バラモン教は知識階級のバラモンが信者の中心であるため、司法や言葉などの抽象的な概念を司る神が重要視された。しかしヒンドゥー教は一般庶民が信者の中心であるため、身近で理解しやすい世界の構成を司る神の方が支持されたのである。

またインドラはインド・アーリヤ人起源のいわば外来の神であるのに対し、ヴィシュヌやシヴァはドラヴィダ人起源のインド土着の神である。そのため、庶民になじみが深かったことも関係しているだろう。

インド神話に登場する魔物たちも元は神だった?

インド神話には神と敵対する悪役も多く登場する。中でも代表的な存在は、魔族アスラだ。もともとバラモン教では神の一系統だったが、『リグ・ヴェーダ』の最後期になると神の敵役に位置づけられた。

このような変化の理由は、インド・アーリヤ人がドラヴィダ人を敵とみなして投影したからではないかとされている。悪霊ヤクシャも本来は善良な精霊だったが、同様の理由で悪役に変化したといえるだろう。

また蛇の魔族ナーガはインドに多く出没する毒蛇の象徴である。そのナーガの天敵であるガルダは鳥の姿をとる。これは蛇を食べる鳥を神格化したものとされる。このように自然界の存在を重ねる傾向は魔物にも当てはまる。

ヴェーダ時代(バラモン教)の神々

バラモンたち知識階級に支持された神々

インド神話の根幹となる書物がバラモン教の聖典『リグ・ヴェーダ』である。

知識を意味するサンスクリット語「ヴェーダ」を冠する聖典にはこのほかに『サーマ・ヴェーダ』、『ヤジュル・ヴェーダ』、『アタルヴァ・ヴェーダ』があり、それぞれの内容は担当する祭官の種類によって分けられている。

バラモン(司祭階級)に向けて編まれた『リグ・ヴェーダ』は宗教儀式に用いる讃歌や祭詞を集めた書物だ。このため、全体を貫くストーリー性はなく、神々の偉大さを具体的に表現する讃美が神話として解釈されているのである。

インド神話に自然界の要素や現象を司る神が多いのは、ヴェーダ時代(バラモン教)からの特徴である。『リグ・ヴェーダ』で最も多くの讃歌を捧げられた雷神インドラをはじめ、太陽神スーリヤ、風神ヴァーユなどの自然を司る神が讃美された。

一方で、信仰の中心が学問を修めたバラモンら上流階級だったことから、抽象的な概念の神も多く讃美された。『リグ・ヴェーダ』で最重要視された司法神ヴァルナをはじめ、契約神ミトラ、神々の道具をつくった工匠神トヴァシュトリなどが名を連ねる。

このように讃歌の多少や役割の軽重はあるが、ヴェーダ時代のインド神話には最高神という概念がなく、すべての神は同格で宗教儀式の際に讃歌を捧げられている神がその時点での最高神とされたのだ。

しかしヒンドゥー教に取り込まれる過程で、バラモン教の神々はヒンドゥー教の神々を引き立てるライバル役に変化し、役割が縮小されて格下の存在になっていった。

神話の定番の創世神話は『リグ・ヴェーダ』の「原人讃歌」にもみられ、

原人プルシャの口からバラモン、両腕からクシャトリヤ（王侯・武人階級）、両太腿からヴァイシャ（庶民階級）、両足からシュードラ（奴隷階級）がうまれたという。カースト制の根拠として重要だが、ヒンドゥー教の創世神話とは異なる。はじまりの神話が複数ある点からもインド神話の複雑さがよくわかる。

プラーナ時代（ヒンドゥー教）の神々

叙事詩や聖典に記載されたヒンドゥー教の神々の神話

ヴェーダ文献とインドの土着神が融合して誕生したヒンドゥー教の神話は、ヒンドゥー教の信仰全体を描いた2大叙事詩『ラーマーヤナ』と『マハーバーラタ』および、神々の聖典群「プラーナ文献」に記されている。

では、2大叙事詩とプラーナ文献にはインド神話が系統的にまとめられているかというとそうではない。2大叙事詩は多くの神話を設定や展開に取り込んだ物語であり、内容は叙事詩独自のものである。

一方のプラーナ文献は、宇宙の創造・宇宙の破壊と再生・神々の系譜・人類の歴史・王朝の歴史の5点を主題とするが、主旨はあくまで神を讃えることであり、神話群としてのまとまりはない。断片的なエピソードを神話と解釈している点は同じなのである。

大衆に支持されたインド土着神が力をもつ

ヒンドゥー時代になると、創造神ブラフマー、維持神ヴィシュヌ、破壊神シヴァの3神が1セット（三神一体）で、世界の創造から破壊と再生までを司る最高神となった。この考え方はバラモン教より古いインダス文明が起源だ。インドの土着信仰がヒンドゥー教で勢いを得た理由は、信仰の中心である庶民にとってバラモン教よりもなじみ深かったためだと考えられている。

しかし庶民たちはバラモン教も否定はしない。その最たる例として、インド土着神ヴィシュヌとシヴァに対し、バラモン教のブラフマン（哲学原理）を神格化したブラフマーがいる。

しかしこの寛容さが、神話の整合性を失わせる原因にもなった。そこで新たに加えられた設定が、化身や異名である。たとえばヴィシュヌをバラモン教の神話に化身として登場させて、ヒンドゥー教の神話と辻褄を合わせた。また、シヴァは性格ごとに異名を与えてあらゆる場面に対応できるようにしたのだ。

ヒンドゥー教の創世神話は、不死の霊水アムリタをうみだすためにヴィシュヌの提案で神々と魔族アスラが協力して乳の海を攪拌（かくはん）するというものだ（乳海攪拌（にゅうかいかくはん））。ここではヴィシュヌの聡明さや偉大さが強調されており、ヒンドゥー教で重要視されたことがうかがえる。

叙事詩『ラーマーヤナ』

ヴィシュヌの化身ラーマ王子が活躍する英雄譚

バラモン教とヒンドゥー教の神話を集大成しながら編まれた壮大な英雄譚が、『ラーマーヤナ』と『マハーバーラタ』の2大叙事詩である。このうち先に成立したと考えられているのが『ラーマーヤナ』で、紀元前5世紀頃に原型が誕生し、紀元2世紀頃に全7章構成の現存する形式にまとまったと考えられている。

作者は聖仙ヴァールミーキと伝わる。4つのヴェーダは神がつくった聖典という位置づけのため、叙事詩は人間がつくったはじめての詩歌とみなされており、ヴァールミーキは「最初の詩人」と呼ばれる。タイトルは「ラーマ王行状記」の意味で、維持神ヴィシュヌの化身ラーマ王子が、羅刹王ラーヴァナにさらわれた妻シーターを救出する物語である。

『ラーマーヤナ』の登場人物相関図

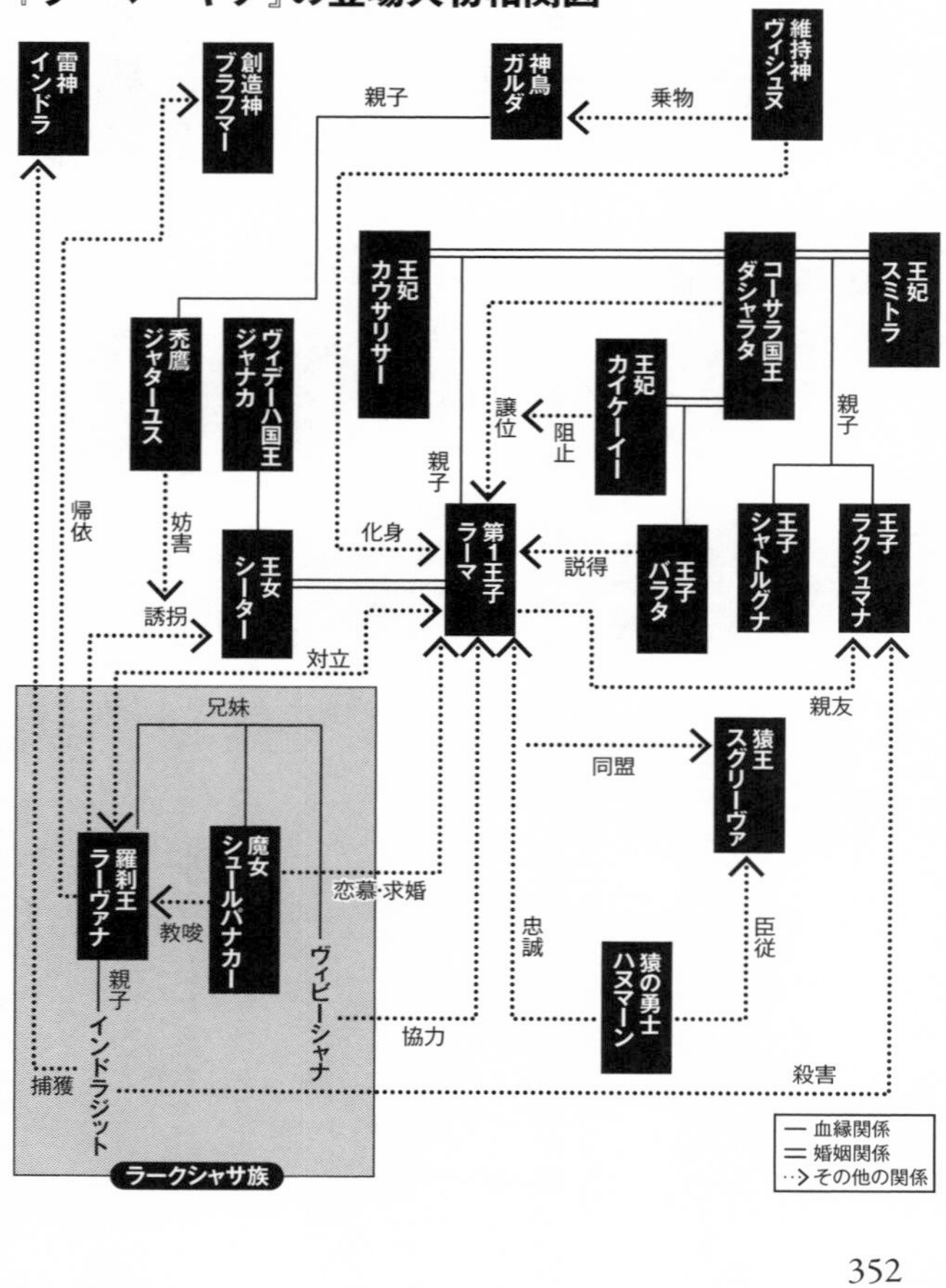

雷神 インドラ
創造神 ブラフマー
神鳥 ガルダ
維持神 ヴィシュヌ
王妃 カウサリサー
コーサラ国王 ダシャラタ
王妃 スミトラ
王妃 カイケーイー
禿鷹 ジャターユス
ヴィデーハ国王 ジャナカ
王女 シーター
第1王子 ラーマ
王子 バラタ
王子 シャトルグナ
王子 ラクシュマナ
猿王 スグリーヴァ
猿の勇士 ハヌマーン
羅刹王 ラーヴァナ
魔女 シュールパナカー
ヴィビーシャナ
インドラジット
ラークシャサ族
親子　乗物　譲位　阻止　化身　説得　妨害　誘拐　対立　帰依　兄妹　親友　同盟　恋慕・求婚　教唆　忠誠　臣従　協力　殺害　捕獲
— 血縁関係
＝ 婚姻関係
…> その他の関係

2大叙事詩の特徴は神話をサイドストーリーとして多く取り込んでいる点で、『ラーマーヤナ』のメインストーリー部分は全体の3分の1程度にすぎない。しかし、名場面が次々登場する起伏に富んだ物語は、演劇や舞踊、映画などになってインド人に愛され続けている。そのあらすじは次のようなものだ。

ヒーロー・ヒロイン・名脇役がそろった大冒険

ラーヴァナは苦行の末に強大な力を

もち、創造神ブラフマーから神にも魔族アスラにも殺されない保証を得た。ラーヴァナは人間を軽視していたので、この保証に人間は含めなかった。神々はラーヴァナを脅威に感じたがブラフマーとの誓約のため殺せない。そこで維持神ヴィシュヌは人間に化身してラーヴァナを倒そうと考え、コーサラ国王ダシャラタの息子ラーマとして誕生した。文武両道のラーマはヴィデーハ国の王女シーターの婿選び大会で優勝し、美しいシーターを妻に迎えた。

ダシャラタ王はラーマを次期国王にと考えたが、ラーマの異母弟バラタの母カイケーイー妃はバラタを王位に就けたかったため、ラーマを森に追放してバラタを次期国王にするよう王を脅した。これを知ったラーマはシーターと異母弟ラクシュマナとともに城を出て、ダンダカの森へ移り住む。バラタはラーマの王位継承を望んだが、ラーマは決して首を縦に振らなかった。

森で暮らすラーマに、ラーヴァナの妹シュールパナカーが一目惚れして言い寄った。しかし拒絶されたため、シュールパナカーはラーヴァナに仕返しを頼む。怒ったラーヴァナはシーターを誘拐して、自らが住むランカー島の宮殿に監禁した。こうしてラーマはシーター奪還の旅に出る。

ラーマは道中で猿王スグリーヴァの戦いを助けて勝利に導いた。ラーマに感謝したスグリーヴァは、シーター奪還への協力を約束して猿の軍団を派遣する。

中でも猿の勇士ハヌマーンの活躍は目覚ましく、その働きでシーターの居場所が判明した。ラーマはランカー島に攻め込み、ついにラーヴァナを倒してシーターを救出し、コーサラ国に凱旋して晴れて王位に就いたのだった。

『マハーバーラタ』は魔物や幻獣も多く登場する、幻想的な冒険物語なのである。強きヒーローのラーマ、可憐なヒロインのシーター、頼もしいサポート役のハヌマーンなど、個性際立つ登場人物たちは現在のインドでも人気が高い。

叙事詩『マハーバーラタ』

同族間で起きた戦争を描く史実をもとにした物語

約10万もの詩句で編まれた『マハーバーラタ』は、インド最大かつ世界最大ともいわれる大叙事詩だ。ボリュームはギリシャの二大叙事詩『イーリアス』と『オデュッセイア』を合算したおよそ7倍にも及ぶ。

紀元前3世紀頃に原型が整えられ、紀元4世紀頃に全18章構成の現在の形式になったと考えられており、同じくインドを代表する叙事詩『ラーマーヤナ』より後年の作品と推測される。作者は聖仙ヴィヤーサと伝わるが、あくまで伝説上の存在であり真の作者は判然としない。

タイトルは「バラタ族の戦争の大史詩」という意味で、古代インドの伝説の王バラタを祖先にもつクル族が2つの陣営に分かれ、同族同士で18日間の凄惨な戦争を展開する物語である。紀元前10世紀頃にクル族の領地クルクシェートラで実際に起きた戦争がベースとされている。『ラーマーヤナ』同様に多数の神話を取り入れており、メインストーリー部分は全体の5分の1程度だが、争いを避けられない人間の愚かさや虚しさが克明に描かれている。そのあらすじは次のようなものだ。

『マハーバーラタ』の登場人物相関図

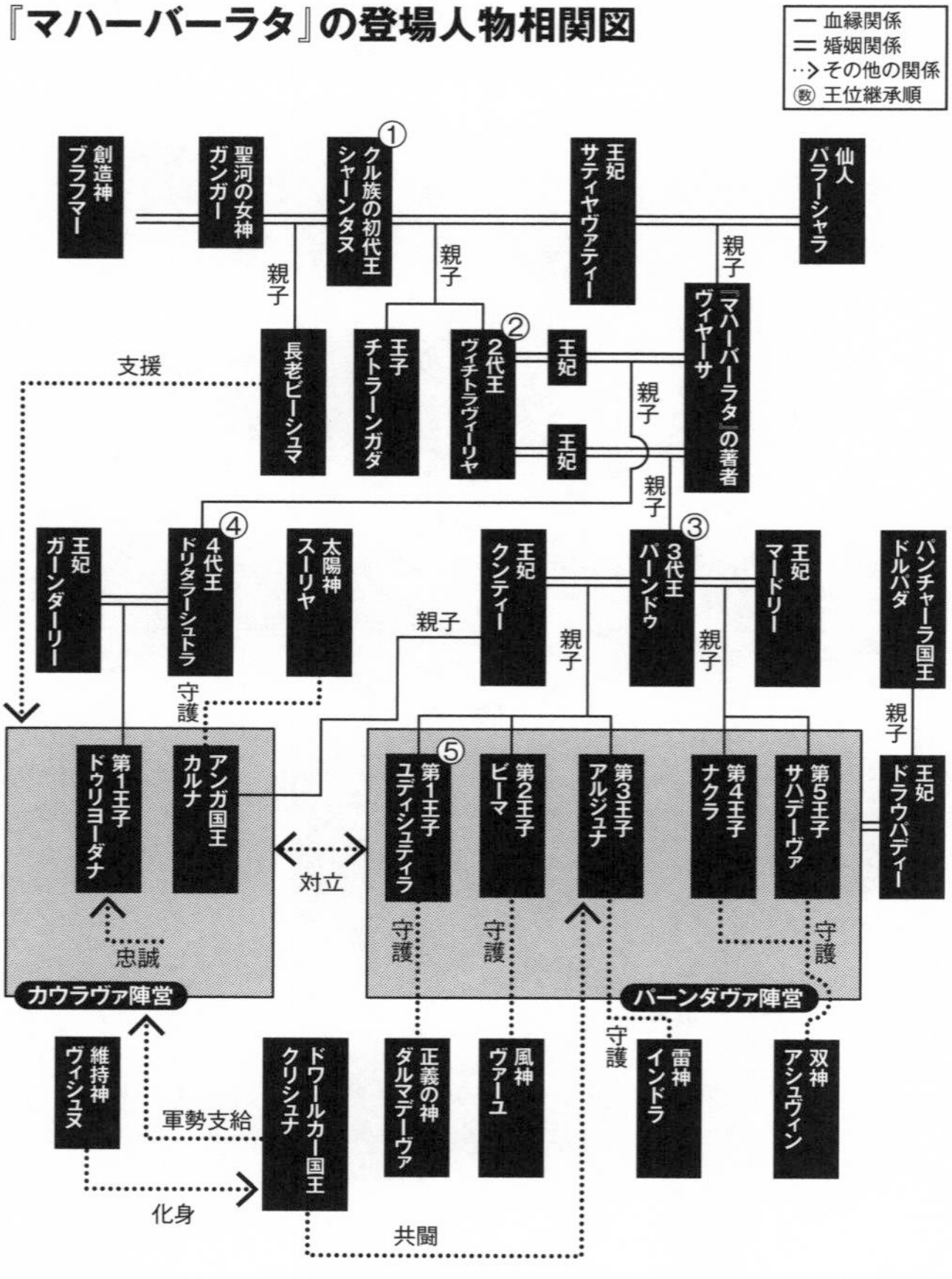

5王子と１００王子の確執が大戦争を引き起こす

クル族の王族に、兄ドリタラーシュトラと弟パーンドゥという兄弟がいた。ドリタラーシュトラは目が不自由だったため、パーンドゥが王になったが、パーンドゥは早くに世を去り、ドリタラーシュトラが次の王になる。

ドリタラーシュトラには１００人の王子が、パーンドゥには5人の王子があり、それぞれカウラヴァ、パーンダヴァと呼ばれた。ドリタラーシュトラは亡きパーンドゥの子であるパーンダヴァの5王子を引き取り、カウラヴァの１００王子とともに育てた。両者は平等に教育されたが、5王子は１００王子より優れていた。

ドリタラーシュトラは自分の息子たちより5王子の方が優秀であると認め、5王子の長男ユディシュティラを後継者に望んだ。１００王子の長男ドゥリヨーダナはこれを不服に思って5王子を殺そうとしたが失敗。これを受けドリタラーシュトラは王国を2つに分け、100王子の国と5王子の国をつくる。

ユディシュティラの即位式の際、失態を演じたドゥリヨーダナはこれを根にもち、ユディシュティラと賭博で勝負する。この勝負がイカサマと知らないユディシュティラは大敗し、国も財宝も奪われた。

こうして5王子は、12年間放浪して13年目を誰にも知られず過ごすという条件で追放された。

5王子はこの条件を満たしたので14年目に旧領の返還を申し入れたが、ドゥリヨーダナは拒否。このためクル族はパーンダヴァの5王子とカウラヴァの100王子の陣営に分かれて18日間の大戦争をはじめる。結果は5王子側の勝利だが、どちらもほぼ全滅状態となってしまう。果てには、ユディシュティラは5王子を連れてヒマラヤ山に登り、戦争を起こした罪滅ぼしをしようとする。そして、そのまま昇天していくという虚しさばかりが残る幕切れとなっている。

この戦争で大いに武勇を発揮するのが、5王子の三男アルジュナである。出陣の直前、同族で争うことに罪悪感を抱くアルジュナを維持神ヴィシュヌの化身クリシュナが諭すシーンはインド哲学の結晶体であり、このシーンを独立させた聖典『バガヴァッド・ギーター』はヒンドゥー教信者から特別な敬意を捧げられている。

インドの神々の相関図

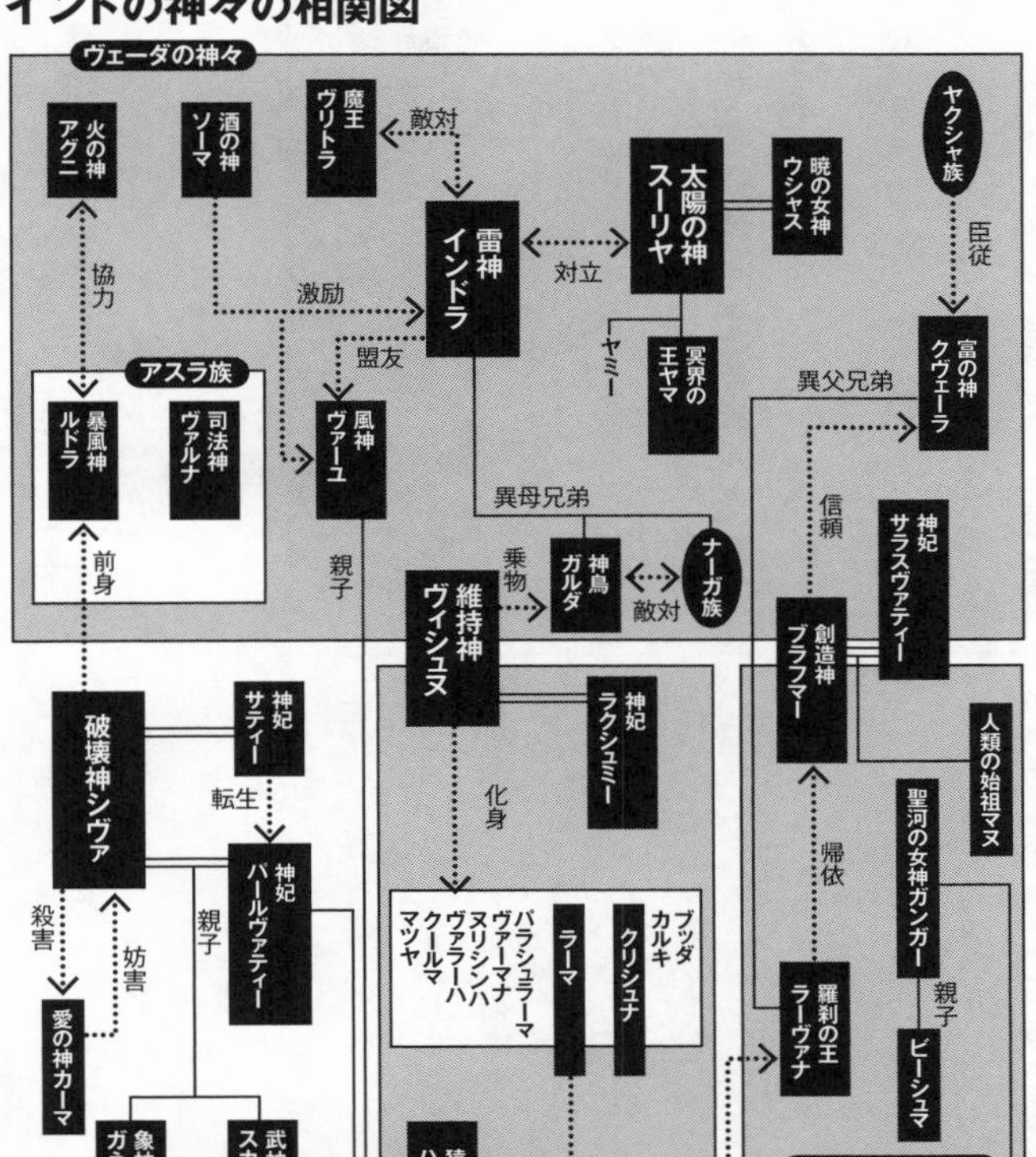

インド神話の神々

世界を繁栄させる最高神だがもともとは……

「遍満する」「行きわたる」などを意味する名のとおり、10の化身としてあらゆる時代に現れ、あらゆる混迷を救済する神がヴィシュヌである。

ヒンドゥー教の最高神とされる三神一体のひとりで、現在のインドでは3神のもうひとりである破壊神シヴァと勢力を二分するほどの信仰を集めている。3神は世界の誕生から再生までを司り、ブラフマーが創造、ヴィシュヌが維持、シヴァが破壊を担当している。世界の充実や繁栄はヴィシュヌの役割であり、これが転じて現世利益をもたらす神として信仰を集めた点も人気の理由といえる。

ヴィシュヌはもともとインドの土着神で、太陽の光の神格化と考えられている。このため、人間に安息の地を与える温かな慈愛の神と讃えられた。どこにでも行きわたる陽光のイメージが、ヴィシュヌという名の由来だろう。ヴェーダの聖典『リグ・ヴェーダ』ではヴィシュヌに対して「3歩で全宇宙を踏み越える」という讃歌が捧げられており、スケールの大きさは規格外だ。しかし、ヴェーダ（バラモン教）時代のヴィシュヌはさほど重要な地位を占める神ではなかった。『リグ・ヴェーダ』でヴィシュヌのみに捧げられた讃歌はわずか5篇で、全1千28篇の讃歌のうち約4分の1を捧げられた雷神インドラと比べれば差は歴然である。

ではヴィシュヌはどのようにして、ヒンドゥー教の最高神になり得たのか。その理由を解く鍵は、化身という概念に秘められている。

化身を得て唯一無二の最高神となる

ヴィシュヌが最高神とみなされる大きな契機となった文献が、叙事詩『マハーバーラタ』である。この作品中でのヴィシュヌは、3代目クル族王パーンドゥの5王子の三男アルジュナを導く英雄クリシュナの化身とされる。クリシュナは『マハーバーラタ』から独立した聖典『バガヴァッド・ギーター』や、『マハーバーラタ』に付属する『ハリヴァンシャ』などに多くの活躍が描かれており、クリシュナを媒介にヴィシュヌ神話が広まったともいえる。

またヴィシュヌは、世界が混乱に陥

ると化身の姿で救済に現れると考えられるようになり、クリシュナ以外の神や幻獣も次々に化身として吸収した。この結果、多くの神話のキーパーソンが「実はヴィシュヌだった」ということになり、重要性が飛躍的に向上。ヒンドゥー教でのヴィシュヌは、インド神話の最高神という立場を確立させたのである。

もっとも、ヴィシュヌが唯一の最高神でほかの神々がヴィシュヌの別の姿とする考え方は、ヴェーダ文献の頃からあるにはあった。『マハーバーラタ』はこの思想をわかりやすくまとめたといえる。『バガヴァッド・ギーター』では、クリシュナが「善を行うものを守り、悪を行うものを滅ぼして、正義を立てるためにそれぞれの世界に出現する」と化身の目的と意義をはっきり語っている。このような明確さが、化身の概念を浸透させる基盤となったのである。

個性が光る10化身の面々

10の化身はすべてが人の姿ではなく、時には獣であり、時には人でも獣でもない不思議な容貌をしている。具体的な化身は次のようなものだ。

第1の化身は、角が生えた魚マツヤだ。そもそもマツヤとは「魚」を意味し、人類の始祖マヌを大洪水から救う魚である。第2の化身は、巨大な亀クールマ。文献『シャタパタ・ブラーフマナ』の乳海攪拌（にゅうかいかくはん）（創世神話）で、神々が乳海から霊水アムリタを取り出す手助けをした。乳海をかきまぜるマンダラ山を海底で背負って、山をコマのようにまわすための受け軸となったのである。第3の化身は頑丈な牙をもった猪ヴァラーハ、第4の化身は獅子の頭と人間の体をもつヌリシンハ、第5の化身は小人のヴァーマナである。

第6の化身は、「斧を持つラーマ」を意味するパラシュラーマだ。聖仙ジャマダグニの息子で、ハイハヤ国の王族に殺された父の復讐を果たし、王族を皆殺しにした。第7の化身である叙事詩『ラーマーヤナ』の主人公ラーマと、第8の化身クリシュナはヴィシュヌの化身の中核をなす。第9の化身は、仏教の開祖ブッダである。

そして第10の化身である白馬の騎士カルキは、まだ現れていない。人類が堕落しきった時、悪を滅ぼして正義を復活させるべく現れるという。

エンタメ作品では、ゲーム「女神転生」シリーズの常連となっている。10の化身が網羅されており、シヴァと拮抗した能力をもつ強力なサポート役として登場する。

アヴァターラ（化身・権化）
ヴィシュヌは10の化身となり世界を混迷から救うとされる。その化身とは、マツヤ、クールマ、ヴァラーハ、ヌリシンハ、ヴァーマナ、パラシュラーマ、ラーマ、クリシュナ、ブッダ、カルキである。ただし、完全にこの10化身と決まっているわけではなく、10化身の内容が違う場合や、化身は22とする場合もある。

ヴァラーハ Varāha

維持神ヴィシュヌ、第3の化身。ヴァラーハとは「野猪」という意味で、長い牙をもった猪の姿をしており、この牙で大地を支える。ヴァラーハが大地を支える神話は『バーガヴァタ・プラーナ』や『パドマ・プラーナ』など多くのプラーナ文献にみられる。その内容は次のようなものだ。

神々と争っていた魔神ヒラニヤークシャが、大地をつかんで水の中に投げ入れてしまった。この頃、創造神ブラフマーの息子スヴァヤムブヴァは新しい世界を創造するために瞑想できる場所を探していたが、大地を水沈させられたため理想的な土地が見当たらない。そこでブラフマーがヴィシュヌに相談すると、ブラフマーの鼻から小さな猪が飛び出してたちまち山のように大きくなった。この猪がヴァラーハである。ヴァラーハは水中から大地を探し当てて牙で持ち上げた。ヒラニヤークシャが邪魔に入ると棍棒で返り討ちにして倒し、大地を水上に固定した。こうして大地は再び現れ、創造の土地ができたのである。

ヌリシンハ Nr.sim.ha

ヴィシュヌの第4の化身。獅子の頭と人間の体をもつ半獣半人である。このような姿を取った理由は、魔神ヒラニヤカシプを倒すためだったという。

文献『ヴィシュヌ・プラーナ』によると、ヒラニヤカシプは苦行を積んで力を増し、創造神ブラフマーから「神にも魔神にも人にも獣にも殺されない」という約束を取りつけていた。このヒラニヤカシプの息子は熱心なヴィシュヌ信者で、父に「ヴィシュヌはどこにでもいる」と説いた。ヒラニヤカシプはこれに腹を立て「ここにもいるのか」と柱を蹴る。すると崩れた柱からヴィシュヌの化身ヌリシンハが現れて、ヒラニヤカシプを八つ裂きにした。ヌリシンハは人でも獣でも神でもない存在であるため、ヒラニヤカシプを打ち倒せたのだ。

のちのプラーナ文献では、ヒラニヤカシプの約束に「昼にも夜にも、建物の中でも外でも殺されない」という条件が加わる。そこでヴィシュヌはヌリシンハの姿を取り、夕方に玄関でヒラニヤカシプを倒したのだった。

ヴァーマナ Vāmana

ヴィシュヌの第5の化身。矮人、つまり小人の姿だが、妖精のような手のひらサイズではなく、小柄な人間の少年と同じくらいの大きさである。ヴァーマナの神話は聖典『リグ・ヴェーダ』の「ヴィシュヌは全世界を3歩で歩く」という讃歌をベースにしており、『バーガヴァタ・プラーナ』などに登場する。

ダイティヤと呼ばれる巨人の王バリは、苦行によって神々を超える力を得て天界・地上・地下の3界を支配した。この時、無垢の女神アディティが神々の救済をヴィシュヌに願うと、ヴィシュヌはアディティの息子の少年僧ヴァーマナに化身してバリを訪ねた。僧の来訪を喜んだバリが「望みのものをなんでも与える」と言うとヴァーマナは「自分が3歩で歩けるだけの場所がほしい」と望んだ。小柄なヴァーマナに油断したバリが承諾すると、ヴァーマナは途端に巨大化。1歩で地上を、2歩で天界を踏み越えた。3歩目については諸説あり、3歩目は許してバリを地下に追放したとも、踏みつぶしたとも伝わる。

ブッダ Buddha

ヴィシュヌの第9の化身。仏教の開祖ブッダである。異なる宗教の人物まで取り入れる点には、インド神話の懐の深さがよく表れているといえるだろう。ただし、ヴィシュヌの化身としてのブッダは否定的な性格を帯びている。文献『バーガヴァタ・プラーナ』や『アグニ・プラーナ』でのブッダは、仏教を用いて魔族アスラや巨人ダイティヤら神々の敵たちを間違った道へと導き、「ヴェーダを尊重しない異端者」の意味であるパーシャンディンにしたとされている。つまり仏教は、誤った教えとして扱われているのだ。

この背景には、バラモン教に対するヒンドゥー教と仏教の立場の違いが関係している。ヒンドゥー教はバラモン教を引き継いで誕生したが、仏教はバラモン教を否定して誕生しており、バラモン教衰退の一因にもなった。

このためヒンドゥー教は立場上、仏教を認められないのだ。インド神話に仏教が取り込まれたのは、ブッダが広めた仏教からかなり変容した密教成立後である。

ラクシュミー Lakṣmī

別名 ローカマーター（世界の母）
ジャラディジャー（海よりうまれたもの）

神格 幸運の女神、豊穣の女神、富の女神

持物 蓮華、アムリタの瓶、ビルヴァの実、ホラ貝

仏教名 吉祥天

乳海からうまれた優美な女神

ヒンドゥー教の創世神話である乳海撹拌の際、14の貴重なもののひとつとして誕生したのが女神ラクシュミーである。プラーナ文献『ヴィシュヌ・プラーナ』によれば聖仙ブリグの娘としてうまれ、呪いから身を隠す必要ができたため乳海に避難していた。破壊神シヴァや魔族アスラは姿を現したラクシュミーに求婚したが、先にヴィシュヌが妻にしてしまう。出し抜かれたシヴァは蛇の魔族ナーガを噛んで悔しがったという。

ヴェーダ時代（バラモン教）には運命を司る女神とされた。聖典『リグ・ヴェーダ』では幸福の意味だったが、

『アタルヴァ・ヴェーダ』になると幸運と不運の女神となる。のちのプラーナ文献『パドマ・プラーナ』では、ラクシュミーの姉アラクシュミーが不運の女神とされた。また、もともとは豊穣と幸運の女神シュリーとともに太陽神アーディティヤの妻とされていたが、後世に同一視されるようになり、時代を経てラクシュミーに統合された。このため乳海撹拌にはシュリーが登場するものと登場しないものがある。

ヴィシュヌと対になる化身として常に寄り添う

夫ヴィシュヌは様々な化身となって多くの神話に登場するが、ラクシュミーもそれに対応する化身となって夫に寄り添った。叙事詩『ラーマーヤナ』では、ヴィシュヌの化身である主人公ラーマの妻シーターに化身している。シーターは畑の畝から誕生したが、これはラクシュミーがシュリーと同一視された結果、豊穣を司る大地母神として崇拝されたことに由来している。

このほかにもヴィシュヌがクリシュナに化身すればその妻ルクミニーと恋人ラーダーに、パラシュラーマに化身すればその妻ダーラニーに化身した。ヴィシュヌの隣にいる美女はすべてラクシュミーの化身なのである。

ラクシュミーは豊穣を司ることから富の女神としても崇拝される。絵画では蓮華の花や霊水アムリタの瓶を手にした図柄が多い一方、右手から金貨をあふれさせている図柄もよく見られる。時代が下って仏教に取り入れられると、吉祥天と漢訳された。吉祥天の夫は武神の毘沙門天だが、そのルーツはインド神話の富の神クヴェーラであり、吉祥天は富を司る面が強調された女神といえる。

吉祥天
仏教でのラクシュミーの漢訳。ラクシュミーという言葉はもともと幸福や吉祥を意味している。幸運と富の女神とされ、毘沙門天を夫とする。

アヴァターラ（化身・権化）
夫ヴィシュヌが多くの化身をもつため、ラクシュミーもそれに対応する多くの化身で神話に登場する。ラーマの妻シーター、パラシュラーマの妻ダーラニー、クリシュナの妻ルクミニーなどがある。

神格 ヒンドゥー教三大神、破壊神（時に両性具有）
持物 三叉戟、虎皮の腰巻き、蛇の首飾り、棍棒
乗物 牡牛ナンディ
仏教名 大自在天ほか

インドでも高い人気を誇るシヴァ派の最高神

インド神話の中でも民衆人気の高いシヴァは、古代の聖典『リグ・ヴェーダ』に登場する神が起源といわれている。古くから多くの人を恐れさせた暴風神ルドラに土着の神々の伝説が混じり合い、シヴァは圧倒的な力をもつ神としてインド神話に君臨。やがてヒンドゥー教における三大神のひとりとな

り、多くの伝説や神話を得て、高い地位を確立した。

ポスターなどの絵として描かれる彼は顔にはうっすらと化粧が施され、女性のような雰囲気。微笑む姿もなまめかく美しい。一見すると中性的で優しい風貌が特徴的だ。しかしよく見れば、うねった髪の毛に青白い肌。額には第3の目をもち、腰には虎の腰巻き、蛇のネックレスまたはブレスレットを巻いて手には三叉戟を握る雄々しい姿。彼の本性はやはり〝戦う神〟である。

その強大な力は多くの神話となって今に伝わる

シヴァは自分を蔑(ないがし)ろにする相手を決して許さない。たとえばこんな逸話がある。シヴァの最初の妻サティーの父ダクシャはシヴァを嫌っていた。多くの神々が集まる犠牲祭の日、ダクシャはシヴァをわざと招かず辱める。サティーは父の大人気ない行いを恥じて焼身自殺をしてしまい、それを知ったシヴァは激怒。ダクシャの屋敷を容赦なく破壊し尽くし、ほかの神々を傷つけたうえでダクシャの首を切り落としてしまうのだ。

同時に彼は恩恵の神であり、頼りにしてきたものに対しては救いの手を差し伸べる。叙事詩によると、天を流れるガンジス川を地上に降ろすという壮大な計画が立ち上がった時、頼られたシヴァは己の髪の毛で水の流れを受け止めてその手伝いをした。しかし苛烈な面も健在。聖河の女神ガンガーがシヴァの力を疑ったことに怒り、女神はシヴァの髪に数年間監禁されることとなってしまう。

さらに「三城征服」という話の中では、強固な城に立て籠もった魔族アスラに困った神々がシヴァを頼る。シヴァは弓を放ちアスラを皆殺しにするという圧倒的な力を見せつけた。これにより彼はトリプラーンタカ（三城を制圧するもの）とも呼ばれるようになるのだ。

そんなシヴァは愛妻家としても知られる。妻サティーが死んだ際にはその遺体を抱きしめたまま悲しみ世界を放浪し、のちにサティーの生まれ変わりのパールヴァティーと結ばれる。

パールヴァティーとも仲がよかったらしく、賢人がふたりの時間を邪魔しないよう外で待っていたところ100年以上待たされたので呆(あき)れて帰ってしまった、というエピソードまで残されている。

愛妻家にふさわしく、シヴァは豊穣を意味する神でもある。彼の姿はしばしばリンガ（男性器）に例えられる。世界がまだはじまる前、維持神ヴィシュヌと創造神ブラフマーがお互いの力を競った時、目前に光が溢れ大地より巨大なリンガが現れた。そこでふたりはどちらが先にリンガの果てに辿り着けるか競い合う。しかしどれだけ進んでも果てがなく、いよいよ困り果てた時、リンガが割れて中からシヴァが登場した。このことから、リンガ＝シヴァという伝説がうまれた。そして、インドではいまだにリンガを神体として祀（まつ）る寺院がとても多い。

仏教やサブカルチャーにも溶け込んでいく

戦やリンガと、生々しい神話を多くもつシヴァであるが、彼は「ナタラージャ（踊りの王）」と呼ばれる意外な一面ももちあわせている。世界が黄金と赤く染まる夕暮れ時、カイラーサ山でシヴァは神々の合奏にあわせて荘厳（そうごん）なダンスを披露する。その姿を見るために、多くの神や賢人たちがこぞって訪れたそうだ。彼のダンスはそれだけに留まらない。悪魔とともに火葬場で踊り狂い、死者を思って悲しむ人々の心を代弁することもある。

神々しい存在だが彼の神話は民衆の心をつかみ、今でも多くの人々が彼を信奉している。そんなシヴァはインド密教や仏教にも取り込まれ、姿を変えて仏教とともに日本にも伝わった。それが彼の別名マハーカーラーを漢訳した大黒天。背中に大きな袋を背負い笑顔を浮かべる大黒天の見た目はシヴァに似ても似つかないが、シヴァのもつ「福の神」「財神」という面だけが残されたのだろう。仏教だけではなく、近年に入るとアニメやゲームにシヴァはたびたび登場することとなる。ゲーム『女神転生』では人気の常連キャラクターであり、相当な強さを誇っている。複雑な性格と圧倒的な力をもったこの神は、世代も地域さえも超えて多くの人に愛され敬われる存在となっているのである。

シヴァの別名

シヴァはその多彩な性格から数多の異名をもち、クリッティ・ヴァーサス（皮の衣服を身につけたもの）、ハラ（万物を破壊するもの）、カーラ（死を司る時）、バイラヴァ（恐るべき神）、ブーテーシュヴァラ（悪魔の王）、シャンカラ（恩恵をあたえるもの）、マハータパス（偉大な苦行者）などがある。文献『リンガ・プラーナ』では、1116の別名が挙げられている。各異名はそれぞれの神話にもとづく。

パールヴァティー

Pārvatī

別名 ウマー

神格 シヴァの神妃
家族構成 夫：シヴァ、子：ガネーシャ、スカンダ
仏教名 烏摩妃

シヴァが最初に愛した妻 サティーの生まれ変わり

破壊神シヴァに嫁いだとされる女神の名は数多いが、どの女神も最初の妻サティーから繋がるただひとりの女神であるとされている。その中でも最も有名な名が、北の山神ヒマーラヤの娘パールヴァティーだ。彼女の名は「山の娘」あるいは「山に住む女神」を意味する。

シヴァの最初の妻サティーの父はシヴァを嫌い、辱（はずかし）めた。そんな父を恥じて焼身自殺を図ったサティーだが、彼女はやがて女神パールヴァティーとして生まれ変わった。古代インドの詩人、カーリダーサは彼女の姿を「目は蓮の

花、眉は愛の神が持つ弓のよう。歩く姿はまるで白鳥のようだ」と、非常に美しい女神として称えた。

そんなパールヴァティーとシヴァの出会いは計画的なものだった。サティーの死後、シヴァが苦行に打ち込んでいた頃。巨人ターラカが神々の世界を侵そうとしていた。この悪魔を殺す人物はただシヴァの息子のみ、という預言を受けた神々はシヴァとパールヴァティーを結ばせて、子どもをつくらせるよう画策する。しかし死んだサティーを想ってひたすら苦行に耽るシヴァに神々の声は届かない。美しいパールヴァティーが誘いかけても振り向きもせず、ひたすらに苦行に打ち込むばかりだった。

そこで神々は愛と情欲の神カーマが持つ魔法の矢を使って、シヴァに恋心を目覚めさせようと考えた。彼の矢に射抜かれれば、どんな神でも愛に目覚めてしまうのである。しかし恋に落ちるどころか、苦行を邪魔されたシヴァは怒りカーマを焼き殺してしまった。

シヴァを想って厳しい苦行にも耐えた

愛の神でもシヴァの心を開くことができなかった。しかしそれで諦めるパールヴァティーではない。彼女はシヴァと同じく厳しい苦行を行うことでシヴァへの気持ちを伝えようとした。山に籠もり苦行を行う彼女を見たシヴァは、パールヴァティーの気持ちを試すことにした。その試験に晴れてクリアしたパールヴァティーは晴れてシヴァのもとに嫁ぎ、やがてふたりの間にうまれた戦の神スカンダは、預言のとおり巨人ターラカを殺すこととなる。

シヴァがパールヴァティーを試した方法については様々な伝説が残されている。まず一つは、シヴァが別の男に変装してパールヴァティーに近づいて、わざとシヴァの悪口を述べたという話。この悪口にパールヴァティーは怒り、その言葉に喜んだシヴァが姿を現して結婚を受け入れたという。

またはバラモン（司祭階級）の老人僧に化けたシヴァが、パールヴァティーの前でワニに襲われる芝居を打った話もある。彼女はシヴァ以外の男性に触れないという誓いを立てていたので、目の前の老人に手を貸すことができない。しかしこのままでは老人が死んでしまう……。思い悩んだ末にパールヴァティーは誓いを捨て老人を助けようとする。その誠意をみたシヴァは自分の正体を明かして、結婚を受け入れたという。

ふたりは決して最初から夫婦であったわけではない。そこに至るまで、どんな試練も乗り越える情熱的なパールヴァティーの物語があったのである。

インド神話の中で最も有名なおしどり夫婦

ある意味、神々による政略結婚で結ばれたが、結ばれたあとは周囲があきれるほどの仲良し夫婦となったシヴァとパールヴァティー。文献『バーガヴァタ・プラーナ』によると、パールヴァティーは裸でシヴァの膝の上に乗ることもあったという。そんな時に聖者が来訪し、パールヴァティーは非常に驚き恥ずかしがる。そんな妻を見たシヴァは妻のために「今後は無断で入るものがあれば、そのものは女の姿となるようにしよう」と宣言してパールヴァティーを慰めるなど、妻バカっぷりを見せつけた。

さらにシヴァの特徴でもある第3の目の誕生にもパールヴァティーが関係していた。プラーナ文献によると、苦行に打ち込み続ける夫のことを物足りなく思ったパールヴァティーが、後ろから忍び寄ってシヴァの目を手のひらで覆い隠してしまった。すると太陽が消え、世界は暗黒に覆われる。皆が怯えたその時、シヴァの額に第3の目が開き、世界をあまねく照らしたそうだ。

通常、絵ではパールヴァティーはシヴァに寄り添うように描かれ、彫像でもそのようにつくられている。パールヴァティーが膝の上に乗る、パールヴァティーの乳房をシヴァの手が支える、など仲の良さがうかがえる絵画、彫像も多い。

そんなパールヴァティーは仏教に取り込まれる際、烏摩妃（うまひ）となり、こちらでもシヴァの漢訳である「大自在天」の横に寄り添っている。また密教の図像では、仏の言うことを聞かない大自在天・烏摩妃夫婦を降三世明王が踏みつけて調伏している。

アルダーナリシュヴァラ

パールヴァティーはシヴァの妻として、絵画や彫像では寄り添った姿でつくられることが多い。その極限の姿ともいえるのが陰陽結合の合体神「アルダーナリシュヴァラ」である。これは右半身にシヴァ、左半身にパールヴァティーを融合させた像や絵画を指す。神話ではひたすら苦行に打ちこむ妻に感じ入ったシヴァが自分との結合を許しこの神がうまれたとする。陰と陽、男性原理と女性原理が合わさることで、非常に強い力を発揮するとされている。

サティー Satī

破壊神シヴァの最初の妻。彼女が年頃になった時、夫を選ぶために父ダクシャが多くの神々を屋敷に呼びよせた。しかし、サティーはすでにシヴァに心を奪われていた。ところがシヴァを嫌った父は彼をわざと屋敷に呼ばなかったため、サティーはシヴァを捜して屋敷中をさまようこととなる。シヴァがいないことに絶望した彼女は、夫となる人にかけるはずだった花輪を宙へと投げる。するとそこに光があふれてシヴァが登場。花輪を受け取ったシヴァを見て、ダクシャは渋々この結婚を認めざるをえなかったという。しかし結婚後、相変わらず夫シヴァを辱める父に絶望をしたサティーは、父への抗議のため焼身自殺。このことを知ったシヴァは怒り狂い、ダクシャを含めた神々を傷つけて復讐を行う。その後、シヴァがサティーの死体を抱いたまま世界を彷徨（さまよ）ったせいで世界は荒廃。維持神ヴィシュヌはサティーの体を切り刻みシヴァの想いを断ちきらせた。なお、刻まれたサティーの遺体は各地に散らばったが、その場所はすべて聖地になったという。

ミナークシー Mīnāk.shī

その名前の由来は「魚の目をもつ女神」。魚の目は瞬きができないので、常に見開かれている。ミナークシーもまた人々を瞬きせず見守ってくれているという。もともと南インドで信仰を集めていたドラヴィダ系の女神であり、のちにヒンドゥー教と合体。パールヴァティーの別の一面として取り込まれた。伝説によると、パールヴァティーを信仰していたマドゥライ地方の王妃がいた。ある日、彼女の夢の中にパールヴァティーが現れ、「自分はあなたの娘として3つの乳房をもってうまれるでしょう。しかし伴侶と出会えば3つ目の乳房は消えます」と預言を残す。そののちにうまれたのがミナークシーだ。のちに彼女はシヴァと出会い、預言のとおり3つ目の乳房は消え失せ、ミナークシーは彼が自分の夫であると悟ったという。

南インドにあるミナークシー寺院は人気の観光スポットであり、人々の信仰の場でもある。今でも4~5月にはシヴァとミナークシーの結婚を祝う祭りが開催される。

カーリー Kālī

破壊神シヴァの妻のひとりであり、パールヴァティーの化身のひとりともいわれる。美と穏やかさを現したのがパールヴァティーであるとすれば、カーリーは「獰猛(どうもう)さ」の化身だ。

彼女は叙事詩の時代に現れる。「黒色の女神」とも呼ばれるとおり、真っ黒い肌をもつ非常に好戦的な女神であり、その風貌は異様である。いくつもの顔をもち、舌を長く出して薄笑いの表情。多くの手には武器を持ち、腰には人間の腕の腰巻き、首には人の首を連ねた首飾りをつけている。

かつて悪魔がこの世界を支配しようとした時、神妃のひとりドゥルガーの顔を破ってカーリーが顔を出し、悪魔を皆殺しにしたという。悪魔が死ぬまでその血をすするなど好戦的な女神だった。戦いのあと、血に酔った彼女は興奮がさめきらず、その場で喜びのダンスを踊り狂う。そのダンスのせいで大地が崩れはじめたため、神々に懇願されたシヴァが彼女の足下に滑り込み、わざと踏まれることでダンスを止めたといわれる。

ドゥルガー Durgā

パールヴァティーの化身のひとり。争いや戦いを司る女神である。その名前の意味は「近づきがたい女神」、破壊と殺戮（さつりく）の女神とされる。

古くはヴィンディヤ山周辺に住む人々の信仰を集めていた女神だったが、インド神話に飲み込まれ、シヴァの妻として収まった。

彼女の誕生秘話は、ドゥルガーを称える聖典『デーヴィー・マーハートミヤ』に描かれる。かつて神々が魔族アスラたちと熾烈な戦いを繰り広げていた時、劣勢だった神々に頼られた破壊神シヴァ、維持神ヴィシュヌ、創造神ブラフマーなどがそれぞれ光を放った。その光の山からドゥルガーが誕生したという。そこで神々は彼女に三叉戟、円盤、ホラ貝、槍、雷と鈴、水瓶、ヴァーハナ（乗りもの）としてライオンを与え、彼女は神の期待に応えて悪魔を見事倒すのである。

荒れ狂う好戦的な女神である叙事詩『マハーバーラタ』などによると、海で難破した人を救う優しい側面もある。

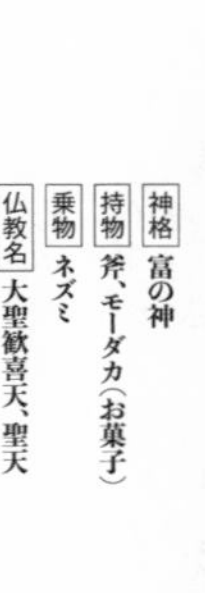

Gaṇeśa ガネーシャ

別名 ガナパティ（群集の王）
ヴィグネーシュヴァラ（障害物の王）

神格 富の神
持物 斧、モーダカ（お菓子）
乗物 ネズミ
仏教名 大聖歓喜天、聖天

シヴァの勘違いから象頭となる

異形な姿をもつ神が多いインド神話の中でも、ひときわ目を引くのがこのガネーシャだろう。彼は破壊神シヴァとその妻パールヴァティーの息子だが、その顔は父母にまったく似ておらず、象そのもの。それには次のような伝説がある。

パールヴァティーが水浴を行った時、彼女は息子に浴室の見張りを命じた。ガネーシャはその命令を頑（かたく）なに守り、浴室へ入ろうとする父シヴァさえ止めた。怒ったシヴァは息子の首を切り落としてしまう。悲しむパールヴァティーを見てシヴァは慌てて首を捜すがどうしても見つからない。そこで偶然そばを通りかかった象の首を、息子の体に乗せたのだという。

象頭の次に気になるのは彼の欠けた牙だ。文献『パドマ・プラーナ』によると、ある日ガネーシャは睡眠中のシヴァの見張りを命じられていた。そこへ聖人（またはパラシュラーマ）がやって来るが、ガネーシャは父の睡眠を理由に取り次ぎを拒否する。客人は怒ってガネーシャに向かって斧を投げつけた。その斧はシヴァが授けたものだったためガネーシャは避けずに攻撃を受け、牙を一本失ったという。

牙に関わる神話はもう一つある。ある日彼がヴァーハナ（乗りもの）のネズミに乗って移動していた時、不意の事故でネズミから落とされる事件があった。その勢いで腹が裂け、中から彼の好物モーダカ（お菓子）が溢れだす。慌ててかき集めるガネーシャを見て月が笑い、その態度に怒ったガネーシャが牙を投げつけた、という話だ。それを受け、今でもガネーシャの祭りの時に月を見ると不運が起きるといわれている。

見た目こそ異形であるものの、父や母に誠実で真面目なガネーシャは、インドではかなりの人気を集める神でもある。「ガナパティ（群集の王）」という別名ももつほどで、その名のとおり民衆人気の高い神様だ。智恵、幸福、富を授ける神であり、生活を守る神でもある。今でもインドで商売をはじめる際にはガネーシャの象や絵を祀るのが恒例であるという。さらに叙事詩『マハーバーラタ』をガネーシャが口述筆記したという伝説から、学問の神としても名高い。

大聖歓喜天、聖天

ガネーシャは仏教と混じり合った時に大聖歓喜天、もしくは聖天と呼ばれ、三千世界を守る守護神となった。もちろんその姿は象頭であり日本の各寺院で祀られている。また、密教でも財産、和合の神として知られており、密教のガネーシャ像は2神が抱き合い、和合したようにつくられている。

スカンダ

Skanda

別名 カールッティケーヤ（昴と結びつくもの）
グラハ（掴むもの）

神格 軍神
持物 槍、剣
乗物 孔雀パラヴァーニ
仏教名 韋駄天

悪魔を滅ぼす神として誕生

破壊神シヴァとパールヴァティーの間にうまれた男神であり、ガネーシャとは兄弟にあたる。彼こそ「悪魔を滅ぼすことのできる唯一の男神」であると預言され、父と母が結ばれるきっかけとなった。

戦の神であり、その名は「攻撃するもの」を意味する。まさに戦うためにうまれてきたような神だ。悪魔を滅ぼしたあとは、シヴァの軍勢を束ねる将として父を守っている。

ただ、上記の神話がうまれたのはシヴァ信仰が芽吹いてからのことである。もともとはドラヴィダ系の人が信仰を寄せる山神ムルガンが、スカンダの原型であるという説もある。ムルガンは南インドで篤い信仰を集める神で、少年の姿をもち、うまれてたった6日目で悪魔を滅ぼした恐ろしい少年神だ。

シヴァ信仰が深まるにつれ、軍神であるスカンダはシヴァとパールヴァティーの息子として産声を上げることとなった。彼は父と同じく数多くの異名をもち、軍神らしく体には兄弟や父にはない黄金色の鎧が着けられている。しかし顔は穏やかで優しくそして力強い。永遠の若き将軍、それがスカンダの姿だ。そんな彼は南インドでは子宝の神としても知られる。

そんなスカンダが仏教に取り込まれると、四天王の増長天の八将軍のうちのひとりである韋駄天と呼ばれるようになる。韋駄天は誰より早く駆け、仏や神々を守護する存在であり、小児の悪魔を除くともいう。

スカンダは古くから軍神として信仰されているカールッティケーヤとも同一視されている。こちらは叙事詩によると火の神アグニに注がれたシヴァの精液が、聖河の女神ガンガーに受け入れられてうまれた。カールッティケーヤは6つの星で形成されるクリティッカー（昴）に育てられたため、6つの顔をもつという。カールッティケーヤのヴァーハナ（乗りもの）は孔雀パラヴァーニで、弓と矢を持った姿で表現されることが多い。

ガンガー

Gāṅgā

別名 バドラソーマ（神聖な飲み物）
ハラシェーカラー（シヴァの頭髪）

神格 ガンジス川の女神

持物 壷

インド3大聖河のひとつ ガンジス川の女神

インドの人たちに最も愛され、今もなお大切にされているガンジス川。この川はヒマーラヤ山の上からうまれ、ベンガル湾に注ぎ込むとされる。その長さは2500キロメートルにも及ぶ広大なもので、7本の支流をもち古くからインドの大地を潤しインドの人々を守ってきた川である。古くから3大聖河の一つとして崇拝されているこの川を神格化したものがガンガーの女神である。

神話によるとガンガーは北の山神ヒマーラヤの娘であり、破壊神シヴァの妻パールヴァティーの姉妹にあたると書かれている（別の神話ではシヴァの妻であるともされる）。しかし叙事詩が書かれた頃には、神の怒りに触れて人間に転生してしまった「天人」を天へと返す役割を担った女神としても描かれている。

遙か古代、ヴェーダ時代（バラモン教）にはガンジス川よりもむしろサラスヴァティー川の方が崇拝されていた。しかしあとになるとガンジス川信仰が深まり、同時にガンガーもまた女神として名を馳せるようになったという。

伝説によると、もともとガンジス川は地上の川ではなかった。維持神ヴィシュヌの指先を流れて天界を潤す「空の川」であったという。しかしある時、コーサラ国王サガラの6万人の王子が殺されるという事件が起きた。その遺骨を慰（なぐさ）めるためには聖なる川で清めるしかない。そこでこの川を地上に流すという壮大な計画が持ち上がった。

しかし川をそのまま流し込んでは地上が壊れてしまうので、シヴァが髪の毛で川の流れを受け止め、地上に川を流す手伝いをしたという。その際、ガンガーは「このように激しい川の流れを、髪で受け止めきれるはずがない」とシヴァの力を見くびったためシヴァは怒り、彼女を髪の中に閉じ込めて数年もの間監禁し続けたという。

こうして川は無事に地上へと降り、天の川から地上の川に変貌（へんぼう）した。今でも川の支流ごとに聖地が設けられているそうだ。

ブラフマー

Brahmā

別名 アートマブー（自分自身でうまれたもの）スラジェーシュタ（すべての神々よりも前に存在するもの）

神格 ヒンドゥー教三大神、創造神
持物 水壷、弓、聖典
乗物 ハンサ（鵞鳥）または白鳥
仏教名 梵天

インド神話の中でもわかりづらい神のひとり

宇宙をつくり神をつくったといわれるブラフマーは、神々の父とも呼ばれる存在だ。古い神話ではヒマーラヤ山脈も大海も川も、すべて彼がうみだしたとされている。

彼は宇宙に浮かぶ黄金色の卵からうまれたとされるが、ヴィシュヌ信仰が盛んになってからは維持神ヴィシュヌのヘソから生え出た蓮の花からうまれたとも言われてる。

もともとは多くの神話をもつ神だったが、時代が下るごとにほかの神々にその神話や逸話が奪われていく。彼の神話は破壊神シヴァ、そしてヴィシュヌなどの神々のものとなり、悲しいかなブラフマー自身の影が薄くなっていくのである。最終的に彼は、人々や神が困った時に現れて、助言を与えて去っていくアドバイザーとしての役目の方が強くなってしまった。

そんな彼の見た目は4つの顔に4本の腕をもち、数珠や壷などを手にハンサ（鵞鳥）、もしくは白鳥に乗る図が有名だ。

実は彼にはもともと5つの顔があったと伝わる。一説によると、娘であり妻のサラスヴァティーを見つめるため、顔を増やし続けたせいで複数の顔をもつようになったという。自分の体からうんだ娘があまりに美しく、すっかり彼女に魅了されたブラフマーは、娘の逃げる方向、東西南北すべてに顔を出現させたという。彼女が天へ逃げた際、5番目の頭が上に出現し、彼女をとうとう諦めさせたほどの情熱と執拗さを合わせもつ神でもあった。

シヴァとの確執は多くの神話に残る

インド神話は時代がくだるにつれて、土着の神々と混じり合い、シヴァ信仰が熱気を帯びていく。前述のとおり、そんなシヴァ信仰の中でブラフマーの立場は弱くなっていくわけだが、神々をつくったはずのブラフマーをシヴァが創造し、あげくブラフマーがシヴァの御者を務めるという神話まで登場するのである。

ブラフマーがもっていた5つの顔のうち1つはシヴァによって切り落とされたともいわれている。切り落とした理由は様々で、ブラフマーの自尊心の高さに腹を立てたシヴァが罰のために切り落とした説、またはブラフマーがシヴァを我が子にしようとし説得するもその尊大な態度に腹を立てたシヴァが切り落とす説、ブラフマーがシヴァの妻サティーに恋し、怒ったシヴァが切り落とす説、そしてサラスヴァティーとの近親相姦に走ったブラフマーを罰するためにシヴァが切り落としたという説などもある。いずれにしてもブラフマーの尊大な態度によって切り落とされている。

ただしとある神話によると、シヴァはブラフマーの首を切り落としたもののその首が手から離れず、12年もの修行を経てようやく離すことができたという。神々の父としての威厳は、まだ失われていなかったようである。

シヴァとブラフマーの因縁はまだまだ続く。多くの神をうんだブラフマーは、自分の指からダクシャをうんだ。このダクシャこそシヴァの最初の妻サティーが焼身自殺を図るきっかけとなった存在であり、シヴァの天敵ともいえる。こんなところにまで、ふたりの確執は広がっている。とかく後世の神話ではブラフマーとシヴァ、ふたりの争いが目につきやすい。

神々のアドバイザーとなる

シヴァ信仰が広まっていくに従って、ブラフマーは別の顔をもつようになった。それは、神々に対する助言役としての立ち位置だ。悪魔が立ち向かってきた時にはシヴァの息子が悪魔を滅ぼすと預言し、ガンジス川を天から降ろす作業の際にはシヴァを頼るよう神々を説得する、8つの方角を守る八大世界守護神を任命するなど、圧倒的なシヴァ信仰に押されて彼は助言の神となり果てた。

そんなブラフマーだが、プラーナ詩によると妻サラスヴァティーとの間にうまれた子は、人類の始祖マヌであるという。何より古代のインドよりその姿をみることのできるブラフマーの神話には、古いインド人の感性や世界観が垣間見えて非常に興味深い。たとえばこんな話がある。

世界は1万2千年で1周をめぐると古代インド人は考えていたようだ。この1周が神々の1年にあたる。しかしブラフマーだけは1日が86億4千万年であり、これをカルパという。世界はこのカルパの期間でうまれ、そして死んでいくといわれている。つまりこの世界は、ブラフマーのたった1日の出来事に過ぎないのである。

そんな彼は、後世になると仏教に取り込まれ、釈迦を支えた梵天の役割を担うことになる。ほかの神々のサポートに走ることとなるブラフマーには、まさにぴったりの役どころだ。

梵天
ブラフマーは梵天として漢訳された。梵天は雷神インドラの漢訳である帝釈天と対で祀られることが多く、2神を合わせて「梵釈」とも称される。

八大世界守護神
ヒンドゥー教の時代においてブラフマーが任命したとされる、8つの方角を守護する神々のことである。北をクヴェーラ、北東をソーマ、東方をインドラ、南東をアグニ、南をヤマ、南西をスーリヤ、西方をヴァルナ、北西をヴァーユが司る。

神格 音楽の女神、水の女神
持物 ヴィーナ（琵琶）、本、数珠、縄
乗物 孔雀
仏教名 弁財天

すべてのものを浄化する最上の女神

ヴェーダ時代（バラモン教）、最も有名な川よりうまれた女神である。残念ながら今ではそれがどの川にあたるのかは不明。伝説の川だったのか、それとも消えてしまったのか謎に包まれている。しかし川は消えても女神は残った。

聖典『リグ・ヴェーダ』では「恵み深きサラスヴァティー、際だってまさった女神」と謳われ、優美なものと評されるほどに美しい女神だ。彼女はやがて言葉の女神と同一化され、サンスクリット語をうんだとも、ヒマーラヤ山脈で不死の霊水アムリタを発見したとも伝えられる。初期の頃の彼女はまさに万物をうみだした女神であり、圧倒的な力をもつ存在であったようだ。

色白で多くの腕をもち、蓮の花の上もしくは孔雀に座ってヴィーナ（琵琶）を奏でる姿が有名。

その姿から想像がつくように、彼女は仏教に取り込まれると、弁財天（べんざいてん）へと姿を変えた。弁財天もまた、音楽、美、知恵の女神。そして弁財天を祀る社の多くは川など水辺の近くに作られることが多いとされる。さらにその社近くの井戸や水辺で銭を洗って清める「銭洗い弁天」という文化もまた、サラスヴァティーの水の女神という性質を受け継いでいる。

夫ブラフマーとは紆余曲折を経て結ばれる

そんなサラスヴァティーの夫は、神々の父とも呼ばれる創造神ブラフマーである。しかしこの結婚もすんなりと収まったわけではない。

一説には、彼女はブラフマーからうまれたという。彼女の美しさにすっかり魅了されたブラフマーは彼女を妻にしたいと望んだ。しかしサラスヴァティーはそんな父を恐れて逃げ惑う。彼女が逃げるとその方角に向かってブラフマーの新しい顔が出現し、執拗にサラスヴァティーを見つめ続ける。逃げまどうサラスヴァティーだが天に向かって逃げたとき、上向きにブラフマーの顔が出現したのを見て、とうとうあきらめて結婚に応じたという。

さらに別の説では、もともとはサラスヴァティーは維持神ヴィシュヌの妻であり、ほかの妻と諍い（いさか）を起こす彼女に怒ったヴィシュヌがブラフマーに与えたという説もある。

しかしブラフマーの妻に落ち着いた彼女は紆余曲折ありながらも夫と非常に仲がよく、プラーナ文献によると人類の始祖マヌをうみだしたと伝わる。

ガーヤトリー

ヴェーダ（聖典）を昔の人々は神とも思っていたようである。ヴェーダの韻律、詩の形を古代のインド人は「ガーヤトリー」と呼んだ。太陽神へ読み上げるガーヤトリーは最も有名で、1日3000回ガーヤトリーを唱えれば罪はすべて帳消しとなるとまでいわれた。詩の韻律はやがて神格化され、女神ガーヤトリーとなる。この女神こそサラスヴァティーの別名。清浄なる川の女神は詩の女神でもあった。

マヌ

Manu

別名 ヴァイヴァスヴァタ・マヌ（ヴィヴァスヴァットからうまれたマヌ）

種族 人間

家族構成 父：ブラフマー（またはヴィヴァスヴァット）、母：サラスヴァティー（またはサンジュニャー）

大洪水を生き延びた人類の始祖

マヌとは「人間」という意味で、インド神話に登場するマヌは現在の人類の始祖とされる。ヴェーダ文献のひとつ『シャタパタ・ブラーフマナ』には、マヌが人類の始祖となった経緯が次のように記されている。

マヌが手を洗っていると1匹の魚が手の中に入り、「大洪水が起こって人類が滅亡する」と予言して、「自分を飼ってくれたらそのときにマヌを助ける」と言った。

マヌは言われた通りに魚を飼い、大きくなったので海に放した。やがて予言どおりに大洪水が起こり、船に乗ったマヌの前に助けた魚が現れた。マヌが魚を船につなぐと、魚は船を北の山まで導いてマヌを降ろす。この洪水でマヌ以外の人類はすべて滅び、マヌは供物から娘をつくり出して新たな人類を誕生させたのである。

旧約聖書のノアの方舟を連想させる神話だが、このような大洪水伝説はバビロニア、ギリシャ、北アメリカなど世界各地に見られる。明確な理由は不明だが、文明は川の近くで発展することが多く、古代の人々は常に川の氾濫を恐れていたことから考え出された神話ではないかと推測される。

マヌの神話は後年の文献にも引き継がれるうち、魚の正体が神々であるという付加されていった。紀元4世紀頃に成立した叙事詩『マハーバーラタ』では創造神ブラフマー、さらにヴィシュヌ信仰が盛んになって成立したプラーナ文献『バーガヴァタ・プラーナ』では維持神ヴィシュヌの化身マツヤとされている。

ヒンドゥー教の時代になるとブラフマーの子となり、マヌは14人いるとされた。これは宇宙の誕生から消滅までの期間を示す1カルパが14期に分割されており、それぞれにマヌがいると考えられたためである。1カルパはブラフマーの1日で、86億4千万年に相当する。

現在のマヌは第7のマヌで、太陽神スーリヤの別名ヴィヴァスヴァットが父であることから、「ヴィヴァスヴァットの息子」を意味するヴァイヴァスヴァタ・マヌと名づけられている。

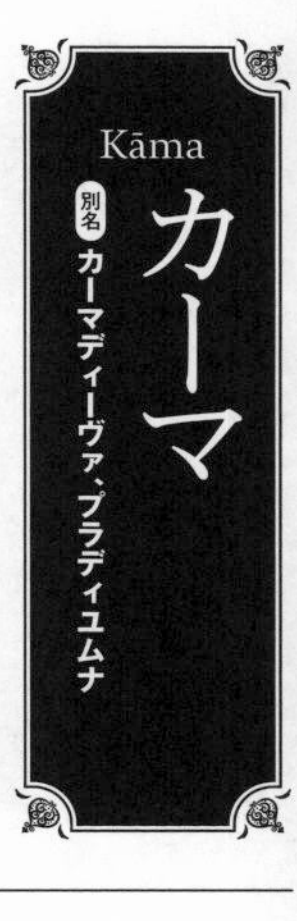

カーマ

Kāma

別名 カーマディーヴァ、プラディユムナ

神格 愛の神
持物 弓矢
乗物 オウム

シヴァに焼き殺された愛と快楽の神

カーマは、西洋における愛欲の神エロス（キューピッド）にあたる存在といえる。

聖典『リグ・ヴェーダ』によると彼は宇宙創世の際に現れた概念で、暗黒に覆われた世界に最初に出現したのが、カーマ（意欲）だったという。後世になるとその概念は神格化され、愛の神カーマへと姿を変えた。

カーマは美しい永遠の若者であり、オウムに乗って弓矢を握る。彼はふらふらと出歩いてその弓矢を打ちまくる。その矢に射抜かれると、人も神も愛の喜びに目覚めるとされた。

ある時、破壊神シヴァは妻サティーが自害したため哀しみの縁に沈んでいた。亡き妻への思いを断ち切るために苦行に入ったシヴァを目覚めさせるべく、その役に選ばれたのが愛の神カーマだった。

実はその頃、神々の世界に悪魔が進出し、暴れて神を困らせていたのである。「シヴァの息子が悪魔を滅ぼす」と預言を受けた神々は、シヴァを苦行から引き上げさせて、妻サティーの生まれ変わりであるパールヴァティーと結婚をさせる必要があった。

そこでカーマはサトウキビでつくった弓にミツバチのツル、花のついた矢を手にヒマーラヤ山で修行を積むシヴァのもとへと赴く。

そして苦行中のシヴァに弓を向けるのだが、その途端、シヴァの額に第3の目が見開き、そこから放たれた光によってカーマは焼き殺されてしまうのである。

パールヴァティーはその後、シヴァの苦行に同行し、シヴァからの試練をクリアしたことで、無事に結婚を成し遂げることとなる。

カーマの死を悲しんだ彼の妻ラティはパールヴァティーに泣きついて懇願。妻に説得されたシヴァによってカーマは復活を許されたという。

転生した後も深い絆で結ばれたカーマとラティ夫婦

プラーナ文献では、カーマが維持神ヴィシュヌの化身クリシュナの子プラディユムナに生まれ変わった時、妻のラティも生まれ変わり魔族シャンバラに嫁いでいた。偶然この赤子を拾ったラティはこれがかつての夫であることを知って大切に育てる。

やがて成長した彼はラティを夫から奪い返してふたりは再び結ばれた。愛の神にふさわしいロマンチックな逸話だといえる。

神格 八大世界守護神、雷神、軍神
持物 ヴァジュラ（金剛杵）、シャクラダヌス（弓）、パランジャ（剣）
乗物 白象
仏教名 十二天・帝釈天

激しい気性と ずばぬけた戦闘力をもつ

インド最古の聖典『リグ・ヴェーダ』で最も多くの讃歌を捧げられている神が、雷神インドラだ。その数は全体の約4分の1にもあたり、古代インドにおいてインドラが最も広く信仰され、人気のあったことが想像される。

ヴェーダ時代（バラモン教）の神々の長、インドラが司るのは雷。茶褐色の偉大な身体をし、暴風神マルト神群を従えて2頭の馬が引く戦車に乗って空中を駆けめぐる。その手に持っているのは、武器ヴァジュラ（金剛杵）だ。金属製の杵に似た法具として表され、インドラはヴァジュラ（電撃、稲妻）を投げつけて悪魔や敵を粉砕する。このヴァジュラによりインドラに退治された悪魔は多数にわたる。

映画『天空の城ラピュタ』では世界を滅ぼす力をもつ「ラピュタの雷」を「インドラの矢」とも呼んでいたが、これは後代の叙事詩『マハーバーラタ』に記された、戦争に用いられた武器「インドラの雷」を指していると思われる。ちなみに、インドラの数多くある別名の一つに、「ウグラダヌヴァン（恐ろしい弓を持つもの）」という名もある。

インドラの性格は豪胆で奔放そのもの。悪魔や強敵を屈服させて人々を守り、彼の信者には寛大な姿をみせる。

しかしその一方で、暁の女神ウシャスの車を壊したり、太陽神スーリヤの車輪を奪い取ったりと神界の平和を乱す一面ももっている。ソーマ酒を好んで飲み、暴飲暴食するという人間的な面も併せもつ。

魔王ヴリトラを退治して 三界の王に

絶大な人気と威信を誇るインドラだが、その地位ははじめから与えられたものではなかった。ヴェーダ時代初期の神々のうちでは、インドラは司法神ヴァルナに次いで2番目に重要な神だったのだ。

『リグ・ヴェーダ』には、インドラの不遇な出生と青年時代について語られている。インドラは母のわき腹からうまれたが、地母神である母プリティヴィーは彼を捨て去ってしまう。その理由は、うまれながらにして強大な力をもっていたわが子を恐れたからだとも、また神々の嫉妬から守るためだともいわれる。また、父ディヤウスも息子に敵意をもっていた。その結果、インドラは実の父を殺すことになり、神々の同情をすべて失って困苦のうちに放浪する時代を過ごさねばならなくなった。

しかし、ソーマ酒がもたらされたことで活力を取り戻したインドラは、ようやく黄金時代を迎えることになる。インドラがほかの神々を超える優位を勝ち得た理由は、魔王ヴリトラを退治したためだ。ヴリトラは宇宙の水を飲み込み、ひどい干ばつを起こして人々を苦しめていた。ほとんどの神々が恐れをなして逃げ出す中、インドラは神酒ソーマをあおって英気を養い、ヴァジュラを手に戦車で駆け出した。激しい戦いの末、ヴァジュラを投げつけてヴリトラの体に突き刺し、生命に必要な水が再び流れるようにした。神々も人々もこぞって喜び、こうしてインドラは天界・空界・地界の3界の王に君臨したのだ。

アーリヤ戦士の理想像が込められたインドラの姿

インドラは神話上の仇敵を打ち倒したばかりではなく、アーリヤ人にとっての現実の敵「ダーサ」とも戦ったという。ダーサは、インドに侵入したアーリヤ人と敵対したインダス川流域の先住民族。ダーサの立てこもる要塞を打ち砕いたインドラは、「プランダラ（要塞、都市を破壊するもの）」として讃えられた。インドラはアーリヤ戦士がかくありたいと願った理想の姿を表しているといえるだろう。

ところが武勇神として名を馳せたインドラも、時代が下りバラモン教のヒンドゥー化が進むにつれ、その地位は低下していった。

プラーナ文献では、インドラの家系は維持神ヴィシュヌにはじまるとされた。依然として神々の支配者ではあるものの、時として悪魔に負かされ、捕らえられるほどに弱体化してしまう。また好色さが強調され、人妻に手を出して窮地に陥る姿が語られる。手には武器ヴァジュラを持つものの、豪華な白い象に乗ったその姿は、もはや武勇神であること感じさせるものではなくなってしまった。

しかし時代が変わって神の重要性や神々の配置構成が変わっても、インドラは神々の代表者という優位性を保ち続けた。時代を経てもインドラは信仰の中心に止まっていたといえるだろう。

十二天・帝釈天

インドラは仏教に取り入れられ仏法守護の主神のひとりである帝釈天となった。また十二天のひとりでもあり、東方を守る。インドラは「シャクロー・デーヴァナム・インドラ」（神々の王インドラ）と呼ばれるが、それが中国で「天帝釈」と漢訳され、略して帝釈となった。

アグニ

Agni

別名 ヴァイシュヴァーナラ（普遍的なもの）

神格 八大世界守護神、バラモン教三大神、火の神
乗物 輝く車、牡羊
仏教名 十二天・火天

あらゆる火として存在するいにしえの神

ラテン語のignis（火）、英語の

ignition（点火）の語源となった火の神。その起源は太古におけるかまどの火の崇拝にさかのぼり、また悪魔を除く力をもつ清浄な神格として盛んに崇拝された。初期ヴェーダ時代から信仰されてきた古い神で、聖典『リグ・ヴェーダ』の中でアグニ賛歌はインドラに次ぐ数を誇る。

　アグニは火の神であるとともに、火そのものを象徴している。天上にあっては太陽として輝き、空中においては稲妻としてきらめき、地上においては儀式で使う祭火として燃える。家庭のかまどの中で燃え、森へ行って山火事となり、さらには人体の中でも消化の火、怒りの火、思想の火として燃えるのだ。

　アグニはいたるところに存在し、万人に共通する火は「普遍火（アグニ・ヴァイシュヴァーナラ）」と呼ばれ、暗黒を取り去る光、霊感の光として讃えられたという。

　アグニは、人々が供物として火中に投じたギー（バター）やチーズを煙にのせて神々のところへ運ぶメッセンジャーの役目を担っている。また、神々を祭壇へ運ぶ役割も担う、神々と人間の仲介者なのだ。

ギー（バター）が大好物な大食漢

　その姿は黄金の顎と歯をもち、頭髪は炎。恰幅がよく、肌の色は真っ赤であり、3つの頭をもつともいわれる。

　雄羊の背中に乗りその姿を現し、3枚または7枚の舌をもって祭祀で火中に投げ入れられた供物を味わう。特に好物なのがギー（バター）だ。

　アグニは3度うまれたといわれるが、あまりに空腹だったため両親を食べ、それから舌を伸ばしてギーをなめたという。

　アグニはこうして得た力をほかのものを救済するために使った。炎で悪魔を焼き払い、人間を危機から守るのだ。悪魔を容赦なく絶滅させる一方、信奉するものを保護し、子孫や家畜を与えて家庭を繁栄させる神として描かれている。

　しかし後代の叙事詩『マハーバーラタ』では、供物の食べすぎで消化不良を起こし、それを治すためにカーンダヴァの森を焼き払うという、やや情けない話が有名である。

　どんな方法で森を焼こうとしてもインドラが雨を降らせて火を消してしまうので、アグニは英雄アルジュナとその親友である維持神ヴィシュヌの化身クリシュナに武器を与えて助けてもらい、ようやく森を焼き尽くすことに成功。悩みのタネであった消化不良を全快させたという。

十二天・火天

アグニは密教における方位の神々である十二天のひとりになると、火天（火仙、火神、火光尊）として守護神の役割を果たした。火天は東南方を守る役目を果たす。

神格 八大世界守護神、バラモン教三大神、太陽神
持物 7つの頭をもつ栗毛の馬が引く黄金の戦車、蓮華
仏教名 十二天・日天

天空を駆け季節を知らせる太陽神

インドでは古代から現代にいたるまで太陽崇拝が盛んに行われてきた。この太陽そのものを神格化した神がスーリヤだ。すべてのものに仰ぎ見られる神であり、またすべてを見わたして人間の行いを監視する眼そのものでもあるとされている。

スーリヤは「サヴィトリ（刺激を与えるもの）」とも呼ばれ、生命そのものだけでなく、光や知識も人間にもたらしてくれる。人々はスーリヤによって目的を遂げることができ、仕事を成し遂げることができるとされた。スーリヤこそ人間や動物、さらには無生物の守護者なのだ。

スーリヤは7つの頭をもつ馬に引かれた黄金の戦車に乗って、司法神ヴァルナが天空に準備した道を駆ける。文献『ヴィシュヌ・プラーナ』では、スーリヤの乗る車は９０００ヨージャナ（1ヨージャナ＝約7～9キロメートル）もの巨大なものであったという。

1年のそれぞれの月に応じて12の天の楽師や隠者、巨人たちが順番に乗って天空をめぐり、季節を知らせる役割をもっていた。

スーリヤの光の破片から神々の武器が誕生

後代のプラーナ文献では、その姿は3つの眼と4本の腕をもち、濃い赤色の肌をした人間として描かれる。2本の手には蓮華を持ち、3番目の手によって人間に祝福を授け、4番目の手で彼を崇拝する人々を救済する。

またプラーナ文献では、スーリヤ（ヴィヴァスヴァットとも）は工匠の神トヴァシュトリ（一説にはヴィシュヴァカルマン）の娘サンジュニャーと結婚し、冥界の王ヤマ、女神ヤミー、そして人類の始祖マヌをもうける。ところが妻サンジュニャーは夫である太陽神スーリヤの発する熱に耐えられなくなり、身代わりを置くと雌馬に姿を変えて森に隠れてしまう。スーリヤも身代わりを本当の妻だと思い込んでいたが、身代わりがわが子であるはずのヤマに呪いの言葉をあびせかけたため本当の母でないことが発覚。雄馬に姿を変えたスーリヤはサンジュニャーを見つけ出すと、自分の輝きを抑えるために義父トヴァシュトリにその輝きの8分の1を削り取らせた。こうしてスーリヤの光の破片からは様々な神々の武器がつくり上げられたという。

スーリヤの車

7つの頭をもつ栗毛の馬に引かれた黄金の戦車。空飛ぶ鳥にもたとえられる。文献『ヴィシュヌ・プラーナ』では、スーリヤの乗る車はきわめて巨大なものであり、「時」の車輪が不滅の「年」に固定されているという。また、1年のそれぞれの月に応じて12の天の楽師や巨人たちが順番に乗って天空を駆ける。

Aśvinau

アシュヴィン

別名 ナーサティヤ（治癒するもの）

神格 双神、医療の神
持物 蜜のしたたる鞭、翼をもつ馬

若さを取り戻させ病を癒す医療の神

アシュヴィンはふたり1組で表されるヴェーダ神話の双神である。常に若く美しく、輝きに満ちた姿をした双子で、それぞれダスラ、ナーサティヤという名を持つが、ナーサティヤを二人の総称として用いる場合もある。厄難から救う神、医療の神として知られる。

雷神インドラや火の神アグニと同じく最も古い神格のひとりだが、その根源をなす自然現象は明らかではない。古くは天と地、昼と夜と考えられてきたが、おそらく明けの明星と宵の明星だと考えられる。また、この双神は光と水蒸気で、あらゆるものに浸透することを表すともいわれる。

アシュヴィンは翼をもつ馬が引く3輪の車に乗って天空を駆け、蜜のしたたる鞭をふるって人々に治療を施すという。農業や家畜、特に馬を司り、老いた者に若さを取り戻させる力があるとされた。また神々の治療を請け負うこともあった。

人間の力で神として認められたアシュヴィン

文献『シャタパタ・ブラーフマナ』には、年老いた聖仙チャヤヴァナに対してアシュヴィンが行った奇跡の治療の話が記されている。ある日、チャヤヴァナは皺だらけの身体ゆえに人間だとは思われず、少年たちに石を投げつけられるという迫害を受ける。その謝罪として少年たちの父親は、美しい娘スカニヤーを妻とするよう老人へ贈った（スカニヤーを妻とする経緯には諸説あり）。

そこに通りがかったのが双神アシュヴィン。人々の病気を治して歩きまわっていた双神はスカニヤーを見初め、「こんな老人よりも若い私たちのところへおいで」と誘惑した。しかし、彼女は双神が神として不完全であることを指摘し、夫の若さを取り戻してくれたらその理由を教えると答えた。双神はさっそくチャヤヴァナを泉で沐浴させると、老人の皺は消え去り若々しい青年の姿となった。

スカニヤーが語ったアシュヴィンが不完全な理由とは、あまりに人間に接触して治療を行うので、神として清浄ではないためだという。一人前と認められず、神々のみに許されたソーマ酒を飲む資格がないとされたのだ。その後、チャヤヴァナの助けを借りて双神はソーマ酒を飲むことを許され、正式に神々の仲間入りを果たしたという。

Uṣas ウシャス

神格 暁の女神
乗物 赤い馬、または牛の引く車

太陽に先駆けて闇を払う美しき女神

太陽が昇る前に現れる、うら若く美しい暁の女神。聖典『リグ・ヴェーダ』では独立した讃歌20編をもち、美しい讃歌がウシャスに捧げられている。『リグ・ヴェーダ』の女神の中で最も目立った存在だ。ウシャスは「輝く」を意味する語で、ギリシャ神話の曙の女神エオスと起源を同じくする。暁の光を神格化したウシャスは、毎朝、太陽が昇る前の空に現れて夜の暗黒を追い払い、人間や動物を目覚めさせて祭祀をはじめさせる役割をもつ。

真紅の衣に身を包み、黄金のヴェールを着けた彼女は、若くて美しい舞姫にたとえられる。太陽神スーリヤの恋人だともいわれ、スーリヤは7つの頭をもつ馬に引かれた車に乗って、天空を東から西へと駆ける。そのスーリヤに先駆けてウシャスは夜の暗黒を払っていくのだ。しかし、スーリヤがウシャスのあとを追い、激しく彼女を抱きしめると、ウシャスはたちまち消えてしまう。ところが翌朝には、再び同じ姿で空に現れるという。

「よきものを伴いて、我らがために、ウシャスよ、輝き渡れ、天の娘よ、高き光彩を伴いて、輝く〈女神〉よ、富を伴いて、女神よ、賜に満ちて。（略）我に向かいて恩恵を誘発せよ、ウシャスよ」

（辻直四郎訳『リグ・ヴェーダ讃歌』岩波書店より引用）

ウシャスは偉大なものにも貧しいものにも、あらゆるものに富と光をもたらし、すべてに幸せを与える。慈しみ深く美しいウシャスは、人間の友として民衆に最も人気のある女神でもあった。ウシャスの姉には夜の女神ラートリーがいるが、ラートリーもまたすべてのものに安息を与える役割をもっているとされる。ふたりは合わせて讃えられることが多い。

後世の神話においては太陽神スーリヤの影に隠れ重要性を失ってしまうが、彼女を源とした美しい讃歌は現在まで受け継がれている。

Vāyu ヴァーユ

別名 アニラ（風）
ガンダヴァハ（香を運ぶもの）

神格 八大世界守護神、バラモン教三大神、風の神
持物 2頭立ての赤馬にひかせた戦車、白い旗
乗物 カモシカ
仏教名 十二天・風天

インドラと深い関係にある風の神

自然現象としての風を神格化した風の神。火の神アグニ、太陽神スーリヤとともにバラモン教三大神として祀ら

れた重要な神である。雷神インドラが登場してからは、のちにその地位を彼に譲った。

聖典『リグ・ヴェーダ』では、原人プルシャの呼気よりうまれたとされる。ヴァーユはその息によって、あらゆるものに生命を吹き込むことができる。さらにソーマ酒を飲んで英気を養って敵を追い払い、人々に名声や財宝、子孫を与えるのだ。

ヴァーユは、神々の長であり雷神のインドラと関係が深い。ヴェーダ時代(バラモン教)の神々は職能や主な活動場面によって天界、空界、地界の3つに分類された。風神ヴァーユと雷神インドラは、ともに空界に属するといわれている。ヴァーユは2頭立ての赤い馬にひかせた車に乗っているが、インドラの御者をすることもある。その際には千頭立ての黄金の馬車で駆けめぐるのだという。

変わりやすい風向きのような性格と姿に

後代になりインドラの地位が低下すると、ヴァーユも神としての地位は低下してしまう。ある神話によれば、ヴァーユは神々の家であるメール山から追放された際に力の一部を失ったという。

聖仙ナーラダにけしかけられたヴァーユは、報復としてメール山に攻撃をしかける。すると神鳥ガルダが羽を広げてナーダラを守るが、ガルダがいない隙を見計らって山頂を海のかなたへ吹き飛ばすことに成功。これがランカー島、すなわち現在のスリランカになったという。

プラーナ文献では、白い旗を手に持ちカモシカに乗った優雅な姿で表されるヴァーユ。だが一方で、ライオンに乗った姿で描かれることもある。時に荒々しく、時に穏やかな面をみせる変わりやすい性格を示していると考えられる。

のちにヴァーユはインドラやアグニとともに、8つの方角を守る八大世界守護神のうちに加えられ、北西を守護するようになった。仏教にも取り入れられ、十二天のひとりである風天となった。

また、叙事詩『マハーバーラタ』に登場する英雄ビーマ、『ラーマーヤナ』に登場する神猿ハヌマーンの父親としても知られている。

ハヌマーン
叙事詩『ラーマーヤナ』で活躍する猿の勇士。ヴァーユが別宅でもうけた子どもとされる。

ビーマ
叙事詩『マハーバーラタ』でクル族王妃クンティーがヴァーユの加護を受けてもうけた子ども。

十二天・風天
十二天のひとり風天はヴァーユの漢訳で、名誉・福徳などを与えるという。鬢髪は白く赤褐色の体をもち、右手に風幢を携えた甲冑姿をとる。

神格 八大世界守護神、死者の王、死の神
持物 2匹の番犬、棒と縄
乗物 水牛
仏教名 十二天・閻魔天

死の国に君臨する最初に死んだ人間

手に笏（しゃく）を持ち、恐ろしい形相で亡者の罪に判決を下す閻魔大王。恐ろしいものの代名詞である地獄の王は、インド神話における死者の神ヤマに由来する。しかし、ヤマが死後の審判を司り、人々を罰する神となったのは後代のこと。もとは死の道を発見した、最初の人間だった。

ヤマの起源は古く、インド最古の聖典『リグ・ヴェーダ』の成立よりも以前の、インド・イラン共同時代にまで遡（さかのぼ）る。ゾロアスター教の聖典『アヴェスター』の「イマ」（最初の人間、理想的な統治者）に対応する。

死の道を発見した最初の人間としてヤマは、死者の王となって死の王国に君臨する。その側には4つの眼をもつ2匹の番犬がつき従い、死の道を守っている。またこの犬たちは人間界をも歩きまわり、死すべき人間を嗅ぎ出しては死の王国へ連れて行くといわれる。

死の国というと地獄が思い浮かぶかもしれないが、ヤマが君臨したのは地下の地獄ではなく最高天にある楽園だ。ヴェーダ時代（バラモン教）では、ヤマの死の王国は歓楽に満ちた理想郷とされていた。そのヤマの王国で死者はピトリ（祖霊）と一体となり、安楽に暮らすことが理想とされていたのだ。

兄の死を忘れさせるためにできた「翌日」

ヤマには双生児の妹ヤミーがいた。ヤミーはヤムナー河の女神。『リグ・ヴェーダ』では兄ヤマに求愛し、激情的な恋の言葉で自分の夫になるように誘うが、ヤマにたしなめられる有名な対話が記されている。

「兄さん（ヤマ）のことが好きなの。だから夫婦になりましょう」と言い寄るヤミーに対し、「私たちは兄妹なんだから、そんなことをしてはいけないよ」と繰り返しヤマがたしなめる対話は、牧歌的でほほえましくもある。一説によると彼らは最初の夫婦であり、人類は彼らからうまれたという。

のちの文献『ブラーフマナ』では、ヤマの死を嘆くヤミーにヤマを忘れさせるため、神々は夜をつくり「翌日」というものができ、ヤミーはヤマを忘れることができたとされる。こうして昼夜の別がつくられ、「夜は災いを忘れさせる」といわれるようになったという。

また、死はヤマの使者であり、眠りも死の国からくるものだとされた。ヴェーダ時代では、ヤマは死者を天に迎え入れる慈悲の神としての性格をもっていたが、のちの叙事詩の時代になると、死者の生前の行為を記録して、その善悪の賞罰を司るという厳しい性格をもつようになった。

恐ろしい地獄の統治者となったヤマ

時代が下って死者の審判者となったヤマが支配するのは、懲罰の場である地獄だ。南方の地下に位置する地獄では、すべての魂はヤマが審判を下す玉座の前を通らなければならない。

そこではヤマは緑色の肌の上に血のように真っ赤な衣をまとい、銅色の眼は恐ろしい形相であたりを睨みつけている。ヤマの書記チトラグプタが死者の善行と悪行を大きな本から読み上げると、この記録に従ってヤマによる審判が下される。ヤマは人々が現世で行った善悪の行為の結果を公正に査定し、ヤマダルマ（ヤマの法、ヤマの正義）によってその罪に応じた地獄へ魂を送ることができるのだ。

ヤマは死者の魂が審判の場へ送られてくるのをただ待つだけではない。ヤマは人間に割り当てられた寿命が記されている「運命の書」を持っており、ひとりの人間が死すべき時、使者を遣わしてその人間を審判の場へ連行することができる力をもつ。また、時にはヤマ自身が水牛にまたがり、重たい棒と縄を携えて死者を出迎えに行く。この縄を死すべき人間の首に巻きつけ、地獄へと連行するのだという。

死を恐れた人々は、ヤマを排除する方法を見つけ出そうとした。最も有効なのは、創造神ブラフマー、維持神ヴィシュヌ、破壊神シヴァのヒンドゥー教の三大神の誰かの名を呼び鎮めることであった。悪知恵が働く悪党は臨終の際に息子ナーラーヤナ（ヴィシュヌの別名のひとつ）の名を呼び、ヴィシュヌの使者を呼び寄せることに成功。ヤマの使者を追い払ったという。

ヤマは仏教に取り入れられると閻魔天となった。閻魔は閻魔羅闍（ヤマラーイヤ）の略で、ヤマを漢字で音写したもの。閻魔天は死者を裁く恐ろしい冥界の王として、死者の生前の行いに懲罰を与えるという役割を一層強めていった。今日よく知られる閻魔大王である。

八大世界守護神

八大世界守護神のひとりで、南方を守護する。後代、冥界の王となってからはヤマの支配する死の国は南方の地下にあるとされた。

十二天・閻魔天

ヤマは仏教に取り入れられると、閻魔、夜摩などと漢字で音写され、死後の審判を司る閻魔天となった。

興奮飲料ソーマ酒を神格化

雷神インドラは魔王ヴリトラと戦う時、ソーマ酒を飲んで英気を養い、勝利を手にした。ソーマはその神酒を神格化した神だ。

ヴェーダの祭式でも最も重要な供物とされるソーマ酒は、人間が飲むと神々とのつながりがうまれるといわれていた。

また詩人はソーマ酒を飲んで詩的霊感を高めたようで、聖典『リグ・ヴェーダ』にはソーマ酒に酔いしれて詩想を得て、限りない高揚感を味わっている男の独白がみられる。おそらくソーマ酒はアルコールではなく、幻覚作用をともなう麻薬の一種であったとも考えられる。

ソーマとはもともと植物の名で、その植物をしぼって樹液を取り出し、パヴィトラと呼ばれるろ過器で不純物を取り除いたあと発酵させた飲料がソーマ酒となった。

飲むものを興奮させ、その精神を高揚させる効果があったソーマ酒は、アムリタ（甘露）、マドラ（蜜）とも呼ばれ、神々とともに長寿を願う人々に愛飲された。しかし、原料であるソーマの実物は早くから手に入らなくなり、実際の祭式では代用品が用いられていたようだ。

傲慢となったソーマからうまれた美しき月種族

神格化したソーマは「王者ソーマ」と呼ばれ、天上に住み、人間に好意的で恩恵に富む神格だ。『リグ・ヴェーダ』におけるソーマへの讃歌はインドラ、火の神アグニに次いで多い。また『リグ・ヴェーダ』には鷲がソーマを天界から持ってきたとあり、鳥とも草木の長ともいわれる。

また、神格としてのソーマの姿は、10頭もの白い馬によって引かれた、車輪が3つついた馬車に乗った姿で描かれている。

『リグ・ヴェーダ』の末期以後、ソーマは月の神ともされるようになった。これは月をソーマ酒の器として考えたことによる。月神としてのソーマは、チャンドラ（月）などの名で呼ばれるようになった。

後代のプラーナ文献の神話では、ソーマは星宿やバラモン（司祭階級）、植物を支配する神格となった。しかし授けられた栄光と強大な支配権に酔いしれ、次第に傲慢になってしまう。なんと欲望のまま、神々の指導者ブリハスパティの妻ターラーを誘拐したのだ。このときターラーは身ごもり、うまれてきた子どもは神々の目をくらますほどの美しさだった。このソーマの息子から、月種族（チャンドラヴァンシャ）が誕生したという。

チャンドラ

聖典『リグ・ヴェーダ』末期以後、ソーマは月の神とされるようになった。これは、月を神酒ソーマの容器と考えたためといわれる。チャンドラは月の神としてのソーマの別名で、仏教では月天と漢訳される。またソーマの息子から月種族（チャンドラヴァンシャ）がうみ出された。

トヴァシュトリ

Tvaṣṭṛ

別名 ヴィシュヴァカルマン（一切物の創造者）

神格 工匠の神
家族構成 娘：サラニュー（またはサンジュニャー）
息子：トリシラス（ヴィシュヴァルーパ）

ヴァジュラや神々の武器をつくり上げた創造神

トヴァシュトリは、ヴェーダ神話における工芸・技工の神。ギリシャ神話の鍛冶の神ヘパイストスなどに相当する神格だ。

聖典『リグ・ヴェーダ』では独立した讃歌こそないものの、様々なものをつくり出す神として重要な働きをもつ。神々の長である雷神インドラが魔王ヴリトラを打ち負かすための武器ヴァジュラ（金剛杵）をつくり出したのは、トヴァシュトリである。その美しくしなやかな腕と手からは、ソーマ酒をいっぱいに満たす不思議な杯などもつくり出された。

トヴァシュトリは何かをつくり出すだけでなく、天地のあらゆるものを飾りつけ、胎内の子どもを発育させ、人間や動物の形をつくり出したともいう。このため、彼はガルバパティ（胎の主）とも呼ばれる。直接戦いこそしないものの、トヴァシュトリがもつ創造の力は広大であった。しかし、その力が広大すぎるため、時としてインドラと敵対することも。

トヴァシュトリには3つの頭をもった息子トリシラス（ヴィシュヴァルーパ）がいたが、インドラはトリシラスを殺してトヴァシュトリへの敵意を示している。

また、『リグ・ヴェーダ』では彼の娘サラニュー（プラーナ文献ではサンジュニャー）は太陽神のひとりであるヴィヴァスヴァットの妻となり、冥界の王ヤマとヤミー、人類の始祖マヌをうむ。この事から、トヴァシュトリを人類の祖とする意見もある。

後代になると、トヴァシュトリはヴィシュヴァカルマンと同一視されることもあった。ヴィシュヴァカルマンは、創造力と知恵を具現化した神で、宇宙の設計者と考えられている創造神である。またプラーナ文献では、娘婿の太陽神スーリヤ（ヴィヴァスヴァットと同一視される）の破片から、維持神ヴィシュヌの円盤、破壊神シヴァの三叉戟、軍神スカンダ（カールッティケーヤ）の槍など、神々の武器をつくり上げた。

アスラ

Asura

仏教名 八部衆・阿修羅

神々と争う好戦的な魔族たち

アスラは魔神や魔族の総称、種族名である。ヴィローチャナや、ラーフなどが属している。

現在も主に悪魔をさす言葉として、アニメやゲームなど多数の作品で使われている。インド神話の中でも強大な力をもっており、神々を幾度も危機に陥れている。

このようなことから悪のイメージが強いアスラだが、神々とともに創造神プラジャーパティからうまれたものといわれている。

プラジャーパティは虚偽をとるものとして闇とともにアスラを、真実をとるものとして天とともに神々をつくったという。アスラは最初から魔族だったわけではなく、司法神ヴァルナや暴風神ルドラのように、もともとは不思議な幻術や呪術の力をもつヴェーダ時代（バラモン教）の神であった。

アスラが神から魔族になったのは、乳海攪拌（創世神話）の際、ほかの神々にそそのかされて供犠（供えものや生贄）を食べてしまったからだという説が有力だ。また、アーリヤ人によって天界から追い払われてしまったという話もある。アスラは神々から霊水アムリタを与えられていない。つまり、不死を得ることができていないのだ。アスラという名の由来には諸説あるが、そのなかには「(アムリタを）飲んでいないもの」という意味の「ア・スラ」という言葉からきているという説もある。

アスラは、仏教においては八部衆の阿修羅となった。もともと好戦的であることから、戦いの神とされている。阿修羅をかたどった仏像は、戦神らしい怒りに満ちた表情が一般的だが、奈良県興福寺の阿修羅像は少年のような涼しい表情で、美仏として有名である。また、日本語に「修羅場」という言葉があるが、それはこの阿修羅が由来している。もともとは雷神インドラが仏教に取り入れられた姿の帝釈天と、激しく戦った場所のことだとされている。転じて、争いの絶えない場面、悲惨な状況のことを修羅場というようになったという。

ヴィローチャナ

Virocana

種族 アスラ
家族構成 父：プラフラーダ、息子：バリ

真理を誤ったアスラの首領

ヴィローチャナは特に有力なアスラのひとりである。ヴィローチャナの名は、インド神話に関連する複数の話に登場し、それぞれ少しずつ関連する逸話の内容や意味が異なる。

ヴィローチャナには、雷神インドラと関わる話がいくつか伝わっている。ある話では、インドラとヴィローチャナはともに、創造神プラジャーパティのもとで修行を行っている。インドラとヴィローチャナはアートマン（自我）の真理を知りたいと考え、プラジャーパティに尋ねた。するとプラジャーパティは「美しく着飾って水や鏡に映る姿こそがアートマンであり、真理である」と答えた。ヴィローチャナは真理を得たと喜び、一族のもとに戻ってこの教えを広めた。しかしインドラは、プラジャーパティがわざと誤りを言っていたと気づき修行を続けた。その結果インドラは、肉体や見た目ではなく意識こそがアートマンであるという真理にたどり着いたのだった。

また別の話では、ヴィローチャナはインドラと激しく戦っている。ヴィローチャナはインドラに敗れるが、息子バリは厳しい苦行の末にインドラをしのぎ、3界を支配する悪魔の王に。その結果、維持神ヴィシュヌの化身ヴァーマナと対峙するのである。

ヴィローチャナと大日如来の関係にも注目したい。大日如来はこの世のすべてを照らす存在で、宇宙の真理、仏法そのものであるといわれている。大日如来の由来は諸説あるが、その一つに、ヴィローチャナこそが大日如来であるとするものがある。ヴィローチャナという言葉が、密教で大日如来とされる毘盧遮那仏（びるしゃなぶつ）こと「ヴァイローチャナ」に非常によく似ていることも根拠の一つという研究もあるが、ヴィローチャナとヴァイローチャナは明確に別だという反論もある。いずれにしても大日如来の由来は正確にはまだわかっていない。

ヴリトラ

Vṛtra

別名　アスレシュレーシュタ（最上のアスラ）、ダーナヴァ（悪魔）

種族　アスラ

家族構成　父：トヴァシュトリ（またはカシュヤパ）、妻：ラムバー

インドラを追い詰める強力なアスラ

ヴリトラにはいくつかの物語が伝わっており、それぞれ内容が異なる。プラーナ文献だけでも2つの出生由来が記されている。それぞれ、うまれ方は異なるが、いずれも創造神プラジャーパティのひとりが自分の子どもを殺したインドラへ復讐するためにうみ出されたという点が共通している。

外見については、一説では真っ黒な肌と黄色い瞳、巨大な牙をもち、カモシカの皮を身につけ、剣を所持していたともされ、蛇のような姿でも描かれる。また、大きな口で一度はインドラを飲み込んだという描写もみられることから、相当な大きさであるとも考えられる。アスラの中でも最高位の魔神であるとされ、別名にも最上のアスラという意味のものがある。

いずれの説も物語の内容に違いはあれど、ヴリトラはインドラにとっての敵であり、そして最終的にインドラに打ち負かされたという展開は共通してみられる。ヴリトラは雷神であるインドラとは相容れない存在で、ふたりの闘いは自然現象を表しているとも解釈されている。本書においては、プラーナ文献に記載されているうちの一説を、ピックアップして紹介する。

復讐のために生を受ける

創造神プラジャーパティのひとりともされる工巧の神トヴァシュトリは、もともとインドラと不仲であった。そこで、インドラを倒すために息子トリシラスをもうけた。トリシラスの力に不安を感じたインドラは、トリシラスがもつ3つの頭を切り落として殺した。

息子を殺されたトヴァシュトリは怒り、インドラをますます強く恨んだ。そこで、火をたいて呪文を唱え、連日祭儀を行った。8日目の夜、男の魔神が現れて、トヴァシュトリを父と呼んだ。彼は父が悲しんでいる理由は何かと尋ね、さらに父のためであれば何でもすると言った。トヴァシュトリは喜び、彼をヴリトラと名づけた。そして、インドラを倒すように命じたのだった。

インドラとヴリトラの戦いは激戦を極めた。ヴリトラはついにインドラを捕らえ、飲み込んでしまう。しかしインドラは、ヴリトラにあくびをさせて脱出した。これ以降、息をする生き物はあくびをするようになったと伝わっている。インドラは、この戦いでヴリトラの力が強大であることを知り、退却した。

インドラを含む神々はマンダラ山に集まって、どうやってヴリトラを倒せばよいかを話し合った。しかし妙案は浮かばず、維持神ヴィシュヌに相談することになった。ヴィシュヌはインドラに、1つの策を授けた。

偽りの講和、インドラの謀略

ある日ヴリトラのもとにインドラからの使者がやって来た。インドラの地位の半分を分け与えることを条件に、講和しないかとヴリトラに持ちかけたのだ。ヴリトラは条件をのみ、講和に応じることにした。ヴリトラがインドラの神殿を訪ねると、インドラは彼を歓迎した。お互いを認め合い、抱き合って永遠の友情を誓い合ったのである。しかしこれは、インドラがヴィシュヌに授けてもらった策であった。いったん講和を結ぶことによってヴリトラを油断させておき、彼を倒すことができる機会をじっくりと待つことにしたのだ。インドラは策をめぐらせ、ヴリトラを倒す準備をはじめた。

ある日、ナンダナの森を通りがかったヴリトラは、そこで美しい歌声を響かせ舞い踊る美女ラムバーを見つけた。すぐに彼女に夢中になったヴリトラはラムバーに話しかけ、妻になってくれないかと言った。ラムバーはヴリトラに、何でも言うことを聞いてくれるのであれば妻になってもいいと答えた。ヴリトラは何でも言うことを聞くことを約束し、ラムバーを妻にした。ラムバーはヴリトラに、悪酔いを呼ぶため禁止されているスラー酒を飲むよう勧めた。何でも言うことをきくという約束があったため、ヴリトラは断れず、スラー酒を飲んだ。するとすぐに、ヴリトラは酔って眠りに落ちてしまう。その時、すかさずインドラが現れ、意識のないヴリトラに対してヴァジュラを投げつけて倒したのだ。ヴリトラが美女ラムバーを見つけるように仕向けたのも、彼女の魅力を利用したのも、インドラによる策だった。こうしてインドラは、ヴリトラに勝つには勝ったのだが、卑怯な策を使ったことを恥じたといわれている。

一連のインドラとヴリトラの戦いは、自然現象を表しているという解釈がある。インドラは雨と雷、ヴリトラが水を閉じ込める雲であるというものだ。そのほか、アーリヤ人が北インドに勢力を伸ばす際の原住民との関係を背景に成立したともみられてる。

ヴァジュラ（金剛杵）

インドラの武器といえばヴァジュラ（金剛杵（こんごうしょ））だが、これはヴリトラを倒すためにつくられたという。聖仙ダディーチャが自らの命と引き替えに骨を差し出し、それを使って工匠の神トヴァシュトリが制作した。激しい雷を呼ぶもので、インドラが敵に投げつけて使う描写がみられる。現在も仏具の一つとして使用されている。

ヴァルナ

Varuṇa

別名 アディティプトラ（アディティの息子）
アムブパ（水の王）

種族 アスラ
神格 司法神
乗物 7羽の白鳥（のちに亀またはマカラ）
仏教名 十二天・水天

厳格な司法の神から3神による分立へ

4本の腕、宝石などの装飾品、ほら貝とともに描かれる神々しいヴァルナは、宇宙を支配する頂点に立つ存在であった。あらゆる物事を見下ろし、厳正に裁いていく。あるものはその厳しさに恐れ、またあるものは医薬の施しに感謝し、尊敬を集める存在とされていた。

そんなヴァルナがなぜ格を下げられてしまうことになったのか。それは、彼の神格があまりにも多様で広すぎたことにある。多くの神々にその役割が分担されていき、ヴァルナは頂点的な存在ではなくなった。彼が司る事柄の一部が契約神ミトラ、天則（リタ）の神アリヤマンに分けられ、3神が同等として扱われるようになったのだ。

プラーナ文献によると、ヴァルナは八大世界守護神のひとりに数えられている。それぞれが各方位を守護しており、ヴァルナは西を守護するとされている。西を護ることになったいきさつが、物語に残されている。

ある時、修行をしている富の神クヴェーラの前に創造神ブラフマーがやって来た。クヴェーラはブラフマーに、「自分をぜひとも守護神に加えてもらいたい」と頼んだ。

ブラフマーはこの時すでに雷神インドラ、ヴァルナ、冥界の王ヤマを守護神にしようと決めていたので、クヴェーラを含めてちょうど東西南北の四方に割り当てることができる。ブラフマーはすぐにクヴェーラを受け入れ、ヴァルナを西方に割り当てることに決めたのであった。

水の神として西方を守護する

もともとヴァルナと水は関係があるとされていたが、この関係性は徐々に強められていった。叙事詩『マハーバーラタ』には、神々がヴァルナに水を護ることを勧めている描写がみられる。「インドラが神々を支配するように、ヴァルナは水を支配することができる。海も川も、すべての水が従うだろう」そういわれたヴァルナは納得し、水の神となったという。

仏教に取り入れられた際も水の神、水天とされた。この時、もともと司法神であった部分も汲み取られ、水の神とともに司法の神としても奉られている。守護する方位は変わらず西方である。水難回避や雨乞いの呪術、水天法をつくったとされる。

契約神ミトラ
聖典『リグ・ヴェーダ』にてヴァルナと並べて賛歌を捧げられる契約の神。のちに盟約を意味するようになり、友愛を守る神にもなった。

7羽の白鳥
もともと7羽の白鳥に乗っていたヴァルナ。しかし、その地位が格下げになるとともにヴァーハナ(乗りもの)も変化。のちに水の神になった時には亀、または海の獣マカラになったという。

Rudra

ルドラ

別名 ブータパティ(悪鬼たちの王)

種族 アスラ
持物 弓
神格 暴風神

破壊と恵みの二面性をもつ暴風の神

赤褐色で屈強な体をもち、黄金の光を放ちながら、雄の豚に乗る姿で描かれるルドラ。破壊、暴風の象徴といわれているが、破壊するだけではなく恵みをもたらすという面も併せもっているとされる。

破壊行動を起こして時には命を奪う一方、薬を用いて人々の病を治療する素晴らしい薬師でもあった。このことから、破壊の暴風を巻き起こしながらも、同時に恵みの雨を降らせて湿潤な気候をもたらし作物を育てる、東南アジアの季節風モンスーンを神格化したものだといわれている。ヴェーダ時代(バラモン教)の神でアスラに属するという。

ルドラの出生には複数の説がある。一説では創造神プラジャーパティを父、暁の女神ウシャスを母とするといわれているが、プラーナ文献によると創造神ブラフマーからうまれたとされる。ブラフマーは4神を創造したが、彼らは消極的で子孫を残そうとしなかった。そんな様子に立腹したブラフマーが怒りの炎に包まれて真っ赤になったその時、怒るブラフマーの強い思念から、太陽のように強く光り輝くルドラがうまれた。

また、別の物語によるとブラフマーが自分の子を望んでいたところ、彼の膝上に青い顔色の子どもが出現した。

子どもは名前を欲しがって大声で叫んでいたので、ブラフマーはルドラ（叫ぶ、ほえるもの）と名づけたというエピソードも残っている。

ルドラは、破壊神シヴァの原型であると考えられている。プラーナ文献の中には、シヴァがルドラのことを自身の化身であると発言している記述がみられる。

シヴァは踊りの王であるという一面があるが、ルドラも同じように歌や踊りの王とされている。

ルドラは弓矢が重要な持ちものと考えられており、悪魔が住まう3つの城塞を、わずか一矢のみで全て破壊してしまったという逸話も語られている。昨今のゲームなどではルドラ自身のみならず、弓矢が登場するものもある（このエピソードも後世にはシヴァの偉業に差し替わっている）。一例としてオンラインゲーム『ラグナロクオンライン』に、ルドラの弓が強力な武器として登場する。

日蝕と月蝕を起こす不死のアスラ

ラーフはアスラでありながら、不死である。乳海攪拌（にゅうかいかくはん）（創世神話）の際、不死を得られる霊水アムリタを維持神ヴィシュヌが神々に飲ませようとしていた。

その時、ラーフは変装をしてこっそりと神々の列に紛れ込んだのだ。まんまとアムリタを飲むことに成功したものの、変装が少々甘く尻尾が見えてしまっており、太陽神スーリヤは月と酒の神ソーマと協力してラーフを取り押さえた。

正体を暴かれたラーフに、ヴィシュヌは戦輪チャクラムを投げつけて首を切り落とした。しかし、すでにアムリタを飲んでいたラーフは不死になっており、首を切り落とされてもなお生きていたため、首と胴空は別々に空へ跳ね上げられた。こうして分かれた首をラーフ、胴をケートゥと呼ぶようになったという。

首が切り落とされる前のラーフの姿は、4本の腕と尾をもち、8頭の黒い馬が引く馬車に乗る姿で描かれる。ラーフとケートゥが別個に描かれる際は、ラーフは頭だけが黒い8頭の馬が引く馬車に乗っており、ケートゥは赤い8頭の馬が引く馬車に首のない胴のみが乗っている姿とされる。

スーリヤとソーマによって変装がバレたラーフは、空に上がった後も恨みを抱き続けている。ラーフとケートゥが月と太陽を追いかけてつけ狙い、隙あらば食らいつく。この時、月や太陽が覆い隠されて光を失うことから、日蝕や月蝕を起こしているのはラーフとケートゥであると考えられている。

ラーフの名は「捕らえるもの」という意味をもつが、まさにその名の通りの存在となったのだ。ただし、首と胴が分かれているせいでうまく飲み込むことができず、月と太陽はすぐに出てきてしまう。日蝕や月蝕がすぐに終わるのはこのことからだという考えもある。また、ラーフとケートゥは実体のない仮想の天体ながら、占星学に大きな影響を及ぼしている。

ジャランダラ

Jalaṅdhara

別名 マハーグラハ（偉大なる捕獲者）　サインヒケーヤ（シンヒカーの子）

種族 アスラ

神格 シヴァの破壊欲

シヴァが自らの破壊欲からつくったアスラ

ジャランダラは、破壊神シヴァがつくり出した不死のアスラである。ただし、神々はジャランダラがシヴァにつくられたものであると知らず、ずいぶんと苦労させられることになってしまった。

彼がつくられたきっかけは、シヴァのもとを訪れた雷神インドラにある。ある日、シヴァのもとに多くの神々が集まっていた。シヴァは客をもてなすため、叶えたい願いはないかと問いかけた。するとインドラが「シヴァに匹敵するほどの強い破壊の力が欲しい」と言った。この、インドラの強い力への欲望が、シヴァの破壊欲を刺激したのである。シヴァが自らの破壊欲を解き放つと、そこからジャランダラがうまれた。

ジャランダラの勢いはすさまじく、すぐにアスラの軍勢を率いて神々のもとに攻め入った。神々も抵抗する。このとき神鳥ガルダが母を助けるために持ち去った霊水アムリタをこぼしたために、不死を得られる草となっていたクシャ草を使い、倒れた神を治療しながら戦った。

しかし、ジャランダラの勢いを止めることはできない。ついに、インドラや維持神ヴィシュヌまでもがやられてしまった。

困った神々はシヴァに助けを求めた。シヴァはジャランダラのもとへ行き、自身の化身ハラ（万物を破壊するものの意）の力を使ってジャランダラを倒した。結果的にシヴァはこの戦いで、神々の信頼を集めることに成功したのだった。

さんざんに負かされた神々だが、ちょっとしたところでジャランダラに一矢報いている。ヴィシュヌがジャランダラに変身し、彼の妻ヴィリンダーに迫ったのだ。すっかり騙された妻ヴィリンダーは、ヴィシュヌと関係をもってしまう。ヴィリンダーはのちに、騙されていたことを知ったショックで死んでしまったともいわれている。

仏教名 八部衆・夜叉

創造初期にうまれた善良な鬼神

創造神ブラフマーからうまれた悪霊ヤクシャは、ほぼ人間のような姿で描かれることが多い鬼神だ。

ヤクシャたちはまだ天地創造がはじまったばかりの頃にうみだされた。創造が進んでいない段階でうまれてしまったので、うみだされたものたちは皆飢えてしまった。飢えは深刻になり、あろうことかいよいよ自分たちをつくり出した父たるブラフマーまで食べてしまおうとするものもいた。さすがのブラフマーもこれには堪らず、自分の身を守るために父を食べるべきではないと諫めた。この時ブラフマーの言うことを聞き、おとなしくなったものがヤクシャだ。それに対して、言うことを聞かずになおもブラフマーを食らおうとした血の気の多いものたちがラーヴァナに代表されるラークシャサ（羅刹）になったといわれている。欲を抑えることができたヤクシャはのちに、富の神クヴェーラの従者という役目を与えられた。ちなみにクヴェーラもヤクシャであり、一族の王であるとされている。

女性のヤクシャはヤクシニーと呼ばれる。豊かな大地と水を象徴するものとして、豊穣の神として崇められている。鬼子母神ハーリティーも、ヤクシニーの一種である。

また、男性のヤクシャは植物や川の精霊として、実りをもたらす。このように、人に危害を加える兄弟ラークシャサに対し、ヤクシャは善良であり、人々に富をもたらすものとされている。また、ヤクシャは地域を守るものとして崇拝されるところもある。

仏教に取り入れられると、八部衆の夜叉となった。仏法や信徒を守るものとされる。ヤクシャがクヴェーラの従者であったという部分も夜叉に引き継がれており、仏教においてクヴェーラが同一視された毘沙門天に、夜叉はつき従うとされている。また、奈良県の東大寺の金剛力士像に代表される金剛力士は、寺院を守護するという役目をもつことからヤクシャが関係するという説もある。

Kuvera クヴェーラ

別名 ダナパティ（財宝の主）、ヤクシャラージャ（ヤクシャの王）

種族 ヤクシャ
神格 富と財宝の神
持物 財布、棍棒
乗物 プシュパカ
仏教 毘沙門天・多聞天

苦行の末に神まで昇り詰めた努力家

クヴェーラは富と財宝の神である

が、その地位は彼の努力によって得られたものとされている。別名にあるようにヤクシャの王であり、ヴェーダ時代（バラモン教）には邪悪な存在とされていたクヴェーラだが、数千年におよぶ苦行に耐えて創造神ブラフマーに認められた。

そして、神としての地位と不死、充分な富、空を飛ぶことができるプシュパカという巨大なヴァーハナ（乗りもの）を授かった。

彫刻などで描かれる姿では、見事な太鼓腹が特徴的。作品によって手に持っている物は様々だが、雨のように宝石を降らせながらプシュパカを飛ばすクヴェーラの姿は、まさに富の象徴といえる。

しかし、クヴェーラにまつわる話はサクセスストーリーでは終わらない。むしろ、かなりの不運に見舞われている。空飛ぶプシュパカはのちに、羅刹王ラーヴァナに奪われてしまうのだ。さらに、本拠地ランカーの都までも奪われたクヴェーラは、カイラーサ山の宮殿に移ったのだった。こうして、ヒマーラヤ山脈の中でも北のカイラーサを領土としたクヴェーラは、仏教に取り入れられた後も北方を護るものとされている。

財の神、そして軍神としての信仰

仏教では、毘沙門天（びしゃもんてん）という名で取り入れられた。クヴェーラにまつわる物語では戦う描写はあまりみられないが、毘沙門天は武神とされている。手に宝塔や棍棒などをもち、甲冑を身につけて邪鬼を踏みつけている姿を目にするだろう。

日本で毘沙門天というと、七福神が有名。七福神の毘沙門天もクヴェーラを起源とするといわれている。財の恵みや目標成就を祈願する人が多い。

また、毘沙門天は、仏の四方を囲んでボディーガードを務める守護神、四天王に数えられることもある。四天王に並ぶ際は多聞天という名で呼ばれる。四天王とは持国天、増長天、広目天、そして多聞天である。それぞれ4つの方位を護るものとされ、多聞天はもちろん北を守護するものとされている。

毘沙門天は武神とされていることから、日本でも古くより多くの武人からも信仰を集めた。特に戦国時代に活躍した武将の上杉謙信は、毘沙門天を信仰しており、自身を毘沙門天の生まれ変わりであると信じるほどであったという。上杉謙信の旗には「毘」という文字が書かれているが、これも毘沙門天から取ったものであるとされる。

毘沙門天・多聞天

クヴェーラは、仏教においては毘沙門天とされる。特に日本では、鎧を身につけた武将のような姿で描かれ、クヴェーラとは容貌の異なる武神、軍神である。戦国武将の上杉謙信が、毘沙門天を強く信仰していたという話が有名。また、4体の守護神である四天王にも含まれている。四天王としては、法をよく聞くという意味で多聞天という名で呼ばれる。

種族 ヤクシャ
持物 吉祥果（ザクロとも）、子ども
仏教名 鬼子母神

子育てのために人の子を食らう

ハーリティーの夫は富の神クヴェーラの有力な部下で、ヤクシャたちの大将を務める武神パーンチカであるとされる。ハーリティーはこの夫との間に数百または千、もしくは一万を超える子をもっていたともいわれている。どちらにせよとてつもなく子だくさんであることは間違いない。

そんな彼女に関するエピソードは仏教説話に残されている。

子どもをたくさん産んだハーリティーは、その出産と子育てのため多くのエネルギーを必要とした。そこで、人間の子どもを誘拐しては食べてしまい、人々から嫌われる存在であった。

そんな様子を見かねたブッダは、ハーリティーの多くの子どもの中でも、彼女がもっとも大切に育てていた末っ子ピャンカラをさらい、隠してしまった。ピャンカラがいないことに気がついたハーリティーは嘆き悲しみ、7日の間、あちこちを探しまわった。それでもピャンカラは見つからず、困り果ててブッダのもとに助けを求める。

子を失う悲しみを知り守り神となる

悲しむハーリティーに対してブッダは、「多くの子をもつおまえでも、たったひとり子をさらわれただけでそれほどまでに悲しんだ。ひとりしか子がいないものがさらわれたときの悲しみは、どれほどのものであるかわかったであろう」と話した。そして、ピャンカラとの再会を望むハーリティーにブッダは、子を食べることをやめて仏法を信仰することを誓わせ、ピャンカラを返したのだった。

これまでの行いが間違いであったことを認め、ブッダの教えを守り改心したハーリティーは、安産や子育ての守り神、訶梨帝母（かりていも）となった。現在でも多くの親に我が子の無病息災を祈願され崇められている。その姿は人食いの鬼のイメージとは遠い、美しく安らかな表情の女性として描かれる。多くは子どもを胸に抱き、片手に多産の象徴である吉祥果（中国ではザクロの実）を持っている。

訶梨帝母は日本では「鬼子母神」という異名で親しまれ、平安時代から信仰を集めた。とくに有名なのは東京都の真源寺（入谷鬼子母神）で、江戸時代には「恐れ入谷の鬼子母神（恐れ入りやした）」というシャレが流行した。

ゲーム『真・女神転生4』では、ハーリティーが、末っ子ピャンカラとともに登場。プレイヤーがハーリティーに、飢えた男たちに攫われたピャンカラを捜し出すよう依頼されるという、神話を彷彿（ほうふつ）とさせるエピソードだ。

鬼子母神

ハーリティーが仏教に取り入れられた際の呼び名。妊娠、安産、子育ての神として現在も信仰が厚く、手にザクロ（もとは吉祥果）を持った姿で描かれることが多い。もともと人食いだったハーリティーが、人肉の味に似たザクロを好んだという説が非常に有名だが、これは研究者たちが根拠のない言い伝えに過ぎないと反論している。実の詰まったザクロが、多産や繁栄の象徴であるともいわれている。

仏教名　八部衆・乾闥婆

最上の音楽を奏でる天の楽師隊

ガンダルヴァは獣のように毛深く、半神半獣のような存在とされる。また、翼をもった人間の上半身に鳥の下半身という姿で描かれることもある。一説によると香りを嗅ぐことを食事としているため、その体からは常に香りを放っているという。

出生には様々な説があり、聖仙カシュヤパとその妻アリシュターの子であるとも、創造神ブラフマーからうまれたともいわれる。太陽、虹、雲、月を神格化したものと考えられ、神々の霊薬であるソーマ酒を守護するものでもある。

ガンダルヴァは6333神いるともいわれており、天界の神殿で音楽を奏でて神々を喜ばせる楽師隊であるとされる。そのなかには、女性のガンダルヴァもいるという。

また、ガンダルヴァの妻は水の精霊アプサラスで、ガンダルヴァの音楽にあわせて舞い踊る。ガンダルヴァとアプサラスの夫婦は、結婚や妊娠を象徴するとされている。また、未婚の女性は結婚する前に一度、ガンダルヴァ、酒の神ソーマ、火の神アグニの妻になるという言い伝えから、ガンダルヴァは処女を保護するものとも考えられている。

プラーナ文献には、蛇の魔族ナーガと戦ったという物語が残されている。ガンダルヴァはマウネーヤと呼ばれる6千万の軍勢でナーガに攻め勝ち、領土や財を全部奪い取ってしまった。

ナーガはたまらず、維持神ヴィシュヌに助けを求めた。ヴィシュヌは、プルクツァという人の姿となってナーガを手助けし、ガンダルヴァを滅ぼしたといわれている。

仏教においては八部衆に数えられ、乾闥婆（けんだつば）と呼ばれる。雷神インドラが仏教に取り入れられた形である帝釈天（たいしゃくてん）につき従い、美しい音楽を奏でるという。乾闥婆は地上に住んでいるが、時おり天に出向いて神々のために演奏を行う。

また仏教の流派のひとつ、密教では、胎児や子どもに害をなす鬼神から、子どもたちを護ってくれるものとされている。悪神を倒す神々の姿を表した国宝「辟邪絵」には、三叉槍を振り回す乾闥婆の姿が描かれている。

仏教名 八部衆・龍

死と再生を象徴する蛇の一族

ナーガとは、蛇の姿をした半神の種族のこと。蛇の尾と人間の顔をもち、首まわりはコブラのように膨らんだ姿で描かれる。聖仙カシュヤパに嫁いだカドゥルーがうんだ、千個の卵からうまれた。地底の世界パーターラに住むといわれている。

相手を死に至らしめる猛毒と、脱皮を繰り返して生き延びる強い生命力から、死と永遠の再生を象徴するものとして崇められている。

悪魔のイメージが強いナーガ。たしかに神々と敵対することもあるが、時には手助けもする。乳海攪拌（創世神話）の際、その身を攪拌の棒として使い活躍した。また、人間に対しては友好的。一族の中には、人間と恋をしたケースもみられる。

ナーガは、神鳥ガルダとは敵対関係にある。ガルダの母ヴィナターを騙し、奴隷にした経緯があるからだ。母ヴィナターの解放を求めるガルダに対し、ナーガは霊水アムリタを持ってくれば引き替えに解放すると約束した。ガルダはアムリタを持参したが、ナーガが飲む前に雷神インドラが持ち帰ってしまった。

諦めきれないナーガは、少しでも効果にありつきたいと考えて、アムリタが置かれていたクシャ草をなめまわした。この時、鋭いクシャ草がナーガの舌を2つに裂いてしまったという。蛇の舌の先が2つに割れているのは、このできごとがきっかけだからだという言い伝えもある。

ナーガ族の中にも力の優劣があり、特に力が強大なものは「ナーガラージャ(蛇の王)」、「マハーナーガ(大蛇)」と呼ばれる。これらの有力なナーガ族は、ガルダがアムリタを置いたクシャ草をなめた際、アムリタの水滴で不死を得ることができたものだともいわれている。

ナーガが仏教に取り入れられると、雨をもたらす八部衆の龍となった。また、龍は釈迦が誕生する際、産湯となる清水を注いだという物語も伝わっている。

Mucalinda ムチャリンダ

種族 ナーガ
神格 ナーガラージャ

自らの身体でブッダを守ったナーガ

ムチャリンダは蛇の魔族ナーガで、その中でも特に力が強いナーガラージャ（ナーガ族の王）だという。彼は維持神ヴィシュヌの化身ブッダに出会い信仰したといわれており、出会いの物語は仏教説話として有名だ。

ある日、ブッダは池の近くにある菩提樹の木の下で瞑想をしていた。その池にはムチャリンダが住んでいた。ムチャリンダは瞑想しているブッダを見つけた時、すぐにとても尊い存在であることを察した。そして、ブッダの瞑想を見守ることにしたのである。やがて天気が変わり、激しい嵐になった。するとムチャリンダは、自らの身体をブッダの周囲に巻きつけ、頭を傘のように頭上に広げてブッダの全身を覆った。そして、「暑さも寒さも、嵐も虫ですらも、この尊い御方の邪魔をすることがないように」と祈ったのである。ムチャリンダはこのまま、ブッダのことを7日間守り続けた。

嵐がおさまって空が晴れ渡ると、ムチャリンダはブッダに巻きつけていた身体をほどいた。そして、人間の若者の姿になってブッダを崇めたのである。ブッダも、ムチャリンダの行いに感謝した。こうしてムチャリンダは、ブッダを信仰するようになった。

そしてブッダは、この修行を通して悟りを得たあと、「生あるものに怒らず、教えをよく聞き、何かに執着することなく、欲望を遠ざけることで安らぎを得られる」と、教えを人々に広めるために布教の旅に出たのである。

ムチャリンダがブッダを守る姿は、たくさんのブッダ像や絵画に描かれている。中でも東南アジアで大切にされており、ムチャリンダが巻いているとぐろの上にブッダが座り、蛇の頭がブッダの背後を守っているような格好の仏像がよくつくられた。ムチャリンダは、ほとんどが複数の頭をもつ蛇として描かれている。頭の数は5つだったり7つだったりとバリエーションがあり、なかには巨大なコブラのような頭が1つだけ描かれているものもある。

Garuda

ガルダ

別名 ガルトマーン（鳥の王）
サルパーラーティ（蛇の敵）

神格 ヴィシュヌのヴァーハナ
家族構成 父：カシュヤパ、母：ヴィナター、兄：アルナ
仏教名 八部衆・迦楼羅

運命を分けたナーガとガルダの母

創造神プラジャーパティのひとりであるダクシャにはふたりの娘、カドゥルーとヴィナターがいた。ふたりはともに、雷神インドラの父である聖仙カシュヤパに嫁いだが、姉妹仲はよくなかった。カドゥルーは千の子を、ヴィナターは優秀なふたりの子を望んでそれぞれ卵をうむ。やがてカドゥルーの卵からは、次々と蛇の魔族ナーガたちがうまれた。まだ子がうまれないヴィナターは焦り、自分で1つの卵を割ってしまう。卵から出てきたのは、まだ体が完全にできていないアルナであった。不完全なまま卵から出されたアル

ナは母を憎み、ヴィナターが奴隷となる呪いをかける。

ある日姉妹は、乳海攪拌（創世神話）からうまれた馬ウッチャイヒスラヴァスが何色かという賭けをする。負けた方が、勝った方の奴隷となる約束であった。カドゥルーは黒い尾をもっていると言い、ヴィナターは全身真っ白であると主張。

絶対に負けたくなかったカドゥルーはナーガたちに命じて、いかさまをすることにした。ナーガは体を黒く染め、馬の尾に絡みついて黒く見せたのだ。実際にはヴィナターの言うとおり白馬だったのだが、賭けはカドゥルーの勝ちとなった。

やがて、ヴィナターがうんだもう1つの卵からガルダがうまれた。自力で卵を割って出てきたガルダは、うまれてすぐに巨大な鳥の姿となり、強い光を放った。その神々しい姿に火の神アグニと見間違う神もいたという。ガルダはすぐに母のもとへと飛んだ。

しかし彼が目にしたのは、母ヴィナターがナーガの奴隷として扱われている姿だった。ガルダは、いかさまによって母を奴隷にしたナーガに対して強い憎しみを抱き、母を自由にしてあげたいと考えた。そこでナーガたちに、母を解放して欲しいと懇願する。するとナーガは、不死が得られるという霊水アムリタを持ってくれば願いを叶えてやると約束した。ガルダは母のため、アムリタのある天界へと飛んだ。

道中でヴィシュヌのヴァーハナに

ガルダがアムリタを狙っていることがわかると、神々はアムリタを守るためガルダに襲いかかった。しかし、ガルダは追っ手を簡単に倒してしまう。その勇戦を見たヴィシュヌはガルダの強さを認め、願いを叶えてやる代わりに自分のヴァーハナ（乗りもの）にならないかと申し出た。ガルダはこれを受け入れ、アムリタを使わずとも不死を得たいと願った。ヴィシュヌは承知し、ガルダは不死となった。そして、ガルダはヴィシュヌのヴァーハナとなった。

アムリタは、神々だけではなく多くの罠にも守られている。しかしガルダは、川の水を飲み干して炎の壁を消し、体を小さく縮めて賊を切り裂く鉄の回転円盤をすり抜けた。全ての追っ手と罠を突破したガルダは、ついにアムリタを手に入れた。

母のもとへ戻ろうとするガルダの前に、今度はインドラが現れた。インドラはヴァジュラ（金剛杵）を使って激しい雷を放つが、ガルダはこれをものともしない。

しかし、ガルダはインドラに敬意を表し、自ら羽根を1枚抜き落とした。これに感動したインドラは、ガルダとの友情を望んだ。ガルダもインドラを友と認め、永遠の友情を結んだ。

ガルダは、自分の強さを鼻にかけることをしない誠実さがある。そんなガルダは、友となったインドラには自分の強さを正直に語った。曰く、宇宙の全てを羽根1枚で支えることができるという。インドラは、ガルダの偉大さを素直に認めた。

ガルダは友インドラの頼みに応じ、ナーガから母を解放できればアムリタを返すと約束した。さらにこの時ガルダは、憎き蛇を常食にしたいとインドラに申し出たという。

悪に打ち勝つ聖鳥として美徳の象徴へ

ナーガのもとに戻ったガルダは、アムリタをクシャ草の上に置いた。そして、アムリタを飲む前には清めの沐浴をするべきだとナーガに吹き込む。ナーガは喜び、母ヴィナターは解放された。ナーガが沐浴をしている最中に約束どおりインドラが現れて、アムリタを奪い返した。いかさまをしてヴィナターを騙したナーガは、今度はガルダに騙されたのだ。

その後、ガルダは蛇を常食として、母とともに穏やかに暮らした。このように、ナーガを打ち負かしたガルダは、悪を憎む神として社会的思想や美徳の象徴として崇められる様になったのである。

様々なエンタメ作品でモチーフとしたキャラクターが描かれているが、ガルダを参考にしたキャラクターでは、『超電磁ロボ　コン・バトラーV』の大将軍ガルーダが有名だ。大将軍ガルーダは美青年だが、赤い翼の鳥人に変身することができる。また、母をとても大切にする様子が描かれている。

八部衆・迦楼羅

ガルダは、仏教の八部衆のひとりである迦楼羅(かるら)の前身として知られている。仏教では毒蛇を克服しなければならない煩悩の象徴としていることから、蛇の魔族ナーガの天敵であるガルダは迦楼羅として仏教に取り入れられ、煩悩を喰ってくれる神として崇拝されるようになった。

魔王ヴリトラをヴァジュラ(金剛杵)によって倒す雷神インドラ(『mahabharat』 Gorakhpur Geeta Pressより、Internet Archive蔵)

叙事詩の登場人物

武術に秀でた正義の王子

ラーマは、羅刹王ラーヴァナを倒すためにうまれたヴィシュヌの化身である。人間としてのラーマには、神としての記憶はなく、子どもの頃に父ダシャラタ王に「月を取って」などとわがままを言う姿は、普通の子どもさながらであった。

成長したラーマは学問と武術に秀でたたくましい青年となる。森に棲む悪魔を退治してほしいと聖仙に頼まれた時には、父の心配をよそに名乗り出て魔物に立ち向かい、見事退けた。喜んだ聖者たちは、神々の矢を収めた風の神の矢筒や、強力な槍など、たくさんの武器と魔法を贈った。

さらにラーマは絶世の美女シーターの夫を決める儀式に参加し、並み居る皇子たちの中で唯一、破壊神シヴァの強弓を引いてみせ、彼女を妻とした。

その後計略により、14年間の追放生活を過ごす中で、愛妻シーターがラーヴァナに連れ去られてしまう。

ラーマは異母弟ラクシュマナや猿の勇士ハヌマーンらの力を借りて敵の本拠地ランカー島に進軍し、ついにはラーヴァナを一騎討ちの末に倒した。妻の奪還とヴィシュヌの目的、両方を果たしたのだ。

妻への愛憎入り混じる感情

愛妻と再会したラーマの反応は、しかし意外なものだった。長い間ラーヴァナの後宮に入れられていた彼女がもはや貞節を失ったのではないかと疑いの目を向けたのだ。

自身の潔白を訴えるシーターを一度は信じたラーマだったが、再び疑念にとらわれた彼は再度彼女を責め、シーターと別離するその時まで信じ切ることができなかった。

妻を疑うエピソードについては後世になってつけ加えられたという説もある。インド独立の父ガンディーが逝去した際、最後の言葉は「おお、ラーマよ」であったというから、本来のラーマは、インドの人々が尊ぶ英雄であっただろう。

バラシュラーマ

ラーマと同時代に顕現した、ヴィシュヌ第6の化身。クシャトリヤ（王侯・武人階級）から、バラモン（司祭階級）、人類を守るため、ジャマダグニの第5王子としてうまれた。ジャマダグニを虐殺したカールタヴィーリヤ王ほか、クシャトリヤの男を恨み、持っていたパラシュ（斧）でこの世からクシャトリヤの男を滅ぼしてしまったという伝説も。またラーマとも勝負したことがあったが、ラーマの勝利に終わっている。

神格 ヴィシュヌ神の神性を8分の1もつ
家族構成 父：ダシャラタ、兄：ラーマ

強敵を倒して尊敬する兄ラーマを助ける

　ラクシュマナは兄ラーマにつき従い、命懸けの戦いをともにした勇壮な弟だ。兄と同じく維持神ヴィシュヌの神性を受けてうまれたラクシュマナ。そのいきさつは、ラーマ出生のくだりに付随する。

　子宝に恵まれず、神に祈りを捧げていた国王ダシャラタの前にヴィシュヌが現れ、神酒を授けた。その神酒を半分飲んだ第1の妻からヴィシュヌの化身である長男ラーマが、第2の妻から4分の1の神性をもったバラタが、第3の妻から8分の1ずつの神性をもったラクシュマナとシャトルグナがうまれた、というものだ。

　そんな出生のせいか、兄弟の絆は強く、ラクシュマナはラーマの14年の追放生活にもついていき、兄嫁シーターを守っていた。ところが、羅刹王ラーヴァナの策略を防ぐことができず、シーターを奪われてしまう。ラクシュマナは、取り乱して世界を破壊しそうな勢いの兄ラーマをなだめ、シーター奪還に全力を尽くす。敵の拠点ランカー島への進軍の際には先陣を切って軍を進めるが、ラーヴァナの子インドラジットという強敵が彼の前に立ちはだかる。

　インドラジットは魔法で見えない矢を放ってラーマ軍をうろたえさせた。先頭にいたラクシュマナはその矢に当たって倒れてしまった。彼の窮地を救ったのは猿の勇士ハヌマーンであった。ハヌマーンは、一晩でヒマーラヤ山脈へ飛び、薬草の生えている山頂ごと持ち上げて運び、ラクシュマナの命を吹き返らせた。

　インドラジットはまたも魔法を使い、今度はシーターの幻影をラーマ軍の前につくり出した。さらに、その首を落として殺したと見せかけたのでラーマはひどくショックを受けて戦意を失ってしまう。

　だが、敵から寝返ったラーヴァナの弟ヴィビーシャナの案内で、ラクシュマナは次の魔法を使うための祈りを捧げようとしていたインドラジットに急襲をかける。そうして一対一の剣の戦いが繰り広げられ、ラクシュマナはインドラジットを倒すのである。その後、ラーヴァナはラーマに討たれ、兄弟はみごとシーターを奪還するのであった。

ハヌマーン

Hanumān

別名 マルトプトラ（風神の子）、ランカーダーヒン（ランカーを燃やしたもの）

種族 ヴァナラ（猿の一族）

家族構成 父：風神ヴァーユ（風神パヴァナ）

ラーマに忠誠を誓う神猿は多彩な能力の持ち主

誇り高い心と多彩な能力を持つ猿の勇士ハヌマーンは、『ラーマーヤナ』で無類の活躍ぶりをみせる、インドの人気ヒーローである。彼は風神ヴァーユの子とも、ヴァーユの生まれ変わりであるともされており、そのおかげか空を飛ぶことができる。

体のサイズもリスのような小動物から山のような大きさまで変幻自在。いわば、『ラーマーヤナ』随一のチートキャラだ。

ハヌマーンがその能力を駆使して活躍する場面は、いずれも名シーンぞろい。羅刹王ラーヴァナに連れ去られたシーターの居場所を見つけるため、敵の本拠地ランカー島へ小動物サイズになって潜り込む場面。ラーヴァナの後をつけてシーターを見つけ出し、彼女の置かれた恐ろしい監禁状態に涙し、必ず助けが来ると告げる場面。さらには、ランカー島で敵に見つかり、尾に火をつけられながらも巨大化して大暴れする場面など。

奮闘の末に、ラーマのもとへシーターの無事を伝えたハヌマーンは、いたく感動したラーマから礼がしたいと言われても、「あなたにお仕えすることよりほか、この世に気高いつとめはありません」と忠誠の言葉を返すのであった。

山ごと運ぶ!? 驚天動地の大活躍！

ハヌマーンの活躍によってシーターの居場所が明らかになると、ラーマと猿の軍勢はランカー島へ進軍し、ラーヴァナ軍との最終決戦が幕を開ける。ラーマ軍の前に立ちはだかったのは、ラーヴァナの息子インドラジットだ。彼はインドラを倒したものというその名のとおりに、とても手ごわい敵であった。

インドラジットは魔法を使い、姿を見えなくしたり、空から矢を降り注がせたりしてラーマ軍を翻弄する。そしてラーマの異母弟ラクシュマナがその矢の犠牲になってしまった。彼を助けるには、ヒマーラヤ山脈のカイラーサ山に生えている薬草を夜明けまでに持ってこなければならないという。ランカー島は現在のセイロン島（スリランカ）とされる。時はすでに夜。

それでもハヌマーンは決心して、カイラーサ山へ向かった。雷の音にもたとえられるごうごうとした吠え声を上げながら空を飛び、わき目も振らずにまっすぐヒマーラヤ山脈を目指す。少しでもぐずぐずすれば、ラクシュマナの命はない。ハヌマーンはそう何度も自分に言い聞かせながら、眼下に飛び去る景色や夜空を美しいと思う間もなく、ひたすら飛んだ。

ところが、カイラーサ山についてみると、薬草を見分けることができず、あるいは薬草が隠されていたともされるが、とにかく薬草がわからなかったので、あろうことか山頂ごと持ち運ぶことで解決した。巨大なハヌマーンが山を持って飛ぶ姿は、絵のモチーフや映像作品、舞台作品になる際には必ず盛り込まれるという山場の名シーン。こうして薬草を何とか運ぶことに成功し、ラクシュマナは一命をとりとめた。

『ラーマーヤナ』でのハヌマーンは、このように、いつも誰かのために走りまわっている役どころ。見返りを求めずに人助けをするヒーローなのだ。そんな姿が人々の心に響いたのか、インドをはじめ東南アジアにもその人気は伝わることとなった。

インドではハヌマーンの伝説は老若男女に広く親しまれ、ハヌマーンにまつわる寺院や祠などは現在も残されている。3～4月のチャイトラ月はハヌマーンの生誕祭「ハヌマーン・ジャヤンティ」も盛大に行われるという。インド以外では、カンボジアやインドネシアの遺跡に彫り絵が残っていたり、人形劇や舞踏などの伝統芸能にその影響がみられたりするといわれる。

また諸説あるものの、『西遊記』の孫悟空の原型をハヌマーンに求める説もある。猿であるというだけでなく、三蔵法師に仕え、護衛する様子には、ラーマとハヌマーンの主従関係に似ているところも。ハヌマーンが猿のヒーローの元祖としてアジアに与えた影響は計り知れないようだ。

孫悟空
中国の古典『西遊記』に登場する猿のキャラクター。東南アジアでは斉天大聖と呼ばれ信仰されている。インドへ経典を取りに旅する三蔵法師の弟子となってともに旅をし、護衛も務めた。黄金の肌や赤い顔、長い尾など、ハヌマーンの特徴に似ているところも多く、ハヌマーンが中国に伝わって孫悟空のモデルとなったのではという説がある。

Sītā シーター

種族 人間
別名 ブーミジャー（大地からうまれた女）
パールティヴァー（大地の娘）
家族構成 父：ブジャナカ、夫：ラーマ

貞節を貫き通す、清く美しいインド女性の理想像

叙事詩『ラーマーヤナ』はインドの道徳的理想を表した物語ともいわれ、男の子ならば勇者ラーマのように、女の子ならば清く美しいシーターのように育ってほしいと現代でも願うのだそうだ。そんな理想の妻シーターの貞淑ぶりは、2つのエピソードに描かれている。

1つめは、羅刹王ラーヴァナにとらわれていた時のこと。その美しさに魅了されたラーヴァナは、シーターを自分の妻にしようとする。しかし、シーターはラーマ以上の男はいないと断言する。そして体に指一本触れさせせな

いと言って、ラーヴァナを拒絶する。ラーヴァナは「言うことを聞かないなら食べてしまうぞ」と脅すが、シーターは屈することなく、貞節を守り抜いた。

2つめは、ラーマがラーヴァナを破った時のこと。ラーヴァナに長くとらわれていたシーターは貞節を疑われ、身の潔白を証明しようと、火に身を投じるという決死の行動に出た。だがその決意が神の心を動かしたのか、火の神アグニが現れて「彼女は貞節を守った」と証言する。傷一つなく火から救い出されたシーターをラーマは信じるほかなかったであろう。

しかし『ラーマーヤナ』の最終章では、民衆から彼女の貞節を疑う声が上がり、ラーマは妊娠中の妻を追放せざるをえなくなる。森で双子をうんだシーターは、またしてもラーマに貞節を証明しろと要求される。「私が潔白なら、大地の女神がこの身を受け入れてくれるだろう」と言うと、地面が割れて、大地の女神が現れ、彼女を抱いて地中に消えてしまった。

シーターは一説にはヴィシュヌの妻ラクシュミーの化身ともいわれ、出生の際は、畑の畔からうまれてきたという。ここからアヨーニジャー（母胎からうまれたのではない女性）とも呼ばれる。宮崎駿のジブリ映画『天空の城ラピュタ』のヒロインの名前は、彼女から取られたともいわれる。

ラーヴァナ

Rāvaṇa

別名 マルトプトラ（風神の子）、ランカーダーヒン（ランカーを燃やしたもの）

種族 ラークシャサ

家族構成 父：ヴィシュラヴァス、息子：インドラジット

千年にも及ぶ苦行の果てに最強の魔王となる

ラーヴァナは、ランカー島を本拠地とする残虐な種族ラークシャサ(羅刹)の王である。10の頭と20の腕をもち、見上げるほどの巨体を誇ったという。

外見がおどろおどろしいだけでなく、強さを求めて激しい苦行を行った、執念の持ち主でもあった。

ラーヴァナはブラフマーの子孫であるプラスティヤの家系にうまれた。プラスティヤからすべての羅刹がうまれたともいわれ、兄弟には半年に一度しか目覚めない巨人クムバカルナなど、怪物や魔物が並ぶ。

しかし兄ヴァイシュラヴァナ（富の神クヴェーラの別名、仏教名で毘沙門天とも）は、ランカー島を治めていた神であった。兄のような富貴なる身分に登りたいと思ったラーヴァナは、競争心を起こし、片足で千年間立ち続けるという苦行を実行する。千年後、今度は頭を切り落として火にくべはじめた。そのあまりにも激しい苦行を見たブラフマーは驚嘆し、ラーヴァナの望みを叶えてやることにした。

ラーヴァナが願ったのは、あらゆる種族に負けないことであった。ブラフ

マーは望みを叶え、ラーヴァナを神に負けることのない魔王にしてしまったのである。

　やがてラーヴァナは白鳥のように天を駆ける戦車プシュパカ・ラタを神から奪ったり、最高神シヴァが住まうカイラス山を揺らしてシヴァの逆鱗に触れたりと、暴虐を働くようになり、ついには兄ヴァイシュラヴァナを追い出し、ランカー島の王に取って代わったのであった。

女性関連で身を滅ぼす宿命には抗えない？

　ラーヴァナが負けない相手は神々や羅刹など、ほとんどの種族を網羅していたが、ラーヴァナは人間と人間に近い猿を見下していたため、対象から外れることとなった。これがのちに、人間として生まれ変わった維持神ヴィシュヌの化身ラーマに敗れる運命をもたらすことになる。

　ラーヴァナはまた、女性に関することで身を滅ぼすとも予言されていた。かつて人妻の天女を強姦したため、次に嫌がる女を犯したら頭が裂けてしまうという呪いをかけられていたのであった。

　そのためラーヴァナはラーマの妻シーターに無理強いをできなかったという説もある。シーターを取り戻そうとやってきたラーマに倒されたことは、予言の通りにことが運び、千年の苦行を行ったものであっても宿命には逆らえない、という教訓を表しているのかもしれない。

ラークシャサ（羅刹）
邪悪で人を食らうものもいるとされる邪鬼、悪魔。仏典では読みに漢字を当てて羅刹と書く。誕生のゆえんは、ブラフマーの足からうまれたとも、ブラフマーの守護のためにうまれたともされる。かつては新生児を食べてしまうとも伝えられ、恐れられた。

ジャターユス
神鳥ガルダの子とされる禿鷹。シーターの誘拐を妨害した。

ヴィヤーサ
Vyāsa

別名 マルトプトラ（風神の子）、ランカーダーヒン（ランカーを燃やしたもの）
種族 仙人
家族構成 父：パラーシャラ、母：サティヤヴァティー

『マハーバーラタ』の主人公たちの遠い祖先

　叙事詩『マハーバーラタ』の著者といわれるヴィヤーサは、ヴェーダやプラーナの編纂者とも伝えられる聖仙。そもそも、ヴィヤーサという言葉が編纂、編者という意味で、『マハーバーラタ』はこのヴィヤーサの伝説からはじまるというから、現代でいう〝著者〟とはちょっと異なるといえるだろう。

　ヴィヤーサの父は同じく聖仙であるパラーシャラ、母はサティヤヴァティーという美女であった。パラーシャラはサティヤヴァティーがヴィヤーサをうんだあと、祝福を与えて処女性を回復させたのちに彼女のもとを

去った。その後、サティヤヴァティーはクル族の王シャーンタヌと結ばれた。シャーンタヌには先妻との間に長子ビーシュマがいたのだが、サティヤヴァティーの父がうまれてくる子どもを王位に就けることを結婚の条件に出し、シャーンタヌは苦悩する。父の苦悩を知ったビーシュマーは王位を譲ることを決め、のちのち王位争いにならぬよう独身を貫くことを誓った。

　さて、サティヤヴァティーとシャーンタヌとの間にふたりの子どもがうまれたが、片方は早世し、残ったヴィチトラーヴィリヤという息子が王位を継ぐことに。彼はアムビカーとアムバーリカーというふたりの妻をめとる。ところが、ヴィチトラーヴィリヤは子どもができないまま世を去ってしまった。家系が絶えることを恐れたサティヤヴァティーは、自身の血を継ぐヴィヤーサを呼び寄せ、ふたりの未亡人との子どもを得るため、無理やり結婚させた。ヴィヤーサは姿が醜く、悪臭を発していたため、アムビカーはヴィヤーサと交わる時、目を閉じてしまった。そうしてうまれた王子ドリタラーシュトラは盲目となった。アムバーリカーはヴィヤーサが近づくと真っ青になり、うまれた王子パーンドゥも青白い姿だった。このふたりの王子から、さらにたくさんの勇士たちがうまれ、のちに一族を二分する大戦争を繰り広げるのである。

アルジュナ

Arjuna

別名　アインドリ（インドラの子）、ガーンディーヴァダヌヴァン（名弓ガーンディーヴァを持つもの）

神格　インドラの息子

家族構成　父：パーンドゥ、兄：ユディシュティラほか3人

英雄をつくり上げた追放と冒険の日々

3代目クル族王パーンドゥの5王子は神の力を授かっており、5王子の中でも特に武芸に秀でていた第3王子アルジュナには、雷神インドラの加護があったため、インドラ同様の力をもってうまれた。彼こそクリシュナとともに敵の名将たちを射倒していったパーンダヴァのエースなのだ。

　そんな出自に加えて、アルジュナは兄弟たちとともに、合計20年以上にもわたる追放生活でいくつかの冒険を経験している。ある時、火の神アグニが森を焼いて、弱っている自身の力を回復させようとしていた。アグニは妨害にあっていたので、アルジュナとクリシュナに手伝いを頼み、武器として名弓ガーンディーヴァと決して矢がなくならない矢筒、さらに白馬に引かれた戦車を授けた。これらは冒険の経験とともにのちのちまでアルジュナを助けた。

　アルジュナはその弓の腕前で美女ドラウパディーの夫となる権利を獲得。彼女は5王子共通の妻となった。さらに、アルジュナはクリシュナの美しい

妹スパドラーを妻にし、息子アビマニユをもうけた。残念ながらアビマニユは大戦争で非業の死を遂げるが、その息子パリークシットが王位を継ぐこととなる。

すべてを見せたアルジュナとクリシュナの友情

アルジュナにとってなくてはならない人物がクリシュナである。クリシュナはアルジュナを精神的に導き、戦場でもアルジュナを戦車に乗せて支援して二人三脚の活躍をみせたという。『バガヴァッド・ギーター』では、アルジュナに乞われて、クリシュナが最高神としての姿＝一切相を見せるという章がある。「私は世界を滅亡させる死神である」と言いながら、気味の悪い外観をもつ神や神々しい神など、あらゆるものが一堂に会する恐るべき維持神ヴィシュヌの本体をさらけ出すのだ。万物の創造主であるクリシュナは万物を内包し、そして超越しているということを表すエピソードである。

ゲーム『Fate』シリーズに登場するアルジュナはクリシュナ（黒の意）というもう一つの人格が備わっている。良い面も恐ろしい面も内包する二面性のある人物像は、原典でクリシュナの一切相を見たアルジュナならではの特徴ではないだろうか。

インド国民に大人気のクリシュナ伝説とは？

クリシュナの生涯は、『マハーバーラタ』などに描かれていて、そのいずれもが豊かなエピソードに彩られている。まずは出生のエピソードを紹介しよう。

悪王カンサは、ヤーダヴァ族のヴァースデーヴァと妻デーヴァキーの8番目の子どもに殺されるという予言を受けた。カンサは彼らを監禁し、うまれてくる子どもを次々に殺した。8番目の子どもがうまれる時、ヴィシュヌが姿を現し、カンサにバレないように子どもをすりかえよと夫妻に命じた。

一方カンサは、予言の子が逃げたと知り、追っ手として女悪魔プータナーを放った。牛飼いの村の牧人ナンダの妻ヤショーダーの子にすり替わっていたクリシュナに、プータナーは毒の乳を吸わせようとしたが、何といってもヴィシュヌの化身であるクリシュナには神通力が備わっていた。クリシュナは毒もろともプータナーの命も吸い出したので、プータナーは絶命してしまった。

こうしてクリシュナは牛飼いの村ですくすく育つことになる。幼児時代には、ヤショーダーがつくっていたバターを盗み食いするなど、いたずら好きな面が顔を出す。成長すると、全裸で沐浴する牧女たちの服を奪って困らせるといったイタズラもしているが、牧女たちはイケメンなクリシュナに夢中で、逆に喜んだらしい。こうした茶目っ気のある性格も、クリシュナの人気の理由の一つだとか。絵画などではとびきりの美青年として描かれ、1万6千人もの牧女の妻をめとった話や、愛人ラーダーとの情愛物語なども人気だという。

武勇伝に彩られた少年～青年期

ある時クリシュナは雷神インドラへの崇拝を示す祭の邪魔をし、怒ったインドラに大雨を降らせたことがあった。ところが、クリシュナはゴーヴァルダナ山を持ち上げて、その下に人々や家畜を避難させ、インドラは逆にクリシュナに畏敬の念をもったという。

また、破壊神シヴァの炎に焼かれた愛の神カーマが、クリシュナとその妻ルクミニーとの間の息子プラディユムナとして転生し、魔族シャンバラを倒すというエピソードも残っている。

一説では、クリシュナは実在した宗教的指導者を神格化した神ではないかと考えられているという。それまでの神々以上に、クリシュナが人々に加護を与える最高の神として地位を再構築するかのようなエピソードがみられるのは、新興宗教の勢力をヒンドゥー教に取り入れようとしたためではないかという。

さて、そんなクリシュナは青年時代、大勢の聴衆の前で、悪王カンサをついに打ち倒した。クリシュナの名声が広がるにつれ、自分を殺すのがクリシュナであると悟ったというカンサは、クリシュナを格闘技大会におびき出し、悪魔や巨人を対戦させたのだ。しかし、クリシュナは刺客たちを難なく破って、ついにはカンサを玉座から競技場に引きずり落とした。そしてカンサをいとも簡単に踏み殺したという。

アルジュナ王子に説いた珠玉の名言の数々

中年以降のクリシュナは、『マハーバーラタ』に描かれたクル族の大戦争クルクシェートラの大決戦において重要な役割を果たす。それは、パーンダヴァ勢に加勢し、迷えるアルジュナ王子を精神的に導いて彼に勝利をもたらすというものだ。そんなクリシュナの哲学の粋を集めたのが、クリシュナ信仰の教典とされる『マハーバーラタ』の中の一章『バガヴァッド・ギーター』。タイトルは「神の歌」という意味で、そこには一族同士で争うことに悩み、いい結果になるはずがないと戸惑うアルジュナ王子の疑問に対するクリシュナの答えが、ことさら詳しく書かれている。非常に哲学的で深淵な言葉が綴られているのだが、単純にいえばクリシュナは「今いる立場から逃げたり、行為に結果を求めたりするのは間違っている」として、アルジュナを鼓舞している。

人は誰しも身分や仕事などの社会的な地位、いわば義務がある。その義務を果たしながらでも、最高神に捧げる気持ちで〝行為〟を行い、結果に対する執着を離れてすべてのものに敵意のないこと。それこそ心を平穏にし、永遠の境地に達するために必要だという。

もともとはクシャトリヤ（王侯・武人階級）に向けたものであったようだが、身分を超えた人のあり方と救済を説いたこの書は、広くインドで受け入れられた。

近世以降は原爆の父ロバート・オッペンハイマーなど、西洋の知識人にも愛読されるようになった。時代も国も超える珠玉の名言を残したクリシュナは、最晩年は不運にも猟師に鹿と間違われて、唯一の弱点であるかかとを射られて死んだ。偉大な指導者にしてはあっけない幕切れである。

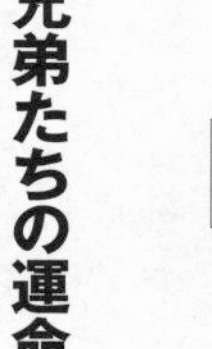

ユディシュティラ

Yudhiṣṭhira

別名 ダルマプトラ（ダルマ神の息子）ダルマラート（正義の王）

種族 人間

家族構成 父：パーンドゥ、弟：ビーマ、アルジュナほかふたり

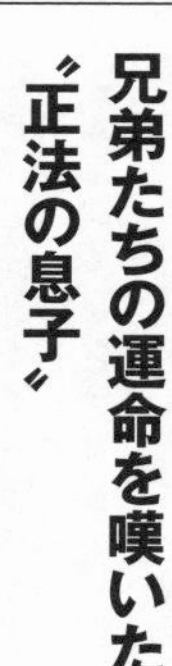

兄弟たちの運命を嘆いた〝正法の息子〟

パーンダヴァの5王子は、母クンティーが聖仙からの祝福を受けて授かった、神の力をもった子どもたちであった。長兄であるユディシュティラは正義の神ダルマデーヴァ、次男のビーマは風神ヴァーユ、三男のアルジュナは雷神インドラの力をそれぞれ授かったという。

ユディシュティラは、ダルマ(正義)の神の加護を受けたものにふさわしく、正直かつ実直な性格で、徳の高い人物だが、その実直さは時に、売られた勝負を断らない、一度決まったことは覆さないといった、融通のきかない面としても現れた。従兄弟ドゥリヨーダナの策略で追放されるも無事に国へ生還した5王子が、2度目の追放を余儀なくされたのは、ユディシュティラがドゥリヨーダナとの賭博勝負を断れずに負けたためだった。法の順守者である彼にとって、一族で相争うことは耐えがたく、クルクシェートラの大戦争では罪を背負う覚悟だったという。

開戦直前、ユディシュティラは突然武装を解き、敵陣営の司令官ビーシュマに一族で争うことの許しを求めた。この礼節に感動したビーシュマは戦場で自分を殺すことを許したという。

大戦に勝利したユディシュティラは王位に就くが、母クンティーから敵軍のカルナが自分の異父兄と聞いていたので、兄殺しの罪に苦悩した。晩年、王位を退き、神々の世界を目指してヒマラヤ山に登ったユディシュティラに最後の試練が訪れた。天上にドゥリヨーダナが座っていたのである。ユディシュティラは一族に争いを招いたその人物とは一緒にいたくない、兄弟たちがいるのなら地獄へ行く決意であるとして、地獄へ赴いた。そこでカルナやアルジュナの声を聞いて、いつまでもともにいようという決意を告げたのであった。その決意を聞き、試練は終えたと神々は言った。ユディシュティラは天へ召され、そこには、カルナを含めた兄弟たちの光輝く姿があったという。

ドゥリヨーダナ

Duryodhana

別名 バーラタ（バラタの子孫）
スヨーダナ（よく闘うもの）

種族 人間
家族構成 父：ドリタラーシュトラ

嫉妬に駆られて一族を大戦争へと向かわせた悪王

叙事詩『マハーバーラタ』に描かれたクル族の分裂戦争におけるカウラヴァ勢の長で、執拗な嫉妬により一族を戦いへ突き進ませた、愚かしくも悲しい王である。

ドゥリヨーダナはクル族4代目の盲目王ドリタラーシュトラが父、母はガーンダーリーであった。母ガーンダーリーは2年も子どもを身ごもり、ついに苛立って腹を叩くと、出てきたのは肉塊だった。聖仙ヴィヤーサがその肉塊を１００個に分けると、そこから１００人の男子がうまれた。その長子がドゥリヨーダナで、彼がうまれると外では動物が泣き騒ぎ、不吉な兆しが現れたという。伯父のパーンドゥ亡きあと、父ドリタラーシュトラが王位を継いで、ユディシュティラ、アルジュナらパーンダヴァと呼ばれる5王子とともに育った。パーンダヴァの5王子はとても優秀だったので、王位継承者は5王子の長兄ユディシュティラに譲られることになった。かねてから5王子に競争心を抱いていたドゥリヨーダナは嫉妬にかられ、5王子を宮廷から追放して抹殺しようとしたり、彼らの国を賭博で奪ったりと、策略で陥れようとした。

そうして、ついにパーンダヴァ勢との戦争へと突き進む。大戦争がはじまると、両軍ともによく戦ったが、カウラヴァ軍は敵軍のクリシュナの策略にはまり続け、司令官ビーシュマ、軍師ドローナ、カルナと、重要人物を失っていった。

最後は、ほうほうの体だったドゥリヨーダナに、ユディシュティラは一対一の対決で決着をつけることを許した。名乗り出たのは、5王子の中でも勇猛果敢で短気なビーマであった。5王子の妻ドラウパディーを侮辱したドゥリヨーダナを特に憎んでいた。ビーマは激しい応酬の末に、侮辱的なやり方でドゥリヨーダナを倒したのである。

ドゥリヨーダナは戦争の無益さ、愚かさへの批判へと結実する『マハーバーラタ』の物語の、悪の概念を集約したような人物であろう。

カルナ

Karṇa

別名 ヴァスシェーナ
アーディティヤタナヤ（太陽の子）

神格 スーリヤの息子

家族構成 母：クンティー、異父弟：パーンダヴァの5王子

うまれてすぐ川に捨てられた悲しき出自

パーンダヴァの5王子に最も恐れられたのが、カウラヴァの勇士カルナである。彼の出自は悲運の生涯のはじまりを象徴するような悲しいものだった。

5王子の母クンティーが、婚前に子授けのマントラ（呪文）を聖者から授かった時、試しにと思い太陽神スーリヤを心に念じた。そうしてうまれたのがカルナだった。しかし未婚の母となることを恐れたクンティーは子どもを川に流してしまった。つまりカルナは5王子の兄だったのだ。

スータ族のアディラタに拾われたカルナはヴァスシェーナと名づけられ、のちに遊学してクル族の軍師ドローナに、パーンダヴァの5王子とともに弓術を習った。

さらに力を求めて、維持神ヴィシュヌの化身パラシュラーマにも教えを乞いに行った。パラシュラーマはカルナの身分であるクシャトリヤ（王侯・武人階級）を滅ぼしたいほど嫌っていたため、カルナは身分を偽ったのだが、これにパラシュラーマは怒り、武器の使い方を誤って死ぬという呪いをカルナに残したのである。

悲運に足をすくわれた、カルナの最期

5王子と同じ師に師事したカルナだが、身分の違いのため王子たちと競うことは許されなかった。クル族の盲目王の子ドゥリヨーダナは屈辱に燃えるカルナを擁護し、アンガ国王の位につけた。これに恩義を感じたカルナは、5王子たち、特にアルジュナを打ち破りカウラヴァの名誉としたいと願うようになる。

そのチャンスはクルクシェートラの大戦終盤に訪れた。カルナは相次いで司令官を失い劣勢となったカウラヴァの司令となり、アルジュナとの一対一の対決に挑む。アルジュナは名弓ガーンディーヴァを、カルナは一撃必殺の槍シャクティを持つ。神の武器を持つ者同士の戦いは壮絶を極めた。やがて機を見たカルナは槍を投げたが、ちょうどその時アルジュナの乗る戦車を操縦していた維持神ヴィシュヌの化身クリシュナが車高を低くしたため、槍はアルジュナの頭をかすめただけとなってしまった。逆に、カルナの乗る戦車の車輪は地面にめり込み、アルジュナの格好の的に。彼の矢に射られたカルナは絶命した。

名槍シャクティ

母クンティーがカルナを捨てる時、子どもに加護があるようにと祈ったことから、カルナはうまれながらにして、誰にも傷つけられない黄金の鎧と耳環を身につけていた。戦争前

に雷神インドラがアルジュナを勝たせようと、カルナにこの鎧を要求する。カルナは神の意のままに、体と一体化していた鎧を血まみれになって脱ぎ去った。その信心に打たれたインドラは、代わりに一撃必殺の槍シャクティを授けた。

ビーシュマ

Bhīṣma

別名 デーヴァヴラタ
サティヤサンダ(約束を守るもの)

種族 人間
家族構成 父:シャーンタヌ、母:ガンガー

一族の繁栄と王子たちの和平を願った老雄

叙事詩『マハーバーラタ』に描かれたカウラヴァ勢とパーンダヴァ勢の大戦争において、どちらにとっても大伯父にあたるのが、このビーシュマである。その出生は、クル族の初代王シャーンタヌの代に遡る。

シャーンタヌとガンジス川の女神ガンガーは結ばれたが、牛の窃盗を犯した8柱の神がガンガーの子として生まれ変わることになっていた。そのためガンガーはうまれてくる子どもを次々と川に投げ続けたが、8番目の子どもがうまれた時、夫シャーンタヌに止められてしまった。怒ったガンガーは、子どもを連れて森に隠れた。子どもはデーヴァヴラタと名づけられ、聖仙ヴァシシュタの教育で立派に成長。ある日、シャーンタヌが我が子を返してほしいと妻ガンガーに懇願すると、ガンガーは子どもを王宮に戻し、忽然と消えてしまった。

王宮に戻ったデーヴァヴラタは、シャーンタヌから王位を継いだ。しかしその後、シャーンタヌはサティヤヴァティーと再婚してふたりの王子を授かった。この時、デーヴァヴラタは王位を譲り、子孫もうまれないように独身を貫くと誓ったのだ。この徳が高すぎる行いによって、彼はビーシュマ(恐るべき人の意)という名で呼ばれるようになる。ふたりの王子のうち、兄チトラーンガダは戦死。弟のヴィチトラヴィーリヤが即位するとビーシュマはその後見人となった。そのヴィチトラヴィーリヤが後継のないまま死去し、100王子や5王子が継承争いをはじめると、一族の長老として重要な進言を行うようになっていた。

さて、カウラヴァ対パーンダヴァの戦争がはじまると、ビーシュマは100王子側のカウラヴァ勢の司令官となった。開戦10日目、カーシー国の王女アムバーの生まれ変わりであるシカンディンは、因縁によってビーシュマが攻撃できないと知っていて突撃。シカンディンの背後から放たれたアルジュナの無数の矢を受けて戦車から転がり落ちたビーシュマのまわりに、長老を敬って人々が集まった。ビーシュマは自分の死をもって戦争を終わらせよと説いたのだが、カウラヴァ勢の長ドゥリヨーダナは聞き入れず、戦いはなおも続くことになる。一族の平和を願った長老の悲痛な最後だった。

7章 中国神話

・神の名称の別名について
本名や異名、字（通称）、諡号（死後に贈られる名）などを記載

・各神のデータについて
【分類】…本書における中国神話の分類のうち、主に該当するいずれか、もしくは複数を記載
【神格】【地位】…該当するいずれか、もしくは両方を記載
【登場作品】…登場する主な書物
【時代】…実在の人物のみ、活躍した時代を記載

・中国神話の登場人物は各伝承や文献によって異なった逸話、人物設定が伝わっているものが少なくない。本書で取りあげているのはそのうちの一部である。各神の名前はわかりやすさを重視し、一般的に通りがよいと考えられる名前を見出しに採用している

中国神話の散逸と残存

古来の神話と神話的物語の分類

中国神話は時代とともに散逸し、古い書物の中にその面影を残すのみとなった。しかし、神話的な要素をもつ物語が廃れたかといえばけしてそうではなく、「新しい神話」とでも呼ぶべき数々のエピソードがうまれ、多彩な発展をみせている。

狭義の意味での「神話」とは、中国の原始的な社会でうまれた万物の成り立ちや自然現象を説明するための物語を指す。天地を分けた盤古や人間をうみだした伏羲と女媧など、ひとつの神格を中枢とすることが多い。しかし、後世にうみだされた神話的要素の色濃い物語も含めて、広義の「神話」ととらえるべきという意見もあり、神話学者の袁珂（えんか）は以下のような分類を提唱している。

「伝説」と呼ばれるのは、神話の発展とともにより人間的な存在が活躍するようになった物語群であり、「神話」との境目は明確でない。「歴史」は史実に神話的要素がつけ加えられたり、神話が歴史上の出来事とされるようになったもの、「仙話」は道教の影響で仙人が活躍する話と融合したものだ。また、仏教の説話や各地の風習を由来とする物語なども広義の神話に含められる。

神話的エピソードを取り入れた民間伝承や小説も多く、中国神話の魅力を伝える重要な一部として、本書では3章に取りあげている。

道教の発展と仙人信仰

中国に根強く残る道教の教え

古今東西、人間の願いといえば「病気をせず長生きすること」これに尽きる。死後の世界を恐れた各宗教では、よい行いをすれば死後は極楽へ行ける、輪廻転生でうまれ変わるなどの考えで救いを求めるのだが、中国では不老不死（死なず老いない肉体の超人的な存在）となって天界へのぼる「仙人」がブームとなった。

ブームの火つけ役は道教だ。後漢の頃に民衆の間で爆発的に流行した宗教で、彼らは仙人となり苦しみのない仙界にのぼることを夢見た。それを叶える手段のひとつが、錬丹術（れんたんじゅつ）でつくら

本書における中国神話の分類

神話	天地万物の成り立ちや自然現象を説明するために語られた物語群。 例：「盤古、天を開き地を闢く」、「女媧、人をつくり天を補す」など
伝説	民族の始祖や英雄など、より人間的な存在が活躍する物語群。 例：「黄帝、蚩尤を誅す」、「羿、10個の太陽を射る」など
歴史	「神話化された歴史」もしくは「歴史化された神話」のこと。 例：「武王、紂を討つ」、「少昊、鳥を以て官に名づく」など
仙話	道教の仙人たちが活躍する話と合体した神話的な物語群。 例：「嫦娥、薬を窃し月へ奔る」、「玄女、黄帝に兵法を教う」など
その他	怪異（妖怪、鬼神などが登場する物語群）／童話（童話的な意味のある伝説や物語群）／仏教説話（仏教の経典に由来する人物や物語群）／風習（祝祭日、宝物、地方の風物などにまつわる物語群） 民間伝承（民間で語り継がれてきた有名な物語群） 例：「白蛇伝」「牛郎織女伝説」など 創作（講談、小説などの形でうみ出された神話的な人物や物語群） 例：『西遊記』『水滸伝』『封神演義』など

※袁珂著『中国の神話伝説』（青土社）、『中国神話伝説大事典』（大修館書店）をもとに作成

れる不老不死の薬だ。この薬を飲めば生きたまま仙界にのぼることができると信じられた。

　この神仙思想のもととなるのが、春秋時代に生きたとされる伝説的な思想家、老子である。謎の多い人物だが、「道家」の始祖といわれており、道教が流行した漢の時代には、老子自身が太上老君（道徳天尊）という神として祀りあげられることとなる。

　道教はもともと後漢の頃に広まった新興宗教のひとつだったが、今では中国の神話といえば道教のイメージが強い。この宗教は、古代に祀られていた神や異民族が信奉していた神を吸収し、数多くの神々を道教の神に変えてしまった。

　たとえば、小説『西遊記』にも登場する西王母。彼女は古い時代の地理書『山海経』では獣の体をもつ化物のような姿で描かれているにもかかわらず、道教の流行後は仙界を守る仙女の長へと転身した。また、儒者たちが五帝のひとり、黄帝でさえ、龍に乗って天に向かう仙人として描かれるようになる。このような仙人の姿は後年、多くの小説や講談に取り入れられ、それらの物語は日本にも伝来し人々を魅了した。

　道教の神々はほかの国で語られる神よりも身近な存在といえる。なぜなら道教では、人間が修行によって自ら天にのぼり仙人となれるからだ。現代でも、道教は儒教、仏教と並ぶ中国三大宗教のひとつであり、さらに世界で数千万人の信者を誇るなど2000年近い時を超えていまだに人々に愛されている。

中華思想と皇帝

皇帝を頂点とする中華思想の誕生

　歴史上はじめて中国大陸を統一したのは秦の始皇帝である。彼は国中をすべて平定しただけでなく、社会システム自体を統一するという前代未聞の大事業をやってのけた。利権をめぐり国同士の争いが続いていた中国がひとつの国にまとめられたことで、「中国はひとつ」という思想が芽生えることとなる。

　皇帝はまた「天子」とも呼ばれた。これは天の神から統治者として認められ任命されたという意味で、この天子が治める国こそ世界の中心であるとす

天子を中心とする中華思想

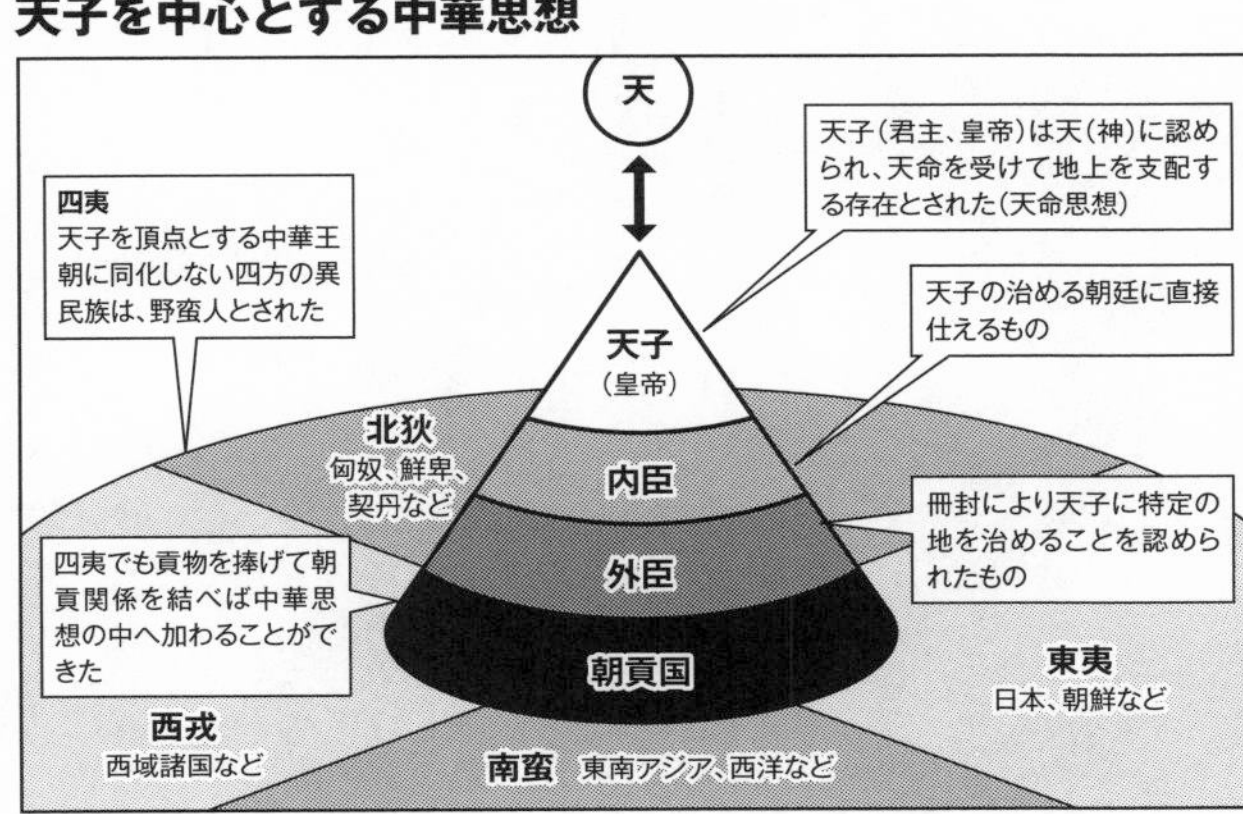

る「中華思想」が、長きにわたり中国の文化の基礎となった。

上下関係による秩序を重んじる儒教は、皇帝を世界の頂点としたヒエラルキーを重視する中華思想と相性がよかった。儒学者による古い神々の排除も、自らの地位を正当なものとしたい支配者階級にとって都合がよかったという一面がある。こうして統一王朝と関連をもたない古代の神話や神々は公的に重視されず失われていった。

一方で、民間では道教の思想が広まり、仙人となった神々は身近な存在として信仰され続けた。かの始皇帝も天下統一をやり遂げたあと、唯一無二の立場を失うことを恐れ、不老不死を求めて仙人を目指すようになる。時代が変わっても中華思想は続き、同時に多くの皇帝が不老不死に憧れた。神秘的な仙人、仙界の世界は皇帝をも虜にしたのだ。

天地開闢と人類誕生神話

中国神話の世界では天地は暗闇から、人は泥からうまれる

「この世界がどうしてうまれたのか」「人間はどうやってうまれたのか」は古代から続く永遠の謎だ。多くの神話が天地開闢（かいびゃく）や人類創世をそれぞれの解釈で説明しようとするのと同じように、中国神話にもいくつかの天地開闢の神話、人類創世の神話が存在する。

中でも有名なのは原始の神とされる盤古の伝説だろう。まだ天も地も分かれていない時代、宇宙は真っ暗で混沌としていた。すべてが混ざり合う卵の中のような宇宙に、ある時誕生したのが盤古と呼ばれる神だ。盤古は世界が暗く不愉快であることを不服に思い、右手に斧、左手に鑿（のみ）を持ち（武器を持たない説もある）壁を破ってしまう。すると透きとおった美しいものが天にのぼり、濁って汚いものが地上に広がり、結果、天と地が分かれることとなった。

再び天と地がくっつくことを恐れた盤古は立ち上がって天を手と足で支えた。その状態で成長し続けた盤古の背丈は、やがて9万里という途方もない高さとなる。その後、寿命が尽き倒れた彼の口から吐き出された息が風となり、血管が道となり、汗が雨となるなど、彼の体から世界がつくられることとなった。

このほか、前漢代に書かれた思想書『淮南子（えなんじ）』には、ただ真っ暗だった世界に陰神と陽神がうまれ、陽神が天を、陰神が地を支配したという神話も残されている。

では人間はどこからうまれてきたのか。これも諸説あるが、中国神話でよく語られるのは伏羲と女媧という兄妹とも夫婦ともされる男女神の神話だ。彼らは蛇のような体に人間の顔をもち、互いの体を絡ませた姿で描かれることが多い。

このふたりを人間の祖とする説もあ

るが、女媧がたったひとりで人間をつくったという神話も知られている。この神話では、世界にただ女媧のみが存在し、孤独に苦悩した彼女が泥から人間をうみだした。しかし人が死ぬたびに新しくつくり直すのを手間に感じた彼女は、人間に生殖機能をつけて婚姻制度を整えさせたといい、そのため女媧は今でも婚姻の女神として崇められている。

神話の物語は様々な書物に痕跡が残っている

まとまった文献が少ないとはいえ、中国の人々が神話を嫌っていたわけではない。それは、神話の断片が多くの書物や詩の中に残されていることからも明らかだ。

神話的要素を秘めた書物といえば、まず『詩経』や『楚辞』など古代中国の詩があげられる。詩の中には天地開闢の物語をはじめ、古代の神々の名前が多く登場する。

さらに天地開闢の神話も掲載されている思想書『列子』、古代の世界を描いたといわれている地理書『山海経』などもある。この書には黄帝をはじめ、古い時代の異形の神々が多くまとめられている。

中国神話に関する主な書物

種類	題名	成立時期	概要
詩	『詩経』	周～春秋	中国最古の詩篇。儒家の経典「五経」のひとつ
	『楚辞』	戦国	戦国時代の楚で発生した形式の詩を集めて編纂したもの
地理書	『山海経』	戦国～漢	中国最古の地理書。神々、妖怪についての記述を多く含む
思想書	『淮南子』	漢	淮南で編纂された思想書。 道家を中心とした諸家の思想を含んでいる
	『荘子』	宋～晋	荘子の教えを中心とした思想書。道家の経典のひとつ
歴史書	『史記』	漢	神代から前漢の全盛期までの歴史が記された歴史書
説話集	『列仙伝』	漢	仙人の逸話を列記した道教の説話集。 晋代に書かれた類書『神仙伝』も有名
小説	『捜神記』	晋	東晋の時代に記された志怪小説（奇怪な話）集
	「四大奇書」	元～明	長編小説『三国志演義』『水滸伝』『西遊記』『金瓶梅』の総称
	『聊斎志異』	清	神仙や幽霊、妖怪などの奇怪な物語を集めた短編小説集

これ以外にも説話とともに神、仙人を紹介した小説集『捜神記』、神話物語をいくつも取りあげている思想書『淮南子』など、神話は儒家に否定されつつも、多くの書物の中に細々と生き残っていた。

そのほか、漢代に成立した歴史書『史記』の中にも、最古の王朝とされていれる夏王朝以前の出来事として、古い時代から語り継がれていた神々に触れる項目が含まれ神代について記されている。

また、唐代以降、中国では詩や講釈師によって語られる物語が発展し、やがて小説が登場。『西遊記』をはじめ、神や妖怪の類が繰り広げるファンタジー小説に、多くの人が魅せられた。さまざまな書物に残された神話のエピソードは、新しいメディアに積極的に取り入れられ、よりエンターテインメント性の高い物語として民衆に親しまれ、広まることとなった。

歴史書『史記』と「三皇五帝」

司馬遷による最古の歴史書

紀元前にまとめられた、中国最古の歴史書がある。前漢の歴史家、司馬遷（しばせん）が編纂した『史記』と呼ばれる書で、伝説の夏王朝より昔、五帝の神話から漢の時代までの歴史をまとめあげた大著だ。

130巻からなるこの歴史書は、もともとは司馬遷の父が計画していたものだったが、着手できないままに死去。遺志を継いだ司馬遷は歴史書の完成を誓った。彼はとある事件に巻き込まれて宮刑（去勢）を受ける辱めに遭いながらも「『史記』を仕上げるまでは死ねない」と執筆を続け、ついに書きあげたのだ。

『史記』がほかの歴史書と大きく異なる点は、皇帝や国のためにつくられた書物ではなく、正しい歴史を描こうとしてまとめられた書であることだ。司馬遷は自分の足で全国各地をまわって聞き取りを行い、市井の声に耳を傾けて記事をまとめあげた。そのため、ほかの歴史書ではあまり見られない犯罪者の話や、神でもある「五帝」の項目なども内容に含まれている。

「五帝」は、司馬遷が各地をまわる間に村の長老などから聴取して書きとめた神代の統治者たちだ。司馬遷は、「存在は怪しまれるが」と但し書きを入れつつ、黄帝、顓頊（せんぎょく）、嚳（こく）、堯（ぎょう）、舜（しゅん）の五帝が徳をもって国を治め、時に戦い、夏王朝まで世代を繋げていくという物語を掲載している。誰を五帝とするかは書物によって異なるが、漢の時代までは古い神話を知る人物が生き残っており、その生の声を集めた史記は貴重な神話の資料であるともいえる。

後世、唐代に『史記』を補筆した司馬貞（てい）の手により、五帝の前に「三皇」の物語が追記され、項目は「三皇五帝」となった。

三皇とは五帝以前に世界を治めた神々で、顔ぶれについては諸説あるが、司馬貞によると伏羲、女媧、神農の3神。司馬遷の時代には登場しなかった理由としては、まだ女媧などの神話がはっきりと広まっていなかったため、ともいわれている。三皇のエピソードの追加により、『史記』は誕生時よりもさらに神話性が増すことになった。

「中国四大奇書」と『封神演義』

今なお読み継がれる中国古典小説の名作

明代に成立した長編古典小説の中でも、「四大奇書（しだいきしょ）」と呼ばれ、特に名作とされている作品がある。講談の人気演目からうまれた『三国史演義（さんごくしえんぎ）』『水滸伝（すいこでん）』『西遊記』、そして『金瓶梅（きんぺいばい）』の4作品で、中国では『金瓶梅』の代わりに清代の小説『紅楼夢（こうろうむ）』が入った「四大名著」としてもよく知られている。

なかでも神話との繋がりが深いのは『西遊記』。仏教をテーマにしているものの、メインキャラクターの孫悟空をはじめ登場人物の大半が神や仙人、妖怪であり、西王母といった道教ゆかりの仙人も物語に姿をみせるなど、何でもありの神話的要素が楽しいファンタジー小説となっている。

『三国史演義』『水滸伝』は実際の歴史を下敷きに創作をふくらませた歴史小説だが、史実には登場しない仙人や仙術などのエピソードがうまく織り込まれており、大きな魅力となっている。

三国時代の覇権争いを描いた『三国史演義』では、主人公となる蜀の劉備を補佐する軍師、諸葛亮（孔明）が超人的な力を駆使するさまが描かれる。また、魔星が人間の英雄たちに転生して悪道を敷く政府相手に暴れまわる『水滸伝』にも派手な仙術が登場する。『金瓶梅』は『水滸伝』に登場する悪女、潘金蓮を主人公としたスピンオフ作品で神話要素は薄く、当時の風俗などに詳しく緻密な作風が特徴だ。

「四大奇書」には含まれていないものの、同じく明代に成立し、高い民衆人気で後世に影響を与えたのが小説『封神演義』だ。史実の殷周革命が舞台だが、多くの仙人や妖怪が登場し、仙界と人間界を巻き込んだ大きな戦いが描かれている。

また清代になると、仙人や仙女などが登場する短編小説集『聊斎志異』がまとめられた。人間と神仙の触れ合いが描かれたこの書物は江戸時代の後期に日本にも伝来した。

神話を取り入れた物語は中国の人々を熱狂させた。中には禁書となった本もあったが、いまだに愛され読み続けられている。中国神話はこうした物語の中でも脈々と生き続けているのだ。

神格化された歴史上の人物

非業の死を遂げた英雄たちは神となる

チャイナタウンなどでみられる、黄色や赤で彩られた派手な廟。その中で神として祀られている髭の大男は、歴史書『三国志』に登場する武将の関羽が神となった「関帝」である。

関羽はもともと人間の英雄であり、歴史上では武将のひとりで、君主でもない。そんな彼がなぜ神格化されたかというと、その非業の死がきっかけだといえる。関羽は『三国志』をベースにつくられた物語『三国志演義』によって人気が高まった人物。関羽は庶民うまれの劉備を義兄と慕い最期まで忠実に仕えた高潔な性格であること、彼が死んだあと敵を呪い殺したという神秘的なストーリーから、関羽は民衆によって神格化された。

このように、死後に実在の人物が神として祀られることは日本でもよくみられる現象だ。菅原道真が学問の神、天神となったように、恨みを残して死んだ人間の祟りを恐れて神として祀るのだ。中国でもまた、関羽は同じような神格化の道をたどった。今では中国だけでなく、世界のチャイナタウンにさえ関帝廟がつくられるほどの信仰を集めている。

同じく三国志の呉の将軍で、『三国志演義』では戦死したとする甘寧も、

中国の歴代王朝

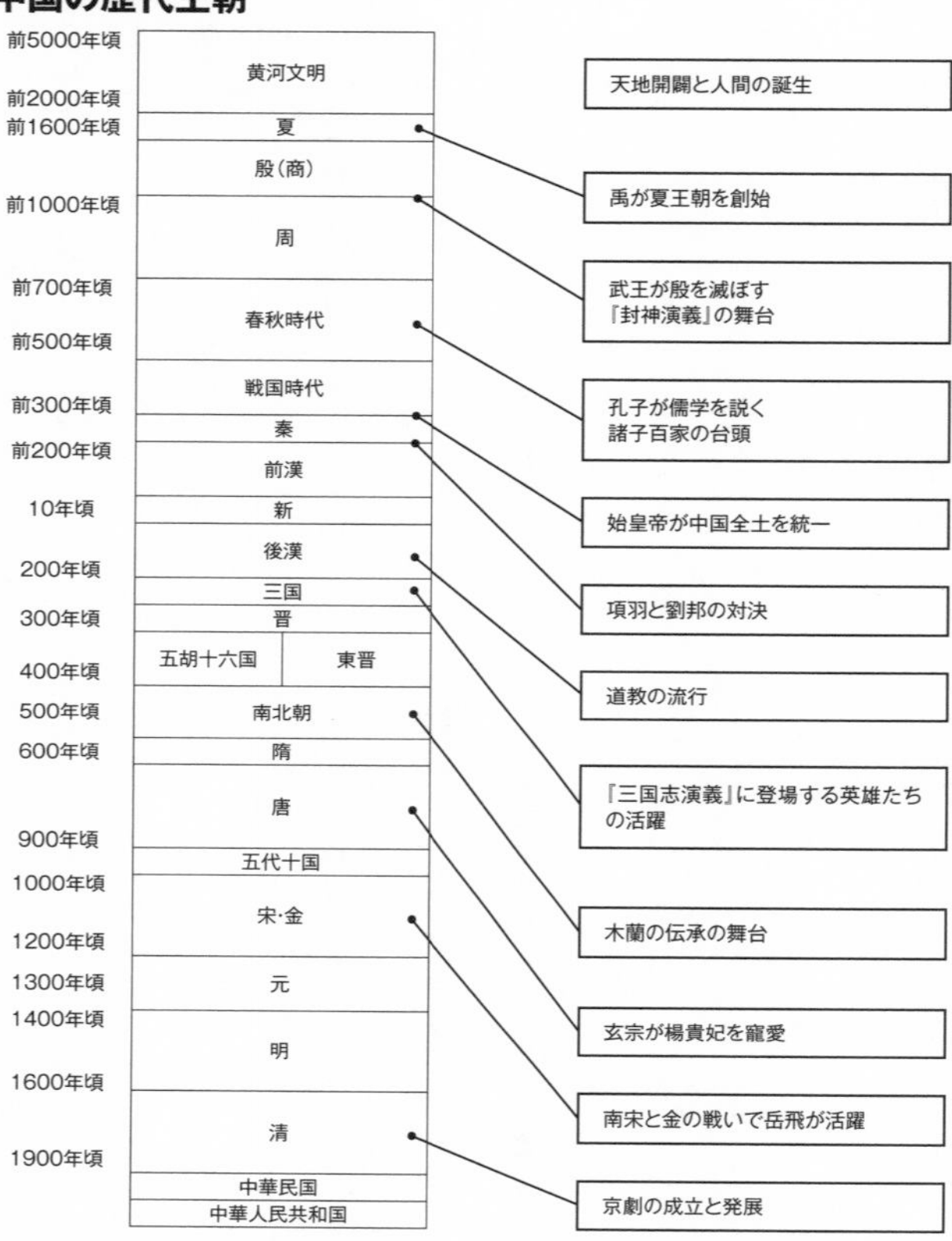

宋の時代に廟がつくられ神格化されている。こちらは呉の主を差し置いて呉王と呼ばれ、廟も立派なものがつくられたという。

また、宋の時代に実在した女性、媽祖も神格化された人物のひとりだ。強い仙力をもち、生きていた時代から人々の病を治すなどの霊力をみせていた人物といわれている。海に消えた父を捜すために姿を消した彼女は、そのまま仙女となったという伝説が語られ、その噂によってとうとう女神として祀られるまでに至っている。海の交通にご利益があるといわれ、港町には多くの媽祖廟がつくられた。今でも船乗りなどに人気が高いという。これらの人物に加え、道教の祖である老子も、道教の神として祀られている。

しかし関帝廟や媽祖廟は中国でおきた文化大革命の際に「怪しげな神々をまつることは許されない」とされ、政府の指示で徹底して廟が潰されて信者が逮捕されるなどの憂き目にあった。それでも民衆の信仰心は止めることができず、今でも世界各国で多くの人が廟へと足を運んでいる。

神と人の境界線が曖昧な中国神話

神として祀られることはないものの、周の時代をつくりあげた太公望や三国時代の軍師、諸葛亮もまた、長く語り継がれるうちに神秘的なエピソードが追加されるようになった。小説『封神演義』や『三国志演義』では、彼らは仙術のような技を使い、人間離れした働きをみせる。

このように物語の中で超人的な力を与えられた歴史上の人物は数多い。それは唐代以降に、演劇、講釈、小説などの物語文化が根づき、より派手な物語として語られるようになったためだ。彼らは刺激的な話を求める民衆を呼び込むため、史実を脚色し、英雄たちを大いなる存在として扱ったのだ。

かつて孔子が唱えた「怪力乱神を語らず」は遠い世界のものとなり、英雄たちはどんどんと神格化されるようになっていった。

京劇の発展

京劇の花形となった神話伝説のキャラクター

派手なメイクに派手な衣装、民族楽器の演奏とともに演じられる「京劇」。中国の古典演劇として有名な芸能だが、誕生したのはそれほど古い時代ではなく、1800年代のこと。古典や神話をもとにつくられたわかりやすいストーリー、舞うように舞台上を動きまわる独特な演じ方で当時の民衆を虜にした。北京で流行したことで京の文字がつけられたという。当初は民衆の間で人気を博したが、次第に支配階級にまで人気が広がっていく。時の権力者であった西太后が京劇を好み支援したことから、京劇文化はさらに花開くこととなった。

京劇の人気演目には、『三国志演義』などの歴史小説や、神話の世界が取り入れられた『西遊記』『水滸伝』などの小説を題材としたものが多い。『西遊記』モチーフの演目では、孫悟空が天界で桃や金丹（きんたん）を盗み出すシーンに派手なアクションが取り入れられていたりと、仙術や神話のエピソードを楽しめる。

さらには民間伝承として広く語り継がれている民話、神話などを取り入れたものもある。中でも京劇といえばこの演目といわれているのが『白蛇伝（はくじゃでん）』である。美女に化けた白蛇の精が法師と妖術合戦を行うシーンが見ごたえのある演目だ。ディズニーのアニメ映画でもお馴染みのキャラクター、木蘭（ムーラン）もまた京劇で人気の主人公である。男装の剣士の勇姿に、人々は大いに魅了された。これ以外にも妖怪や神が登場する演目など、神話の登場人物たちが生き生きと活躍するさまを観ることができる。

京劇の代表的な演目

出典	演目	主要人物
『三国志演義』	『空城計』	諸葛亮など
	『戦長沙』	関羽、黄忠など
『西遊記』	『鬧天宮』	孫悟空、那吒、玉皇大帝など
	『盤糸洞』	孫悟空、三蔵法師、猪八戒、沙悟浄など
『水滸伝』	『野猪林』	林冲、魯智深など
	『武松打虎』	武松など
歴史・民話	『白蛇伝』	白素貞（白娘子、許仙など
	『挑滑車』	高寵、岳飛など
	『覇王別姫』	項羽、虞美人など
	『長生殿』	玄宗皇帝、楊貴妃など
	『木蘭従軍』	木蘭など

三国志演義のあらすじ

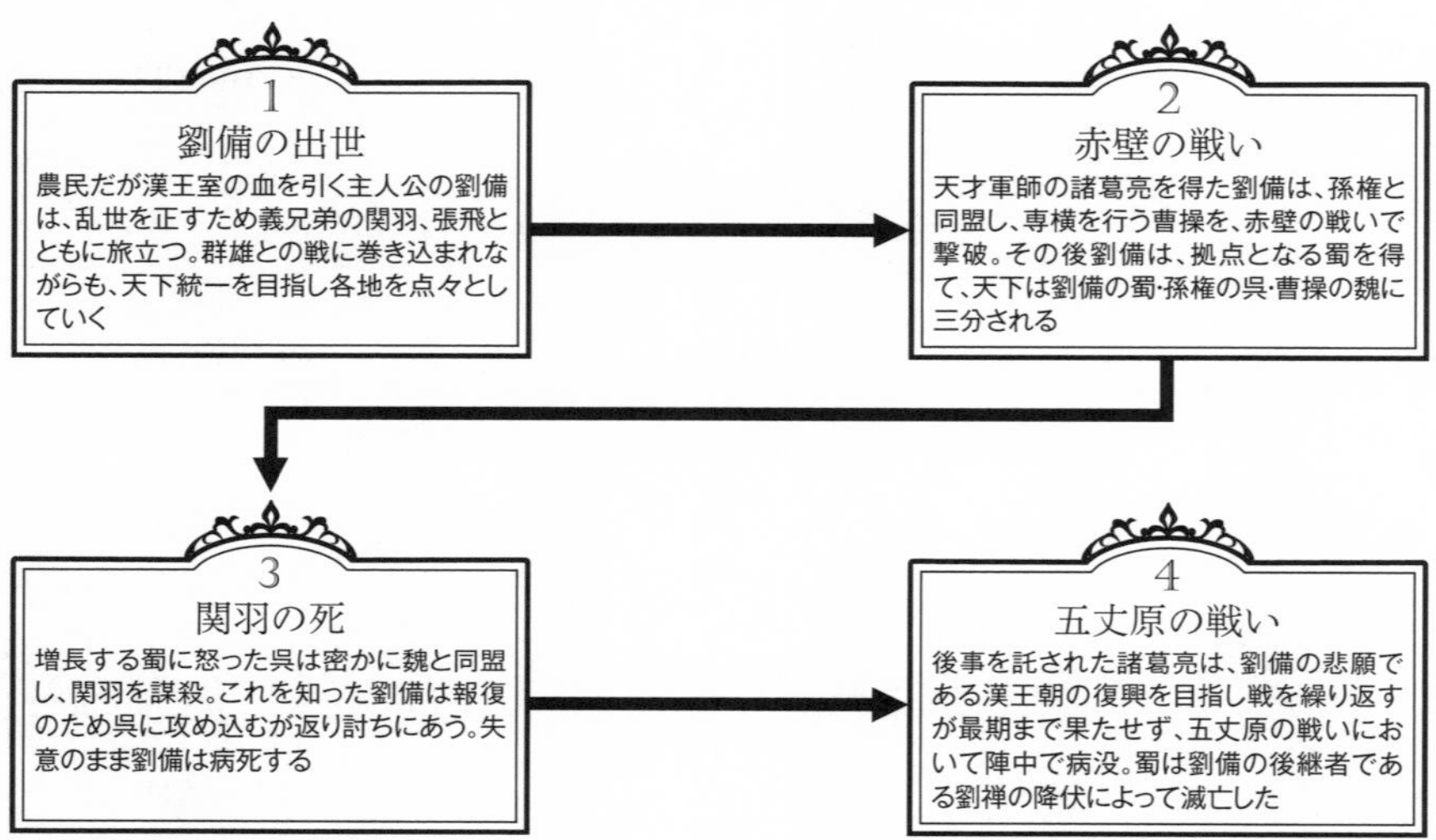

1
劉備の出世
農民だが漢王室の血を引く主人公の劉備は、乱世を正すため義兄弟の関羽、張飛とともに旅立つ。群雄との戦に巻き込まれながらも、天下統一を目指し各地を点々としていく
2
赤壁の戦い
天才軍師の諸葛亮を得た劉備は、孫権と同盟し、専横を行う曹操を、赤壁の戦いで撃破。その後劉備は、拠点となる蜀を得て、天下は劉備の蜀・孫権の呉・曹操の魏に三分される
3
関羽の死
増長する蜀に怒った呉は密かに魏と同盟し、関羽を謀殺。これを知った劉備は報復のため呉に攻め込むが返り討ちにあう。失意のまま劉備は病死する
4
五丈原の戦い
後事を託された諸葛亮は、劉備の悲願である漢王朝の復興を目指し戦を繰り返すが最期まで果たせず、五丈原の戦いにおいて陣中で病没。蜀は劉備の後継者である劉禅の降伏によって滅亡した

水滸伝のあらすじ

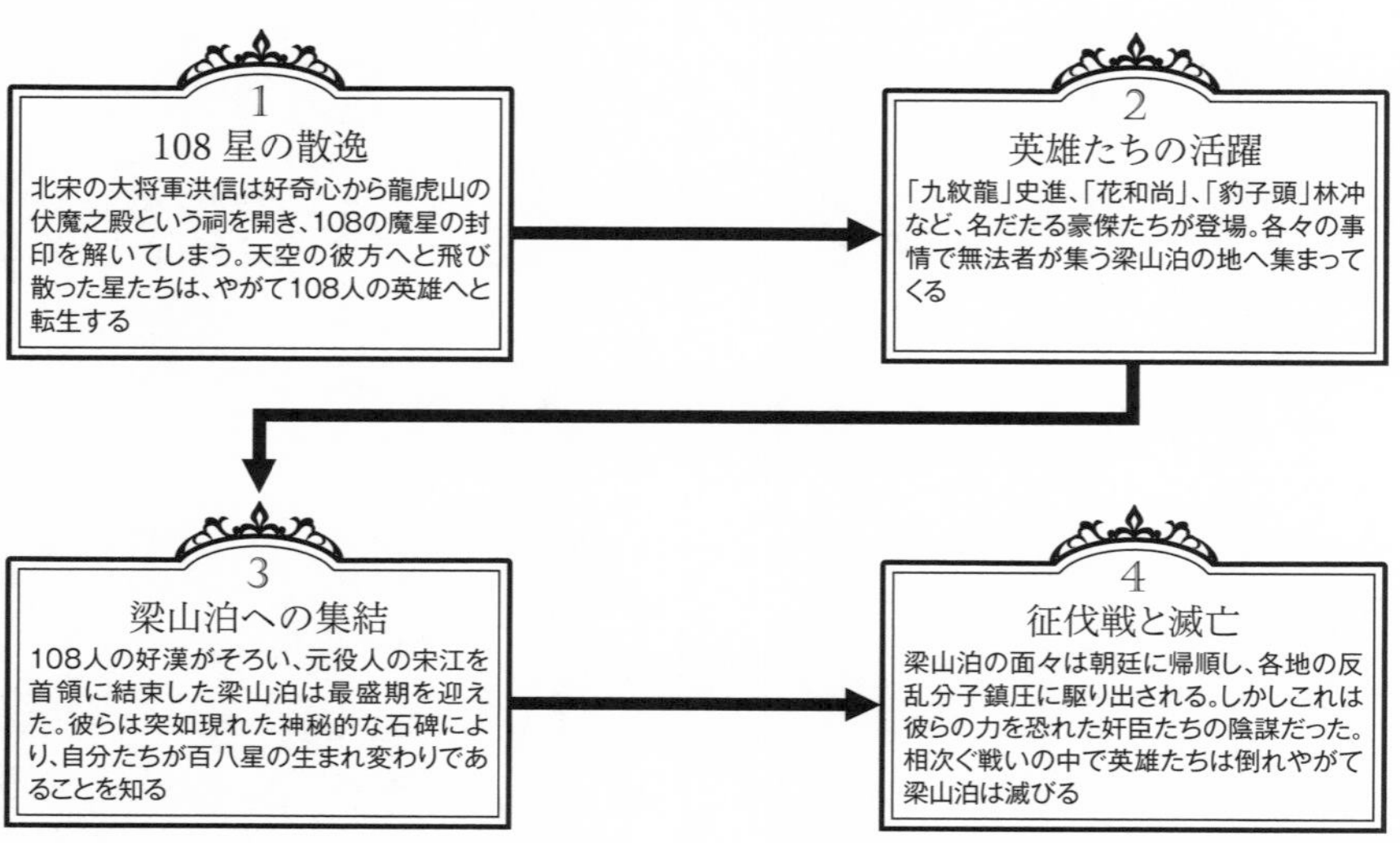

1
108星の散逸
北宋の大将軍洪信は好奇心から龍虎山の伏魔之殿という祠を開き、108の魔星の封印を解いてしまう。天空の彼方へと飛び散った星たちは、やがて108人の英雄へと転生する
2
英雄たちの活躍
「九紋龍」史進、「花和尚」、「豹子頭」林冲など、名だたる豪傑たちが登場。各々の事情で無法者が集う梁山泊の地へ集まってくる
3
梁山泊への集結
108人の好漢がそろい、元役人の宋江を首領に結束した梁山泊は最盛期を迎えた。彼らは突如現れた神秘的な石碑により、自分たちが百八星の生まれ変わりであることを知る
4
征伐戦と滅亡
梁山泊の面々は朝廷に帰順し、各地の反乱分子鎮圧に駆り出される。しかしこれは彼らの力を恐れた奸臣たちの陰謀だった。相次ぐ戦いの中で英雄たちは倒れやがて梁山泊は滅びる

西遊記のあらすじ

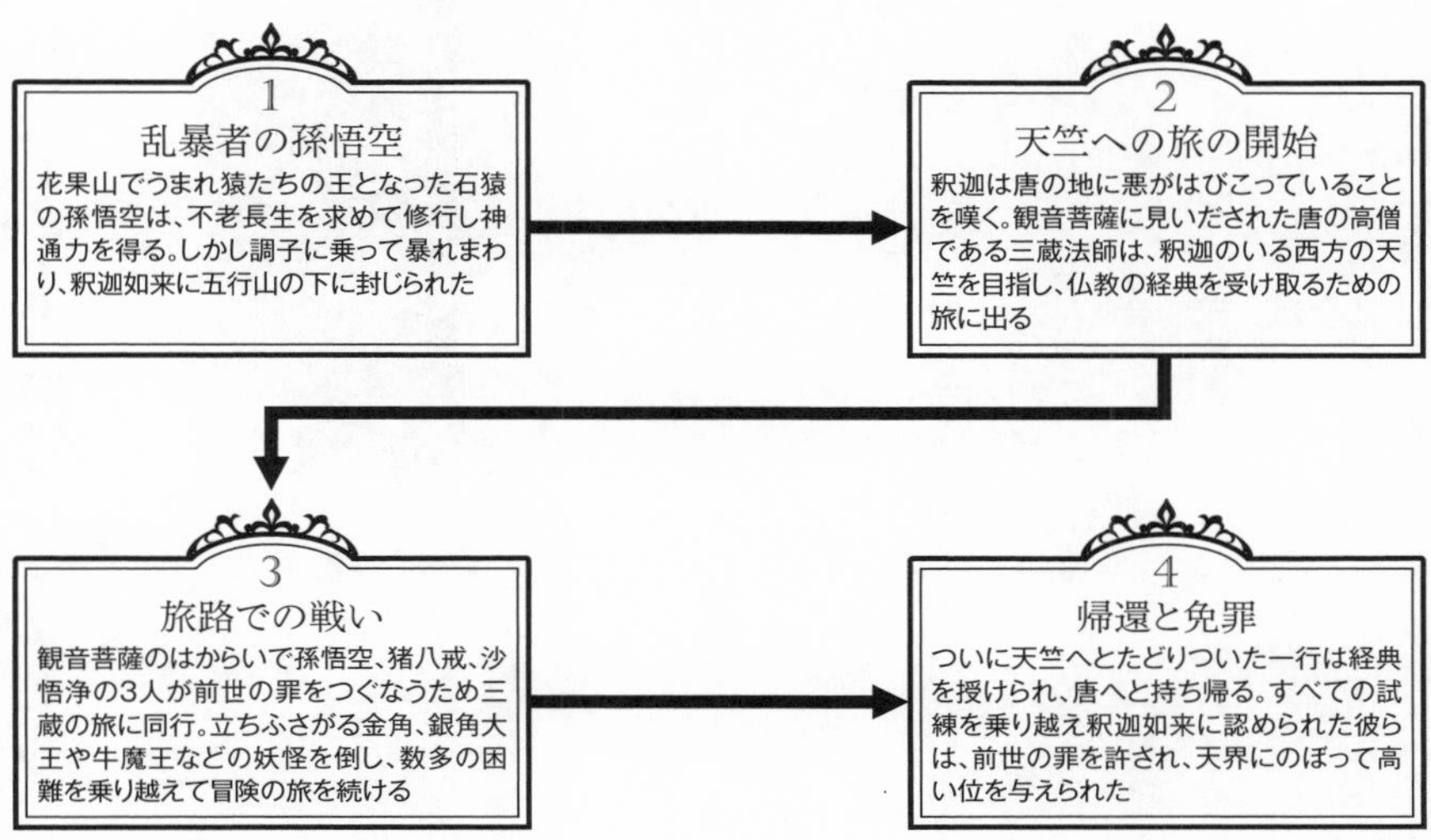

1
乱暴者の孫悟空
花果山でうまれ猿たちの王となった石猿の孫悟空は、不老長生を求めて修行し神通力を得る。しかし調子に乗って暴れまわり、釈迦如来に五行山の下に封じられた
2
天竺への旅の開始
釈迦は唐の地に悪がはびこっていることを嘆く。観音菩薩に見いだされた唐の高僧である三蔵法師は、釈迦のいる西方の天竺を目指し、仏教の経典を受け取るための旅に出る
3
旅路での戦い
観音菩薩のはからいで孫悟空、猪八戒、沙悟浄の3人が前世の罪をつぐなうため三蔵の旅に同行。立ちふさがる金角、銀角大王や牛魔王などの妖怪を倒し、数多の困難を乗り越えて冒険の旅を続ける
4
帰還と免罪
ついに天竺へとたどりついた一行は経典を授けられ、唐へと持ち帰る。すべての試練を乗り越え釈迦如来に認められた彼らは、前世の罪を許され、天界にのぼって高い位を与えられた

封神演義のあらすじ

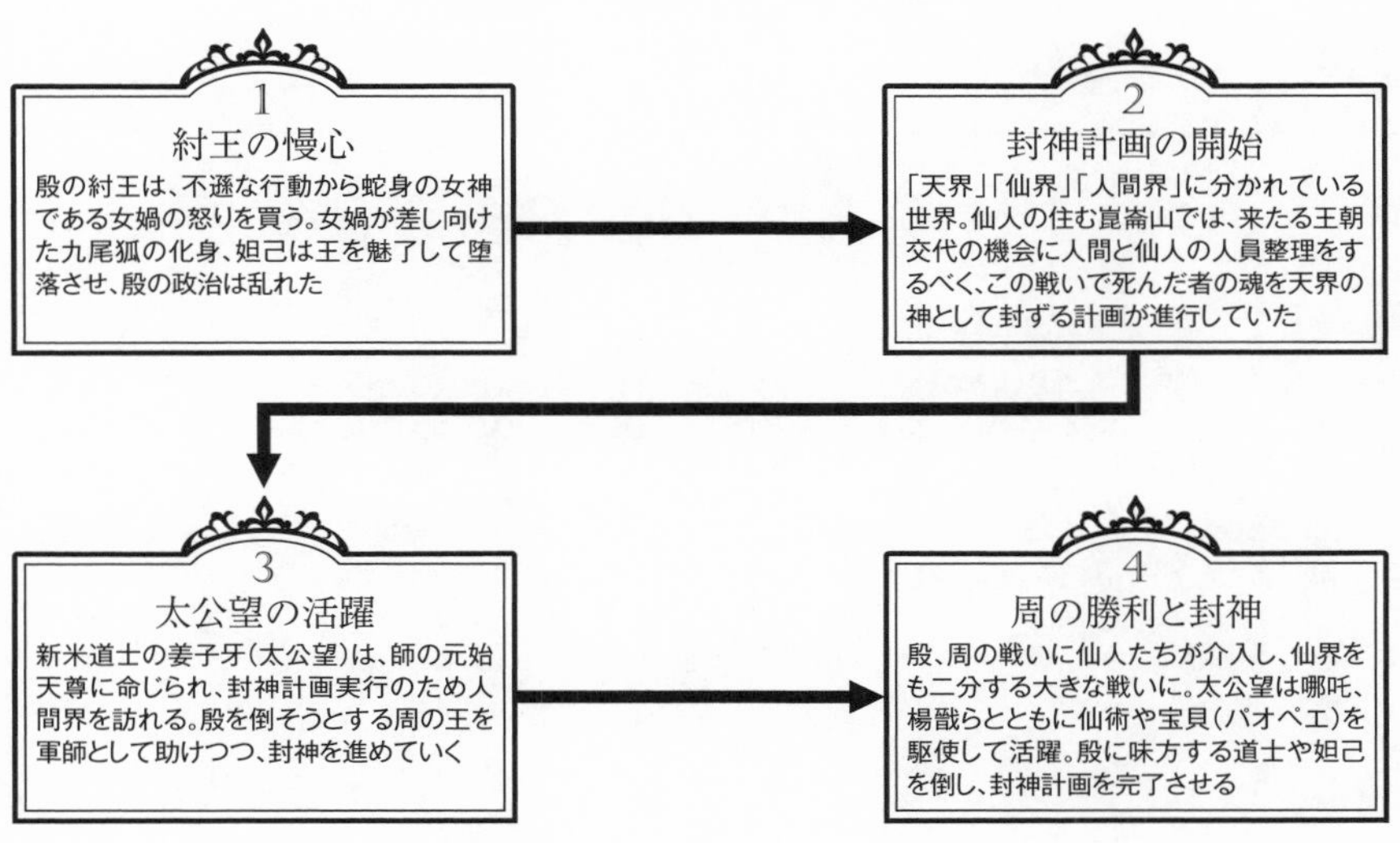

中国神話の神々

Pángǔ

盤古(ばんこ)

別名 炎帝(えんてい)、炎帝神農、薬王大帝(やくおうだいてい)など

分類 神話など
神格 原初の神
登場作品『三五歴紀』『五運歴年紀』など

混沌たる闇の中からうまれた巨人

天がどのようにうまれたのかというのは古くからの謎だったようだ。ギリシャ神話では「混沌(カオス)」から大地や夜、闇、愛などの神が誕生したともされ、日本神話では闇から多くの神がうまれたとする。もちろん中国にも天地開闢神話が存在する。三国時代、呉の徐整(じょせい)がまとめた『三五歴紀(さんごれっき)』に登場する、盤古という原初の神のエピソードだ。

盤古の行った天地開闢神話は、まず宇宙からはじまる。世界は天も地も入り混じり、混沌とした闇の中に存在していた。まるで鳥の卵のような暗闇に閉じ込められたまま、およそ1万8千年間眠り続けていた盤古は、天地が分かれはじめてようやく目覚めた。再び天と地が合わさることを恐れた彼は、足で地を踏みしめ天を手で押さえ続けた。その姿勢のままで身長は伸び続け、やがて9万里にも達したという。

なお、世界が暗いことに腹を立てた盤古が、左手に鑿、右手に斧を持ち自ら殻を破った。これにより天と地が分かれ、濁って重いものは大地となり清いものは空にのぼって天となったとする説も残っている。

こうして大地と天を支え続けた盤古だが、インドや北欧の天地創造神話と同じく、その肉体は大地となっていく。力尽きて倒れた彼の息は風や雲となった。漏れた声は雷の音となり、左の目は太陽、右の目は月に変化した。また身体は中国大陸の山となり、流れた血液は河川に、筋と血管は道となった。皮膚も歯も、汗でさえ彼の体の何もかもが大地に芽吹いて万物をうんだというのだ。このとき、彼の体に湧いた虫が風に吹かれて人間となったという説もある。

また、同じ読み方の「盤瓠」（「槃(はん)瓠(こ)」とも）という神が、中国の少数民族の間で信じられていた。この盤瓠とは繭より誕生した、五色の美しい毛並みをもつ犬。高辛氏(こうしんし)という王が「難題をこなす者があれば王女を与える」と約束をした際、盤瓠がそれをこなして王女を得て、ふたりの間にうまれた子が、ある一族の祖先となったという。この盤瓠から着想を得た徐整が、盤古の神話として天地開闢神話をまとめ変化していったともいわれる。

陰陽思想

盤古は胸もとに白黒2色の勾玉を組み合わせたような「太極図」を抱えた姿で描かれることもある。これは中国古代哲学の基礎となる陰陽を表したもので、道教のシンボルともなっている図柄だ。万物は陰と陽の対抗的な力によってうまれ、発展すると考えられた。のちに万物は木・火・土・金・水の5元素からなるという「五行説」と結びつき、「陰陽五行説」として発展した。これが日本で独自に発展し、うまれたのが「陰陽道」「陰陽師」である。

伏羲(ふっき)　女媧(じょか)

Nüwa ／ Fúxī

別名 太昊(たいこう)　伏義、伏犠、庖犠など

別名 媧皇(かこう)

分類 神話など

神格 三皇

登場作品 『楚辞』『山海経』『史記』など

人も生活道具も…さまざまにうみだした

伏犠と女媧は中国神話のなかでも早くに登場する神々である。2柱とも上半身は人間、下半身は蛇という見た目で、互いの尾を絡ませた姿で描かれることが多い。

この2神の神話は非常にさまざまな説が絡み合い複雑である。『史記』によると、伏羲の母は雷神の巨大な足跡を踏んで伏羲を孕んだという。伏羲は八卦や網のつくり方などを人間に教え、火をもたらし、婚姻制度を定めたと伝わる。

女媧は『史記』では伏羲のあとにうまれ、その跡を継いだ神とされている。しかし『史記』だけでなく古い書物にもその名前が登場することから、女媧は伏羲より古い神と考えられている。地理書『山海経(せんがいきょう)』に登場する女媧は多くの神をうみ、後漢時代の書物『風俗通義』では泥をこねて人間をうんだとされているなど、人や神の創生に深く関わる女神でもある。

さらに別の神話のエピソードでは、女媧は人間をつくっただけでなく、天が壊された際に五色の石で空を修復し、鼇(おおがめ)（スッポンとも）の足を切り取って四方を立て直すなど、天の修復も行っている。

また、笙簧という楽器（雅楽などで使われる笙(しょう)のこととされる）もつくったという。彼女は死後に天へのぼるも、自分の功績を驕らず謙虚だった。人類をつくり天地を守り驕りもしない、まさに守護神ともいえる女神だ。

もともと伏羲と女媧はミャオ族などの中国の少数民族が信奉していた神だったという。ふたりは兄妹（姉弟とも）として大洪水を生き残り、結婚して子孫を残したという洪水伝説が残されている。

歴史家の司馬遷が『史記』をまとめた時には、信憑性がないため外されていた。しかし、先に司馬遷が記載していた「五帝」との整合性を取るため、唐代の司馬貞の筆により「三皇本紀」が追記されたのである。

夫婦神か、それとも単独神か

夫婦神、兄妹神の側面が強いふたりだが、前述のとおり『史記』では単独の神として描かれ、古い書物でも別々

の神話が描かれている。

さらに前漢時代につくられた陵墓の発掘品には、蛇の体をもつ女媧だけが描かれているなど、かつてこの2神は一柱の単独神として扱われていたと考えられる。

しかし前漢時代以降、ふたりが蛇の体を絡ませる図が増えていく。陰陽説の高まりとともに、陰の女性と陽の男性が一対という考えになったためかもしれない。

人類を創生し、さまざまなものをうんだふたりは、婚姻の神として今でも多くの人々から信奉を受けている。

八卦（はっけ）

古代中国より伝わる易（易占）で使われる8つの記号のこと。古代中国でうまれ、天地、世界を表すとされた。この八卦を、八方から吹く風を聞いてうみだしたのが伏羲だという。そのため儒教の経典ともなった占術と思想の書『易経』（えききょう）の著者は伏羲とされる。

句芒（こうぼう）

東海を司る風の神。人の顔で鳥の身体をもち、両龍に乗る。白い服を着ていることも。伏羲を補佐する。

Shénnóng

神農（しんのう）

別名 炎帝（えんてい）、炎帝神農、薬王大帝（やくおうだいてい）など

分類 神話、伝説など

神格 三皇、医薬の祖

登場作品 『山海経』『史記』『神農本草経』など

人類への慈愛に溢れた三皇のひとり

歴史書『史記』の「三皇」で伏羲、女媧に続いて登場するのがこの神農だ。人々に生きるすべを教えた神といわれている。また、神農が五行思想のうち火徳であったことから、炎帝と同一視されることもある。また、五佐のひとりで南を司る太陽神、祝融という子孫を従えるという。

神農は牛の頭をもつ異形ながら、人間に穀物の植え方を教えた神だ。炎帝（神農）が五穀を植えはじめると天から五穀が降り落ちてきて、人間の腹を満たした。その穀物を食べたものは、老いても死なかったという伝説がある。ここから彼は「神農」と呼ばれるようになった。

生食のため体を壊す人間に、神農が火を使って食事をつくる方法を教えたという神話も残されているが、伏羲や黄帝にも同じようなエピソードがみられるため、誰が火をもたらしたかには定説がないようだ。

人々に農業を教えたあと、神農は市場をつくらせて物々交換をさせる商売を提案。さらに自らすべての植物を口にして毒草と薬草を見極め、多くの薬を考案した。そして薬草についてまとめた書物『本草経』（ほんぞうきょう）をつくったという伝説も残る。実際、後漢から三国時代に成立した薬物学書『神農本草経』にも、タイトルにその名が残っている。神農は1日に70回もの毒にあたっても解毒することができたといわれるが、最期は猛毒の断腸草（だんちょうそう）を舐めて解毒できずに亡くなってしまう。

神農の娘たちは仙女となって仙界に遊ぶ

人類に対して慈愛をみせる神農だが、あまりに古い神であるため伝説はほとんどが散逸してしまった。代わりに残されたのが彼の娘たちの伝説だ。

若死にしたものの瑤草（ようそう）という草花にうまれ変わった「瑤姫（ようき）」、海で溺れ死んだあとに精衛（せいえい）という鳥へとうまれ変わり、憎い海を埋めようと小枝や石を海に落とし続ける「女娃（じょあ）」など、地理書『山海経』をはじめとした書物には神農の娘たちの伝説が残されている。

神農は農業の神、医薬の神として長く愛されてきた。その伝説は海を渡り日本にも伝わり、大阪の少彦名（すくなびこな）神社など「神農さん」を祀る神社が今でもいくつか存在する。こうして神農の名は三皇の中で最も著名となった。

祝融
炎帝（神農）の子孫で太陽神。その姿は人頭獣身で2頭の龍に乗り、炎帝に従うという。五帝のひとり黄帝の子孫とも。

琴
神農は5絃の琴をつくったという伝説も残る。同じく三皇のひとり女媧も、笙簧という楽器（笙のこと）をつくったという伝説が残るなど、古代中国では楽器は神からの贈り物と思われていたようだ。

Huángdì

黄帝（こうてい）

別名 **公孫軒轅（こうそんけんえん）、帝鴻（ていこう）など**

分類 伝説、仙話など
神格 五帝、古代中国王朝の始祖神
登場作品 『孫子』『荘子』『史記』など

炎帝（神農）と蚩尤を下し天子となる

中国神話で筆頭に挙げられるのが、「三皇五帝」と呼ばれる伝説的な帝王たちだ。どの人物が該当するかは書物によってさまざまだが、『史記』にならい伏羲、女媧、神農を三皇、黄帝、顓頊、嚳、堯、舜を五帝とするのが一般的とされる。また、三皇が神とみなされ、神話の香りを残すのに対し、五帝は聖人君子としての性格が強く、黄帝の登場で中国神話は一気に史実感が増していくこととなる。

黄帝の神話としてとりわけ語られるのは、炎帝や蚩尤との戦いだ。炎帝の子孫が天下を治めていたが徳が薄く、世は乱れ人民は困窮していた。そこで黄帝は炎帝と戦い勝利。さらに仇を討とうと決起した炎帝の子孫たち、特に怪物の蚩尤を打ち破り天子の座についたという。

また、黄帝は五行説において中央を支配する天帝であるともされる。彼が中央を司ることになった背景として、雷神として決起した黄帝が四帝（諸説あるが、ここでは炎帝、蚩尤、葷粥（くんいん）、もうひとりは不明）に勝利したからという説がある。「稲光からうまれた、軒轅（黄帝）は雷雨を司る神である」などの記述がみられることから、もともと黄帝は雷神としての性格を有していたと考えられている。さらに古い時代の神話では4つの顔をもち、玉を食べ、崑崙山に遊びに行くとされた。

脈々と続く古代中国王朝の始祖としての役割

また黄帝は祭祀をよく行っており、その中には天と地を祀る「封禅」も含まれる。これはのちに始皇帝も行った祭祀として有名だ。黄帝はこの封禅によって神意を得て暦をつくったと『史記』には書かれている。この黄帝の存在は司馬遷が『史記』を編纂した時代には、詩や民間伝承の中に残され人々の間で信じられていたらしい。

このあと、天子の位は黄帝の子孫や聖人に引き継がれ、夏王朝へと繋がっていく。つまり黄帝は夏王朝、殷王朝へと続く祖先神ともいえる。夏から殷、周、そして漢へと続く血筋が正当なものであったことを示すために、彼の名は歴史に刻まれることとなった。

人であり神であり聖人でもある黄帝は、今なお中国の祖としてその名を知らしめている。

東洋医学
黄帝は中国医学の始祖ともされ、東洋医学のルーツとなっている中国最古の医学書『黄帝内経』は、黄帝の著作と信じられている。

后土
黄帝を補佐する大地母神。五佐のひとり。

帝江
足を6本、翼を4つもち、のっぺらぼうの姿をした神。帝鴻（黄帝）のこととされる。

祝融

Zhùróng

分類　伝説など
神格　五佐、火の神、南方の神
登場作品　『山海経』『史記』など

五行思想をもとにつくられた炎帝（神農）の補佐神

祝融は、三皇のひとり炎帝の補佐を務める火の神で、人の頭と獣の体をもち、2頭の龍に乗るという。歴史書『史記』では四罪のひとりで洪水神の共工を倒し、地理書『山海経』では同じく四罪のひとり鯀を倒すなど、炎を司るにふさわしい戦い方をみせている。

また、祝融は南方を司るとされ、「五佐」に数えられている。中国では古くから「五行思想」や「五行説」と呼ばれる思想が信じられてきた。これは木（青）、火（赤）、土（黄）、金（白）、水（黒）の元素から世界が成り立っているという考えである。『史記』において「火」の炎帝のあとに「土」の黄帝が立つというのは、この流れを汲んでいると考えられている（諸説あり）。

そんな五行思想に則ってうまれた神が五佐である。五佐とは、祝融のほかに、三皇のひとり伏羲（木）を補佐する句芒、黄帝（土）を補佐する后土、黄帝の子（孫とも）少昊（金）を補佐する蓐収、黄帝のひ孫である顓頊（水）を補佐する玄冥の5神のことだ。

句芒は人の頭に鳥の体をもつ神で、

東を守り司っていたという。大地を司る后土は女神とされており、のちに道教と交じると仙女となった。また、西方を守る蓐収は龍を乗りこなす神。玄冥については謎が多いが、海神と風神を兼ねて冬を司り、北方を守る神とされている。五佐はそれぞれ『山海経』に登場する異形の神が採用されていることから、かつては単独で信じられていた神が、五行思想の高まりとともに大神の補佐として取り入れられたと考えられる。

この五佐のうち句芒、祝融、蓐収、玄冥はそれぞれ、青龍、朱雀、白虎、玄武と名前を変えて天の四方向を守る四神として有名になった。この四神は風水にも取り込まれ、平安時代には日本の都の造営に採用されるなど、時代も国も超えて広まることとなる。なお后土は中央を守り土を司るため四神に含まれず、最上級の聖獣でもある麒麟にしばしば例えられる。

蒼頡（そうけつ）

Cāngjié

別名 倉頡、侯岡頡（こうこうけつ）

分類 伝説など

神格 文字の創造者、五帝

登場作品『淮南子』『春秋緯元命苞』

鳥の足跡から文字を創造した4つ目の貴人

文字を創造した存在とされ、五帝のひとり黄帝の記録係であったといわれている。それまでは記録に縄の結び目を使っていたが、黄帝はこの方法に不満をもち、別の記録方法を考案するよう蒼頡に命じた。新たな記録方法に思い悩んでいた蒼頡はある日、鳥たちの足跡を見て、筋目や爪などの細かい部分がそれぞれ異なることに気がつき、文字を考えついた。このとき思いついた文字は木や骨に刻むだけの象形文字のようなものだったが、のちに試行錯誤が繰り返され、

文字になっていったという。文字は画期的な発明であったが、思想書『淮南子』には文字があることにより、世の中に嘘やいつわりが流布するようになったと記録があり、人々は大切なことを放棄して些細なことばかり気にするようになり、働かずに利益を得ることを考え出して畑仕事を放棄するようになってしまったという。

このままいけば人々は飢えに苦しむようになるだろうと嘆いた天は、雨のように穀物を降らせた。また、鬼たちは文字により呪術が用いられるようになったため、自分たちがおびやかされるようになることを嘆き悲しみ、夜中に声をあげて泣いたと記されている。

五行思想では蒼頡を五帝のひとりであったとする。『春秋緯元命苞（しゅんじゅういげんめいぼう）』には、蒼頡を帝と表記するのに加えて容姿に関する描写がみられる。曰く、天子のように立派な顔立ちをしており、4つの目をもち、そこから尊い不思議な光を放つという。また、徳が高く、うまれつき書に優れていたともされる。こ

の描写にみられるよう、古くに描かれた蒼頡の絵は4つの目をもった姿となっている。

また、1つの目に瞳が2つある「重瞳」であり、蒼頡はうまれつき「重瞳四目」であったとする説もある。中国では、重瞳は貴人の印であるとされており、秦時代の武将、項羽や五代十国時代の南唐の国主である李煜、明時代末から清時代の学者、顧炎武らも重瞳であったと伝わっている。

西王母

Xīwángmǔ

別名　九霊太妙亀山金母（きゅうれいたいみょうきさんきんぼ）、王母娘娘（おうぼにゃんにゃん）など

分類　伝説、仙話など
神格　女仙
登場作品　『山海経』『淮南子』『穆天子伝』など

災厄の神から不老不死の女神へと転身

西王母は非常に有名な女仙であり、道教ではすべての女仙を束ねる最高位の存在であるとされる。また、崑崙山の桃園を管理するとされていることから不老不死であると信じられ、今なお多くの信仰を集めている。しかし、実は古代においては、現在のような母性と慈愛に満ちた女神という好意的なイメージとは真逆な、殺気漂う恐ろしい異形の神だった。

地理書『山海経』の「西山経」ではヒョウの尾とトラのような歯をもち、乱れ髪にかんざしを刺した姿をしている。うそぶくのが上手で、五刑などを管理すると記され、災害を司るものとされていた。そののち徐々にその描かれ方は、優雅な夫人へと変化していく。『淮南子』には、月仙の嫦娥が自身の夫が西王母から譲り受けた不老不死の薬を盗んで食べ、仙人になったという記述があるように、西王母が不老不死を司るとする描写がある。歴史書『穆天子伝』には、周の穆王に招かれた西王母が、穆王のために唱う場面が書かれている。さらに思想書『荘子』の大宗師篇では、西王母は道徳を身につけた最高位の仙人をさす「真人」のひとりであるとされている。

このように西王母は、当初は悪神とされていたところから、徐々に優雅な夫人へと変化し、道教に取り入れられると最高位の女神として信仰されるまでになった。

西王母の描かれ方と日本での受け入れ

西王母を描いた多くの絵は美しい女性の姿をしており、三青鳥とともに優美で麗しい西王母の姿を描いた画像石や画像磚（建物に使われる中国のれんが）が残っている。三青鳥とは、西王母の身のまわりの世話をする3羽の鳥のこと。『山海経』には、三青鳥は西王母のために食物を運び、目が黒くて頭は赤く、それぞれ大鵹、小鵹、青鳥というと記されている。

三青鳥のほかにも、足が3本ある三

足烏（三足烏）や、尾が9つある九尾狐、月の精である蟾蜍（ヒキガエル）、月に住む兎の玉兎なども、西王母とともにその姿を描かれる。

日本では説話集『唐物語』で登場して以降、能の題材とされるなど人々に受け入れられた。また、崑崙山の桃園を管理していたというエピソードからか、桃の節句を祝う3月3日は、西王母の誕生日である。近年のアニメやゲームでもキャラクターモチーフとして活躍している。

『山海経』
中国の神話や伝承が図を用いながらまとめられた全18篇（13篇とも）の地理書。単独の著者ではなく、長い時間をかけて複数の筆者がつくりあげたものだと考えられる。中国神話を研究するうえでたいへん貴重な書物であり、多くの注釈書も執筆された。

東王父
西王母と対をなす存在で、男仙の元締めとされる仙人。仙人は東王父、西王母の順に謁する決まりがある。

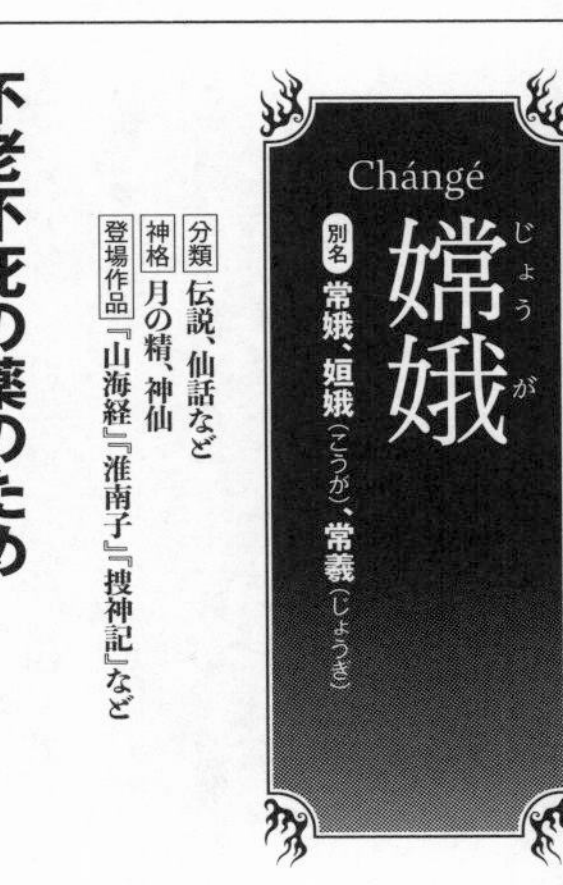

嫦娥
Chángé

別名 常娥、姮娥（こうが）、常羲（じょうぎ）
分類 伝説、仙話など
神格 月の精、神仙
登場作品 『山海経』『淮南子』『捜神記』など

不老不死の薬のため夫を裏切りカエルになった月精

たいへん美しい女性であった嫦娥は、夫が西王母から譲り受けた不老不死の薬を盗んでしまった。小説集『捜神記』には、逃げる際に神巫に占いをしてもらい「吉。恐れることなく先へと進めば、やがて栄えるであろう」という回答を得て、月へと向かったとある。こうして月仙、もしくは月精となってかつて失った不老不死を取り戻した嫦娥であったが、美しい容姿を失ってヒキガエルの姿になったという。

この話は「嫦娥奔月」という故事として語り継がれており、中国では月にはウサギのほかに、ヒキガエルがいると考えられている。

そんな嫦娥の夫は、弓の名手、羿だ。夫婦ともに天界に住んでいた時、羿が帝俊から下界の問題を解決するよう命じられ、揃って下界に降り立ったという。下界は五帝のひとり堯の御代。順番にのぼっていたはずの10個の太陽が同時にのぼり、熱で下界の人々を困らせていた。助けを請われた羿は、まず太陽たちを威嚇したが通用しなかったため、帝俊から下賜された赤い弓と白い矢で9個の太陽を射落とした。すると、荒れた土地に緑が戻り、人々は救われたという。しかし、太陽は帝俊の息子たちであったため、羿は帝俊の怒りをかってしまう。帝俊へ貢物を捧げた羿だったが許されず、天に戻ることができなくなった。羿が不老不死の薬を手に入れたのには、こういった事情があったのだ。

嫦娥奔月のあと地上に残された羿は、弟子に弓を教えるなどして暮らしていたが、その弟子にも裏切られて殺されるという悲劇の結末を迎えるのである。

嫦娥は古くは「姮娥」と記載される。また、帝俊の妻で月の女神である常羲と同一とみなすこともある。中国では現在も月と嫦娥のイメージは強く結びついており、2019年1月に史上はじめて月面の裏側での植物発芽に成功した月面探査機は「嫦娥4号」と名づけられた。

元始天尊

Yánshǐtiānzūn

分類 仙話など
神格 道教の最高神
登場作品 『隋書』『封神演義』など

一般知名度に差がある最高神たち

道教において、諸説あるが多くは「三清」が最高神であると考えられている。三清とは元始天尊、霊宝天尊、道徳天尊の3神。霊宝天尊は太上道君、道徳天尊は太上老君という別名の方が通りがよいだろう。

三清の中でも、最も重要な神とされているのが元始天尊である。人々に道を説き、多くの仙人たちも元始天尊の教えを受けたとされている。『隋書』には「天地が開闢するたびに道を授ける」とあり、元始天尊の名の通り、原初の神と解釈されることもある。

三清の姿を描いた絵では、元始天尊が中央である。しかし、太上老君の方が、元始天尊よりも多くの文学作品に登場していることから、一般には広く知られている。

太上老君は、思想家の老子を神格化した存在であり、道教の始祖であるとされる。三清においては最も位の低い3番目の序列とされているが、道教的には太上老君こそが最高神と考える説もある。

道教の理論書『抱朴子』には太上老君について「身長9尺。黄色い体に高い鼻、くちばしのような口をもち、全身に八卦が刻まれている。黄金と玉でできた宮殿に住み、幾つも重なった冠をつけ、頭上は輝く。多くの童子と神獣たちが従う」とある。まさに最高神らしい描写だ。

霊宝天尊こと太上道君は、三清の序列2番。道教の経典『雲笈七籤』には「布教に尽力し、元始天尊より経典を授かった」とある。

しかし、ほかの2神と比較すると文学作品や近年の創作物に登場する機会は少なく、一般にはややイメージしづらい神である。特に小説『封神演義』において、元始天尊と太上老君、そしてオリジナルの通天教主を三清としていたことが、いっそう太上道君を不遇な存在へと追いやった。

補佐役の四御と三清の身近な活躍

三清をサポートし、天界の仕事にあたる神を「四御」という。四御は玉皇大帝、北極紫微大帝、天皇大帝、后土の4神で構成される。その中心は玉皇大帝。事実上の最高神とも考えられ、五帝のひとり黄帝と同一視されることもあるという。

北極紫微大帝は北極星の神格化で、天皇大帝は北極紫微大帝と対になる星の神。后土は大地神で後世には女神とされ、黄帝を補佐する五佐にも数えられている。

三清は、藤崎竜の漫画『封神演義』でも活躍する。元始天尊は主人公である太公望の師として登場。太上老君は若々しい美青年の姿で、実力はあるが呼吸すら面倒くさがって眠り続ける怠け者として描かれている。

道（タオ）

道は道教の重要な概念であり、宇宙、万物の根源。人は人為的なことばかりせず、宇宙や自然に添って生きるべきと説いている。思想家の老子により考えのもとがうみだされ、思想家の荘子が練りあげた「老荘思想」の根幹である。また、元始天尊は道を神格化した存在ともいわれる。

泰山府君
Taìshānfǔjūn
別名 太山府君、太山王（たいざんおう）、東嶽大帝（とうがくたいてい）、など

分類 伝説、仙話など
神格 十王、冥界の神
登場作品 『捜神記』など

死者と地獄を管理する冥界の神

道教では東嶽大帝と同一視されている、泰山を支配する神だ。泰山とは山東省に実在する山で、道教の聖地とされる。泰山は死者の魂が帰るところといわれていることから、冥界があると考えられた。ここから、泰山府君も冥界と結びつけられている。のちに、地獄で死者を裁く10神（十王）として、閻羅王（閻魔王）とともに取り入れられると「太山王」と名を変え、地獄第七殿の熱悩地獄において、人の寿命を記した帳簿を管理しているという。泰山府君の部下の多くは土地神などから選ばれる。しかし、まだ命のある人間が眠っている間だけ泰山府君の部下として働くこともあったとされる。

泰山府君と人間、そして冥界との関連を示す話が小説集『捜神記』にみられる。ある日、胡母班という男が泰山府君の使いに呼び止められた。使者の指示どおりに一度目を閉じて開けると立派な宮殿があり、泰山府君から娘婿へ手紙を届けて欲しいと頼まれる。胡母班が任務を終え宮殿の厠を借りた際、何百もの人々が枷をはめられ、働かされている中に父の姿を発見。父は「服役しているが、辛くて仕方がない。土地神にしてくれるよう泰山府君に頼んで欲しい」と言うので、胡母班は泰山府君に頼み込んだ。「父とはいえ死者に近づいてはならない」と泰山府君から諭されるも、最終的に望みは叶えられた。しかし1年後、胡母班の家の子どもたちが次々と死んでいく。ただごとではないと考えた胡母班が泰山府君のもとへ行くと、泰山府君は「だから死者に近づくなと言ったではないか」と笑い、胡母班の父を呼び寄せた。父が「故郷に帰れたことで浮かれ、孫たちを呼び寄せてしまった」と白状したため、土地神は別の者に交代となった。以降、胡母班の家で子どもが死ぬことはなくなったという。

　このように泰山府君は、冥界の神とはいえ高圧的や陰湿な面はみられず、むしろ人に寄り添うような描かれ方をしているのが特徴だ。

碧霞元君（へきかげんくん）

Bìxiáyuánjūn

別名 **泰山老母**（たいざんろうぼ）、**玉女大仙**（ぎょくじょたいせん）、**泰山娘々**（たいさんにゃんにゃん）**など**

分類 伝説、仙話、民間伝承
神格 泰山の女神
登場作品『瑤池記』

心広く多くの人々を救う優しき女神

　泰山の神々の中でも、特に人気が高く信仰が厚い女神。金運、出世、豊作、勝負事、良縁、子宝、男の子の出産祈願、病の治癒、旅先での安全と、そのご利益は多く、まさに万能の神といえる。さらに碧霞元君は、熱心に信仰するものだけではなく、信仰心が薄い者にすら救いの手を差し伸べてくれるといわれている。その心の広さも、多くの人から信仰を集める理由であろう。泰山においては、最高位である泰山府君をしのぐほどの人気があったとも。お告げをもたらすと考えられていることから、特におみくじの人気が高い。

　碧霞元君の出生、来歴については複数の説がある。有力な説としては、東嶽大帝（泰山府君）の娘である玉女大仙と同一とする説がある。北宋王朝の皇帝、真宗（しんそう）が泰山の池の近くを通りがかると、突然池に水が湧いた。そこで、池の底をさらってみると、玉女の像が引きあげられたという。その場所は、やがて碧霞霊応宮と呼ばれる廟になったとされており、現在も参拝客が非常に多い。

　また、五帝のひとり黄帝の補佐をしていた七天女のひとりとするものがある。黄帝が西崑真人（せいこんしんじん）を迎える際、七天女を使いに出した。そのうちのひとりが西崑真人のもとで修行し、道を学んで会得。その天女こそが碧霞元君であるとされる。さらに、ある娘が修行に励んだ結果、碧霞元君になったとする説がある。幼い頃からとても賢く、3歳にして人の道義を理解し、7歳で最高位の女仙である西王母との面会が叶った。西王母との縁から山に籠って修行し、泰山に入ってさらに修行を重ねて碧霞元君になったという。

　一般の女性が碧霞元君になったとする説はもうひとつ。山東省の女性が神と出会って道術を学び、多くの人々を救った。のちに泰山に入って不老不死の妙薬である金丹をつくり、それを飲んで神になったという。このように、来歴が絞り込めないのも碧霞元君の特徴。それだけ、広く信仰されている証ともいえる。

生を司る南斗六星の神

道教には「五斗星君」という、星を神格化した5神（東斗星君、西斗星君、南斗星君、北斗星君、中斗星君）が存在する。東斗星君は計算、西斗星君は護身、中斗星君は保命を司るといわれ、寿命や爵禄を司る南斗星君は特に人気を集めており、今なお厚く信仰されている。

この南斗の対となる存在で、いわゆる閻魔のように、死んだ者の経歴を調べて行いが悪い者を長く地獄にとどめるもの、あらゆる人々の吉凶や禍福を定めるものともいわれるのが北斗星君である。北斗星君は人間の死を司ると考えられているのだ。生と死という対になる2神の役割を語るエピソードが小説集『捜神記』に記されている。

過去や未来を見ることができる占星術師の管輅は、寿命が残り僅かな少年、顔趙を見かけた。管輅が哀れんでいると顔趙に話しかけられたため、正直に理由を話した。管輅は、助かる方法を教えて欲しいと頼む顔趙に「南方の大きな桑の木の下で碁を打っているふたりの男に、酒を注いで干し肉を差し出しなさい。決して話さず、何か言われても黙っておじぎしているように」と指示した。

少年が桑の木の下に行くと本当に碁を打つふたりの男がいた。顔趙は管輅に言われたとおり給仕をしたが、碁に夢中なふたりは顔趙に気づかず、酒を飲んで干し肉を食べた。碁を打ち終わると北側の男が顔趙に気がつき、「なぜここにいるのか」と叱った。顔趙が黙って頭を下げていると、今度は南側の男が口を開き、「この子にずいぶんごちそうになったのだからありがたがらないと」と北側の男をなだめた。そして、寿命が記された帳簿を開き、19となっていた彼の寿命を90に書き換えたという。この北側の男が北斗星君、南側の男が南斗星君である。

北斗と南斗の関係がもとになっているのが、人気漫画『北斗の拳』である。北斗神拳が陰、南斗聖拳が陽であり対をなすという設定だ。

媽祖（まそ）

Māzǔ

別名 天上聖母（てんじょうせいぼ）、天后（てんこう）、天妃娘娘（てんひにゃんにゃん）など

分類 仙話、民間伝承など
神格 海の女神
登場作品『西湖游覧志』『通俗編』など

海難から人々を守る航海の女神

媽祖は台湾や福建省、広東省などの海に近い地域で特に厚く信仰されている女神で、航海の安全や子宝を司る。

媽祖はもともと福建省にうまれた民間

の少女だったといわれている。少女はうまれてからまったく泣かず、口もきかなかったため「黙（もう）」と名づけられた。おとなしすぎる少女はある道士と出会って以来、不思議な力を発揮しはじめる。

ある日、少女がうたた寝していたところを母が起こすと、目を覚ました少女は「父と兄が乗った船が難破したので、助けようとしていた。でも、途中で起こされてしまったから一番上の兄を助けることができなかった」と話した。航海から帰宅した父や兄弟に問うと、少女の夢の通りのことが起こっていたという。

これ以外にも数々の霊験を得た少女だったが、若くしてこの世を去った（または父が海難で死んだことを嘆き、旅立った）。「龍女」と呼ばれていた彼女は、亡くなると仙女となり、赤い服を着て海の上を飛びまわりながら、その類い稀なる霊験で人々を救い続けたとされる。

最初は限られた地域での信仰であったが、徐々にそのご利益が各地に伝わり広がっていき、王朝から「天后（天妃（てんぴ））」の称号が贈られるまでになったという。

媽祖は、「千里眼（せんりがん）」と「順風耳（じゅんぷうじ）」というふたりの鬼神を従えている。媽祖を描いた絵には、中央に媽祖がおり、千里眼と順風耳が左右に控えているという構図で描かれているものがみられる。千里眼は遙か遠くを見ることができ、順風耳は遠くの音を聞くことができるとされている。

小説『西遊記』でも千里眼と順風耳はコンビで登場する。遠くの出来事を知る能力を活かし、天界を支配する神である玉帝に地上で大暴れする孫悟空という石猿がいると報告をする役目を担った。千里眼と順風耳はもともと悪鬼であったが、媽祖に打ち破られてから改心し、それ以来仕えるようになったと伝わっている。

Zhōngkuí 鍾馗（しょうき）

別名 鍾葵

分類 仙話、風習など
神格 厄払いの神
登場作品 『夢渓補筆談』など

顔は怖いが心優しく鬼から人々を守る

鍾馗は鬼や厄を払うものとされており、大きな目と繁々しい髭、黒い服が特徴だ。中国では家の門に鍾馗の絵を飾って、家の中に厄が入らないようにしているという。日本でも五月人形や厄除けの像として飾られている。なぜ、鍾馗の絵を厄払いのために飾るのか。その由来となる有力な説話が伝わっている。

唐の皇帝、玄宗が瘧（おこり）に苦しめられていたある晩、鬼の悪夢を見た。そこへ体の大きな男が現れて鬼を退治してくれた。玄宗が男に名前を尋ねると、男は「私は科挙（役人の採用試験）に落第した鍾馗という者です。役人になれなくても、陛下のために災いを取り除きたいと思っています」と言った。目を覚ました玄宗は、瘧が治まり元気になっていた。すぐに有名画家の呉道玄を呼び寄せ、その男の姿を絵に描かせて厄払いのお守りにした。これが民間にも広まり、鍾馗の絵や像を厄除けのお守りとして飾るようになったといわれている。

また、鍾馗に関わる「鍾馗嫁妹」という説話が広く知れ渡っている。この話での鍾馗は生きている人間として登場する。生前の鍾馗は、容姿端麗で学才に優れていた。鍾馗は役人の試験を受けたが、この試験は不正にまみれており、賄賂を贈らなかった鍾馗は、最も成績がよかったはずなのに落とされてしまう。不正のために落とされたという事実を知った鍾馗は、あまりの悔しさに憤死してしまった。鍾馗には親友がおり、鍾馗が死んだ理由を皇帝に伝えて汚名を雪ぎ弔った。一連の話を知った皇帝は、鍾馗に鬼を退治する仕事を与えた。その際、鍾馗は恐ろしい容姿に変わったという。その後、鍾馗に負けず劣らず優秀だった親友は、役人の試験にも合格。鍾馗はこの誠実で頭のよい親友に、現世に残した大切な妹を託したいと考えた。妹を説得するため現世に戻り、多数の子鬼を率いて妹を親友宅に送り届け結婚させると、安心してあの世に戻ったという。このエピソードは京劇の演目としても人気が高い。

関羽（かんう）

Guān Yǔ

別名 雲長（うんちょう）、美髯公（びぜんこう）、関聖帝君（かんせいていくん）など

分類 歴史、創作　時代 三国時代
神格 後漢の将軍、武芸・商売の神
登場作品 『三国志』『三国志演義』など

『三国志演義』を代表する英傑

小説『三国志演義』のプロローグといえる「桃園の誓い」は、劉備、関羽、張飛が義兄弟の契りを交わす名シーンだ。この時から劉備は長兄、関羽は次兄、張飛は末弟となってともに立身出世を目指し、劉備は蜀漢の初代皇帝となった。

『三国志演義』によると関羽は、身長9尺（約210㎝）の偉丈夫で、2尺（約48センチ）の頬ひげを蓄え、熟した棗のような赤い顔に、鳳凰のような鋭い目、蚕のようなしなやかな眉をしていたという。この英雄然とした容姿のとおりに武芸を得意とし、愛用の青龍偃月刀で華雄や顔良、文醜などの豪傑を討ち取った。一方で、歴史書『春秋』の注釈書『春秋左氏伝』をほとんど諳んじるほどの教養があり、知将としても知られる。

まさに文武両道の士であり、そのうえ義に厚く、敵である魏の曹操などからも敬意を向けられたが、劉備への忠義は決して揺るがなかった。しかし非常にプライドが高く、他人を軽侮するところがあったことから、同盟国の呉の孫権の恨みをかい、要地、荊州における樊城の戦いで、魏と戦闘中、背後から攻めてきた呉の策略によって捕えられ処刑された。

死してなお神として崇拝される

関羽は死後も理想的英雄として尊敬を集め、三国時代から約400年後の唐時代には仏教の武神、さらに約400年後の宋時代には道教の財神へと神格化される。

一見すると関羽が財産や商売を司る神になるとは不思議に思えるが、ここには「商売で最も重要なのは約束を守り抜く信義である」という考えが込められている。また、関羽は桃園の誓い以前には塩の密売人をしていたという伝説があり、そろばんの発明者ともいわれるため、商売との縁は意外にも深いのだ。

現在はアジア各地に関羽を神として祀る関帝廟があり、日本でも横浜や神戸の関帝廟は人気の観光地となっている。京劇では「紅生」という専用の役柄に分類される点からも、神として敬意を払われていることがわかるだろう。また『三国志』を扱うエンターテインメント作品では欠かせない存在となっており、シミュレーションゲーム『三國志』シリーズやアクションゲーム『真・三國無双』シリーズでも高パラメータの強力なキャラクターとして登場する。

赤兎馬（せきとば）
関羽の愛馬。もとは呂布の愛馬で、呂布から接収した曹操より譲り受けた。全身が燃えるように赤く、血の色の汗をかき、1日に千里を駆けるという。関羽の死後、食事を摂らなくなり世を去った。

青龍偃月刀（せいりゅうえんげつとう）
関羽が愛用した薙刀状の武器。82斤（約50kg）もあるが、関羽は軽々と扱ったという。実際には三国時代より後世の武器であり、創作の可能性が高い。

四神（しじん）

Sì shén

別名 四獣（しじゅう）、四象（ししょう）

青龍、白虎、朱雀、玄武 それぞれの守るもの

星座は、西洋では黄道十二宮の12星座となるが、古代中国の天文学では二十八宿に見立てた。それをさらに7宿ずつ4つに分け、四方を守る神としたのが四神だ。東方は龍、西方は虎、南方は鳥、北方は亀が守護する。

なぜこの4神なのか。それは、これらがウロコ、毛、羽、甲羅をもつ生き物たちの祖先であると、古代人が考えたからだという。春秋時代には五行説とも結びついた。東は五行で木に属し、色は青（緑に近い〝蒼〟ともされる）で青龍。西は金に属し、色は白で白虎。南は火、色は赤で朱雀。北は水、色は黒で玄武（玄は黒という意味）となる。

四神は平和な世界の守り神。古代人は、王墓や寺院の壁画に描くなどして、四神を信仰し、国の安泰を願った。

風水が発達するとご利益が加わった。青龍は雨を降らせ五穀豊穣ひいては成功をもたらす。白虎は勇猛で邪を祓い、朱雀は結婚運や家業の繁栄を加護。亀に蛇が巻きついた姿で描かれる玄武は魔除けと長寿の徳が高い、などのように。四神の中央に黄龍(または麒麟)を据え5神とすることもあるほか、四霊(麒麟、鳳凰、霊亀、応竜)も貴重な霊獣とされる。

現代エンタメにも四神の加護あり!?

四神の加護は墳墓や、都城建設における重大事項だった。日本では、奈良県の高松塚古墳やキトラ古墳の壁に四神が彫られているのが見つかっている。また、四神に守ってもらえる場所にするため、「四神相応」の地理条件もうみだされた。中国で理想の都とされた唐の長安は四神相応の模範例とされ、日本では平安京や江戸にも四神相応が取り入れられた。平城京の朱雀門、江戸城の西の虎ノ門、会津藩の白虎隊など、四神ネーミングは枚挙にいとまがない。

現代にも四神名は多数。万城目学の小説『鴨川ホルモー』は、京都が舞台の青春ファンタジー。京都府の4つの大学に四神の名を冠したサークルがあり、ホルモーという競技に熱中していく物語だ。アニメ『新幹線変形ロボシンカリオン』には、四神の名を冠した敵が登場。彼らは古の種族であるキトラルザスで、〝巨大怪物体〟を繰り出す。そのほか、四神が登場する作品を探せばいくらでも出てくるだろう。四神は、現代作品にもはや不可欠な存在なのだ。

四神相応
陰陽五行説では、方角と霊獣との対応を「四神相応」と呼んで重視した。「四神相応の地」であれば四神の加護が得られるとされ、東の青龍に流水、西の白虎に大きい道、南の朱雀にくぼ地、北の玄武に丘陵のある場所が吉。日本の代表的な例は京都の平安京だ。東の鴨川、西の山陰道、南の巨椋池(昭和初期に干拓)、北の船岡山が該当する。中央の平安神宮と四方の神社をあわせた「五社めぐり」も盛ん。

麒麟(きりん)

Qílín

分類 伝説、民間伝承など
神格 霊獣
登場作品 『説文解字』『微祥記』『礼記』など

孔子に絶筆を決意させた「麒麟の捕獲」事件

儒教の経書『礼記(らいき)』に四霊としてあげられる獣。黄帝が現れたとき、「鳳凰は宮殿に飛来し、麒麟は庭園で遊んだ」と称されたように、よきリーダーが現れると姿を見せるという。よいことが起きるときには兆しがある。これを「瑞祥」といい、古代中国ではいろいろな瑞祥があったが、一番はやはり瑞獣の出現。歴代の日本の天皇が即位儀式などで着用する「黄櫨染御袍（こうろぜんのごほう）」という礼装にも、鳳凰と麒麟が描かれていた。

　神童のことを麒麟児というのは、麒麟は男子を授けると信じられていて、おまけに子どもを大事に送り届けてくれる「麒麟送子」の故事からきている。儒家の孔子は、母親が麒麟と交わってできたという伝説もある。

　また麒麟は仁徳を体現するともされる。仁徳とは、民の辛苦を理解し、情け深いこと。仁徳の愛をもつ麒麟は、動物の肉は口にせず、角も肉で覆われているため、ほかの生命を傷つけることはなく、草すら踏まない。

　そんな麒麟がまったく現われなさそうな、諸国乱立した春秋時代を生きた孔子は、歴史書『春秋』を執筆中のある日、麒麟が捕獲されたと聞き、『春秋』の執筆をやめた。この故事は、絶筆という意味の言葉「獲麟（かくりん）」をうんだ。孔子は「麒麟の捕獲」に、努力をしても世の乱れは一向になくならないことの無常、無念さを込めたのではないかとの解釈もある。

企業もあやかりたい!?
麒麟の吉兆パワー

　麒麟といえば、日本ではビール会社の名前が有名だ。なぜ麒麟の名を冠したのか定かではないが、シンボルマークとするほど縁起の良い動物として麒麟が知られていた証ともいえる。中国では、半導体メーカーがスマホに搭載するチップセットのブランドを「kirin」と命名している。小野不由美の小説『十二国記』では、麒麟が王を選ぶ、架空の国が舞台。王が道を違えると、麒麟も弱って死んでしまう、儚い設定である。

　最後に麒麟と動物のキリンの関係だが、完全に無関係ともいえないらしい。古代中国人が、西方の獣ジラフの存在を伝え聞き、麒麟を創造したかもしれないというのだ。だとすれば、体の黄色だけは正しく伝わっているといえる。

四霊

麒麟、鳳凰、霊亀、応竜の4聖獣を四霊とすることがある。鳳凰は、五色の羽をもつ霊鳥。霊亀は甲羅の上に蓬莱山を背負う姿で描かれる巨大な亀。応竜は五帝のひとり黄帝直属の翼をもつ龍である。鳳凰と麒麟は一対のように語られることもあり、優れた2者を称する時に「東の麒麟、西の鳳凰」などと表現する。

Fènghuáng
鳳凰（ほうおう）
別名 鳳皇、鳳鳥（ほうちょう）、孟鳥（もうちょう）
滅蒙鳥（めつもうちょう）など

分類 伝説、民間伝承など
神格 霊獣
登場作品 『書経』『礼記』『山海経』など

クジャクにも似た
色鮮やかで華やかな姿

　紀元前17世紀から紀元前11世紀頃の殷の甲骨文字に「鳳」の字が確認できるほど、鳳凰に関する伝承は古い。その頃にはすでに風の神として祀られていたとされており、祖霊信仰の側面ももっていた。

三皇五帝の舜の伝説では、鳳凰は音楽を伴って祖霊とともに地上に現われたと伝わる。鳳凰の声を簫の音色で真似し、「鳳鳴の調べ」で鳳凰を引き寄せたという伝説も説話集『列仙伝』に残る。

鳳凰の生態については地理書『山海経』などさまざまな書物に記された。それらによれば、鳳凰のえさはタケノコならぬ、竹の実。これは貴重な食品らしいが、味はまずいそうだ。水は太平の世に湧き出る醴泉という甘い味の水しか飲まず、梧桐の木を止まり木としている。

姿の特徴は、書物の時代によって異なるが、おおむね五色の羽（もしくは模様）をもち、麟、鹿、燕などの特徴が混在している。ニワトリに似ているとの記述もあるが、甲骨文字の鳳はクジャクがモデルではないかともいわれており、華やかなクジャクのような尾羽をもつ造形も多くみられる。

鳳凰の首、翼、背、胸、腹にはそれぞれ、徳、義、礼、仁、信の模様がある。大きさは、約3メートル以上とする書物もある。

「桐に鳳凰」の図案は高貴な紋章として人気に

鳳凰の英語訳はフェニックス。しかし、鳳凰とフェニックスは異なる生き物だ。フェニックスは、数百年生きたあとに炎の中で死に、焼け跡から蘇るとされる伝説の不死鳥で、ローマ帝国では繁栄や復活の象徴とされた。鳳凰は漢の時代に火の精とされたので、神聖さや火との関連から、イメージが重なったのも無理はない。手塚治虫の漫画『火の鳥』に登場する火の鳥はフェニックスのような生態だが、その一編に「鳳凰編」と題されたものもある。

日本でも装飾模様となった鳳凰は、清少納言の随筆『枕草子』によると平安時代に桐の家具へ彫るのがブームに。鳳凰と梧桐の伝説にもとづいて、桐と鳳凰の組み合わせは高貴なものとされた。「桐に鳳凰」は桐花と鳳凰をあしらった紋章で、「獅子に牡丹」の紋章と同様に人気の図案だった。また、果物のパイナップルは、独特な葉の形状が鳳凰の尾羽に似ていることから「鳳梨」と呼ばれている。南国産のイメージが強いパイナップルだが、台湾などの特産地では「鳳梨」として親しまれている。そのほか、平等院鳳凰堂や法隆寺も鳳凰の装飾に彩られている。現代では、紙幣をつくっている国立印刷局のシンボルマークが鳳凰、歌舞伎座の紋章が「鳳凰丸」となっている。

崑崙山
中国の西方にあるといわれる架空の山。最高位の女仙、西王母などの神々が住み、黄河の源流であるとされる。伝説によれば鳳凰は崑崙山に住み、飲むのは崑崙山にしか湧き出ないという醴泉の甘い水であるという。

分類 伝説、民間伝承など
神格 霊獣
登場作品『抱朴子』『軒轅本紀』など

白沢がもたらした妖怪対策の奇書

災害や病気の対処法がまだよくわからなかった時代、それらは人間に害をなす鬼や妖怪のしわざだとも考えられた。その害を避ける方法のひとつが、彼らの名前を手に入れることだと信じられていた。中国で漢方医学の祖ともされる黄帝は、出先でたまたま白沢に出くわした。たまたまとはいっても、白沢はたいへん珍しくめでたい瑞獣。黄帝のような名君の前だから姿を現すのである。黄帝は博学だという白沢に、鬼神妖怪の類いについて尋ねた。すると、白沢は話しも話したり、その数なんと1万1520種。「水の精は罔象（もうしょう）と言って、子どもの姿をしていて…」と、名前や特徴、どんなことをするかといった情報まで与えたのだ。それらをまとめたものが奇書『白沢図』という書物になったという。

中国神話では、「いろいろなことを知ってます」系の伝説がいくつかある。黄帝と『白沢図』の伝説も、夏朝帝である禹の治水伝説や、地理書『山海経』成立の伝説と類似しているようだ。

現代の白沢のイメージは薬局のお兄さん？

唐の時代頃から、『白沢図』は仙術修行者が山に入る時の必携書になった。前述したように、妖怪の類いは名前を呼ぶと対抗できると思われていたのだ。現代でも、名前を重視する創作物は少なくない。緑川ゆきの漫画『夏目友人帳』の〝名前を奪って妖怪を使役する〟というアイデアも、名前の神秘が現代に生きていることの、膨大な例のひとつだ。一方、『白沢図』そのものは現代に残存しているものはないが、日本では研究者の佐々木聡氏が、ほかの書物に残る『白沢図』の引用を集めて『復元白沢図 古代中国の妖怪と辟邪文化』（白澤社）という本にまとめた。

白沢自身を描いた『白沢辟邪絵（へきじゃえ）』も流行した。辟邪絵とは、悪霊よけの神を描いた絵のこと。江戸時代には病魔を払う縁起物として、白沢を香炉などの身近な道具の装飾にし、白沢の医療神の側面を強めた。畠中恵の小説『しゃばけ』では、白沢が人間に化けて江戸の薬種問屋に働いている。また、江口夏実の漫画『鬼灯の冷徹』では、白沢は桃源郷で漢方薬局を経営している。

『白沢図』
黄帝が崑崙山の東の恒山へ出かけた際、偶然にも白沢に出くわしたという伝説がある。黄帝はその際、白沢からあらゆる鬼や妖怪、獣のことを教わり、それを図に描かせた。その数、なんと1万1520種。これをまとめたのが『白沢図』という奇書。現在は失われているが、実在した可能性が高いという。引用として、ほかの書物にたくさんの文章が残されている。

分類 伝説、仙話、民間伝承など
神格 霊獣、水の神
登場作品 『山海経』『大戴礼記』『春秋左氏伝』など

霊獣の代表格となった龍信仰の広まり

中国の神獣の代表格ともいえる龍。その存在は古くから伝えられてきたが、盛んに信仰されるようになったきっかけは、インド神話の蛇神ナーガが中国に伝わった際に「龍」と翻訳され、元来の龍信仰と結びついたものだとも考えられている。

一説によれば、鱗のあるものが蛟龍、翼が生えているものが応龍、角のあるものが虬龍、角のないものが螭龍と呼ばれている。

水を司る龍たちは、基本的には水場にいるとされているが、風水においては山にいる存在として考えられている。山の頂上にいる龍から、山を伝って気が流れる経路を「龍脈」と呼び、龍脈から気が出る「龍穴」というポイントの上に家をつくって住めば一族が繁栄するという。

大海から井戸まで、あらゆる水を守護する龍王たち

龍王とは、海や川、雨など水に関連するあらゆることを司るとされている水神である。龍への信仰が広まると、各地の川、池、沼、はては井戸にも、それぞれの地を管理する龍王がいるとされた。

それらの龍王の上に立つのが東西南北の四海に住むという四海龍王であり、東海龍王の敖廣、南海龍王の敖欽（敖紹とも）、西海龍王の敖閏、北海龍王の敖順（敖炎とも）の四兄弟だ。中央を守る存在の黄龍を加え、「五龍」と呼ぶ場合もある。

小説『西遊記』では武器を探していた孫悟空が海中にある東海龍王の宮殿を訪ね、海底の重しにしていた神珍鉄を強引に奪って如意棒にした。同じく小説『封神演義』では、少年神の哪吒に息子を殺された東海龍王が、一度はやり込められたものの兄弟と結託し、哪吒を自害させる。このように小説ではあまり華やかな活躍とはいえない龍王だが、水を司る重要な神であることは広く浸透しており、現在も厚く信仰されている。

なお、日本でも『古事記』に登場する八岐大蛇をはじめ、龍（大蛇）への信仰は元よりあったようである。

四海龍王が登場する作品としては、田中芳樹の小説『創竜伝』が有名。主人公である竜堂家の四兄弟の正体が、この四海龍王であるという設定だ。また、ゲーム『女神転生』シリーズには〝龍神〟という種族があり、青龍（作中ではセイリュウ）がこれに属している。『D×2 真・女神転生 リベレーション』においては、龍脈が作中での重要なキーワードとなっている。

ドラゴン
「竜」と和訳される、西洋における伝説上の生物。龍と共通点も多いが、トカゲの体に翼を有する、悪神のイメージが強いなど異なった特徴もみられる。

応龍（おうりゅう）
一説によると、翼がある龍のことで、大雨を降らすことができるという。五帝のひとり黄帝の臣下とされ、蚩尤と戦った際には蚩尤を殺したともいわれている。黄龍とも。

四凶（しきょう）

Sì xiōng

災いをもたらす恐ろしい姿の4神

四凶とは渾沌（こんとん）、饕餮（とうてつ）、窮奇（きゅうき）、檮杌（とうごつ）という4神の総称であり、人に災いをもたらす悪神、怪物であるとされている。

渾沌には目、耳、鼻、口の7つの穴がないという。地理書『山海経』にも、のっぺらぼうと記されており、同じ特徴をもつ帝江が渾沌の本来の姿だと考えることができる。また、古書『神異経』には腹があるが五臓がなく、足が4本あり、毛が長い犬のような姿であると記されている。善人に対しては嫌悪を向け、悪人に対しては媚びへつらうという性格であり、自身の尻尾を咥えながらその場でぐるぐると回り、空を見て大笑いするという狂気じみた習性を持っていたという。

饕餮は、三皇のひとり炎帝（神農）の末裔である縉雲（しんうん）氏の子孫とされ、歴史書『春秋左氏伝』には「縉雲氏には非才な子孫がおり、飲食や財を貪り、欲望が強くて贅沢で、民から税を多く取り立てて自分の富を貯え、貧しい者に分け与えることもしなかった。人々はこの子孫を、渾沌、窮奇、檮杌の三凶と並べて饕餮と呼んだ」とある。そのため饕餮よりも先に、ほかの三凶が成立していたものと考えられる。饕餮の姿は、頭に豚を乗せ、体には毛が多いとされる。

窮奇は、人喰いであるとされる。容姿については複数の説が伝わっており、『山海経』には「牛のようで、ハリネズミのようなするどい毛があり、犬のような鳴き声である」と、「虎のような姿で翼がある」というまるで異なる描写がある。ただ人を喰うだけではなく、喧嘩をしている人がいると正直な方を喰い、誠実な人の鼻を喰い、悪事をはたらく者がいると出かけていって贈り物をするという説も伝わる。

檮杌は、五帝のひとり黄帝のひ孫である顓頊（せんぎょく）の子であるとするものと、獣であるとするふたつの説がある。『春秋左氏伝』には、顓頊の子に、諭してもどうにもならず道徳をわきまえない者がおり、檮杌と呼ばれたとする記載がある。また、『神異経』に人の顔、犬の毛、虎の足、豚の歯、1丈8尺（約4・4m）の尾をもった檮杌という西方の獣がいると書かれている。

四凶たちは五帝のうちの一人、舜帝に退治され、その後は平和をもたらす霊獣となったという。

悪行や反乱を断罪された4神

四罪とは、災いをもたらす4神の悪神の総称である。その性質が似ていることから四凶と混同されることもあるが、四罪は共工、驩兜、鯀、三苗の4つであり、四凶とは明らかに別の神が属している。

共工は、三皇のひとり炎帝（神農）の子孫であり、祝融がうんだとされる。赤い髪の人間の顔に蛇の体をもち、とても貪欲であるという。陸よりも水にいることの方が多い水神とされ、思想書『淮南子』には洪水を引き起こすという記載がみられる。五帝のひとり黄帝と炎帝が戦った際は、黄帝に対して戦を仕掛けた。また、黄帝のひ孫である顓頊と帝位を争ったこともあるとも伝わっていることから、炎帝の味方であることがわかる。

驩兜は、天下を治めた五帝のひとり堯の息子である丹朱だとされる。その容姿は、人の顔だが口もとは鳥のくちばしで、魚を捕って食べるという。翼ももっているが、飛ぶのには使えず杖のように翼をついて歩く。とても人柄が悪く、多くの災いをもたらし、それをやめるのは死んだ時だけであるといわれている。

鯀は、夏朝帝である禹の父親とされる。地理書『山海経』には、洪水を防ぐために天帝の許可なく息壌（自然に育って増える魔法の土、もしくは土の怪物）を使ったとある。天帝はこれを許さず、祝融に鯀を殺させた。すると、鯀の腹から禹がうまれたという。また、殺された時に黄熊になったとも伝わる。

三苗は、堯に反乱を起こした悪神だが、特定の神ではなく種族のことを指すと考えられている。三苗の君主は、堯が息子の舜に天下を譲ったことに不満を抱いた驩兜と結託して、堯に対して反乱を起こした。このことから、四罪に名を連ねることになったともいう。その後堯は、反乱を起こした三苗の君主を殺したが、三苗の臣民たちも堯と舜に反発し、南海に三苗国という国をつくった。三苗民は、前後にくっついて歩くという変わった特徴をもっていたという。

伝説の激戦と名高い涿鹿の戦いの仕掛け役

蚩尤は三皇のひとり炎帝（神農）の子孫で、五帝のひとり黄帝に戦いを仕掛けた荒々しい神である。黄帝の統治に反発した巨人族を束ねる頭目であったともいわれている。類書（参考図書）『初学記』は蚩尤の容姿について、頭が大きく腕と足が8本ずつあったとしている。小説集『述異記』には、頭に角があり、するどい毛をもち、ひづめは牛のもので、目が4つ、腕が6本あったと記されている。また、石や鉄を喰ったとも書かれている。兄弟が72もしくは81おり、姿は怪物のようであるが、言葉は話せるとされる。

蚩尤が黄帝に戦いを仕掛けたのは、炎帝が敗北したあとの復讐であったと伝わる。すでに老いて元気を失った炎帝は、蚩尤に誘われても戦いに参加しなかった。それならば自分だけで戦おうと決起した蚩尤は、兄弟、怪物や鬼神たち、三苗民らに声をかけて大規模な軍隊を結成した。

頭がよく、知識もあった蚩尤は、巨大な斧や機能に優れた弓矢などの武器を開発して自軍の兵たちに与え、戦力の強化に努めた。そして準備万端、軍を進めたのである。

黄帝もさすがにこれを捨て置くことはできず、軍を率いて応戦した。蚩尤は嵐を巻き起こし、霧を立ち込めさせて黄帝の軍を攻める。苦戦した黄帝の軍が撤退し、泰山まで逃げてひと休みしていると、最高位の女仙、西王母の使者が現れた。西王母の支援により、黄帝の軍は体勢を立て直すことができた。しかし、相変わらず蚩尤は嵐や霧を巻き起こすため、黄帝の軍は方角がわからなくなり、進軍がままならない。そこで黄帝は車の上に乗せた人形が常に南の方角を指す道具、指南車を使った(作者は諸説あり)。

霧を攻略した黄帝は軍を進め、ついに涿鹿(たくろく)で両軍は激突。蚩尤は敗北した。捕らわれた蚩尤は処刑されたが、蚩尤につけていた枷を投げ捨てるとそこから楓が生い茂ったという。楓が毎年赤く色づくのは、枷から流れた蚩尤の血に怨念がこもり、葉を血の色に染め上げたからだという伝承が残っている。

後世、蚩尤は苗族(ミャオ族)の始祖と考えられ、蚩尤をモチーフにした石柱や祭壇が建てられた。

九尾狐(きゅうびこ)

Jiǔweihú

別名 九尾狐狸(きゅうびこり)

分類 伝説、仙話、民間伝承、創作など
神格 狐の妖怪
登場作品 『山海経』『呉越春秋』『千字文』など

アジア各地に伝わる九尾狐の伝承

長く生きて尾の本数が増えた狐は、不思議な力をもつ。長く生きるほどに力が高まり、それと同時に尾の数も増える。千年生きれば力は最大に高まり、尾が9本になるという——。このような妖狐の伝承は、アジア各地で語り継がれており、中国にも古来より九尾狐の伝承があった。

治水で功績をあげた夏朝帝の禹は、仕事に没頭するあまり妻がなかった。ある日、禹のもとに九尾狐が現れて尾を振った。この当時、九尾狐と会うのはよいことが起こる前兆とされていた。禹はその後、妻を娶り、五帝のひとり

舜から王位を譲られたという。別の伝承では、狐のような姿で頭と尾を9つずつもつ生き物がおり、人を喰らったというものもある。このように中国の九尾狐は、吉凶いずれの側面もある。

朝鮮半島では男性を惑わす害獣であるという話があり、日本でも玉藻前の伝承のように、変化の能力をもち、人をだます生き物として描かれることが多い。

悪女だが現代作品で人気の高い妲己

李邏（りら）による漢文の長詩『千字文（せんじもん）』の注には、殷王朝最後の皇帝紂王の妃である妲己は九尾狐だと記されている。小説『封神演義』でも、妲己には千年狐が憑いているとされ、残酷な悪女として描かれる。歴史上の女性の伝承集『列女伝』には「紂王は妲己をわずかな時間も離さず、彼女が嫌がることを徹底的に遠ざけ、彼女の好むものを集めた。酒で満たした池をつくり、肉を懸けて林にし、裸の男女に互いを追わせる宴会を何日も続けた」という。国を乱す紂王に対し、兵を挙げた武王は妲己の首を落とし、紂王は女によってほろぼされたと宣言した。

現代でも九尾狐、妲己が活躍する作品は多い。藤崎竜の漫画『封神演義』では妲己が作中最強の敵として描かれている。江口夏実の漫画『鬼灯の冷徹』では、妲己は玉藻の前と同一の存在であり、地獄の花街で妓楼を経営する。正体が見破られて石になったという伝承が設定として採用されている。九尾狐としては、岸本斉史の漫画『NARUTO』で、主人公の体に封印された九尾の妖狐が著名。藤田和日郎の漫画『うしおととら』では、九尾狐をモチーフとした「白面の者」という邪悪な妖怪がラスボスとして登場する。

玉藻前

妲己は、日本の玉藻前と関わりがあるとされる。妲己は、周の幽王の后である褒姒にうまれ変わった。幽王は褒姒に入れ込むあまり国を傾けた。褒姒はその後、日本で玉藻前としてうまれ変わる。玉藻前は鳥羽上皇の寵愛を受けるが、陰陽師に九尾狐であると暴かれた。九尾狐は那須野（栃木県那須町）に逃げ、石化した。現在も那須高原には、九尾狐が眠るといわれる「殺生石」が実在する。

病気や欲望を引き起こす害虫

三尸は道教で言い伝えられている生き物で、腹の虫が鳴る、虫のいどころが悪いというように、人はうまれた時からこの虫を体の中に棲まわせているのだという。この虫は、人間が死ぬと宿主を離れ解放されるため、三尸は、人の寿命を削ってしまおうと画策している、人間にとっては、よくないものであるとされる。

三尸には上尸、中尸、下尸の3種があり、宿る場所が異なる。大きさは2

寸ほど（約6㎝）とされており、姿は一定ではないが馬のようだとする説もある。上尸は、青もしくは黒い色をしている。道教の経典『太上除三尸九虫保生経』では、道士の姿をとる。人の頭に棲みつき、頭の病気を起こしたり欲深くしたりする。中尸は、青もしくは黄色か白い色をしていて、同書では獣の姿をとる。腹部に住み、内臓の病気を引き起こしたり、大食漢にしたりする。下尸は、白もしくは黒い色をしている。同書では牛頭の人間の姿をとる。足に住み、腰周辺の病気を起こしたり、色を好むようにさせたりする。このように三尸は病を起こすだけでなく欲を煽ることから、仙人になるためには体外に出すべきと考えられている。

十二支と十干を組み合わせると60とおりになる。これを日に当てはめ、60日でひとめぐりするものとする。その57番目の日を「庚申」という。この庚申の日は、眠っている間に三尸が体から抜け出し、宿主の罪を天帝に告げ口して寿命を縮めるといわれている。そこで、庚申の夜は眠らずに起きているという習慣ができた。日本にも、平安時代に貴族へ広まり、江戸時代になると民間でも、庚申の夜を眠らずに過ごす人が増えた。その際、ひとりで夜明かしをするのは辛いため、皆で集まって過ごす「庚申待」という行事が成立していった。このように、庚申の日を避ける考えは「庚申信仰」と呼ばれる。

Taisuìxīngjūn

太歳星君（たいさいせいくん）

別名 太歳、太歳神（たいさんしん）など

分類 仙話など

神格 歳神

登場作品 『欽定協紀弁方書』『稗海』など

避けなければならない災厄の天体

太歳とは木星と対になる仮想の天体であり、太歳星君はその太歳を神格化した存在である。

太歳星君は歳神（としがみ）であるが祟り神でもあり、人々は太歳の方角を避けるようにする。太歳の方角は毎年異なり、その年の十二支の方角と同じであるとされている。術書『欽定協紀弁方書』には「太歳は君主の象徴。神を率い、方位を正して季節の変化を司り、歳の動きを管理する」「天子が民を探りに出たり、敵地に攻め入ったり、宮殿の門をつくったり、未開地の開拓を行ったりする時、太歳にしてはならない。また、民が家を建てる時も、太歳は避けるべきである」とある。つまり、大きなことを起こす時や家を建てる時には、太歳の方角を避けなければならないとしている。

『稗海』には、太歳の方角に家を建てた大胆な金持ちの話が書かれている。金持ちはお告げや妖の類を信じず、耳を貸そうとしなかった。金持ちは新たに家を建てようとしたが、何にもこだわることなく場所を決めた。建築のために地面を掘ると、そこから異質な肉の塊が出てきた。それは太歳神と呼ばれているものだったのだが、金持ちは霊的なものとは思わず、水で満たした鉢に肉の塊を入れて、家の土台としてしまった。その家は太歳亭と呼ばれるようになった。ある日、金持ちのもとに客が訪れた。身支度を調えようとしたが家の者が誰も反応しない。すると、飼い犬が金持ちの服と冠を持ってきた。金持ちは「お前を何年も飼っていたが、はじめて人の気持ちをわかってくれた」と犬を褒めて身支度を調え、来客の対応をした。客が帰ったので戻ってくると、犬は庭で死んでしまっていたという。この話にみられるように、古代の小説では怖いもの知らずな人物を描く際、わざわざ太歳に工事をする描写がみられる。

また、太歳は肉の塊の形をとり、地中に埋まっているともされ、木星の動きに反応して地中を動くので、その年の太歳の場所を掘ると出てくるという。

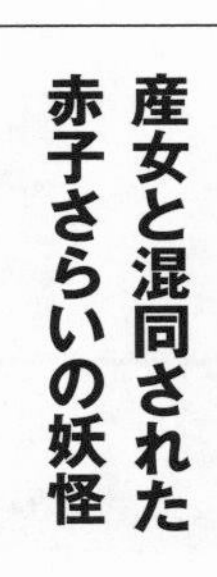

姑獲鳥（こかくちょう）

Gūhuòniǎo

別名 鬼車（きしゃ）、夜行游女（やこうゆうじょ）など

分類 怪異、民間伝承など
神格 赤子をさらう鬼神
登場作品 『玄中記』など

産女と混同された赤子さらいの妖怪

姑獲鳥は、鳥もしくは女性の姿をした鬼神。博物誌『玄中記（げんちゅうき）』には「夜に飛びまわり、昼は隠れている。羽毛を着ると鳥の姿になり、羽毛を脱げば女性の姿になる」と書かれている。

姑獲鳥には子どもがいないため、よその子をさらってきて自分の子にしてしまうという。子どもの服を夜に屋外へ干していると姑獲鳥がやって来て、衣服に血をつけて目印とし、のちにその子どもをさらうという。姑獲鳥は特に、荊州（けいしゅう）（現在の湖北省）に多くいるとされていた。

『玄中記』には伝承もみられる。ある男が、畑に数名の女がいるのを見つけた。女たちは裸であった。男はこっそり近づくと、脱いであった着物を1枚隠してしまった。それから女たちに近寄ると、女たちは着物を身につけて鳥になり飛び去った。しかし、着物を隠されたひとりだけは取り残されてしまう。男は、この女を捕らえて自分の妻にした。

女は三姉妹をうんだ。ある日、女は娘を使って男を問い詰め、着物の隠し場所を白状させた。女は着物を発見すると、それを着て飛び去った。のちに、女は娘たちの分の着物を持って戻ってきた。娘たちも着物を着ると、女と一緒に飛び去っていったという。この鳥は、姑獲鳥の別名である鬼車であるとされる。

ほかにも、妊娠した女が死んで姑獲鳥になり、さらってきた子どもを育てるという説もある。

日本でも恐れられた子を渡す妖怪、うぶめ

日本では、産女という妖怪が姑獲鳥と同一視されており、「姑獲鳥」と書いて「うぶめ」とする読み方が定着している。

産女の伝承は地域によってかなり違いがあるが、赤子を抱いた血まみれの女性の姿で現れ、人を見つけるとその赤子を渡そうとしてくるといわれている。その正体は、難産の末に死亡した妊婦の霊だとも言われている。

産女は赤子を渡そうとし、姑獲鳥はさらおうとする。基本的な性質が異なるが妊婦に関わる部分などが似通っていることから混同され、やがて同一視されるようになったと考えられる。

水木しげるの漫画『ゲゲゲの鬼太郎』や、京極夏彦の小説『姑獲鳥の夏』でも印象的に登場する。

後漢頃、石造の墓の壁面に刻まれた伏羲と女媧の姿
（清時代の研究書『金石索』の「石索」より）

8章 日本神話

・神の名称の別名について
本名や異名、幼名、諡号（死後におくられる名）などを記載

・データについて
【時代】…活躍した時代
【生没年】…実在する人物かつ判明している場合のみ記載
【神格】【地位】【種族】…神には神格、実在の人物には地位、妖怪など異形の者には種族を記載。実在かつ神格化された人物についてはいずれか、もしくは両方を記載している
【神社】【ゆかりの地】…神はまつられている代表的な神社、実在の人物は出生地や墓所など縁深い場所を記載する
【登場作品】…登場するおもな書物

・日本神話の神々や伝説的な人物は伝承や文献、メディアによって異なった逸話、設定が伝わっているものが少なくない。本書で取り上げているのはそのうちの一部である。各神・人物の名前はわかりやすさを重視し、一般的に通りがよいと考えられる名前を見出しに採用している

『古事記』と『日本書紀』

性格の異なるふたつの書物と日本創世の歴史

日本神話についてまとめられた最古の資料として挙げられるのが、『古事記』と『日本書紀』のふたつの歴史書である。これらは合わせて「記紀」と呼ばれている。

『古事記』は天地開闢から推古朝（7世紀頃）までを記した全3巻からなり、『日本書紀』は天地開闢から持統朝（8世紀頃）までを記した全30巻からなる。

両書とも天智天皇の治世に編纂がはじまる。『古事記』は、稗田阿礼と太安万侶が712年に完成させたものであり、天皇と神々の血縁を強調した内容から、国内における天皇の権威づけのためにつくられたとされる。一方の『日本書紀』は720年に成立しており、『古事記』とほぼ同時期に誕生したといえる。

両書の大きな違いは、『古事記』ではオオクニヌシなど、ヤマト政権に反抗した人物も魅力的に描いているのに対して、『日本書紀』ではそれらがカットされている点だ。これは『日本書紀』が、ヤマト政権の正当性を説くために制作されたからだと考えられている。

日本神話の神々の系譜

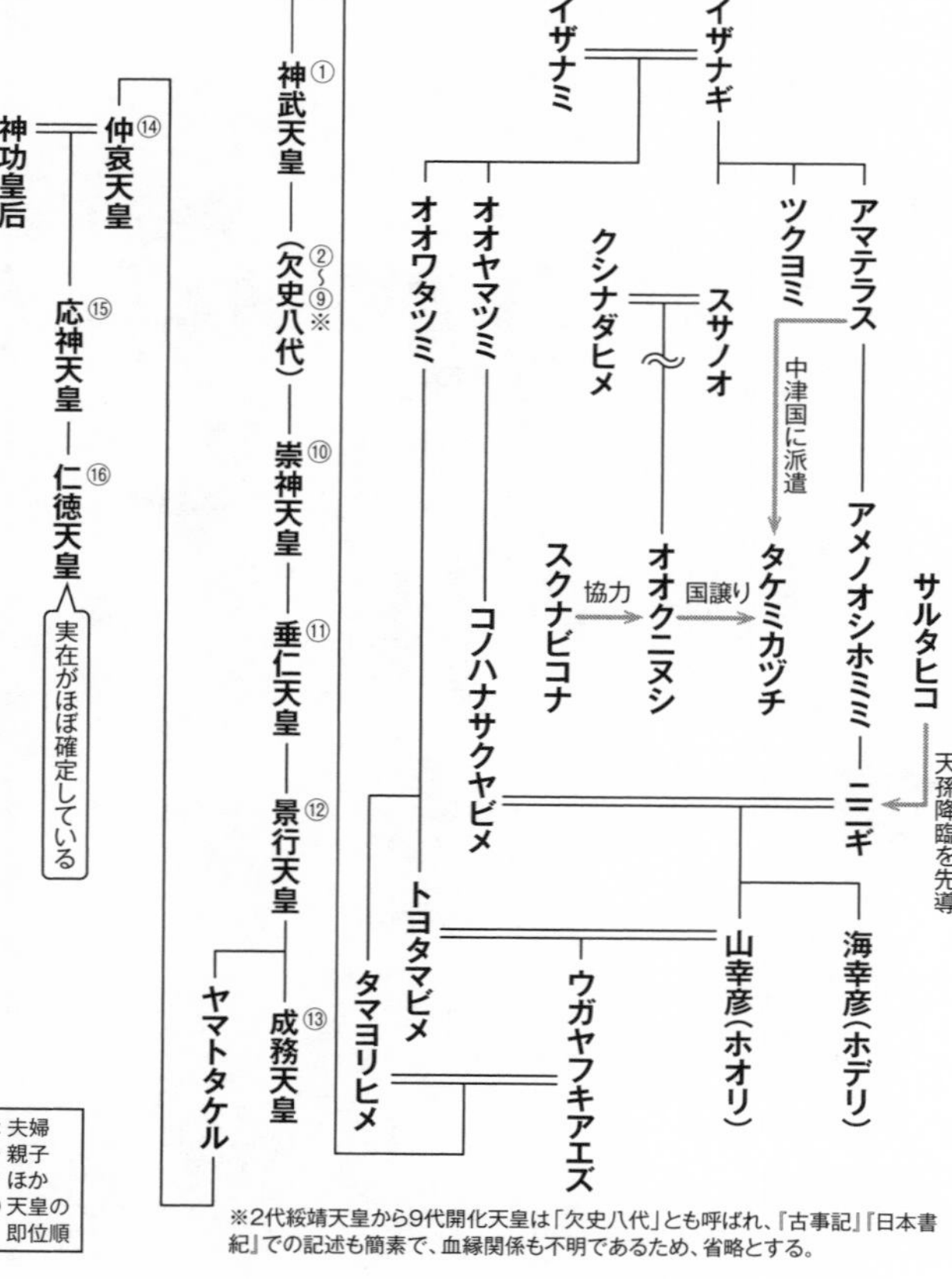

※2代綏靖天皇から9代開化天皇は「欠史八代」とも呼ばれ、『古事記』『日本書紀』での記述も簡素で、血縁関係も不明であるため、省略とする。

日本神話の舞台と神々の種類

天津神の子孫が牽引したヤマト政権

日本神話のストーリーはおもに3つの世界で繰り広げられる。アマテラスら天津神が住む天上の世界「高天原」、

日本神話のあらすじ

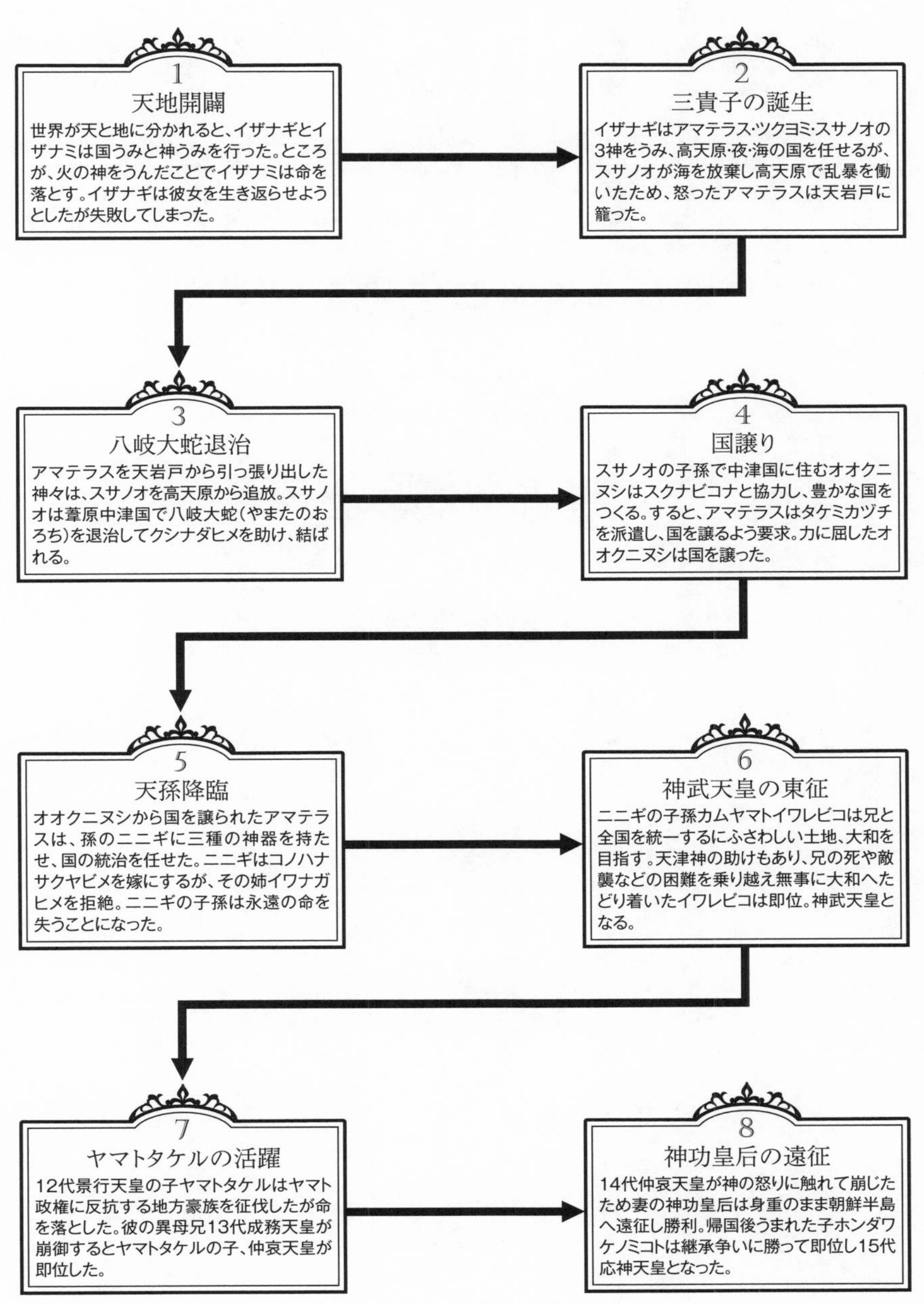

1
天地開闢
世界が天と地に分かれると、イザナギとイザナミは国うみと神うみを行った。ところが、火の神をうんだことでイザナミは命を落とす。イザナギは彼女を生き返らせようとしたが失敗してしまった。
2
三貴子の誕生
イザナギはアマテラス·ツクヨミ·スサノオの3神をうみ、高天原·夜·海の国を任せるが、スサノオが海を放棄し高天原で乱暴を働いたため、怒ったアマテラスは天岩戸に籠った。
3
八岐大蛇退治
アマテラスを天岩戸から引っ張り出した神々は、スサノオを高天原から追放。スサノオは葦原中津国で八岐大蛇(やまたのおろち)を退治してクシナダヒメを助け、結ばれる。
4
国譲り
スサノオの子孫で中津国に住むオオクニヌシはスクナビコナと協力し、豊かな国をつくる。すると、アマテラスはタケミカヅチを派遣し、国を譲るよう要求。力に屈したオオクニヌシは国を譲った。
5
天孫降臨
オオクニヌシから国を譲られたアマテラスは、孫のニニギに三種の神器を持たせ、国の統治を任せた。ニニギはコノハナサクヤビメを嫁にするが、その姉イワナガヒメを拒絶。ニニギの子孫は永遠の命を失うことになった。
6
神武天皇の東征
ニニギの子孫カムヤマトイワレビコは兄と全国を統一するにふさわしい土地、大和を目指す。天津神の助けもあり、兄の死や敵襲などの困難を乗り越え無事に大和へたどり着いたイワレビコは即位。神武天皇となる。
7
ヤマトタケルの活躍
12代景行天皇の子ヤマトタケルはヤマト政権に反抗する地方豪族を征伐したが命を落とした。彼の異母兄13代成務天皇が崩御するとヤマトタケルの子、仲哀天皇が即位した。
8
神功皇后の遠征
14代仲哀天皇が神の怒りに触れて崩じたため妻の神功皇后は身重のまま朝鮮半島へ遠征し勝利。帰国後うまれた子ホンダワケノミコトは継承争いに勝って即位し15代応神天皇となった。

イザナギとイザナミが土壌を固め、オオクニヌシら国津神や人間が住む地上「葦原中津国」、そして亡者がすむ地下「黄泉国」である。我々がいるこの地上はもともと国津神が豊かにした世界だが、天津神に統治権が譲られ、以来アマテラスの子孫である天皇が我が国を治めてきたというのだ。

しかし初代神武天皇から15代応神天皇までは実在性を裏づける資料が乏しく、架空の存在とするケースが多い。『高句麗好太王碑文』や『宋書』にそれらしき記載がある16代仁徳天皇を、実在する初代天皇とすることが多い。

人間をまつる「人神信仰」

怨霊を鎮める御霊信仰から英雄への信仰へ

実在する人物を神としてまつる信仰を人神信仰と呼ぶ。その中でも、恨みを抱いて亡くなった人の念＝怨霊を鎮め、神としてまつる御霊信仰はよく知られている。怨霊の古例としてあげられるのが、桓武天皇の弟、早良親王である。早良親王は長岡京遷都の主導者、藤原種継の暗殺事件に関わったと無実の罪を着せられ流刑となり、その道中亡くなった。早良親王の死後、長岡京には疫病が蔓延し、桓武天皇の妻は病死、皇子もまた病に伏した。桓武天皇はこれを早良親王の祟りだと考え、早良親王に「崇道天皇」の諡号をおくり、史上初の御霊会（怨霊鎮魂の儀式）を開催。さらに怨恨の残る長岡京を捨て、平安京へ遷都を行った。以来平安京ではたびたび御霊会が行われ、御霊社（怨霊をまつる神社）が創建された。

時代が下ると、神のごとき才能をもつ人間をまつることで、その能力にあやかろうという考えがうまれた。武勇に長けた武将や強い忠誠心から殉死した人物、太平の世をもたらした天下人など「歴史上のヒーロー」への信仰がそれにあたる。中でも、楠木正成や北畠顕家など、天皇のために殉死した人物は明治維新の頃「理想の人物像」として奉られるようになった。

また歴史上の有名人だけでなく、一揆を起こした義民や、優れた学者・文化人など、庶民でも神格を得ることもある。

怨霊になったとされるおもな人物

人名	怨霊（御霊）化の原因と思われる事件	まつられる神社	
早良親王	無実の罪を着せられ流刑、絶食し死去。これが平安京遷都の遠因になったとも	御霊神社	御霊六座（863年の御霊会でまつられた人物）
文屋宮田麻呂	貴族。謀反の罪で流刑		
橘逸勢	書の名手として知られる。謀反を企てたと讒言され流刑		
伊予親王	桓武天皇の皇子。異母兄の平城天皇に対し謀反を企んだとして、母藤原吉子とともに幽閉ののち自害		
藤原広嗣※	奈良時代の役人。朝廷に反乱を起こすも敗北、処刑		
菅原道真	藤原氏の陰謀で大宰府に流刑	北野天満宮	日本三大怨霊
平将門	反乱に失敗し斬首刑	神田明神	
崇徳上皇	保元の乱に敗れ流刑	金刀比羅宮	
後鳥羽上皇	承久の乱に敗れ流刑	鶴岡八幡宮今宮	

※藤原広嗣ではなく藤原仲成という説もある

『古事記』『日本書紀』の神々

多くの神をうんだ日本神話はじまりの神

日本神話は天地開闢と神々の誕生からはじまる。『古事記』によると、まずアメノミナカヌシをはじめとする5神が誕生。続いて神世七代の神が誕生し、最後にうまれたのがイザナギとイザナミの男女一対の神である。

イザナギとイザナミは先にうまれた神々より「国を固めよ」と命令を受ける。ふたりは天浮橋に降り立ち、大きな矛を海中に入れてかき回した。すると矛の先から雫が垂れ落ち、その雫が「オノゴロ島」になったという。

ふたりはこの島に降り立ち、結婚する。ふたりは交わり、そしてイザナミは日本の島々をうみ出していく。この時誕生した島は書物によって異なるが、『古事記』では淡路島・四国・隠岐島・九州・壱岐・対島・佐渡・本州の8島とされる。さらに山や川、草や水などの自然を現す神々をうみ続けたが、火の神カグツチをうんだイザナミは女陰に火傷を負い、命を落としてしまう。

イザナギはイザナミの死を受け入れることができず、彼女を連れ戻すため黄泉国へ足を運ぶ。しかしイザナミはすでに黄泉国の食べ物を口にしており、戻るには黄泉国の神に相談する必要があった。「それまでは、決して私の姿を見てはなりません」とイザナミは忠告するが、待ちきれないイザナギは光を灯してイザナミを追う。そこで彼が見たものは、腐敗してウジが湧いた妻の姿だったのだ。驚いて逃げ出したイザナギだが、激怒したイザナミが追いかけてくる。黄泉比良坂まで逃れたイザナギが岩で道を塞ぐと、イザナミは「あなたの国の人間を毎日千人殺す」と宣言。イザナギも「では私は毎日千五百の産屋を建てる」と宣言し、それからは毎日千人が死に千五百人がうまれるようになったという。イザナミは黄泉国に止まり、黄泉津大神として君臨することになった。

黄泉国から自分の国に戻ったイザナギは禊を行って穢れを落とした。その際にうまれたのが夜の国の主となるツクヨミ、海原を治めるよう命じられるスサノオ、そして高天原を治めることになるアマテラスという次代の神々であった。彼らは「三貴子」と呼ばれている。

時代 神代
神格 太陽の女神
神社 伊勢神宮（三重県）など
登場作品 『古事記』『日本書紀』

父神の左目から誕生した太陽の女神

黄泉国から戻ったイザナギが禊を行った際、彼の左目から誕生したとされる女神アマテラス。彼女は神の国でもある高天原の支配を任せられる。

父の命令のとおり天上世界を支配するアマテラスだが、父神の命令に従わず追放されていた弟スサノオが高天原に現れたと聞いて、状況は一変する。弟が高天原を奪いに来たのではと疑ったアマテラスは、弓矢で武装し威嚇。スサノオは「母へ会いに根国に行く前に暇乞いに訪れただけだ」と、反乱の意思がないことを訴え、それを証明するためお互いに神をうんで「誓約（うけい）（占い）」を行った。結果、スサノオに異心がないことが証明されたものの、これによってスサノオは増長。高天原で暴れる、神を殺すなど、さまざまな狼藉を働く弟にアマテラスはすっかり怒り、天岩戸に閉じ籠ってしまった。

太陽神が隠れたことで世界は一面の闇に覆われた。困り果てたほかの神々は岩戸の前で祭を決行し、アメノウズメの裸踊りを見て笑い騒ぐ。その声を聞いたアマテラスがそっと外を覗いたところを、力自慢の神アメノタヂカラオが扉を引き開けて彼女を外に引きずり出し、世界に再び光が溢れたという。

そんな天岩戸伝説の跡地といわれる場所は各地にある。なかでも宮崎県の高千穂地方には、神々が相談したという河原をはじめ、多くの伝説の痕跡が残っている。

葦原中津国の支配を天孫に命じる

再び高天原を治めるようになったアマテラスは、地上の国である葦原中津国を自分の子孫に治めさせようと考えた。そこで中津国の支配者オオクニヌシのもとにさまざまな神を派遣して国譲りを約束させる。そしてスサノオとの「誓約」で誕生したアメノオシホミミの子ニニギに神勅（しんちょく）と八咫鏡などを与えて中津国に「天孫降臨」させ、いよいよ中津国は神の支配する場所となった。ニニギが地上に降りたあとも、アマテラスは苦難に陥る神武天皇に神剣を与えるなど、子孫に手を貸し続けた。

皇室の祖先ともいわれるアマテラスは長く天皇の住む宮殿でまつられていたが、11代垂仁（すいにん）天皇の時代に皇女の手によって伊勢の「神宮」への鎮座が決まった。伊勢神宮には三種の神器のひとつである八咫鏡が納められている。

三種の神器
八咫鏡（やたのかがみ）、八尺瓊勾玉（やさかにのまがたま）、草薙剣（くさなぎのつるぎ）のこと。天孫の証とされ、天皇が継承する。

三貴子
アマテラス、ツクヨミ、スサノオのこと。彼らの父、イザナギは黄泉国から逃れた際、日向の阿波岐原で禊を行い、鼻からはスサノオ、右目からはツクヨミ、そして左目からはアマテラスが誕生。「最後に3神の貴子を得た」とイザナギが言うとおり、彼らはイザナギがうんだ最後の神となった。

スサノオ

別名 建速須佐之男命（たけはやすさのおのみこと）、素戔嗚命（すさのおのみこと）など

時代 神代
神格 暴風雨神、海の神など
ゆかりの地 出雲国（島根県）など
登場作品 『古事記』『日本書紀』『出雲国風土記』

高天原で大暴れして神々の怒りを買う

イザナギが体を清めた際に誕生した三貴子の末子がスサノオだ。スサノオは父から海の国を治めるように命令されるも、父の言うことを聞かず「黄泉国にいる母に会いたい」と言って泣きわめく。そのせいで海がすっかり干上がってしまった。このことでイザナギは激怒、父の怒りに触れたスサノオは神の国から追放されてしまう。

暇乞いのため、高天原を統治する姉アマテラスのもとへ向かうスサノオだが、アマテラスは弟が高天原を奪いに来たのではないかと勘ぐった。誓約によって邪心のないことが証明されると、その喜びからスサノオは高天原で大暴れ。アマテラスも最初こそ弟を庇っていたものの、彼が機織女を殺したことでついに激怒。アマテラスは天岩戸に閉じこもり、世界から光が消えてしまった。ほかの神々の機転でこの危機は脱したものの、事件のきっかけとなったスサノオは神々の怒りを買い、葦原中津国（地上）に落とされた。

暴れ神は地上で武を振るい英雄になった

スサノオがたどり着いたのは出雲。そこで彼は、8頭の大蛇「八岐大蛇」の噂を聞く。8つの峰にわたるほどの巨大な体をもつ大蛇であり、毎年現れては人間の娘を食べるという。スサノオは生贄救出のため、8つの酒器に酒を注ぎこれを大蛇に飲ませて酔わせ、その隙に頭を切り落とす作戦で見事に退治する。八岐大蛇の死体からは、のちに三種の神器のひとつとなった「草薙剣」が出現し、彼はこれをアマテラスに献上した。

こうして英雄となったスサノオは、救い出したクシナダヒメと結婚。出雲の須賀に宮を建て中津国の祖神となったのである。和歌の起源ともいわれている「八雲立つ 出雲八重垣 妻ごみに 八重垣つくる その八重垣を」という歌を詠むなど、地上に降り立ってからのスサノオは、高天原で暴れていた頃とは打って変わって英雄神としての色が強くなる。

こうして地上を整え、スサノオは根国へと消えた。のちには根国に逃げ込んだ子孫神のオオクニヌシに試練を与える役として再登場する。

八岐大蛇
『古事記』によると、ひとつの胴体に8つの頭と尾をもち、目は鬼灯のように赤く、腹はただれて血が垂れ、体には檜や杉が生え、谷を8つ、峰を9つわたるほどに長いという大蛇。その正体は古くから氾濫を繰り返していた斐伊川ではないかと考えられている。スサノオが大蛇の尾から取り出してアマテラスに献上した剣は、「天叢雲剣」としてヤマトタケルにわたり、「草薙剣」と名を変え、今も熱田神宮に納められている。

心優しい神は兄弟神によって2度も殺される

スサノオの子孫（6世）という由緒正しい神であるオオクニヌシ。のちに地上の国の主ともなる神だが、最初から大神だったわけではない。彼は最初、オオナムチという名の神で、大勢の兄神にこき使われる存在だった。

ある日、兄たちが因幡のヤカミヒメのもとへ求婚の旅に出た際、オオクニヌシは荷物持ちとして同行。旅路の途中、兄たちは怪我をしたウサギに嘘をついていじめ、対するオオクニヌシはウサギを助ける。結果、ヤカミヒメは兄たちの求婚を断り、心優しいオオクニヌシを夫として選んだ。しかしそのことで兄たちは激怒。オオクニヌシを追い詰め、殺してしまうのである。

オオクニヌシは母の手助けで生き返るも、再び兄たちに付け狙われて殺された。オオクニヌシは兄の追求から逃れるため根国に逃げ込み、スセリビメという女神と出会って恋をする。彼女の父は根国の主スサノオだった。

スサノオによって名前と地上の国を与えられた

スサノオは虫や毒蛇をオオクニヌシにけしかけるなど、さまざまな難題を与える。しかしオオクニヌシはスセリビメの手を借りて難問をクリア。さらに彼はスサノオの隙を突いて宝具を盗み出し、スセリビメを連れて根国から脱出した。これを見たスサノオはとうとう彼を受け入れ、スセリビメとの結婚を承諾。さらに「オオクニヌシ」の名を与えて出雲で国づくりをするように命じた。出雲に着いたオオクニヌシは、そこで出会ったスクナビコナとともに国づくりを行い、見事に葦原中津国を豊かにしたのである。

しかし突如、高天原のアマテラスが「中津国は天孫が治める国だ」と宣言。アマテラスが送り込む天津神の要求を拒み続けたオオクニヌシだが、タケミカヅチが自分の息子たちを破ったのを見て、とうとう国譲りを受け入れた。その条件として彼が出したのが、皇孫の宮殿と同じくらい立派な社殿を自分に用意すること。社殿が完成すると彼はその宮に隠棲し、中津国は天孫の支配する地となるのである。

また、オオクニヌシはほかにもさま

ざまな神話をもち、ヌナカワヒメを求婚する際、恋の歌を読み合うなど優雅なエピソードも残っている。

出雲大社

オオクニヌシがアマテラスにつくらせた、天にも届くほどに巨大な社殿「天日隅宮」。オオクニヌシはここに自分をまつることを条件に国を譲ったと神話には記されている。この社殿とは、縁結びの神社として有名な出雲大社のことだといわれており、大社の起源として今でも語り継がれている。実際、２０００年には境内から直径３ｍにもなる古代社殿の柱が発掘され、遥か古代には天日隅宮に類するほどの建物がここにあったことが判明した。

スクナビコナ

別名 **少名毘古那神**（すくなびこなのかみ）、**少彦名命**（すくなひこなのみこと）**など**

時代　神代
神格　国づくりの神、穀物の神、酒造の神
神社　少彦名神社（大阪府）など
登場作品　『古事記』『日本書紀』『出雲国風土記』

オオクニヌシとともに国づくりに尽力した小さな神

オオクニヌシが出雲で国づくりをはじめた際に現れたとされる神。このスクナビコナは、出雲の海岸に「天の羅摩船」というガガイモのサヤからつくられた船に乗って現れたという。「スクナ」という名前からわかるとおり、非常に体の小さな神だったといわれている。

当初は誰が聞いても名前を答えず、素性の知れない神だった。しかし、やがて天地開闢の際にうみ出された造化三神のひとりカミムスビの子であると判明。「私の指の間からこぼれ落ちた子だ」とカミムスビが語ることからも、彼の小ささがよくわかる。そんなカミムスビの命令によってスクナビコナはオオクニヌシと兄弟となり、葦原中津国を整える事業をはじめた。彼らは協力し合って島や山をつくり、国づくりという大仕事を行うのである。そして国づくりが終わったあと、スクナビコナは粟茎によじ登り、弾かれて常世国へ消えていったといわれている。

スクナビコナの名は『古事記』や『日本書紀』だけでなく「風土記」などにも多く登場する。その言い伝えから、彼は国づくりの神だけでなく、山や丘の名前をつけた神、穀物をもたらす神、酒造の神、さらには温泉の神など、多くの役割を担っていった。また、古くから大阪の薬問屋街として知られる道修町にはスクナビコナを祭神としてまつる少彦名神社があり、秋の大祭では多くの製薬メーカーが祈願に訪れることでも有名だ。

この「小さな英雄」という存在は、その後も脈々と受け継がれていく。小さなお椀のような船に乗った英雄といえば「一寸法師」を思い出す人も多いだろう。

さらに古代、アイヌに存在した「コロボックル」も小さな人間の姿をしていたといわれている。「コロボックル」が登場する児童書『だれも知らない小さな国』ではコロボックル＝スクナビコナという推測がされている。

オオクニヌシに国譲りを迫った武神

オオクニヌシが葦原中津国の国づくりを終えた頃、高天原のアマテラスが突如「中津国は天津神が支配すべき」と宣言し、オオクニヌシに国譲りを迫る。しかし送り込まれた神はオオクニヌシに味方するなど国譲りは難航。そこで切り札として送り込まれたのがこのタケミカヅチだ。タケミカヅチは、イザナミの死の原因である火の神カグツチを切り落とした剣についた血が、岩に飛び散り誕生したといわれる神である。この逸話からもわかるとおり、彼は剣や血と関わりの深い戦いの神でもある。

アマテラスの命令を受けて、出雲に降り立った彼は、波の上にトッカノツルギを逆さにして突き刺し、切っ先側にあぐらをかいて座るという武勇を見せ付ける。これを見たオオクニヌシはふたりの息子たちにその決断を任せることに。一人目の息子コトシロヌシはあっさりと降伏するが、もうひとりのタケミナカタはタケミカヅチに力比べを挑む。しかし、タケミナカタはタケミカヅチの強さに驚き、諏訪湖まで逃げのびてそこでようやく降伏したといわれている。

ふたりの息子が降伏する姿を見たオオクニヌシは、とうとう諦めて国譲りを承諾した。タケミカヅチの武をもってようやく、天孫降臨までの道が開けたのである。

国譲り神話における彼の活躍はここまでだが、タケミカヅチの名はその後の神話にも登場する。それは神武天皇による東征の時だ。熊野で行き詰まっていたイワレビコを助けようとアマテラスに命じられたタケミカヅチは、自身の愛剣でもある「フツノミタマ」を献上した。神武天皇はこの剣をもって東征を成功させたのである。このことに感謝した神武天皇は即位後、鹿島神宮にタケミカヅチをまつり、国の守護神として信奉するようになったと伝えられている。また武の神であることから、中世以降は源頼朝や徳川家康といった時の権力者からも信仰を集めたという。

天津神に命じられ地上に降り立った天孫

地上の神オオクニヌシが葦原中津国より身を引いたことで、天津神がこの地に降り立つこととなった。当初はアマテラスの子であるアメノオシホミミがその任務に就くはずだったが、その直前、彼に子がうまれる。アマテラスから見れば「孫」にあたるこの神こそニニギだ。ニニギは急遽、父にかわって地上に降臨することとなった。これを「天孫降臨」という。

『古事記』によると、彼が地上に降り立とうとしたとき、高天原と中津国を照らす神サルタヒコと出会った。サルタヒコの道案内によりニニギは地上へと降臨する。この時、フトダマ、アメノウズメなど多くの神々を引き連れ、三種の神器や稲穂を手に地上に降り立ったという。ニニギがたどり着いたのは高千穂。

彼はこのあと笠沙（かささ）の御前で美しい女神コノハナサクヤビメと出会い結婚した。やがてふたりの間にはホデリ（海幸彦）、ホスセリ、ホオリ（山幸彦）という子どもがうまれる。

ふたりの結婚に際し、コノハナサクヤビメの父オオヤマツミはコノハナサクヤビメだけでなく、姉のイワナガヒメもともにニニギのもとへ送り出した。しかし醜いイワナガヒメを嫌ったニニギは、彼女だけ父のもとに送り返してしまう。それを知ったオオヤマツミは「イワナガヒメと結ばれれば永遠の命を、コノハナサクヤビメと結ばれれば繁栄を手にすることができたというのに」と嘆く。ニニギがイワナガヒメを送り返したことで、このあとに続く彼の子孫、つまり天皇は、繁栄はしても寿命という制約に縛られ、天津神のような永遠の命ではなくなってしまったのである。

ほかの神々と同じく、ニニギもまたさまざまな名前をもつ。その中でも神の核としての名は「ホノニニギノミコト」であるといい、稲穂の「ホ」、賑やかな「ニニギ」と、稲穂が実る豊作を意味する縁起のいい名前である。

コノハナサクヤビメ

別名 木花開耶姫（このはなさくやひめ）、神吾田津姫（かみあたつひめ）など

時代 神代
神格 火の女神など
神社 富士山本宮浅間大社（静岡県）など
登場作品 『古事記』『日本書紀』

天孫ニニギと結ばれた美しい女神

地上に降り立ったニニギは笠沙で美しい乙女と出会う。彼女はオオヤマツミの娘コノハナサクヤビメ。ひと目で彼女を気に入ったニニギは彼女との結婚を決意。この時、オオヤマツミが姉のイワナガヒメも送り出すが、ニニギが父のもとに姉を送り返したのは前項のとおり。ニニギがイワナガヒメではなくコノハナサクヤビメを選んだことで、ニニギの子孫は彼女の名前の「花」に表されるように、儚くも寿命をもつことになってしまった。

ニニギと結ばれたコノハナサクヤビメだが、彼女はニニギと出会って一晩で子を孕んだ。それを見たニニギは「自分の子ではなく、どこぞの国津神（地上の神）の子ではないか」とコノハナサクヤビメを疑う。夫に不貞を疑われた彼女は激怒し、扉のない産屋に籠ると、そこに自ら火を放ち「自分の子が夫の言うとおり国津神の子であれば無事に出産はできないだろう。しかし天津神（＝ニニギ）の子であれば安産でうまれるだろう」と宣言し、そのとおり、彼女は炎が激しく燃え盛る産屋の中で無事に子どもをうみ落としたのである。

この時、燃え盛る火の中でホデリ（海幸彦）、続いてホスセリ、火が弱まった時にホオリ（山幸彦）、合計3神が誕生した（諸説あり）。この火中出産でうまれたホオリの子孫が、のちに初代神武天皇となるカムヤマトイワレビコである。

美しい乙女であり、さらに名前に花の文字をもつ一方で、夫の無礼に激怒し火中出産を決行するほど激しい性格のコノハナサクヤビメは「火」に関わりが深い。このことから、彼女は富士山（活火山）の神社「富士山本宮浅間大社」をはじめ、全国1300ある浅間神社の祭神としてまつられている。また火中出産の故事より、安産や子育て、そして家庭円満や火難消除などの守護があるとされ、古くから信仰を集めている女神でもある。

サルタヒコ

別名 猿田毘古（さるだひこ）、猿田彦大神（さるたひこのおおかみ）など

時代 神代
神格 道案内の神
神社 猿田彦神社（三重県）など
登場作品『古事記』『日本書紀』

天孫一行を葦原中津国へ道案内した神

天孫降臨でニニギが葦原中津国に降ろうとしたとき、天の八衢（やちまた）と呼ばれる場所でニニギたちをある国津神（地上の神）が待ち受けていた。背は高く、長い鼻、そして赤い目を持つ異形の神である。彼は眩しい光で高天原から中津国までを照らしており、いぶかしがったニニギがアメノウズメを使いによこして何者かを問う。すると、彼はサルタヒコと名乗り「天孫を案内するために現れたのだ」と言った。

ニニギたちは彼の道案内によって、無事に中津国へ降臨し、国を治めたのは前述のとおり。ニニギを送り終えたサルタヒコはアメノウズメの案内で伊勢の狭長田（さながた）、五十鈴川（いすずがわ）の川上へと帰還。アメノウズメはその後サルタヒコと結婚し「猿女」と呼ばれるようになったという。また、アメノウズメとサルタヒコのふたりは兄妹神であるという説もある。

今も昔も伊勢で重要な意味を持つ

のちに10代崇神天皇の皇女ヤマトヒメが皇神アマテラスをまつる場所を伊

勢に定めた。このとき、サルタヒコの末裔である大田命が五十鈴川の川上にある宇治の地をヤマトヒメに勧め、その地に皇大神宮（内宮）がつくられることになったという。それから数千年の時を経て、今でもサルタヒコの子孫は伊勢神宮の内宮近くにある「猿田彦神社」でサルタヒコをまつり、神宮で行われる式年遷宮などの神事をはじめ、多くの儀式で特別な役割を担っている。また、猿田彦神社はサルタヒコがニニギの道案内を担った故事から、道開きの神として多くの人が参拝に訪れる人気の神社でもある。

　サルタヒコは長い鼻、大きな体という特徴からのちには天狗にも同一視される存在だが、実際の彼は伊勢地方の豪族勢力、もしくは伊勢の人々が信奉していた古い神だったといわれている。皇族への服従を誓った史実が、神と姿を変えて神話に取り込まれたのかもしれない。

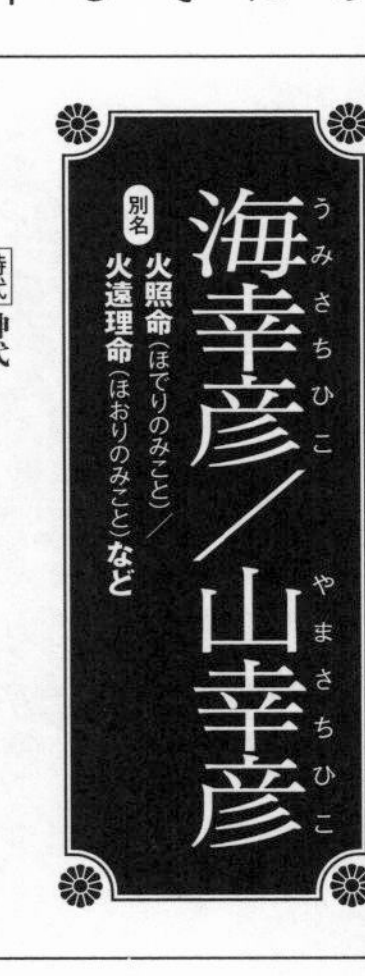

海幸彦（うみさちひこ）／山幸彦（やまさちひこ）

別名　火照命（ほでりのみこと）／火遠理命（ほおりのみこと）など

時代　神代
神格　海の神／山の神
神社　鹿児島神宮（鹿児島県）など
登場作品　『古事記』『日本書紀』

浦島太郎伝説の原型となった神話

　コノハナサクヤビメが燃える産屋の中でうんだ兄のホデリ、そして弟のホオリ。このふたりの別名を「海幸彦」と「山幸彦」という。

　その名前のとおり海での釣りが得意な兄の海幸彦と、山での猟が得意な弟の山幸彦だったが、ある時、山幸彦がお互いの道具や狩りの場を交換しないか、と兄にもちかける。そして兄の釣り針を使って漁をしたところ、山幸彦はうっかり釣り針を魚にとられてしまった。

　釣り針は海の底に沈んで見つからない。しかし兄からは「あれは特別な釣り針だ。同じものを探して持ってくるように」と、ひどく責められ、山幸彦は困り果てた。海辺で泣き続ける山幸彦だったが、そこで出会ったシオツチノオジにより、海底にあるという海神宮（わたつみのみや）の存在を聞く。そこで彼は釣り針を求めて海神宮を訪れ、海底の神であるオオワタツミと出会い、さらにその娘のトヨタマヒメと結ばれることとなった。

　そのまま3年間海の中で暮らした山幸彦だが、ようやく事の次第をトヨタマヒメら父娘に打ち明け、兄の釣り針を探し出すことに成功。さらに水を操ることのできる玉を渡された山幸彦は、巨大な力を手に入れて地上に戻ることに。兄と再会した山幸彦は水を操り、兄を服従させた。この神話がのちに浦島太郎の物語の原型になったという。

　不思議な兄弟神話だが、これは朝廷が九州を支配していた「隼人（はやと）」を降すまでの歴史が神話に取り入れられたものだといわれている。九州南部で最大の力を持つ隼人族は、早々に宮廷に帰順した一族でもある。弟への服従を誓った海幸彦は、この隼人族の祖だといわれている。

また、海底の宮で山幸彦が結ばれたトヨタマヒメは子どもをうむ。その子からうまれたのが初代天皇といわれている神武天皇である。

神武天皇（じんむてんのう）

別名 若御毛沼命（わかみけぬのみこと）、神倭伊波礼毘古命（かむやまといわれびこのみこと）など

時代 神代
神格 前660〜前585年　地位 初代天皇
神社 橿原神宮（奈良県）など
登場作品 『古事記』『日本書紀』

東征ののち奈良に都を定めた初代天皇

ニニギの子の山幸彦の孫である神武天皇。彼がまだ高千穂に暮らし「カムヤマトイワレビコ」と呼ばれていた若い頃、兄イツセと「安らかに天下を統治できる場所はないだろうか」と相談し、新天地を求め高千穂を旅立つこととなった。そして苦難を乗り越えて東征し大和（やまと）の橿原に宮を築き、即位した初代天皇でもある。

兄たちと協力し合い、途中まで東征は順調に進んでいた。ところが瀬戸内海を渡り難波を超えたあたりから暗雲が立ち込める。先住民による攻撃に破れた東征軍は紀伊半島を越えての大和入りを目指すことにしたものの、兄が命を落としてしまう。そこでイワレビコが兄に代わって東征を続けることとなったのである。

やがて熊野に入ると、荒神の攻撃に遭い軍は混乱、壊滅状態となった。しかしその時、タケミカヅチがイワレビコのもとに神剣を送りこみ、辛くも危機を乗り超えたのである。さらに天津神より派遣された3本足の神の使い八咫烏（やたがらす）の案内もあり、彼らは吉野を経て大和へと快進撃を続けた。八咫烏はこのあと、熊野三山で「導きの神」として信仰を集めることとなり、熊野本宮神社では八咫烏の像や旗が掲げられている。

こうして天津神の助けを受けて東征を続けたイワレビコは、最後に宿敵ナガスネヒコと対峙した。この宿敵も金色のトビがイワレビコの弓に止まったのを見て撤退。こうしてイワレビコは橿原宮で「始馭天下之天皇（はつくにしらすすめらみこと）」を名乗って初代天皇に即位。その後、127歳まで生きたという。なお「神武天皇」の呼び名は8世紀後半につけられた漢風諡号である。

もともと、ニニギが天孫降臨で降り立った地は九州の高千穂だった。しかし朝廷は大和にあり、高千穂から大和にいたった正当性を主張するための神話として、この物語が用意されたものと思われる。

時代 神代
地位 景行天皇の皇子
神社 熱田神宮（愛知県）など
登場作品『古事記』『日本書紀』

父の命令に従い 各地の荒ぶる神を討伐

景行天皇第三皇子としてうまれたヤマトタケルははじめはオウスという名だった。『古事記』によると、彼はある時、父帝より「兄のオオウスを会食に出席させるように」と命令を受ける。しかし勘違いから、兄の手足をもぎ取り投げ捨てるという暴挙に出た。景行天皇は息子の武勇を恐れ、彼を都から遠ざけるため、西方（九州）の勢力者クマソタケルを討伐するよう命じる。

少ない手勢での討伐に不安を感じたオウスは、伊勢の叔母ヤマトヒメに相談。彼はヤマトヒメから賜った女物の着物を身につけクマソタケルの宴席に忍び込み、見事に敵を討ち取った。このとき倒されたクマソタケルの弟に「ヤマトタケル」の名を献上されたことで、これ以降彼はこの名を名乗ることとなる。九州からの帰り、出雲でも反勢力を討伐したヤマトタケルは意気揚々と都に凱旋するが、待ち受けていたのはさらなる討伐命令だった。

最後まで戦い抜き 白鳥となって姿を消した

帰還したばかりのヤマトタケルに休む間も与えず、父帝が命じたのは東国の荒神や権力者の征伐だった。度重なる討伐に「父は自分に死ねと言っているのだろうか」と、ヤマトヒメの前で嘆くヤマトタケル。そんな彼に、ヤマトヒメは伝説の天叢雲剣を与えた。彼はその剣を手に、討伐へと繰り出していく。何度か命の危機もあったが、ヤマトヒメから与えられたアイテムや仲間によって救われ、彼は見事に東方征伐を成功させた。

戦いの最中に結婚した彼は、妻のもとに剣を置いて伊吹山の神に戦いを挑む。しかし山神は予想よりも強く、素手ではその攻撃を防ぎきれず、伊勢のあたりで動けなくなってしまった。とうとう歩けなくなった彼は杖をつきながら大和の方角を眺め「倭は 国のまほろば たたなづく 青垣 山隠れる 倭しうるはし」と、国を思う歌を詠んだ。そのあと容体は悪化。全国各地で戦い続けてきた武神は、命を落としたのである。残された剣は熱田神宮へと奉納された。

しかし彼は死後、大きな白鳥に姿を変える。妻や子が彼を偲んで白鳥を追いかけるも、鳥は河内まで飛び、その場所には白鳥陵がつくられた。そしてその白鳥は、やがてどこかへ飛んでいってしまったという。

天叢雲剣（草薙剣）
ヤマトタケルが旅の餞別にと叔母から授かった剣。ヤマトタケルが逆賊から火攻めにあった際、この剣で草を薙いで難を逃れたことから「草薙剣」とも。ヤマトタケルの死後に奉納されて以来熱田神宮でまつられているが、神職でさえ見ることができないという。もとはスサノオが八岐大蛇の尾から取り出して姉のアマテラスに献上し、天孫降臨に際して二ニギへ持たされたもの。なお、『古事記』には「天叢雲剣」の名は登場しない。

神功皇后（じんぐうこうごう）

別名 気長足姫尊（おきながたらしひめのみこと）、息長帯比売命など

時代 神代
神格 仲哀天皇の皇后
神社 住吉大社（大阪府）など
登場作品『古事記』『日本書紀』

夫に代わって戦いに出た豪傑の皇后

14代仲哀天皇の皇后、神功皇后。諱（いみな）を「オキナガタラシヒメ」といい、神功皇后とは死後におくられた名である。

仲哀天皇がクマソと呼ばれる反抗勢力を討つため筑紫に出兵した際、皇后も同行していた。戦いについて神託を行った時、神功皇后は住吉三神から「海の彼方にある宝の眠る国を授けよう」というお告げを受ける。この神託を夫に告げるも、仲哀天皇は妻の言葉を信じない。このことで仲哀天皇は神の怒りを受けて急死してしまった。

この時、神功皇后は妊娠していた。すると神のお告げが再び彼女に下り、仲哀天皇の代わりにお腹の子にその国を授けるという。海の彼方の国とは、朝鮮半島の諸国のこと。これを聞いた神功皇后は身重の体に鎧をまとい、お腹の子の代わりに筑紫の反抗勢力を打ち倒す。さらに神託に従い、海をわたって朝鮮半島を攻め降伏させたのである。これを「三韓征伐」という。

凱旋後にうんだ子を次代の天皇へ

戦闘が祟ったのか神功皇后は帰国の最中に産気づく。しかし彼女は腹に石を巻いて産気を鎮め、筑紫に帰還してから子をうんだ。この時、すでに歩くこともできず、槐（えんじゅ）の木にすがりついてホンダワケノミコト（のちの応神天皇）をうんだといわれている。

このように各地で戦い続けた神功皇后だが、戦いはこれだけでは終わらなかった。出産を終え大和へと帰還する前に、神功皇后は息子の即位に反対する人間をあぶり出すため「御子は死んでしまった」という噂を流す。これを聞いた息子の異母兄弟にあたる香坂（かごさかの）王（おう）、忍熊王（おしくまのおう）が神功皇后の乗る船を急襲。しかし、待ち受けていた皇后軍により彼らは滅ぼされた。敵をすべて倒した神功皇后は成人した息子を15代応神天皇として即位させた。これにより、長く続いた彼女の戦いはようやく幕を閉じることとなる。

なお、仲哀天皇の崩御から応神天皇が即位するまでの天皇の空白期間の間、彼女が軍を指揮したことから、書物によっては神功皇后を15代天皇とみなし、史上初の女帝であるとする説もある。

八幡宮（はちまんぐう）
宇佐神宮を総本社とする、全国数十万もあるという神社。源氏の氏神。そのほとんどが応神天皇とともに、神功皇后を祭神としており、この親子に応神天皇の后（宗像（むなかた）三神とする場合も）である比売大神を加え、「八幡三神」としてまつることも多い。

住吉三神
黄泉国から戻ったイザナギが禊を行った際、三貴子の前にうまれた3神。神功皇后によって摂津の住吉大社にまつられた。

吉備津彦命（きびつひこのみこと）

別名 彦五十狭芹彦命（ひこいさせりひこのみこと）、比古伊佐勢理毘古命など

時代 神代
地位 皇族
神社 吉備津神社（岡山県）など
登場作品 『古事記』『日本書紀』など

桃太郎のモチーフとなった鬼退治のヒーロー

吉備津彦命は、第7代孝霊天皇の皇子。一説によると吉備津彦命は、温羅（うら）という鬼を退治したとされている。

温羅はもともと百済（くだら）の王子で、さまざまな国をめぐって悪さを働いたあとに吉備国（岡山県）にやって来て支配するようになったという。身長は2丈（およそ4ｍ）もあり、赤くちぢれた髪と、角のようなこぶをもつ。耳まで裂けた口からは炎を吐き、獣や魚に変化する能力ももっていたとされている。

温羅を討伐するため、朝廷は四道将軍（各地の平定のためヤマト政権が派遣した役人）のひとり吉備津彦命を吉備国に派遣した。

温羅が強固な鬼ノ城に立て籠ったため、吉備津彦命は吉備中山に陣取って戦った。吉備津彦命は多くの矢を放ったが、すべて温羅の投げる石に落とされてしまう。しかも温羅の軍勢は、傷ついてもすぐに浮田温泉で回復してしまった。

追い詰められた吉備津彦命のもとに、住吉大社の神が子どもの姿をとって現れた。そして吉備津彦命に「矢を2本同時に放てば、1本は温羅に必ず命中する」という助言を授ける。吉備津彦命が、その助言のとおりに2本の矢をつがえて放つと、1本は打ち落とされてしまったが、もう1本は温羅に命中した。すると、温羅は鯉に変身して川を下って逃げようとしたので、吉備津彦命も鵜に化けて追跡、見事食いあげ、討ち取った。

現在も岡山県には吉備津彦命が戦の際に矢を置いていた矢置石（吉備津神社の門前）や、2本放ったうち1本が落ちた矢喰宮、鯉に化けた温羅を討ち取った場所の鯉喰神社など、ゆかりの地が多く残る。

一連の温羅退治は、昔話「桃太郎」の原型ともいわれている。またその説を採用していると思われるのがソーシャルゲーム『モンスターストライク』に登場する桃太郎である。これは進化させると「吉備津彦命 桃太郎」という名前になる。

神様として祀られた人間

役小角（えんのおづぬ）

別名 役行者（えんのぎょうじゃ）、役優婆塞（えんのうばそく）など

時代 飛鳥
生没年 634〜701年　地位 修験道の開祖
ゆかりの地 金峯山寺（奈良県）など
登場作品 『続日本紀』『日本霊異記』など

鬼神を駆使して空も飛ぶ！ 無敵の修験道の開祖

日本では古来より山には神が棲むと信じられ、信仰の対象になってきた。仏教の伝来後、山は修行の拠点として重要性を増した。修験道とは日本古来の山への崇拝と仏教が組み合わされたもの。山に籠って修行を重ねれば悟りを得られるとする信仰で、その先駆けとなったのが飛鳥時代の山の超人役小角だ。

小角は大和国（奈良県）葛城の出身。子どもの頃から博学で、40歳をすぎても岩窟に籠って暮らす。葛を着て松の葉を食し、清水の泉で浮き世の穢れを落とし続けること数年。孔雀王の呪法をマスターし空を飛ぶのも自由自在になり、前鬼・後鬼という鬼神を従えるようになった。

『日本霊異記』には小角の無敵ぶりが記録されている。おもな根城としていた奈良県吉野の金峰山と葛城山の移動を便利にするため、小角は鬼神を使役して山をまたぐ橋をつくらせようとした。ところが、山の神一言主はそれが気に食わなかった。一言主は人間に化けて、小角は朝敵であると根も葉もない嘘を天皇に密告し、小角は朝廷から追われるはめになった。だが、空を飛んで逃げる小角を捕らえることができない。そこで朝廷は小角の母を人質に取ったため、小角は母を助けるため仕方なく捕縛されることにした。そうして伊豆に流罪になった小角は、大人しく過ごすふりをして、夜になると監視の目を盗んで富士山まで飛び、修行を続行した。その甲斐あって、小角は天高く飛べるようになった。そのうちに罪を許された小角は自ら命を絶ち、富士山に昇っていった。

修験道では蔵王権現をまつる。これは小角の修行中に蔵王権現が姿を現したからで、金峰山には蔵王権現が本尊の金峯山寺がある。

後世、文学作品により小角の魅力は膨らんだ。滝沢馬琴の『南総里見八犬伝』では役行者の名で登場し、主人公に8つの珠を授ける。漫画『鬼神童子ZENKI』では小角が使役した前鬼が現代によみがえって悪と戦うこととなった。

さわらしんのう
早良親王
別名 崇道天皇（すどうてんのう）、親王禅師（しんのうぜんし）など

時代 奈良末期
生没年 750〜785年 地位 親王
ゆかりの地 崇道天皇社（奈良県）など
登場作品 『続日本紀』『日本紀略』など

都の所在までも揺るがした大怨霊の正体

一般的に奈良時代の都は平城京、平安時代の都は平安京といわれているが、奈良時代から平安時代への過渡期に10年ほどだけ存在した都がある。それが長岡京だ。

この都の新設と廃止を決めたのは50代天皇の桓武天皇である。彼はなぜわずか10年で廃止したのか。それは怨霊の祟りによって不運や災害が相次いだため、長岡京を捨てて平安京に遷都せざるを得なかったからである。そしてその怨霊こそ、桓武天皇の同母弟、早良親王なのだ。

権力争いに巻き込まれ無実の罪を着せられる

桓武天皇は即位すると、嫡男の安殿皇子に皇太子位を与えようとした。しかし父の光仁天皇の勧めで早良親王が皇太子となった。桓武天皇は即位後、政教分離を進めるため、長岡京遷都にともなって寺院を平城京に留め置く計画を立てた。これに対し僧侶や寺院に縁深い貴族たちは猛反発。かつて「親王禅師」という僧位を得ていた早良親王は、両勢力の間で板ばさみとなった。

そんな最中、桓武天皇の側近で長岡京造営の責任者である藤原種継が何者かに暗殺された。かねてより早良親王を疎ましく思っていた天皇は、早良親王が暗殺に関与したとして皇太子の座を奪い、さらに淡路島への流罪を言いわたす。

これに対し早良親王は無罪を主張し、飲食を絶って（または飲食を与えられぬまま）抗議する。しかし訴えは届くことなく、流刑地への移送中に餓死してしまう。それでも早良親王の罪は許されず、遺体は淡路島に運ばれてその地に埋葬された。

こうして邪魔者を排除した桓武天皇は、遷都を終えた長岡京に腰を据え、安殿皇子を次期天皇につけてご満悦だった。しかし直後から早良親王の怨霊による凄まじい祟りに苦しめられる。安殿皇子は病気を繰り返し、皇后の乙牟漏、夫人の旅子、母親の高野新笠は相次いで病死、都では飢饉や疫病が発生したのだ。

そこで桓武天皇は鎮魂の儀式を行ったが、それでも川の氾濫が起こり甚大な被害が出たため、ついに長岡京を諦め平安京に遷都することを決意。そしてさらなる祟りを恐れ、早良親王に「崇道天皇」の号を追称した。一説では、早良親王が史書における日本の怨霊の初出といわれている。

時代 平安初期
生没年 758～811年 地位 征夷大将軍
ゆかりの地 清水寺（京都府）など
登場作品 『続日本紀』『御伽草子』など

清水寺を建立した信心深い人物像

坂上田村麻呂は、桓武天皇の信頼を得て征夷大将軍まで出世した希代の武人。姉や娘が天皇の後宮に入るなど状況的な後押しがあったが、やはり田村麻呂自身の才能による出世であったと考えられている。田村麻呂は東北地方の雄アテルイを服属させ、陸奥国（東北地方の太平洋側）を平定した。これらの東北での活躍から田村麻呂は北方の守護神毘沙門天の化身という説が生じ、死後も国家守護の象徴として将軍塚にまつられるようになった。この将軍塚は国家に異変がある時には鳴動するという伝説がある。

田村麻呂の大きな功績のひとつが、現在も観光地として有名な清水寺の建立である。ある日、鹿を狩るため音羽山に入った田村麻呂は、この地を守っていた僧侶賢心（のちの延鎮）と出会った。賢心に殺生を戒める教えを受け、それに心を打たれた田村麻呂は、賢心とともに寺を建立。賢心が見つけた音羽の滝の水が清らかであったことから、清水寺と名づけたという。

清水寺のほかにも、田村麻呂が建立したとされる寺院は東北地方に数多く存在する。これらは、東北各地で多くの鬼や賊を退治した田村麻呂が、神仏の加護に感謝して建てたものであると伝わっている。

田村麻呂というヒーローは国家守護の象徴に

田村麻呂は、時代が下るにつれヒーローとして描かれるようになり、田村丸という伝説上の人物として多くの活躍を見せた。人々を襲って財産を奪う大嶽丸という鬼の討伐を命じられた田村丸は、鈴鹿山に入った。その際、大嶽丸討伐を手伝うために現れた鈴鹿山の天女鈴鹿御前と結ばれ、協力して大嶽丸を討ち取る。しばし夫婦で平和に暮らしていた田村丸だが、今度は蝦夷の首長悪路王（一説にはアテルイのこととも）の討伐を命じられ、再び夫婦の連携で討ち取った。

田村麻呂について語られる説話では、彼の愛刀としてソハヤノツルギの名がよく見られる。大嶽丸との戦いや蝦夷討伐の際に使っていたとされる。アプリゲーム『刀剣乱舞』に登場する刀剣男士ソハヤノツルキは、田村麻呂の刀「ソハヤの剣」の写しという設定である。

征夷大将軍
奈良～平安時代にかけての朝廷における官職のひとつ。鎌倉時代以降は、事実上、武士の最高位として定着した。「征夷」とは、当時朝廷に反抗していた民族「蝦」を「征討」するという意味をもつ。ちなみに蝦夷は現在の関東や東北など、日本の東方に住む人々を指している。

現世と地獄を行き来した閻魔の側近

聖徳太子の忠臣小野妹子を祖先にたどる名門小野氏出身の平安貴族。篁は〝直言を好み人におもねらず〟いわゆる空気を読まない人だった。現代ではあまりにも奇人すぎると電波だとか宇宙人だとか言われるものだが、平安時代には「地獄の役人」とするのがしっくりきたのかもしれない。

京都の六道珍皇寺（ろくどうちんのうじ）には、地獄に通ずると伝わる井戸がある。ここから篁は夜な夜な地獄へ行き、閻魔（えんま）大王の側近として働いていたという伝説がある。この伝説は『今昔物語集』ほかいくつかの当時の書物で共通して描かれた。昼は宮廷で天皇に仕え、夜は閻魔庁で閻魔大王に仕えるという副業生活を送った篁は、さまざまな人間を助けたのだそうだ。藤原良相という右大臣にまで上り詰めた篁の上司が瀕死の状態で地獄へ行った時、篁が擁護してくれたため無事現世に蘇生できたという。ほかに、紫式部も「みだらな物語を書いた罪」で地獄行きだったところを篁の弁護で免れたという伝説もある。

篁は遣唐使の副使に選ばれるほど優秀な人物だった。しかし、搭乗した遣唐使船は悪天候でたびたび引き返し、結局唐へ行くことはかなわなかった。すっかりへそを曲げた篁は、再度の出港の際に遣唐使である上司ともめて、乗船を拒否してしまう。それで済ませれば良かったものを、遣唐使の役割を風刺したため嵯峨上皇にこっぴどく叱られ、讃岐に流されてしまった。この時に詠んだ歌は百人一首にも収録された。のちに許された篁は都に戻り、その後は順調に出世した。

誰にも気を遣わず、奔放な篁のことを、変人だとは思っても心から嫌った仲間はいなかったのではないか。「野狂」などとあだ名しながらも、そんな篁に「地獄で救われた」者が多数いるのがその証拠だろう。漫画『鬼灯の冷徹』でも地獄で働く篁が登場。とらえどころのない天然キャラとして描かれている。

ライバルに蹴落とされ大宰府で非業の死を遂げる

学問の神として有名な「天神さま」。

その正体は平安時代に実在した貴族、菅原道真だ。受験生に大人気の神さまだが、道真が神としてまつられるようになったそもそもの理由は、彼の「祟り」を鎮めるためだった。

幼い頃から文才に優れていた道真は、55歳で右大臣に抜擢される。当時、学者から大臣が誕生したことは、破天荒ともいえる大出世だった。それだけに時の権力者である藤原氏の反感は大きかった。道真と同時に左大臣に昇格したライバル藤原時平が「道真は天皇の廃位を企んでいる」と讒言したことで、無実の罪で失脚してしまう。901年、道真は九州の大宰府に左遷となり、菅原家一族もことごとく失権。失意のうちに病に倒れた道真は、大宰府に赴任して2年後、59歳で世を去った。「北野天神縁起絵巻」などによると、道真は死んで間もなく比叡山の僧侶のもとに現われ、「怨みを晴らす」と告げたという。

朝廷を恐怖に陥れた「道真の祟り」

一方、京の都では道真の死後、怪事件が相次いで起こっていた。908年、藤原菅根が雷に打たれて落命。翌年には道真を陥れた張本人である時平が、わずか39歳で急逝する。異変はそれだけにとどまらない。時平の妹と醍醐天皇の間にうまれた皇太子保明親王が21歳で死去。関係者に立て続けに起こった異変に、人々は「道真公の祟りだ」と噂するようになった。

その極めつけが清涼殿落雷事件だ。清涼殿で雨乞いをするか会議が行われていた時、にわかに黒雲が垂れ込め、あっという間に激しい雷雨となった。すると清涼殿に突然の落雷。衣服に燃え移った火に胸を焼かれて死んだ者、顔を焼かれて瀕死状態になる者が出て清涼殿はパニックに。その結果、7人が落雷で死亡。直後から醍醐天皇の体調は悪化し、退位して3か月後に崩御した。

この事件に震えあがった朝廷は、道真の荒ぶる霊を鎮めるため京都の北野の地に神殿を建立。これが北野天満宮で、道真は神としてまつられるようになったのだった。

当初は祟り神として恐れられていたものの、学問に秀で業績を残したことや、非業の死を遂げたことから同情が集まるようになる。江戸時代には寺子屋を通じ、学問の神さまとして庶民の間にも広く信仰されるようになった。現在でもその人気は健在で、大宰府も北野天満宮も毎年多くの受験生でにぎわっている。

飛梅
道真は京を去る時、庭の梅の木に「東風吹かば にほひおこせよ 梅の花 あるじなしとて 春な忘れそ」と詠んだ。道真が大宰府に着くと、一夜にして梅の木が飛んで来たという。太宰府天満宮の本殿脇の梅の木が、その梅の木だという。

御神牛
道真の遺体を搬送中、牛車の牛が突然動かなくなったことからその地に埋葬したという。

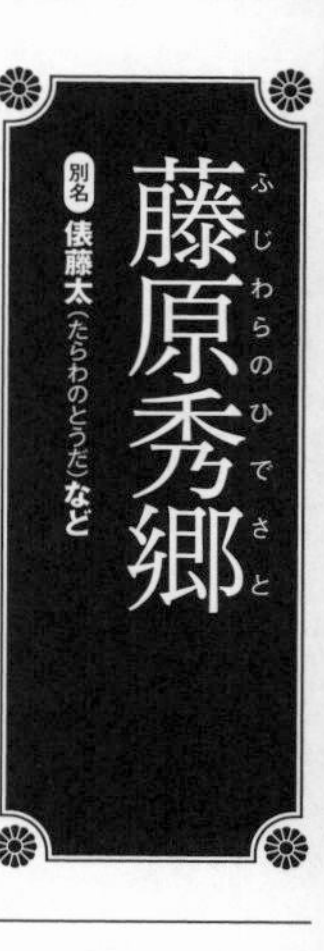

藤原秀郷（ふじわらのひでさと）

別名 俵藤太（たわらのとうだ）など

時代 平安中期　**生没年** 不明　**地位** 武将
ゆかりの地 唐澤山（栃木県）など
登場作品『吾妻鏡』『太平記』『俵藤太物語』など

名門武将の先祖は平将門を討った英雄

10世紀半ば、突如朝廷に危機が訪れた。関東方面で平将門が、瀬戸内海で藤原純友が同時期に反乱を起こしたのだ（承平・天慶の乱）。このうち、将門の乱を制圧したのが下野国（栃木県）の領主藤原秀郷だ。

秀郷の武勇伝は将門の乱からさかのぼって少年時代、妖怪百足退治の伝説がある。琵琶湖の瀬田の唐橋の上に大蛇が横たわり、人々が恐れをなしたが、秀郷は動じもせず大蛇をまたいで橋を渡った。大蛇は実は竜神の変じたもので、秀郷の勇ましさを見込んで「三上山に巨大な百足が住みついて困っているので退治してほしい」と依頼してきた。そして見事に大百足を退治した秀郷は、米が無限に出てくる米俵や食べ物が尽きない鍋など、さまざまな褒美を授かる。さらに竜神のすむ竜宮城へ行き、黄金の鎧と太刀を与えられ、「これによって朝敵を破れば将軍になる」と告げられる。

また、秀郷は弓の名手だったという。秀郷の領地宇都宮の民話『百目鬼物語』では、100個の目をもつ妖怪が現れた際、秀郷は特に光り輝く目を狙って矢を放ち的中、見事退治したと語られている。

やがて平将門の乱が起こると、朝廷は秀郷の武勇を頼みに朝廷軍を率いさせることにした。しかし、将門は鋼鉄の体をもっているため弓矢が通用せず、さらに6人の影武者を従えていて、見分けがつかなかった。そこで秀郷は将門の愛妾桔梗の前と結び、将門の唯一の弱点がこめかみであることを聞きつける。こうして将門のこめかみを射抜き征伐した秀郷は、かつて竜神が言った通り、従四位に昇進。これは地方武将として異例の大出世だった。

秀郷の子孫は主に関東以北に広く散らばった。代表的な氏族として、拠点下野国を室町時代まで治めた佐野氏や、東北の覇者奥州藤原氏などを輩出。名門武将の祖先として伝説の武将と呼ばれることになった。

安倍晴明（あべのせいめい）

時代 平安中期
生没年 921～1005年　**地位** 陰陽師
ゆかりの地 晴明神社（京都府）など
登場作品『今昔物語集』『宇治拾遺物語』『大鏡』など

呪い対策はロイヤルファミリーの重大事

晴明の前半生は幼少期のことを記した記録がわずかにあるのみ。それによると、師の賀茂忠行と外出した時、籠の中で忠行が居眠りしている間に百鬼夜行に出くわした。晴明は速やかに忠行に知らせ、忠行が鬼から身を隠す術を使い、難を逃れた。この時忠行は晴明が陰陽師に必要な〝人には見えないものが見える才能〞をもっていることに気づき、晴明に術のすべてを教え込んだという。

晴明は、干ばつの時には雨乞いの祈祷で雨を降らせたり、若い公達に術を見せろと煽られた時には、草の葉を操って蛙を殺してみせたり、また門の開閉など雑用を式神を任せたりと、抜群の呪力を発揮した等、様々な逸話が残っている。

やがて晴明は賀茂氏からのれん分けのような形で天文博士の地位を譲り受ける。そして天皇や、中宮藤原彰子とその父の藤原道長といったロイヤルファミリーの面々から絶大な信頼を集めた。

特に藤原道長は摂政という立場上恨みを買いやすかったため、いつも呪いにおびえていた。ある日、道長に早瓜が献上された。晴明が占うと中に毒気があるという。そばに控えていた源頼光が刀で瓜を割ると、なんと中から蛇が出現。蛇は頭を真っぷたつに斬られてすでに絶命していた。またある時は、道長が犬をつれて寺へ行こうとしたが、犬はなぜか寺に入ろうとしない。そこで晴明に確かめさせると、寺から呪いの土器がみつかる。それを仕掛けたのは、道長の政敵に依頼された陰陽師蘆屋道満であった。

和製ファンタジー「SEIMEI」は世界へ

80代で亡くなるまで第一線で活躍したと伝わる晴明は、京のヒーローとして後世にさまざまな物語へ展開されていく。

そのひとつが、晴明の母親は狐というもの。和泉国（大阪府）の信太の森を舞台にした「信太妻」伝説では、白狐が化けた美女と安倍保名の間にうまれた童子が晴明とされている。母狐が晴明に正体を見られて森へ帰ってしまう場面は、涙を誘う「子別れ」シーンとして人気を博した。

狂言師野村萬斎が晴明を演じた映画『陰陽師』などによって、日本では陰陽師ブームが起こり、以降陰陽師は数々のメディア作品に登場。さらに男子フィギュアスケートの羽生結弦選手が同映画の劇伴を使用した演技「SEIMEI」を披露したため、今や晴明は世界にも知られるようになった。

陰陽道

中国の陰陽五行説に基づいて日本で発展した術で、平安時代から江戸時代にいたるまで天文の研究や暦の策定を行うのに活用されてきた。平安中期に体系が確立し、賀茂氏と安倍氏が行政府陰陽寮の主要な地位を世襲で務めた。陰陽師は宮中行事の日時を決める占いや、干ばつ・飢饉などの災難祓いの祭祀を担当。安倍晴明など高い呪力をもつ者は式神（術者の意のままに動く鬼神）を使いこなし、五芒星の呪符を魔除けとして考案するなどした。

源頼光

みなもとのよりみつ

別名 源頼光（みなもとのらいこう）、文殊丸（もんじゅまる）など

時代 平安中期
生没年 948?～1021年　**地位** 武将、貴族
ゆかりの地 大江山（京都府）など
登場作品 『今昔物語集』『平家物語』『御伽草子』など

武士でありながら政治でも活躍した

頼光がうまれた平安時代後期、武士は貴族のボディーガードでしかなかった。しかし頼光は武士であるにも関わらず、立身出世を遂げた人物として、その政治的手腕が高く評価されている。

藤原兼家が二条京極殿を新造した際に馬30頭を贈ったり、藤原道長の土御門殿が新造される際に調度品をすべて負担したりと、摂関政治の中核であった藤原家に接近し、関係を良好に保つことに注力。藤原氏に取り入ることで着実に力をつけ、のちの清和源氏の勢力拡大に貢献したとされる。

数多ある伝承の中でも、その人柄が見られるものが『今昔物語集』にある。頼光は三条天皇から、御堂の横で寝ている狐を蟇目矢（先端に穴があって射ると笛のように音の鳴る矢）で射るように命じられる。頼光が持ち歩いていた軽い弓では蟇目矢は重すぎるため、コントロールが難しかったが、見事命中させた。その腕前を賞賛する天皇に対し頼光は、射止められたのは源氏の守護神による加護の賜物であるとして、驕ることはなかったとされている。

鬼や妖怪を退治する武の人

頼光といえば妖怪退治という人も多いだろう。しかしこれらは頼光没後に『御伽草子』や能によって広まった創作物であるとされる。

その代表とされる伝承のひとつが、能の演目にもなっている「土蜘蛛」だ。ある晩瘧（マラリアの一種とされる病）で伏せっていた頼光のもとへ、ひとりの法師が訪れ、縄で頼光を縛りあげようとする。この法師の正体は、妖怪土蜘蛛であった。頼光はとっさに、枕元にあった名刀膝丸で土蜘蛛を切りつけた。膝丸の一閃で負傷した土蜘蛛は逃走。その後、頼光の家来が、土蜘蛛が点々と残した血の跡をたどり、巣穴を見つけて退治した。このできごとをきっかけに、頼光は膝丸の名を「蜘蛛切」と改めたとされる。

頼光の武勇に関する伝承はすべて創作ではなく、史実に残っているものもある。『古今著聞集』には、頼光の命を狙う盗賊鬼同丸の気配を察知し、逆に射ち殺したという話があり、このような頼光の武勇を語った説話をもとにつくられたのが、数多の妖怪退治伝説であろう。

頼光四天王

頼光に臣従していた武人たちで、渡辺綱を筆頭に坂田金時、碓井貞光、卜部季武の4人を指す。頼光とともに多くの戦いで活躍したとされる。四天王と頼光が力を合わせて戦った伝承としては、酒呑童子討伐が特に有名。

膝丸と髭丸
八幡大菩薩の加護を得て打たれた、2尺7寸（約103cm）の揃いの太刀と伝わる頼光の愛刀。

坂田金時（さかたのきんとき）

別名 坂田公時（さかたのきんとき）、怪童丸（かいどうまる）、金太郎（きんたろう）

時代 平安中期
生没年 956～1012年 地位 武将
ゆかりの地 足柄山（神奈川県）など
登場作品 『今昔物語集』『古今著聞集』『御伽草子』など

鬼をも倒す頼光四天王のひとり

源頼光率いる頼光四天王のひとりで、都を荒らす大鬼、酒呑童子の討伐の物語に欠かさず登場し、活躍したとされる豪傑である。

金時の実在は疑わしいが、『今昔物語集』には音異字の「公時」がはじめて牛車に乗った際、ひどい車酔いになりつぶれてしまったという話があるなど、モデルとおぼしき人物の話が記載されている。

金時から金太郎へ広く親しまれるヒーローに

童謡でも有名な「金太郎」の昔話は、坂田金時の幼少期の話であるといわれている。体は赤く、熊の背に乗ってまさかりをかつぐ剛力の子どもであったとされる。出生エピソードの細部にはいくつかのパターンが見られ、古浄瑠璃（1685年よりも前の浄瑠璃）では足柄山に住む山姥または鬼女の子であるとされる。

現在よく知られる金太郎伝説の原型と考えられているのが、江戸時代の浄瑠璃・歌舞伎作家近松門左衛門（ちかまつもんざえもん）がつくった浄瑠璃『嫗山姥（こもちやまんば）』である。元遊女の八重桐には、坂田時行という夫がいた。しかし時行は、父親の敵討ちを妹に先を越されたふがいなさから切腹してしまう。無念の時行の魂は八重桐に宿り、人里離れた山の中で肌が赤い子怪童丸をうんだ。

それから月日が経ったある日、旅をしていた源頼光は、山の中で日が暮れたため山姥に一泊の宿を求めた。その山姥こそ、八重桐である。八重桐は怪童丸が熊や猪と相撲をとっているところを頼光に見せ、我が子の剛力ぶりをアピール。頼光は怪童丸を気に入り、坂田金時という名を与えて召し抱えたのである。

この『嫗山姥』はヒットし、歌舞伎などにも派生して語り継がれるようになった。江戸時代中期になると、怪童丸の名前が金太郎と改められた絵本が発行され、以降それが主流となった。

特殊な出自や妖怪退治の伝承は、印象的なビジュアルとともに語り継がれ、多数のメディア作品に登場してきた。空知英秋による漫画『銀魂』の主人公である銀さん、こと坂田銀時の名前は、坂田金時に由来する。

平将門（たいらのまさかど）

別名 国王大明神（こくおうだいみょうじん）など
時代 平安中期　**地位** 武将
生没年 ?〜940年
神社 國王神社（茨城県）など
登場作品 『将門記』など

現代でも「祟り」が恐れられる将門の死に際とは?

日本三大怨霊のひとりである平将門。討ち取られた首を葬った場所といわれる「将門塚」では、現代でも「将門の祟り」が噂される。彼はどのような非業の死を遂げたのだろうか。

将門は平安中期の武将で、桓武天皇の6代目の子孫にあたる。相続すべき土地を伯父たちに奪われそうになったため応戦すると、鬼神のごとき働きを見せて連戦連勝し、土地を守りきった。その戦いぶりも尋常ではなく、当時としてはめずらしく敵を殲滅したという。戦が重なり、罠に掛けられたように朝廷の出先機関を襲うことになると、そのまま国に対する反乱軍に。東国で勢力を広げて自ら「新皇」を名乗り、関東独立に乗り出した（承平の乱）。

これに驚いた朝廷は将門を懸賞首とした。藤原秀郷らによってついに討ち取られた将門の首は京都で晒された。よほど無念だったのだろうか、晒された将門の首はいつまでも目を閉じず、歯ぎしりして復讐を誓い、自身の亡骸を求めて、胴体が葬られた故郷の東国に向けて飛び立ったという。

怨霊の首から英雄神へ

しかし将門の首は途中で矢を受けて落ちてしまう（一説には力尽きて落ちたとも）。東京浅草の鳥越（とりごえ）神社はその首が飛び越えたところ、冒頭に述べた千代田区大手町にある「将門塚」がその首を葬ったところとされる。それでも将門の霊は鎮まらず、『将門記』によると地獄に落ちた将門は、妻や子に地獄の責め苦の辛さを訴えたという。

将門の怨念は後世に語り継がれ、中でも「将門塚」は取り壊そうとするたび、関係者に死者や怪我人を出したという都市伝説は、現在もよく知られている。

また神田明神の社伝によると、14世紀初頭に疫病が流行したが、これが将門の祟りであるとして供養が行われ、将門を祭神にしたという。将門の首は怨念の象徴として恐れられたが、己の才覚と武力で京都の朝廷から独立しようとした行為は関東の民衆に大きな影響を与え、将門を英雄として扱う気運は強かった。将門をまつる社寺が関東一帯に分布するのはこのためで、祈願するとあらゆる勝負ごとに勝つといわれる。

十四日講
将門をまつる國王神社にて、将門の命日である旧暦2月14日に行われる供養行事。

滝夜叉姫（たきやしゃひめ）
江戸時代の読本『善知鳥安方忠義伝（うとうやすかたちゅうぎでん）』に登場する、将門の娘と伝えられる女性。父の死後、妖術を使って天下をくつがえそうとする。将門の三女如蔵尼（にょぞうに）をモデルにしている。

玉藻前

時代　平安末期
種族　九尾の狐
ゆかりの地　殺生石（栃木県）など
登場作品　『神明鏡』『玉藻の草子』など

鳥羽帝に取り入る絶世の美女の正体

平氏が台頭しはじめていた平安末期の1154年の冬のこと、近衛天皇の父である鳥羽帝の前にどこからともなく絶世の美女が現われる。美女は自ら玉藻前と名乗った。貴族たちはあまりの美しさに魔物ではないかと疑った。試しにさまざまな話題の問いかけをしてみたが、玉藻前は歌や仏教などどんな問いも涼しい顔で回答。玉藻前が微笑むと、楊貴妃などの歴史的麗人がそこに蘇ったかのようだった。その才知と美貌を気に入った鳥羽帝は玉藻前をいつも近くに置き、女御のような特別待遇で扱うようになった。

その頃から鳥羽帝はみるみる病弱になり、床に伏せる日々が続きはじめた。これはおかしいと、陰陽師の安倍泰成（安倍晴明から数えて5代目の子孫）が占ってみると、玉藻前は妖怪であると判明。泰成が祈祷すると、玉藻前の美しい顔は激変、魔獣の本性があらわになった。その正体は、かつてインドや中国の王を籠絡した九尾の狐だったのだ。九尾の狐は京を逃げ出し、下野国へ落ち延びた。

殺生石となった九尾の狐

九尾の狐退治の命令を受けたのが、北関東の武士たち。弓の名手であった上総介広常、三浦介義純らを呼び集めて討伐軍が組織された。討伐軍は九尾の狐を見事射殺すが、その屍は近寄るものに毒を吐き続ける「殺生石」と化した。殺生石は、14世紀後半、曹洞宗の禅僧玄翁和尚が石を3つに叩き割ると、それぞれにどこかへ散らばったという伝説がある。ある種の金槌を「玄能」と呼ぶが、これは玄翁和尚が石を割った故事に由来する。

九尾の狐の出現伝説はインドと中国が起源だ。インドでは、斑足王が千人の王の首を取って大王になろうとしたが、この首取りをそそのかした妃が九尾の狐であった。中国では、殷の紂王の寵姫妲己。残虐な刑罰や「酒池肉林」の由来となった享楽的な宴を開き、悪逆の限りを尽くしたと伝わる。西周滅亡の原因をつくった幽王の后褒姒も九尾の狐が化けた美女だという。褒姒は西周滅亡後に行方知れずとなっていたが、8世紀ごろの遣唐使吉備真備と若い娘の姿で出会い、遣唐使船に乗って日本にわたって来た。

九尾の狐

中国古代に成立した地理書『山海経』に記載がある架空の獣で、9本の尾をもち人を食う。白面金毛九尾の狐。名君が君臨する時に現われる霊獣ともされていた。時代を経るにつれて悪の親玉のような扱いになっていき、現代の妖怪ものの漫画などでは強力な魔獣のポジションを与えられることが多い。

崇徳上皇（すとくじょうこう）
別名 崇徳天皇（すとくてんのう）など

時代 平安末期 生没年 １１１９～６４年
地位 天皇、上皇
ゆかりの地 白峰宮（香川県）など
登場作品 『保元物語』『雨月物語』など

生きながら天狗となり怨霊の道を歩みはじめる

菅原道真・平将門と並んで、日本三大怨霊のひとりとして名高い崇徳上皇は、肉親との間に確執を抱え、不遇のうちに世を恨みながら死んで怨霊となった。

平氏と源氏が武士として台頭してきた平安末期、わずか5歳で即位し、23歳で譲位。しかし、実権は父である鳥羽上皇が握り、上皇となったあとも不遇は続いた。

そもそも崇徳上皇はその生い立ちから不幸だった。崇徳上皇の実父は鳥羽上皇ではなく、なんと曾祖父にあたる白河法皇だという噂があったのだ。白河法皇と母璋子の密通の結果うまれたとされた崇徳上皇は、名目上の父である鳥羽上皇から「叔父子（本当は叔父にあたる人物）」と呼ばれ避けられてしまう。

肉親との間に長く苦しい確執を抱えた崇徳上皇は、鳥羽法皇の死を機についに挙兵する（保元の乱）。しかし敗北し、讃岐国（香川県）へと流されたのだった。ちなみに天皇または上皇の配流は、実に４００年ぶりの出来事だったという。

讃岐に配流された崇徳上皇は、不遇な生活の中でますます恨みを募らせていった。京への帰還を願い、また亡き鳥羽帝の菩提を弔うために都に送った五部大乗経を「呪詛が込められているかも」と突き返されてしまったのだ。一説には、この写経は自らの血でしたためたともいわれている。この拒絶に怒り狂った崇徳上皇は、「自分は大天狗となって、天皇は民となり、民が天下を取るようにしてやる」と宣言。髪も爪も切らず、生きながら天狗のように成り果て、京に戻ることなく46歳で生涯を閉じた。

止まらぬ恨み700年の大暴走

崇徳上皇没後災いがはじまり、幾多の動乱が起き、京は大火で焼け、崇徳上皇に対立した朝廷に関係する人々は次々と死んでいった。このため、崇徳上皇の遺体を弔う白峰宮には朝廷から保護が与えられた。それでも京の災いは収まらず、天皇にかわって武士の世となり、崇徳上皇の怨霊は暴れ続けたという。

その７００年後の１８６８年、その悲運の人生を慰撫するため、ようやく崇徳上皇の御霊は明治天皇によって勧請された京都の白峯神宮へと帰還したのだった。

時代 平安末期　地位 武将
生没年 1039～1106年
神社 平塚神社（東京都）など
登場作品『陸奥話記』『平治物語』など

源氏の氏神が八幡神になったカギは八幡太郎にあり？

5月5日の端午の節句では、兜や五月人形を飾って男子の健やかな成長を祈願する。この五月人形のモデルのひとりとされる人物が、源義家だ。平安時代後期の武将である義家は、のちに鎌倉幕府を開く源頼朝の祖先にあたる。

奥州の豪族安倍氏と戦った前九年の役では父とともに活躍し、名声をあげる。その後、後三年の役で清原氏の内紛を鎮圧、東国に源氏の基盤を築いた。この戦いの時、雁の飛び立つ様子が乱れていることに気づいた義家が、敵の伏兵を見破ったというエピソードは有名だ。義家の勇敢さは「天下第一の武勇の士」と讃えられ、武将の理想像として伝説化していった。

義家には八幡神からとった「八幡太郎」の異名がある。現在、全国で最も多いとされる八幡神社の祭神は、神功皇后の皇子ホンダワケ（応神天皇＝八幡神）。もとは朝廷の祖霊として崇拝されていたが、源氏の氏神となったのには義家の生誕が関わっていたという。父頼義が石清水八幡宮に参籠した時霊剣を賜る夢を見て、そのあとに義家がうまれた。石清水八幡宮で元服した義家は八幡太郎と名乗るようになる。さらに、義家の祖父の頼信が河内守に任じられると、管内に応神天皇の御陵があることに触発され、「石清水八幡宮は源氏の氏神」とする告文を納めたというのだ。以来、源氏は八幡神を氏神とした。頼朝も例に漏れず、平氏討伐の出陣に際し、鎌倉で八幡神に祈願、これが鎌倉の人気観光地鶴岡八幡宮の起こりである。また一説には、八幡宮の祭神が応神天皇と神功皇后という「三韓征伐」に関与した神々であったことから、武神としての信仰が武人の間に高まったためともいわれている。

義家を祭神とする神社は、平安後期頃に創設されたという平塚神社。義家から鎧一領を下賜された領主が、鎧を清浄な地に埋めて塚を築き、自分の城の鎮守としたことにはじまると伝えられている。

時代 平安末期　地位 武将
生没年 1104～80年
ゆかりの地 平等院（京都府）など
登場作品『平家物語』『源平盛衰記』など

頼光印の名弓で帝を脅かす妖怪を仕留める

近衛天皇の御代のこと、年若い帝

は体が弱く、病に伏せりがちであった。ある時、丑の刻（＝午前2時頃）になると毎晩のように黒雲が御殿を覆い、帝はすっかり怯えてしまった。公家方は御所警備のため腕の立つ武士を求める。その命令を受けたのが源頼政であった。

頼政は井早太（いのはやた）という家臣を連れて警備に当たった。頼政がもつ弓は名高い先祖源頼光から受け継いだ「雷上動」という弓と、「水破」「兵破」という鏃（やじり）をもつ2本の矢だ。

丑の刻が近づくと、御殿の上に黒雲が現われた。その中に、何やら不気味な影がある。頼政は雷上動に矢をつがえると、標的を見定めて弓を引いた。矢は見事獲物に的中。得体のしれないものが落ちてきて、井早太が刀で9回も斬ってとどめを刺した。

退治した妖怪は、頭はサルで身体はタヌキ、尾は蛇で手足は虎という奇妙な姿。鳴く声は当時気味悪がられていた鵺鳥（＝トラツグミ）に似ており、その名を取って鵺と呼ばれることになった。帝は鵺の退治を喜び、褒美として頼政に太刀獅子王を与えた。

武士らしく散ることを選んだ頼政の最期

頼政の側室菖蒲御前（しょうぶごぜん）は鳥羽帝の女官で絶世の美女だったという。頼政は3年もの間彼女に文を送り続け、ついには鳥羽帝を唸らせる歌を詠んで彼女との結婚を許された。

菖蒲御前との間にうまれた嫡男仲綱には木下という愛馬がいたが、平清盛の子宗盛はこれを奪おうとする。当時は平氏全盛の時代、源氏の頼政に文句は言えなかった。しかし仲綱が宗盛に木下を献上すると、宗盛は木下に焼印を押すという屈辱的な仕打ちに出る。これが遠因となり、頼政は後白河法皇の第三皇子以仁王（もちひとおう）の宣旨に従い、打倒平氏の兵を挙げた。

だが、これは『平家物語』などで語られたところで、頼政挙兵の理由は諸説ある。そのひとつに、頼政が仕えていた八条院が以仁王の養母で、以仁王を心配した彼女の懇願により参戦を決意したというものがある。出世の目安であった従三位の位になるのを74歳まで待たせた平清盛よりも、女主人の頼みに殉じることを老兵頼政は良しとしたのかもしれない。しかし、挙兵は失敗に終わる。頼政は平等院で自害、または敵の矢に討たれるという武士らしい最期を遂げた。

後世、頼政を讃えて各地に頼政神社がつくられた。

太刀獅子王（たちししおう）

鵺退治の褒美として頼政が帝から賜った名刀。詳しくは「太刀　無銘（号獅子王）黒漆太刀」と呼ばれる。頼政の子孫の竹田城主赤松広秀の手へとわたっていたが、広秀は関ヶ原の戦いの際に鳥取城の城下町を焼き払った罪で徳川家康の命により切腹、獅子王も没収された。明治以降は皇室が所有、現在は重要文化財に指定され東京国立博物館に所蔵されている。平家に敗北し自害した頼政に、失策で切腹した広秀と、いずれの持ち主も悲しい末路となった。

源義経（みなもとのよしつね）

別名 火照命（ほでりのみこと）／火遠理命（ほおりのみこと）など

時代 平安末期
生没年 1159～89年　**地位** 武将
ゆかりの地 鞍馬寺（京都府）など
登場作品 『平家物語』『義経記』『御伽草子』など

逃走の日々と出会いで磨かれた強さ

源義経の父は源義朝。平氏に対して挙兵するも、敗れてしまう。そのため、幼少期の義経は、逃走の日々を送る。その後は鞍馬寺に預けられ、平家討伐を目標に学問と武芸に励む。この頃、鞍馬天狗と出会い、兵法を学んだという伝承が残っている。

16歳になった義経は、鞍馬寺を出て奥州（岩手県）へと下る。この時の出奔理由は、黄金商人の吉次が義経を利用するために誘い出した、逆に乗り気でない吉次に義経がついていった、義経が僧になるのを嫌がったなど諸説ある。美野国（岐阜県）で賊を撃退したり、三河国（愛知県）で浄瑠璃姫と恋仲になったりするなど、義経が通った地には多くの伝説が残っている。

一度京に戻った義経は、一条堀川で陰陽師鬼一法眼から秘伝の兵法書『六韜』を学び取る。この時に学んだ術を活かして、義経は人を襲って刀狩りをしていた武蔵坊弁慶をうち伏せ従わせたという。

非運の人生は「判官贔屓」につながった

1180年、兄頼朝が打倒平家の兵を挙げた際に、義経も参戦。一ノ谷の戦いでは、崖を馬で下るという意表を突いた方法で突撃。平家軍を混乱させて蹴散らし、戦局は源氏有利となった。大活躍の義経であったが、頼朝の許可なく後白河法皇から判官の地位を得たこと、さらに、合戦中に義経と口論した梶原景時が義経を恨み、頼朝に「義経は傲慢」と告げ口したことで、頼朝は義経に不信感を抱いた。頼朝は、凱旋した義経が鎌倉に入ることを許さず、刺客を送って殺そうとする。ここから、義経の逃走の日々が再びはじまった。

義経は長い旅の末に、奥州の藤原秀衡に庇護されたものの、秀衡の死後、息子の泰衡は頼朝に従う道を選び、義経を襲う。ついに追い詰められた義経は自害した。しかし、鞍馬天狗に助けられて遮那王尊となり護法魔王尊の脇侍となった、蝦夷島（北海道）から大陸にわたってチンギス＝ハンになりモンゴル帝国を築いたなど、義経が生き延びたとする伝説もある。

義経の悲運の人生に多くの人が同情し、「判官贔屓」という言葉までうまれた。その人気ぶりは現代も健在でNHK大河ドラマでは2回も主人公に選ばれるなど、数えきれないほど多くの作品で愛され続けている。

源平合戦
1180年に勃発した、源氏と平家との一連の戦い。治承・寿永の乱とも呼称する。はじめは平家優勢と見られたが、兄頼朝の挙兵に応えて参戦した義経の活躍もあり、源氏勢力が盛り返す。1185年壇ノ浦の戦いでついに源氏が平家を滅ぼした。

薄緑（膝丸）
源頼光の愛刀膝丸は、義経に譲られ「薄緑」と名づけられた。義経が兄との関係修復を祈願して箱根権現に奉納したという。

時代 平安末期
生没年 1178～85年 **地位** 天皇
神社 赤間神宮（山口県）など
登場作品 『平家物語』など

祖父の権力欲に翻弄されて海に消えた幼帝

わずか8歳の幼い天皇が祖母に抱きかかえられて入水する――『平家物語』の中でも特に涙を誘う場面として有名だ。その幼い天皇、安徳天皇は高倉天皇の第一皇子で、平清盛の次女である徳子（健礼門院）を母にもつ。背中まで伸ばした髪がゆらゆら揺れる可愛らしい容姿で、実は女の子だったのではないかとする説もあるほどだ。

平家一門の期待の中でうまれた安徳天皇は、なんと3歳で即位する。強引に即位させたことで念願の外戚の地位を獲得した清盛は、名実ともに頂点に立つことに成功。

ところが安徳天皇即位の翌年、清盛が死去したことで事態は一変する。平氏は源氏との戦いに敗れ、安徳天皇も平家一門に連れられて都落ち。源平最後の合戦となる壇ノ浦にて源氏に追い詰められた時、安徳天皇が祖母の二位尼（平時子）に「どこへ行くの？」と尋ねると、二位尼が「極楽浄土にお連れいたします」と告げる。すると安徳天皇は自ら手を合わせ、東（伊勢神宮）を拝し、続けて西に向かって念仏を唱えたという。そして祖母に抱きかかえられると、三種の神器もろとも海の底へと沈んでいったのだった。

短くはかない人生 各地に残る伝説

一説には、安徳天皇の遺体は現在の山口県下関市へ流れ着き、地元の漁師たちによって引きあげられ、阿弥陀堂に埋葬されたという。その6年後の1191年、安徳天皇の異母弟である後鳥羽天皇により御影堂が建立され、明治維新の神仏分離令を経て赤間神宮となった。ちなみに前身の阿弥陀寺は、小泉八雲（ラフカディオ・ハーン）の怪談「耳なし芳一」の舞台となっている。

一方で安徳天皇の死後、生存説がまことしやかに語られるようになった。長崎県対馬市には安徳天皇の墓といわれる地があり、壇ノ浦で難を逃れた安徳天皇がこの地で晩年を過ごし、70余歳で亡くなったと伝える。悲運の幼帝に同情する人々の心が、こうした伝説をつくり出していったのかもしれない。

山岳ゲリラ戦法を用いて大軍を翻弄した天才的軍略家

皇居の前には、軍馬にまたがった甲冑姿の武将の銅像が立っている。この銅像の主は南北朝の武将楠木正成。南北朝の動乱の中、最期まで天皇への忠誠を貫いた武将だ。

後醍醐天皇の鎌倉幕府打倒に呼応した正成は、得意の山岳ゲリラ戦法を用いて少ない兵力で幕府軍を翻弄する。赤坂城の戦いや千早城の戦いなどでは「野伏（のぶし）（山野に隠れて追いはぎや強盗などを働いた武装農民集団）」を歩兵として駆使し、山中の要所要所で待ち伏せさせた歩兵が幕府軍に大打撃を与えた。騎兵中心の戦闘から歩兵が活躍する戦いへと変化しつつあった時代に、正成はうまく対応した戦術をとったといえる。軍記物『太平記』では、正成の出生を軍神である毘沙門天に結びつけて、その天才的軍略の由来を語っている。

鎌倉幕府が倒れたのち、後醍醐天皇は建武の中興を行ったが、公家を優遇する政策だったため多くの武士が天皇に反発。しかし、正成は天皇への忠誠を貫き続けた。１３３６年、討ち死にを覚悟して摂津国（兵庫県）湊川で足利尊氏の大軍を迎え撃つが、敗北。弟の正季や一族とともに、「七生報国（七度生まれ変わって国に忠誠を尽くすこと）」を誓ってこの地で自害した。

変わらぬ天皇への忠誠心が正成を神にした

後醍醐天皇に最期まで尽くした正成の忠誠心は後世の人々に語り継がれ、英雄視されていった。豊臣秀吉は荒廃していた墓所の租税を免除。江戸時代には、儒学を重んじた水戸藩主、徳川光圀が墓碑を建立し、正成の忠誠を讃えた。

幕末になると、海外列強の開国の圧力に対し国を守るのは徳川幕府ではなく天皇だと主張する尊王攘夷が叫ばれるように。正成の勤王の精神は、吉田松陰ら尊王派の志士たちの崇敬の対象となった。

１８７２年、明治天皇の命により正成終焉の地と伝えられる湊川に湊川神社が創建され、改めて正成は神としてまつられるようになった。冒頭に述べた銅像は、１９００年に住友家から宮内省に献納されたものだ。正成の天皇への忠誠心は理想とされ、死地に向かう前に「足利の世になっても命を惜しまず戦うように」と息子に言い残す場面（桜井の別れ）は戦前の教科書にも載った。現在、地元では「楠公さん」と呼ばれ勝利祈願の神さまとして親しまれている。

楠公祭
正成の偉業を讃え、毎年5月25日頃に湊川神社で行われる祭事。氏子たちが執り行った私祭がはじまりで、「大楠公」を大将とする騎馬武者が練り歩く御神幸楠公武者行列などが行われる。

『太平記』
鎌倉時代から室町幕府前半までを描いた軍記物語。後醍醐天皇率いる朝廷軍の鎌倉幕府倒幕、天皇と足利氏の対立に起因する南北朝の動乱など、激動の時代を活き活きした文体で描き、講談で人気を得た。

北畠顕家（きたばたけあきいえ）

時代　鎌倉末期～南北朝　地位　公家、武将
生没年　１３１８年～３８年
神社　霊山神社（福島県）など
登場作品　『太平記』など

公家でありながら将軍？ 21歳の若さで戦場に散る

南北朝の動乱を描いた軍記物『太平記』には、足利尊氏や楠木正成といった個性的な武将が登場する。その中でも異彩を放つのが北畠顕家である。公家として詩歌や舞をたしなむ一方、弓の名手とされ、美少年と伝わることからＮＨＫの大河ドラマでは女優の後藤久美子がキャスティングされて話題となった。

南朝の重臣である北畠親房の長男としてうまれた顕家は、後醍醐天皇の寵愛を受け異常なスピードで昇進。後醍醐天皇の建武の中興の政策のもと、わずか16歳で陸奥守となり、さらに鎮守府将軍となり東北を鎮圧。

足利尊氏が敵対して京に進軍してきた際には、東北から上京して尊氏の軍勢を攻撃。尊氏はたまらず九州へ敗走。この時顕家軍が鬼神のごとく走り抜けた速さは１日に平均40㎞弱と考えられ、のちの豊臣秀吉による「中国大返し」を遥かに超えるスピードだったという。また、顕家は武田信玄が使ったことで有名な「風林火山」の旗印を信玄より前に用いていたという。まさに「はやきこと風の如く」を体現していたことになる。

顕家はいったん東北に戻されたが、尊氏が勢力を盛り返したことで再び後醍醐天皇に呼び寄せられた。関東諸豪に圧勝するなど各地で転戦するが、後醍醐天皇の失政により無理な戦を立て続けに強いられていた顕家は、この時激しい言葉で天皇を諫める文を記したという。その後、すっかり消耗したところを高師直（こうのもろなお）の軍勢につかれ戦死。わずか21歳で生涯を閉じた。

楠木正成とは家柄も人柄も対照的ではあったが、明治時代には同様に南朝の忠臣としてまつられ、霊山神社と阿部野神社（大阪府）が創建された。霊山神社は親房・顕家・顕信・守親の北畠親子を祭神とし、顕家が陸奥国府を置いた地に鎮座する。阿部野神社は顕家が足利方に敗れて亡くなったとされる地に、地元の有志が祠を建立したことにはじまり、親房・顕家親子を主祭神とする。

「第一義」を掲げ 生涯70余の戦に赴く

越後守護代長尾家の末子としてうまれた謙信は、はじめは長尾景虎と名乗っていた。謙信は四男だったため、当初は寺に入れられていた。しかし、病弱だった兄の名代として戦の指揮を執ることになると、たちまち武将としての才覚を見せつけ、栃尾城の戦いで大勝利をおさめる。その結果、多くの者に推され、19歳で家督を継ぐことに。

下剋上が当たり前の時代に私利私欲をもたず、幾度も繰り返された北条氏康との戦いも関東諸将の要請によるもので、生涯70余度にもおよぶとされる戦も領土拡大を目的としたものではなかったという。のちに上杉家より家督と関東管領職を引き継ぐことになった。

最大のライバルである武田信玄との戦も信濃衆の救援が発端だった。川中島の合戦は5度行われたが、中でも有名なのが1561年の第4次の合戦だ。上杉軍と武田軍が激突し白兵戦を展開。戦国時代でもまれな激戦となったが、結局勝敗はつかなかった。また、有名な謙信と信玄の一騎打ちは、実際に行われたかは明らかではないようだ。

実は女性だった? 謎の多い名将

上杉軍の精強さは有名で、江戸時代の庶民が戦国武将の軍兵の強さを歌った番付歌でも上杉軍は一番にあげられている。その軍勢を率いた謙信は自らを毘沙門天の化身と信じ、家臣にも「我を毘沙門天と思え」と言ったという。毘沙門天とは、仏教を守護する四天王のうち北方を守護する軍神だ。毘沙門天の信仰は、聖徳太子が物部氏との戦いの時戦勝祈願したことがはじまりといわれる。

清廉で信心深い謙信は出陣に際して僧侶を伴い、当時としては珍しく正室も側室ももたなかった。そのため小姓らとの男色説、果ては実は女性だったという説まで噂されている。しかし、謙信は若い頃より仏教を篤く信仰していたため、女犯の戒律を守ることで先勝祈願をしていたとも考えられる。

最後まで「義」の精神を貫いた名将として上杉神社や春日山神社など、ゆかりの深い地にまつられている。上杉神社は江戸時代屈指の名藩主上杉鷹山(ようざん)も祭神として合祀され、諸願成就などのご利益が人気を集めている。

「敵に塩を送る」

「争っている相手が苦しんでいる時に、争いの本質ではない分野については援助を与えること」を意味することわざ。この由来は、今川氏に塩の輸送を止められた武田氏に対し、謙信は今川氏の行いを「信義にもとる」とし、この経済制裁に加担しなかった。謙信の道義を重んじる性格を表す逸話としてよく知られる。信玄からは返礼として「塩留めの太刀」なる逸品が贈られたという。

時代 戦国 生没年 １５３７～９８年
地位 武将、関白、太政大臣
神社 豊国神社（京都府）
登場作品 『太閤記』など

立身出世の神となった秀吉の伝説は本当？

織田信長に仕えて出世街道をひた走り、信長の後継者として天下を統一した豊臣秀吉。死後、その偉業により朝廷から「豊国大明神」の神号を下賜され、豊国神社にまつられて神となった。しかし、それは秀吉自身が残した遺言によるものだった。

信長の草履取りからはじまり頭角を現していった秀吉は、信長を殺した明智光秀を「中国大返し」によっていち早く討伐。ライバルを倒し信長の後継者の地位を勝ち取って天下人となり、晩年は無謀な朝鮮出兵を行い、その最中に伏見城で病没した。その死の直前に、秀吉は自身を神としてまつるよう遺言を残したのだ。

実際に神格化を推進したのは、吉田神道の梵舜（ぼんしゅん）。秀吉自身は「新八幡」の名を望んでいたが、結局「豊国大明神」の神号で決着した。その理由は、天皇家の祖神として信仰される八幡神と秀吉が一体化することに、朝廷側が忌避を示したためだった。

実は謎多き人物？天下人の意外な素顔とは

言わずと知れた天下人の秀吉だが、その出生は謎につつまれており、自己宣伝的な要素と重なって突拍子もない物語も数多く創作された。たとえば１５９０年、秀吉が54歳の時の外交文書には、自分がうまれる時に母は太陽が腹の中に入る夢を見たと記されている。こうして創作された伝記ものを通じて、庶民の間にも「秀吉は天皇の落胤である」という話が広まっていった。

さらに、秀吉の指は6本あった、という驚くべき話も伝わっている。秀吉の神秘性を高めるためのあからさまなつくり話のように思えるが、これを記した人物は、ポルトガル人宣教師のルイス＝フロイスである。彼の著作『日本史』は戦国時代の日本を客観的に記録しており、重要な史料として評価されている。そのため、秀吉の6本指伝説は、一概につくり話として否定することはできないだろう。

秀吉を祀る豊国神社は、秀吉が生まれた愛知県名古屋市や、秀吉が初めて城を建てた滋賀県長浜市など、秀吉ゆかりの地に次々とつくられていった。また、秀吉が拠点を構えていた大阪では現在も「太閤さん」と呼ばれて親しまれ、出世や開運の神として信仰を集めている。

徳川家康（とくがわいえやす）
別名 東照大権現（とうしょうだいごんげん）、東照神君（とうしょうしんくん）など

時代 戦国～江戸初期　生没年 １５４２～１６１６年
地位 武将、征夷大将軍
神社 日光東照宮（栃木県）など
登場作品『史疑 徳川家康事績』など

江戸幕府の守護神となった家康は実は影武者だった？

長きにわたる戦国時代を終わらせ、江戸幕府の初代将軍となった徳川家康。亡くなったのは１６１６年、大坂夏の陣で豊臣家が滅んだ翌年に駿府城にて75歳で病没した。家康は死の間際に側近を集め、「遺体は久能山（くのうさん）に葬り、葬儀を増上寺で行い、位牌は大樹寺に納め、一周忌が過ぎてから日光山に小さな堂を建てて勧請せよ」と遺言を残したという。

その遺言通り、遺体はその日のうちに久能山に移され、吉田神道による神葬祭が行われた。久能山は家康が少年期と晩年を過ごした駿河国（静岡県）にあり、西方の諸大名を睨む形で久能山東照宮が創建されたのだ。同時に江戸の増上寺にも廟がつくられ、朝廷からは「東照大権現」の神号を下賜された。死去の翌年、日光山に改葬され、家康は新たに神としてまつられるようになった。

ではなぜ、改葬の地に日光山が選ばれたのか。これには諸説あり、未だに真相はわかっていない。そのなかでも最も有名なのは、日光山が江戸の北東、つまり邪気が入り込む鬼門に位置し、神となった家康が江戸を守護するため、という説である。このためか、江戸幕府の歴代将軍は日光東照宮を参詣し、その参詣道として江戸と日光をつなぐ日光街道が整備された。

ところが、駿府城で死んだのは家康本人ではなく影武者だという説がある。南宗寺に伝わる寺歴によると、本物は大坂夏の陣で死んでおり、同寺に埋葬されたあと、久能山に改葬されたという。2代秀忠が参拝し、その直後に新将軍となった3代家光も詣でていることが有力な証とされている。

また入れかわったタイミングは、１５６０年の桶狭間の戦いから数年後に家臣によって討たれてからとする説もある。もしこの時期に入れかわっていたならば、長男である信康に切腹を命じることも平気だというのだ。信康切腹事件は、武田家との内通を疑った織田信長による命令とも、徳川家臣団の分裂を防ぐためのやむを得ない手段とも諸説あるが、影武者であったなら、のちの実子となる子（＝秀忠）のために信康を始末したくなったとも考えられるだろう。

家康の影武者説は１９０２年に『史疑 徳川家康事績』が上梓されてから流行し、小説や漫画となり広く知られるようになった。太平の世を築き、江戸幕府の守護神となった家康は、多くの謎も抱えているといえるだろう。

真田幸村（さなだゆきむら）
別名 真田信繁（さなだのぶしげ）、真田源次郎（さなだげんじろう）、左衛門佐（さえもんのすけ）など

時代 戦国　生没年 1567?～1615年
地位 武将　ゆかりの地 眞田神社（長野県）など
登場作品『大坂御陣覚書』『武辺咄聞書』など

実績は少ないが忠誠心は筋金入り

エンタメ作品などでは、通称の幸村で呼ばれることが多い戦国武将、真田信繁。戦国の幕引きとなる大坂夏の陣で討死したが、敵方総大将の徳川家康の首にあと一歩まで迫ったことから、「日の本一の兵」と称賛された。

しかし、実は幸村の功績はさほど多くはなく、自らが軍の司令官として出陣した合戦は大坂の陣のみである。それでも、絶対的に不利な豊臣方への忠心を崩さず、家康を窮地に陥れながら無念の最期を遂げたドラマティックな活躍は判官贔屓の日本人の心を捉え、江戸時代に入ると講談で人気を博して広く名を知られるようになった。幸村という通称も講談で語られた名であり、彼自身が幸村と名乗った記録は見つかっていない。

波瀾万丈の人生 戦国時代の終焉とともに散る

信濃の小大名、真田昌幸の次男として誕生した幸村は、真田家の生き残りをかけて長らく人質生活を送ったため、青年期まで何をしていたのか不明点が多い。その後の幸村は天下人、豊臣秀吉の馬廻衆（ボディーガード）を務め、秀吉に気に入られていたようである。その縁からか、秀吉の没後、家康と秀吉の側近、石田三成との対立が関ヶ原の戦いに発展すると三成に味方した。しかし、三成は敗北。戦後に紀伊九度山への流罪となった幸村は、そのまま一生を終えるはずだった。

そこへ訪れた転機が、秀吉の嫡男、秀頼からの参陣要請である。幸村は求めに応じて秀頼が待つ大坂城へ馳せ参じた。この大坂の陣には冬と夏の合戦がある。幸村は冬の陣では出城の真田丸を築いて徳川軍を押し留めた。そして夏の陣で伊達政宗の軍を破り、家康を追い詰めるという数々の武勇を示したのである。

最終的に寡兵の幸村は力尽き、同日中に大坂城も落城。豊臣軍は敗れて戦国の世は終わった。

しかしその直後から、討死した幸村は影武者で、本物の幸村は秀頼とともに九州へ逃れたという噂がまことしやかにささやかれた。このような噂をベースにして猿飛佐助ら真田十勇士の物語もうまれ、幸村が最期に咲かせた死に花は色鮮やかに後世へ伝わることとなったのだ。

真田家の居城であった上田城の本丸には、幸村を祀る眞田神社があり、真田家の家紋「六文銭」をモチーフにした授与品が頂ける。

大石内蔵助（おおいしくらのすけ）

別名 大石良雄（おおいしよしお）など
時代 江戸前期
生没年 1659～1703年　地位 武士
ゆかりの地 赤穂大石神社（兵庫県）
登場作品『仮名手本忠臣蔵』など

歌舞伎やドラマを通して日本人に人気の忠義の士

現在でもドラマになり日本人に人気の高い『忠臣蔵』。無念のうちに切腹を命じられた主君の敵を討つため、大石内蔵助が率いる赤穂浪士四十七士が討ち入るクライマックスの場面は特に有名である。

そのリーダーである内蔵助は、21歳の時に播磨国（兵庫県）赤穂藩の家老となった人物である。事件が起きたのは1701年、主君浅野内匠頭長矩（あさのたくみのかみながのり）が、儀式のために江戸城に出向していたときのことである。なんと江戸城松の廊下で浅野内匠頭が吉良上野介義央（きらこうずけのすけよしなか）を斬りつけるという刃傷沙汰を起こしてしまう。江戸城内で刀を抜くことは禁止されていたため、浅野内匠頭は異例の即日切腹を命じられ、浅野家はお家取り潰しに。さらに赤穂藩は領地没収となり、内蔵助ら藩士も浪人となってしまった。

ところが、武士同士のもめ事は「喧嘩両成敗」が通例であるにもかかわらず、吉良上野介はお咎めなし。このことが内蔵助の人生を大きく変えた。

家老であった内蔵助は当初、徹底抗戦しようとする人、おとなしく従おうとする人に分かれて混乱する赤穂藩をまとめ、浅野家再興に向けてさまざまな手段を試みていた。しかし、主君の一周忌を過ぎても再興は進まない。この時内蔵助は絶望のあまり酒と女に溺れ放蕩生活を送ってしまう（これは仇討ちを警戒していた吉良家を油断させるためともいわれる）。

いよいよお家再興が不可能だと判断すると、主君の無念を晴らすべく切腹処分を覚悟の上で、46人の赤穂浪士たちとともに、仇敵のいる吉良邸への討ち入りを決意したのだ。

赤穂浪士たちは吉良上野介を討ち取ることに成功し、その首を主君の墓に供えた。その後彼らは全員、幕府から切腹を命じられた。

内蔵助らが壮絶な最期を遂げた「赤穂事件」は人々に大きな衝撃を与え、歌舞伎『仮名手本忠臣蔵』が上演されると義理・人情が大好きな江戸っ子の間で一躍大人気となった。なお、当時は実際に起こった事件を文芸で扱うのは禁じられていたため、『仮名手本忠臣蔵』では大石内蔵助は「大星由良助（おおぼしゆらのすけ）」という名前になっている。

さらに明治天皇の宣旨を契機に、1912年、内蔵助をはじめ赤穂浪士をまつる神社として赤穂大石神社が創建される。本懐を遂げたことから大願成就のご利益があるという。また、赤穂浪士は今でも、主君の墓がある泉岳寺（東京都）に葬られている。

主要参考文献

1章　ギリシャ神話

『ギリシャ神話 神々と英雄に出会う』西村賀子著（中央公論新社）
『ギリシャ神話集』ヒュギーヌス著／松田治・青山照男訳（講談社）
『図説ギリシア・ローマ神話人物記 絵画と家系図で描く１００人の物語』
　マルコム・デイ著／山崎正浩 訳（創元社）
『図説ギリシア神話【神々の世界】篇』松島道也著（河出書房新社）
『ビジュアル選書 ギリシャ神話 神々の愛憎劇と世界の誕生』新人物往来社 編（新人物往来社）
『大人のための残酷「ギリシア神話」 神と人が織りなす禁断の物語』山口椿著（日本文芸社）
『私のギリシャ神話』阿刀田高著（日本放送出版協会）
『古代ギリシャのリアル』藤村シシン著（実業之日本社）
『もう一度学びたいギリシア神話』松村一男監修（西東社）
『名画で読む！ 神話とおとぎ話の世界』木村泰司監修（綜合図書）
『幻想動物事典』草野巧著（新紀元社）
『星座の神話と伝説がわかる本』宇宙科学研究倶楽部編（学研プラス）
『ギリシャ・ローマの神々と伝説の武器がわかる本』かみゆ歴史編集部編著（角川学芸出版）
『本当は怖い世界の神話』かみゆ歴史編集部編著（イースト・プレス）
『残酷すぎる世界の神話』かみゆ歴史編集部編著（イースト・プレス）

2章　北欧神話

『北欧神話』パードリック・コラム著／尾崎義訳（岩波書店）
『いちばんわかりやすい 北欧神話』杉原梨江子著（実業之日本社）
『図解北欧神話』池上良太著（新紀元社）
『いちばん詳しい「北欧神話」がわかる事典 オーディン、フェンリルからカレワラまで』
　森瀬 繚著（ＳＢクリエイティブ）
『一冊でまるごとわかる北欧神話』吉田敦彦著（大和書房）
『ゲーム制作者のための北欧神話事典』松之木大将著／杉原梨江子監修（翔泳社）
『北欧・ケルトの神々と伝説の武器がわかる本』かみゆ歴史編集部編著（角川学芸出版）

3章　ケルト神話 とアーサー王伝説

『ケルト神話』プロインシアス・マッカーナ著／松田幸雄訳（青土社）
『図説ケルトの歴史』鶴岡真弓・松村一男著（河出書房新社）
『図説ケルト神話伝説物語』マイケル・ケリガン著／高尾菜つこ訳（原書房）
『ケルト神話・伝説事典』
　ミランダ・J・グリーン著／井村君江監訳／渡辺充子・大橋篤子・北川佳奈訳（東京書籍）
『神の文化史事典』松村一男・平藤喜久子・山田仁史編（白水社）
『世界女神大事典』松村一男・森雅子・沖田瑞穂編（原書房）
『ケルト神話』池上正太著（新紀元社）
『図解ケルト神話』池上良太著（新紀元社）
『「ケルト神話」がわかる』森瀬繚・静川龍宗著（ソフトバンク文庫）
『魅惑の国ウェールズの華「マビノギオン」を読む』中野節子著（ＪＵＬＡ出版局）
『マビノギオン 中世ウェールズ幻想物語集』中野節子訳／徳岡久生協力（ＪＵＬＡ出版局）
『図説アーサー王伝説事典』ローナン・コグラン著／山本史郎訳（原書房）
『新訳 アーサー王物語』トマス・ブルフィンチ著／大久保博訳（角川文庫）
『図説アーサー王百科』クリストファー・スナイダー著／山本史郎訳（原書房）
『図説アーサー王と円卓の騎士』マーティン・J・ドハティ著／伊藤はるみ訳（原書房）
『アーサー王伝説7つの絵物語』ロザリンド・カーヴェン著／山本史郎訳（原書房）
『図説アーサー王の世界』デイヴィッド・デイ著／山本史郎訳（原書房）
『図説アーサー王と円卓の騎士　その歴史と伝説』
　マーティン・J・ドハティ著／伊藤 はるみ訳（原書房）

4章　エジプト神話

『図説エジプトの神々の事典』
　ステファヌ・ロッシーニ、リュト・シュマン＝アンテルム著（河出書房新社）
『古代エジプト神々大百科』リチャード・H・ウィルキンソン著（東洋書林）
『エジプト神話』ヴェロニカ・イオンズ著（青土社）
『図説エジプト神話物語』ジョナサン・ディー著（原書房）
『エジプト神話シンボル事典』マンフレート・ルルカー著（大修館書店）
『エジプト神話集成』杉勇・屋形禎亮訳（筑摩書房）
『エジプトの神々』池上正太著（新紀元社）
『世界神話伝説大系　3』（趣味の教育普及会）
『図説エジプトの「死者の書」』村治笙子・片岸直美・仁田三夫著（河出書房新社）
『古代エジプト ファラオ歴代誌』ピーター・クレイトン著／吉村作治監修（創元社）
『ゼロからわかる古代エジプト』近藤二郎監修（Ｇａｋｋｅｎ）
『古代エジプトうんちく図鑑』芝崎みゆき（バジリコ）
『古代エジプトの神々』松本弥著（弥呂久）
『ビジュアル・ワイド世界遺産』青柳正規監修（小学館）
『神話で訪ねる世界遺産』蔵持不三也監修（ナツメ社）

5章　メソポタミア神話

『シュメル神話の世界　粘土板に刻まれた最古のロマン』岡田明子・小林登志子共著（中央新書）
『古代メソポタミアの神々　世界最古の「王と神の饗宴」』
　三笠宮崇仁監修／岡田明子・小林登志子共著（集英社）
『オリエント神話』ジョン・グレイ著／森雅子訳（青土社）
『古代オリエントの歴史』小川英雄著（慶應義塾大学出版会）
『新板 世界各国史８　西アジア史Ⅰ』佐藤次高編（山川出版社）
『図説メソポタミア文明』前川和也編著（河出書房新社）

『ギルガメッシュ叙事詩』矢島文夫著（ちくま学芸文庫）
『メソポタミアの神々と空想動物』
アンソニー・グリーン監修／MIHO MUSEUM編（山川出版社）
『メソポタミアの神話　神々の友情と冒険』矢島文夫著（筑摩書房）
『オリエントの神々』池上正太著（新紀元社）
『天使と悪魔の謎を楽しむ本』グループSKIT編著（PHP研究所）
『「天使」と「悪魔」がよくわかる本』吉永進一監修／造事務所編著（PHP研究所）
『世界の大遺跡4　メソポタミアとペルシア』増田精一編（講談社）
『古代イラク　2つの大河とともに栄えたメソポタミア文明』
ベス・グルーバー著／トニー・ウィルキンソン監修／日暮雅通訳（BL出版）
『ハンムラビ法典　「目には目を歯には歯を」を含む282条の世界最古の法典』
飯島紀著（国際語学社）

6章　インド神話

『インド神話伝説辞典』菅沼晃編（東京堂出版）
『インド神話』ヴェロニカ・イオンズ著／酒井傳六訳（青土社）
『インド神話　マハーバーラタの神々』上村勝彦著（筑摩書房）
『ラーマーヤナ（上・下）』河田清史著（第三文明社）
『リグ・ヴェーダ讃歌』辻直四郎訳（岩波書店）
『バガヴァッド・ギーター』上村勝彦訳（岩波書店）
『インド神話入門』長谷川明著（新潮社）
『インド神話の謎　ビジュアルで読み解く神々の宇宙』佐藤和彦著（学研）
『インド神々の事典』佐藤和彦著（学研）
『インド神話図鑑』KZ和神著（光栄）
『ヒンドゥー教　その現象と思想』菅沼晃著（評論社）
『インド哲学史概説』金岡秀友著（佼成出版社）
『インド・ペルシャ神話と傳説』馬場吉信著／松元竹二編（趣味の教育普及會）
『インド教』ルイ＝ルヌー著／渡辺照宏・美田稔共訳（白水社）
『インドの神話　今も生きている神々』田中於菟弥著（筑摩書房）
『ヴィジュアル版世界の神話百科　東洋編　エジプトからインド、中国まで』
レイチェル＝ストーム著／山本史郎・山本泰子訳（原書房）
『インドの仏跡とヒンドゥー寺院』中村元編著（講談社）
『ビジュアル・ワイド世界遺産』青柳正規監修（小学館）
『神話で訪ねる世界遺産』蔵持不三也監修（ナツメ社）

7章　中国神話

『中国神話・伝説大事典』袁珂著／鈴木博訳（大修館書店）
『中国の神話伝説（上下）』袁珂著／鈴木博訳（青土社）
『中国歴史・文学人物図典（遊子館歴史図像シリーズ1）』瀧本弘之編著（遊子館）
『中国神話・伝説人物図典（遊子館歴史図像シリーズ2）』瀧本弘之編著（遊子館）
『「図説」中国の神々　道教神と仙人の大図鑑』（学研）
『中国の神話』白川静著（中央公論新社）
『中国妖怪人物事典』実吉達郎（講談社）
『神の文化史事典』松村一男・平藤喜久子・山田仁史編（白水社）
『中国の五代小説（上・下）』井波律子著（岩波新書）
『京劇観賞完全マニュアル』趙暁群・向田和弘著（好文出版）
『道教の神々と祭り』野口鉄郎・田中文雄編（大修館書店）
『庚申信仰』窪徳忠著（山川出版社）
『幻想世界の住人たち3　中国編』篠田耕一（新紀元社）
『道教の神々』窪徳忠（講談社学術文庫）
『中国の鬼神　天地神人鬼』實吉達郎著（新紀元社）
『中国の神さま　神仙人気者列伝』二階堂善弘著（平凡社新書）
『中国の神話・伝説』伊藤清司著（東方書店）
『神話から歴史へ（神話時代　夏王朝）』宮本一夫著（講談社）
『中国の歴史（上）』貝塚茂樹著（岩波新書）
『山海経　中国古代の神話世界』高馬三良訳（平凡社）
『抱朴子／列仙伝／神仙伝／山海経（中国の古典シリーズ4）』葛洪・劉向著／本田濟訳（平凡社）
『水滸伝』施耐庵著／駒田信二訳（ちくま文庫）
『史記1』（ちくま学芸文庫）

8章　日本神話

『日本伝奇伝説大事典』乾克己・志村有弘・鳥越文蔵・小池正胤・高橋貢編（角川書店）
『日本架空伝承人名事典』大隅和雄・尾崎秀樹・西郷信綱・阪下圭八・高橋千劔破・縄田一男・
服部幸雄・廣末保・山本吉左右編（平凡社）
『日本奇談逸話伝説大事典』志村有弘、松本寧至編（勉誠社）
『日本幻想文学全景』須永朝彦編（新書館）
『日本の神々の事典　神道祭祀と八百万の神々』薗田稔・茂木栄編（学習研究社）
『八百万の神々　日本の神霊たちのプロフィール』戸部民夫著（新紀元社）
『伝説の上州』暁風中島吉太郎著（中島吉太郎氏遺稿刊行会）
『お伽草子辞典』徳田和夫著（東京堂出版）
『日本の伝説　中部・東海』藤沢衛彦著（河出書房新社）
『日本ミステリアス妖怪・怪奇・妖人事典』志村有弘編（勉誠出版）
『日本全国　神話・伝説の旅』吉元昭治著（勉誠出版）
『一冊でわかる能ガイド』丸岡圭一監修（成美堂出版）
『あらすじで読む　名作能50選』多田富雄監修（世界文化社）

ほ

ま

み

む

め

す

せ

そ

お

か

き

50音索引

※　神名·人名で項目が立てられているページを太字で表している。

かみゆ歴史編集部

「歴史はエンターテイメント」をモットーに、雑誌・ウェブから専門書までの編集制作を手がける歴史コンテンツメーカー。扱うジャンルは日本史、世界史、近現代史、宗教・神話、アートなど幅広い。神話・宗教関連の主な編集制作物に『ゼロからわかるギリシャ神話』『ゼロからわかる北欧神話』(イースト・プレス)、『イラストでサクッと理解 流れが見えてくる宗教史図鑑』(ナツメ社)、『カラー版 徹底図解 世界の宗教』(新星出版社)、『マンガ面白いほどよくわかる!ギリシャ神話』『一番よくわかる神社と神々』(西東社)など。

◎本書は小社より刊行された下記のタイトルを加筆、改題、再編集したものです。
2017年『ゼロからわかる ギリシャ神話』
『ゼロからわかる 北欧神話』
2019年『ゼロからわかる ケルト神話とアーサー王伝説』
『ゼロからわかる エジプト神話』
『ゼロからわかる メソポタミア神話』
『ゼロからわかる インド神話』
2020年『ゼロからわかる 中国神話・伝説』
『ゼロからわかる 日本神話・伝説』

世界神話伝説事典

かみゆ歴史編集部

2023年2月28日 初版第1刷発行

装　丁　bookwall
本文執筆　青木一恵、浅野光穂、飯山恵美、板谷茉莉、稲泉知、岩崎紘子、小黒貴之、高宮サキ、野中直美、藤井勝彦、町田裕香
発行人　永田和泉
発行所　株式会社イースト・プレス
〒101-0051
東京都千代田区神田神保町2-4-7 久月神田ビル
TEL 03-5213-4700　FAX 03-5213-4701
https://www.eastpress.co.jp
印刷所　中央精版印刷株式会社

ISBN 978-4-7816-2175-3